iPad Handbuch für Dummies und Senioren

W0370842

Benutzerhandbuch zur Verwendung aller Generationen von iPad Pro, iPad Air, iPad Air 2, iPad, iPad mini

Louis Schulz

Inhalt

Konfiguration und erste Schritte

Einschalten Und Konfigurieren Des Ipad

Nach dem Einschalten kannst du dein neues iPad unter Verwendung einer Internetverbindung konfigurieren. Du kannst dein iPad auch konfigurieren, indem du es mit deinem Computer verbindest. Wenn du ein anderes Gerät (iPhone, iPad, iPod touch) oder ein Android-Gerät hast, kannst du deine Daten auch von dort auf das neue iPad übertragen.

Hinweis: Wenn dein iPad von einem Unternehmen, einer Bildungseinrichtung oder einer anderen Organisation bereitgestellt oder verwaltet wird, erhältst du vom jeweiligen Administrator entsprechende Anleitungen zur Konfiguration. Weitere Informationen findest du auf der Webseite Apple at Work oder Bildung.

Konfiguration Vorbereiten

Damit die Konfiguration so problemlos wie möglich abläuft, ist Folgendes erforderlich:

- Eine Verbindung zum Internet über ein WLAN-Netzwerk (du benötigst hierfür möglicherweise den Namen und das Passwort des Netzwerks) oder über eine Mobilfunkverbindung deines Mobilfunkanbieters (Wi-Fi + Cellular-Modelle)
- Deine Apple-ID und das zugehörige Passwort (falls du noch keine Apple-ID hast, kannst du diese im Zuge der Konfiguration erstellen)
- Die Daten deiner Kredit- oder Debitkarte (falls du im Zuge der Konfiguration eine Karte für Apple Pay hinzufügen möchtest)
- Dein früheres iPad oder dessen Sicherungsdaten (Backup), wenn du deine Daten auf ein neues Gerät übertragen möchtest
  Tipp: Wenn der Speicherplatz nicht für das Backup deines Geräts ausreicht, stellt dir iCloud für bis zu drei Wochen ab dem Kaufdatum deines iPad kostenfrei so viel Speicher zur Verfügung, dass ein temporäres Backup abgeschlossen werden kann. Wähle auf deinem bisherigen Gerät „Einstellungen“ > „Allgemein“ > „[Gerät] übertragen/zurücksetzen“. Tippe auf „Los geht‘s“ und folge den angezeigten Anleitungen.
- Dein Android-Gerät, wenn du Android-Inhalte übertragen willst.

iPad einschalten und konfigurieren

1. Halte die obere Taste gedrückt, bis das Apple-Logo angezeigt wird.

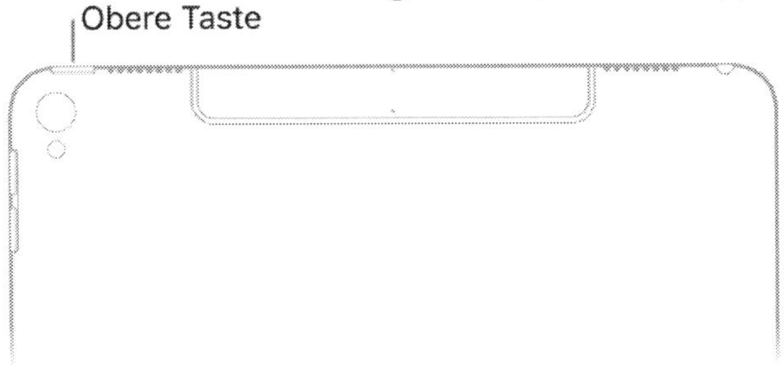

   Wenn sich das iPad nicht einschaltet, musst du möglicherweise erst noch die Batterie aufladen.
2. Führe einen der folgenden Schritte aus:
   - Tippe auf „Manuell konfigurieren“ und folge den angezeigten Anleitungen.
   - Entscheide dich für „Schnellstart“, wenn du ein anderes Gerät (iPhone, iPad oder iPod touch mit iOS 11, iPadOS 13 oder neuer) hast und ausgehend von diesem anderen Gerät dein neues Gerät automatisch konfigurieren möchtest. Lege die beiden Geräte nebeneinander ab und folge den auf dem Bildschirm angezeigten Anweisungen, um viele deiner Einstellungen und Voreinstellungen sowie deinen iCloud-Schlüsselbund sicher auf das neue Gerät zu kopieren. Du kannst dann deine restlichen Daten und Inhalte vom iCloud-Backup auf dein neues Gerät übertragen.
     Wenn auf beiden Geräten iOS 12.4 oder iPadOS 13 (oder eine neuere Version) installiert ist, kannst du auch alle Daten vom vorherigen Gerät drahtlos auf das neue Gerät übertragen. Sorge dafür, dass sich deine Geräte in der Nähe zueinander befinden und am Stromnetz angeschlossen sind, bis der Migrationsvorgang abgeschlossen ist.
     Du kannst deine Daten auch über eine Kabelverbindung zwischen den Geräten übertragen.
   - Wenn du blind oder sehbehindert bist, kannst du während der Konfiguration dreimal die Home-Taste drücken (auf einem iPad mit Home-Taste) oder dreimal die obere Taste drücken (auf anderen iPad-Modellen), um VoiceOver, die Funktion zum Vorlesen des Bildschirminhalts zu aktivieren. Du kannst auch mit drei Fingern auf dem Bildschirm doppeltippen, um den Zoom zu aktivieren.

Daten von einem Android-Gerät auf das iPad übertragen

Beim erstmaligen Einrichten deines neuen iPad hast du die Möglichkeit, deine Daten sicher und automatisch von einem Android-Gerät zu übertragen.

Hinweis: Die App „Auf iOS übertragen“ steht dir allerdings nur bei der Erstkonfiguration des iPad zur Verfügung. Wenn du die Konfiguration bereits abgeschlossen hast und die App „Auf iOS übertragen“ verwenden möchtest, musst du dein iPad erst löschen und von vorne beginnen. Alternativ kannst du deine Daten manuell übertragen..

1. Lies auf deinem Gerät mit Android (ab Version 4.0) den Apple Support-Artikel Wechsel von Android zu iPhone, iPad oder iPod touch und lade die App „Auf iOS übertragen“ herunter.
2. Führe auf deinem iPad einen der folgenden Schritte aus:
   - Folge den Anweisungen des Systemassistenten.
   - Tippe auf dem Bildschirm „Apps & Daten“ auf „Daten von Android übertragen“.
3. Führe auf einem Android-Gerät einen der folgenden Schritte aus:
   - Aktiviere die WLAN-Verbindung.
   - Öffne die App „Auf iOS übertragen“.
   - Folge der auf dem Bildschirm angezeigten Anleitung.

Beenden des Ruhezustands und Entsperren des iPad

Wenn du dein iPad nicht verwendest, schaltet es automatisch die Bildschirmanzeige aus, um Strom zu sparen, aktiviert aus Sicherheitsgründen die Sperre und wechselt in den Ruhezustand. Wenn du dein iPad brauchst, kannst du es sehr schnell entsperren und den Ruhezustand beenden.

Ruhezustand des iPad beenden

Führe einen der folgenden Schritte aus, um den Ruhezustand des iPad zu beenden:

- Drücke die obere Taste.

- Tippe auf den Bildschirm (unterstützte Modelle).

iPad mit Face ID entsperren

Wenn du während der Konfiguration des iPad Face ID nicht eingerichtet hast.

1. Tippe auf unterstützten Modellen auf den Bildschirm und richte den Blick dann auf dein iPad.
   Das Schlosssymbol wird animiert und wechselt von „Geschlossen“ zu „Offen“. Das ist das Indiz dafür, dass das iPad entsperrt wurde.
2. Streiche vom unteren Bildschirmrand nach oben, um den Home-Bildschirm anzuzeigen.

Drücke die obere Taste, um das iPad wieder zu sperren. Das iPad wird automatisch gesperrt, wenn du den Bildschirm etwa eine Minute lang nicht berührst. Wenn jedoch die Option „Aufmerksamkeitssensible Funktionen“ in „Einstellungen“  > „Face ID & Code“ aktiviert ist, wird das iPad weder gedimmt noch gesperrt, solange du noch auf das iPad blickst.

iPad mit Touch ID entsperren

- Auf einem iPad mit Home-Taste: Drücke die Home-Taste mit einem Finger, den du für Touch ID registriert hast.

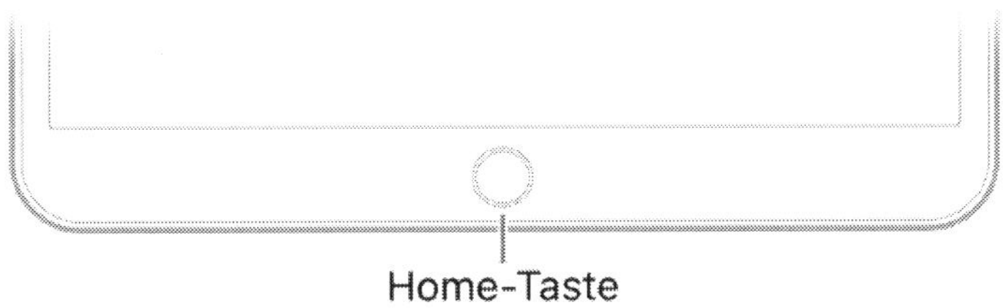

- Auf einem iPad mini (6. Generation) und iPad Air (4. Generation und neuere Modelle): Lege den Finger, den du für Touch ID registriert hast, auf die obere Taste (Touch ID).

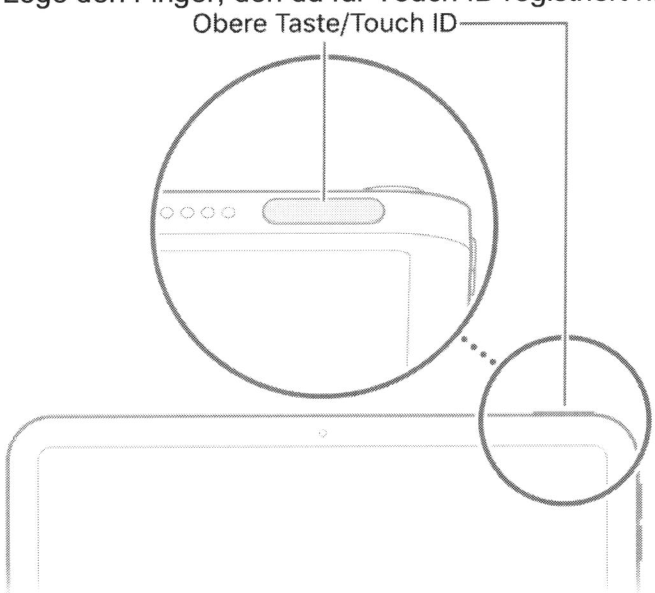

Drücke die obere Taste, um das iPad wieder zu sperren. Das iPad wird automatisch gesperrt, wenn du den Bildschirm etwa eine Minute lang nicht berührst.

iPad mit einem Code entsperren

Wenn du während der Konfiguration des iPad keinen Code festgelegt hast, findest du weitere Informationen unter Code festlegen oder ändern.

1. Drücke die Home-Taste (auf einem iPad mit Home-Taste) oder streiche vom unteren Rand des Sperrbildschirms nach oben (auf anderen iPad-Modellen).
2. Gib den Code ein.

Drücke die obere Taste, um das iPad wieder zu sperren. Das iPad wird automatisch gesperrt, wenn du den Bildschirm etwa eine Minute lang nicht berührst.

Einrichten des Mobilfunkdiensts auf dem iPad (Wi-Fi + Cellular-Modelle)

Wenn du ein Wi-Fi + Cellular-Modell verwendest, kannst du dich für einen mobilen Datentarif registrieren. Auf diese Weise bleibst du mit dem Internet verbunden, wenn du dich nicht in einem WLAN befindest. Wende dich bei Fragen zum Einrichten eines Mobilfunktarifs direkt an deinen Mobilfunkanbieter.

Unterstützte Modelle des iPad können eine Verbindung zu 5G-Netzen herstellen. Weitere Informationen findest du im Apple Support-Artikel 5G mit dem iPad verwenden.

Für die Mobilfunkverbindung wird eine SIM deines Mobilfunkanbieters benötigt. Das iPad unterstützt folgende SIM-Typen:

- eSIM (auf iPad-Modellen mit Unterstützung für eSIM; nicht in allen Ländern oder Regionen verfügbar)
- Integrierte Apple SIM oder Apple SIM-Karte
- Physische SIM-Karte deines Mobilfunkanbieters

Mobilfunktarif für eSIM einrichten

Auf Modellen, die eSIM unterstützen, kannst du den Mobilfunkdienst auf dem iPad aktivieren. Unter Umständen kannst du dich auf Reisen im Ausland mit deinem iPad beim Mobilfunkdienst eines lokalen Anbieters registrieren. Diese Option ist jedoch nicht in allen Ländern und Regionen verfügbar und es werden nicht alle Mobilfunkanbieter unterstützt.

1. Wähle „Einstellungen“ > „Mobile Daten“.
2. Führe einen der folgenden Schritte aus:
    - Wenn dies der erste Mobilfunktarif ist, den du auf deinem iPad einrichtest, wählst du den gewünschten Mobilfunkanbieter aus und folgst den angezeigten Anleitungen.

- Tippe auf „Neuen Tarif hinzufügen“, um einen weiteren Mobilfunktarif zu deinem iPad hinzuzufügen.
- Tippe auf „Andere“, um einen von deinem Mobilfunkanbieter bereitgestellten QR-Code zu scannen. Positioniere dein iPad so, dass der QR-Code, den du von deinem Mobilfunkanbieter erhalten hast, im Rahmen der Kamera erscheint, oder gib alternativ die Details manuell ein. Möglicherweise wirst du aufgefordert, einen Bestätigungscode einzugeben, den du ebenfalls von deinem Mobilfunkanbieter erhältst.

Du kannst alternativ den Mobilfunktarif auch mithilfe der App deines Mobilfunkanbieters aktivieren (sofern eine entsprechende App verfügbar ist). Lade dazu die App deines Mobilfunkanbieters aus dem App Store herunter und verwende diese App, um einen Mobilfunktarif zu erwerben.

Du kannst mehrere eSIM-Kennungen auf deinem iPad speichern. Du kannst aber immer nur jeweils eine dieser eSIM-Kennungen verwenden. Wähle für den Wechsel zu einer anderen eSIM „Einstellungen“ > „Mobile Daten“. Tippe danach auf den Tarif, den du verwenden möchtest (unter „Mobilfunktarife“).

Mobilfunktarif für integrierte Apple SIM oder Apple SIM-Karte einrichten

Bei Modellen mit integrierter Apple SIM oder Apple SIM-Karte kannst du den Mobilfunkdienst auf deinem iPad aktivieren. Unter Umständen kannst du dich auf Reisen im Ausland mit deinem iPad beim Mobilfunkdienst eines lokalen Anbieters registrieren. Diese Option ist jedoch nicht in allen Ländern und Regionen verfügbar und es werden nicht alle Mobilfunkanbieter unterstützt.

1. Wähle „Einstellungen“ > „Mobile Daten“.
2. Tippe auf „Tarif hinzufügen“ und folge den angezeigten Anleitungen. Du kannst einen Mobilfunkanbieter und einen Tarif auswählen oder dein iPad zu einem bestehenden Tarif hinzufügen.

SIM-Karte installieren

Du kannst eine Apple SIM-Karte installieren oder eine SIM-Karte, die du von deinem Mobilfunkanbieter erhalten hast.

1. Drücke das Werkzeug zum Auswerfen der SIM-Karte (nicht im Lieferumfang enthalten) oder eine aufgebogene Büroklammer vorsichtig in die kleine Öffnung am SIM-Fach, bis das Fach im iPad aufspringt.

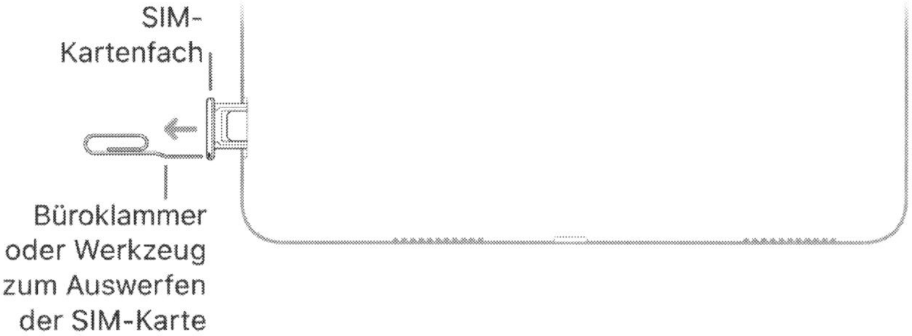

Hinweis: Die Form und die Ausrichtung des Fachs für die SIM-Karte hängen vom iPad-Modell und deinem Land oder deiner Region ab.

2. Ziehe das Kartenfach aus dem iPad heraus.
3. Setze die SIM-Karte in das Fach ein. Die abgeschrägte Ecke gibt die korrekte Ausrichtung vor.

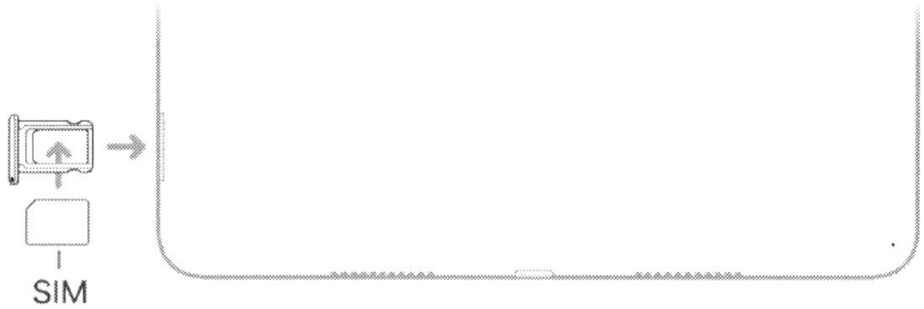

4. Schiebe das Kartenfach zurück in das iPad.
5. Gib, wenn du für die SIM-Karte eine PIN konfiguriert hast, diese PIN ein, wenn du dazu aufgefordert wirst.
   ACHTUNG: Versuche nie, die PIN-Nummer eines SIM-Moduls zu „erraten“. Eine mehrmalige falsche Eingabe kann dazu führen, dass deine SIM-Kennung permanent gesperrt wird. In diesem Fall kannst du über das Mobilfunknetz erst wieder Datenverbindungen herstellen, nachdem du von deinem Mobilfunkanbieter eine neue SIM-Kennung erhalten hast.

Für die Nutzung von Mobilfunkdaten ist ein Mobilfunktarif erforderlich. Wenn du eine SIM-Karte eines anderen Anbieters verwendest, musst du dich zur Einrichtung des Mobilfunkdiensts an deinen Mobilfunkanbieter werden.

Mobilfunkdienst verwalten

1. Wähle „Einstellungen“  > „Mobile Daten“.
2. Führe beliebige der folgenden Schritte aus:
   - Sämtliche Datenübertragungen auf WLAN beschränken: Deaktiviere „Mobile Daten“.
   - LTE und Roaming aktivieren oder deaktivieren: Tippe auf „Datenoptionen“.
   - Persönlichen Hotspot aktivieren: Tippe auf „Persönlichen Hotspot konfigurieren“ (bei einigen Mobilfunkanbietern verfügbar) und folge den angezeigten Anleitungen.

- Mobilfunkaccount verwalten: Tippe auf „[Accountname] verwalten“ oder auf „Netzbetreiberdienste“.

Wichtig: Wenn du Mobilfunkdienste über GSM-Netzwerke nutzt, benötigst du eine eSIM, eine integrierte Apple SIM, eine Apple SIM-Karte oder eine SIM-Karte eines anderen Anbieters. Wenn du Mobilfunkdienste über CDMA-Netzwerke nutzt, benötigst du eine integrierte Apple SIM, eine Apple SIM-Karte oder eine SIM-Karte eines anderen Anbieters. Dein iPad unterliegt den Bestimmungen und Richtlinien deines Mobilfunkanbieters, die Einschränkungen umfassen können, was das Roaming und das Wechseln des Dienstanbieters anbelangt. Entsprechende Regelungen können unter Umständen erst nach Abschluss des erforderlichen Servicevertrags in Kraft treten. Wende dich an deinen Mobilfunkanbieter, um weitere Informationen zu erhalten. Die Verfügbarkeit der Mobilfunkfunktionen ist vom Mobilfunknetz, dem iPad-Modell und deinem Standort abhängig.

Herstellen der Verbindung zum Internet auf dem iPad

Du kannst dein iPad über jedes verfügbare WLAN mit dem Internet verbinden. Wi-Fi + Cellular-Modelle können die Verbindung zum Internet auch über ein Mobilfunknetz herstellen.

iPad mit einem WLAN verbinden

1. Wähle „Einstellungen“ > „WLAN“ und aktiviere die Option „WLAN“.
2. Tippe auf eine der folgenden Optionen:
   - Ein Netzwerk: Gib das Passwort ein, sofern erforderlich.
   - Anderes: Du kannst die Verbindung zu einem ausgeblendeten Netzwerk herstellen. Gib den Namen des ausgeblendeten Netzwerks, den Sicherheitstyp und das Passwort ein.

Wenn oben auf dem Bildschirm erscheint, ist das iPad mit einem WLAN verbunden. (Du kannst dies überprüfen, indem du in der App „Safari“ eine Webseite anzeigst.) Das iPad stellt automatisch wieder die Verbindung zu diesem WLAN her, wenn du an diesen Standort zurückkehrst.

Persönlichem Hotspot beitreten

Wenn ein iPhone oder ein iPad (Wi-Fi + Cellular-Modelle) einen persönlichen Hotspot teilt, kannst du seine mobile Internetverbindung nutzen.

Wähle „Einstellungen“ > „WLAN“ und wähle dann den Namen des Geräts, das seinen persönlichen Hotspot teilt.

Wenn du auf deinem iPad zur Eingabe eines Passworts aufgefordert wirst, gib das Passwort ein, das auf dem Gerät, das den persönlichen Hotspot teilt, unter „Einstellungen“ > „Mobiles Netz“ > „Persönlicher Hotspot“ angezeigt wird.

iPad mit einem Mobilfunknetz verbinden (nur Wi-Fi + Cellular-Modelle)

Dein iPad stellt automatisch die Verbindung zum Mobilfunknetz deines Anbieters her, wenn kein WLAN-Netzwerk verfügbar ist. Prüfe Folgendes, wenn das iPad die Verbindung nicht herstellt:

1. Wähle „Einstellungen“ > „Mobile Daten“.
2. Vergewissere dich, dass die Option „Mobile Daten“ aktiviert ist.

Wenn das iPad eine Internetverbindung benötigt, führt es – in der genannten Reihenfolge – die folgenden Schritte aus, bis die Verbindung zustande kommt:

- Das Gerät versucht, die Verbindung zu dem zuletzt verfügbaren WLAN herzustellen.
- Das Gerät zeigt die Liste der verfügbaren WLANs an und versucht die Verbindung zu dem WLAN herzustellen, das du in der Liste auswählst.
- Das Gerät stellt die Verbindung zum Mobilfunknetz deines Anbieters her (nur Wi-Fi + Cellular-Modelle).
  Auf einem iPad mit 5G-Unterstützung kann das iPad anstelle von „WLAN“ dein 5G-Mobilfunknetz verwenden. Ist dies der Fall, wird der Hinweis „5G-Mobilfunknetz für Internet verwenden“ unter dem Namen des WLAN angezeigt. Tippe auf neben dem Namen des WLAN, um wieder zum WLAN zu wechseln, und tippe auf „WLAN für Internet verwenden“.

Hinweis: Wenn keine WLAN-Verbindung zum Internet verfügbar ist, fallen Gebühren für die Datenübertragung über das Mobilfunknetz durch Apps und Dienste an. Setze dich mit deinem Anbieter in Verbindung, um Informationen zu den anfallenden Kosten für die Datenübertragung über das Mobilfunknetz einzuholen.

Apple-ID und iCloud

Verwalten der Einstellungen für die Apple-ID auf dem iPad

Deine Apple-ID ist der Account, der es dir ermöglicht, auf Apple-Dienste wie App Store, iTunes Store, Apple Books, Apple Music, FaceTime, iCloud, iMessage u. a. zuzugreifen.

Mit deiner Apple-ID anmelden

Gehe wie folgt vor, um dich anzumelden, falls du dies nicht bereits im Zuge der Erstkonfiguration getan hast:

1. Wähle „Einstellungen“ .
2. Tippe auf „Beim iPad anmelden“.

3. Gib deine Apple-ID und das zugehörige Passwort ein.
   Wenn du noch keine Apple-ID hast, kannst du eine ID erstellen.
4. Gib den sechsstelligen Bestätigungscode ein, wenn du die Zwei-Faktor-Authentifizierung zum Schutz deines Accounts nutzt.

Für den Fall, dass du deine Apple-ID oder dein Passwort vergessen hast, findest du weitere Informationen unter Probleme beim Anmelden?.

Apple-ID-Einstellungen ändern

1. Wähle „Einstellungen" > „[dein Name]".
2. Führe beliebige der folgenden Schritte aus:
   - Deine Kontaktinformationen aktualisieren
   - Dein Passwort ändern
   - Kontakte für die Accountwiederherstellung hinzufügen oder entfernen
   - Abonnements anzeigen und verwalten
   - Zahlungsmethode oder Rechnungsadresse aktualisieren
   - Familienfreigabe verwalten

Verwenden von iCloud auf dem iPad

Mit iCloud kannst du deine Fotos, Videos, Dokumente, Backups und vieles mehr automatisch sicher speichern und hast die Gewissheit, dass alle Inhalte auf all deinen Geräten immer auf dem aktuellen Stand sind. Mit iCloud kannst du auch Fotos, Kalender, Notizen, Ordner und Dateien mit deinem Freundeskreis und deiner Familie teilen. iCloud stellt dir einen E-Mail-Account und 5 GB kostenfreien Speicherplatz für deine Daten zur Verfügung. Wenn du zusätzlichen Speicherplatz und weitere Funktionen nutzen möchtest, kannst du iCloud+ abonnieren.

Hinweis: Für einige iCloud-Funktionen gelten Mindestsystemvoraussetzungen. Die Verfügbarkeit von iCloud und seiner Funktionen variiert abhängig von Land oder Region.

iCloud-Einstellungen ändern

1. Wähle „Einstellungen" > „[dein Name]" > „iCloud".
2. Führe beliebige der folgenden Schritte aus:
   - Status deines iCloud-Speichers anzeigen.
   - Aktiviere die Optionen der Funktionen, die du nutzen möchtest (z. B. „Fotos", „Mail", „Kontakte" und „Nachrichten").

Mögliche Verwendungszwecke von iCloud auf dem iPad

iCloud kann automatische Backups von deinem iPad erstellen.

Du kannst auch die folgenden Informationen in iCloud speichern und auf deinem iPad und anderen Apple-Geräten auf dem aktuellen Stand halten:

- Fotos und Videos;
- Dateien und Dokumente
- iCloud-Mail

- Kontakte, Kalender, Notizen und Erinnerungen
- Daten von kompatiblen Apps und Spielen anderer Anbieter
- Konversationen der App „Nachrichten“
- Passwörter und Zahlungsmethoden
- Safari-Lesezeichen und geöffnete Tabs
- Einstellungen für die Apps „News“, „Aktien“ und „Wetter“
- Daten für die Apps „Home“ und „Health“
- Sprachmemos
- Favoriten für die App „Karten“

Du kannst außerdem beliebige der folgenden Schritte ausführen:

- Teile deine Fotos und Videos.
- Teile Ordner und Dokumente mit iCloud Drive.
- Verwende die App „Wo ist?“, um ein verloren gegangenes oder verlegtes Gerät zu finden, oder um Standorte mit deinem Freundeskreis und deiner Familie zu teilen.

Wenn du zusätzlichen Speicherplatz und Zugriff auf iCloud Privat-Relay (Beta) und „E-Mail-Adresse verbergen“ sowie Unterstützung für HomeKit Secure Video benötigst, kannst du iCloud+ abonnieren.

Du kannst auch auf dem iPhone, iPod touch, Mac, Apple TV, Windows-Computer, auf deiner Apple Watch und über iCloud.com auf deine iCloud-Daten zugreifen. Weitere Informationen über die verfügbaren Funktionen und deren geräteübergreifende Funktionsweise findest du im Benutzerhandbuch für iCloud.

Abonnieren von iCloud+ auf dem iPad

iCloud+ bietet dir alle Funktionen von iCloud und darüber hinaus Premiumfunktionen wie iCloud Privat-Relay (Beta), „Meine E-Mail-Adresse verbergen“, Unterstützung für HomeKit Secure Video sowie den Speicherplatz, den du für deine Fotos, Dateien und andere Inhalte benötigst.

Du kannst iCloud+ abonnieren oder Apple One, einen Dienst, der iCloud+ und weitere Apple-Dienste umfasst. Weitere Informationen findest du im Apple Support-Artikel Apple One abonnieren.

Hinweis: Für einige Funktionen von iCloud+ gibt es Mindestsystemvoraussetzungen. Die Verfügbarkeit von iCloud+ und seiner Funktionen variiert abhängig von Land oder Region.

Funktionsumfang von iCloud+

Wenn du iCloud+ abonnierst, stehen dir folgende Optionen zur Verfügung:

- Wähle den gewünschten Speicherplan: 50 GB, 200 GB oder 2 TB.
- Erstelle mit „E-Mail-Adresse verbergen“ eindeutige, zufällig generierte E-Mail-Adressen, die Mails an deinen persönlichen E-Mail-Account weiterleiten.
- Surfe noch sicherer und privater im Netz mit Privat-Relay (Beta).
- Richte mit HomeKit Secure Video Sicherheitskameras für dein Zuhause ein, damit du das Filmmaterial jederzeit und von jedem Ort ansehen kannst und es trotzdem privat und sicher bleibt.
- Verwende eine eigene E-Mail-Domain, um iCloud-Mail zu personalisieren.

Weitere Informationen über die Funktionen von iCloud+ deren geräteübergreifende Funktionsweise findest du im Benutzerhandbuch für iCloud.

Abonnement für iCloud+ aktualisieren, ändern oder kündigen

1. Wähle „Einstellungen“ > „[dein Name]“ > „iCloud“.
2. Tippe auf „Speicher verwalten“, dann auf „Speicherplan ändern“ und wähle eine der Optionen aus. Folge dann den angezeigten Anleitungen.

Hinweis: Wenn du dein Abonnement für iCloud+ kündigst, hast du anschließend keinen Zugriff mehr auf den zusätzlichen iCloud-Speicher und die Funktionen von iCloud+.

iCloud+ teilen

Du kannst die Familienfreigabe verwenden, um iCloud+ mit bis zu fünf weiteren Familienmitgliedern zu teilen. Wenn du dein Abonnement teilst und deine Familienmitglieder die Einladung akzeptieren, haben sie sofort Zugriff auf den zusätzlichen Speicher und die zusätzlichen Funktionen.

Hinweis: Wenn du dein Abo für iCloud+ nicht mehr mit einer Familiengruppe teilen möchtest, kannst du das Abonnement kündigen, die Familiengruppe verlassen oder die Familienfreigabe deaktivieren.

Suchen nach Einstellungen auf dem iPad

In der App „Einstellungen“ kannst du iPad-Einstellungen suchen, die du ändern willst, beispielsweise deinen Code, Mitteilungstöne usw.

1. Tippe im Home-Bildschirm (oder in der App-Mediathek) auf „Einstellungen“.
2. Streiche vom oberen Bildschirmrand nach unten, um das Suchfeld einzublenden. Gib einen Suchbegriff ein wie beispielsweise „iCloud“. Tippe anschließend auf der linken Seite des Bildschirms auf eine Einstellung.

Einrichten von Accounts für Mail, Kontakte und Kalender auf dem iPad

Zusätzlich zu den Apps, die du mit deinem iPad erhältst und die du in Verbindung mit iCloud verwenden kannst, unterstützt dein iPad auch Microsoft Exchange und andere internetbasierte Mail-, Kontakt- und Kalenderdienste. Du kannst Accounts für diese Dienste einrichten.

Mail-Account einrichten

1. Wähle „Einstellungen“ > „Mail“ > Accounts“ > „Account hinzufügen“.
2. Führe einen der folgenden Schritte aus:

- Tippe auf einen E-Mail-Dienst wie beispielsweise iCloud oder Microsoft Exchange und gib die Zugangsdaten für deinen E-Mail-Account ein.
- Tippe auf „Andere“, dann auf „Mail-Account hinzufügen“ und gib die Informationen zum Einrichten eines neuen Accounts ein.

Kontakte-Account einrichten

1. Wähle „Einstellungen“  > „Kontakte“ > „Accounts“ > „Account hinzufügen“ > „Andere“.
2. Tippe auf „LDAP-Account hinzufügen“ oder auf „CardDAV-Account hinzufügen“ (sofern deine Organisation diese Art von Accounts unterstützt) und gib danach die Server- und Account-Informationen ein.

Kalender-Account einrichten

1. Wähle „Einstellungen“  > „Kalender“ > Accounts“ > „Account hinzufügen“.
2. Tippe auf „Andere“ und führe beliebige der folgenden Schritte aus:
    - Kalender-Account hinzufügen: Tippe auf „CalDAV-Account hinzufügen“ und gib danach deine Server- und Accountinformationen ein.
    - iCal-Kalender (.ics) abonnieren: Tippe auf „Kalenderabo hinzufügen“ und gib die URL der .ics-Datei ein, die du abonnieren möchtest, oder importiere eine .ics-Datei aus Mail.

Wenn du den iCloud-Schlüsselbund auf deinem iPad aktivierst, bleiben deine Accounts auf all deinen Geräten auf dem neuesten Stand, auf denen ebenfalls der iCloud-Schlüsselbund aktiviert ist.

Bedeutung der Statussymbole auf dem iPad

Die Symbole in der Statusleiste ganz oben auf dem Bildschirm zeigen Informationen zum iPad an.

Hinweis: Wenn du einen Fokus aktivierst, wird das zugehörige Symbol in der Statusleiste angezeigt.

Symbol	Bedeutung
	WLAN Das Pad hat eine WLAN-Verbindung zum Internet. Je mehr Striche du siehst, umso besser ist die Verbindung.

	Mobilfunksignal Das iPad (Wi-Fi + Cellular-Modelle) ist in Reichweite des Mobilfunknetzes. Wenn kein Mobilfunksignal empfangen wird, erscheint die Meldung „Kein Dienst".
	Flugmodus Der Flugmodus ist aktiviert. Alle nicht netzunabhängigen Funktionen sind verfügbar, während alle netzabhängigen Funktionen deaktiviert sind.
5G	5G Das 5G-Netz deines Mobilfunkanbieters ist verfügbar und unterstützte Modelle können über dieses Netz auf das Internet zugreifen (nicht in allen Ländern oder Regionen verfügbar).
5G UC	5G UC Das 5G UC-Netz deines Mobilfunkanbieters ist verfügbar und umfasst unter Umständen auch die höherfrequente 5G-Version deines Netzanbieters. Unterstützte Modelle können über dieses Netz auf das Internet zugreifen (nicht in allen Ländern oder Regionen verfügbar).
5G+	5G+ Das 5G+-Netz deines Mobilfunkanbieters ist verfügbar und umfasst unter Umständen auch die höherfrequente 5G-Version deines Netzanbieters. Unterstützte Modelle können über dieses Netz auf das Internet zugreifen (nicht in allen Ländern oder Regionen verfügbar).
5G UW	5G UW Das 5G UW-Netz deines Mobilfunkanbieters ist verfügbar und umfasst unter Umständen auch die höherfrequente 5G-Version deines Netzanbieters. Unterstützte Modelle können über dieses Netz auf das Internet zugreifen (nicht in allen Ländern oder Regionen verfügbar).
5G E	5G E Das 5G E-Netz deines Mobilfunkanbieters ist verfügbar und unterstützte Modelle können über dieses Netz auf das Internet zugreifen (nicht in allen Ländern oder Regionen verfügbar).
4G	4G Das iPad (Wi-Fi + Cellular-Modelle) ist über ein 4G-Netz mit dem Internet verbunden (nicht in allen Ländern oder Regionen verfügbar).

LTE	LTE Das iPad (Wi-Fi + Cellular-Modelle) ist über ein 4G/LTE-Netz mit dem Internet verbunden (nicht in allen Ländern oder Regionen verfügbar).
3G	3G Das iPad (Wi-Fi + Cellular-Modelle) ist über ein 3G-Netz mit dem Internet verbunden.
EDGE	EDGE Das iPad (Wi-Fi + Cellular-Modelle) ist über ein EDGE-Netz mit dem Internet verbunden.
GPRS	GPRS Das iPad (Wi-Fi + Cellular-Modelle) ist über ein GPRS-Netz mit dem Internet verbunden.
	Persönlicher Hotspot Das iPad ist über den persönlichen Hotspot eines anderen Geräts mit dem Internet verbunden.
	Hinweis auf Navigation Das iPad stellt detaillierte Wegbeschreibungen bereit.
	Hinweis auf persönlichen Hotspot Das iPad stellt einen persönlichen Hotspot bereit.
	Hinweis auf Anruf Auf dem iPad findet ein Telefonanruf statt.
	Hinweis auf FaceTime Auf dem iPad findet ein FaceTime-Anruf statt.
	Hinweis auf Aufnahme Das iPad nimmt den Bildschirm auf.

	Hinweis auf Kameranutzung Eine App verwendet die Kamera.
	Hinweis auf Mikrofonnutzung Eine App verwendet das Mikrofon.
	Synchronisieren Das iPad wird mit deinem Computer synchronisiert.
	Aktivität Es findet gerade eine Netzwerkaktivität oder eine andere Aktivität statt. Einige Apps anderer Anbieter verwenden dieses Symbol, um auf eine Aktivität der App hinzuweisen.
VPN	VPN Das iPad ist über VPN mit einem Netzwerk verbunden.
	Schloss Das iPad ist gesperrt.
	RTT RTT ist aktiviert.
	Nicht stören Die Option „Nicht stören" ist aktiviert.
	Ausrichtungssperre Die Ausrichtung des Bildschirms ist gesperrt.
	Ortungsdienste Eine App nutzt die Ortungsdienste.

	Wecker Es wurde ein Wecker gestellt.
	Kopfhörer angeschlossen Das iPad ist mit Bluetooth-Kopfhörern gekoppelt, die eingeschaltet sind und sich in der Reichweite von Bluetooth befinden.
	Bluetooth-Batterie Dieses Symbol zeigt den Batterieladezustand eines unterstützten Bluetooth-Geräts an.
	Batterie Dieses Symbol zeigt die Batterieladung oder den Ladezustand.
	Laden der Batterie Dieses Symbol zeigt an, dass die Batterie im iPad geladen wird.
	AirPlay AirPlay ist aktiviert.
	Sprachsteuerung Die Sprachsteuerung wird unter „Einstellungen“ > „Bedienungshilfen“ aktiviert und Siri ist bereit für deine Anfragen.

Aufladen der Batterie und Prüfen der Batterielaufzeit

Laden der iPad-Batterie

Das iPad verfügt über eine integrierte, aufladbare Lithium-Ionen-Batterie. Die Lithium-Ionen-Technologie bietet aktuell die beste Leistung für dein Gerät. Im Vergleich zu anderen Batterietechnologien sind Lithium-Ionen-Batterien leichter, schneller ladbar und länger haltbar und sie haben eine höhere Leistungsdichte für eine längere Batterielaufzeit.

Informationen zum Laden der Batterie

Das Batteriesymbol oben rechts in der Statusleiste zeigt den Ladezustand der Batterie an. Wenn du das iPad synchronisierst oder verwendest, kann der Ladevorgang länger dauern.

Bei geringer Batterieladung des iPad wird unter Umständen die Darstellung einer fast leeren Batterie angezeigt, um dich darauf aufmerksam zu machen, dass das iPad mindestens 10 Minuten lang aufgeladen werden muss, bevor du es wieder verwenden kannst. Ist die Batterie des iPad nahezu vollständig entladen, wenn du mit dem Ladevorgang beginnst, bleibt die Bildschirmanzeige unter Umständen bis zu 2 Minuten lang leer, bevor der Batteriewarnhinweis eingeblendet wird.

Batterie laden

Führe einen der folgenden Schritte aus, um die Batterie des iPad aufzuladen:

- Verbinde das iPad über das mitgelieferte Kabel und das Netzteil mit einer Steckdose.

Hinweis: Wenn du das iPad an eine Steckdose anschließt, wird möglicherweise ein Backup-Vorgang mittels iCloud oder eine drahtlose Synchronisierung des Computers gestartet.

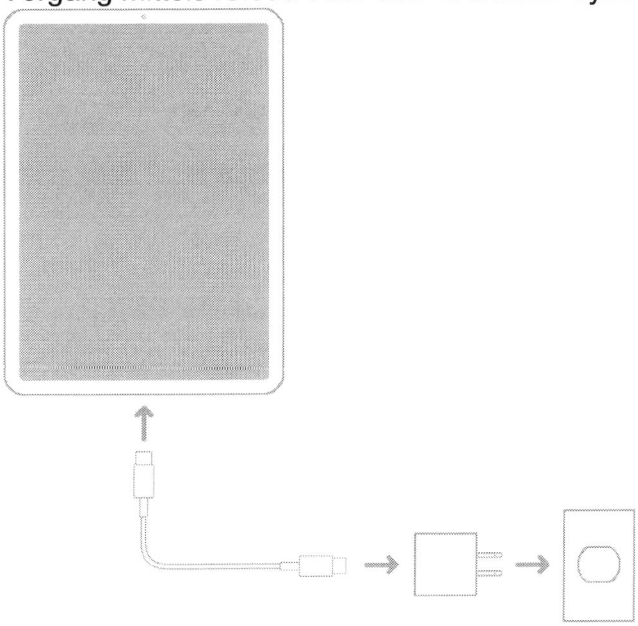

- Verbinde das iPad und deinen Computer mit einem Kabel.
  Vergewissere dich, dass dein Computer eingeschaltet ist. Wenn das iPad mit einem ausgeschalteten Computer verbunden ist, kann sich die Batterie entladen, anstatt aufgeladen zu werden. Sieh nach, ob  auf dem Batteriesymbol angezeigt wird, um sicherzustellen, dass das iPad aufgeladen wird.
  Wenn dein Mac oder PC nicht genügend Leistung zum Laden des iPad hat, wird in der Statusleiste die Nachricht „Lädt nicht“ angezeigt.
  Hinweis: Du solltest nicht versuchen, die Batterie in deinem iPad aufzuladen, indem du es an deine Tastatur anschließt, es sei denn deine Tastatur ist mit einem High-Power-USB-Anschluss ausgestattet.

ACHTUNG: Stecke das Ladekabel nicht in den Ladeanschluss, wenn du vermutest, dass sich im Ladeanschluss des iPad Flüssigkeit befinden könnte.

Stromsparmodus aktivieren

Das Arbeiten im Stromsparmodus kann zu einer deutlich längeren Nutzungsdauer einer Batterieladung führen. Aktiviere die Option „Stromsparmodus“, wenn die Batterie deines iPad fast leer ist, oder wenn du das Gerät an eine Stromquelle anschließen kannst.

1. Wähle „Einstellungen“ > „Batterie“.
2. Aktiviere die Option „Stromsparmodus“.

Der Stromsparmodus schränkt die Hintergrundaktivität ein und optimiert die Leistung für grundlegende Aufgaben wie Telefonate, E-Mails und Nachrichten, Internetzugang usw.

Hinweis: Wenn dein iPad automatisch in den Stromsparmodus umschaltet, schaltet es sich wieder in den Normalmodus, nachdem die Batterie zu 80 % aufgeladen wurde. Möglicherweise führt das iPad einige Aufgaben langsamer aus, wenn der Stromsparmodus aktiviert ist.

Die Lebensdauer und die Ladezyklen der Batterie hängen von der Nutzung und von den Einstellungen ab. Die Batterie des iPad darf nur von Apple oder einem autorisierten Servicepartner gewartet oder recycelt werden.

Batterieladung des iPad in Prozent anzeigen

In der Statusleiste des iPad kannst du sehen, wie viel Ladung verbleibt. Außerdem kannst du ein Widget zum Home-Bildschirm hinzufügen, damit du die Ladezustände der Batterien deines iPad und der verbundenen Geräte (wie AirPods, Apple Pencil und andere) überwachen kannst.

Batterieladung des iPad in Prozent in der Statusleiste anzeigen

Tippe auf „Einstellungen“ > „Batterie“ und aktiviere „Batterieladung in %“.

Widget „Batterien“ zum Home-Bildschirm hinzufügen

1. Lege einen Finger auf den Hintergrund des Home-Bildschirms, bis die Apps zu wackeln beginnen.
2. Tippe oben auf + und tippe dann auf „Batterien“.
3. Streiche nach links und rechts über die Widgets für den Batteriestatus, um die Größenoptionen zu sehen.
   Die unterschiedlichen Widgetgrößen zeigen unterschiedliche Informationen an.
4. Wenn du die gewünschte Größe siehst, tippst du auf „Widget hinzufügen“ und danach auf „Fertig“.

Batterienutzung auf dem iPad anzeigen

Um zu erfahren, wie sich deine Nutzung des iPad auf die Batterie auswirkt, wähle „Einstellungen“ > „Batterie“.

Du kannst die Informationen über die Batterienutzung und die Aktivitäten für die letzten 24 Stunden oder für die letzten 10 Tage anzeigen.

- **Einblicke und Empfehlungen**: Es werden ggf. Informationen zu Bedingungen und Nutzungsmustern angezeigt, die zu einem erhöhten Energieverbrauch des iPad führen. Möglicherweise werden auch Vorschläge angezeigt, wie du den Energieverbrauch reduzieren kannst. Falls ein Vorschlag erscheint, gelangst du durch Tippen auf den Vorschlag direkt zur entsprechenden Einstellung.
- **Letzte Ladung**: Hier wird angezeigt, wie weit die Batterie beim letzten Ladevorgang aufgeladen wurde und zu welchem Zeitpunkt die Verbindung zur Stromquelle beendet wurde.
- **Diagramm „Batteriestatus“ (im Bereich „Letzte 24 Stunden“)**: Hier werden der Ladezustand der Batterie, die Intervalle zwischen den Ladevorgängen und die Zeiten angezeigt, in denen das iPad im Stromsparmodus betrieben wurde oder der Ladezustand einen kritischen Bereich erreichte.
- **Diagramm „Batteriestatus“ (im Bereich „Letzte 10 Tage“)**: Hier wird der prozentuale Verbrauch von Batteriestrom pro Tag angezeigt.
- **Diagramm „Aktivität“**: Hier wird die Aktivität im Zeitverlauf dargestellt und nach Zeiten, in denen der Bildschirm eingeschaltet, und nach Zeiten, in denen er ausgeschaltet war, aufgeschlüsselt.
- **„Bildschirm ein“ und „Bildschirm aus“**: Hier wird die Gesamtaktivität für das ausgewählte Zeitfenster angezeigt und nach Zeiten, in denen der Bildschirm eingeschaltet, und nach Zeiten, in denen er ausgeschaltet war, aufgeschlüsselt. In der Ansicht „„„Letzte 10 Tage“ wird der Tagesdurchschnitt angezeigt.
- **Batterienutzung pro App**: Es wird angezeigt, wie hoch im ausgewählten Zeitfenster der Anteil (in Prozent) jeder App am Batterieverbrauch war.
- **Aktivität pro App**: Es wird angezeigt, für wie lange jede App im ausgewählten Zeitfenster genutzt wurde.

Hinweis: Tippe auf das Zeitfenster im Diagramm, um die Batterieinformationen für eine bestimmte Stunde oder einen bestimmten Tag anzuzeigen. Tippe zum Aufheben der Auswahl auf eine Stelle außerhalb des Diagramms.

Die Lebensdauer und die Ladezyklen der Batterie hängen von der Nutzung und von den Einstellungen ab. Die Batterie des iPad darf nur von Apple oder einem autorisierten Servicepartner gewartet oder recycelt werden.

Laden des Benutzerhandbuchs für das iPad oder Setzen eines Lesezeichens

Du kannst das Benutzerhandbuch für das iPad in der App „Safari“ anzeigen oder es in der App „Bücher“ laden, um es zu lesen, wenn du offline bist.

Benutzerhandbuch in Safari anzeigen und Lesezeichen hinzufügen

Öffne Safari und gehe zu https://support.apple.com/guide/ipad.

Scrolle ans Ende der Seite, wenn du das Benutzerhandbuch in einer anderen Sprache lesen möchtest. Tippe auf den Link mit dem Namen des Landes oder der Region (zum Beispiel „United States“) und wähle das gewünschte Land bzw. die Region aus.

Tipp: Du kannst das Handbuch auch als Kurzbefehl zum Home-Bildschirm hinzufügen oder in Safari ein Lesezeichen setzen, um schnell darauf zugreifen zu können. Tippe auf und wähle die gewünschte Option aus:

- **Zu Home-Bildschirm hinzufügen**: Der Kurzbefehl wird im Home-Bildschirm als neues Symbol angezeigt.
- **Lesezeichen hinzufügen**: Das Lesezeichen erscheint, wenn du auf tippst und anschließend in der App „Safari“ auf „Lesezeichen tippst.

Benutzerhandbuch über Apple Books herunterladen

Wenn du über Apple Books (wo verfügbar) das Handbuch herunterlädst, kannst du darin auch lesen, wenn dein iPad nicht mit dem Internet verbunden ist.

1. Öffne die App „Bücher“ .
2. Tippe auf „Suchen“ und gib „iPad-Benutzerhandbuch“ als Suchbegriff ein.
3. Tippe auf „Laden“ und warte, bis das Handbuch vollständig heruntergeladen wurde.

Grundlagen

Erlernen von Gesten für das iPad

Grundlegende Gesten für die Interaktion mit dem iPad

Du kannst dein iPad und die darauf befindlichen Apps mit einigen einfachen Gesten steuern: Tippen, Finger auflegen, Streichen, Scrollen und Zoomen.

Symbol	Geste
	Tippen. Tippe mit einem Finger leicht auf den Bildschirm.
	Finger auflegen. Lege den Finger auf Objekte in einer App, um den Inhalt in der Vorschau anzusehen und Schnellaktionen auszuführen. Lege auf dem Home-Bildschirm den Finger kurz auf das Symbol einer App, um ein Menü mit Schnellaktionen zu öffnen.
	Streichen. Bewege einen Finger rasch über den Bildschirm.
	Scrollen. Bewege einen Finger über den Bildschirm, ohne ihn anzuheben. Beispiel: In der App „Fotos“ kannst du in einer Liste nach oben und nach unten scrollen, um weitere Fotos anzuzeigen. Streiche mit einer gleitenden Fingerbewegung, um schnell zu scrollen. Lege den Finger auf den Bildschirm, um das Scrollen zu stoppen.
	Zoomen. Setze zwei Finger nah beieinander auf den Bildschirm. Ziehe sie zum Einzoomen auseinander. Ziehe sie zum Auszoomen aufeinander zu. Du kannst ein Foto oder eine Webseite auch durch Doppeltippen einzoomen und durch erneutes Doppeltippen wieder auszoomen. In der App „Karten“ kannst du Kartenausschnitte einzoomen, indem du doppeltippst, den Finger auf der Karte belässt und ihn nach oben ziehst. Lass deinen Finger nach

	dem Doppeltippen auf der Karte liegen und ziehe ihn nach unten, um den Ausschnitt auszuzoomen.

Erlernen von erweiterten Gesten für die Interaktion mit dem iPad

Hier findest du eine praktische Übersicht über die Gesten, die du auf allen iPad-Modellen verwendest, um den Home-Bildschirm anzuzeigen, zwischen kürzlich verwendeten Apps umzuschalten, auf Steuerelemente zuzugreifen und vieles mehr. In der folgenden Tabelle ist beschrieben, welche speziellen Gesten es für ein iPad mit Home-Taste gibt.

Geste	Beschreibung
	Zum Home-Bildschirm wechseln. Streiche vom unteren Bildschirmrand nach oben, um jederzeit zum Home-Bildschirm zurückzukehren.
	Schnell auf Steuerelemente zugreifen. Streiche von der oberen rechten Ecke nach unten, um das Kontrollzentrum zu öffnen. Lege den Finger auf ein Steuerelement, um weitere Optionen anzuzeigen. Wähle „Einstellungen“  > „Kontrollzentrum“, um Steuerelemente hinzuzufügen oder zu entfernen..

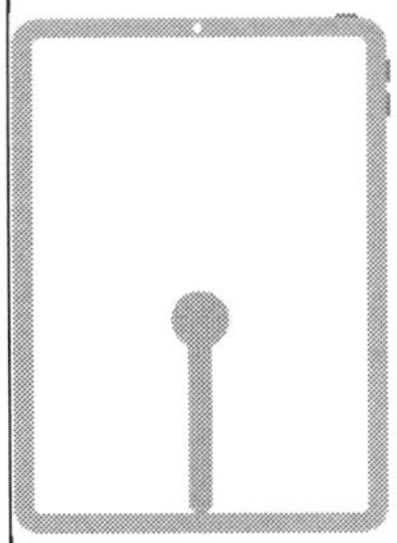	App-Umschalter öffnen. Streiche vom unteren Rand nach oben, stoppe kurz in der Mitte des Bildschirms und hebe dann deinen Finger an. Streiche nach rechts, um die aktuell geöffneten Apps der Reihe nach anzuzeigen, und tippe auf die App, die du verwenden möchtest.
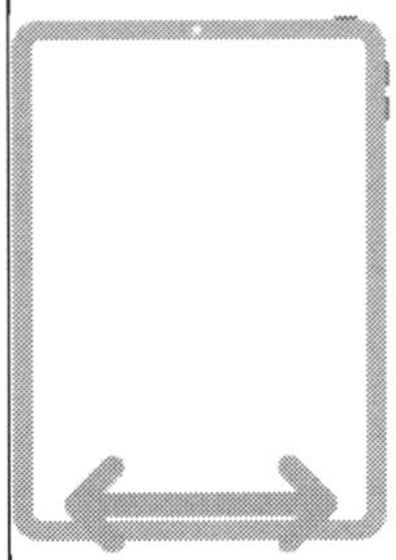	Zwischen geöffneten Apps wechseln. Streiche am unteren Bildschirmrand nach links oder rechts, um schnell zwischen geöffneten Apps zu wechseln. (Auf einem iPad mit Home-Taste führst du die Streichbewegung in einem leichten Bogen aus.)
	Das Dock aus einer App heraus öffnen. Streiche vom unteren Bildschirmrand nach oben und warte, bis das Dock angezeigt wird. Tippe im Dock auf die gewünschte App, um sie schnell zu öffnen.

	Frage Siri. Sage einfach „Hey Siri“. Oder halte die obere Taste gedrückt, während du deine Anfrage sprichst. (Auf einem iPad mit Home-Taste hältst du die Home-Taste gedrückt, während du deine Anfrage sprichst.) Lasse die Taste anschließend wieder los.
	Bedienungshilfen-Kurzbefehl verwenden. Klicke dreimal die obere Taste. (Auf einem iPad mit Home-Taste klickst du dreimal auf die Home-Taste.)
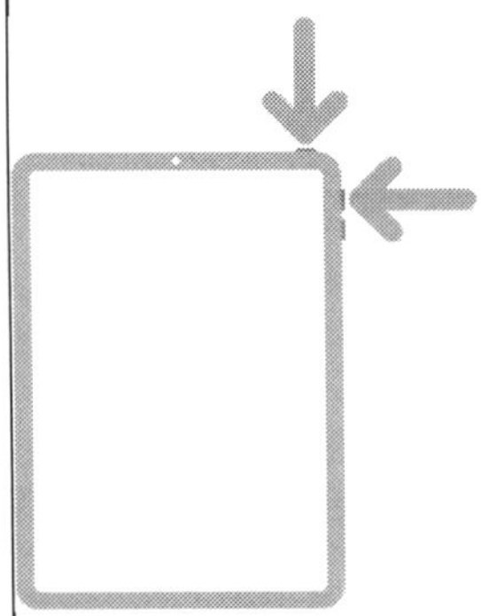	Bildschirmfoto aufnehmen. Drücke gleichzeitig die obere Taste und eine der Lautstärketasten und lass sie schnell wieder los. (Auf einem iPad mit Home-Taste drückst du die obere Taste und die Home-Taste gleichzeitig und lässt beide Tasten schnell wieder los.).

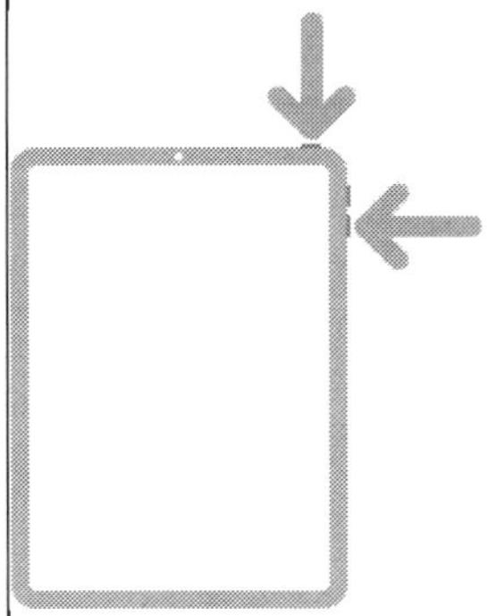	Ausschalten. Halte gleichzeitig die obere Taste und eine der Lautstärketasten gedrückt, bis die Schieberegler angezeigt werden. Bewege dann den oberen Schieberegler, um das Gerät auszuschalten. (Auf einem iPad mit Home-Taste hältst du die obere Taste gedrückt, bis die Schieberegler angezeigt werden.) Wähle alternativ „Einstellungen“  > „Allgemein“ > „Ausschalten“.
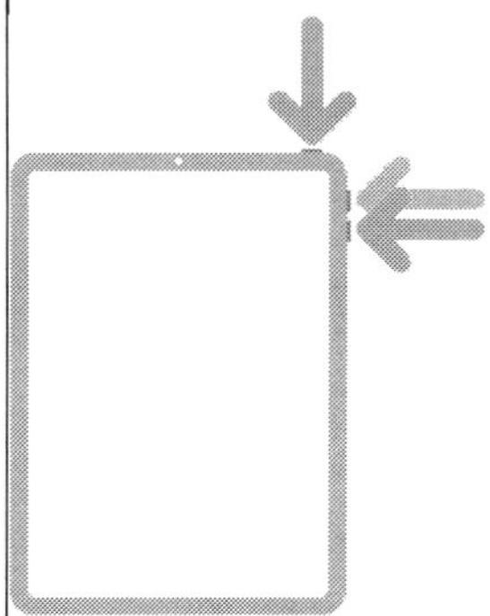	Neustart erzwingen. Drücke die Lautstärketaste, die sich am dichtesten an der oberen Taste befindet, und lass sie schnell wieder los, drücke die andere Lautstärketaste und lass sie schnell wieder los. Drücke und halte danach die obere Taste, bis das Apple-Logo angezeigt wird. Auf dem iPad mini (6. Generation) befinden sich die Lautstärketasten oben links.

Anpassen der Lautstärke auf dem iPad

Verwende die Lautstärketasten des iPad, um die Lautstärke von Musiktiteln und anderen Medien, Hinweistönen und Soundeffekten anzupassen. (Abhängig von deinem Modell befinden sich die Lautstärketasten entweder an Seite oder oben am Gerät.)

Du kannst die Lautstärke auch mit Siri anpassen.

Siri: Sage zum Beispiel: „Mach lauter“ oder „Mach leiser.“

Du kannst das Kontrollzentrum verwenden, um Audiohinweise und Mitteilungen stummzuschalten.

Mit der Option „Nicht stören“ wird Audio von Musik, Podcasts, Filmen und TV-Sendungen nicht stummgeschaltet.

Lautstärke von Klingel- und Hinweistönen sperren

Wähle „Einstellungen“  > „Töne“ und deaktiviere die Option „Mit Tasten ändern“.

Hinweis: Wähle „Einstellungen“ > „Musik“ > „Maximale Lautstärke“ und ziehe den Schieberegler, um die maximale Lautstärke für die Kopfhörer festzulegen.

Lautstärke im Kontrollzentrum anpassen

Solange das iPad gesperrt ist oder du eine andere App verwendest, kannst du die Lautstärke im Kontrollzentrum anpassen.

Öffne das Kontrollzentrum und bewege .

Stummschalten

Halte die Lautstärketaste „Leiser“ gedrückt.

Anrufe, Warnungen und Mitteilungen vorübergehend stummschalten

Öffne das Kontrollzentrum, tippe auf „Fokus“ und anschließend auf „Nicht stören“. (Weitere Informationen findest du unter Aktivieren oder Deaktivieren eines Fokus auf dem iPad.)

Das iPad bietet mehrere Möglichkeiten, dein Gehör vor zu hoher Lautstärke zu schützen, während die Audioausgabe über Kopfhörer erfolgt.

Verwenden von Apps

Öffnen von Apps auf dem iPad

Über die Seiten des Home-Bildschirms kannst du Apps schnell öffnen.

1. Streiche zum Anzeigen des Home-Bildschirms auf dem iPad vom unteren Bildschirmrand nach oben.

2. Streiche nach links oder nach rechts, um die Apps auf den weiteren Seiten des Home-Bildschirms zu sehen.

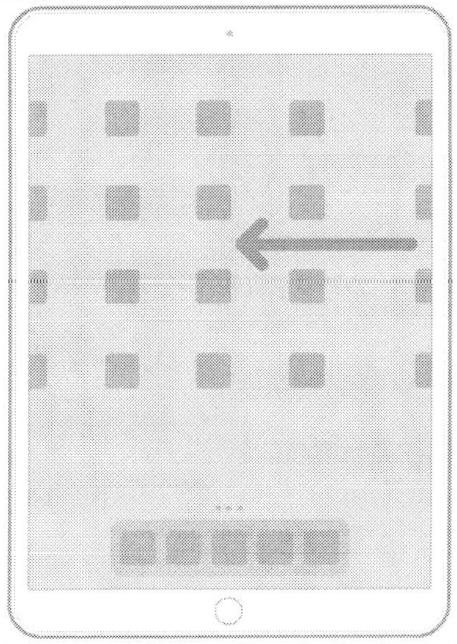

3. Tippe auf das Symbol einer App auf dem Home-Bildschirm, um die App zu öffnen.
4. Streiche zum Anzeigen der ersten Seite des Home-Bildschirms auf dem iPad vom unteren Bildschirmrand nach oben.

Finden von Apps in der App-Mediathek auf dem iPad

Die App-Mediathek zeigt deine Apps nach Kategorien sortiert an. Zu den Kategorien gehören unter anderem „Produktivität & Finanzen“, „Kreativität“, „Informationen & Lesen“. Die Apps, die du am meisten verwendest, werden oben auf dem Bildschirm und an vorderster Stelle in ihren jeweiligen Kategorien angezeigt, sodass du sie leicht finden und öffnen kannst.

Hinweis: Für die intelligente Gruppierung deiner Apps in der App-Mediathek wird dein Nutzungsverhalten zugrunde gelegt. Du kannst Apps zur App-Mediathek hinzufügen, aber die in der App-Mediathek vorhandenen Apps nicht in eine andere Kategorie der App-Mediathek bewegen.

App in der App-Mediathek finden und öffnen

1. Gehe zum Home-Bildschirm, streiche auf allen Seiten des Home-Bildschirms nach links, bis du zur App-Mediathek gelangst.

   Du kannst die App-Mediathek auch schnell öffnen, indem du auf 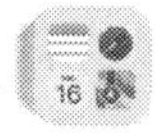 tippst, also die ganz rechts befindliche Taste im Dock unten auf dem Bildschirm.
2. Tippe auf das Suchfeld oben auf dem Bildschirm und gib den Namen der gewünschten App ein.
   Oder scrolle, um die alphabetische Liste zu durchsuchen.
3. Tippe auf eine App, um sie zu öffnen.

Wenn eine Kategorie in der App-Mediathek eine Reihe kleiner App-Symbole enthält, kannst du auf die kleinen Symbole tippen, um die Kategorie zu erweitern und alle darin enthaltenen Apps zu sehen.

Seiten des Home-Bildschirms ein- und ausblenden

Da du alle Apps in der App-Mediathek findest, brauchst du für deine Apps möglicherweise nicht so viele Home-Bildschirm-Seiten. Du kannst Seiten des Home-Bildschirms ausblenden. Dadurch befindet sich die App-Mediathek näher an der ersten Seite deines Home-Bildschirms. (Wenn die ausgeblendeten Seiten wieder angezeigt werden sollen, kannst du sie erneut einblenden.)

1. Lege einen Finger auf den Home-Bildschirm, bis die Apps zu wackeln beginnen.
2. Tippe auf die Punkte unten auf dem Bildschirm.
   Daraufhin werden Miniaturen der Seiten deines Home-Bildschirms mit Häkchen darunter angezeigt.
3. Zum Ausblenden von Seiten tippst du, um die Häkchen zu entfernen.
   Tippe, um die Häkchen anzuzeigen und ausgeblendete Seiten wieder einzublenden.
4. Tippe zweimal auf „Fertig“ (auf einem iPad mit Face ID) oder drücke zweimal auf den Hintergrund des Home- Bildschirms (auf anderen iPad-Modellen).

Da die zusätzlichen Seiten des Home-Bildschirms jetzt ausgeblendet sind, kannst du mit wenigen Streichbewegungen von der ersten Seite des Home-Bildschirms zur App-Mediathek (und zurück) gelangen.

Hinweis: Wenn du Seiten des Home-Bildschirms ausgeblendet hast, werden neu aus dem App Store geladene Apps möglicherweise zur App-Mediathek und nicht zum Home-Bildschirm hinzugefügt.

Home-Bildschirm-Seiten neu anordnen

Wenn du mehrere Home-Bildschirm-Seiten hast, kannst du deren Reihenfolge ändern. Du kannst beispielsweise deine Lieblings-Apps auf einer Seite gruppieren und diese Seite dann zur ersten Home-Bildschirm-Seite machen.

1. Lege einen Finger auf den Hintergrund des Home-Bildschirms, bis die Apps zu wackeln beginnen.
2. Tippe auf die Punkte unten auf dem Bildschirm.
   Daraufhin werden Miniaturen der Seiten deines Home-Bildschirms mit Häkchen darunter angezeigt.
3. Lege zum Bewegen einer Home-Bildschirm-Seite einen Finger auf die Seite und ziehe die Seite an die gewünschte neue Position.
4. Tippe zweimal auf „Fertig“.

Speicherort für neu geladene Apps ändern

Wenn du neue Apps aus dem App Store lädst, kannst du sie sowohl zum Home-Bildschirm als auch zur App-Mediathek oder ausschließlich zur App-Mediathek hinzufügen.

1. Wähle „Einstellungen“ > „Home-Bildschirm & Dock“.
2. Lege fest ob neue Apps sowohl zum Home-Bildschirm als auch zur App-Mediathek oder ausschließlich zur App-Mediathek hinzugefügt werden sollen.

Hinweis: Aktiviere die Option „In App-Mediathek anzeigen“, wenn auf Apps in der App-Mediathek Mitteilungs-Badges angezeigt werden dürfen.

App aus der App-Mediathek in den Home-Bildschirm bewegen

Du kannst Apps, die sich in der App-Mediathek befinden, zum Home-Bildschirm hinzufügen, sofern sie nicht bereits dort vorhanden sind.

Lege den Finger auf die App und tippe auf „Zum Home-Bildschirm“ (nur verfügbar, wenn sich die App noch nicht im Home-Bildschirm befindet).

Die App wird im Home-Bildschirm und in der App-Mediathek angezeigt.

Umschalten zwischen Apps auf dem iPad

Du kannst das Dock, den App-Umschalter oder eine Geste verwenden, um auf dem iPad schnell von einer App zu einer anderen umzuschalten. Wenn du zur ursprünglichen App zurückkehrst, kannst du dort weitermachen, wo du deine Aktivitäten unterbrochen hast.

App über das Dock öffnen

Streiche in einer beliebigen App vom unteren Bildschirmrand weit genug nach oben und warte, bis das Dock eingeblendet wird. Tippe anschließend auf die App, die du verwenden möchtest.

Bevorzugte Apps befinden sich links im Dock und vorgeschlagene Apps – wie beispielsweise Apps, die du vor Kurzem geöffnet hast oder die auf deinem iPhone oder Mac geöffnet sind – befinden sich rechts im Dock. Mit der ganz rechts befindlichen Taste im Dock wird die App-Mediathek geöffnet.

App-Umschalter verwenden

1. Führe einen der folgenden Schritte aus, um im App-Umschalter alle aktuell geöffneten Apps, Split View-Arbeitsbereiche und Slide Over-Fenster zu sehen:
   - Auf anderen iPad-Modellen: Streiche vom unteren Bildschirmrand nach oben und stoppe in der Bildschirmmitte.

    - Auf einem iPad mit Home-Taste: Doppelklicke die Home-Taste.
2. Streiche nach rechts, um die aktuell geöffneten Apps der Reihe nach anzuzeigen. Tippe auf die gewünschte App oder auf den Split View-Arbeitsbereich, den du verwenden möchtest.
   Du kannst die Slide Over-Fenster anzeigen, indem du nach links streichst., durch Tippen kannst du zwischen ihnen umschalten.

Zwischen geöffneten Apps umschalten

Führe einen der folgenden Schritte aus, um zwischen geöffneten Apps umzuschalten:

- Streiche mit einem Finger am unteren Bildschirmrand entlang nach links oder rechts. (Auf einem iPad mit Home-Taste führst du diese Geste in einem leichten Bogen aus.)
- Streiche mit vier oder fünf Fingern nach links oder rechts.

Vergrößern einer Grafik-App für den Vollbildmodus auf dem iPad

Die meisten Apps für das iPhone und den iPod touch können auch auf dem iPad verwendet werden, nutzen aber möglicherweise nicht den gesamten Bildschirm. Tippe in diesem Fall du auf , um die App zu vergrößern. Tippe auf , um zur ursprünglichen Größe zurückzukehren.

Im App Store kannst du sehen, ob es eine Version der App gibt, die für das iPad optimiert ist, oder eine universelle Version, die für iPhone, iPad und iPod touch optimiert ist.

Beenden und erneutes Öffnen einer App auf dem iPad

Wenn eine App nicht reagiert, kannst du sie beenden und versuchen, sie erneut zu öffnen, um das Problem zu beheben. (Normalerweise gibt es keinen Grund, eine App zu beenden, da zum Beispiel durch das Beenden kein Batteriestrom gespart wird.)

1. Zum Beenden einer App öffnest du den App-Umschalter und streichst auf der App nach oben.
2. Gehe zum Home-Bildschirm (oder öffne die App-Mediathek) und tippe auf die App, um sie erneut zu öffnen.

Beenden und erneutes Öffnen einer App auf dem iPad

Wenn eine App nicht reagiert, kannst du sie beenden und versuchen, sie erneut zu öffnen, um das Problem zu beheben. (Normalerweise gibt es keinen Grund, eine App zu beenden, da zum Beispiel durch das Beenden kein Batteriestrom gespart wird.)

1. Zum Beenden einer App öffnest du den App-Umschalter und streichst auf der App nach oben.
2. Gehe zum Home-Bildschirm (oder öffne die App-Mediathek) und tippe auf die App, um sie erneut zu öffnen.

Eingeben, Auswählen und Prüfen von Text

Schreiben mit der Bildschirmtastatur auf dem iPad

Auf dem iPad kannst du die Bildschirmtastatur verwenden, um Text einzugeben und zu bearbeiten.

Du kannst auch eine externe Tastatur, den Apple Pencil und die Diktierfunktion verwenden, um Text einzugeben.

Text mithilfe der Bildschirmtastatur eingeben

In jeder App, in der du Text eingeben oder bearbeiten kannst, wird die Bildschirmtastatur eingeblendet, wenn du auf ein Textfeld tippst. Du kannst die Tastatur durch Zusammenziehen von zwei Fingern verkleinern und anschließend auf einzelne Tasten tippen, um zu schreiben. Du kannst auch QuickPath verwenden (nicht für alle Sprachen verfügbar), um ein Wort einzugeben, indem du mit dem Finger von Buchstabe zu Buchstabe streichst, ohne den Finger abzuheben. Hebe den Finger erst an, wenn das Wort komplett eingegeben ist. (Wenn du auf ⌫ tippst, nachdem du ein Wort durch Streichen eingegeben hast, wird das ganze Wort gelöscht.)

Du kannst die kleinere Tastatur vom unteren Bildschirmrand an eine beliebige Stelle bewegen, um einfach mit einer Hand zu schreiben.

Ziehe die Finger auseinander, um die Tastatur wieder in voller Größe anzuzeigen. Wenn die Tastatur Normalgröße hat, tippst du auf die Tasten, um zu schreiben.

Bei der Texteingabe kannst du sowohl auf der kleineren Tastatur als auch auf der Tastatur in Normalgröße beliebige der folgenden Aktionen ausführen:

- Großbuchstaben eingeben: Tippe auf ⇧ oder lege den Finger auf ⇧ und streiche zur gewünschten Buchstabentaste.
- Feststelltaste aktivieren: Tippe zweimal auf ⇧.
- Am Ende eines Satzes automatisch einen Punkt und ein Leerzeichen eingeben: Tippe zweimal auf die Leertaste.
- Rechtschreibung korrigieren: Tippe auf ein falsch geschriebenes Wort (rot unterstrichen), um Korrekturvorschläge einzublenden. Tippe dann auf einen Vorschlag, um das Wort zu ersetzen, oder gib die korrigierte Version ein.
- Ziffern, Satzzeichen oder Symbole eingeben: Tippe auf .?123 oder auf #+=.
- Letzten Bearbeitungsvorgang widerrufen: Streiche mit drei Fingern nach links und tippe oben auf „Widerrufen". Alternativ kannst du auf ↶ tippen.

- Letzten Bearbeitungsvorgang wiederherstellen: Streiche mit drei Fingern nach rechts und tippe oben auf „Wiederholen". Alternativ kannst du auf tippen.
- Bildschirmtastatur ausblenden: Tippe auf .

Emoji mithilfe der Bildschirmtastatur eingeben

1. Öffne die Bildschirmtastatur, indem du auf ein Textfeld tippst.
2. Wechsle zur Emoji-Tastatur, indem du auf oder tippst.
3. Wenn du nach einem Emoji suchen möchtest, tippst du auf unten links. Gib einen gängigen Begriff wie „Herz" oder „Smiley" in das Suchfeld über der Tastatur ein.
4. Tippe auf das gewünschte Emoji, um es einzugeben.
   Streiche durch die angezeigten Emojis, um dir weitere Emojis anzusehen.
5. Tippe unten links auf „ABC", um zur normalen Tastatur zurückzukehren.

Bildschirmtastatur zu einem Trackpad umfunktionieren

1. Lege einen Finger auf die Leertaste, bis die Tastatur hellgrau angezeigt wird.
2. Versetze die Einfügemarke, indem du den Finger über die Tastatur bewegst.
3. Zum Auswählen von Text lässt du einen zweiten Finger auf der Tastatur liegen und passt deine Auswahl an, indem du den ersten Finger über die Tastatur bewegst.

Geteilte Tastatur verwenden

Du kannst mit einer geteilten Tastatur arbeiten, die sich am unteren Bildschirmrand befindet oder abgedockt in der Mitte des Bildschirms.

Zum Aktivieren oder Deaktivieren der geteilten Tastatur legst du einen Finger auf oder , tippst auf „Tastatureinstellungen" und wählst „Geteilte Tastatur" aus. Du kannst auch „Einstellungen" > „Allgemein" > „Tastatur" öffnen und die Option „Geteilte Tastatur" aktivieren oder deaktivieren.

Wenn du die Option „Geteilte Tastatur" in der App „Einstellungen" aktiviert hast, legst du einen Finger auf und führst beliebige der folgenden Aktionen aus:

- Geteilte Tastatur verwenden: Streiche mit dem Finger zu „Teilen" und hebe den Finger ab. Oder teile die Tastatur, indem du sie in der Mitte mit zwei Fingern auseinanderziehst.
- Tastatur in die Mitte des Bildschirms bewegen: Streiche mit dem Finger zu „Abdocken" und hebe den Finger ab.

- Zur normalen Tastatur zurückkehren: Streiche mit dem Finger zu „Andocken" und hebe den Finger ab.
- Tastatur zurück an den unteren Bildschirmrand bewegen: Streiche mit dem Finger zum Dock und hebe den Finger ab.

Buchstaben mit Akzenten oder andere Zeichen eingeben

Lege bei der Texteingabe den Finger auf die Buchstaben-, Ziffern- oder Symboltaste, die das Basiszeichen für das Zeichen darstellt, das du eingeben möchtest.

Lege beispielsweise deinen Finger auf den Kleinbuchstaben „e", wenn du das Zeichen „é" eingeben möchtest, und wähle das Zeichen aus, indem du deinen Finger dorthin bewegst.

Du kannst außerdem beliebige der folgenden Schritte ausführen:

- Auf einer Thai-Tastatur: Wähle native Zahlen aus, indem du den Finger auf die zugehörige arabische Zahl legst.
- Auf chinesischen, japanischen oder arabischen Tastaturen: Tippe auf einen der Vorschläge, die über der Tastatur eingeblendet werden, um ihn einzugeben, oder streiche nach links, um weitere Vorschläge zu sehen.
  Hinweis: Tippe auf den Aufwärtspfeil ganz rechts, um die komplette Vorschlagsliste einzublenden. Tippe auf den Abwärtspfeil, um zur kürzeren Liste zurückzukehren.

Optionen für Texteingabe einstellen

Du kannst für die Texteingabe auf dem iPad spezielle Schreibfunktionen aktivieren – wie beispielsweise Textvorschläge oder die automatische Korrektur –, die dich beim Schreiben auf dem iPad unterstützen.

Lege beim Schreiben mit der Bildschirmtastatur den Finger auf  oder auf  und aktiviere oder deaktiviere unter „Alle Tastaturen" die gewünschten Schreibfunktionen.

Diktieren von Text auf dem iPad

Mit der Diktierfunktion auf der Tastatur des iPad kannst du überall, wo du Text schreiben kannst, den Text auch diktieren.

Auf unterstützten Modellen kann die allgemeine Diktierfunktion (beispielsweise das Verfassen von Nachrichten und Notizen) auf deinem Gerät in vielen Sprachen verarbeitet werden, ohne dass dafür eine Internetverbindung erforderlich ist. (Das Diktieren in einem Suchfeld wird auf einem Server verarbeitet.) Wenn du die Diktierfunktion auf einem Gerät nutzt, kannst du Text beliebiger Länge und ohne zeitliche Beschränkung diktieren. Du kannst die Diktierfunktion manuell stoppen. Wenn du länger als 30 Sekunden nicht sprichst, wird sie jedoch automatisch gestoppt.

Hinweis: Die Diktierfunktion ist möglicherweise nicht in allen Sprachen oder in allen Ländern oder Regionen verfügbar und die Funktionen können variieren. Es können dafür Mobilfunkgebühren anfallen.

Diktierfunktion aktivieren

1. Wähle „Einstellungen“ > „Allgemein“ > „Tastatur“.
2. Aktiviere die Option „Diktierfunktion aktivieren“.

Text diktieren

1. Tippe auf der Bildschirmtastatur auf und beginne dein Diktat.

   Wenn nicht angezeigt wird, stelle sicher, dass „Diktierfunktion aktivieren“ unter „Einstellungen“ > „Allgemein“ > „Tastatur“ aktiviert ist.
2. Tippe auf , wenn du fertig bist.

Tippe auf die Stelle, an der der Text eingefügt werden soll, um die Einfügemarke zu platzieren.

Tippe auf und beginne zu sprechen. Du kannst auch ausgewählten Text durch diktierten Text ersetzen.

Satzzeichen hinzufügen und Text formatieren

Du kannst beim Diktieren die Satzzeichen und Formatierungsbefehle mit diktieren.

Wenn du beispielsweise „Liebe Maria Komma der Scheck ist in der Post Ausrufezeichen“ diktierst, lautet das Ergebnis: „Liebe Maria, der Scheck ist in der Post!” Beispiele für Satzzeichen- und Formatierungsbefehle sind:

- Punkt
- Komma
- Ausrufezeichen
- Fragezeichen
- Dollarzeichen
- Klammer auf … Klammer zu
- Anführungszeichen unten ... Anführungszeichen oben
- Neuer Absatz
- Neue Zeile
- Doppelpunkt
- Semikolon
- Großbuchstabe – am Satzanfang und für Substantive
- Großbuchstaben ein ... Großbuchstabe aus – um das erste Zeichen jedes Worts groß zu schreiben
- Kapitälchen – um das nächste Wort in Großbuchstaben zu schreiben
- Kapitälchen ein ... Kapitälchen aus – um die eingeschlossenen Wörter in Großbuchstaben zu schreiben

- Kleinbuchstaben ein ... Kleinbuchstaben aus – um die eingeschlossenen Wörter in Kleinbuchstaben zu schreiben
- Kein Leerzeichen – um das Leerzeichen zwischen Wörtern zu eliminieren (diese Funktion ist nicht für alle Sprachen verfügbar)
- Kein Leerzeichen ein ... Kein Leerzeichen aus – um eine Reihe von Wörtern zusammenzuschreiben (diese Funktion ist nicht für alle Sprachen verfügbar)
- Lachendes Smiley – um „:-)“ einzufügen
- Trauriges Smiley – um „:-(“ einzufügen
- Zwinkerndes Smiley – um „;-)“ einzufügen
- Hashtag

Auswählen, Ausschneiden, Kopieren und Einsetzen von Text auf dem iPad

In Apps auf dem iPad kannst du die Bildschirmtastatur verwenden, um Text in Textfeldern auszuwählen und zu bearbeiten. Du kannst auch eine externe Tastatur, den Apple Pencil oder deinen Finger verwenden.

Text auswählen und bearbeiten

1. Du kannst zum Auswählen von Text beliebige der folgenden Schritte ausführen:
   - Wort auswählen: Tippe mit einem Finger zweimal.
   - Absatz auswählen: Tippe mit einem Finger dreimal.
   - Textblock auswählen: Doppeltippe auf das erste Wort des Textblocks und ziehe dann den Finger bis zum letzten Wort.
2. Nach dem Auswählen des zu prüfenden Texts kannst du mit der Eingabe beginnen oder auf die Auswahl tippen, um Bearbeitungsoptionen einzublenden:
   - Ausschneiden: Tippe auf „Ausschneiden“ oder ziehe drei Finger zweimal zusammen.
   - Kopieren: Tippe auf „Kopieren“ oder ziehe drei Finger zusammen.
   - Einsetzen: Tippe auf „Einsetzen“ oder ziehe drei Finger auseinander.
   - Ersetzen: Tippe auf „Ersetzen“, um Textvorschläge für die Ersetzung anzuzeigen, oder lass dir von Siri einen alternativen Text vorschlagen.
   - B/I/U: Formatiere den ausgewählten Text.
   - Mit ▶ kannst du weitere Optionen einblenden.

Text durch Schreiben einfügen

1. Platziere die Einfügemarke an der Stelle, an der du Text einfügen möchtest, indem du einen der folgenden Schritte ausführst:
   - Tippe auf die Stelle, an der du Text hinzufügen möchtest.
   - Lege einen Finger auf den Text, um ihn zu vergrößern, und ziehe die Einfügemarke an die gewünschte Position.

Verwenden von Textvorschlägen auf dem iPad

Wenn du mithilfe der Tastatur auf dem iPad Text eingibst, siehst du Vorschläge für das nächste Wort oder ein Emoji, das du anstelle dieses Worts verwenden könntest, und du erhältst weitere

Vorschläge, die auf deinen letzten Aktivitäten und Informationen aus deinen Apps basieren (diese Funktion ist nicht für alle Sprachen verfügbar). Du könntest in der App „Nachrichten“ zum Beispiel Folgendes eingeben:

- „Ich bin beim“ gefolgt von einem Leerzeichen. In diesem Fall erscheint dein aktueller Standort als Option.
- „Meine Nummer lautet“ gefolgt von einem Leerzeichen. In diesem Fall wird deine Telefonnummer als Option eingeblendet.

Textvorschläge annehmen oder ablehnen

- Soll ein vorgeschlagenes Wort oder Emoji während des Schreibens übernommen werden, tippst du darauf. Soll der hervorgehobene Vorschlag übernommen werden, gibst du ein Leerzeichen oder ein Satzzeichen ein.
  Wenn du auf ein vorgeschlagenes Wort tippst, wird nach dem Wort ein Leerzeichen angezeigt. Wenn du ein Komma, einen Punkt oder ein anderes Satzzeichen eingibst, wird dieses Leerzeichen gelöscht.
- Zum Ablehnen der Vorschläge tippst du auf das ursprüngliche Wort (dieses Wort wird in der Liste der Textvorschläge mit Anführungszeichen angezeigt).

Textvorschläge ausschalten

- Bei Verwendung der Bildschirmtastatur: Lege einen Finger auf oder , tippe auf „Tastatureinstellungen“ und deaktiviere die Option „Vorschläge“.
- Bei Verwendung einer externen Tastatur: Wähle „Einstellungen“ > „Allgemein“ > „Tastatur“ und deaktiviere die Option „Vorschläge“.

Auch wenn du die Textvorschläge deaktivierst, bietet dir das iPad möglicherweise weiterhin Korrekturvorschläge für falsch geschriebene Wörter an. Gib ein Leer- oder ein Satzzeichen ein oder tippe auf den Zeilenschalter, um den Korrekturvorschlag zu übernehmen. Tippe auf das Symbol „x“, um die Korrektur abzulehnen. Wird derselbe Vorschlag mehrmals abgelehnt, schlägt ihn dir das iPad nicht mehr vor.

Reduzieren der Tastenanschläge durch Textersetzungen auf dem iPad

Eine Textersetzung bietet den Vorteil, dass du nur einige wenige Zeichen auf dem iPad tippen musst, um ein Wort oder eine Wortfolge einzugeben. So wird „adw“ beispielsweise zu „Auf dem Weg!“ erweitert. Dieser Kurzbefehl ist bereits für dich eingerichtet, du kannst jedoch deine eigenen Kurzbefehle hinzufügen.

Textersetzung erstellen

1. Führe einen der folgenden Schritte aus:
   - Bei Verwendung der Bildschirmtastatur: Lege einen Finger auf oder , tippe auf „Tastatureinstellungen“ und tippe auf „Textersetzung“.
   - Bei Verwendung einer externen Tastatur: Wähle „Einstellungen“ > „Allgemein“ > „Tastatur“ und tippe auf „Textersetzung“.

2. Tippe auf + oben rechts.
3. Gib in das Feld „Text“ den gewünschten Text und in das Feld „Kurzbefehl“ das Textkürzel ein, das du für den Text verwenden möchtest.

Korrektur eines Wortes oder Satzes verhindern

1. Wähle „Einstellungen“ > „Allgemein“ > „Tastatur“ und tippe auf „Textersetzung“.
2. Tippe auf + oben rechts. Gib danach den gewünschten Text in das Feld „Text“ ein, lasse aber das zugehörige Feld „Kurzbefehl“ leer.

Textersetzung für Wort- und Eingabepaare erstellen

Beim Verwenden von bestimmten chinesischen und japanischen Tastaturen kannst du eine Textersetzung für Wort- und Eingabepaare erstellen. Die Textersetzung wird zu deinem persönlichen Wörterbuch hinzugefügt. Wenn du das Textkürzel für ein Wort oder eine Eingabe schreibst und eine unterstützte Tastatur verwendest, wird das Textkürzel durch das gekoppelte Wort oder die gekoppelte Eingabe für das Kürzel ersetzt.

Kurzbefehle sind für die folgenden Sprache verfügbar:

- Chinesisch (vereinfacht): Pinyin
- Chinesisch (Traditionell): Pinyin und Zhuyin
- Japanisch: Romaji und Kana

Persönliches Wörterbuch auf deinen anderen Geräten mithilfe von iCloud auf dem aktuellen Stand halten

Wähle „Einstellungen“ > „[dein Name]“ > „iCloud“ und aktiviere die Option „iCloud Drive“.

Persönliches Wörterbuch zurücksetzen

2. Wähle „Einstellungen“ > „Allgemein“ > „Zurücksetzen“.
3. Tippe auf „Tastaturwörterbuch“.

Alle von dir hinzugefügten Wörter und Kurzbefehle werden gelöscht und das Wörterbuch wird auf die Standardeinstellung zurückgesetzt.

4. Hinweis: Wenn du in einem großen Dokument navigieren möchtest, lege den Finger auf den rechten Rand des Dokuments und bewege den Scroller, um den Text zu finden, den du prüfen willst.
5. Gib den Text ein, den du einfügen möchtest.

Außerdem kannst du Text einsetzen, den du an einer anderen Stelle im Dokument ausgeschnitten oder kopiert hast.

Hinzufügen oder Ändern von Tastaturen auf dem iPad

Auf dem iPad kannst du Eingabefunktionen wie die Rechtschreibkorrektur aktivieren oder deaktivieren, fremdsprachige Tastaturen hinzufügen und die Belegung der Bildschirmtastatur oder der drahtlosen Tastatur ändern.

Wenn du Tastaturen für andere Sprachen hinzufügst, kannst du Wörter zweier Sprachen eintippen, ohne zwischen Tastaturen wechseln zu müssen. Deine Tastatur wechselt automatisch zwischen den beiden Sprachen, die du am häufigsten verwendest. (Nicht für alle Sprachen verfügbar)

Tastatur für eine andere Sprache hinzufügen oder entfernen

1. Wähle „Einstellungen“ > „Allgemein“ > „Tastatur“.
2. Tippe auf „Tastaturen“ und führe beliebige der folgenden Schritte aus:
    - Tastatur hinzufügen: Tippe auf „Tastatur hinzufügen“ und wähle eine Tastatur aus der Liste aus. Wiederhole diesen Schritt, um weitere Tastaturen hinzuzufügen.
    - Tastatur entfernen: Tippe auf „Bearbeiten“ und danach auf neben der Tastatur, die du entfernen möchtest. Tippe anschließend auf „Löschen“ und auf „Fertig“.
    - Tastaturliste neu anordnen: Tippe auf „Bearbeiten“ und ziehe neben der gewünschten Tastatur, um die Tastatur an eine neue Position in der Liste zu bewegen. Tippe anschließend auf „Fertig“.

Wenn du eine Tastatur für eine andere Sprache hinzufügst, wird die entsprechende Sprache automatisch zur Liste „Bevorzugte Sprachreihenfolge“ hinzugefügt. Du kannst diese Liste anzeigen und Sprachen direkt zur Liste hinzufügen, indem du „Einstellungen“ > „Allgemein“ > „Sprache & Region“ wählst. Du kannst die Liste neu anordnen, um zu ändern, wie Apps und Websites Text anzeigen.

Zu anderer Tastatur umschalten

- Auf der Bildschirmtastatur: Lege einen Finger auf oder und tippe dann auf den Namen der Tastatur, zu der du umschalten möchtest.

  Du kannst auch auf oder tippen, um von einer Tastatur zu einer anderen zu wechseln. Tippe weitere Male, um weitere aktivierte Tastaturen aufzurufen.
- Auf einer externen Tastatur: Halte die Taste „ctrl“ gedrückt und drücke dann die Leertaste, um beispielsweise zwischen der Tastatur für Englisch, der Emoji-Tastatur und den Tastaturen für andere Sprachen, die du hinzugefügt hast, zu wechseln.

  Beim Magic Keyboard für iPad und beim Smart Keyboard kannst du auch drücken, um von einer Tastatur zur anderen zu wechseln.

Alternative Tastaturbelegung zuordnen

Du kannst eine alternative Tastaturbelegung verwenden, die nicht den Tasten auf deiner Tastatur entspricht.

1. Wähle „Einstellungen“ > „Allgemein“ > „Tastatur“ > „Tastaturen“.

2. Tippe oben auf dem Bildschirm auf eine Sprache und wähle eine alternative Tastaturbelegung aus der Liste aus.

Bewegen und Kopieren von Objekten per Drag & Drop auf dem iPad

Innerhalb einer App kannst du Text und Objekte per Drag & Drop mit dem Finger bewegen und Objekte von einer App in eine andere kopieren. Du kannst beispielsweise ein Bild aus der App „Notizen“ in eine E-Mail bewegen. (Drag & Drop wird nicht von allen Drittanbieter-Apps unterstützt.)

Objekt bewegen

1. Lege einen Finger auf das Objekt, bis es sich loslöst (bei Text musst du den Text zuerst auswählen).
2. Bewege das Objekt an eine andere Stelle innerhalb der App.
   Wenn du dich beim Bewegen des Objekts dem oberen oder dem unteren Bildschirmrand näherst, wird der Inhalt automatisch gescrollt.

Objekt zwischen geöffneten Apps kopieren

1. Öffne zwei Objekte in Split View oder in Slide Over. Lege anschließend einen Finger auf das Objekt, bis es sich loslöst (bei Text musst du den Text zuerst auswählen).
2. Bewege das Objekt in die andere App.

   Beim Bewegen wird an allen Stellen, an denen du das Objekt platzieren kannst,  angezeigt. Wenn du dich beim Bewegen eines großen Dokuments dem oberen oder dem unteren Bildschirmrand näherst, wird der Inhalt automatisch gescrollt.
   Tipp: Wenn du das Objekt in eine neue Notiz oder E-Mail bewegen möchtest, musst du die neue Notiz oder E-Mail zuerst öffnen, damit du das Objekt direkt dorthin bewegen kannst.

Link in ein Split View- oder Slide Over-Fenster bewegen

Lege einen Finger auf den Link, bis er sich loslöst, und führe anschließend einen der folgenden Schritte aus:

- Split View- oder Slide Over-Fenster durch das Ziel des Links ersetzen: Bewege den Link in das Fenster.
- Ziel des Links in einem Split View- oder Slide Over-Fenster öffnen: Wird kein Split View- oder Slide Over-Fenster angezeigt, kannst du den Link an den linken oder rechten Bildschirmrand bewegen, um das Ziel in Split View zu öffnen, oder in die Nähe des Bildschirmrands, um das Ziel in Slide Over zu öffnen.

Objekt in eine App auf dem Home-Bildschirm oder im Dock bewegen

1. Lege einen Finger auf das Objekt, bis es sich loslöst (bei Text musst du den Text zuerst auswählen).
2. Lass deinen Finger auf dem Objekt liegen und streiche mit einem anderen Finger vom unteren Bildschirmrand nach oben. Warte, bis das Dock angezeigt wird, oder drücke die Home-Taste (auf einem iPad mit Home-Taste).
3. Bewege das Objekt über die gewünschte App, um sie zu öffnen (während des Bewegens erscheint unter deinem Finger ein Doppelbild des Objekts).
   Du kannst das Objekt über Objekte in der App bewegen, um an die Stelle zu gelangen, wo du das Objekt platzieren möchtest (beim Bewegen wird an allen Stellen, an denen du das Objekt platzieren kannst, angezeigt). Du kannst beispielsweise das Objekt über die Notizenliste bewegen, um die Notiz zu öffnen, in der du das Objekt platzieren möchtest. Alternativ kannst du mit einem anderen Finger eine neue Notiz öffnen, um das Objekt dort zu platzieren.

Wenn du deine Meinung änderst und das Objekt doch nicht bewegen willst, hebe deinen Finger vom Objekt ab, bevor du es ziehst, oder ziehe es über den Rand des Bildschirms hinaus.

Mehrere Objekte zum Bewegen auswählen

1. Lege den Finger auf das erste ausgewählte Objekt, ziehe es leicht und lass den Finger auf dem Objekt liegen.
2. Tippe, während dein Finger auf dem ersten Objekt verbleibt, mit einem anderen Finger auf die weiteren Objekte, die du auswählen möchtest. Das Etikett zeigt an, wie viele Objekte du ausgewählt hast.
3. Ziehe alle ausgewählten Objekte als Gruppe an die neue Position.

Wenn du deine Meinung änderst und das Objekt doch nicht bewegen willst, hebst du deinen Finger vom Objekt ab, bevor du es per Drag & Drop bewegst, oder du bewegst die Objekte über den Rand des Bildschirms hinaus.

Gleichzeitiges Verwenden mehrerer Apps

Öffnen von zwei Objekten in Split View auf dem iPad

Auf dem iPad kannst du mit mehreren Apps gleichzeitig arbeiten. Öffne zwei verschiedene Apps oder zwei Fenster der gleichen App, indem du den Bildschirm in skalierbare Ansichten aufteilst. Öffne beispielsweise in Split View gleichzeitig die Apps „Nachrichten“ und „Karten“. Oder öffne zwei Fenster der App „Nachrichten“ in Split View und verwalte zwei Konversationen gleichzeitig.

Zweite App in Split View öffnen

1. Tippe bei Verwendung einer App auf (die drei Punkte oben in der App), tippe auf und dann auf , damit die aktuelle App auf der linken Seite des Bildschirms angezeigt wird. Tippe auf , um die aktuelle App rechts anzuzeigen.
   Die von dir verwendete App bewegt sich zur Seite, sodass der Home-Bildschirm und Dock zu sehen sind.
2. Suche die zweite App, die du öffnen willst, auf dem Home-Bildschirm oder im Dock und tippe darauf.
   Die beiden Apps werden in Split View angezeigt.

Eine App in Split View ersetzen

Wenn du zwei Apps in Split View geöffnet hast, kannst du eine davon durch eine andere App ersetzen.

1. Streiche von oben in der zu ersetzenden App von (die drei Punkte oben in der App) nach unten.
   Die zu ersetzende App klappt nach unten und die andere App bewegt sich zur Seite, sodass der Home-Bildschirm und das Dock zu sehen sind.
2. Suche die Ersetzungs-App auf dem Home-Bildschirm oder im Dock und tippe darauf.
   Die beiden Apps werden nebeneinander in Split View angezeigt.

Split View in Slide Over ändern

Wenn du zwei Apps oder Fenster in Split View geöffnet hast, kannst du eines davon in ein Slide Over-Fenster umwandeln – ein kleineres Fenster, das sich zuerst nach vorne schiebt.

Tippe auf oben in dem Fenster, das zu einem Slide Over-Fenster werden soll, und tippe dann auf (die ganz rechts befindliche Taste der drei Tasten).

Wieder im Vollbildmodus anzeigen

Wenn du zwei Apps oder Fenster in Split View geöffnet hast, kannst du eines dieser Element entfernen und das andere im Vollbildmodus anzeigen. Führe einen der folgenden Schritte aus:

- Bewege die Trennlinie in der Mitte an den rechten Rand des Bildschirms.
- Tippe auf oben in der App, die du im Vollbildmodus anzeigen möchtest, und tippe dann auf .

- Lege den Finger auf ••• oben in der App, die du im Vollbildmodus anzeigen möchtest. Bewege sie zur Bildschirmmitte, während der obere Rand der App am oberen Bildschirmrand verbleibt, bis ihr Name und ihr Symbol angezeigt wird. Hebe dann deinen Finger an.

Ändern eines App-Fensters in ein Slide Over-Fenster auf dem iPad

Bei Verwendung einer App kannst du diese in ein Slide Over-Fenster ändern – ein kleineres Fenster, das sich vor eine andere App oder ein Fenster schiebt – und eine andere, dahinter befindliche App öffnen. Du kannst beispielsweise bei Verwendung der App „Fotos" die App „Nachrichten" in einem Slide Over-Fenster öffnen und dort eine Konversation fortsetzen, während du Fotos anschaust.

Das iPad erfasst alle Apps, die du in Slide Over öffnest, damit du einfach zwischen den geöffneten Apps umschalten kannst.

Öffnen einer App in Slide Over

1. Tippe bei Verwendung einer App auf ••• oben auf dem Bildschirm und tippe dann auf .
   Die von dir verwendete App bewegt sich zur Seite, sodass der Home-Bildschirm und Dock zu sehen sind.
2. Suche und öffne die App, die hinter dem Slide Over-Fenster erscheinen soll.
   Die zweite App wird geöffnet und die erste App erscheint davor in einem Slide Over-Fenster.

Wenn du eine dritte App in Slide Over öffnen möchtest, während Split View aktiv ist, streichst du vom unteren Rand so weit nach oben, dass das Dock erscheint, und bewegst die App aus dem Dock zur Trennlinie von Split View.

Zwischen Apps in Slide Over umschalten

Streiche am unteren Rand des Slide Over-Fensters nach rechts oder gehe wie folgt vor:

1. Streiche von unten im Slide Over-Fenster bis zur Mitte des Bildschirms nach oben, halte dort an und hebe dann den Finger an.
   Alle Slide Over-Fenster werden angezeigt.
2. Tippe auf die App, die du anzeigen möchtest, wenn sie sichtbar ist.
   Ist sie nicht zu sehen, streiche über die Apps nach links und rechts.

Du kannst auch den App-Umschalter verwenden, um zwischen Apps in Slide Over zu wechseln. Weitere Informationen findest du unter App-Umschalter verwenden.

Slide Over-Fenster bewegen

Führe einen der folgenden Schritte aus:

- Slide Over-Fenster an den gegenüberliegenden Bildschirmrand bewegen: Streiche von am oberen Rand des Slide Over-Fensters nach unten.
- Slide Over-Fenster vorübergehend ausblenden: Streiche im Slide Over-Fenster von unten nach ganz oben oder streiche über oder ziehe eine Seite des Fensters zum linken Bildschirmrand. Das Slide Over-Fenster wird ausgeblendet und es erscheint ein Tab als Hinweis darauf, dass das Fenster weiterhin verfügbar ist.
- Slide Over-Fenster zurück auf den Bildschirm bewegen: Bewege den Tab des Slide Over-Fensters vom linken Rand des Bildschirms nach rechts.

Slide Over in Split View ändern

Tippe auf oben im Slide Over-Fenster, tippe auf und dann auf , damit die aktuelle App auf der linken Seite des Bildschirms angezeigt wird. Tippe auf , um die aktuelle App rechts anzuzeigen..

Ein Objekt in der Mitte des Bildschirms öffnen

In vielen iPad-Apps, darunter Mail, „Nachrichten“, „Notizen“ und „Dateien“, kannst du ein Objekt in der der Mitte des App-Fensters öffnen.

1. Führe beliebige der folgenden Schritte aus:
   - Lege den Finger auf eine E-Mail in einem Postfach in Mail.
   - Lege den Finger auf eine Konversation in „Nachrichten“.
   - Lege den Finger auf eine Notiz in „Notizen“.
2. Tippe auf „In neuem Fenster öffnen“.
   Das Objekt wird in der Mitte des Bildschirms geöffnet und befindet sich auf dem, was du gerade ansiehst, ohne deine Sicht anderweitig zu verändern.
   Tipp: Du kannst auch jedes der in Schritt 1 oben aufgeführten Objekte aufziehen, um sie in einem neuen Fenster in der Mitte des Bildschirms zu öffnen.

Du kannst ein in der Mitte befindliches Fenster im Vollbildmodus anzeigen, indem du auf tippst. Um es in ein Split View-Fenster zu verwandeln, tippst du auf , oder du tippst auf , um es als Slide Over-Fenster anzuzeigen.

Anzeigen der geöffneten Fenster und Arbeitsbereiche einer App

In vielen iPad-Apps, darunter Mail, „Notizen“, Safari und „Dateien“, kannst du mehrere Fenster geöffnet haben. Du kannst alle geöffneten Fenster einer App einblenden – einschließlich der Fenster in Split View und Slide Over.

Geöffnete Fenster einer App anzeigen

1. Führe beliebige der folgenden Schritte aus:

    - Streiche vom unteren Bildschirmrand nach oben, um das Dock einzublenden.
    - Navigiere zum Home-Bildschirm.
2. Lege den Finger auf die App, deren Fenster angezeigt werden sollen, und tippe dann auf „Alle Fenster anzeigen“.
   Hinweis: Wenn du den Finger zu lange auf einer App belässt, fangen alle Apps an zu wackeln. Tippe auf „Fertig“ oder drücke die Home-Taste (auf einem iPad mit Home-Taste) und versuche es erneut.

In einigen Apps erscheinen die offenen Fenster als Miniaturen unten auf dem Bildschirm. Wenn du auf eine Miniatur tippst, wird der zugehörige Inhalt im aktuellen Vollbildfenster angezeigt.

Tippe beim Anzeigen von mehreren Apps in Split View auf oben in einer geöffneten App, um alle ihre offenen Fenster anzuzeigen.

Neue Fenster in einer App erstellen

Wenn alle offenen Fenster einer App als Miniaturen (am unteren Bildschirmrand) angezeigt werden, wird auch angezeigt. Du kannst auf sie tippen, um ein neues Fenster in der App zu erstellen. Tippe in Split View auf , um die offenen Fenster der App als Miniaturen anzuzeigen, und tippe auf .

Multitasking mit Bild-in-Bild auf dem iPad

Mit der Funktion „Bild-in-Bild“ kannst du dir ein Video ansehen oder FaceTime verwenden, während du andere Apps verwendest.

Tippe auf oder drücke die Home-Taste (auf einem iPad mit Home-Taste), während du ein Video ansiehst.

Das Videofenster wird in einer Bildschirmecke verkleinert, damit du den Home-Bildschirm siehst und weitere Apps öffnen kannst. Wenn das Videofenster angezeigt wird, kannst du beliebige der folgenden Schritte ausführen:

- **Größe des Videofensters ändern**: Ziehe die Finger auf, um das kleine Videofenster zu vergrößern. Ziehe die Finger zusammen, um es wieder zu verkleinern.
- Steuerelemente ein- und ausblenden: Tippe auf das Videofenster.
- **Videofenster bewegen**: Bewege das Fenster in eine andere Ecke des Bildschirms.
- **Videofenster ausblenden**: Bewege das Videofenster über den linken oder rechten Rand des Bildschirms hinaus.
- Videofenster schließen: Tippe auf .
- **Video wieder im Vollbildmodus anzeigen**: Tippe auf im kleinen Videofenster.

Zugriff auf Funktionen über den Sperrbildschirm des iPad

Der Sperrbildschirm mit der aktuellen Uhrzeit und dem Datum sowie den jüngsten Mitteilungen wird angezeigt, wenn du den Ruhezustand des iPad beendest. Vom Sperrbildschirm aus kannst du die Mitteilungen einsehen, die Kamera und das Kontrollzentrum öffnen, dir einen Überblick über die neuesten Informationen deiner bevorzugten Apps verschaffen und andere Funktionen ausführen.

Über den Sperrbildschirm auf Funktionen und Informationen zugreifen

Über den Sperrbildschirm kannst du auch bei einem gesperrten iPad schnell und gezielt auf häufig benötigte Funktionen und Informationen zugreifen.

- Kamera öffnen: Streiche nach links.
- Kontrollzentrum öffnen: Streiche von der oberen rechten Ecke nach unten.
- Ältere Mitteilungen anzeigen: Streiche von der Mitte nach oben.
- Widgets anzeigen: Streiche nach rechts.
- Zeichnen oder Notizen machen: Tippe mit dem Apple Pencil auf den Sperrbildschirm. Alles, was du erstellst, wird in der App „Notizen“ gespeichert.

Vorschau der Mitteilungen im Sperrbildschirm anzeigen

1. Wähle „Einstellungen“  > „Mitteilungen“.
2. Tippe auf „Vorschauen zeigen“ und danach auf „Immer“.

Die Vorschau von Mitteilungen umfasst Texte aus der App „Nachrichten“, Anfangszeilen aus E-Mails und Details aus Einladungen in der App „Kalender“.

Ausführen von Schnellaktionen auf dem iPad

Du kannst auf dem Home-Bildschirm, im Kontrollzentrum und in Apps Vorschauen anzeigen, Menüs mit Schnellaktionen öffnen und mehr.

- Lege in der App „Fotos“ den Finger auf ein Bild, um es in der Vorschau anzuzeigen und eine Liste mit Optionen einzublenden.
- Lege in der App „Mail“ den Finger auf eine Nachricht in einem Postfach, um den Inhalt der Nachricht in der Vorschau anzuzeigen und eine Liste von Optionen einzublenden.
- Lege auf dem Home-Bildschirm den Finger kurz auf das Symbol einer App, um ein Menü mit Schnellaktionen zu öffnen. Sollten die Symbole anfangen zu wackeln, tippst du oben rechts auf „Fertig“ oder drückst die Home-Taste (auf einem iPad mit Home-Taste). Versuche es dann erneut.
- Öffne das Kontrollzentrum und lege den Finger auf ein Objekt (zum Beispiel auf die Kamera oder auf den Helligkeitsregler), um die Optionen anzuzeigen.
- Lege auf dem Sperrbildschirm den Finger kurz auf eine Mitteilung, um direkt darauf zu reagieren.
- Wenn du beim Schreiben einen Finger auf die Leertaste legst, wird deine Tastatur zu einem Trackpad.

Verwenden des iPad zum Suchen

Du kannst auf dem iPad nach Apps und Kontakten suchen, nach Inhalten in Apps wie „Mail", „Nachrichten" und „Fotos" und sogar nach Text in deinen Fotos. Du kannst nach Webseiten suchen und diese öffnen, Bilder suchen und Informationen zu Künstler:innen, Entertainer:innen, TV-Sendungen und Filmen finden. Darüber hinaus kannst du dir auch Aktien- und Wechselkurse ansehen und Berechnungen ausführen (einschließlich Einheitenumrechnungen).

Du kannst auf dem iPad jederzeit suchen – sogar wenn der Sperrbildschirm angezeigt wird – und auswählen, welche Apps in den Suchergebnissen berücksichtigt werden sollen. Die Suchfunktion bietet Vorschläge an, die auf deiner Nutzung der Apps basieren, und passt die Ergebnisse dynamisch an, während du deinen Suchbegriff eingibst.

In Suchen einzubeziehende Apps auswählen

1. Wähle „Einstellungen" > „Siri & Suchen".
2. Scrolle nach unten, tippe auf eine App und aktiviere oder deaktiviere „In Suche anzeigen".

Mit dem iPad suchen

1. Streiche von der Mitte des Home-Bildschirms oder des Sperrbildschirms nach unten.
2. Tippe auf das Suchfeld und gib den Suchbegriff ein.
3. Führe beliebige der folgenden Schritte aus:
    - Tastatur zum Anzeigen zusätzlicher Ergebnisse ausblenden: Tippe auf „Suchen".
    - Vorgeschlagene App öffnen: Tippe darauf.
    - Weitere Informationen zu einem Suchvorschlag abrufen: Tippe darauf und tippe anschließend auf einen der Ergebniseinträge, um ihn zu öffnen.
    - Neue Suche starten: Tippe auf im Suchfeld.

Vorschläge beim Suchen deaktivieren

Wähle „Einstellungen" > „Siri & Suchen" und deaktiviere die Option „Vorschläge beim Suchen".

Ortungsdienste für Vorschläge deaktivieren

1. Wähle „Einstellungen" > „Datenschutz" > „Ortungsdienste".
2. Tippe auf „Systemdienste" und deaktiviere „Ortsabhängige Vorschläge".

In Apps suchen

Viele Apps verfügen über ein Suchfeld oder eine Taste „Suche“, damit du in der App nach Informationen suchen kannst. So kannst du beispielsweise in der App „Karten“ nach einem bestimmten Ort suchen.

1. Tippe in einer App auf das Suchfeld oder auf (sofern vorhanden).
   Streiche vom oberen Bildschirmrand nach unten, falls das Suchfeld oder die Suchtaste nicht angezeigt wird.
2. Gib deinen Suchbegriff ein und tippe auf „Suchen“.

Lexikon hinzufügen

Du kannst auf dem iPad Lexika hinzufügen, die in Suchen verwendet werden können.

1. Wähle „Einstellungen“ > „Allgemein“ > „Lexikon“.
2. Wähle ein Lexikon bzw. Wörterbuch aus.

Verwenden von AirDrop auf dem iPad zum Senden von Objekten an in der Nähe befindliche Geräte

Mit AirDrop kannst du Fotos, Videos, Webseiten, Standorte und andere Inhalte drahtlos an andere in der Nähe befindliche Geräte und Mac-Computer senden (iOS 7, iPadOS 13, OS X 10.10 oder neuer erforderlich). AirDrop überträgt Informationen über WLAN und Bluetooth. Beide Funktionen müssen aktiviert sein. Zum Verwenden von AirDrop musst du dich mit deiner Apple-ID anmelden. Aus Sicherheitsgründern werden die übertragenen Informationen verschlüsselt.

Objekt via AirDrop senden

1. Öffne das Objekt und tippe auf , „Teilen“, „AirDrop“, oder eine andere Taste zum Anzeigen der Freigabeoptionen.
2. Tippe auf in den Freigabeoptionen und tippe dann auf das Profilbild eines:einer AirDrop-Benutzer:in in der Nähe.

Wird die Person nicht als AirDrop-Benutzer angezeigt, kannst du sie auffordern, auf dem iPhone, iPad oder iPod touch das Kontrollzentrum zu öffnen das Empfangen von Objekten mittels AirDrop zu erlauben. Wenn du die Daten mit dem Mac an eine Person senden möchtest, muss die Person dafür sorgen, dass ihr Mac durch AirDrop im Finder erkannt wird.

Wenn du ein Objekt nicht mit AirDrop, sondern mit einer anderen Methode senden möchtest, kannst du die gewünschte Methode (z. B. „Nachrichten“ oder „Mail“) in den für das Teilen angebotenen Freigabeoptionen auswählen. (Die angezeigten Optionen variieren von App zu

App.) Siri macht dir möglicherweise auch Vorschläge für Personen, die dir bekannt sind und mit denen du Objekte teilen könntest, indem ihre Profilbilder zusammen mit Symbolen angezeigt werden, die die möglichen Freigabemethoden repräsentieren.

Du kannst AirDrop auch verwenden, um Passwörter für Apps und Webseiten sicher mit dem:der Benutzer:in eines iPhone, iPad, iPod touch oder Mac zu teilen.

Anderen das Senden von Objekten an dein iPad via AirDrop erlauben

1. Öffne das Kontrollzentrum, lege einen Finger auf die Gruppe mit Steuerelementen, die sich oben links befindet, und tippe auf .
2. Gib an, ob du Objekte nur von deinen Kontakten oder von allen Personen empfangen willst.

Du kannst jede Anfrage bei Erhalt einzeln akzeptieren oder ablehnen.
Hinweis: Die Option „Nur für Kontakte“ ist auf Geräten mit iOS 10, iPadOS und macOS 10.12 (oder neuer) verfügbar. Wurde die Option „Nur für Kontakte“ auf deinem Gerät mit einer früheren Softwareversion festgelegt, musst du im Kontrollzentrum die Option „Für jeden“ auswählen, damit du Objekte über AirDrop empfangen kannst. Du kannst die Option „Für jeden“ aktivieren, wenn du AirDrop verwendest, und deaktivieren, wenn AirDrop nicht verwendet wird.

Aufnehmen eines Bildschirmfotos oder des Bildschirminhalts auf dem iPad

Du kannst ein Foto des Bildschirms aufnehmen oder eine Aufnahme der Aktionen auf dem Bildschirm machen, um es/sie mit anderen Personen zu teilen oder in ein Dokument einzufügen.

Bildschirmfoto aufnehmen

1. Führe einen der folgenden Schritte aus:
   - Auf einem iPad mit Home-Taste: Drücke gleichzeitig die obere Taste und die Home-Taste und lasse die Tasten wieder los.
   - Auf anderen iPad-Modellen: Drücke gleichzeitig die obere Taste (rechts an der Oberseite des iPad) und eine der Lautstärketasten und lass sie wieder los.
2. Tippe auf das Bildschirmfoto in der linken unteren Ecke und danach auf „Fertig“.
3. Wähle „In ‚Fotos‘ sichern“, „In ‚Dateien‘ sichern“ oder „Bildschirmfoto löschen“ aus. Wenn du das Bildschirmfoto in der App „Fotos“ sicherst, wird es dem Album „Bildschirmfotos“ der App „Fotos“ oder dem Album „Alle Fotos“ hinzugefügt (sofern du iCloud-Fotos verwendest).

Ganzseitiges Bildschirmfoto als PDF-Dokument sichern

Du kannst ein ganzseitiges, scrollbares Bildschirmfoto einer über die Länge deines iPad-Displays hinausgehenden Webseite, eines Dokuments oder einer E-Mail aufnehmen und als PDF-Dokument sichern.

1. Führe einen der folgenden Schritte aus:
   - **Auf einem iPad mit Home-Taste**: Drücke gleichzeitig die obere Taste und die Home-Taste und lasse die Tasten wieder los.
   - **Auf anderen iPad-Modellen**: Drücke gleichzeitig die obere Taste und eine der Lautstärketasten und lass sie wieder los.
2. Tippe auf das Bildschirmfoto in der linken unteren Ecke und danach auf „Ganze Seite".
3. Führe beliebige der folgenden Schritte aus:
   - **Bildschirmfoto sichern**: Tippe auf „Fertig", wähle „PDF in ‚Dateien' sichern", wähle einen Speicherort und tippe auf „Sichern".
   - **Bildschirmfoto teilen**: Tippe auf , wähle eine Option zum Teilen (beispielsweise „AirDrop", „Nachrichten" oder „Mail"), gib die erforderlichen Informationen ein und sende die PDF-Datei.

Bildschirmaufnahme erstellen

Auf deinem iPad kannst du eine Bildschirmaufnahme erstellen und den Ton aufnehmen.

1. Wähle „Einstellungen" > „Kontrollzentrum" und tippe auf neben „Bildschirmaufnahme".
2. Öffne das Kontrollzentrum, tippe auf und warte auf den dreisekündigen Countdown.
3. Öffne zum Stoppen der Aufnahme das Kontrollzentrum und tippe auf . Tippe alternativ auf die rote Statusleiste oben auf dem Bildschirm und auf „Stoppen".

Öffne die App „Fotos" und wähle deine Bildschirmaufnahme.

Markieren von Dateien und Fotos

Zeichnen in Apps mit der Symbolleiste „Markierungen" auf dem iPad

In unterstützten Apps auf dem iPad wie „Nachrichten", „Mail", „Notizen" und „Bücher" kannst du Fotos, Bildschirmfotos und PDF-Dateien mit Anmerkungen versehen, deine Ideen skizzieren, Notizen schreiben und vieles mehr. Dafür stehen dir integrierte Zeichenwerkzeuge zur Verfügung.

Symbolleiste „Markierungen“ einblenden, bewegen und ausblenden

Zum Einblenden der Symbolleiste „Markierungen“ tippst du in einer unterstützten App auf  oder auf „Markierungen“ und führst beliebige der folgenden Schritte aus:

- Symbolleiste „Markierungen“ bewegen: Bewege die Symbolleiste an einen beliebigen Bildschirmrand.
  (In der Mitte der Symbolleiste befindet sich als Orientierungshilfe ein kleiner Balken, den du ziehen kannst.)
- Symbolleiste beim Zeichnen oder Eingeben von Text automatisch minimieren: Tippe auf  und aktiviere die Option „Automatisch minimieren“.
  Tippe auf die minimierte Version, um wieder die vollständige Symbolleiste einzublenden.
- Symbolleiste ausblenden: Tippe auf  oder auf „Fertig“.

In Apps mit der Symbolleiste „Markierungen“ zeichnen oder schreiben

Tippe in der Symbolleiste „Markierungen“ auf das Werkzeug „Bleistift“, „Marker“ oder „Stift“ und schreibe oder zeichne mit deinem Finger oder mit dem Apple Pencil.

Hinweis: Tippe auf  oder auf „Markierungen“, wenn die Symbolleiste „Markierungen“ einer unterstützten App nicht angezeigt wird. Ist die Symbolleiste minimiert, tippst du auf ihre Miniatur.

Du kannst beim Schreiben oder Zeichnen beliebige der folgenden Schritte ausführen:

- **Linienstärke ändern:** Tippe in der Symbolleiste auf das ausgewählte Zeichenwerkzeug und wähle eine Option aus.
- **Deckkraft ändern**: Tippe in der Symbolleiste auf das ausgewählte Zeichenwerkzeug und bewege den Schieberegler.
- **Farbe ändern**: Wähle eine Farbe aus der Farbauswahl in der Symbolleiste „Markierungen“.
- Fehler korrigieren: Tippe auf .
- **Gerade Linie zeichnen**: Tippe auf das Lineal in der Symbolleiste und zeichne danach eine Linie entlang der Kante des Lineals.
  - Lege zwei Finger auf das Lineal und drehe danach deine Finger, um den Neigungswinkel des Lineals zu ändern.
  - Ziehe das Lineal mit einem Finger, um es zu bewegen, ohne den Neigungswinkel zu ändern.
  - Zum Ausblenden des Lineals tippst du erneut auf das Werkzeug „Lineal“ in der Symbolleiste.

In der App „Notizen“ kannst du Text mit dem Apple Pencil schreiben und ihn sofort in getippten Text umwandeln lassen.

Form zeichnen

Du kannst die Symbolleiste „Markierungen“ verwenden, um geometrisch perfekte Formen zu zeichnen – Linien, Bögen und mehr –, die du in Diagrammen und Skizzen verwenden kannst.

1. Tippe in der Symbolleiste „Markierungen“ einer unterstützten App auf die Taste „Stift“, „Marker“ oder „Bleistift“.

   Hinweis: Tippe auf oder auf „Markierungen“, wenn die Symbolleiste „Markierungen“ einer unterstützten App nicht angezeigt wird. Ist die Symbolleiste minimiert, tippst du auf ihre Miniatur.
2. Zeichne in einem Zug mit dem Finger oder mit dem Apple Pencil eine Form und setze dann ab.
   Deine Zeichnung wird anschließend automatisch durch eine perfekte Version der Form ersetzt. (Wenn du lieber deine Freihandform behalten möchtest, tippst du auf .)

Zu den Formen, die du zeichnen kannst, gehören gerade Linien, Pfeile, Bögen, durchgehende Linien mit 90-Grad-Winkeln, Quadrate, Kreise, Rechtecke, Dreiecke, Fünfecke, Chat-Blasen, Herzen, Sterne und Wolken.

Handgeschriebene Texte und Freihandzeichnungen ändern

1. Wähle das Auswahlwerkzeug in der Symbolleiste „Markierungen“ aus (zwischen dem Radiergummi und dem Lineal) und führe anschließend beliebige der folgenden Schritte aus, um die Inhalte auszuwählen, die du ändern möchtest:
   - Wort oder gezeichnetes Objekt auswählen: Doppeltippen.
   - **Satz auswählen**: Dreifachtippen.
   - **Absatz oder Textblock auswählen**: Lege den Finger auf das erste Wort und bewege ihn zum letzten Wort. Bewege den Finger langsam, um präziser auszuwählen.
     In der App „Notizen“ kann die Funktion „Markierungen“ zwischen handgeschriebenem Text und von Hand gezeichneten Objekten unterscheiden, damit du den handgeschriebenen Text separat auswählen kannst. Wenn du Zeichnungen in deine Auswahl einbeziehen möchtest, kannst du den Finger auch über die Zeichnungen bewegen.
   - **Mehrere gezeichnete Objekte auswählen**: Wähle das Auswahlwerkzeug aus und zeichne mit deinem Finger oder dem Apple Pencil einen Rahmen um die Objekte und tippe anschließend auf die Auswahl.

     Hinweis: Tippe auf oder auf „Markierungen“, wenn die Symbolleiste „Markierungen“ nicht angezeigt wird. Ist die Symbolleiste minimiert, tippst du auf ihre Miniatur.
2. Nachdem du den zu prüfenden Bereich ausgewählt hast, tippst du auf die Auswahl und führst beliebige der folgenden Schritte aus:
   - **Kopieren, löschen oder duplizieren**: Tippe auf die gewünschte Option.

- **Bewegen**: Lege den Finger auf den ausgewählten Bereich, bis er sich loslöst, und bewege ihn an den gewünschten neuen Ort.

Tipp: Nachdem du handgeschriebenen Text und Freihandzeichnungen ausgewählt hast, kannst du die Farbe ändern, indem du in der Symbolleiste „Markierungen“ auf eine Farbe tippst. Du kannst die Auswahl auch an eine andere Position bewegen.

Fehler korrigieren

Hinweis: Tippe auf oder auf „Markierungen“, wenn die Symbolleiste „Markierungen“ nicht angezeigt wird. Ist die Symbolleiste minimiert, tippst du auf ihre Miniatur.

Doppeltippe in der Symbolleiste „Markierungen“ auf das Werkzeug „Radiergummi“ und führe einen der folgenden Schritte aus:

- Pixel ausradieren: Wähle „Pixelradierer“ aus und bewege den Finger oder den Apple Pencil auf dem Fehler hin und her.
- Objekt löschen: Wähle „Objektradierer“ aus und berühre das Objekt mit dem Finger oder mit dem Apple Pencil.
- Zwischen Pixelradierer und Objektradierer wechseln: Tippe erneut auf das Werkzeug „Radiergummi“ und wähle „Pixelradierer“ oder „Objektradierer“ aus.

Tipp: Du kannst ein Bildschirmfoto erstellen, indem du von der linken unteren Ecke des Bildschirms mit dem Apple Pencil nach oben streichst, und das Foto sofort mit Markierungen versehen. Wenn du keinen Apple Pencil hast, kannst du ein Bildschirmfoto machen und anschließend auf die Miniatur tippen, die für kurze Zeit in der linken unteren Ecke des Bildschirms angezeigt wird.

Hinzufügen von getipptem Text, Formen und Unterschriften mit der Symbolleiste „Markierungen“ auf dem iPad

In der App „Notizen“ und anderen unterstützten Apps kannst du die Symbolleiste „Markierungen“ verwenden, um Text, Formen und mehr hinzuzufügen.

Getippten Text in der App „Notizen“ hinzufügen und bearbeiten

Wenn du getippten Text in der App „Notizen“ hinzufügen möchtest, kannst du direkt in einer Notiz schreiben, ohne die Symbolleiste „Markierungen“ öffnen zu müssen.

1. Ist die Symbolleiste „Markierungen“ geöffnet, kannst du sie durch Tippen auf schließen.
2. Führe beliebige der folgenden Schritte aus:
    - Tippe in einer Notiz und verwende anschließend die Bildschirmtastatur oder eine drahtlose Tastatur zum Schreiben.
    - Verwende den Apple Pencil und die Funktion „Kritzeln“, um Text einzugeben.

Getippten Text in anderen unterstützten Apps hinzufügen und bearbeiten

1. Tippe in der Symbolleiste „Markierungen“ auf und auf „Text“.

   Hinweis: Tippe auf oder auf „Markierungen“, wenn die Symbolleiste „Markierungen“ einer unterstützten App nicht angezeigt wird. Ist die Symbolleiste minimiert, tippst du auf ihre Miniatur.
2. Doppeltippe auf das Textfeld.
3. Verwende die Tastatur zur Texteingabe.

Wenn du den getippten Text nach dem Hinzufügen ändern willst, tippe auf den Text, um ihn auszuwählen. Führe dann beliebige der folgenden Schritte aus:

- Schrift, Größe oder Layout ändern: Tippe in der Symbolleiste auf AA und wähle eine Option aus.
- Text löschen, bearbeiten oder duplizieren: Tippe auf den Text und wähle eine der Optionen aus.
- Text bewegen: Ziehe die Form an die gewünschte Position.

Tippe zum Ausblenden der Symbolleiste „Markierungen“ auf oder auf „Fertig“.

Form in anderen unterstützten Apps hinzufügen und bearbeiten

1. Tippe in der Symbolleiste „Markierungen“ auf und wähle eine Form aus.

   Hinweis: Tippe auf oder auf „Markierungen“, wenn die Symbolleiste „Markierungen“ nicht angezeigt wird. Ist die Symbolleiste minimiert, tippst du auf ihre Miniatur.
2. Zum Ändern der Form kannst du beliebige der folgenden Schritte ausführen:
   - **Form bewegen:** Ziehe die Form an die gewünschte Position.
   - **Größe der Form ändern**: Bewege einen der blauen Punkte am Umriss der Form.
   - **Umrissfarbe ändern**: Tippe in der Farbauswahl auf eine Farbe.
   - **Form mit Farbe füllen oder Linienstärke ändern**: Tippe auf und wähle dann eine Option und eine Farbe aus.
   - Form von Pfeilen oder Sprechblasen anpassen: Ziehe einen der grünen Punkte.
   - **Form löschen oder duplizieren**: Tippe auf die Form und wähle eine Option aus.

Tippe zum Ausblenden der Symbolleiste „Markierungen“ auf oder auf „Fertig“.

Unterschrift in unterstützten Apps hinzufügen

1. Tippe in der Symbolleiste „Markierungen“ auf und wähle „Unterschrift“ aus.

   Hinweis: Tippe auf oder auf „Markierungen“, wenn die Symbolleiste „Markierungen“ nicht angezeigt wird. Ist die Symbolleiste minimiert, tippst du auf ihre Miniatur.
2. Führe einen der folgenden Schritte aus:

- **Neue Unterschrift hinzufügen**: Tippe auf „Unterschrift hinzufügen oder entfernen“, auf und verwende den Apple Pencil oder deinen Finger, um deinen Namen zu schreiben.
  Zum Verwenden der Unterschrift tippe auf „Fertig“ oder auf „Löschen“, um eine neue Unterschrift einzugeben.
- **Vorhandene Unterschrift hinzufügen**: Tippe auf die Unterschrift, die du verwenden willst.
  Zum Anzeigen all deiner Unterschriften scrolle in der Liste nach unten.

3. Bewege die Unterschrift an die gewünschte Position.

Tippe zum Ausblenden der Symbolleiste „Markierungen“ auf oder auf „Fertig“.

Verkleinern und Vergrößern mit der Funktion „Markierungen“ auf dem iPad

In Apps, die die Funktion „Markierungen“ unterstützen, kannst du einzoomen, um Details zu zeichnen. Verwende die Lupe, wenn du nur die Details sehen möchtest.

Einzoomen

Wenn du die Funktion „Markierungen“ in unterstützten Apps verwendest, kannst du zwei Finger aufziehen, um präziser zu zeichnen, Formen anzupassen und mehr.

Nach dem Einzoomen kannst du den vergrößerten Ausschnitt bewegen, indem du zwei Finger ziehst. Ziehe zum Auszoomen Daumen und Finger zusammen.

Vergrößern

Tippe in der Symbolleiste „Markierungen“ einer unterstützten App (außer „Notizen“) auf und auf „Lupe“.

Hinweis: Tippe auf oder auf „Markierungen“, wenn die Symbolleiste „Markierungen“ nicht angezeigt wird. Ist die Symbolleiste minimiert, tippst du auf ihre Miniatur.

Führe beliebige der folgenden Schritte aus, um die Merkmale der Lupe zu ändern:

- **Vergrößerungsfaktor ändern**: Ziehe den grünen Punkt auf der Lupe.
- **Größe der Lupe ändern**: Ziehe den blauen Punkt auf der Lupe.
- **Lupe bewegen**: Ziehe die Lupe an die gewünschte Position.
- **Konturstärke der Lupe ändern**: Tippe auf und wähle dann eine Option aus.
- **Umrissfarbe der Lupe ändern**: Wähle eine Option aus der Farbauswahl.
- **Lupe entfernen oder duplizieren**: Tippe auf den Umriss der Lupe und danach auf „Löschen“ oder „Duplizieren“.

Tippe zum Ausblenden der Symbolleiste „Markierungen“ auf oder auf „Fertig“.

Abrufen von Informationen über dein iPad

Speicherbelegung insgesamt und pro App anzeigen

Wähle „Einstellungen" > „Allgemein" > „iPad-Speicher".

Batterienutzung anzeigen

Wähle „Einstellungen" > „Batterie", um die Zeitspanne seit dem letzten Laden des iPad sowie die Batterienutzung durch die einzelnen Apps anzuzeigen. Du kannst den Ladezustand der Batterie auch als Prozentwert anzeigen lassen und den Stromsparmodus aktivieren oder deaktivieren. Weitere Informationen findest du unter Laden der iPad-Batterie.

Nutzung mobiler Daten anzeigen

Wähle „Einstellungen" > „Mobile Daten". Weitere Informationen findest du unter Anzeigen oder Ändern der Einstellungen für die Mobilfunknutzung auf dem iPad (Wi-Fi + Cellular-Modelle).

Weitere Informationen über das iPad anzeigen

Wähle „Einstellungen" > „Allgemein" > „Info". Du kannst u. a. die folgenden Informationen anzeigen:

- Name
- iPadOS-Softwareversion
- Modellname
- Teile- und Modellnummer. Die Teilenummer wird rechts neben „Modell" angezeigt. Tippe auf die Teilenummer, um die Modellnummer anzuzeigen.
- Seriennummer
- Netzwerk (Wi-Fi + Cellular-Modelle)
- Anzahl der Musiktitel, Videos, Fotos und Apps
- Kapazität und verfügbarer Speicherplatz
- Mobilfunkanbieter (Wi-Fi + Cellular-Modelle)
- Nummer für mobile Daten (Wi-Fi + Cellular-Modelle)
- WLAN- und Bluetooth-Adressen
- IMEI (International Mobile Equipment Identity) (Wi-Fi + Cellular-Modelle)
- ICCID (Integrated Circuit Card Identifier oder Smart Card) für GSM-Netzwerke (Wi-Fi + Cellular-Modelle)
- MEID (Mobile Equipment Identifier) für CDMA-Netzwerke (Wi-Fi + Cellular-Modelle)
- Modem-Firmware

Wenn du die Seriennummer oder eine andere ID kopieren willst, lege deinen Finger auf die Angabe, bis die Option „Kopieren“ eingeblendet wird.

Wähle „Einstellungen“ > „Allgemein“ > „Rechtl. & Reg. Hinweise“, um die rechtlichen und regulatorischen Hinweise (hierzu gehören rechtliche Hinweise, Lizenzbestimmungen sowie Informationen zur Gewährleistung und zur HF-Belastung) sowie die regulatorische Zertifizierung anzuzeigen.

Diagnoseinformationen anzeigen oder deaktivieren

Wähle „Einstellungen“ > „Datenschutz“ > „Analyse & Verbesserungen“.

Das iPad sendet Diagnose- und Nutzungsdaten an Apple. Dies hilft Apple, die angebotenen Produkte und Dienste zu verbessern. Die übermittelten Daten enthalten keine personenbezogenen Informationen, die Rückschlüsse auf deine Person ermöglichen, sie können aber Standortinformationen umfassen.

Anzeigen oder Ändern der Einstellungen für die Mobilfunknutzung auf dem iPad (Wi-Fi + Cellular-Modelle)

Du kannst auf dem iPad einen mobilen Datendienst aktivieren, die Nutzung mobiler Daten aktivieren oder deaktivieren und festlegen, welche Apps und Dienste mobile Daten nutzen dürfen. Bei einigen Mobilfunkanbietern kannst du auch deinen Datentarif ändern.

Unterstützte Modelle können eine Verbindung zu 5G-Netzen herstellen. Weitere Informationen findest du im Apple Support-Artikel 5G mit dem iPad verwenden.

Hinweis: Wende dich an deinen Mobilfunkanbieter, wenn du Unterstützung für Mobilnetzdienste benötigst oder Fragen zur Abrechnung hast.

Wenn das iPad über das Mobilfunknetz mit dem Internet verbunden ist, wird in der Statusleiste ein Symbol für dieses Mobilfunknetz angezeigt.

Wenn die Option „Mobile Daten“ deaktiviert ist, wird für alle Datendienste – einschließlich E-Mail, Surfen im Internet und Push-Benachrichtigungen – ausschließlich die WLAN-Verbindung verwendet. Wenn die Option „Mobile Daten“ aktiviert ist, können Gebühren anfallen. So können beispielsweise bei Verwendung bestimmter Funktionen und Dienste, mit denen Daten übertragen werden (wie bei der App „Nachrichten“), zusätzliche Gebühren anfallen.

Hinweis: Wi-Fi + Cellular-Modelle bieten keine Unterstützung für die Mobiltelefonie, sondern unterstützen lediglich die Datenübertragung über das Mobilfunknetz. Für Telefonanrufe mit dem iPad kannst du WLAN-Anrufe in Verbindung mit einem iPhone verwenden.

Mobilfunktarif zum iPad hinzufügen

Wenn du bereits einen Mobilfunktarif eingerichtet hast, wählst du „Einstellungen“ > „Mobilfunk“. Tippe anschließend auf „Neuen Tarif hinzufügen“ und folge den angezeigten Anleitungen.

Wenn du noch keinen Mobilfunktarif eingerichtet hast, findest du weitere Informationen unter Einrichten des Mobilfunkdiensts auf dem iPad (Wi-Fi + Cellular-Modelle).

Account für mobile Daten anzeigen oder ändern

Wähle „Einstellungen“ > „Mobile Daten“ und tippe auf „[Accountname] verwalten“ oder auf „Netzbetreiberdienste“.

Optionen für Nutzung mobiler Daten, Leistung, Batterielebensdauer und mehr auswählen

Wähle „Einstellungen“ > „Mobilfunk“, um die Mobilfunknutzung zu aktivieren oder zu deaktivieren.

Wähle bei aktivierter Mobilfunknutzung „Einstellungen“ > „Mobilfunk“ > „Datenoptionen“, um zusätzliche Optionen auszuwählen, und führe beliebige der folgenden Schritte aus:

- **Mobilfunknutzung reduzieren**: Aktiviere die Option „Datensparmodus“ oder tippe auf „Datenmodus“ und wähle „Datensparmodus“ (abhängig vom iPad-Modell). In diesem Modus werden automatische Updates und Hintergrundaktionen angehalten, wenn das iPad nicht mit einem WLAN verbunden ist.
- **Datenroaming aktivieren oder deaktivieren**: Das Datenroaming ermöglicht den Internetzugriff über ein Mobilfunknetz auch in Regionen, die nicht vom Netz deines Mobilfunkbetreibers abgedeckt werden. Auf Reisen kannst du das Datenroaming deaktivieren, um Roaminggebühren zu vermeiden.

Je nach iPad-Modell, Mobilfunkbetreiber und Region steht auch die folgende Option zur Verfügung:

- **LTE ein- oder ausschalten**: Wenn du LTE aktivierst, werden Daten schneller geladen.

Auf einem iPad Pro 12,9" (5. Generation) (Wi-Fi + Cellular) und auf einem iPad Pro 11" (3. Generation) (Wi-Fi + Cellular) kannst du folgende Aktionen ausführen:

- **„Smart Data“-Modus zur Optimierung der Batterielebensdauer aktivieren**: Tippe auf „Sprache & Daten“ und wähle „5G Automatisch“. In diesem Modus wechselt das iPad automatisch zu LTE, wenn die 5G-Geschwindigkeiten keine nennenswert bessere Leistung bringen.
- Video mit höherer Qualität und FaceTime HD in 5G-Netzen verwenden: Tippe auf „Datenmodus“ und wähle „Mehr Daten auf 5G erlauben“.

Funktion „Persönlicher Hotspot“ zum Teilen der mobilen Internetverbindung deines iPad verwenden

1. Wähle „Einstellungen“ > „Mobilfunk“ und aktiviere die Option „Mobile Daten“.
2. Tippe auf „Persönlichen Hotspot konfigurieren“ und folge den Anleitungen unter Teilen der Internetverbindung vom iPad (Wi-Fi + Cellular).

Mobilfunknutzung für Apps und Dienste festlegen

Wähle „Einstellungen“ > „Mobile Daten“ und lege (durch Aktivieren oder Deaktivieren der Option „Mobile Daten“) für jede App (wie „Karten“) und jeden Dienst (wie „WLAN-Unterstützung“) fest, ob die Mobilfunknutzung erlaubt ist oder nicht.

Ist die Einstellung deaktiviert, verwendet das iPad für den betreffenden Dienst oder die betreffende App ausschließlich die WLAN-Verbindung.

Hinweis: Die Option „WLAN-Unterstützung“ ist standardmäßig aktiviert. Wenn die Option „WLAN-Unterstützung“ aktiviert ist, schaltet das Gerät bei schlechter WLAN-Konnektivität automatisch zum Mobilfunknetz um, um das Signal zu verstärken. Da du über das Mobilfunknetz weiterhin mit dem Internet verbunden bleibst, wenn die WLAN-Verbindung schlecht ist, wird unter Umständen mehr Datenvolumen verbraucht, wodurch je nach Datenplan zusätzliche Gebühren anfallen können. Weitere Informationen findest du im Apple Support-Artikel Informationen zu „WLAN-Unterstützung“.

SIM-Karte sperren

Wenn dein Gerät eine SIM-Karte für Mobilfunkdaten nutzt, kannst du die Karte mit einer PIN (Personal Identification Number) sperren, um zu verhindern, dass die Karte von anderen Personen verwendet wird. Anschließend wird die Karte jedes Mal, wenn du das Gerät neu startest oder die SIM-Karte entfernst, automatisch gesperrt und du musst deine PIN eingeben.

Auswählen der iPad-Einstellungen für Reisen

Wenn du das iPad auf eine Reise mitnimmst, empfiehlt es sich, die Einstellungen so festzulegen, dass die Vorschriften der Fluggesellschaften eingehalten werden. Bei manchen Airlines kannst du dein iPad während deines Aufenthalts an Bord eingeschaltet lassen, sofern du den Flugmodus verwendest. Standardmäßig sind die Optionen „WLAN“ und „Bluetooth“ im Flugmodus deaktiviert. Du kannst also keine FaceTime-Anrufe tätigen oder empfangen und auch keine Funktionen oder Geräte verwenden, für die eine drahtlose Kommunikation erforderlich ist. Du kannst jedoch Musik hören, spielen, Videos ansehen und andere Apps verwenden, für die keine Internetverbindung erforderlich ist.

Informationen zum Auswählen von Einstellungen, mit denen sich die Mobilfunkgebühren auf Reisen minimieren lassen (Wi-Fi + Cellular-Modelle), findest du unter Anzeigen oder Ändern der Einstellungen für die Mobilfunknutzung auf dem iPad (Wi-Fi + Cellular-Modelle).

Wenn du ins Ausland reist, kannst du dich unter Umständen direkt über dein iPad bei einem Mobilfunkanbieter des jeweiligen Landes anmelden (diese Funktion ist bei Wi-Fi + Cellular-Modellen mit Touch ID oder Face ID verfügbar).

Flugmodus aktivieren

Öffne das Kontrollzentrum und tippe auf .

Du kannst den Flugmodus auch in der App „Einstellungen“ ein- und ausschalten. Wenn der Flugmodus aktiviert ist, wird in der Statusleiste oben auf dem Bildschirm angezeigt.

WLAN oder Bluetooth im Flugmodus aktivieren

Sofern die Fluggesellschaft dies gestattet, kannst du die Option „WLAN“ oder „Bluetooth“ auch im Flugmodus verwenden.

1. Öffne das Kontrollzentrum und aktiviere den Flugmodus.
2. Tippe auf , um die Option „WLAN“ zu aktivieren, oder auf , um die Option „Bluetooth“ zu aktivieren.
   Wenn du die Option „WLAN“ oder „Bluetooth“ aktivierst, solange der Flugmodus aktiviert ist, ist die betreffende Option möglicherweise aktiviert, wenn du den Flugmodus das nächste Mal einschaltest. Zum Deaktivieren von WLAN oder Bluetooth im Flugmodus öffnest du das Kontrollzentrum und tippst auf oder .

Personalisieren deines iPad

Ändern oder Deaktivieren von Tönen auf dem iPad

In der App „Einstellungen“ kannst du die Töne ändern oder deaktivieren, die das iPad beim Eingang eines Anrufs, einer Textnachricht, einer E-Mail, einer Erinnerung oder einer anderen Art von Mitteilung ausgibt.

Wenn du eingehende Anrufe, Hinweise oder Soundeffekte vorübergehend stummschalten möchtest, kannst du die Option „Nicht stören“ aktivieren.

Optionen für Töne einstellen

Lege Optionen und die Lautstärke für die Hinweis- und Klingeltöne.

1. Wähle „Einstellungen“ > „Töne“.
2. Bewege den Schieberegler, um die Lautstärke für Hinweis- und Klingeltöne festzulegen.
3. Tippe auf „Klingelton“ und weitere Optionen, um die Sounds für die Klingel- und Hinweistöne auszuwählen.

iPad stummschalten

Öffne das Kontrollzentrum und tippe auf „Fokus“ und dann auf „Nicht stören“, um eingehende Anrufe, Hinweise und Soundeffekte vorübergehend stummzuschalten.

Tipp: Öffne das Kontrollzentrum, falls eingehende Anrufe oder Mitteilungen nicht wie erwartet empfangen werden, und überprüfe, ob die Option „Nicht stören“ aktiviert ist. Wenn hervorgehoben wird, kannst du die Stummschaltung ausschalten, indem du auf „Nicht stören“ tippst. (Solange der Modus „Nicht stören“ aktiviert ist, wird auch in der Statusleiste angezeigt.)

Ändern des Hintergrundbilds auf dem iPad

Du kannst auf dem iPad ein Bild oder ein Foto als Hintergrundbild für den Sperrbildschirm oder den Home-Bildschirm auswählen. Du kannst ein dynamisches Bild oder ein Standbild auswählen.

Ändern des Hintergrundbildes

1. Wähle „Einstellungen“ > „Hintergrundbild“ > „Neuen Hintergrund wählen“.

2. Führe beliebige der folgenden Schritte aus:
   - Wähle ein voreingestelltes Bild aus einer der Gruppen aus, die oben im Bildschirm angezeigt werden („Dynamisch", „Einzelbild" usw.).

     Wenn der Dunkelmodus aktiviert ist, ändert der mit markierte Hintergrund sein Aussehen.
   - Wähle eines deiner eigenen Fotos aus. (Tippe dazu zunächst auf ein Album und danach auf das gewünschte Foto.)
     Bringe das ausgewählte Bild in die gewünschte Position. Ziehe zum Einzoomen zwei Finger auf und bewege danach das Bild. Ziehe zum Auszoomen zwei Finger zusammen.
   - Tippe auf , um die Perspektive zu aktivieren (bei einigen Hintergrundbildern verfügbar). Dadurch scheint sich dein Hintergrundbild zu bewegen, wenn du deinen Blickwinkel änderst.
     Hinweis: Die Option „Perspektive" wird nicht angezeigt, wenn die Option „Bewegung reduzieren" (in der Einstellung „Bedienungshilfen") aktiviert wurde.
3. Tippe auf „Einstellen" und wähle eine der folgenden Optionen:
   - Sperrbildschirm
   - Home-Bildschirm
   - Beide

Wähle „Einstellungen" > „Hintergrundbild", tippe auf das Bild im Sperrbildschirm oder im Home-Bildschirm und tippe auf „Perspektive", um die Perspektive für Hintergrundbilder zu aktivieren, die du bereits eingestellt hast.

Tipp: Du kannst den Hintergrund so einstellen, dass er sich automatisch ändern, indem du eine persönliche Automation in der App „Kurzbefehle" erstellst. Lege einen Zeitplan für deine Automation fest und füge die Aktion „Hintergrundbild festlegen" zu deiner Automation hinzu.

Anpassen von Helligkeit und Farbbalance des Bildschirms auf dem iPad

Du kannst die Anzeige des iPad heller oder dunkler machen (durch Dimmen verlängert sich die Batterielaufzeit). Darüber hinaus kannst du die Farben und die Helligkeit mit den Optionen „Night Shift", „True Tone" und „Dunkelmodus" manuell oder automatisch anpassen.

Helligkeit des Bildschirms manuell anpassen

Führe einen der folgenden Schritte aus, um die Bildschirmanzeige des iPad dunkler oder heller zu machen:

- Öffne das Kontrollzentrum und bewege .

- Wähle „Einstellungen“ > „Anzeige & Helligkeit“ und bewege den Schieberegler.

Helligkeit des Bildschirms automatisch anpassen lassen

Das iPad kann den integrierten Sensor für das Umgebungslicht verwenden, um die Bildschirmhelligkeit automatisch den jeweiligen Lichtverhältnissen entsprechend anzupassen.

1. Wähle „Einstellungen“ > „Bedienungshilfen“.
2. Tippe auf „Anzeige & Textgröße“ und aktiviere die Option „Auto-Helligkeit“.

Dunkelmodus aktivieren oder deaktivieren

Der Dunkelmodus verleiht dem gesamten iPad-Bildschirm ein dunkleres Farbschema, das sich perfekt für Umgebungen mit schlechten Lichtverhältnissen eignet. Wenn der Dunkelmodus aktiviert ist, kannst du dein iPad verwenden, um beispielsweise im Bett zu lesen, ohne die Person neben dir zu stören.

Führe beliebige der folgenden Schritte aus:

- Öffne das Kontrollzentrum und lege den Finger auf . Tippe danach auf , um den Dunkelmodus zu aktivieren oder zu deaktivieren.
- Wähle „Einstellungen“ > „Anzeige & Helligkeit“. Wähle anschließend „Dunkel“, um den Dunkelmodus zu aktivieren, oder wähle „Hell“ um ihn zu deaktivieren.

Dunkelmodus gemäß Zeitplan automatisch aktivieren und deaktivieren

In der App „Einstellungen“ kannst du festlegen, dass der Dunkelmodus nachts automatisch aktiviert wird (oder nach deinem eigenen Zeitplan).

1. Wähle „Einstellungen“ > „Anzeige & Helligkeit“.
2. Wähle „Automatisch“ und tippe auf „Optionen“.
3. Wähle entweder „Sonnenuntergang bis -aufgang“ oder „Eigener Zeitplan“.
   Tippe, wenn du dich für „Eigener Zeitplan“ entscheidest, auf die angezeigten Optionen, um die Zeiten festzulegen, an denen der Dunkelmodus aktiviert und deaktiviert werden soll.
   Wenn du dich für „Sonnenuntergang bis -aufgang“ entscheidest, verwendet das iPad die Uhr und Ortungsdienste, um die Nachtzeit zu bestimmen.

Option „Night Shift“ aktivieren oder deaktivieren

Du kannst die Option „Night Shift“ manuell einschalten. Dies ist zum Beispiel hilfreich, wenn du tagsüber in einem abgedunkelten Raum arbeitest.

Öffne das Kontrollzentrum und lege den Finger auf . Tippe danach auf .

Option „Night Shift“ gemäß Zeitplan automatisch ein- und ausschalten

Lege fest, dass die Option „Night Shift“ die Farben auf dem Bildschirm nachts wärmer erscheinen lassen soll, damit die Anzeige angenehmer für deine Augen ist.

1. Wähle „Einstellungen“ > „Anzeige & Helligkeit“ > „Night Shift“.
2. Aktiviere die Option „Geplant“.
3. Ziehe zum Anpassen der Farbbalance für die Option „Night Shift“ den Schieberegler hin zum wärmeren oder zum kälteren Ende der Farbtemperaturskala.
4. Tippe auf „Von“ und wähle entweder „Sonnenuntergang bis -aufgang“ oder „Eigener Zeitplan“.
   Tippe, wenn du dich für „Eigener Zeitplan“ entscheidest, auf die angezeigten Optionen, um die Zeiten festzulegen, an denen die Option „Night Shift“ aktiviert und deaktiviert werden soll.
   Wenn du dich für „Sonnenuntergang bis -aufgang“ entscheidest, verwendet das iPad die Uhr und Ortungsdienste, um die Nachtzeit zu bestimmen.
   Hinweis: Die Option „Sonnenuntergang bis -aufgang“ wird nicht angezeigt, wenn die Ortungsdienste deaktiviert sind („Einstellungen“ > „Datenschutz“) oder wenn die Option „Zeitzone einstellen“ deaktiviert ist („Einstellungen“ > „Datenschutz“ >„Ortungsdienste“ > „Systemdienste“).

Option „True Tone“ aktivieren oder deaktivieren

Auf unterstützten Modellen passt die Option „True Tone“ die Farbe und die Intensität der Anzeige automatisch an die Lichtverhältnisse deiner aktuellen Umgebung an.

Führe beliebige der folgenden Schritte aus:

- Öffne das Kontrollzentrum und lege den Finger auf . Tippe danach auf , um die Option „True Tone“ zu aktivieren oder zu deaktivieren.
- Wähle „Einstellungen“ > „Anzeige & Helligkeit“ und aktiviere bzw. deaktiviere die Option „True Tone“.

Vergrößern der Bildschirmdarstellung auf dem iPad mit Anzeigezoom

Auf dem iPad Pro 12,9" kannst du die Bildschirmanzeige mit der Option „Anzeigezoom“ vergrößern.

1. Wähle „Einstellungen“ > „Anzeige & Helligkeit“.
2. Tippe auf „Anzeige“ (unter „Anzeigezoom“).
3. Wähle „Vergrößert“ aus und tippe auf „Einstellen“.

Namen deines iPad ändern

Du kannst den Namen deines iPad ändern, der von iCloud, AirDrop, deinem persönlichen Hotspot und deinem Computer verwendet wird.

1. Wähle „Einstellungen“ > „Allgemein“ > „Info“ > „Name“.
2. Tippe auf , gib einen neuen Namen ein und tippe danach auf „Fertig“.

Ändern von Datum und Uhrzeit auf dem iPad

Standardmäßig werden das Datum und die Uhrzeit, die im Sperrbildschirm zu sehen sind, abhängig von deinem Standort automatisch eingestellt. Wenn du diese Einstellungen ändern willst – beispielsweise auf Reisen – kannst du sie anpassen.

1. Wähle „Einstellungen“ > „Allgemein“ > „Datum & Uhrzeit“.
2. Aktiviere eine der folgenden Optionen:
    - **Automatisch einstellen**: Das iPad ruft die korrekte Zeit über das Mobilfunknetz ab und aktualisiert die Uhrzeit für die Zeitzone, in der du dich befindest. Einige Netze unterstützen die Netzwerkzeit allerdings nicht, weshalb das iPad in einigen Ländern oder Regionen die lokale Uhrzeit möglicherweise nicht automatisch erkennen kann.
    - **24 Stunden**: (Diese Option ist nicht in allen Ländern oder Regionen verfügbar.) Das iPad verwendet die Zahlen 0 bis 23 für die Stundenanzeige.

Zum Ändern von Standarddatum und -uhrzeit deaktiviere „Automatisch einstellen“ und ändere dann das angezeigte Datum und die Uhrzeit.

Ändern von Sprache und Region auf dem iPad

Während der Konfiguration kannst du die Sprache und Region für dein iPad auswählen. Wenn du auf Reisen bist oder umziehst, kannst du die Sprache oder Region ändern.

1. Wähle „Einstellungen“ > „Allgemein“ > „Sprache & Region“.
2. Lege die folgenden Einstellungen fest:
    - Die Sprache für das iPad
    - Die Region
    - Das Kalenderformat

- Die Temperatureinheit (Celsius oder Fahrenheit)

3. Wähle „Einstellungen“ > „Allgemein“ > „Tastatur“ >„Tastaturen“, um eine Tastatur für eine weitere Sprache hinzuzufügen. Tippe dann auf „Tastatur hinzufügen“.

Anpassen des Home-Bildschirms

Verwalten von Apps in Ordnern auf dem iPad

Du kannst deine Apps in Ordnern verwalten, damit du sie auf den Seiten des Home-Bildschirms einfacher finden kannst.

Ordner erstellen

1. Lege den Finger auf das Symbol einer App im Home-Bildschirm und tippe auf „Home-Bildschirm bearbeiten“.
   Die Apps fangen an zu wackeln.
2. Ziehe zum Erstellen eines Ordners eine erste App auf das Symbol einer zweiten App.
3. Ziehe weitere Apps in den Ordner.
   In dem Ordner können sich mehrere Seiten mit Apps befinden.
4. Lege zum Umbenennen des Ordners einen Finger auf den Ordner, tippe auf „Umbenennen“ und gib einen neuen Namen ein.
   Tippe auf den Hintergrund des Home-Bildschirms, falls die Apps zu wackeln beginnen, und versuche es erneut.
5. Tippe abschließend auf „Fertig“ und dann zweimal auf den Hintergrund des Home-Bildschirms.

Tippe zum Löschen eines Ordners auf den Ordner, um ihn zu öffnen. Ziehe anschließend alle Apps aus dem Ordner. Der Ordner wird daraufhin automatisch gelöscht.

Hinweis: Wie du deine Apps im Home-Bildschirm verwaltest, hat keinen Einfluss auf die Gruppierung der Apps in der App-Mediathek.

App aus einem Ordner in den Home-Bildschirm bewegen

Du kannst eine App aus einem Ordner auf eine Seite des Home-Bildschirms bewegen, damit du sie einfacher finden und öffnen kannst.

1. Zeige die Seite des Home-Bildschirms an, auf der sich der Ordner mit der App befindet, und tippe auf den Ordner, um ihn zu öffnen.
2. Lege den Finger auf die App, bis die Apps zu wackeln beginnen.
3. Ziehe die App aus dem Ordner auf den Home-Bildschirm.

Home-Bildschirm zurücksetzen und Originallayout der Apps wiederherstellen

1. Wähle „Einstellungen“  > „Allgemein“ > „Zurücksetzen“.
2. Tippe auf „Home-Bildschirm“.
   Alle von dir erstellten Ordner werden entfernt, und alle Apps, die du geladen hast, werden nach den mit dem iPad mitgelieferten Apps in alphabetischer Reihenfolge angeordnet.

Hinzufügen von Widgets auf dem iPad

Die Widgets zeigen dir die neuesten Informationen aus deinen bevorzugten Apps auf einen Blick – Schlagzeilen, Wetteraussichten, Kalenderereignisse, Batteriestatus und mehr. Du kannst Widgets in der Ansicht „Heute“ anzeigen. Du kannst Widgets auch zu deinem Home-Bildschirm hinzufügen, um schnell auf diese Informationen zugreifen zu können.

Widgets in der Ansicht „Heute“ anzeigen

Wenn die Widgets in der Ansicht „Heute“ angezeigt werden sollen, streichst du vom linken Rand des Home-Bildschirms nach rechts und scrollst anschließend nach oben oder unten.

Widget zum Home-Bildschirm hinzufügen

1. Navigiere zu der Seite des Home-Bildschirms, auf der du das Widget hinzufügen möchtest, und lege den Finger auf den Hintergrund des Home-Bildschirms, bis die Apps zu wackeln beginnen.
2. Tippe auf  oben auf dem Bildschirm, um die Widget-Galerie zu öffnen.
3. Scrolle oder verwende die Suchfunktion, um das Widget zu finden. Tippe auf das Widget und streiche nach links und rechts durch die Größenoptionen.
   Die unterschiedlichen Widgetgrößen zeigen unterschiedliche Informationen an.
4. Wenn du die gewünschte Größe gefunden hast, tippst du auf „Widget hinzufügen“.
5. Während die Apps noch immer wackeln, bewegst du das Widget an die gewünschte Position und tippst auf „Fertig“.

Tipp: Ein „Smart-Stapel“ (neben dem Punkte angezeigt werden) ist ein intelligenter Stapel, der mehrere Widgets umfasst und Informationen wie die Uhrzeit, deinen Standort und Aktivitäten verwendet, um dir automatisch zur entsprechenden Tageszeit immer das relevanteste Widget anzuzeigen. Du kannst einen Smart-Stapel zum Home-Bildschirm hinzufügen und durch den Smart-Stapel scrollen, um die darin enthaltenen Widgets zu sehen.

Widget bearbeiten

Du kannst die meisten Widgets direkt im Home-Bildschirm anpassen, damit sie die gewünschten Informationen anzeigen. Du kannst beispielsweise das Widget „Wetter“ so konfigurieren, dass es die Wettervorhersage für deinen Standort oder eine andere Region anzeigt. Du kannst auch einen Smart-Stapel anpassen, damit er anhand deiner Aktivitäten, deines Standorts, der Tageszeit oder anderer Kriterien automatisch die vorhandenen Widgets durchläuft und dir die passenden Widgets anzeigt.

1. Lege im Home-Bildschirm den Finger auf ein Widget, um das Menü mit Schnellaktionen zu öffnen.
2. Tippe auf „Widget bearbeiten“ (falls vorhanden) oder auf „Stapel bearbeiten“, wenn es sich um einen Smart-Stapel handelt, und wähle die gewünschten Optionen aus.
   Bei einem Smart-Stapel kannst du die Optionen „Intelligente Reihenfolge“ und „Widget-Vorschläge“ aktivieren oder deaktivieren, ein Widget vom Smart-Stapel in den Home-Bildschirm ziehen oder ein Widget durch Tippen auf die linke obere Ecke entfernen.
   Wenn du die Option „Widget-Vorschläge“ aktivierst, werden die vorgeschlagenen Widgets für Apps, die du bereits verwendest, automatisch zur richtigen Zeit (basierend auf deinen Aktivitäten) in deinem Smart-Stapel angezeigt. Mit der entsprechenden

Option kannst du das Widget zu deinem Stapel hinzufügen, damit es immer verfügbar ist, wenn du es brauchst.
3. Tippe auf „Fertig“.

Widget vom Home-Bildschirm entfernen

1. Lege den Finger auf ein Widget, um das Menü mit Schnellaktionen zu öffnen.
2. Tippe auf „Widget entfernen“ (oder auf „Stapel entfernen) und tippe auf „Entfernen“.

Widgets bei gesperrtem iPad anzeigen

1. Wähle „Einstellungen“ und tippe dann (je nach verwendetem Modell) auf eine der folgenden Optionen:
   - „Face ID & Code“
   - „Touch ID & Code“
   - „Code“
2. Gib deinen Code ein.
3. Aktiviere die Optionen „Ansicht ‚Heute‘“ und „Suchen“ (unter „Im Sperrzustand Zugriff erlauben“).

Bewegen von Apps und Widgets im Home-Bildschirm des iPad

Du kannst das Layout deines Home-Bildschirms ändern – Apps und Widgets an andere Positionen oder auf andere Seiten des Home-Bildschirms bewegen, Seiten des Home-Bildschirms vorübergehend ausblenden, den Speicherort für neu geladene Apps ändern und vieles mehr.

Tipp: Du kannst alle Apps und Widgets, die zu einem bestimmten Fokus gehören (beispielsweise zu deinem Fokus „Arbeiten“), auf eine Seite des Home-Bildschirms bewegen und diese Seite während dieses Fokus zugänglich machen.

Apps und Widgets auf dem iPad an eine andere Position bewegen

1. Lege den Finger auf eine App oder ein Widget im Home-Bildschirm und tippe auf „Home-Bildschirm bearbeiten“.
   Die Objekte fangen an zu wackeln.
2. Bewege die App oder das Widget an eine der folgenden Stellen:
   - An eine andere Position auf derselben Seite
   - Eine andere Seite des Home-Bildschirms
     Bewege die App an den rechten Rand des Bildschirms. Es dauert unter Umständen kurze Zeit, bis die neue Seite angezeigt wird. Die Punkte über dem Dock zeigen die Anzahl deiner Seiten an. Gleichzeitig kannst du daran erkennen, auf welcher dieser Seiten du dich befindest.
     Tipp: Di kannst eine App auch in das Dock unten auf dem Bildschirm bewegen.
3. Tippe abschließend oben rechts auf „Fertig“.

Home-Bildschirm zurücksetzen und Originallayout der Apps wiederherstellen

1. Wähle „Einstellungen“ > „Allgemein“ > „iPad übertragen/zurücksetzen“.

2. Tippe auf „Zurücksetzen“, tippe auf „Home-Bildschirmlayout zurücksetzen“ und tippe auf „Zurücksetzen“.
   Alle von dir erstellten Ordner werden entfernt, und alle Apps, die du geladen hast, werden im Anschluss an die mit dem iPad gelieferten Apps in alphabetischer Reihenfolge angeordnet.

Entfernen von Apps auf dem iPad

Apps lassen sich sehr einfach von deinem iPad entfernen. Wenn du später deine Meinung änderst, kannst du entfernte Apps jederzeit wieder laden.

Entfernen von Apps

Führe beliebige der folgenden Schritte aus:

- App vom Home-Bildschirm entfernen: Lege den Finger auf die App im Home-Bildschirm, tippe auf „App entfernen“ und dann auf „Vom Home-Bildschirm entfernen“, damit die App in der App-Mediathek bleibt. Oder tippe auf „App löschen“, um sie vom iPad zu löschen.
- App aus der App-Mediathek und vom Home-Bildschirm löschen: Lege den Finger auf die App in der App-Mediathek, tippe auf „App löschen“ und dann auf „Löschen“.

Wenn du später deine Meinung änderst, kannst du zuvor gelöschte Apps erneut laden.

Außer den Apps anderer Anbieter kannst du auch die folgenden integrierten Apps von Apple löschen, die zum Lieferumfang des iPad gehören:

- Bücher
- Kalender
- Kontakte (Die Informationen der Kontakte sind aber weiterhin in den Apps „Nachrichten“, „Mail“ und „FaceTime“ sowie in anderen Apps verfügbar. Damit du einen Kontakt entfernen kannst, musst du die App „Kontakte“ wiederherstellen.)
- FaceTime
- Dateien
- Home
- iTunes Store
- Mail
- Karten
- Maßband
- Musik
- News
- Notizen
- Photo Booth
- Podcasts
- Erinnerungen
- Kurzbefehl
- Aktien
- Tipps
- TV
- Sprachmemos

Hinweis: Wenn du eine der integrierten Apps vom Home-Bildschirm löscht, werden dadurch auch alle zugehörigen Benutzerdaten und Konfigurationsdateien gelöscht. Das Entfernen integrierter Apps vom Home-Bildschirm kann sich auch auf andere Systemfunktionen auswirken.

Verwenden und Anpassen des Kontrollzentrums auf dem iPad

Das Kontrollzentrum auf dem iPad bietet dir schnellen Zugriff auf nützliche Steuerelemente (darunter Flugmodus, „Nicht stören", eine Taschenlampe, Lautstärke, Bildschirmhelligkeit) und Apps.

Kontrollzentrum öffnen

Streiche von der oberen rechten Ecke nach unten, um das Kontrollzentrum zu öffnen. Streiche von unten nach oben, um es zu schließen.

Auf weitere Bedien- und Steuerelemente im Kontrollzentrum zugreifen

Viele Bedien- und Steuerelemente umfassen Zusatzoptionen. Lege den Finger auf ein Steuerelement, um die verfügbaren Optionen anzuzeigen. Im Kontrollzentrum kannst du zum Beispiel Folgendes tun:

- Lege den Finger auf die obere linke Gruppe von Steuerelementen und tippe auf , um die Optionen für AirDrop anzuzeigen.
- Lege den Finger auf , um ein Selfie, ein Foto oder ein Video aufzunehmen oder um einen QR-Code zu scannen.

Steuerelemente hinzufügen und anordnen

1. Wähle „Einstellungen" > „Kontrollzentrum".
2. Tippe auf oder auf neben einem Steuerelement, um Steuerelemente hinzuzufügen oder zu entfernen.
3. Lege zum Anordnen der Steuerelemente den Finger auf neben einem Steuerelement und ziehe es an die gewünschte Zielposition innerhalb der Liste.

Verbindung zum WLAN vorübergehend trennen

Tippe im Kontrollzentrum auf . Tippe erneut auf die Taste, um die Verbindung wieder herzustellen.

Lege den Finger auf , um den Namen des WLANs anzuzeigen, mit dem du verbunden bist.

Da beim Trennen der Verbindung zu einem WLAN die Option „WLAN“ nicht deaktiviert wird, funktionieren AirPlay und AirDrop weiterhin. Wenn du deinen Standort änderst oder das iPad neu startest, stellt das iPad automatisch die Verbindung zu bekannten Netzwerken her. Wähle „Einstellungen“ > „WLAN“, wenn du die Option „WLAN“ deaktivieren möchtest. (Tippe im Kontrollzentrum auf , um die Option „WLAN“ wieder zu aktivieren.)

Verbindung zu Bluetooth-Geräten vorübergehend trennen

Tippe im Kontrollzentrum auf . Tippe erneut auf die Taste, um derartige Verbindungen wieder zu erlauben.

Da die Option „Bluetooth“ beim Trennen der Verbindungen zu anderen Geräten nicht deaktiviert wird, bleiben die Genauigkeit der Standortbestimmung und anderer Dienste erhalten. Wähle zum Ausschalten von Bluetooth „Einstellungen“ > „Bluetooth“ und deaktiviere die Option. Tippe im Kontrollzentrum auf , um Bluetooth wieder zu aktivieren.

Zugriff auf das Kontrollzentrum in Apps deaktivieren

Wähle „Einstellungen“ > „Kontrollzentrum“ und deaktiviere die Option „Zugriff von Apps aus“.

Ändern oder Sperren der Bildschirmausrichtung auf dem iPad

Viele Apps bieten dir eine andere Ansicht, wenn du das iPad drehst.

Bildschirmausrichtung sperren oder Sperre aufheben

Du kannst die Bildschirmausrichtung sperren, damit sich die Bildschirmanzeige nicht mit deinem iPad dreht.

Öffne das Kontrollzentrum und tippe auf .

Solange die Bildschirmausrichtung gesperrt ist, wird in der Statusleiste angezeigt.

Einrichten von „Fokus“, „Mitteilungen“ und „Nicht stören“

Anzeigen und Beantworten von Mitteilungen auf dem iPad

Mitteilungen informieren dich über die neuesten Vorkommnisse – einen verpassten Anruf, einen verschobenen Veranstaltungstermin oder ein anderes Vorkommnis. Du kannst deine Mitteilungen so anpassen, dass nur solche Informationen angezeigt werden, die für dich wichtig und relevant sind.

Hinweis: Beim Verwenden einer App wirst du möglicherweise gefragt, wie du Mitteilungen erhalten möchtest: sofort, überhaupt nicht oder in einer geplanten Übersicht. Unter „Einstellungen“ > „Mitteilungen“ kannst du diese Auswahl später ändern.

Mitteilungen in der Mitteilungszentrale finden

Das iPad zeigt Mitteilungen an, sobald diese empfangen werden, es sei denn, du legst einen Fokus fest, um dich auf eine Aktivität zu konzentrieren, oder du schaltest Mitteilungen mit „Nicht stören“ stumm. Für den Fall, dass du eine Mitteilung nicht sofort lesen kannst, werden Mitteilungen in der Mitteilungszentrale gespeichert, damit du sie später noch abrufen und anzeigen kannst.

Führe beliebige der folgenden Schritte aus, um deine Mitteilungen in der Mitteilungszentrale zu sehen:

- Im Sperrbildschirm: Streiche von der Mitte des Bildschirms nach oben.
- In anderen Anzeigen: Streiche von der oberen Mitte nach unten. Dann kannst du nach oben scrollen, um ältere Mitteilungen anzuzeigen, sofern vorhanden.

Streiche zum Schließen der Mitteilungszentrale mit einem Finger vom unteren Bildschirmrand nach oben oder drücke die Home-Taste.

Auf Mitteilungen antworten

Wenn mehrere Mitteilungen in der Mitteilungszentrale oder im Sperrbildschirm empfangen wurden, werden diese abhängig von der zugehörigen App gruppiert, damit du sie leichter zuordnen und verwalten kannst. Die Mitteilungen bestimmter Apps werden zusätzlich nach Verwaltungs- oder Organisationsaspekten der jeweiligen App gruppiert (zum Beispiel nach einem Thema oder einem Thread). Gruppierte Mitteilungen werden als kleine Stapel dargestellt, wobei die jüngste Mitteilung zuoberst im Stapel erscheint.

Führe beliebige der folgenden Schritte aus:

- Gruppe mit Mitteilungen erweitern, um die Mitteilungen einzeln zu sehen: Tippe auf die Gruppe. Tippe auf „Weniger“, um die Gruppe zu schließen.
- Mitteilung anzeigen und Schnellaktionen ausführen, sofern die App diese anbietet: Lege einen Finger auf die Mitteilung.
- Zur Mitteilung gehörige App öffnen: Tippe auf die Mitteilung und danach auf „Öffnen“.
- Bei gesperrtem iPad auf eine Mitteilung antworten: Lege einen Finger auf die Mitteilung.

Mitteilungsübersicht planen

Du kannst Ablenkungen in deinem Tagesverlauf reduzieren, indem du einen Zeitpunkt für das Empfangen einer Übersicht deiner täglichen Mitteilungen festlegst – dabei kannst du angeben, welche Mitteilungen in die Mitteilungsübersicht aufgenommen werden sollen und wann du die Übersicht erhalten möchtest.

Die Mitteilungsübersicht ist für dich personalisiert und wird ausgehend von deinen aktuellen Aktivitäten intelligent nach Priorität geordnet. Die relevantesten Mitteilungen werden ganz oben angezeigt. Die Übersicht ist besonders nützlich, da du selbst wählen kannst, wann du dich mit deinen Mitteilungen beschäftigen möchtest. Du kannst noch einen Schritt weiter gehen und einen Fokus konfigurieren, um Mitteilungen zu filtern, während du dich auf eine Aktivität konzentrierst.

1. Wähle „Einstellungen“  > „Mitteilungen“ > „Geplante Übersicht“.
2. Wähle die Apps aus, die in deiner Übersicht enthalten sein sollen.
3. Lege einen Zeitpunkt für die Übersicht fest. Tippe auf „Übersicht hinzufügen“, wenn du eine weitere Übersicht erhalten möchtest.
4. Tippe unter „Apps in ‚Übersicht‘“ auf „A bis Z“ und vergewissere dich, dass die Apps, die in deiner Übersicht enthalten sein sollen, aktiviert sind.

Mitteilungen anzeigen, schließen, entfernen und stummschalten

Wenn Mitteilungen auf deinem iPad angezeigt werden, kannst du beliebige der folgenden Schritte ausführen:

- Eine während der Arbeit mit einer anderen App empfangene Mitteilung lesen: Bewege den Finger auf dem Bildschirm nach unten, um die Mitteilung zu sehen. Streiche anschließend nach oben, um sie auszublenden.
- Mitteilungen entfernen: Streiche auf einer Mitteilung oder einer Gruppe von Mitteilungen nach links und tippe auf „Entfernen“ oder „Alle entfernen“.
- Mitteilungen für eine App stummschalten: Streiche auf einer Mitteilung oder einer Gruppe von Mitteilungen nach links, tippe auf „Optionen“ und tippe auf eine der Optionen zum Stummschalten von Mitteilungen der App (für eine Stunde oder für den ganzen Tag). Dadurch werden die Mitteilungen direkt an die Mitteilungszentrale gesendet und erscheinen künftig nicht mehr im Sperrbildschirm, für sie wird kein Ton mehr ausgegeben, der Bildschirm wird für sie nicht mehr aufgeblendet und sie zeigen kein Banner mehr an.
  Wenn du diese Mitteilungen wieder sehen und akustisch informiert werden möchtest, kannst du in der Mitteilungszentrale auf einer Mitteilung nach links streichen, auf „Optionen“ und dann auf „Ton an“ tippen.
- Mitteilungen für eine App oder Mitteilungsgruppe generell ausschalten: Streiche auf einer Mitteilung oder einer Gruppe von Mitteilungen nach links, tippe auf „Optionen“ und dann auf „Deaktivieren“.
- Darstellungsart für die Mitteilungen einer App ändern: Streiche auf einer Mitteilung nach links, tippe auf „Optionen“ und dann auf „Darstellungseinstellungen“. Weitere Informationen zu den Einstellungen, die du ändern kannst, findest du unter Ändern der Mitteilungseinstellungen.

- Alle Mitteilungen in der Mitteilungszentrale löschen: Öffne die Mitteilungszentrale, tippe auf und dann auf „Entfernen".
- Alle Mitteilungen stummschalten: Aktiviere „Nicht stören". Weitere Informationen findest du unter Aktivieren oder Deaktivieren eines Fokus auf dem iPad.

Wenn du eine App über längere Zeit nicht verwendet hast, macht dir Siri den Vorschlag, die Mitteilungen dieser App ganz auszuschalten.

Jüngste Mitteilungen im Sperrbildschirm anzeigen

Du kannst dein Gerät so konfigurieren, dass du vom Sperrbildschirm aus auf die Mitteilungszentrale zugreifen kannst.

1. Wähle „Einstellungen" und tippe dann (je nach verwendetem Modell) auf eine der folgenden Optionen:
    - „Face ID & Code"
    - „Touch ID & Code"
    - „Code"
2. Gib deinen Code ein.
3. Aktiviere die Option „Mitteilungszentrale" (unter „Im Sperrzustand Zugriff erlauben").

Ändern der Mitteilungseinstellungen auf dem iPad

In der App „Einstellungen" kannst du angeben, welche Apps dir Mitteilungen senden dürfen, den Ton ändern, der beim Empfang ausgegeben werden soll, standortabhängige Warnungen einrichten, amtliche Warnungen aktivieren und andere Festlegungen treffen.

Ändern der Mitteilungseinstellungen

Die meisten für Mitteilungen relevanten Einstellungen können für jede App individuell festgelegt werden. Du kannst unter anderem die Mitteilungen bestimmter Apps ein- oder ausschalten, festlegen, ob und welcher Ton beim Empfang einer Mitteilung abgespielt werden soll und wo die Mitteilungen angezeigt werden sollen, wenn dein Gerät gesperrt ist.

1. Wähle „Einstellungen" > „Mitteilungen".
2. Tippe auf „Geplante Übersicht" und aktiviere die Option „Geplante Übersicht", um einen Zeitpunkt für die Mitteilungsübersicht zu planen.
   Wähle die Apps aus, für die Mitteilungen in deiner Übersicht enthalten sein sollen, lege einen Zeitpunkt für die Zustellung der Übersicht fest und tippe oben links auf .
   (Weitere Informationen findest du unter Mitteilungsübersicht planen.)
3. Tippe auf „Vorschauen zeigen" und wähle eine Option aus, um festzulegen, wann eine Mitteilungsvorschau angezeigt werden soll – „Immer", „Wenn entsperrt" oder „Nie". Tippe anschließend oben links auf .
   Eine Vorschau kann Text (z. B. aus der App „Nachrichten" oder „Mail") oder auch Details

zu einer Einladung umfassen (z. B. aus der App „Kalender“). Du kannst diese Einstellung für einzelne Apps außer Kraft setzen.

4. Tippe unter „Mitteilungsstil“ auf eine App und aktiviere oder deaktiviere die Option „Mitteilungen erlauben“.
   Wenn du die Option „Mitteilungen erlauben“ aktivierst, legst du anschließend fest, wann die Mitteilungen zugestellt werden sollen – sofort oder in einer geplanten Mitteilungsübersicht. Darüber hinaus kannst du die Option „Dringliche Mitteilungen“ aktivieren oder deaktivieren.
   Für viele Apps kannst du auch einen Stil für das Mitteilungsbanner auswählen und den Ton und die Anzeige von Badges beim Eintreffen von Mitteilungen aktivieren oder deaktivieren.
5. Tippe auf „Mitteilungsgruppierung“ und gib an, nach welchem Kriterium Mitteilungen gruppiert werden sollen:
   - Automatisch: Die Mitteilungen der App werden automatisch entsprechend den Organisations- oder Verwaltungskriterien der App gruppiert (zum Beispiel nach Thema oder Thread).
   - Nach App: Alle Mitteilungen einer bestimmten App werden zu einer Gruppe zusammengefasst.
   - Aus: Es erfolgt kein Gruppieren.

Wähle „Einstellungen“ > „Mitteilungen“ > „Siri-Vorschläge“ und deaktiviere einzelne Apps, wenn du die Mitteilungen gezielt für ausgewählte Apps ausschalten möchtest.

Wenn du einen Fokus verwendest, verzögert dieser die Zustellung von Mitteilungen auf dem iPad, um störende Unterbrechungen zu vermeiden. Du kannst einen Zeitpunkt planen, zu dem du eine Übersicht mit den verpassten Mitteilungen erhalten möchtest.

Standortabhängige Hinweise einrichten oder deaktivieren

Bestimmte Apps verwenden deine Standortdaten, um dir je nach Aufenthaltsort relevante Mitteilungen zuzusenden. Du könntest zum Beispiel beim Eintreffen an einem bestimmten Ort eine Erinnerung erhalten, eine bestimmte Person anzurufen, oder daran erinnert werden, wann es Zeit ist, zum nächsten Ziel aufzubrechen.

Wenn du Mitteilungen dieser Art nicht empfangen möchtest, kannst du sie deaktivieren.

1. Wähle „Einstellungen“ > „Datenschutz“ > „Ortungsdienste“.
2. Schalte die Option „Ortungsdienste“ ein.
3. Tippe auf eine App (sofern Apps in der Liste vorhanden sind) und gib an, ob du deinen Standort mit der App teilen möchtest, solange du sie verwendest.

Einrichten eines Fokus auf dem iPad

„Fokus“ ist eine Funktion, die dich dabei unterstützt, dich auf eine Aufgabe zu konzentrieren, indem Ablenkungen reduziert werden. Wenn du dich konzentrieren musst oder dein iPad zur Seite legst, kannst du mit einem Fokus vorübergehend alle Mitteilungen stummschalten – oder bestimmte Mitteilungen zulassen (beispielsweise solche, die direkt mit deiner aktuellen Aktivität zu tun haben) – und anderen Personen und Apps mitteilen, dass du gerade beschäftigt bist.

Du kannst eine der bereitgestellten Fokus-Optionen auswählen oder einen eigenen Fokus erstellen.

Hinweis: Öffne das Kontrollzentrum, tippe auf „Fokus“ und aktiviere „Nicht stören“, um schnell alle Mitteilungen stummzuschalten. „Nicht stören“ und „Beim Fahren nicht stören“ sind jetzt Teil der Funktion „Fokus“.

Fokus einrichten

Wenn du dich auf eine bestimmte Aktivität konzentrieren möchtest, kannst du eine der bereitgestellten Fokus-Optionen anpassen – wie beispielsweise „Nicht stören“, „Zeit für mich“, „Schlafen“ oder „Arbeiten“ – oder einen eigenen Fokus erstellen. Du kannst Mitteilungen stummschalten oder nur Mitteilungen von Personen und Apps erlauben, die mit deinem aktuellen Fokus zu tun haben. So könntest du beispielsweise einen Fokus „Arbeiten“ einrichten und nur Mitteilungen von deinen Kolleg:innen und den für die Arbeit erforderlichen Apps erlauben.

Du kannst auch eine Seite des Home-Bildschirms anpassen und dort nur Apps platzieren, die direkt mit deinem Fokus zu tun haben. Anschließend legst du fest, dass während eines Fokus nur auf diese Seite zugegriffen werden darf.

1. Wähle „Einstellungen“ > „Fokus“.
2. Tippe auf einen Fokus – beispielsweise „Nicht stören“, „Zeit für mich“, „Schlafen“ oder „Arbeiten“ und folge den angezeigten Anleitungen.
3. Nach dem Einrichten deines Fokus kannst du jederzeit zu „Einstellungen“ > „Fokus“ zurückkehren und beliebige der folgenden Einstellungen ändern (die ursprünglich beim Einrichten des Fokus festgelegt wurden):
   - Personen auswählen (falls gewünscht), von denen du während dieses Fokus Mitteilungen erhalten möchtest: Tippe auf „Personen“ (oder „Person hinzufügen“), wähle die Kontakte aus und tippe auf „Fertig“.
   - Empfang von Anrufen während eines Fokus aktivieren oder deaktivieren: Tippe auf „Anrufe von“ und wähle die gewünschte Option aus – „Jedem“, „Niemand“, „Favoriten“ oder „Alle Kontakte“. Aktiviere die Option „Wiederholte Anrufe erlauben“, wenn mehrfache Anrufe (zwei oder mehr Anrufe von derselben Person innerhalb von drei Minuten) erlaubt sein sollen. Tippe anschließend auf oben links.
     Hinweis: Unabhängig von deinen Fokus-Einstellungen werden Anrufe von deinen Notfallkontakten immer durchgestellt.
   - Apps auswählen (falls gewünscht), von denen du während dieses Fokus Mitteilungen erhalten möchtest: Tippe auf „Apps“ oder „App hinzufügen“, wähle die Apps aus und tippe auf „Fertig“.
   - Allen Apps erlauben oder nicht erlauben, dir während eines Fokus sofort dringliche Mitteilungen zu senden: Aktiviere die Option „Dringlich“ und tippe auf oben links.

- Erlauben oder nicht erlauben, dass Apps angezeigt wird, dass du die Mitteilungen stummgeschaltet hast: Tippe auf „Fokusstatus“ und aktiviere oder deaktiviere die Option „Fokusstatus teilen“. Wenn du diese Option aktivierst, sehen Personen, die dir eine Mitteilung senden, dass du die Mitteilungen stummgeschaltet hast. Sie sehen jedoch nicht, welchen Fokus du gerade verwendest.
- Seiten des Home-Bildschirms auswählen, auf die du während eines Fokus zugreifen möchtest: Tippe auf „Home-Bildschirm“, aktiviere „Eigene Seiten“, wähle die Seiten des Home-Bildschirms aus, die du während eines Fokus verwenden möchtest, und tippe auf „Fertig“.
  Tipp: Du kannst die Apps für diesen Fokus auf eine der Seiten des Home-Bildschirms bewegen und diese Seite anschließend auswählen.
- Anzeige stummgeschalteter Mitteilungen im Sperrbildschirm erlauben oder Sperrbildschirm abdunkeln: Tippe auf „Sperrbildschirm“ und aktiviere die Option „Im Sperrbildschirm“. Du kannst auch die Option „Sperrbildschirm abdunkeln“ aktivieren, um die Helligkeit des Sperrbildschirms während dieses Fokus zu dimmen.

Eigenen Fokus erstellen

Wenn du dich auf eine Aktivität konzentrieren möchtest, die keiner der bereitgestellten Fokus-Optionen entspricht, kannst du einen eigenen Fokus erstellen.

1. Wähle „Einstellungen“ > „Fokus“.
2. Tippe auf + oben rechts und anschließend auf „Eigener“.
3. Gib einen Namen für deinen Fokus ein und tippe auf den Zeilenschalter.
4. Wähle eine Farbe und ein passendes Symbol aus und tippe auf „Weiter“.
5. Passe beliebige der oben in Schritt 3 unter Fokus einrichten angegebenen Optionen an.

Fokus-Einstellungen auf allen Apple-Geräten auf dem neuesten Stand halten

Du kannst auf allen deinen Apple-Geräten, auf denen du mit derselben Apple-ID angemeldet bist, dieselben Fokus-Einstellungen verwenden.

1. Wähle „Einstellungen“ > „Fokus“.
2. Aktiviere die Option „Geräteübergreifend teilen“.

Anrufe von Notfallkontakten bei stummgeschalteten Mitteilungen zulassen

Du kannst Hinweistöne für Notfallkontakte zulassen, auch wenn dein iPad oder die Mitteilungen stummgeschaltet sind.

1. Öffne die App „Kontakte“ .
2. Wähle einen Kontakt aus und tippe auf „Bearbeiten“.
3. Tippe auf „Klingelton“ oder auf „Nachrichtenton“ und aktiviere die Option „Notfallumgehung“.

Aktivieren oder Deaktivieren eines Fokus auf dem iPad

Wenn du einen Fokus verwenden möchtest, kannst du ihn direkt im Kontrollzentrum aktivieren oder einen Zeitpunkt planen, zu dem er automatisch aktiviert wird.

Fokus im Kontrollzentrum aktivieren

1. Öffne das Kontrollzentrum, tippe auf „Fokus“ und anschließend auf den Fokus, der aktiviert werden soll (beispielsweise „Nicht stören“).
   Hinweis: Ist bereits ein anderer Fokus aktiv, wird dieser deaktiviert, wenn du auf den neuen Fokus tippst.

2. Zum Festlegen des Endzeitpunkts für den Fokus tippst du auf neben dem Fokus, wählst eine Option (beispielsweise „1 Stunde“ oder „Bis ich diesen Ort verlasse“) und tippst erneut auf .

Wenn ein Fokus aktiviert ist, wird sein Symbol (beispielsweise für „Nicht stören“) in der Statusleiste und im Sperrbildschirm angezeigt. Außerdem wird dein Status automatisch in der App „Nachrichten“ angezeigt. Deine Freunde sehen, dass du die Mitteilungen stummgeschaltet hast, können dir aber in dringenden Fällen trotzdem eine Nachricht senden.

Hinweis: Du kannst auch einen Fokus aktivieren oder deaktivieren, indem du „Einstellungen“ > „Fokus“ wählst, auf „Fokus“ tippst und den Fokus aktivierst.

Einen Fokus mit Siri aktivieren oder deaktivieren

Du kannst Siri verwenden, um einen Fokus zu aktivieren oder deaktivieren.

Siri: Sage zum Beispiel: „Schalte Arbeitsmodus ein“ oder „Schalte Arbeitsmodus aus“ Konversation mit Siri erlernen.

Automatisches Aktivieren eines Fokus planen

Du kannst planen, dass ein Fokus automatisch zu bestimmten Zeiten aktiviert wird, wenn du dich etwa an einem bestimmten Ort befindest oder eine bestimmte App öffnest.

1. Wähle „Einstellungen“ > „Fokus“ und tippe auf den Fokus, den du planen möchtest.
2. Tippe auf „Zeitplan oder Automation hinzufügen“, lege die Uhrzeiten, einen Ort oder eine App für die Aktivierung dieses Fokus fest.
3. Soll dieser Fokus anhand von Kriterien wie deinem Standort oder der Nutzung einer bestimmten App automatisch aktiviert werden, kannst du auf „Intelligente Aktivierung“ tippen und die Option „Intelligente Aktivierung“ auswählen. Tippe anschließend auf oben.

Hinweis: Wenn du einen Fokus „Schlafen“ einrichtest, verwendet er den Schlafplan, den du in der App „Health“ festgelegt hast. Wenn du eine Schlafplan hinzufügen oder bearbeiten willst, öffne die App „Health“ und tippe auf „Übersicht“ und dann auf „Schlaf“.

Fokus deaktivieren

Wenn du einen Fokus beenden möchtest, kannst du ihn schnell deaktivieren, damit du wieder Mitteilungen erhältst. Nach dem Deaktivieren wird der Fokus nach wie vor im Kontrollzentrum angezeigt und kann erneut verwendet werden.

1. Führe beliebige der folgenden Schritte aus:
    - Lege den Finger auf das Symbol für den Fokus im Sperrbildschirm.
    - Öffne das Kontrollzentrum und tippe auf „Fokus“.
2. Tippe auf den gerade aktiven Fokus, um ihn zu deaktivieren.

Fokus löschen

Wenn du einen von dir eingerichteten Fokus nicht mehr benötigst, kannst du ihn löschen.

1. Wähle „Einstellungen“  > „Fokus“.
2. Tippe auf den Fokus, scrolle ganz nach unten und tippe auf „Fokus löschen“.

Wenn du eine der bereitgestellten Fokus-Optionen löschst, musst du den Fokus erneut einrichten. Wähle „Einstellungen“ > „Fokus“ und tippe auf + .

Apps

App Store

Laden von Apps im App Store auf dem iPad

In der App „App Store“ kannst du neue Apps, empfohlene Storys, Tipps und Tricks und In-App-Events entdecken.

Hinweis: Du benötigst eine Internetverbindung und eine Apple-ID, um den App Store zu nutzen. Die Verfügbarkeit von App Store und Apple Arcade kann je nach Land oder Region variieren.

Apps finden

Tippe auf beliebige der folgenden Optionen, um Apps, Spiele und In-App-Events zu entdecken:

- **Heute**: Durchsuche vorgestellte Storys, Apps und In-App-Events.
- **Spiele**: In zahlreichen Kategorien, etwa Action, Abenteuer, Rennen, Puzzles und vielen anderen, findest du dein nächstes Spiel.
- **Apps**: Hier kannst du Neuerscheinungen erkunden, dir die Charts ansehen oder die Angebote nach Kategorie durchsuchen.
- **Arcade**: Genieße eine kuratierte Sammlung erstklassiger Spiele von Apple Arcade (Abonnement erforderlich) ohne Werbung oder In-App-Käufe.
- **Suchen**: Hier kannst du Stichworte zu einem Objekt eingeben, nach dem du suchst. Tippe nach der Eingabe auf „Suchen“ auf der Tastatur.

Siri: Sage beispielsweise: „Suche im App Store nach Koch-Apps.“ oder „Lade die App Minecraft.“

Weitere Informationen über eine App erhalten

Tippe auf eine App, um die folgenden und weitere Informationen zu sehen:

- Bildschirmfotos oder Vorschau
- In-App-Events
- Bewertungen und Rezensionen
- Unterstützte Sprachen
- Unterstützung für Game Center und die Familienfreigabe
- Kompatibilität mit anderen Apple-Geräten
- Dateigröße
- Datenschutzinformationen;

App kaufen und laden

1. Tippe auf den Preis. Tippe bei kostenlosen Apps auf „Laden“.

   Wenn du statt eines Preises siehst, hast du die App bereits gekauft und kannst sie kostenfrei erneut laden.

2. Authentifiziere deine Apple-ID, sofern du dazu aufgefordert wirst, per Face ID oder Touch ID oder durch Eingabe deines Codes, damit der Kaufvorgang abgeschlossen werden kann.

Du kannst die App in der Kategorie „Zuletzt hinzugefügt“ in der App-Mediathek finden. Während des Ladevorgangs erscheint auf dem App-Symbol eine Statusanzeige.

App Store-Widget laden

Du kannst Storys, Sammlungen und In-App-Events direkt im Home-Bildschirm sehen.

Eine App teilen oder verschenken

1. Tippe auf die App, um Details anzuzeigen.
2. Tippe auf und wähle eine Option zum Teilen oder tippe auf „App schenken“ (diese Taste ist nicht für alle Apps verfügbar).

Apple-Geschenkkarte einlösen oder senden

1. Tippe auf oder auf dein Profilbild oben rechts.
2. Tippe auf eine der folgenden Optionen:
   - Geschenkkarte oder Code einlösen
   - Karte per E-Mail senden

Spielen auf dem iPad

In der App „App Store“ kannst du dein nächstes Spiel in zahlreichen Kategorien finden, etwa Action, Abenteuer, Rennen, Puzzles und vielen anderen. Du kannst im Game Center auch mit Freund:innen spielen, Erfolge erzielen und in Bestenlisten wetteifern.

Hinweis: Game Center, Apple Arcade und Apple One sind nicht in allen Ländern oder Regionen verfügbar.

Spiele finden und laden

1. Tippe auf beliebige der folgenden Optionen:
   - **Spiele**: Hier kannst du Neuerscheinungen erkunden, dir die Charts ansehen oder die Angebote nach Kategorie durchsuchen.
   - **Arcade**: Genieße eine kuratierte Sammlung erstklassiger Spiele von Apple Arcade (Abonnement erforderlich) ohne Werbung oder In-App-Käufe.
   - **Suchen**: Hier kannst du Stichworte zu einem Objekt eingeben, nach dem du suchst. Tippe nach der Eingabe auf „Suchen“ auf der Tastatur.
2. Tippe auf beliebige der folgenden Elemente, um ein Spiel zu laden:
   - Preis: Kaufe das Spiel.

     Wenn du statt eines Preises siehst, hast du das Spiel bereits gekauft und kannst es kostenfrei erneut laden.

    - Laden: Das Spiel ist kostenfrei oder in deinem Apple Arcade-Abonnement enthalten. Wenn das Spiel bald erscheint, erhältst du eine Mitteilung, sobald es verfügbar ist.
3. Authentifiziere deine Apple-ID, sofern du dazu aufgefordert wirst, per Face ID oder Touch ID oder durch Eingabe deines Codes.

Apple Arcade-Spiele auf anderen Apple-Geräten spielen

Wenn du ein Apple Arcade-Abonnement abschließt, kannst du auf deinen kompatiblen Apple-Geräten, auf denen du mit deiner Apple-ID angemeldet bist, spielen und auf deinen Spielstand zugreifen. (Nicht alle Apple Arcade-Spiele sind auf dem Mac und Apple TV verfügbar.)

Mit Freund:innen in Game Center spielen

In Game Center kannst du Freundschaftsanfragen sehen, dein öffentliches Profil verwalten und deine Highscores auf allen deinen Apple-Geräten verfolgen.

1. Wähle „Einstellungen“ > „Game Center“ und melde dich mit deiner Apple-ID an.
2. Führe einen der folgenden Schritte aus, um ein Game Center-Profil zu erstellen:
    - Einen Spitznamen wählen: Tippe auf „Spitzname“ und gib einen Namen ein oder wähle einen der Vorschläge aus. Deine Freund:innen können deinen Spitznamen sehen, wenn ihr zusammen Spiele spielt.
    - Dein Profilbild personalisieren: Tippe auf „Bearbeiten“ oben und erstelle ein neues Memoji, verwende ein bestehendes Memoji oder passe die Darstellung deiner Initialen an.
3. Wenn du Freund:innen hinzufügen möchtest, tippst du auf „Hinzufügen“ und gibst deren Telefonnummer oder Apple-ID ein. Außerdem kannst du auf tippen, um Personen aus deiner Kontaktliste einzuladen.
4. Die Empfänger:innen können auf die Freundschaftsanfragen wie folgt reagieren:
    - Tippe in der App „Nachrichten“ auf den Link.
    - Tippe in einem unterstützten Spiel auf das Game Center-Profilbild, tippe auf „Freund:innen“ und dann auf „Freundschaftsanfragen“.
    - Tippe im App Store auf oder dein Profilbild oben rechts. Tippe auf „Game Center“ und dann auf „Freundschaftsanfrage“.

Tippe in der Liste deiner Freund:innen auf eine Person, um zu sehen, welche Spiele diese Person zuletzt gespielt und welche Erfolge sie erzielt hat. Außerdem kannst du Benutzer:innen wegen Betrug und unangemessenen Bildern oder Spitznamen oder anderer Probleme melden. Tippe auf „Freund:in entfernen“, um Freund:innen zu entfernen.

Game Center-Beschränkungen festlegen

Du kannst Beschränkungen für Multiplayer-Spiele, das Hinzufügen von Freund:innen, Privatnachrichten und mehr festlegen.

1. Wähle „Einstellungen“ > „Bildschirmzeit > „Beschränkungen“ und aktiviere „Beschränkungen“.

2. Tippe auf „Inhaltsbeschränkungen“, scrolle nach unten zu „Game Center“ und lege die Beschränkungen fest.

Abonnieren von Apple Arcade auf dem iPad

Du kannst in der App „App Store“ Apple Arcade abonnieren, um auf dem iPhone, iPad, iPod touch, Mac und auf Apple TV unbegrenzten Zugriff auf eine kuratierte Sammlung mit Spielen zu erhalten. (Nicht alle Apple Arcade-Spiele sind auf dem Mac und Apple TV verfügbar.)

Du kannst Apple Arcade abonnieren oder Apple One, einen Dienst, der Apple Arcade und weitere Dienste umfasst. Weitere Informationen findest du im Apple Support-Artikel Apple One abonnieren.

Hinweis: Apple Arcade und Apple One sind nicht in allen Ländern oder Regionen verfügbar. Weitere Informationen findest du im Apple Support-Artikel Verfügbarkeit der Apple Media Services. Die Verfügbarkeit von Apple Arcade-Spielen auf den einzelnen Geräten variiert je nach Hardware- und Softwarekompatibilität. Einige Inhalte sind möglicherweise nicht in allen Regionen verfügbar.

Abonnieren von Apple Arcade

1. Tippe im App Store auf „Arcade“ und anschließend auf die Taste zum Abonnieren.
2. Sieh dir die Details zum kostenfreien Probeabo (falls qualifiziert) und zum Abonnement an und folge den angezeigten Anleitungen.

Apple Arcade-Abonnement ändern oder kündigen

Wähle „Einstellungen“ > „[dein Name]“ > „Abonnements“, tippe auf „Apple Arcade“ und folge den angezeigten Anleitungen.

Wenn du dein Abonnement kündigst, kannst du keine Apple Arcade-Spiele mehr spielen, selbst wenn du sie auf dein Gerät geladen hast. Lösche die Apps, wenn du sie nicht mehr brauchst.

Du kannst Apple Arcade erneut abonnieren, um Spiele zu spielen und wieder auf deine Spieldaten zuzugreifen. Allerdings werden Teile deiner Spieldaten eventuell nicht unterstützt, wenn du zu lange wartest, bis du ein neues Abonnement abschließt.

Apple Arcade mit Familienmitgliedern teilen

Wenn du Apple Arcade oder Apple One abonnierst, kannst du die Familienfreigabe verwenden, um Apple Arcade mit bis zu fünf weiteren Familienmitgliedern zu teilen. Die Mitglieder deiner Familiengruppe müssen nichts weiter unternehmen – Apple Arcade steht ihnen zur Verfügung, wenn sie die App „App Store“ zum ersten Mal nach der Aktivierung des Abonnements öffnen.

Wenn du einer Familiengruppe beitrittst, die Apple Arcade oder Apple One abonniert, und du selbst bereits ein Abonnement besitzt, wird dein Abonnement zum nächsten Zahlungstermin nicht verlängert. Du verwendest stattdessen das Abonnement der Gruppe. Wenn du einer Familiengruppe beitrittst, die nicht über ein Abonnement verfügt, verwendet die Gruppe dein Abonnement.

Hinweis: Wenn du dein Abo für Apple Arcade nicht mehr mit einer Familiengruppe teilen möchtest, kannst du das Abonnement kündigen, die Familiengruppe verlassen oder (wenn du Organisator:in der Familiengruppe bist) die Familienfreigabe deaktivieren.

Verwenden von App Clips auf dem iPad

Ein App Clip ist ein kleiner Teil einer App, mit dem du eine bestimmte Aufgabe schnell erledigen kannst wie beispielsweise das Mieten eines Fahrrads, das Bezahlen von Parkgebühren oder das Bestellen von Essen. Du kannst App Clips in Safari, in den Apps „Karten“ und „Nachrichten“ oder in der realen Welt entdecken wie beispielsweise über QR-Codes und App Clip -Codes – eindeutige Marker, die dich zu bestimmten App Clips bringen.

App Clips laden und verwenden

1. App Clips können mit folgenden Methoden geladen werden:
   - **App Clip-Code oder QR-Code**: Scanne den Code mit der iPad-Kamera oder mit dem Codescanner im Kontrollzentrum (wird auf dem iPad Air 2 oder iPad mini 4 nicht unterstützt).
   - **App „Karten“**: Tippe auf den App Clip-Link auf der Informationskarte (für unterstützte Orte).
   - Safari oder App „Nachrichten“: Tippe auf den App Clip-Link.
2. Tippe auf „Öffnen“ oder „Spielen“, wenn der App Clip auf dem Bildschirm erscheint.

In unterstützten App Clips kannst du „Mit Apple anmelden“ verwenden und dann mit Apple Pay bezahlen.

Bei einigen App Clips kannst du auf das Banner oben auf dem Bildschirm tippen, um die vollständige App anzuzeigen.

Einen auf dem iPad verwendeten App Clip finden

Gehe zur App-Mediathek, tippe oben auf dem Bildschirm auf das Suchfeld und scrolle dann an das Ende der alphabetisch sortierten Liste.

App Clips entfernen

- **Bestimmten App Clip entfernen**: Gehe zur App-Mediathek, tippe oben auf dem Bildschirm auf das Suchfeld, gib den Namen des App Clips ein und lege dann den Finger auf das App-Symbol.
- **Alle App Clips entfernen**: Wähle „Einstellungen“ > „App Clips“.

Verwalten von Käufen, Abonnements, Einstellungen und Beschränkungen auf dem iPad

In der App „App Store“ kannst du Abonnements verwalten und Käufe ansehen und laden, die du oder Mitglieder deiner Familie getätigt haben. Darüber hinaus kannst du in der App „Einstellungen“ Beschränkungen und deine Voreinstellungen für den App Store festlegen.

Käufe über die Familienfreigabe bestätigen

Bei eingerichteter Familienfreigabe kann der:die Organisator:in der Familie Käufe von anderen Familienangehörigen unter einem bestimmten Alter überprüfen und genehmigen.

Von dir oder Familienmitgliedern gekaufte Apps finden und laden

1. Tippe auf oder auf dein Profilbild oben rechts. Tippe dann auf „Käufe".
2. Wähle, wenn du die Familienfreigabe eingerichtet hast, auf „Meine Käufe" oder wähle das Mitglied aus, dessen Käufe du ansehen möchtest.
   Hinweis: Käufe von Familienmitgliedern kannst du nur ansehen, wenn sie ihre Käufe freigeben und teilen. Über die Familienfreigabe getätigte Käufe sind möglicherweise nicht mehr verfügbar, wenn das Familienmitglied, das den Kauf getätigt hat, die Familiengruppe verlässt.
3. Suche die App, die du laden möchtest (wenn sie noch im App Store verfügbar ist) und tippe auf .

Abonnements im App Store ändern oder kündigen

1. Tippe auf oder auf dein Profilbild oben rechts. Tippe dann auf „Abonnements". Du musst dich unter Umständen mit deiner Apple-ID anmelden.
2. Tippe auf ein Abonnement und führe beliebige der folgenden Schritte aus:
   - Ändere oder beende ein vorhandenes Abonnement.
   - Erneuere ein abgelaufenes Abonnement.
   - Teile ein qualifiziertes App Store-Abonnement mit anderen Familienmitgliedern in deiner Familienfreigabegruppe.

Einstellungen für den App Store ändern

Wähle „Einstellungen" > „App Store" und führe beliebige der folgenden Schritte aus:

- Gekaufte Apps automatisch auf deine anderen Apple-Geräte herunterladen: Aktiviere im Bereich „Automatische Downloads" die Option „Apps".
- Apps automatisch aktualisieren: Aktiviere „App-Updates".
- App-Downloads die Nutzung mobiler Daten erlauben: (Wi-Fi + Cellular-Modelle) Aktiviere „Automatische Downloads" unter „Mobile Daten". Tippe auf „App-Downloads", um zu wählen, ob du nur bei Downloads über 200 MB oder bei allen Apps um Erlaubnis gefragt werden willst.
- App-Vorschauvideos automatisch wiedergeben: Aktiviere die Option „Automatische Videowiedergabe".
- Unbenutzte Apps automatisch entfernen: Aktiviere „Unbenutzte Apps auslagern". Du kannst eine App jederzeit erneut installieren, sofern sie noch im App Store verfügbar ist.

Inhaltsbeschränkungen festlegen und In-App-Käufe verhindern

Führe die folgenden Schritte aus, nachdem du „Beschränkungen" aktiviert hast.

1. Wähle „Einstellungen“ > „Bildschirmzeit > „Beschränkungen“ > „Inhaltsbeschränkungen“.
2. Lege Beschränkungen fest. Zur Auswahl stehen:
    - Apps: Beschränke Apps anhand von Altersfreigaben.
    - App Clips: Verhindere das Öffnen von App Clips.

Installieren und Verwalten von Schriften auf dem iPad

Du kannst Schriften in der App „App Store“ laden, um sie in Dokumenten zu verwenden, die du auf dem iPad erstellst.

1. Öffne nach dem Laden einer App mit Schriften aus dem App Store die App und installiere die Schrift.
2. Wähle zum Verwalten installierter Schriften „Einstellungen“ > „Allgemein“ und tippe auf „Schriften“.

Bücher

Kaufen von Büchern und Hörbüchern bei Apple Books auf dem iPad

In der App „Bücher“ findest du aktuelle Bestseller, Charts oder von Apple Books-Redakteuren zusammengestellte Listen. Nachdem du ein Buch oder Hörbuch ausgewählt hast, kannst du es direkt in der App lesen bzw. anhören.

1. Öffne „Bücher“, tippe dann auf „Book Store“ oder „Hörbücher“, um nach Titeln zu suchen, oder tippe auf „Suchen“, um nach einem bestimmten Titel, Autor:in oder Genre zu suchen.
2. Tippe auf ein Buchcover, um weitere Details anzuzeigen, um eine Leseprobe oder Hörprobe erhalten oder um das Buch mit „Leseliste“ zu markieren.
3. Tippe auf „Kaufen“, um einen Titel zu kaufen. Tippe auf „Laden“, um einen kostenlosen Titel herunterzuladen.
   Alle Käufe werden der Zahlungsmethode belastet, die du für deine Apple-ID hinterlegt hast.

Du kannst auf iPad-Modellen mit der Verbindungsmöglichkeit zum Mobilfunknetz zulassen, dass Bücher und Hörbücher automatisch über deine mobile Datenverbindung geladen werden, wenn keine WLAN-Verbindung vorhanden ist. Wähle „Einstellungen“ > „Bücher“, scrolle zu „Mobile Daten“, tippe auf „Downloads“ und dann auf „Immer erlauben“.

Lesen von Büchern in der App „Bücher“ auf dem iPad

Verwende in der App „Bücher“ die Tabs „Jetzt lesen“ und „Bibliothek“ unten auf dem Bildschirm, um die von dir gerade gelesenen Bücher oder die Bücher, die du noch lesen willst, die Bücher in deiner Sammlung anzuzeigen und mehr.

- **Jetzt lesen**: Tippe auf diese Option, um die von dir gerade gelesenen Bücher oder Hörbücher anzuzeigen. Scrolle nach unten, um die zu deiner Sammlung „Leseliste“ hinzugefügten Bücher und Hörbücher und die Bücher anzuzeigen, für die du eine Leseprobe geladen hast. Du kannst auch tägliche Leseziele festlegen und verfolgen, welche Bücher du im Laufe des Jahres gelesen hast.
- **Mediathek**: Tippe auf diese Option, um alle Bücher, Hörbücher, Serien und PDFs anzuzeigen, die du im Book Store erworben oder manuell zu deiner Bibliothek hinzugefügt hast. Durch Tippen auf „Sammlungen“ kannst du deine Bücher in den Sammlungen „Leseliste“, „Meine Auszüge“, „Hörbücher“ und „Gelesen“ anzeigen.

Buch lesen

Tippe auf „Jetzt lesen“ oder „Bibliothek“ und danach auf ein Cover, um ein Buch zu öffnen. Zum Navigieren kannst du die folgenden Gesten und Steuerelemente verwenden:

- **Zur nächsten Seite umblättern**: Tippe nahe am rechten Rand einer Seite oder streiche von rechts nach links.
- **Zur vorherigen Seite zurückblättern**: Tippe nahe am linken Rand einer Seite oder streiche von links nach rechts.
- **Zu einer bestimmten Seite springen**: Tippe auf die Seite und bewege den unten im Bildschirm eingeblendeten Schieberegler nach links oder nach rechts. Tippe alternativ auf , gib eine Seitenzahl ein und tippe in den Suchergebnissen auf die Seitenzahl.
- **Buch schließen**: Tippe auf die Mitte der Seite, um die Steuerelemente einzublenden, und danach auf .

Tipp: Wenn du das iPad im Querformat verwendest, kannst du zwei Seiten gleichzeitig anzeigen.

Wenn du ein Buch ausgelesen hast, werden personalisierte Empfehlungen angezeigt, mit denen du deine nächste Lektüre entdecken kannst.

Erscheinungsbild von Text und Display ändern

Tippe auf die Seite und auf AA und führe beliebige der folgenden Schritte aus:

- **Helligkeit des Bildschirms anpassen**: Ziehe den Schieberegler nach links oder nach rechts.
- **Schriftgröße ändern**: Tippe auf den größeren Buchstaben „A“, um die Schriftgröße zu vergrößern. Tippe auf den kleineren Buchstaben „A“, um die Schriftgröße zu verkleinern.
- **Schrift(art) ändern**: Tippe auf „Schriften“, um eine andere Schrift(art) auszuwählen.
- Hintergrundfarbe der Seiten ändern: Tippe auf einen der Kreise.

- **Bildschirm bei Dunkelheit dimmen**: Aktiviere die Option „Automatischer Nachtmodus“, damit automatisch die Seitenfarbe geändert und die Helligkeit des Displays verringert wird, wenn du die App „Bücher“ bei abgedunkeltem Licht verwendest. (Die Option „Automatischer Nachtmodus“ wird nicht von allen Büchern unterstützt.)
- **Umblätterfunktion ausschalten**: Aktiviere die Option „Rollansicht“, wenn du kontinuierlich durch ein Buch oder eine PDF-Datei scrollen möchtest.

Seite mit einem Lesezeichen versehen

Wenn du ein Buch schließt, wird die Stelle gespeichert, an der du mit dem Lesen aufgehört hast. Du musst die betreffende Seite daher nicht mit einem Lesezeichen versehen. Du kannst aber Seiten, die du gerne nochmals lesen möchtest, mit Lesezeichen versehen.

Tippe auf , um ein Lesezeichen hinzuzufügen. Tippe erneut auf das Symbol, um das Lesezeichen zu entfernen.

Tippe auf und danach auf „Lesezeichen“, um die Liste aller Lesezeichen anzuzeigen.

Text markieren oder unterstreichen

1. Lege den Finger auf ein Wort und passe danach mithilfe der Aktivpunkte deine Auswahl an.
2. Tippe auf „Markieren“ und danach auf und wähle die Farbe aus, die du zum Markieren bzw. Unterstreichen verwenden möchtest.

   Tippe auf eine vorhandene Markierung oder Unterstreichung und danach auf , um sie zu entfernen.

Tippe auf und danach auf „Notizen“, um alle Markierungen zu sehen.

Notiz hinzufügen

1. Lege den Finger auf ein Wort und passe danach mithilfe der Aktivpunkte deine Auswahl an.
2. Tippe auf „Notiz“ und gib den gewünschten Text ein.
3. Tippe auf die Seite, um die Notiz zu schließen und weiterzulesen.

Tippe auf und danach auf „Notizen“, um alle Notizen zu sehen. Du kannst eine Notiz löschen, indem du nach links über sie streichst.

Auswahl teilen

Du kannst eine ausgewählte Textpassage mithilfe von AirDrop, der App „Mail“ oder „Nachrichten“ senden oder die Auswahl zu deinen Notizen hinzufügen. Im Falle eines Buchs, das aus dem Book Store stammt, wird automatisch ein Link zum Buch in der Auswahl hinzugefügt. (Die Option zum Teilen ist möglicherweise nicht in allen Ländern oder Regionen verfügbar.)

1. Lege den Finger auf ein Wort und passe danach mithilfe der Aktivpunkte deine Auswahl an.
2. Tippe auf „Teilen“ und wähle die gewünschte Methode aus.

Du kannst auch einen Link senden, um das Buch im Book Store anzuzeigen. Tippe auf eine Seite, dann auf und auf .

Auf all deinen Geräten auf Bücher zugreifen

Damit die Informationen in der App „Bücher“ auf deinem iPhone, iPad und iPod touch auf dem aktuellen Stand gehalten werden, muss du dich auf jeden Gerät mit derselben Apple-ID anmelden und dann wie folgt vorgehen:

- Leseposition, Lesezeichen, Notizen und Markierungen synchronisieren: Wähle „Einstellungen“ > „[dein Name]“ > „iCloud“ und aktiviere „iCloud Drive“ und „Bücher“.
- Option „Jetzt lesen“, Bibliothek und Sammlungen synchronisieren: Wähle „Einstellungen“ > „[dein Name]“ > „iCloud“ und aktiviere „iCloud Drive“ und „Bücher“. Wähle „Einstellungen“ > „Bücher“ > und aktiviere die Option „Jetzt lesen“.

Auf deinem Mac auf Bücher zugreifen

Wähle zum Anzeigen von Büchern, Hörbüchern und PDF-Dateien auf deinem Mac „Apple“ > „Systemeinstellungen“ und führe beliebige der folgenden Schritte aus:

- macOS 10.15 oder neuer: Öffne die Systemeinstellungen, klicke auf „Apple-ID“, wähle „iCloud“ in der Seitenleiste und dann „iCloud Drive“ aus. Klicke auf „Optionen“ und wähle „Bücher“.
- macOS 10.14 oder frühere Versionen: Öffne die Systemeinstellungen, klicke auf „iCloud“ in der Seitenleiste und wähle dann „iCloud Drive“ aus. Klicke auf „Optionen“ und wähle „Bücher“.

Zum Anzeigen deiner Sammlungen, Lesezeichen, Notizen und Markierungen auf deinem Mac wähle „Bücher“ > „Einstellungen“ > „Allgemein“ und wähle dann „Sammlungen, Lesezeichen und Markierungen auf Geräten synchronisieren“.

Anhören von Hörbüchern in der App „Bücher“ auf dem iPad

Verwende die App „Bücher“ , um Hörbücher auf deinem iPad anzuhören.

Hörbuch wiedergeben

Tippe auf das Hörbuchcover in „Jetzt lesen“ oder in der Sammlung „Hörbücher“ deiner Bibliothek und führe danach beliebige der folgenden Schritte aus:

- **Vor- oder zurückspringen**: Lege den Finger auf die abgerundeten Pfeile, streiche über das Buchcover und lass den Finger darauf liegen oder verwende externe Steuerungen wie Kopfhörer oder die Bedienelemente deines Fahrzeugs.

Hinweis: Wähle „Einstellungen“ > „Bücher“ und scrolle zu „Hörbücher“, um festzulegen, um wie viele Sekunden die Abspielposition beim Springen vor- oder zurückgesetzt werden soll.

- **Wiedergabe beschleunigen oder verlangsamen**: Tippe unten links auf das aktuelle Wiedergabetempo und wähle ein anderes Tempo aus.
- **Timer für den Ruhezustand festlegen**: Tippe auf und wähle eine Dauer aus.
- **Zu einem Kapitel springen**: Tippe auf und danach auf ein Kapitel.
  Hinweis: Bei manchen Hörbüchern werden die Kapitel als Tracks bezeichnet. Es gibt auch Hörbücher, die nicht in Kapitel unterteilt sind.
- **Zu einer bestimmten Zeitposition springen**: Bewege die Abspielposition, die sich direkt unter dem Cover des Hörbuchs befindet. Die Stelle, bei der du die Wiedergabe des Hörbuchs gestartet hast, wird auf der Zeitleiste durch einen grauen Kreis gekennzeichnet. Tippe auf den Kreis, um wieder zu dieser Stelle zu gelangen.

Ergänzende PDFs suchen

Einige Hörbücher enthalten ergänzende PDFs. Um diese PDFs zu finden, gib das Hörbuch wieder, tippe auf und dann auf „Beinhaltetes PDF anzeigen“ (iPadOS 15.4 oder neuer).

Festlegen von Lesezielen in der App „Bücher“ auf dem iPad

Die App „Bücher“ hilft dir beim Erfassen der mit Lesen verbrachten Minuten pro Tag und der Anzahl der Bücher und Hörbücher, die du im Jahr beendet hast. Du kannst diese Ziele anpassen, um mehr Zeit mit Lesen zu verbringen, neue Lesephasen festlegen und deine Leistung mit deinen Freunden zu teilen.

Tägliches Leseziel ändern

Du kannst dein tägliches Leseziel anpassen und angeben, wie viele Minuten du pro Tag lesen willst. Wenn du dein tägliches Leseziel nicht anpasst, wird es auf fünf Minuten pro Tag eingestellt.

1. Tippe auf den „Jetzt lesen“ und streiche nach unten zu „Leseziele“.
2. Tippe auf „Heutige Leseaktivität“ und dann auf „Ziel anpassen“.
3. Streiche auf dem Zähler nach oben oder unten, um die täglichen Leseminuten festzulegen.

Wenn du dein tägliches Leseziel erreichst, erhältst du eine Mitteilung von der App „Bücher“. Tippe darauf, um mehr Details zu deiner Leistung anzuzeigen oder diese an Freunde zu senden.

Um sicherzustellen, dass du eine Mitteilung erhältst, wenn du dein tägliches Leseziel erreichst, öffne „Einstellungen“ > „Mitteilungen“ > „Bücher“ und wähle „Mitteilungen erlauben“.

Hinweis: Wähle „Einstellungen“ > „Bücher“ und aktiviere die Option „PDFs einschließen“, damit auch von dir gelesene PDF-Dokumente zum Erreichen deines Leseziels beitragen.

Jährliches Leseziel ändern

Nachdem du ein Buch oder Hörbuch in der App „Bücher“ beendet hast, wird die Sammlung „Gelesene Bücher (in diesem Jahr)“ unter den Lesezielen angezeigt. Das Standardleseziel sind drei Bücher pro Jahr, das du aber abhängig von der Anzahl der Bücher, die du ganz lesen willst, nach oben oder unten korrigieren kannst.

1. Tippe auf „Jetzt lesen“ und streiche nach unten zu „Gelesene Bücher (in diesem Jahr)“.
2. Tippe auf ein Platzhalterquadrat oder ein Buchcover und danach auf „Ziel anpassen“.
3. Streiche auf dem Zähler nach oben oder unten, um die Anzahl der Bücher festzulegen, die du pro Jahr lesen möchtest.

Wenn du dein jährliches Leseziel erreichst, erhältst du eine Mitteilung von der App „Bücher“. Tippe darauf, um mehr Details zu deiner Leistung anzuzeigen oder diese an Freunde zu senden.

Lesephasen und Rekorde anzeigen

Die App „Bücher“ zeigt dir, an wie vielen Tagen hintereinander du dein tägliches Leseziel erreicht hast, und meldet, wenn du einen Rekord aufgestellt hast.

Tippe zum Anzeigen deiner aktuellen Lesephasen und des Rekords auf den Tab „Jetzt lesen“ und streiche nach unten zu „Leseziele“.

Coaching aktivieren

Du kannst das Coaching aktivieren, um Ermutigungen und Anregungen zu erhalten, die dich beim Erreichen deiner Leseziele unterstützen.

1. Tippe auf „Jetzt lesen“ und dann rechts oben auf deinen Account.
2. Tippe auf „Mitteilungen“ und aktiviere „Coaching“.

Mitteilungen zu Lesezielen deaktivieren

Du kannst festlegen, dass du beim Erreichen eines Leseziels oder eines neuen Leserekords keine Mitteilungen mehr erhältst.

1. Tippe auf „Jetzt lesen“ und dann rechts oben auf deinen Account.
2. Tippe auf „Mitteilungen“ und deaktiviere „Erreichte Ziele“.

Leseziele deaktivieren

Wähle „Einstellungen“ > „Bücher“ und deaktiviere dann die Option „Leseziele“. Wenn die Option „Leseziele“ deaktiviert ist, werden die Lesezeitanzeiger unter „Jetzt lesen“ ausgeblendet und du erhältst keine Mitteilungen über deine Leseaktivität mehr.

Lesedaten löschen

Wenn du deine Lesedaten, z. B. deine mit Lesen verbrachte Zeit und deine Leserekorde, löschen willst, wähle „Einstellungen“ > „Bücher“ und tippe auf „Lesezieldaten löschen“.

Verwalten von Büchern in der App „Bücher“ auf dem iPad

Die von dir gekauften Bücher und Hörbücher werden in deiner Bibliothek gespeichert und in der App „Bücher“ automatisch in Sammlungen wie „Hörbücher“, „Leseliste“ und „Gelesen“ organisiert.

Eine Sammlung erstellen und ihr Bücher hinzufügen

Du kannst eigene Sammlungen erstellen, um deine Bibliothek zu personalisieren.

1. Tippe nacheinander auf „Bibliothek“, auf „Sammlungen“ und auf „Neue Sammlung“.
2. Gib einen Namen für die neue Sammlung ein – Bücher für den Urlaub oder Buchclub – und tippe auf „Fertig.
3. Tippe zum Hinzufügen von Büchern auf unter dem Buchcover (oder im Book Store auf die Seite mit den Details des Buches) und danach auf „Zur Sammlung hinzufügen“ und wähle die gewünschte Sammlung aus.
   Du kannst ein einzelnes Buch mehreren Sammlungen hinzufügen.

Bücher in der Bibliothek sortieren

Lege fest, wie die Bücher in deiner Bibliothek sortiert und angezeigt werden.

1. Tippe auf „Bibliothek“, scrolle nach unten und tippe auf das Wort neben „Sortieren“ oder „Sortieren nach“.
2. Wähle „Zuletzt“, „Titel“, „Autor:in“ oder „Manuell“ aus.
   Wenn du „Manuell“ gewählt hast, legst du den Finger ein Cover und bewegst das Buch an die gewünschte Position.
3. Tippe auf , um die Bücher nach Titel oder Cover anzuzeigen.

Tipp: Du kannst die Bücher in einer Sammlung auf dieselbe Weise sortieren.

Bücher, Hörbücher und PDF-Dokumente entfernen

Du kannst Bücher, Hörbücher und PDF-Dokumente aus der Liste „Jetzt lesen“ oder aus den Sammlungen in deiner Bibliothek entfernen oder sie auf deinem iPad ausblenden.

1. Tippe auf „Bibliothek“ und danach auf „Bearbeiten“.
   Bei Hörbüchern tippst du auf „Bibliothek“ und öffnest die Sammlung „Hörbücher“.
2. Tippe auf die Titel, die du entfernen möchtest.
3. Tippe auf und wähle eine der angebotenen Optionen aus.

Tippe, wenn zuvor ausgeblendete Bücher wieder angezeigt werden sollen, zunächst auf den Tab „Jetzt lesen“, danach auf das Symbol für deinen Account und schließlich auf „Ausgeblendete Käufe verwalten“.

Geräteübergreifend auf deine Bibliothek zugreifen

Du kannst deine Bibliothek und die Sammlungen auf all deinen Geräten, auf denen du mit derselben Apple-ID angemeldet bist, auf dem aktuellen Stand halten. Wähle „Einstellungen“

> „[dein Name]“ > „iCloud“ und aktiviere zunächst die Option „iCloud Drive“ und danach die Option „Bücher“.

Lesen von PDF-Dokumenten in der App „Bücher“ auf dem iPad

Du kannst in der App „Bücher“ PDF-Dokumente öffnen und sichern, die du über eine andere App (zum Beispiel „Mail“ oder „Nachrichten“) erhalten hast.

PDF-Dokumente in der App „Bücher“ öffnen

Tippe alternativ auf den PDF-Anhang, um ihn zu öffnen. Tippe danach auf und anschließend auf „Bücher“.

PDF-Dokumente teilen oder drucken

Öffne das PDF-Dokument, tippe auf und wähle eine Freigabeoption, wie z. B. AirDrop, Mail oder Nachrichten, oder tippe auf „Drucken“.

Ein PDF-Dokument markieren

Öffne das PDF-Dokument und tippe auf , um auf die Zeichen- und Markierungswerkzeuge zuzugreifen. (Tippe zunächst auf die Mitte einer Seite, falls nicht angezeigt wird.)

PDF-Dokumente auf mehreren Geräten anzeigen

Du kannst PDF-Dokumente und Bücher, die nicht aus dem Book Store stammen, auf deinem iPhone, deinem iPad, deinem iPod touch und deinem Mac anzeigen, wenn du dich auf diesen Geräten mit derselben Apple-ID anmeldest.

Wähle „Einstellungen“ > „[dein Name]“ > „iCloud“ und aktiviere zunächst die Option „iCloud Drive“ und danach die Option „Bücher“. Wähle im Anschluss „Einstellungen“ > „Bücher“ > und aktiviere die Option „iCloud Drive“.

Kalender

Erstellen und Bearbeiten von Ereignissen in der App „Kalender“ auf dem iPad

In der App „Kalender“ kannst du Einträge für Ereignisse, Verabredungen und Besprechungen erstellen und bearbeiten.

Siri: Sage zum Beispiel:

- „Richte eine Besprechung mit Christian um 9 ein“
- „Habe ich ein Meeting um 10:00 Uhr?“
- „Wo findet das Meeting um 15:30 Uhr statt?“

Ereignis hinzufügen

1. Tippe in der Tagesansicht auf + oben auf dem Bildschirm.
2. Gib den Titel des Ereignisses ein.
3. Tippe auf „Ort“ oder „Videoanruf“ und gib einen physischen Ort ein oder tippe auf „FaceTime“, um einen Videolink zu einem virtuellen Ereignis einzugeben.
   Du kannst auch einen zuvor erstellten oder erhaltenen FaceTime-Link kopieren und in das Feld „Ort“ einsetzen.
4. Gib den Anfang und das Ende des Ereignisses, die Wegzeit und die eingeladenen Personen ein und füge Anhänge und weitere Informationen hinzu. (Streiche gegebenenfalls nach oben, um alle Daten für das Meeting einzugeben.)
5. Tippe auf „Hinzufügen“.

Hinweis hinzufügen

Du kannst einen Hinweis zu einem Ereignis hinzufügen, damit du rechtzeitig an das Ereignis erinnert wirst.

1. Tippe auf das Ereignis und danach oben auf „Bearbeiten“.
2. Tippe auf dem Bildschirm mit den Details des Ereignisses auf „Hinweis“.
3. Gib an, wann du an das Ereignis erinnert werden möchtest.
   Zur Auswahl stehen zum Beispiel „Zum Ereigniszeitpunkt“ und „5 Minuten vorher“.
   Hinweis: Wenn du eine Adresse für den Ort eines Ereignisses hinzufügst, verwendet die App „Kalender“ die App „Karten“ von Apple, um dir anhand von Orten, Verkehrsbedingungen und ÖPNV-Optionen anzuzeigen, wann du starten solltest.

Anhänge hinzufügen

Du kannst zu einem Kalenderereignis einen Anhang hinzufügen, um ihn mit den eingeladenen Personen zu teilen.

1. Tippe auf das Ereignis und danach auf „Bearbeiten“ oben rechts.
2. Tippe auf dem Bildschirm mit den Details des Ereignisses auf „Anhang hinzufügen“. Die App „Dateien“ wird geöffnet und zeigt deine zuletzt geöffneten Dateien.
3. Suche die Datei, die du anhängen möchtest.
   Bei der Suche nach der Datei kannst du ihren Namen in das Suchfeld eingeben, scrollen, auf Ordner tippen, um sie zu öffnen, auf „Durchsuchen“ tippen, um an anderen Speicherorten (z. B. iCloud Drive) zu suchen, den Dateinamen in das Suchfeld eingeben usw.
4. Tippe auf „Fertig“.

Tippe zum Entfernen des Anhangs zunächst auf das Ereignis und danach oben rechts auf „Bearbeiten“. Streiche nach links über den Anhang und tippe auf „Entfernen“.

Ereignisse in anderen Apps suchen

Siri kann in den Apps „Mail“, „Nachrichten“ und „Safari“ gefundene Ereignisse (z. B. Flugreservierungen und Hotelbuchungen) vorschlagen, sodass du sie einfach und schnell in der App „Kalender“ hinzufügen kannst.

1. Wähle „Einstellungen“ > Kalender> „Siri & Suchen“.
2. Aktiviere „Siri-Vorschläge in App anzeigen“, damit Siri Ereignisse vorschlägt, die in anderen Apps gefunden wurden.

Aktiviere „Von dieser App lernen“, damit Siri in anderen Apps basierend auf deiner Verwendung der App „Kalender“ Vorschläge macht.

Ereignis bearbeiten

Du kannst den Zeitpunkt sowie sämtliche Detailangaben eines Ereignisses ändern.

- Zeitpunkt ändern: Öffne die Tagesansicht, lege den Finger auf das Ereignis und ziehe es an einen neuen Zeitpunkt oder passe die Zeit mithilfe der Aktivpunkte an.
- Details eines Ereignisses ändern: Tippe zunächst auf das Ereignis und danach auf „Bearbeiten“ oben rechts. Tippe danach auf ein Detail des Ereignisses, um dieses Detail zu ändern, oder tippe auf ein Feld, um neue Informationen einzugeben.

Ereignis löschen

Öffne die Tagesansicht und tippe auf „Ereignis löschen“ unten auf dem Bildschirm.

Senden und Empfangen von Einladungen in der App „Kalender“ auf dem iPad

In der App „Kalender“ kannst du Einladungen zu Meetings, Veranstaltungen und sonstigen Ereignissen senden und empfangen. iCloud, Microsoft Exchange und bestimmte CalDAV-Server unterstützen das Senden und Empfangen von Einladungen. (Diese Funktion wird nicht von allen Kalenderservern unterstützt.)

Andere zu einem Ereignis einladen

Du kannst Personen zu einem Ereignis einladen, das du in den Kalender eingetragen hast.

1. Tippe auf das Ereignis und danach oben auf „Bearbeiten“.
2. Tippe auf „Eingeladene“, gib die Namen oder die E-Mail-Adressen der Personen ein, die du einladen möchtest, und tippe auf , um Kontakte auszuwählen.
3. Tippe auf „Fertig“.

Wähle „Einstellungen“ > „Kalender“ und deaktiviere die Option „Absagen anzeigen“, wenn du nicht benachrichtigt werden möchtest, wenn eine eingeladene Person die Teilnahme ablehnt.

Hinweis: Bei Microsoft Exchange und einigen anderen Exchange-Servern hast du die Möglichkeit, Personen auch zu einem Ereignis einzuladen, das du nicht selbst in den Kalender eingetragen hast.

Auf eine Einladung zu einem Ereignis antworten

1. Tippe auf die Mitteilung bezüglich eines Ereignisses, um die Mitteilung zu beantworten.

   Oder tippe in der App „Kalender“ auf und tippe auf die Einladung.
2. Gib deine Antwort ein – „Annehmen“, „Vielleicht“ oder „Ablehnen“.

Um auf eine Einladung zu reagieren, die du per E-Mail erhalten hast, kannst du in der E-Mail-Nachricht auf den unterstrichenen Text tippen und „Im Kalender anzeigen“ auswählen.

Wenn du Kommentare zu deiner Antwort hinzugefügt hast (was allerdings nicht bei allen Kalendern möglich ist), sind diese nur für den:die Organisator:in, nicht jedoch für die anderen Teilnehmer:innen sichtbar. Tippe auf und aktiviere die Option „Abgelehnte Ereignisse“, wenn du möchtest, dass von dir abgelehnte Ereignisse weiterhin angezeigt werden.

Meeting ohne Blockieren des Termins eintragen

Du kannst deinem Kalender ein Ereignis hinzufügen, ohne dass der Zeitraum dieses Ereignisses blockiert und anderen Benutzern, die dir eine Einladung senden möchten, als „Beschäftigt“ angezeigt wird.

1. Tippe auf das Ereignis und danach auf „Bearbeiten“.
2. Tippe auf „Zeigen als“ und danach auf „Frei“.

Andere Uhrzeit vorschlagen

Du kannst für eine Einladung zu einer Veranstaltung, die du erhalten hast, eine andere Uhrzeit vorschlagen.

1. Tippe auf die Veranstaltung und danach auf „Neuen Termin vorschlagen".
2. Tippe auf die Zeitangabe und gib einen neuen Termin ein.
3. Tippe auf „Fertig" und danach auf „Senden".

Teilnehmer schnell per E-Mail einladen

Du kannst allen Personen, die an einem Ereignis teilnehmen, eine E-Mail senden, um ihnen beispielsweise Details zum Ereignis mitzuteilen.

1. Tippe auf ein Ereignis, an dem andere Personen teilnehmen.
2. Tippe auf „Eingeladene" und danach auf .

Ändern der Darstellung von Ereignissen in der App „Kalender" auf dem iPad

In der App „Kalender" kannst du die Ereignisse eines Tages, einer Woche, eines Monats oder eines Jahres oder eine Liste der jeweils nächsten anstehenden Ereignisse anzeigen. Führe beliebige der folgenden Schritte aus, um die Kalenderdarstellung in der App „Kalender" zu ändern:

- **Einzoomen oder auszoomen**: Tippe oben auf dem Bildschirm auf „Tag", „Woche", „Monat" oder „Jahr", um in deinem Kalender ein- oder auszuzoomen. Alternativ können Wochen- und Tageskalender auch durch Zusammen- bzw. Auseinanderziehen der Finger ein- und ausgezoomt werden.
- **Anstehende Ereignisse anzeigen**: Tippe auf , um anstehende Ereignisse als Liste anzuzeigen.

Suchen nach Ereignissen in der App „Kalender" auf dem iPad

In der App „Kalender" kannst du nach Ereignissen suchen, indem du den Titel, die Namen von Teilnehmern, den Ort oder Notizen als Suchkriterium verwendest.

Tippe auf und gib den gewünschten Text in das Suchfeld ein.

Siri: Sage zum Beispiel: „Was steht in meinem Kalender für Freitag?"

Anpassen deines Kalenders auf dem iPad

In der App „Kalender" kannst du u. a. festlegen, mit welchem Wochentag die Kalenderwoche beginnen soll, ob die Nummern der Kalenderwochen eingeblendet werden sollen, ob die automatische Zeitzone überschrieben werden soll, und auch einen alternativen Kalender auswählen (z. B. für chinesische oder hebräische Datumsangaben).

Wähle „Einstellungen“ > „Kalender“ und aktiviere die Optionen und Funktionen, die du verwenden möchtest.

Im Blick behalten von Ereignissen in der App „Kalender“ auf dem iPad

In der App „Kalender“ kannst du die Mitteilungen anpassen, die dich über anstehende Kalenderereignisse, Einladungen und mehr informieren. Du kannst auch sicherstellen, dass deine Ereignisse und Kalenderinformationen auf all deinen Geräten immer auf dem neuesten Stand sind.

Kalendermitteilungen anpassen

1. Wähle „Einstellungen“ > „Mitteilungen“ > „Kalender“.
2. Aktiviere die Option „Mitteilungen erlauben“.
3. Tippe auf einen Ereignistyp (z. B. „Nächste Termine“) und gib an, wie und wo die Mitteilungen zu entsprechenden Ereignissen angezeigt werden sollen – zum Beispiel im Sperrbildschirm, in der Mitteilungszentrale, als Banner oben auf dem Bildschirm, mit oder ohne Ton usw.

Deinen Kalender auf allen Geräten auf dem neuesten Stand halten

Du kannst iCloud verwenden, um deine Kalenderinformationen auf allen Geräten auf dem neuesten Stand zu halten, auf denen du mit derselben Apple-ID angemeldet bist.

Wähle „Einstellungen“ > „[dein Name]“ > „iCloud“ und aktiviere „Kalender“.

Wenn du iCloud für deinen Kalender verwenden willst, kannst du deine Kalenderinformationen zwischen deinem iPad und deinem Computer synchronisieren.

Verwenden mehrerer Kalender auf dem iPad

Du kannst in der App „Kalender“ mehrere Kalender einrichten, um Ereignisse unterschiedlicher Art und Herkunft im Blick zu behalten. Du kannst auch alle Ereignisse und Termine in einem einzigen Kalender organisieren. Zusätzliche Kalender lassen sich allerdings leicht einrichten und bieten eine hervorragende Möglichkeit, den Überblick zu behalten.

Kalender einrichten

1. Tippe auf oben links und dann auf „Hinzufügen“ unten im Bildschirm.
2. Führe einen der folgenden Schritte aus:
   - iCloud-Kalender erstellen: Tippe auf „Hinzufügen“, gib einen Namen für den Kalender ein und wähle eine Farbe für ihn aus.

- Externen schreibgeschützten Kalender abonnieren: Tippe auf „Kalenderabonnement hinzufügen“, gib die URL der .ics-Datei, die du abonnieren möchtest, (sowie alle darüber hinaus erforderlichen Serverdaten) ein und wähle „Abonnieren“.

Du kannst auch einen iCalendar-Kalender (.ics) abonnieren, indem du auf einen Link zu ihm tippst.

Kalenderabonnement beenden

Du kannst das Abo eines zuvor abonnierten Kalender beenden. Wenn du ein Kalenderabo beendest, kannst du es auch als Spam melden.

1. Tippe auf und danach auf neben dem Kalenderabo, das du beenden möchtest.
2. Tippe auf „Abo beenden“ und dann auf „Abo beenden“ oder „Abo beenden und Spam melden“.
   Hinweis: Wenn du auf „Abo beenden und Spam melden“ tippst, wird der Kalender bei Apple als mutmaßliches Spam-Abonnement gemeldet.

Mehrere Kalender gleichzeitig anzeigen

Tippe zum gleichzeitigen Anzeigen mehrerer Kalender auf unten auf dem Bildschirm und führe danach beliebige der folgenden Schritte aus:

- Wähle die Kalender aus, die angezeigt werden sollen.
- Tippe auf „Feiertage“, um nationale Feiertage gemeinsam mit deinen Ereignissen anzuzeigen.
- Tippe auf „Geburtstage“, um die Geburtstage deiner Kontakte gemeinsam mit deinen Ereignissen anzuzeigen.

Standardkalender festlegen

Du kannst einen deiner Kalender als Standardkalender festlegen. Wenn du ein Ereignis mit Siri oder mithilfe einer anderen App hinzufügst, wird es zu deinem Standardkalender hinzugefügt.

1. Wähle „Einstellungen“ > „Kalender“ > „Standardkalender“.
2. Wähle den Kalender aus, der dein Standardkalender sein soll.

Farbe des Kalenders ändern

1. Tippe links oben auf .
2. Tippe neben einem Kalender auf und wähle die gewünschte Farbe aus.
3. Tippe auf „Fertig“.

Bei bestimmten Kalender-Accounts (zum Beispiel bei Google) wird die Farbe durch den Server vorgegeben.

iCloud-, Google-, Exchange- oder Yahoo!-Kalenderaccounts einrichten

1. Wähle „Einstellungen“ > „Kalender“ > Accounts“ > „Account hinzufügen“.
2. Führe beliebige der folgenden Schritte aus:
   - Tippe auf einen E-Mail-Dienst (z. B. iCloud oder Microsoft Exchange) und melde dich bei deinem Account an.
   - Tippe auf „Andere“, tippe dann auf „CalDAV-Account hinzufügen“ oder „Kalenderabo hinzufügen“ und gib deine Server- und Accountinformationen ein.

CalDAV-Account hinzufügen

1. Wähle „Einstellungen“ > „Kalender“ > „Accounts“ > „Account hinzufügen“ > „Andere“.
2. Tippe auf „CalDAV-Account hinzufügen“.
3. Gib deine Server- und Accountinformationen ein.

Ereignis in einen anderen Kalender bewegen

Tippe auf das Ereignis und danach auf „Kalender“. Wähle anschließend den Kalender aus, in den das Ereignis bewegt werden soll.

Verwenden des Kalenders „Feiertage“ auf dem iPad

In der App „Kalender“ zeigt der Kalender „Feiertage“ die Feiertage auf Basis der auf deinem iPad eingestellten Region an.

Hinweis: Der Kalender „Feiertage“ ist ein Kalenderabonnement. Du kannst keine Feiertage hinzufügen oder löschen, da Kalenderabonnements nur vom Anbieter des Kalenders modifiziert werden können.

Feiertage ein- oder ausblenden

1. Tippe links oben auf .
2. Aktiviere oder deaktiviere „Deutsche Feiertage“ (bzw. den Feiertagskalender deines Landes oder deiner Region).

Feiertage einer anderen Region anzeigen

Du kannst die Einstellungen auf deinem iPad ändern, um Feiertage eines anderen Landes oder einer anderen Region anzuzeigen.

1. Wähle „Einstellungen“ > „Allgemein“ > „Sprache & Region“ und tippe auf „Region“.
2. Tippe in der App „Kalender“ auf deinem iPad auf „Kalender“ unten auf dem Bildschirm.
3. Deaktiviere den Kalender „Feiertage“ und aktiviere ihn erneut.

Teilen von iCloud-Kalendern auf dem iPad

Du kannst in der App „Kalender“ einen iCloud-Kalender mit anderen iCloud-Benutzern teilen. Wenn du einen Kalender teilst, kannst du festlegen, ob andere Personen ihn nur sehen oder ob sie selbst Ereignisse hinzufügen und vorhandene Ereignisse ändern können. Du kannst außerdem eine Leseversion teilen, die alle Benutzer:innen sehen, aber nicht ändern können.

iCloud-Kalender erstellen

1. Tippe links oben auf .
2. Tippe auf „Hinzufügen“.
3. Gib einen Namen für den neuen Kalender ein und tippe auf „Fertig“.

iCloud-Kalender teilen

Du kannst einen Kalender über iCloud mit einer oder mehreren Personen teilen. Die ausgewählten Personen erhalten per E-Mail eine Einladung, dem Kalender beizutreten.

1. Tippe links oben auf .
2. Tippe auf neben dem iCloud-Kalender, den du teilen möchtest.
3. Tippe auf „Person hinzufügen“ und gib einen Namen oder eine E-Mail-Adresse ein oder tippe auf , um in der App „Kontakte“ nach den gewünschten Personen zu suchen und sie auszuwählen.
4. Tippe auf „Hinzufügen“.

Zugriff auf einen geteilten Kalender für eine bestimmte Person ändern

Wenn du eine Person eingeladen hast, einen Kalender mit dir zu teilen, kannst du ihr die Berechtigung zum Bearbeiten des Kalenders erteilen und entziehen und die Freigabe des Kalenders für die betreffende Person aufheben.

1. Tippe auf , auf neben einem geteilten Kalender und schließlich auf den Namen der Person.
2. Führe beliebige der folgenden Schritte aus:
   - Schalte die Option „Bearbeitung zulassen“ ein oder aus.
   - Tippe auf „Nicht mehr teilen“.

Mitteilungen für einen geteilten Kalender deaktivieren

Wenn eine Person eine Änderung in einem von dir geteilten Kalender vornimmt, wirst du über diese Änderung informiert. Du kannst diese Mitteilungen für einen geteilten Kalender deaktivieren, wenn du sie nicht erhalten möchtest.

1. Tippe auf und danach auf neben dem geteilten Kalender, für den du keine Mitteilungen mehr möchtest.
2. Deaktiviere „Änderungen einblenden“.

Leseversion eines Kalenders für alle Benutzer:innen teilen

1. Tippe auf und danach auf neben dem iCloud-Kalender, den du teilen möchtest.
2. Aktiviere die Option „Öffentlicher Kalender“ und tippe auf „Link teilen“, um eine Kopie oder die URL deines Kalenders zu senden.
3. Wähle eine Methode zum Senden der URL – App „Nachrichten“, App „Mail“ usw.

Jeder Benutzer, dem du die URL sendest und der eine kompatible App verwendet (zum Beispiel „Kalender“ für macOS), kann diesen Kalender abonnieren.

Kalender löschen

1. Tippe links oben auf .
2. Tippe auf neben dem iCloud-Kalender, den du löschen möchtest.
3. Tippe auf „Kalender löschen“ unterhalb der Liste.

Kamera

Aufnehmen von Fotos mit der Kamera des iPad

Im Folgenden erfährst du, wie du mit der App „Kamera“ auf deinem iPad großartige Fotos aufnehmen kannst. Außerdem kannst du zwischen verschiedenen Kameramodi wie „Foto“, „Pano“ und „Quadrat“ wählen und Funktionen wie „Serie“ und „Live Photos“ verwenden.

Siri: Sage zum Beispiel: „Öffne Kamera.“

Foto aufnehmen

Beim Öffnen von „Kamera“ ist „Foto“ der Standardmodus. Im Modus „Foto“ kannst du Standbilder aufnehmen. Streiche über die Modusauswahl nach oben oder unten, um einen anderen Modus auszuwählen (z. B. „Video“, „Pano“, „Zeitraffer“, „Slo-Mo“ und „Porträt“).

1. Tippe auf dem Home-Bildschirm auf oder streiche auf dem Sperrbildschirm nach links, um die App „Kamera“ im Modus „Foto“ zu öffnen.
2. Tippe auf die Auslösertaste oder auf eine der Lautstärketasten („Lauter“ oder „Leiser“), um das Foto aufzunehmen.

Um den Blitz bei Modellen mit Unterstützung für den True Tone-Blitz zu aktivieren, tippe auf und wähle „Auto“, „Aus“ oder „Ein“.

Wenn du einen Timer einstellen willst, stabilisiere dein iPad und wähle den Bildausschnitt. Tippe auf und danach auf „3 s“ oder „10 s“.

Hinweis: Zur Sicherung deiner Privatsphäre wird ein grüner Punkt oben auf dem Bildschirm angezeigt, wenn die Kamera verwendet wird.

Ein- oder auszoomen

- Öffne bei allen Modellen die App „Kamera“ und ziehe zum Ein- oder Auszoomen zwei Finger auseinander bzw. zusammen.
- Führe abhängig von deinem Modell einen der folgenden Schritte aus:
    - Tippe einmal auf die linke Seite des Bildschirms.
    - Ziehe den Schieberegler an der linken Seite des Bildschirms nach oben oder unten.
    - Lege den Finger auf die Zoomsteuerungen links im Bildschirm und bewege den Schieberegler nach rechts oder links.

Panoramafoto aufnehmen

1. Wähle den Modus „Pano“ und tippe auf die Auslösertaste.
2. Bewege die Kamera langsam in der Richtung des eingeblendeten Pfeils. Achte dabei darauf, dass du die Kamera parallel zu der in der Mitte eingeblendeten Linie bewegst.
3. Tippe erneut auf die Auslösertaste, um die Aufnahme zu beenden.

Tippe auf den Pfeil, um die Bewegung in entgegengesetzter Richtung vorzunehmen. Wenn du ein Panoramafoto in vertikaler Richtung aufnehmen möchtest, musst du das iPad zunächst ins Querformat drehen. Du kannst auch bei einem vertikalen Panoramafoto die Richtung umkehren.

Selfie aufnehmen

1. Wechsle zur Frontkamera, indem du auf oder tippst (abhängig vom Modell).
2. Halte dein iPad vor dich.
3. Tippe auf die Auslösertaste oder auf eine der Lautstärketasten („Lauter“ oder „Leiser“), um das Foto aufzunehmen.

Um den Blitz bei Modellen mit Unterstützung für den Retina-Blitz zu aktivieren oder deaktivieren, tippst du auf und wählst „Auto“, „Aus“ oder „Ein“.

Tipp: Tippe abhängig von deinem iPad-Modell auf auf der linken Seite des Bildschirms, um auszuzoomen und das Sichtfeld zu vergrößern. Tippe auf , um wieder einzuzoomen.

Wenn du ein gespiegeltes Selfie machen möchtest, in demdas Bild so aufgenommen wird, wie du es im Rahmen der Frontkamera siehst, wählst du „Einstellungen“ > „Kamera“ und aktivierst die Option „Frontkamera spiegeln“ oder „Frontfotos spiegeln“ (ältere Modelle).

Selfie im Modus „Porträt“ aufnehmen

Bei unterstützten Modellen kannst du mit der Frontkamera einen Schärfentiefeeffekt auf deine Selfies anwenden. Bei diesem Effekt wird dein Gesicht scharfgestellt und der Hintergrund weichgezeichnet.

1. Wähle den Modus „Porträt“ aus.
   Die Frontkamera ist nun aktiviert.
2. Achte darauf, dass du dich innerhalb des gelben Porträtrahmens befindest.
3. Tippe auf die Auslösertaste, um das Foto aufzunehmen.

Porträtlicht für Selfies im Modus „Porträt“ anpassen

Bei Modellen, die die Option „Porträtlicht“ unterstützen, kannst du Beleuchtungseffekte in Studioqualität auf Selfies anwenden, die im Modus „Porträt“ aufgenommen wurden.

1. Wähle den Modus „Porträt“ aus und richte dein Selfie innerhalb des Rahmens aus.
2. Bewege , um den gewünschten Beleuchtungseffekt einzustellen:
   - Natürliches Licht: Das Gesicht wird mit starker Fokussierung vor einem weichgezeichneten Hintergrund dargestellt.
   - Studiolicht: Das Gesicht ist hell ausgeleuchtet und das Foto hat eine klare Optik.
   - Konturenlicht: Helle und dunkle Gesichtspartien werden verstärkt, um dramatische Schatteneffekte zu erzeugen.
   - Bühnenlicht: Das Gesicht befindet sich im Scheinwerferlicht vor einem tiefschwarzen Hintergrund.
   - Bühnenlicht Mono: Der Effekt ist ähnlich wie beim Bühnenlicht, aber das Foto wird in klassischem Schwarzweiß dargestellt.
   - High-Key-Licht Mono: Das Motiv wird in Graustufen auf weißem Hintergrund dargestellt – nur iPad Pro 11" (2. Generation und neuer) und iPad Pro 12,9" (4. Generation und neuer).
3. Tippe auf die Auslösertaste, um das Foto aufzunehmen.

Tiefensteuerung für Selfies im Modus „Porträt“ anpassen

Bei Modellen mit Unterstützung für die Tiefensteuerung kannst du bei Selfies, die im Modus „Porträt“ aufgenommen wurden, mit dem Schieberegler „Tiefensteuerung“ festlegen, in welchem Maße der Hintergrund weichgezeichnet werden soll.

1. Wähle den Modus „Porträt“ aus und richte dein Selfie innerhalb des Rahmens aus.
2. Tippe auf  auf der rechten Seite des Bildschirms.
   Rechts wird der Schieberegler „Tiefensteuerung“ eingeblendet.
3. Bewege den Schieberegler nach oben oder unten, um den Effekt anzupassen.
4. Tippe auf die Auslösertaste, um das Foto aufzunehmen.

Nachdem du ein Foto im Porträtmodus aufgenommen hast, kannst du den Schieberegler „Tiefensteuerung“ in der App „Fotos“ verwenden, um die Hintergrundunschärfe anzupassen.

Actionbilder mit dem Serienbildmodus aufnehmen

Im Modus „Serie“ werden mehrere Fotos in rascher Folge aufgenommen. Aus der dabei entstehenden Fotoserie kannst du das beste Foto auswählen. Du kannst Fotoserien sowohl mit der Frontkamera als auch mit der rückwärtigen Kamera aufnehmen.

1. Wähle den Modus „Foto“ oder „Quadrat“ aus.

2. Lege deinen Finger auf die Auslösertaste, um schnell hintereinander mehrere Fotos zu machen.
   Der Zähler gibt an, wie viele Aufnahmen du gemacht hast.
3. Hebe den Finger an, um die Serienaufnahme zu stoppen.
4. Tippe auf die Miniatur für eine Fotoserie, wähle die Fotos aus, die du behalten möchtest, und tippe danach auf „Auswählen".
   Die zum Aufbewahren empfohlenen Fotos werden durch graue Punkte unter den Miniaturen gekennzeichnet.
5. Tippe auf den Kreis in der unteren rechten Ecke jedes Fotos, das du als separates Foto sichern möchtest. Tippe abschließend auf „Fertig".

Tippe auf die Miniatur einer Fotoserie und anschließend auf , um die gesamte Fotoserie zu löschen.

Aufnehmen eines Live Photo

Bei einem Live Photo werden zusätzlich zum eigentlichen Foto auch die Momente unmittelbar vor und nach der Aufnahme in Bild und Ton festgehalten.

1. Wähle bei Modellen, die Live Photos unterstützen, den Modus „Foto".
2. Tippe auf , um die Option „Live Photo" ein- oder auszuschalten (bei gelber Anzeige ist die Option aktiviert).
3. Tippe auf die Auslösertaste, um das Foto aufzunehmen.

In deinen Alben erkennst du Live Photos am Zusatz „Live" in der linken oberen Ecke. Du kannst Live Photos bearbeiten und Effekte wie „Endlosschleife" oder „Abpraller" hinzufügen.

Aufnehmen von Videos mit der Kamera des iPad

Mit der App „Kamera" auf deinem iPad kannst du Videos aufnehmen. Außerdem stehen dir Modi zur Verfügung, um Zeitlupen- oder Zeitraffervideos aufzunehmen.

Video aufnehmen

1. Wähle den Modus „Video" aus.
2. Tippe auf die Aufnahmetaste oder auf eine der Lautstärketasten („Lauter" oder „Leiser"), um die Aufnahme zu starten.
   Ziehe zum Ein- oder Auszoomen zwei Finger auseinander bzw. zusammen.
3. Tippe auf die Aufnahmetaste oder drücke eine der Lautstärketasten („Lauter" oder „Leiser"), um die Aufnahme zu stoppen.

Videos werden standardmäßig mit 30 Bildern pro Sekunde (fps) aufgenommen. Abhängig von deinem Modell kannst du andere Bildraten und Einstellungen für die Videoauflösung verwenden. Wähle dazu „Einstellungen" > „Kamera" > „Video aufnehmen". Höhere Bildraten und höhere Auflösungen führen zu größeren Videodateien.

Hinweis: Zur Sicherung deiner Privatsphäre wird ein grüner Punkt oben auf dem Bildschirm angezeigt, wenn die Kamera verwendet wird.

Bildrate und Auflösung von Videos mit Quick Toggles ändern

Im Modus „Video“ kannst du mit den oben eingeblendeten Quick Toggles (Schnellzugrifftasten) die auf deinem iPad verfügbare Videoauflösung und die Bildrate ändern. Wähle „Einstellungen“ > „Kamera“ > „Video aufnehmen“ und aktiviere „Videoformatsteuerung“, um die Quick Toggles einzublenden.

Video in Zeitlupe aufnehmen

Wenn du ein Video in Zeitlupe aufnimmst, wird es wie gewohnt aufgenommen und du siehst den Zeitlupeneffekt bei der Wiedergabe. Du kannst dein Video auch jederzeit bearbeiten, sodass die Zeitlupe zu einem bestimmten Zeitpunkt beginnt und endet.

1. Wähle den Modus „Slo-Mo“ aus.
2. Tippe auf die Aufnahmetaste oder drücke eine der Lautstärketasten („Lauter“ oder „Leiser“), um die Aufnahme zu starten und zu stoppen.
   Tippe auf die Miniatur des Videos und danach auf „Bearbeiten“, wenn du nur einen Ausschnitt des Videos in Zeitlupe und den Rest in normaler Geschwindigkeit wiedergeben möchtest. Lege mit den vertikalen Balken unterhalb der Bildansicht den Ausschnitt des Videos fest, der in Zeitlupe wiedergegeben werden soll.

Abhängig vom Modell kannst du die Bildrate und Auflösung ändern. Je schneller die Bildrate und je höher die Auflösung ist, desto größer ist die resultierende Videodatei.

Wähle „Einstellungen“ > „Kamera“ > „Slo-Mo aufnehmen“, um die Einstellungen für die Zeitlupenaufnahme zu ändern.

Video im Zeitraffer aufnehmen

1. Wähle den Modus „Zeitraffer“ aus.
2. Platziere dein iPad an dem Ort, wo du einen Sonnenuntergang, den fließenden Verkehr oder ein anderes Ereignis über einen bestimmten Zeitraum aufnehmen willst.
3. Tippe auf die Aufnahmetaste, um die Aufnahme zu starten. Tippe ein weiteres Mal auf die Taste, um die Aufnahme zu stoppen.

Automatische FPS-Einstellungen anpassen

Auf Modellen, die Auto-FPS unterstützen, kann das iPad die Videoqualität bei schlechten Lichtverhältnissen verbessern, indem die Bildrate automatisch auf 24 Bilder pro Sekunde reduziert wird.

Wähle „Einstellungen“ > „Kamera > „Video aufnehmen“ und führe einen der folgenden Schritte aus:

- Aktiviere auf dem iPad (9. Generation) dem iPad Pro 11" (1. und 2. Generation) und dem iPad Pro 12,9" (3. und 4. Generation) die Option „Autom. FPS bei wenig Licht“.
- Tippe auf dem iPad mini (6. Generation), dem iPad Air (4. Generation und neuere Modelle), dem iPad Pro 11" (3. Generation) und dem iPad Pro 12,9" (5. Generation) auf „Auto FPS“ und wende die automatische Einstellung der Bildrate nur auf 30-fps-Videos oder auf 30- und 60-fps-Videos an.

Ändern der erweiterten Kameraeinstellungen auf dem iPad

Im Folgenden erfährst du, wie du den Fokus und die Belichtung anpasst, den Auslöserton aktivierst oder deaktivierst und weitere Einstellungen in der App „Kamera“ auf deinem iPad änderst.

Fokus und Belichtung anpassen

Vor der Aufnahme eines Fotos stellt die Kamera des iPad den Fokus und die Belichtung automatisch ein. Gleichzeitig sorgt die Funktion für die Gesichtserkennung für eine ausgewogene Belichtung aller Gesichter. Führe die folgenden Schritte aus, wenn du Fokus und Belichtung manuell anpassen möchtest:

1. Tippe auf den Bildschirm, damit der Fokusbereich und die Belichtungseinstellung eingeblendet werden, die automatisch verwendet werden.
2. Tippe auf die Stelle, an die der Fokus verlagert werden soll.
3. Ziehe danach (neben dem Fokusbereich) nach oben oder nach unten, um die Belichtung anzupassen.
   Wenn du deine manuellen Fokus- und Belichtungseinstellungen für nächste Aufnahmen sperren willst, lege den Finger auf den Fokusbereich, bis du „AE/AF-Sperre“ siehst, und tippe auf den Bildschirm, um die Einstellungen zu entsperren.

Raster zum Begradigen einer Aufnahme verwenden

Wähle „Einstellungen“ > „Kamera“ und aktiviere die Option „Raster“, um im Kamerabildschirm ein Raster anzuzeigen, das dir beim Begradigen des Fotos und beim Auswählen des Bildausschnitts hilft.

Nachdem du ein Foto aufgenommen hast, kannst du die Bearbeitungswerkzeuge in der App „Fotos“ verwenden, um Aufnahmen zusätzlich auszurichten und die horizontale und vertikale Perspektive anzupassen.

Kameraeinstellungen sichern

Du kannst den zuletzt verwendeten Kameramodus sichern, damit er nicht zurückgesetzt wird, wenn du die App „Kamera“ das nächste Mal öffnest.

- Wähle „Einstellungen“ > „Kamera“ > „Einstellungen beibehalten“ .
- Bei unterstützten Modellen kannst du auch die Einstellungen für Live Photos beibehalten.

Lautstärke des Auslösers anpassen

Mit den Lautstärketasten seitlich am iPad lässt sich die Lautstärke des Auslösers der Kamera anpassen. Wenn die App „Kamera“ geöffnet ist, kannst du auch von oben rechts auf dem Bildschirm nach unten streichen, um das Kontrollzentrum zu öffnen, und dann den ziehen.

Du kannst den Auslöser mit den Lautstärketasten oder mit dem Schalter „Klingeln/Stumm“ (falls an deinem iPad vorhanden) auch komplett ausschalten.

Der Auslöser erzeugt keinen Ton, wenn „Live Photos“ aktiviert ist.

Hinweis: In einigen Ländern oder Regionen ist die Stummschaltefunktion deaktiviert.

Option „Szenenerkennung“ deaktivieren und aktivieren

Auf dem iPad mini (6. Generation), iPad Air (4. Generation und neuere Modelle), auf dem iPad Pro 11" (3. Generation) und auf dem iPad Pro 12,9" (5. Generation) bewirkt die Einstellung für die Szenenerkennung, dass erkannt wird, was du fotografierst. Das Foto wird optimiert, um das Beste der jeweiligen Szene perfekt zur Geltung zu bringen.

Die Option „Szenenerkennung“ ist standardmäßig aktiviert. Zum Deaktivieren der Szenenerkennung wählst du „Einstellungen“ > „Kamera“ und deaktivierst die Option „Szenenerkennung“.

Option „Objektivkorrektur“ deaktivieren und aktivieren

Auf dem iPad mini (6. Generation), iPad Air (5. Generation), iPad (9. Generation), iPad Pro 11" (3. Generation) und auf dem iPad Pro 12,9" (5. Generation) werden mit der Option „Objektivkorrektur“ Fotos, die mit der Frontkamera oder der Ultra-Weitwinkelkamera aufgenommen wurden, so angepasst, dass sie natürlicher wirken.

Die Option „Objektivkorrektur“ ist standardmäßig aktiviert. Zum Deaktivieren der Objektivkorrektur“ wählst du „Einstellungen“ > „Kamera“ und deaktivierst die Option „Objektivkorrektur“.

Frontkamera spiegeln

Wenn du ein gespiegeltes Selfie machen möchtest, das das Bild so aufnimmt, wie du es im Kamerarahmen siehst, wähle „Einstellungen“ > „Kamera“ und aktiviere die Option „Frontkamera spiegeln“.

Anpassen von HDR-Kameraeinstellungen auf dem iPad

HDR (High Dynamic Range) in der App „Kamera“ unterstützt dich dabei, großartige Aufnahmen mit hoher Kontrastwirkung zu machen. Bei unterstützten Modellen nimmt das iPad mehrere Fotos schnell hintereinander mit unterschiedlichen Belichtungen auf und kombiniert diese. Das daraus resultierende Foto ist in den hellen und Mitteltonbereichen detailreicher.

Automatische Verwendung von HDR ausschalten

Das iPad verwendet standardmäßig HDR, wenn dies am effektivsten ist. Führe folgende Schritte aus, wenn du HDR manuell steuern willst:

- Auf Modellen, die manuelles HDR in „Einstellungen“ unterstützen wähle „Einstellungen“ > „Kamera“ und deaktiviere „Smart HDR“. Tippe im Kamerabildschirm auf „HDR“, um die Option manuell ein- oder auszuschalten.
- Tippe auf älteren iPad-Modellen im Kamerabildschirm auf HDR, um HDR manuell zu aktivieren oder zu deaktivieren.

Standardmäßig wird die HDR-Version eines Fotos in der App „Fotos“ gesichert. Auf einigen iPad-Modellen kannst du auch die normale Version des Fotos sichern. Wähle dazu „Einstellungen“ > „Kamera“ und aktiviere die Option „Foto behalten“.

Anzeigen, Teilen und Drucken von Fotos auf dem iPad

Alle Fotos und Videos, die du mit der App „Kamera“ aufnimmst, werden in der App „Fotos“ gesichert. Wenn die Option „iCloud-Fotos“ aktiviert ist, werden alle neuen Fotos und Videos automatisch hochgeladen und in der App „Fotos“ auf allen Geräten bereitgestellt, auf denen die Option „iCloud-Fotos“ eingerichtet ist (ab iOS 8.1 oder iPadOS 13).

Hinweis: Wenn im Bereich „Einstellungen“ > „Datenschutz“ die Ortungsdienste aktiviert wurden, werden Fotos und Videos mit Angaben zum Aufnahmeort versehen, die von Apps und Websites für das Teilen von Fotos verwendet werden können.

Fotos ansehen

1. Tippe in der App „Kamera“ auf die Miniatur unter der Auslösertaste.
2. Streiche nach rechts, um die Fotos anzusehen, die du zuletzt aufgenommen hast. Tippe auf den Bildschirm, um die Steuerelemente ein- oder auszublenden.
3. Tippe auf „Alle Fotos“, wenn du alle Fotos und Videos sehen möchtest, die in der App „Fotos“ gesichert sind.

Fotos teilen und drucken

1. Tippe beim Ansehen eines Fotos auf .
2. Wähle zum Teilen deines Fotos eine Option wie „AirDrop“, „Mail“ oder „Nachrichten“ aus.
3. Streiche zum Drucken deines Fotos nach oben und wähle „Drucken“ aus der Liste der Aktionen aus.

Fotos hochladen und geräteübergreifend auf dem aktuellen Stand halten

Mit iCloud-Fotos kannst du Fotos und Videos von deinem iPad in iCloud hochladen und auf anderen Geräten auf sie zugreifen, auf denen du mit derselben Apple-ID angemeldet bist. iCloud-Fotos ist besonders nützlich, wenn du all deine Fotos auf mehreren Geräten auf dem neuesten Stand halten oder Speicherplatz auf deinem iPad sparen möchtest. Wähle „Einstellungen“ > „Fotos“, um die Option „iCloud Fotos“ zu aktivieren.

Verwenden von Live Text mit der iPad-Kamera

Auf unterstützten Modellen kann die App „Kamera“ mithilfe von Text, der innerhalb des Kamerarahmens angezeigt wird, Text kopieren und teilen, Websites öffnen, E-Mails verfassen und Telefonanrufe tätigen (iPadOS 15.1 oder neuer).

1. Öffne die App „Kamera“ und platziere das iPad so, dass der Text im Kamerarahmen erscheint.
2. Tippe auf , wenn ein gelber Rahmen um den erkannten Text erscheint.
3. Wähle den betreffenden Text durch Streichen oder mithilfe der Aktivpunkte aus und führe dann beliebige der folgenden Schritte aus:
    - Text kopieren: Kopiere den Text, um ihn in eine andere App einzusetzen, z. B. in „Notizen“ oder „Nachrichten“.
    - Alles auswählen: Wähle den gesamten Text innerhalb des Rahmens aus.
    - Nachschlagen: Suche im Internet nach dem Text.
    - Übersetzen: Übersetze den Text.
    - Teilen: Teile Text mit AirDrop, „Nachrichten“, Mail oder anderen verfügbaren Optionen.
4. Tippe auf die Website, Telefonnummer oder E-Mail-Adresse auf dem Bildschirm, um zu einer Website zu navigieren, einen Anruf zu tätigen oder eine E-Mail zu starten.
5. Tippe auf , um zur App „Kamera“ zurückzukehren.

Scannen eines QR-Codes mit der iPad-Kamera

Du kannst die App „Kamera“ oder den Codescanner zum Sannen von QR-Codes (Quick Response) für Links zu Websites, Apps, Coupons, Tickets und anderen Objekten verwenden. Die Kamera erkennt einen QR-Code automatisch und hebt ihn hervor.

Kamera zum Lesen eines QR-Codes verwenden

1. Öffne die App „Kamera“ und richte dein iPad so aus, dass der Code auf dem Bildschirm zu sehen ist.
2. Tippe auf die eingeblendete Mitteilung, um zur zugehörigen Webseite oder App zu navigieren.

Codescanner vom Kontrollzentrum aus öffnen

1. Wähle „Einstellungen“ > „Kontrollzentrum“ und tippe auf neben „Codescanner“.
2. Öffne das Kontrollzentrum, tippe auf „Codescanner“ und richte dein iPad so aus, dass der Code auf dem Bildschirm zu sehen ist.
3. Tippe auf die Taschenlampe, um sie einzuschalten, wenn du mehr Licht benötigst.

Uhr

Anzeigen der Uhrzeit in Städten weltweit auf dem iPad

In der App „Uhr“ kannst du die lokale Ortszeit von Städten in verschiedenen Zeitzonen weltweit anzeigen.

Siri: Sage zum Beispiel: „Wie viel Uhr ist es?“ oder „Wie viel Uhr ist es in London?“

1. Tippe auf „Weltuhr“.
2. Tippe auf „Bearbeiten“, wenn du die Liste der Städte bearbeiten möchtest, und führe beliebige der folgenden Schritte aus:
    - Eine Stadt hinzufügen: Tippe auf + und wähle eine Stadt aus.
    - Eine Stadt löschen: Tippe auf ⊖.
    - Städte neu anordnen: Lege den Finger auf eine Uhr und bewege sie an die gewünschte neue Position.

Einstellen eines Weckers auf dem iPad

Mit der App „Uhr“ kannst du einen Wecker stellen, der zu einer bestimmten Uhrzeit einen Song oder einen Klingelton spielt.

Siri: Sage zum Beispiel: „Wecke mich morgen um 7:00 Uhr.“

Wecker stellen

1. Tippe auf „Wecker“ und danach auf +.
2. Stelle die Uhrzeit ein und wähle eine der folgenden Optionen:
    - Wiederholen: Wähle die gewünschten Wochentage.
    - Beschreibung: Gib einen Namen für den Weckeralarm ein (z. B. „Blumen gießen“).
    - Ton: Wähle einen Song oder einen Klingelton aus.
    - Schlummern: Du kannst eine Zeitspanne von neun Minuten oder mehr einstellen.
3. Tippe auf „Sichern“.

Tippe auf „Bearbeiten“, wenn du einen Weckeralarm ändern oder löschen möchtest.

Verwenden des Timers oder der Stoppuhr auf dem iPad

Du kannst die App „Wecker“ auch als Timer verwenden, um den Countdown bis zum Beginn eines Ereignis zu verfolgen. Du kannst sie außerdem als Stoppuhr verwenden, um die Dauer eines Ereignisses zu messen.

Siri: Sage zum Beispiel: „Stelle einen Timer für 3 Minuten.“ oder „Stoppe den Timer.“

Zeitdauer mit Stoppuhr messen

1. Tippe auf „Stoppuhr“.
   Hinweis: Wenn sich das iPad im Modus „Porträt“ befindet, kannst du zwischen einem digitalen und einem analogen Zifferblatt wechseln, indem du über die Stoppuhr streichst.
2. Tippe auf „Start“.
   Der Timer läuft weiter, auch wenn du eine andere App öffnest oder dein iPad in den Ruhemodus wechselt.
3. Tippe auf „Runde“, wenn du Runden- oder Abschnittszeiten messen möchtest.
4. Tippe auf „Stopp“, um die Endzeit festzuhalten.
5. Tippe auf „Löschen“, um die Stoppuhr zurückzusetzen.

Timer einstellen

1. Tippe auf „Timer“.
2. Lege fest, nach welcher Zeitspanne der Timer gestoppt und welcher Ton zu diesem Zeitpunkt abgespielt werden soll.
   Tipp: Wenn du Musik oder ein Video abspielst, um einschlafen zu können, kannst du die Wiedergabe mithilfe des Timers nach einer bestimmten Zeit stoppen lassen. Tippe am Ende der Liste auf „Wiedergabe stoppen“.
3. Um den Timer zu starten, tippe auf „Start“.

Der Timer läuft weiter, auch wenn du eine andere App öffnest oder dein iPad in den Ruhemodus wechselt.

Kontakte

Hinzufügen und Verwenden von Kontakten auf dem iPad

In der App „Kontakte“ kannst du die Liste deiner Kontakte aus für private, geschäftliche und andere Zwecke genutzten Accounts anzeigen und bearbeiten. Du kannst neue Kontakte hinzufügen und eine Kontaktkarte mit deinen eigenen Informationen erstellen.

Siri: Sage zum Beispiel:

- „Wie ist die Geschäftsadresse von meinem Bruder?“
- „Gerrit Winter ist mein Bruder“
- „Schicke meinem Bruder eine Nachricht.“

Kontakt erstellen

Tippe auf +.

Siri schlägt auch neue Kontakte abhängig davon vor, wie du andere Apps nutzt – zum Beispiel Kontakte aus E-Mails, die du in der App „Mail“ erhalten hast, oder Einladungen, die du in der App „Kalender“ erhalten hast. (Wähle „Einstellungen“ > „Kontakte“ > „Siri & Suchen“ und deaktiviere die Option „Siri-Vorschläge anzeigen“, wenn du diese Funktion für die App „Kontakte“ deaktivieren möchtest.)

Basierend auf deiner Verwendung der App „Kontakte“ macht Siri auch Vorschläge zu Kontaktinformationen in anderen Apps. (Wähle „Einstellungen“ > „Kontakte“ > „Siri & Suchen“ und deaktiviere die Option „Von dieser App lernen“, wenn du diese Funktion deaktivieren möchtest.)

Nach einem Kontakt suchen

Tippe auf das Suchfeld, das oben in der Kontaktliste erscheint. Gib Name, Adresse, Telefonnummer oder andere Kontaktinformationen ein.

Du kannst deine Kontakte auch mit der Suchfunktion durchsuchen.

Kontakt teilen

Tippe auf einen Kontakt und auf „Kontakt teilen“. Wähle dann eine Methode zum Senden der Kontaktinformationen aus.

Beim Teilen eines Kontakts werden alle Informationen auf der Karte des Kontakts gesendet.

Kontakt schnell erreichen

Tippe auf eine Taste unter dem Namen des Kontakts, um eine Nachricht zu beginnen, einen Telefonanruf oder einen FaceTime-Anruf zu tätigen, eine E-Mail zu schreiben oder Geld mit Apple Pay zu senden.

Lege zum Ändern der standardmäßig für eine Kontaktmethode verwendeten Telefonnummer oder E-Mail-Adresse den Finger auf die Taste für diese Methode unter dem Namen des Kontakts und tippe auf eine Option in der Liste.

Kontakt löschen

1. Wähle die Karte des Kontakts aus und tippe auf „Bearbeiten“.
2. Scrolle nach unten und tippe auf „Kontakt löschen“.

Bearbeiten von Kontakten auf dem iPad

In der App „Kontakte“ kannst du u. a. einem Kontakt ein Foto zuzuweisen, dessen Etikett zu ändern und den Geburtstag hinzuzufügen.

1. Tippe auf einen Kontakt und tippe danach auf „Bearbeiten“.
2. Führe beliebige der folgenden Schritte aus:
    - **Einem Kontakt ein Foto zuweisen**: Tippe auf „Foto hinzufügen“. Du kannst ein Foto aufnehmen oder eine Aufnahme aus der App „Fotos“ verwenden.
    - **Aussprache hinzufügen**: Tippe auf „Bearbeiten“, scrolle nach unten und tippe dann auf „Feld hinzufügen“. Wähle dann eines der Namensfelder für die

Aussprache aus und gib ein, wie der Namen des Kontakts ausgesprochen wird. Siri verwendet diese Aussprache beim Sprechen des Namens.
  - **Etikett ändern**: Tippe auf das Etikett und wähle ein neues Etikett aus der Liste aus oder tippe auf „Eigenes Etikett hinzufügen“, um ein eigenes Etikett zu erstellen.
  - Geburtstag, soziales Profil, zugehörige Namen und mehr hinzufügen: Tippe auf neben dem Objekt.
  - **Anrufe oder Textnachrichten von einem Kontakt unter Umgehung von „Nicht stören“ erlauben**: Tippe auf „Klingelton“ oder auf „Nachrichtenton“ und aktiviere die Option „Notfallumgehung“.
  - **Notizen hinzufügen**: Tippe auf das Feld „Notizen“.
  - **Titel, phonetischen Namen und mehr hinzufügen**: Tippe auf „Feld hinzufügen“ und wähle ein Objekt aus der Liste aus.
  - Kontaktinformationen löschen: Tippe auf neben einem Feld.
3. Tippe abschließend auf „Fertig“.

Wähle „Einstellungen“ > „Kontakte“, um die Sortierung und Darstellung deiner Kontakte zu ändern.

Hinzufügen deiner Kontaktdaten auf dem iPad

Du kannst in der App „Kontakte“ die Informationen für deine Kontaktkarte erfassen. Das iPad verwendet deine Apple-ID, um deine Kontaktkarte – als „Meine Karte“ bezeichnet – für dich zu erstellen. Du musst möglicherweise aber einige Kontaktinformationen (z. B. Name und Adresse) ergänzen.

„Meine Karte“ vervollständigen

Tippe auf „Meine Karte“ über der Liste deiner Kontakte und danach auf „Bearbeiten“. Die App „Kontakte“ unterstützt dich beim Einrichten von „Meine Karte“ durch Vorschläge für Adressen und Telefonnummern.

Tippe, wenn „Mein Karte“ nicht erscheint, auf und gib deine Informationen ein. Um „Meine Karte“ mit diesen Informationen zu erstellen, wählst du „Einstellungen“ > „Kontakte“ > „Meine Info“ und tippst in der Liste der Kontakte auf deinen Namen.

„Meine Karte“ bearbeiten

Tippe auf „Meine Karte“ über der Liste deiner Kontakte und danach auf „Bearbeiten“.

Außerdem kannst du Siri beibringen, wie dein Name ausgesprochen wird.

Verwenden von Kontakten anderer Accounts auf dem iPad

Du kannst Kontakte aus anderen Accounts in die App „Kontakte“ übernehmen.

Deine iCloud-Kontakte verwenden

Wähle „Einstellungen“ > „[dein Name]“ > „iCloud“ und aktiviere die Option „Kontakte“.

Deine Google-Kontakte verwenden

1. Wähle „Einstellungen“ > „Kontakte“ > „Accounts“ und tippe auf „Google“.
2. Melde dich bei deinem Account an und aktiviere die Option „Kontakte“.

Kontakte aus einem anderen Account hinzufügen

1. Wähle „Einstellungen“ > „Kontakte“ > Accounts“ und tippe auf „Account hinzufügen“.
2. Wähle einen Account aus, melde dich bei diesem Account an und aktiviere die Option „Kontakte“.

Auf globale Adressliste von Microsoft Exchange zugreifen

1. Wähle „Einstellungen“ > „Kontakte“ > „Accounts“ und tippe auf „Exchange“.
2. Melde dich bei deinem Exchange-Account an und aktiviere die Option „Kontakte“.

LDAP- oder CardDAV-Account für den Zugriff auf Verzeichnisse deines Unternehmens oder deiner Bildungseinrichtung einrichten

1. Wähle „Einstellungen“ > „Kontakte“ > Accounts“ > „Account hinzufügen“ und tippe auf „Andere“.
2. Tippe auf „LDAP-Account“ oder auf „CardDAV-Account“ und gib die Informationen zu dem betreffenden Account ein.

Deine Kontakte auf allen Geräten auf dem neuesten Stand halten

Du kannst iCloud verwenden, um deine Kontaktinformationen auf allen Geräten auf dem neuesten Stand zu halten, auf denen du mit derselben Apple-ID angemeldet bist.

Wähle „Einstellungen“ > „[dein Name]“ > „iCloud“ und aktiviere die Option „Kontakte“.

Alternativ kannst du die Informationen zwischen dem iPad und deinem Mac oder Windows PC synchronisieren, um die Informationen auf dem iPad und Computer auf dem neuesten Stand zu halten.

Wenn du iCloud für Kontakte verwendest, werden deine Kontakte automatisch auf dem neuesten Stand gehalten und es werden keine Optionen zum Synchronisieren mit deinem Computer angezeigt.

Kontakte von einer vCard importieren

Tippe auf einen .vcf-Anhang in einer E-Mail oder einer Nachricht.

Kontakt aus einem Verzeichnis hinzufügen

1. Tippe auf „Gruppen“ und danach auf das GAL-, CardDAV-, oder LDAP-Verzeichnis, das durchsucht werden soll.
2. Tippe auf „Fertig“ und gib deinen Suchbegriff ein.
3. Tippe auf den Namen der Person, um deren Informationen in deinen Kontakten zu sichern.

Gruppe ein- oder ausblenden

Tippe auf „Gruppen“ und wähle die Gruppen aus, die du sehen möchtest.

Diese Taste wird nur angezeigt, wenn deine Kontakte aus verschiedenen Quellen stammen.

Ausblenden doppelter Kontakte auf dem iPad

Du kannst in der App „Kontakte“ die Kontaktkarten verknüpfen, die für ein und dieselbe Person in verschiedenen Accounts existieren, damit die Person in deiner Liste „Alle Kontakte“ nur einmal vertreten ist. Wenn du Kontakte aus mehreren Quellen übernimmst, ist es durchaus möglich, dass in der App „Kontakte“ für eine Person mehrere Einträge existieren. Damit es in der Liste „Alle Kontakte“ nicht zu Redundanzen kommt, werden Kontakte, die aus unterschiedlichen Quellen stammen und denselben Namen haben, verknüpft und als einzelner vereinheitlichter Kontakt angezeigt.

Kontakte verknüpfen

Wenn zwei Einträge für dieselbe Person nicht automatisch verknüpft werden, kannst du die Einträge manuell vereinheitlichen.

1. Tippe auf einen der Kontakte, auf „Bearbeiten“ und schließlich auf „Kontakte verknüpfen“.
2. Wähle den anderen zu verknüpfenden Kontakt aus und tippe auf „Verknüpfen“.

Wenn du Kontakte mit unterschiedlichen Vor- oder Nachnamen verknüpfst, ändern sich die Namen der einzelnen Karten nicht. Es wird jedoch nur ein Name auf der vereinheitlichten Karte angezeigt. Wenn du auswählen möchtest, welcher Name auf einer vereinheitlichten Karte angezeigt wird, tippe auf die verknüpfte Karte und den Namen des Kontakts. Tippe anschließend auf „Namen für gem. Karte benutzen“.

Hinweis: Wenn du Kontakte verknüpfst, werden diese nicht zusammengeführt. Wenn du Informationen in einem vereinheitlichten Kontakt änderst oder hinzufügst, werden diese Änderungen in jeden ursprünglichen Account kopiert, in dem die betreffenden Informationen vorhanden sind.

FaceTime

Einrichten von FaceTime auf dem iPad

Du kannst die App „FaceTime“ verwenden, um mit Freund:innen und Familienmitgliedern in Verbindung zu bleiben, egal ob sie ein iPhone, ein iPad, einen iPod touch oder einen Mac verwenden. Mit 3D-Audio in FaceTime klingen die am Anruf teilnehmenden Personen so, als befänden sie sich im selben Raum wie du, während sie von ihren Positionen auf dem Bildschirm sprechen. 3D-Audio funktioniert mit AirPods (2. Generation und neuere Modelle), AirPods Pro und AirPods Max (separat erhältlich).

Mit SharePlay kannst du während eines FaceTime-Anrufs mit den Beteiligten gemeinsam Filme und TV-Sendungen anschauen oder gemeinsam Musik hören. Du kannst während einer Konversation auch deinen Bildschirm teilen und Apps, Webseiten und vieles mehr zeigen. Präsentiere ein Fotoalbum, plane den nächsten Gruppenurlaub oder erhalte Feedback zu einem Projekt, an dem du gerade arbeitest – all das, während du die Reaktionen der anderen sehen und hören kannst.

Du kannst die Frontkamera verwenden, um direkt mit einer Person zu sprechen, oder du kannst zur rückwärtigen Kamera wechseln, um anderen zu zeigen, was du gerade siehst. Außerdem kannst du ein FaceTime Live Photo aufnehmen, um einen kurzen Moment deiner Konversation aufzuzeichnen.

Hinweis: Nicht alle Funktionen und Inhalte sind in allen Ländern oder Regionen verfügbar.

1. Wähle „Einstellungen“ > „FaceTime“ und aktiviere die Option „FaceTime“.
2. Führe beliebige der folgenden Schritte aus:
   - **Account für FaceTime-Anrufe einrichten**: Tippe auf „Apple-ID für FaceTime verwenden“ und dann auf „Anmelden“.
     Hinweis: Wenn du noch keine Apple-ID hast, kannst du eine erstellen. Weitere Informationen dazu findest du unter Verwalten der Einstellungen für die Apple-ID auf dem iPad.
   - Gemeinsam TV-Sendungen und Filme anschauen, gemeinsam Musik hören oder deinen Bildschirm während eines Anrufs teilen: Tippe auf „SharePlay“ und aktiviere die Option „SharePlay“.
   - Sprecher:in in Anrufen hervorheben: Aktiviere „Sprechen“.
   - **Live Photos in FaceTime-Anrufen aufnehmen**: Aktiviere die Option „FaceTime Live Photos“.

Erstellen eines Links zu einem FaceTime-Anruf auf dem iPad

In der App „FaceTime“ auf dem iPad kannst du einen Link zu einem FaceTime-Anruf erstellen und Links an eine andere Person oder einer Gruppe senden (mit der App „Mail“ oder „Nachrichten“), den die Betreffenden dann nutzen können, um sich zu einem Anruf zuzuschalten oder einen Anruf zu starten.

1. Tippe oben auf dem Bildschirm auf „Link erstellen“.
2. Wähle eine Option zum Senden des Links aus (Mail, Nachrichten usw.).

In der App „Kalender“ kannst du ein Videofernmeeting terminieren, indem du FaceTime als Ort des Meetings angibst.

Hinweis: Du kannst beliebige Personen zu einem FaceTime-Anruf einladen, sogar Personen, die kein Apple-Gerät besitzen. Sie können sich über ihren Browser zu FaceTime-Einzelanrufen oder -Gruppenanrufen zuschalten – eine Anmeldung ist dazu nicht erforderlich. (Die Betreffenden benötigen dazu die neueste Version von Chrome oder Edge. Das Senden von Videos erfordert Unterstützung für die H.264-Videocodierung.)

Tätigen und Annehmen von FaceTime-Anrufen auf dem iPad

Mit einer Internetverbindung und einer Apple-ID kannst du Anrufe in der App „FaceTime“ tätigen und annehmen.

Hinweis: Du musst FaceTime einrichten, bevor du Anrufe tätigen und annehmen kannst.

Bei iPad Wi-Fi + Cellular-Modellen kannst du für FaceTime-Anrufe auch das Mobilfunknetz verwenden. Dafür können zusätzliche Gebühren anfallen. Soll diese Funktion nicht verwendet werden, wählst du „Einstellungen“ > „Mobiles Netz“ und deaktivierst die Option „FaceTime“.

FaceTime-Anruf tätigen

Siri: Sage zum Beispiel: „FaceTime-Anruf“ oder „Mobilnummer von Britta anrufen.“

1. Tippe in FaceTime oben auf „Neuer FaceTime-Anruf“.
2. Gib oben im Eingabefeld den Namen oder die Nummer ein, die du anrufen willst. Tippe auf , wenn du einen Videoanruf tätigen möchtest, oder auf , wenn du einen Audioanruf mit FaceTime tätigen möchtest (nicht in allen Ländern oder Regionen verfügbar).

   Alternativ kannst du auf tippen, um die App „Kontakte“ zu öffnen und von dort aus einen Anruf zu starten, oder du tippst in deiner Anrufliste auf einen vorgeschlagenen Kontakt, um diesen schnell anzurufen.

Tipp: Drehe dein iPad ins Querformat, wenn du während eines FaceTime-Videoanrufs einen größeren Bildausschnitt sehen möchtest.

FaceTime-Anruf annehmen

Führe einen der folgenden Schritte aus, wenn du einen FaceTime-Anruf erhältst:

- Anruf annehmen: Bewege den Regler oder tippe auf „Annehmen“.
- Anruf ablehnen: Tippe auf „Ablehnen“.
- Erinnerung für einen Rückruf erstellen: Tippe auf „Erinnerung“.
- Textnachricht an den Anrufer senden: Tippe auf „Nachricht“.

Wenn dich ein FaceTime-Anruf erreicht, während du bereits telefonierst, erscheint anstelle von „Annehmen“ die Option „Beenden + Annehmen“. Damit wird der vorherige Anruf beendet und du wirst mit dem eingehenden Anruf verbunden.

Tipp: Du kannst dir von Siri ankommende Anrufe ankündigen lassen und die Anrufe mit deiner Stimme annehmen oder ablehnen.

FaceTime-Anruf in einer Konversation der App „Nachrichten“ starten

Du kannst in der App „Nachrichten“ während einer Konversation einen FaceTime-Anruf mit der Person starten, mit der du chattest.

1. Tippe auf 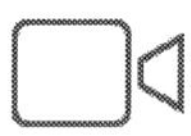 oben rechts in der Konversation in der App „Nachrichten“.
2. Führe beliebige der folgenden Schritte aus:
   - Tippe auf „FaceTime-Audio“.
   - Tippe auf „FaceTime-Video“.

Nachricht hinterlassen

Wenn dein FaceTime-Anruf nicht angenommen wird, kannst du einen der folgenden Schritte ausführen:

- Tippe auf „Nachricht hinterlassen“.
- Tippe auf „Abbrechen“.
- Tippe auf „Rückruf“.

Anruf wiederholen

Tippe in deiner Anrufliste auf den Namen oder die Nummer der Person (oder Gruppe), die du erneut anrufen willst.

Anruf aus der Anrufliste löschen

Streiche in der Anrufliste der App „FaceTime“ nach links über einen Anruf und tippe auf „Löschen“.

Aufnehmen eines Live Photo in FaceTime auf dem iPad

Wenn du einen Videoanruf in der App „FaceTime“ führst, kannst du ein FaceTime Live Photo aufnehmen, um einen kurzen Moment deiner Konversation aufzuzeichnen (nicht in allen Regionen verfügbar). Die Kamera zeichnet das Geschehen – inklusive Audio – unmittelbar vor und nach der Aufnahme des Fotos auf, sodass du später sehen und hören kannst, was in besagtem Moment geschah.

Stelle vor dem Aufnehmen eines FaceTime Live Photo zunächst sicher, dass „FaceTime Live Photos“ unter „Einstellungen“ > „FaceTime“ aktiviert ist. Führe dann einen der folgenden Schritte aus:

- Anruf mit einer weiteren Person: Tippe auf .
- Gruppenanruf mit FaceTime: Tippe auf die Kachel der Person, die du fotografieren willst.

  Tippe dann auf und auf .

Du erhältst eine erste Mitteilung, dass das Foto aufgenommen wurde, und eine weitere Mitteilung, dass das Live Photo in der App „Fotos“ gesichert wurde.

Verwenden anderer Apps während eines FaceTime-Anrufs auf dem iPad

Während eines Anrufs mit der App „FaceTime“ kannst du andere Apps verwenden, etwa um Informationen nachzuschlagen oder eine Berechnung auszuführen.

Gehe zum Home-Bildschirm und tippe auf das Symbol einer App, um sie zu öffnen.

Tippe auf die grüne Leiste (bzw. auf das Symbol „FaceTime“) am oberen Bildschirmrand, um zum FaceTime-Bildschirm zurückzukehren.

Du kannst auch deinen Bildschirm mit den anderen Personen in deinem FaceTime-Anruf teilen, während du eine andere App verwendest.

Tätigen eines Gruppenanrufs mit FaceTime auf dem iPad

In der App „FaceTime“ können bis zu 32 Personen an einem FaceTime-Gruppenanruf teilnehmen (nicht in allen Ländern oder Regionen verfügbar).

Gruppenanruf mit FaceTime starten

1. Tippe in FaceTime oben auf „Neuer FaceTime-Anruf“.
2. Gib in das Eingabefeld oben die Namen oder die Telefonnummern der Personen ein, die du anrufen möchtest.

   Alternativ kannst du auf tippen, um die App „Kontakte“ zu öffnen und von dort aus Personen hinzuzufügen. Oder du tippst in deiner Anrufliste auf vorgeschlagene Kontakte.
3. Tippe auf , um einen Videoanruf zu tätigen, oder tippe auf , um einen FaceTime-Audioanruf zu führen.

Auf dem Bildschirm wird jeder Teilnehmer in einer separaten Kachel angezeigt. Wenn ein Teilnehmer spricht (verbal oder in Gebärdensprache) oder du auf dessen Kachel tippst, wird die Kachel optisch hervorgehoben. Kacheln, die auf dem Bildschirm keinen Platz finden, werden in einer Leiste entlang des unteren Bildschirmrands angezeigt. Du kannst über die Leiste streichen, um eine teilnehmende Person anzuzeigen, die aktuell nicht zu sehen sind. (Bei teilnehmenden Personen, von denen kein Bild verfügbar ist, werden in den Kacheln die Initialen angezeigt.)

Um zu verhindern, dass die Kachel der gerade sprechenden Person während FaceTime-Gruppenanrufen vergrößert wird, wählst du „Einstellungen" > „FaceTime" und deaktivierst „Spricht gerade" unter „Automatische Hervorhebung".

Hinweis: Für die Erkennung der Gebärdensprache benötigt der Moderator ein unterstütztes Modell. Darüber hinaus müssen sowohl der Moderator als auch die Teilnehmer iOS 14, iPadOS 14, macOS 11 oder neuer verwenden.

FaceTime-Gruppenanruf in einer Gruppenkonversation der App „Nachrichten" starten

Du kannst aus einer Gruppenkonversation in der App „Nachrichten" einen FaceTime-Gruppenanruf starten, der alle Personen einschließt, mit denen du in der App „Nachrichten" chattest.

1. Tippe auf oben rechts in der Konversation in der App „Nachrichten".
2. Führe beliebige der folgenden Schritte aus:
   - Tippe auf „FaceTime-Audio".
   - Tippe auf „FaceTime-Video".

Weitere Person zu einem Anruf hinzufügen

Zu einem Anruf in der App „FaceTime" kann jede teilnehmende Person jederzeit eine weitere Person hinzufügen.

1. Tippe während eines FaceTime-Anrufs auf den Bildschirm, um die FaceTime-Steuerelemente einzublenden (sofern sie nicht zu sehen sind). Tippe auf die Oberkante der Steuerelemente und tippe dann auf „Personen hinzufügen".
2. Gib in das Eingabefeld oben den Namen, die Apple-ID oder die Telefonnummer der Person ein, die du hinzufügen möchtest.

   Tippe alternativ auf , um eine Person aus deinen Kontakten auszuwählen.
3. Tippe auf „Personen hinzufügen".

Einem Gruppenanruf mit FaceTime beitreten

Wenn du zu einem FaceTime-Gruppenanruf eingeladen wirst, erhältst du eine Mitteilung zum eingehenden Anruf. Du kannst dann dem Anruf beitreten oder den Anruf ablehnen.

Einen FaceTime-Gruppenanruf verlassen

Tippe auf die Taste „Anruf verlassen", um einen Gruppenanruf zu verlassen. Du kannst dies zu jedem Zeitpunkt während des Anrufs tun.

Der Anruf bleibt aktiv, solange noch mindestens zwei Personen daran teilnehmen.

Anzeigen der teilnehmenden Personen in einer Rasterdarstellung in FaceTime auf dem iPad

Während eines Anrufs mit vier oder mehr Personen in der App „FaceTime“ kannst du die teilnehmenden Personen in gleich großen Kacheln anzeigen, die in einem Raster angeordnet sind. Die Kachel der sprechenden Person wird automatisch hervorgehoben, damit alle auf einen Blick sehen, wer gerade spricht. (Je nach iPad-Modell können einige Kacheln eventuell unscharf oder verschwommen sein.)

Tippe in einem FaceTime-Anruf auf die Taste „Raster“ rechts oben auf dem Bildschirm (tippe auf den Bildschirm, wenn die Taste nicht zu sehen ist).

Tippe erneut, um das Raster zu deaktivieren.

Verwenden von SharePlay für gemeinsamen Seh- und Hörspaß in FaceTime auf dem iPad

Mit SharePlay in der App „FaceTime“ (iPadOS 15.1 oder neuer) kannst du während eines FaceTime-Anrufs TV-Sendungen, Filme und Musik mit Freund:innen und Familie synchron streamen. Genieße eine Echtzeitverbindung mit allen Personen, die am Anruf teilnehmen. Die Wiedergabe ist für alle synchronisiert, die Steuerelemente werden mit allen geteilt und alle sehen und hören dieselben Momente zur selben Zeit. Die intelligente Lautstärkefunktion passt die Lautstärke von Medien automatisch an, sodass ihr euch beim Ansehen oder Anhören von Inhalten unterhalten könnt.

Hinweis: Für einige Apps, die SharePlay unterstützen, ist ein Abonnement erforderlich. Um gemeinsam Filme oder TV-Sendungen anzusehen, müssen alle teilnehmenden Personen Zugriff auf den Inhalt auf dem eigenen Gerät haben – entweder durch ein Abo oder einen Kauf. SharePlay unterstützt möglicherweise nicht das Teilen mancher Filme oder TV-Sendungen in verschiedenen Ländern oder Regionen. Möglicherweise sind FaceTime oder einige FaceTime-Funktionen und andere Apple-Dienste nicht in allen Ländern oder Regionen verfügbar.

Bei einem FaceTime-Anruf gemeinsam Videoinhalte ansehen

Während eines FaceTime-Anrufs mit deinem Freundeskreis und deiner Familie kannst du gemeinsam mit den anderen Filme und TV-Sendungen anschauen.

1. Starte einen FaceTime-Anruf.
2. Navigiere zum Home-Bildschirm und öffne eine Videostreaming-App, die SharePlay unterstützt (etwa die Apple TV App).
3. Wähle eine Sendung oder einen Film aus, tippe auf die Wiedergabetaste und wähle „Für alle wiedergeben“ (sofern diese Option angezeigt wird), um die Wiedergabe für alle Personen im Anruf zu starten. (Die anderen Personen müssen möglicherweise auf „SharePlay beitreten“ tippen, um das Video sehen zu können.)
   Für alle Beteiligten, die Zugriff auf den Inhalt haben, wird das Video gleichzeitig

gestartet. Personen ohne Zugriff werden gefragt, ob sie Zugriff erhalten möchten (über ein Abonnement, eine Transaktion oder eine kostenlose Testversion, sofern verfügbar).

Alle Personen, die den Inhalt ansehen, können die Wiedergabesteuerungen verwenden, um die Wiedergabe zu starten, zu pausieren sowie zurück- oder schnell vorzuspulen. (Einstellungen wie die erweiterten Untertitel und die Lautstärke werden von jeder Person separat gesteuert.)

Du kannst „Bild-in-Bild“ verwenden, um das Video weiterhin zu sehen, während du eine andere App verwendest – etwa um Essen zu bestellen, deine E-Mails zu sichten oder die App „Nachrichten“ zu verwenden, um per Textnachrichten über das Video zu diskutieren, wenn du den Ton des Films oder der TV-Sendung nicht unterbrechen willst.

Andere zum gemeinsamen Ansehen von Videoinhalten in FaceTime über eine unterstützte App einladen

In iPadOS 15.4 (oder neuer) kannst du beim Suchen oder Ansehen von Videoinhalten einen FaceTime-Anruf in der Apple TV App (oder einer anderen unterstützten Video-App) starten und den Inhalt synchron mit anderen Personen via SharePlay teilen. Alle Teilnehmer:innen des Anrufs müssen auf den jeweiligen Inhalt auf ihrem Gerät zugreifen können (z. B. durch ein Abo oder durch einen Kauf).

1. Wähle eine TV-Sendung oder einen Film zum gemeinsamen Ansehen in der Apple TV App (oder einer anderen unterstützten Video-App) aus und tippe auf das Objekt, um weitere Informationen anzuzeigen.
2. Tippe auf und dann auf „SharePlay“.
3. Gib im Feld „An“ die Kontakte ein, mit denen du das Video teilen willst, und tippe dann auf „FaceTime“.
4. Tippe auf die Taste zum Starten oder für die Wiedergabe, um mit SharePlay zu beginnen, sobald die FaceTime-Verbindung hergestellt ist.
   Die anderen Teilnehmer:innen müssen dann auf „Öffnen“ tippen, um das Video anzusehen.

Hinweis: Wenn für den Inhalt ein Abonnement erforderlich ist, können die Personen ohne Abonnement den Dienst vor dem Ansehen abonnieren.

Sobald das Video wiedergegeben wird, kannst du es auf einem Apple TV-Gerät streamen.

Laufende Wiedergabe in SharePlay an dein Apple TV senden

Wenn du das gemeinsame Anschauen eines Videos bereits auf einem iPad gestartet hast, kannst du es an das Apple TV senden, um es auf dem großen Bildschirm zu genießen.

Führe auf dem iPad einen der folgenden Schritte aus:

- Tippe in der Streaming-App auf und wähle „Apple TV“ als Wiedergabeziel aus.
- Öffne das Kontrollzentrum, tippe auf und wähle „Apple TV“ als Wiedergabeziel aus.

Das Video wird synchron auf dem Apple TV wiedergegeben und du kannst die Konversation auf dem iPad fortsetzen.

Bei einem FaceTime-Anruf gemeinsam Musik hören

Mit SharePlay in iPadOS 15.1 (oder neuer) kannst du dich mit anderen in einem FaceTime-Anruf treffen und gemeinsam ein Album oder eine Lieblingsplaylist hören. Alle, die am Anruf teilnehmen und Zugriff auf die Musik haben (etwa über ein Abonnement, eine Transaktion oder eine kostenlose Testversion), können zuhören, sehen, was als Nächstes kommt, Songs zu einer geteilten Warteliste hinzufügen und vieles mehr.

1. Starte einen Gruppenanruf mit FaceTime.
2. Navigiere zum Home-Bildschirm und öffne eine Musikstreaming-App, die SharePlay unterstützt (etwa die App „Musik").
3. Wähle die Musik aus, die gespielt werden soll, und tippe auf die Wiedergabetaste, um den gemeinsamen Musikgenuss zu starten. (Die anderen Personen müssen möglicherweise auf „SharePlay beitreten" tippen, um die Musik hören zu können.)
   Für alle Beteiligten, die Zugriff auf den Inhalt haben, wird die Musik gleichzeitig gestartet. Personen ohne Zugriff werden gefragt, ob sie Zugriff erhalten möchten (über ein Abonnement, eine Transaktion oder eine kostenlose Testversion, sofern verfügbar).

Jede Person kann die Musiksteuerungen verwenden, um den Musiktitel anzuhalten, zurückzuspulen, schnell vorzuspulen, zu einer andere Stelle im Titel zu springen oder zum nächsten Titel zu wechseln. Und alle Teilnehmer:innen des Anrufs können Musiktitel zur geteilten Wiedergabeliste hinzufügen.

Andere zum gemeinsamen Hören von Musik in FaceTime über eine unterstützte App einladen

In iPadOS 15.4 (oder neuer) kannst du einen FaceTime-Anruf in der App „Musik" (oder einer anderen unterstützten Musik-App) starten und SharePlay verwenden, um die Musik synchron mit anderen Teilnehmer:innen des Anrufs zu teilen. Jede Person kann die Musiksteuerungen verwenden, um den Musiktitel anzuhalten, zurückzuspulen, schnell vorzuspulen oder zu einer andere Stelle im Titel zu springen. Und alle, die SharePlay verwenden, können Musiktitel zur geteilten Warteliste hinzufügen. Alle Teilnehmer:innen des Anrufs müssen auf den jeweiligen Inhalt zugreifen können (z. B. durch ein Abonnement.)

1. Öffne die App „Musik" (oder eine andere unterstützte Musik-App) und tippe auf den Musikinhalt, den du teilen möchtest.
2. Führe einen der folgenden Schritte aus:
   - Tippe auf ••• neben dem Inhalt und dann auf „SharePlay".
   - Tippe auf ••• rechts oben auf dem Bildschirm, tippe auf und anschließend auf „SharePlay".
3. Gib im Feld „An" die Kontakte ein, mit denen du das Video teilen willst, und tippe dann auf „FaceTime".
4. Tippe auf „Start", sobald die FaceTime-Verbindung hergestellt ist.
   Die anderen Teilnehmer:innen müssen auf den Titel oben in den FaceTime-Steuerelementen und dann auf „Öffnen" tippen, um mithören zu können. Für alle

Teilnehmer:innen des Anrufs, die Zugriff auf den Inhalt haben, wird die Musik gleichzeitig wiedergegeben.

Hinweis: Alle Teilnehmer:innen des Anrufs müssen auf den jeweiligen Inhalt auf ihrem Gerät zugreifen können, z. B. durch ein Abo oder durch einen Kauf. Personen ohne Zugriff auf den geteilten Inhalt werden gefragt, ob sie Zugriff erhalten möchten.

Mit SharePlay kannst du auch deinen Bildschirm teilen, um Apps, Webseiten und vieles mehr während der Konversation zu zeigen.

Teilen des Bildschirms während eines FaceTime-Anrufs auf dem iPad

In der App „FaceTime“ kannst du mit SharePlay (iPadOS 15.1 oder neuer) deinen Bildschirm in einem FaceTime-Anruf teilen. So hast du die Möglichkeit, während der Konversation Apps, Webseiten und vieles mehr zu zeigen. Präsentiere ein Fotoalbum, plane den nächsten gemeinsamen Urlaub oder erhalte Feedback zu einem Projekt, an dem du gerade arbeitest – all das, während du die Reaktionen der anderen siehst und hörst.

1. Tippe während eines FaceTime-Gruppenanrufs auf den Bildschirm, um die FaceTime-Steuerelemente einzublenden (sofern sie nicht zu sehen sind). Tippe auf und dann auf „Meinen Bildschirm teilen“.

   Auf erscheint ein Countdown von 3 bis 1 und dann wird dein Bildschirm in der FaceTime-Konversation angezeigt, sodass alle ihn sehen können.
2. Gehe zum Home-Bildschirm und öffne eine App, die du im Anruf teilen willst.

Wenn du die Freigabe deines Bildschirms beenden willst, tippe auf .

Ändern der FaceTime-Videoeinstellungen auf dem iPad

Während eines Anrufs in der App „FaceTime“ auf dem iPad kannst du den Folge- oder Porträtmodus aktivieren oder deaktivieren, zwischen Kameras wechseln oder die Kamera ein- oder ausschalten.

Folgemodus „Im Bild behalten“ aktivieren

Auf unterstützten Modellen kannst du den Folgemodus verwenden, der deine Frontkamera automatisch so anpasst, dass der Bildausschnitt optimiert wird, wenn du dich während eines FaceTime-Anrufs innerhalb des Sichtfelds bewegst.

1. Öffne während eines FaceTime-Anrufs das Kontrollzentrum.
2. Tippe auf „Videoeffekte“ und dann auf „Folgemodus“, um die Option zu aktivieren. Tippe erneut, um den Folgemodus zu deaktivieren.

Auf einigen iPad-Modellen wird in deiner Kachel angezeigt. Um den Folgemodus zu aktivieren, kannst du auf deine Kachel und dann auf tippen.

Hintergrund im Porträtmodus weichzeichnen

Auf unterstützten Modellen kannst du den Porträtmodus aktivieren. Der Hintergrund wird dann automatisch unscharf dargestellt und der optische Fokus wird auf dich gesetzt – wie beim Porträtmodus der App „Kamera".

1. Tippe während eines FaceTime-Anrufs auf deine Kachel.
2. Tippe in deiner Kachel auf .
   Tippe erneut auf die Kachel, um den Porträtmodus wieder zu deaktivieren.

Du kannst den Porträtmodus auch im Kontrollzentrum aktivieren. Öffne das Kontrollzentrum und tippe auf „Videoeffekte".

Zur Rückkamera wechseln

Tippe während eines FaceTime-Anrufs auf deine Kachel. Tippe anschließend auf .

Wenn du wieder zur Frontkamera wechseln willst, tippst du nochmals auf .

Hinweis: Während du die Rückkamera verwendest, kannst du das Bild vergrößern, indem du auf „1x" tippst. Durch erneutes Tippen wird das Bild wieder in Originalgröße angezeigt.

Kamera ausschalten

Tippe in einem FaceTime-Anruf auf den Bildschirm, damit die Steuerelemente angezeigt werden. Tippe dann auf . (Tippe erneut darauf, um die Kamera wieder einzuschalten.)

Ändern der FaceTime-Audioeinstellungen auf dem iPad

Mit 3D-Audio in der App „FaceTime" hört es sich so an, als befänden sich die teilnehmenden Personen mit dir in einem Raum. Die Stimmen werden im Raum verteilt und klingen so, als kämen sie aus der Richtung, in der die betreffende Person auf dem Bildschirm positioniert ist.

Hinweis: 3D-Audio ist auf unterstützten Modellen verfügbar und funktioniert mit AirPods (2. Generation und neuere Modelle), AirPods Pro und AirPods Max (separat erhältlich).

Hintergrundgeräusche filtern

Wenn deine Stimme in einem FaceTime-Anruf deutlich hörbar sein soll und andere Geräusche herausgefiltert werden sollen, kannst du den Modus „Stimmisolation" aktivieren. Im Modus „Stimmisolation" wird deine Stimme in einem FaceTime-Anruf vorrangig behandelt und Umgebungsgeräusche werden blockiert.

Öffne während eines FaceTime-Anrufs das Kontrollzentrum, tippe auf „Mikrofonmodus“ und wähle „Stimmisolation“.

Umgebungsgeräusche einbeziehen

Wenn deine Stimme sowie die Geräusche in deiner Umgebung in einem FaceTime-Anruf hörbar sein sollen, kannst du den Modus „Breites Spektrum“ aktivieren.

Öffne während eines FaceTime-Anrufs das Kontrollzentrum, tippe auf „Mikrofonmodus“ und wähle „Breites Spektrum“.

Ton ausschalten

Tippe während eines FaceTime-Anrufs auf den Bildschirm, damit die FaceTime-Steuerelemente angezeigt werden (sofern sie nicht zu sehen sind), und tippe dann auf , um den Ton auszuschalten.

Tippe erneut auf die Taste, um den Ton wieder einzuschalten.

Wenn der Ton ausgeschaltet ist, erkennt das Mikrofon, ob du sprichst, und du wirst benachrichtigt, dass dein Mikrofon stummgeschaltet ist. Du kannst dann auf tippen, um es wieder einzuschalten.

Hinzufügen von Kameraeffekten zu FaceTime-Anrufen auf dem iPad

Bei einem Videoanruf in der App „FaceTime“ kannst du dich in dein Lieblings-Memoji oder deine Lieblings-Memoji-Figur verwandeln. Auf unterstützten Modellen kannst du dein Aussehen auch mithilfe integrierter Filter verändern und Sticker, Etiketten und Formen hinzufügen. Du kannst in der App „FaceTime“ Bildschirmfotos aufnehmen, die die speziellen Kamerafilter reflektieren, die du einem Anruf hinzugefügt hast.

Als Memoji-Figur auftreten

Auf einem iPad mit TrueDepth-Kamera kannst du in der App „Nachrichten“ eine Memoji-Figur für die Verwendung bei FaceTime-Anrufen erstellen. Das iPad nimmt deine Bewegungen und Gesichtsausdrücke sowie deine Stimme auf und überträgt sie auf die Figur. (Die Figur imitiert dich sogar, wenn du die Zunge herausstreckst.)

1. Tippe während eines FaceTime-Anrufs auf deine Kachel und danach auf . (Tippe auf den Bildschirm, wenn nicht zu sehen ist.)
2. Tippe auf und wähle eine Memoji-Figur aus (streiche dazu unten auf dem Bildschirm über die Figuren und tippe auf die gewünschte Figur).
   Der:die andere Gesprächsteilnehmer:in hört, was du sagst, sieht dabei aber deine Memoji-Figur sprechen.

Dein Aussehen mithilfe eines Filters verändern

1. Tippe während eines FaceTime-Anrufs auf deine Kachel und tippe dann auf .
2. Tippe auf , um die Filter zu öffnen.
3. Ändere dein Aussehen, indem du unten auf einen Filter tippst (du kannst nach links oder nach rechts streichen, um die Filter in der Vorschau zu sehen).

Textetikett hinzufügen

1. Tippe während eines Anrufs auf den Bildschirm und danach auf .
2. Tippe auf Aa und danach auf ein Textetikett.
   Zum Anzeigen weiterer Etikettoptionen streiche im Textfenster nach oben.
3. Gib im ausgewählten Etikett den Text ein, der im Etikett angezeigt werden soll. Tippe dann an eine Stelle außerhalb des Etiketts.
4. Bewege das Etikett an die gewünschte Position.

   Zum Löschen des Etiketts tippe darauf und dann auf .

Sticker hinzufügen

1. Tippe während des Anrufs auf den Bildschirm und auf und führe beliebige der folgenden Schritte aus:
   - Tippe auf , um einen Memoji-Sticker hinzuzufügen, oder auf , um einen Emoji-Sticker hinzuzufügen.
   - Tippe auf Aa, streiche nach oben und tippe auf .
2. Tippe auf einen Sticker, um ihn zum Anruf hinzuzufügen.
   Streiche zum Anzeigen weiterer Optionen nach links.
3. Bewege den Sticker an die gewünschte Stelle.

   Zum Löschen des Stickers tippe darauf und dann auf .

Formen hinzufügen

1. Tippe während eines Anrufs auf deine Kachel und danach auf .
2. Tippe auf und dann auf eine Form, um sie zum Anruf hinzuzufügen.
   Zum Anzeigen weiterer Optionen streiche im Formenfenster nach oben.
3. Bewege die Form an die gewünschte Position.

   Zum Löschen der Form tippe darauf und dann auf .

Beenden eines FaceTime-Anrufs oder Umschalten zur App „Nachrichten“ auf dem iPad

Du kannst einen Anruf in der App „FaceTime“ jederzeit beenden oder die Konversation in der App „Nachrichten“ fortsetzen.

FaceTime-Anruf beenden

Tippe auf den Bildschirm, damit die FaceTime-Steuerelemente angezeigt werden (sofern sie nicht zu sehen sind), und tippe dann auf „Beenden“ oder „Verlassen“.

Zur Konversation in der App „Nachrichten“ umschalten

Wenn du in der App „Nachrichten“ zu einer Konversation wechseln willst, die alle am Anruf beteiligten Personen umfasst, tippst du auf den Bildschirm, damit die FaceTime-Steuerelemente angezeigt werden (sofern sie nicht zu sehen sind), und tippst dann auf .

Blockieren unerwünschter Anrufer in FaceTime auf dem iPad

Du kannst in der App „FaceTime“ FaceTime-Anrufe von unerwünschten Anrufern blockieren.

1. Tippe in deiner FaceTime-Anrufliste auf neben dem Namen, der Telefonnummer oder der E-Mail-Adresse des Kontakts, den du blockieren willst.
2. Scrolle nach unten und tippe auf „Anrufer blockieren“ und dann auf „Kontakt blockieren“.
3. Wähle den Kontakt aus, der blockiert werden soll.

Tippe, um die Blockierung zu beenden, in deiner Anrufliste auf neben dem Namen, der Telefonnummer oder der E-Mail-Adresse des Kontakts. Scrolle dann nach unten und tippe auf „Blockierung aufheben'“.

Dateien

Verbinden externer Geräte oder Server mit der App „Dateien“ auf dem iPad

Du kannst mit der App „Dateien“ auf Dateien zugreifen, die auf Dateiservern, in Cloud-Speichern von Anbietern wie Box oder Dropbox oder auf externen Geräten wie USB-Laufwerken und SD-Karten gespeichert sind. Voraussetzung ist, dass du diese Geräte bzw. Speicherorte zuvor mit deinem iPad verbunden hast.

Computer oder Dateiserver verbinden

1. Tippe auf oben in der Seitenleiste „Durchsuchen".
   Tippe unten auf dem Bildschirm auf „Durchsuchen", wenn die Seitenleiste „Durchsuchen" nicht angezeigt wird.
2. Tippe auf „Mit Server verbinden".
3. Gib den Namen eines lokalen Hosts oder eine Netzwerkadresse ein und tippe auf „Verbinden".
   Tipp: Nach dem Herstellen der Verbindung zu einem Computer oder Dateiserver wird er in der Liste „Zuletzt benutzte Server" auf dem Bildschirm „Mit Server verbinden" angezeigt. Tippe zum Herstellen der Verbindung zu einem kürzlich verwendeten Server auf dessen Namen.
4. Wähle aus, wie die Verbindung hergestellt werden soll:
   - Gast: Du kannst dich als Gastbenutzer:in anmelden, wenn der geteilte Computer den Gastzugriff erlaubt.
   - Registrierte:r Benutzer:in: Gib, wenn du „Registrierte:r Benutzer:in" wählst, deinen Benutzernamen und dein Passwort ein.
5. Tippe auf „Weiter" und wähle das Servervolume oder den geteilten Ordner in der Seitenleiste „Durchsuchen" (unter „Geteilt") aus.

Tippe zum Trennen der Verbindung zum Dateiserver in der Seitenleiste „Durchsuchen" auf neben dem Server.

Cloud-Speicherdienst hinzufügen

1. Lade die App aus dem App Store, öffne sie und befolge die angezeigten Anweisungen.
2. Öffne die App „Dateien", tippe auf „Weitere Orte" (unter „Speicherorte" in der Seitenleiste „Durchsuchen") und aktiviere den Dienst.
3. Tippe zum Anzeigen deines Inhalts auf „Durchsuchen" unten auf dem Bildschirm und danach unter „Speicherorte" auf den Namen des Speicherdiensts. Tippe ein weiteres Mal unten auf dem Bildschirm auf „Durchsuchen", falls „Speicherorte" nicht angezeigt wird.

Dateien und Ordner in der App „Dateien" auf dem iPad anzeigen und ändern

In der App „Dateien" kannst du Dokumente, Bilder und andere Dateien anzeigen und ändern.

Dateien und Ordner durchsuchen und öffnen

1. Tippe auf „Durchsuchen" unten auf dem Bildschirm und danach auf ein Objekt in der Seitenleiste „Durchsuchen".
   Tippe ein weiteres Mal auf „Durchsuchen", wenn die Seitenleiste „Durchsuchen" nicht angezeigt wird.
   Tippe auf „Zuletzt" unten auf dem Bildschirm, um zuletzt geöffnete Dateien anzuzeigen.

2. Tippe auf eine Datei, einen Speicherort oder einen Ordner, um sie bzw. ihn zu öffnen. Hinweis: Wenn die App, mit der die betreffende Datei erstellt wurde, auf deinem Gerät nicht installiert ist, wird eine Vorschau der Datei in der „Übersicht“ angezeigt.

Dokumente ändern und neu anordnen

Beim Anzeigen einer Datei in einem unterstützten Format kannst du ihre Inhalte mit der App „Dateien“ ändern und neu anordnen.

1. Öffne ein Dokument.
2. Tippe auf  und wähle beliebige der folgenden Optionen aus:
   - **Links drehen**: Dreht die hervorgehobene Seite nach links.
   - **Rechts drehen**: Dreht die hervorgehobene Seite nach rechts.
   - **Leere Seite einfügen**: Fügt eine leere Seite nach der hervorgehobenen Seite ein.
   - **Aus Datei einfügen:** Fügt Seiten aus einer Datei nach der hervorgehobenen Seite ein.
   - **Seiten scannen**: Fügt Seiten aus einem gescannten Dokument nach der hervorgehobenen Seite ein.
   - **Löschen:** Löscht die hervorgehobene Seite.
3. Lege den Finger auf eine hervorgehobene Seite und bewege sie an eine neue Position, um die Seiten in einem Dokument neu anzuordnen.

   Um ein Dokument zu markieren, tippe auf .

Hinweis: Die App „Dateien“ unterstützt nicht alle Dokumentformate.

Sortierfolge von Dateien und Ordnern ändern

Streiche in einem geöffneten Speicherort oder Ordner von der Bildschirmmitte nach unten und tippe oben auf dem Bildschirm auf „Name“, „Datum“, „Größe“, „Art“ oder „Tags“.

Zu Symbol-, Listen- oder Spaltendarstellung wechseln

Streiche in einem geöffneten Speicherort oder Ordner von der Bildschirmmitte nach unten und führe einen der folgenden Schritte aus:

- Symboldarstellung: Tippe auf 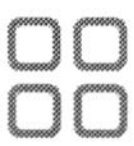.
- Listendarstellung: Tippe auf .
- **Spaltendarstellung**: Tippe auf .
  Wenn dir in der Spaltendarstellung eine Ordnerhierarchie genauer ansehen möchtest, tippst du in der ganz rechten Spalte auf ein Objekt und streichst nach links. Sollen neben einer Vorschau der Datei auch die Metadaten (wie der Dateityp und die Größe) anzeigt werden, tippst du auf die Datei. (Streiche nach links, wenn die Vorschau nicht in der ganz rechten Spalte angezeigt wird.) Tippe auf „Öffnen“ unter der Dateivorschau, um die Datei anzuzeigen und verschiedene Aktionen auszuführen, ohne die App „Dateien“ zu verlassen.

Nach einer bestimmten Datei oder einem bestimmten Ordner suchen

Gib einen Dateinamen, Ordnernamen oder Dokumenttyp in das Suchfeld ein.

Beim Suchen stehen dir folgende Optionen zur Verfügung:

- Suchbereich festlegen: Tippe unter dem Suchfeld auf „Benutzte“ oder auf den Namen des Orts oder Tags.
- Tastatur zum Anzeigen zusätzlicher Ergebnisse ausblenden: Tippe auf .
- Neue Suche starten: Tippe auf im Suchfeld.
- Ergebnis öffnen: Tippe darauf.

Umorganisieren der Seitenleiste „Durchsuchen“

Tippe auf oben in der Seitenleiste. Tippe danach auf „Bearbeiten“ und führe beliebige der folgenden Schritte aus:

- Speicherort ausblenden: Deaktiviere den Ort.
- Tag löschen und von allen Objekten entfernen: Tippe auf neben dem Tag.
- Objekt aus der Favoritenliste entfernen: Tippe auf neben dem Objekt.
- Position eines Objekts innerhalb einer Liste ändern: Lege den Finger auf und ziehe das Steuerelement an die gewünschte Zielposition innerhalb der Liste.

Verwalten von Dateien und Ordnern in der App „Dateien“ auf dem iPad

In der App „Dateien“ kannst du Dokumente, Bilder und andere Dateien in Ordnern organisieren und verwalten.

Ordner erstellen

1. Öffne einen Speicherort oder einen vorhandenen Ordner.
2. Streiche von der Bildschirmmitte nach unten und tippe auf .

   Hinweis: Wenn nicht angezeigt wird, bedeutet dies, dass du keinen Ordner am betreffenden Speicherplatz erstellen kannst.

Datei oder Ordner umbenennen, komprimieren und andere Änderungen daran vornehmen

Lege deinen Finger auf die Datei oder den Ordner und wähle eine Option aus: Kopieren, Duplizieren, Bewegen, Löschen, Umbenennen oder Komprimieren.

Tippe zum Ändern von mehreren Dateien oder Ordnern auf „Auswählen“ und danach auf die ausgewählten Objekte. Tippe anschließend auf eine der Optionen unten auf dem Bildschirm.

Hinweis: Abhängig vom ausgewählten Objekt sind möglicherweise einige Optionen nicht verfügbar. Du kannst zum Beispiel die Mediathek oder Bibliothek einer App (den Ordner mit dem Namen der App) nicht an einen anderen Ort bewegen oder löschen.

Datei oder Ordner mit einem Tag versehen

1. Lege deinen Finger auf die Datei oder den Ordner und tippe auf „Tags“ und danach auf ein oder mehrere Tags.
2. Tippe auf „Fertig“.

Getaggte Objekte werden unter „Tags“ in der Seitenleiste „Durchsuchen“ angezeigt.

Tippe erneut auf ein Tag, um es zu entfernen.

Ordner als Favorit markieren

Lege den Finger auf den Ordner und tippe auf „Favorit“.

Die Favoriten werden in der Seitenleiste „Durchsuchen“ angezeigt.

Senden von Dateien aus der App „Dateien“ auf dem iPad

Du kannst in der App „Dateien“ eine Kopie einer Datei an andere Personen senden. Wenn du ein nicht digitalisiertes Dokument senden willst, kannst du es mit der App „Dateien“ scannen.

1. Lege den Finger auf die Datei und tippe auf „Teilen“.
   Tipp: Tippe zum Senden einer kleineren Version der Datei zunächst auf „Komprimieren“ und anschließend auf „Teilen“. Lege danach den Finger auf die komprimierte Version der Datei (sie ist als zip-Datei gekennzeichnet) und tippe auf „Teilen“.
2. Wähle eine Option zum Senden (z. B. „AirDrop“, „Nachrichten“ oder „Mail“) und tippe auf „Senden“.

Beim Senden von Dateien aus der App „Dateien“ kannst du auch Split View oder Slide Over verwenden, um die App „Mail“ oder „Nachrichten“ zu öffnen. Dann wählst du ein oder mehrere Objekte in der App „Dateien“ aus und bewegst deine Auswahl in eine Nachricht.

Tipp: Wenn die Dateien und Ordner, die du teilen willst, auf iCloud Drive gespeichert, kannst du andere Personen zum Anzeigen und Bearbeiten der Inhalte einladen – du musst ihnen also keine Kopien senden.

Einrichten von iCloud Drive auf dem iPad

Du kannst die App „Dateien“ zum Speichern von Dateien und Ordner in iCloud Drive verwenden. Du kannst auf die Dateien und Ordner von allen Geräten aus zugreifen, auf denen du dich mit derselben Apple-ID angemeldet hast. Jede Änderung, die du vornimmst, wird auf allen Geräten reflektiert, die du für iCloud Drive eingerichtet hast.

iCloud Drive ist bei Geräten mit iOS 11 und iPadOS 13 (und neueren Versionen) in die App „Dateien“ integriert. Du kannst auch iCloud Drive auf Mac-Computern (ab OS X 10.10) und auf PCs (mit iCloud für Windows 7 oder neuer) verwenden. Die Größe des Speicherplatzes ist abhängig von deinem iCloud-Speicherplan.

iCloud Drive aktivieren

Wähle „Einstellungen“ > „[dein Name]“ > „iCloud“ und aktiviere die Option „iCloud Drive“.

Für iCloud Drive zugriffsberechtigte Apps auswählen

Wähle „Einstellungen“ > „[dein Name]“ > „iCloud“ und lege im Bereich „iCloud Drive“ für jede der in der Liste enthaltenen Apps fest, ob iCloud Drive aktiviert werden soll oder nicht.

iCloud Drive durchsuchen

1. Tippe auf „Durchsuchen“ unten auf dem Bildschirm.
2. Tippe unterhalb von „Speicherorte“ auf „iCloud Drive“.
   Tippe ein weiteres Mal auf „Durchsuchen“, falls „Speicherorte“ nicht sofort erscheint.
   Tippe auf „Speicherorte“, falls „iCloud Drive“ nicht sofort unterhalb von „Speicherorte“ erscheint.
3. Tippe auf einen Ordner, um ihn zu öffnen.

Teilen von Dateien und Ordnern auf iCloud Drive auf dem iPad

Nachdem du iCloud Drive eingerichtet hast, kannst du die App „Dateien“ verwenden, um Ordner und einzelne Dateien mit Freunden und Kollegen zu teilen. Wenn du Änderungen an einem geteilten Ordner oder einer Datei vornimmst, sehen die anderen Benutzer diese Änderungen automatisch. Wenn du Personen erlaubst Änderungen vorzunehmen, werden deren Änderungen ebenfalls automatisch angezeigt.

Dateien und Ordner, die über iCloud Drive geteilt werden, haben folgende wichtige Merkmale:

- Wenn du einen Ordner teilst, werden automatisch alle Objekte geteilt, die du oder andere teilnehmende Personen zu diesem Ordner hinzugefügt haben.
- Der Link zu einer geteilten Datei enthält ihren Name. Wenn der Name oder der Inhalt vertraulich ist, musst du daher die Empfänger:innen deiner Einladung darauf hinweisen, dass der Link nicht an Dritte weitergeleitet werden darf.
- Wenn du eine geteilte Datei in einen anderen Ordner oder an einen anderen Speicherort bewegst, funktioniert der Link nicht mehr, sodass die anderen Personen den Zugriff auf das Objekt verlieren.
- Abhängig von der jeweiligen App müssen die Benutzer:innen unter Umständen die Datei erneut öffnen oder auf den Original-Link tippen, um die neuesten Änderungen zu sehen.

Ordner oder Datei teilen

Wenn du Eigentümer:in eines Ordners oder einer Datei auf iCloud Drive bist, kannst du andere Personen zum Anzeigen oder Ändern der darin befindlichen Inhalte einladen.

Du kannst einen Ordner und eine Datei so teilen, dass sie sich nur von Personen öffnen lassen, die du angegeben hast, oder dass jeder, der über den Link verfügt, sie öffnen kann.

Du kannst das Ändern des Ordner- oder Dateiinhalts erlauben oder den Zugriff so einschränken, dass der Inhalt nur angezeigt werden kann.

Wenn du einen Ordner teilst, können standardmäßig nur von dir eingeladene Personen auf die Dateien im geteilten Ordner zugreifen. Sollen weitere Personen zum Zugriff auf die Dateien eingeladen werden, musst du die Einstellungen des geteilten Ordners ändern, um weitere teilnehmende Personen hinzufügen zu können. Es ist nicht möglich, eine einzelne Datei in einem geteilten Ordner auszuwählen und ihr teilnehmende Personen hinzuzufügen.

1. Lege den Finger auf den Ordner oder die Datei.
2. Tippe auf und anschließend auf „Ordner in iCloud teilen“ bzw. „Datei in iCloud teilen“.
3. Führe einen der folgenden Schritte aus:
    - **Nur eingeladenen Personen das Anzeigen und Bearbeiten des Inhalts erlauben**: Tippe auf „Freigabeoptionen“, auf „Nur von dir eingeladene Personen“ und auf „Bearbeitung erlauben“ und wähle eine Methode – etwa Nachrichten oder Mail – aus, um den Personen einen Link zum Ordner oder zu Datei zu senden.
    - **Nur eingeladenen Personen das Anzeigen des Inhalts erlauben**: Tippe auf „Freigabeoptionen“, auf „Nur von dir eingeladene Personen“ und auf „Nur ansehen“ und wähle eine Methode zum Senden des Links aus.
    - **Jedem mit diesem Link das Anzeigen und Bearbeiten des Inhalts erlauben**: Tippe auf „Freigabeoptionen“, auf „Jeder mit diesem Link“ und auf „Bearbeitung erlauben“ und wähle eine Methode zum Senden des Links aus.
    - **Jedem mit diesem Link das Anzeigen des Inhalts erlauben**: Tippe auf „Freigabeoptionen“, auf „Jeder mit diesem Link“ und auf „Nur ansehen“ und wähle dann eine Methode zum Senden eines Links aus.
    - **Allen das Einladen weiterer Personen erlauben**: Tippe auf „Freigabeoptionen“ und anschließend auf „Alle können Personen hinzufügen“.
4. Wähle, wie du deine Einladung senden willst, und tippe dann auf „Senden“.

Weitere Personen zum Teilen eines Ordners oder einer Datei einladen

Wenn du bereits einen Ordner oder eine Datei geteilt hast, dessen bzw. deren Zugriff auf „Nur von dir eingeladene Personen“ beschränkt ist, kannst du ihn bzw. sie mit weiteren Personen teilen.

1. Lege den Finger auf den Ordner oder die Datei.
2. Tippe auf und anschließend auf „Geteilten Ordner verwalten“ bzw. „Geteilte Datei verwalten.
3. Tippe auf „Personen hinzufügen“ und wähle eine Methode zum Senden des Links aus.
4. Gib die weiteren erforderlichen Informationen ein und sende oder poste deine Einladung.

Ordner oder Datei mit weiteren Personen mit einem Link teilen

Wenn du für den Zugriff auf einen geteilten Ordner oder eine geteilte Datei „Jeder mit diesem Link“ festgelegt hast, kann jede:r Empfänger:in diesen Link an andere Personen weiterleiten.

1. Lege den Finger auf den Ordner oder die Datei.
2. Tippe auf , tippe auf „Geteilten Ordner verwalten“ bzw. „Geteilte Datei verwalten“ und anschließend auf „Link senden“.
3. Wähle die Methode aus, mit der der Link zu deiner Datei gesendet werden soll. Gib die erforderlichen Informationen ein und sende oder poste die Einladung.

Zugriffs- und Berechtigungseinstellungen für alle ändern

Als Eigentümer:in eines geteilten Ordners oder einer geteilten Datei kannst du den Zugriff darauf jederzeit ändern. Von einer solchen Änderung ist allerdings jede Person betroffen, der du einen Link gesendet hast.

1. Lege den Finger auf den Ordner oder die Datei.
2. Tippe auf , tippe auf „Geteilten Ordner verwalten“ bzw. „Geteilte Datei verwalten“ und anschließend auf „Freigabeoptionen“.
3. Ändere eine Option oder beide Optionen.
   - **Zugriffsoption**: Wenn du die Zugriffsoption von „Jeder mit diesem Link“ in „Nur von dir eingeladene Personen“ änderst, funktioniert der ursprüngliche Link nicht mehr für alle Personen. Der Ordner bzw. die Datei kann dann nur noch von den Personen geöffnet werden, die eine neue Einladung von dir erhalten haben.
   - **Berechtigungsoption**: Wenn du die Berechtigungsoption änderst, wird jede Person, die die Datei zum Zeitpunkt deiner Änderung geöffnet hat, mit einem Hinweis über die Änderung informiert. Die neuen Einstellungen treten in Kraft, sobald der Hinweis quittiert wird.

Zugriffs- und Berechtigungseinstellungen für eine Person ändern

Wenn du Eigentümer:in eines geteilten Ordners oder einer geteilten Datei bist, dessen bzw. deren Zugriff auf „Nur von dir eingeladene Personen“ beschränkt ist, kannst du die Berechtigung für eine Person ändern, ohne dass sich dies auf die Zugriffsrechte der anderen Personen auswirkt. Du hast auch die Möglichkeit, den Zugriff dieser Person ganz zu entfernen.

1. Lege den Finger auf den Ordner oder die Datei.
2. Tippe auf und anschließend auf „Geteilten Ordner verwalten“ bzw. „Geteilte Datei verwalten.
3. Tippe auf den Namen der Person und wähle die gewünschte Option aus.

Freigabe eines Ordners oder einer Datei beenden

Als Eigentümer:in eines geteilten Ordners oder einer geteilten Datei kannst du dessen bzw. deren Freigabe jederzeit stoppen.

1. Lege den Finger auf den Ordner oder die Datei.
2. Tippe auf und anschließend auf „Geteilten Ordner verwalten“ bzw. „Geteilte Datei verwalten.

3. Tippe auf „Nicht mehr teilen“.

Jede Person, die die Datei zum Zeitpunkt deiner Änderung geöffnet hat, wird mit einem Hinweis über die Beendigung der Freigabe informiert. Das Objekt wird geschlossen, sobald der Hinweis quittiert wird. Die Datei wird daraufhin aus dem iCloud Drive-Bereich der betreffenden Person entfernt. Der Link funktioniert ab diesem Zeitpunkt nicht mehr. Wenn du das Objekt zu einem späteren Zeitpunkt erneut teilst und für den Zugriff die Einstellung „Jeder mit diesem Link“ verwendest, wird der Originallink wieder funktionsfähig. Wenn du dich für die Einstellung „Nur von dir eingeladene Personen“ entscheidest, wird der Originallink nur für die Personen reaktiviert, die du erneut zum Zugriff auf das Objekt einlädst.

Wo ist?

Suchen nach Personen

Teilen des Standorts in der App „Wo ist?“ auf dem iPad

Damit du die App „Wo ist?“ zum Teilen deines Standorts mit Freunden verwenden kannst, musst du die Standortfreigabe einrichten.

Hinweis: Wenn du die Standortfreigabe einrichtest und andere Personen deinen Standort weiterhin sehen können, stelle sicher, dass die Ortungsdienste aktiviert sind. Wähle dazu „Einstellungen“ > „Datenschutz“ > „Ortungsdienste“ > „Wo ist?“.

Standortfreigabe einrichten

1. Tippe in der App „Wo ist?“ links unten auf dem Bildschirm auf „Ich“ und aktiviere die Option „Standort teilen“.
   Das Gerät, das deinen Standort teilt, wird unter „Mein Standort“ angezeigt.
2. Wenn dein iPad seinen Standort momentan nicht teilt, scrolle nach unten und tippe auf „Dieses iPad für meinen Standort verwenden“.

Hinweis: Du kannst deinen Standort von einem iPhone, iPad oder iPod touch teilen. Wenn du deinen Standort von einem anderen Gerät teilen willst, öffne die App „Wo ist?“ auf dem Gerät und ändere deinen Standort auf das betreffende Gerät.

Du kannst die Einstellungen für die Standortfreigabe auch unter „Einstellungen“ > „[dein Name]“ > „Wo ist?“ ändern.

Etikett für Standort festlegen

Du kannst für deinen aktuellen Standort ein Etikett festlegen, um ihn aussagekräftiger zu kennzeichnen (z. B. „Zuhause“ oder „Büro“). Wenn du auf „Ich“ tippst, wird außer deinem Standort auch das Etikett angezeigt.

1. Tippe links unten auf dem Bildschirm auf „Ich“ und tippe dann auch „Standortnamen bearbeiten“.

2. Wähle ein Etikett aus.
   Tippe zum Hinzufügen eines neuen Etiketts auf „Eigenes Etikett hinzufügen“, gib einen Namen ein und tippe auf „Fertig“.

Eigenen Standort mit einer anderen Person teilen

1. Tippe auf und wähle dann die Option „Standort teilen“.
2. Gib in das Feld „An“ den Namen der Person ein, mit der du deinen Standort teilen möchtest (oder tippe auf und wähle einen Kontakt aus).
3. Tippe auf „Senden“ und gib an, für wie lange du deinen Standort teilen möchtest.

Standortfreigabe beenden

Du kannst die Freigabe deines Standorts für eine bestimmte Person beenden oder deinen Standort für alle ausblenden.

- Freigabe für eine Person beenden: Tippe links unten auf dem Bildschirm auf „Personen“ und dann auf den Namen der Person, mit der du deinen Standort nicht mehr teilen willst. Tippe auf „Meinen Standort nicht mehr teilen“ und danach auf „Standort nicht mehr teilen“.
- Standort für alle ausblenden: Tippe links unten auf dem Bildschirm auf „Ich“ und deaktiviere die Option „Standort teilen“.

Anfrage für Standortfreigabe beantworten

1. Tippe links unten auf dem Bildschirm auf „Personen“.
2. Tippe auf „Teilen“ unter dem Namen der Person, die die Anfrage gesendet hat, und gib an, für wie lange du deinen Standort teilen möchtest.
   Tippe auf „Abbrechen“, wenn du deinen Standort nicht teilen willst.

Empfang von Anfragen zum Teilen des Standorts stoppen

Tippe links unten auf dem Bildschirm auf „Ich“ und tippe dann auf „Anfragen erlauben“.

Hinzufügen oder Entfernen einer anderen Person in der App „Wo ist?“ auf dem iPad

Nachdem du in der App „Wo ist?“ deinen Standort mit einer Person geteilt hast, kannst du fragen, ob du ihren Standort auf der Karte sehen darfst.

Freunde nach ihrem Standort fragen

1. Tippe links unten auf dem Bildschirm auf „Personen“ und dann auf den Namen der Person, deren Standort du sehen möchtest.
   Wird der Name einer Person nicht angezeigt, stelle sicher, dass du mit der betreffenden Person deinen Standort teilst.
2. Tippe auf „Möchte deinem Standort folgen“.

Nachdem deine Anfrage empfangen und angenommen wurde, kannst du den Standort der Person sehen.

Hinweis: Wenn du den Namen der Person in der Liste „Personen“ siehst, aber ihr Standort auf der Karte nicht zu sehen ist, kannst du die Person bitten sicherzustellen, dass sie ihren Standort teilt und dass die Ortungsdienste unter „Einstellungen“ > „Datenschutz“ > „Ortungsdienste“ > „Wo ist?“ aktiviert sind.

Andere Person entfernen

Wenn du eine Person entfernst, wird diese Person aus deiner Liste „Personen“ entfernt und du wirst aus deren Liste entfernt.

1. Tippe links unten auf dem Bildschirm auf „Personen“ und dann auf den Namen der Person, die du entfernen willst.
2. Tippe auf „[Name] entfernen“ und danach auf „Entfernen“.

Du kannst auch über den Namen der Person nach links streichen und dann auf das Symbol „Papierkorb“ tippen.

Orten eines Freunds in der App „Wo ist?“ auf dem iPad

Wenn eine Person ihren Standort mit dir teilt, kannst du die App „Wo ist?“ verwenden, um sie auf einer Karte zu orten.

Hinweis: Wenn du sehen möchtest, wie weit deine Freund:innen von dir entfernt sind, aktiviere „Genauer Standort“ für die App „Wo ist?“.

Standort einer anderen Person anzeigen

Tippe links unten auf dem Bildschirm auf „Personen“ und dann auf den Namen der Person, die du orten willst.

- Die Person kann geortet werden: Der Standort wird auf einer Karte angezeigt, sodass du sehen kannst, wo sich die Person gerade aufhält.
- Die Person kann nicht geortet werden: Unter dem Namen der Person wird „Keine Orte gefunden“ angezeigt.
- Wenn du einer Person nicht folgst: Unter dem Namen der Person wird „Kann deinen Standort sehen“ angezeigt. Du kannst eine Anfrage zum Teilen des Standorts an eine andere Person schicken.

Du kannst Siri auffordern, nach einer Person zu suchen, die ihren Standort mit dir teilt.

Siri: Sage zum Beispiel: „Wo ist Felix?“

Person kontaktieren

1. Tippe links unten auf dem Bildschirm auf „Personen“ und dann auf den Namen der Person, die du kontaktieren willst.
2. Tippe auf „Kontakt“ und gib an, wie du die andere Person kontaktieren möchtest.

Route zu einer Person abrufen

Du kannst die Route zum aktuellen Standort einer Person in der App „Karten“ anzeigen.

1. Tippe links unten auf dem Bildschirm auf „Personen“ und dann auf den Namen der Person, zu deren Standort du eine Route abrufen möchtest.
2. Tippe auf „Route“, um die App „Karten“ zu öffnen.

Etikett für Standort einer Person festlegen

Du kannst für den aktuellen Standort einer Person ein Etikett festlegen, um ihn aussagekräftiger zu kennzeichnen (z. B. „Zuhause“ oder „Büro“). Das Etikett wird unter dem Namen der Person angezeigt, wenn sich diese am jeweiligen Ort befindet.

1. Tippe links unten auf dem Bildschirm auf „Personen“ und dann auf den Namen der Person, um ein Etikett für ihren Standort festzulegen.
2. Tippe auf die Option zum Bearbeiten des Ortsnamens und wähle ein Etikett aus. Tippe zum Hinzufügen eines neuen Etiketts auf „Eigenes Etikett hinzufügen“, gib einen Namen ein und tippe auf „Fertig“.

Bevorzugte Personen markieren

Bevorzugte Personen werden zuoberst in der Liste „Personen“ angezeigt und sind mit einem Stern gekennzeichnet.

1. Tippe links unten auf dem Bildschirm auf „Personen“ und suche die Person, die du als Favoriten markieren willst.
2. Führe einen der folgenden Schritte aus:
   - Tippe auf den Namen der Person und dann auf „[Name] als Favoriten sichern“.
   - Streiche über dem Namen der Person nach links und tippe auf den Stern.

Streiche zum Entfernen einer Person aus den Favoriten nach links und tippe auf den Stern oder tippe auf die Person und dann auf „[Name] aus Favoriten entfernen“.

Benachrichtigung bei Standortänderungen von Freunden in der App „Wo ist?“ auf dem iPad

Du kannst die App „Wo ist?“ verwenden, um eine Mitteilung zu erhalten, wenn sich der Standort einer Person ändert. Du kannst eine Mitteilung erhalten, wenn eine Person an einem Ort ankommt, ihn verlässt oder nicht an einem bestimmten Ort ist.

Wichtig: Wenn du eine Mitteilung erhalten möchtest, sobald eine Person ihren Standort ändert, musst du Mitteilungen von der App „Wo ist?“ erlauben.

Außerdem kannst du andere Personen darüber informieren, dass sich dein Standort ändert.

Mitteilung erhalten, wenn eine Person an einem Ort ankommt oder ihn verlässt

1. Tippe links unten auf dem Bildschirm auf „Personen“ und dann auf den Namen der Person, zu der du eine Mitteilung erhalten willst.
2. Tippe unter „Mitteilungen“ auf „Hinzufügen“ und danach auf „Mitteilung an mich“.
3. Gib an, ob du die Mitteilung erhalten möchtest, wenn die Person an einem Ort eintrifft oder wenn sie ihn verlässt.
4. Wähle einen Ort aus oder tippe auf „Neuer Standort“, um einen neuen Standort zu erstellen und einen Standortradius festzulegen.

Bei einem größeren Radius wirst du benachrichtigt, wenn sich die Person in der Nähe des Standorts befindet, und nicht erst, wenn sie sich genau am Standort befindet.

5. Wähle aus, ob du nur einmal oder jedes Mal benachrichtigt werden willst.
6. Tippe auf „Hinzufügen“ und dann auf „OK“.
   Die andere Person erhält einen Hinweis, nachdem du die Mitteilung festgelegt hast. Wenn du eine wiederkehrende Mitteilung einrichten willst, muss die andere Person dies zuerst akzeptieren. Die Person erhält einen Hinweis, in dem um Erlaubnis gefragt wird, wenn sie zum ersten Mal an einem von dir gewählten Ort eintrifft oder ihn verlässt.

Mitteilung erhalten, wenn eine Person sich nicht an einem Ort befindet

Du kannst eine Mitteilung erhalten, wenn die andere Person oder ein Familienmitglied während eines festgelegten Zeitraums nicht an einem bestimmten Ort ist. Du kannst zum Beispiel eine Mitteilung erhalten, wenn dein Kind sich während der Schulzeit nicht in der Schule befindet.

1. Tippe links unten auf dem Bildschirm auf „Personen“ und dann auf den Namen der Person, zu der du eine Mitteilung erhalten willst.
2. Tippe unter „Mitteilungen“ auf „Hinzufügen“ und danach auf „Mitteilung an mich“.
3. Tippe unter „Wenn“ auf „[Name der Person] nicht dort ist“.
4. Wähle einen Ort aus oder tippe auf „Neuer Standort“, um einen neuen Standort zu erstellen und einen Standortradius festzulegen.
   Bei einem größeren Radius wirst du benachrichtigt, wenn sich die Person in der Nähe des Standorts befindet, und nicht erst, wenn sie sich genau am Standort befindet.
5. Gib an, wann du eine Mitteilung erhalten möchtest.
   - Zeit: Wähle den Beginn und das Ende aus.
   - Tage: Wähle die gewünschten Wochentage.
6. Tippe auf „Hinzufügen“ und dann auf „OK“.
   Die andere Person muss die Mitteilung akzeptieren, bevor sie eingerichtet werden kann. Sie erhält an dem Tag und zu der Uhrzeit, wenn die Mitteilungen starten, einen Hinweis mit der Bitte um Erlaubnis.

Mitteilung ändern oder deaktivieren

1. Tippe links unten auf dem Bildschirm auf „Personen“ und dann auf den Namen der Person, deren Mitteilung du ändern oder deaktivieren willst.
   Dies kann eine Mitteilung sein, die du über eine andere Person erhältst, oder eine Mitteilung über dich, die eine andere Person erhält.
2. Tippe unter „Mitteilungen“ auf die Mitteilung.
3. Führe einen der folgenden Schritte aus:
   - Mitteilung ändern: Ändere beliebige Details und tippe auf „Fertig“.
   - Mitteilung deaktivieren: Tippe auf „Mitteilung löschen“ und danach erneut auf „Mitteilung löschen“.

Du kannst bis zu 25 Mitteilungen einrichten.

Hinweis: Du kannst wiederkehrende Mitteilungen nur für Personen erstellen, die die Zwei-Faktor-Authentifizierung aktiviert haben.

Benachrichtigen von Freunden bei Standortänderungen in der App „Wo ist?“ auf dem iPad

Du kannst die App „Wo ist?“ verwenden, um einen Freund über eine Änderung deines Standorts zu informieren.

Du kannst umgekehrt eine Mitteilung erhalten, wenn sich der Standort deines Freunds ändert.

Andere Person bei Standortänderungen benachrichtigen

1. Tippe links unten auf dem Bildschirm auf „Personen“ und dann auf den Namen der Person, die du benachrichtigen willst.
2. Tippe unter „Mitteilungen“ auf „Hinzufügen“ und danach auf „[Name der Person] benachrichtigen“.
3. Gib an, ob die Person benachrichtigt werden soll, wenn du an einem Ort ankommst oder wenn du ihn verlässt.
4. Wähle einen Ort aus oder tippe auf „Neuer Standort“, um einen neuen Standort zu erstellen und einen Standortradius festzulegen.
   Bei einem größeren Radius wird die andere Person benachrichtigt, wenn du dich in der Nähe des Standorts befindest, und nicht erst, wenn du dich genau am Standort befindest.
5. Wähle aus, ob die Person nur einmal oder jedes Mal benachrichtigt werden soll.
6. Tippe auf „Hinzufügen“.

Du kannst das Senden von Mitteilungen über deine Standortänderungen jederzeit beenden.

Alle Mitteilungen über dich anzeigen

1. Tippe links unten auf dem Bildschirm auf „Ich“.
   Unter „Mitteilungen über dich“ wird eine Liste der Personen angezeigt, die über deine Standortänderungen informiert werden.
   Wenn der Abschnitt „Mitteilungen über dich“ nicht angezeigt wird, informierst du andere Personen nicht über Standortänderungen.
2. Wähle einen Namen aus, um weitere Details anzuzeigen.

Mitteilungen über deinen Standort deaktivieren

Du kannst alle Mitteilungen zu deinem Standort deaktivieren. Dazu gehören auch von dir festgelegte Mitteilungen und auch solche Mitteilungen, die deine Freunde erstellen.

1. Tippe links unten auf dem Bildschirm auf „Ich“.
   Unter „Mitteilungen über dich“ wird eine Liste der Personen angezeigt, die über deine Standortänderungen informiert werden.
   Wenn der Abschnitt „Mitteilungen über dich“ nicht angezeigt wird, informierst du andere Personen nicht über Standortänderungen.
2. Wähle einen Namen aus und tippe auf eine Mitteilung.
3. Tippe auf „Mitteilung löschen“ und danach erneut auf „Mitteilung löschen“.

Suchen nach Geräten

Hinzufügen deines iPad zur App „Wo ist?“

Damit du die App „Wo ist?“ zum Auffinden eines verlorenen iPad verwenden kannst, musst du das Gerät zuerst mit deiner Apple-ID verknüpfen.

Wenn du dein iPad zu „Wo ist?“ hinzufügst, kannst du auch benachrichtigt werden, wenn du es zurücklässt.

iPad hinzufügen

1. Wähle auf deinem iPad „Einstellungen“ > „[dein Name]“ > „Wo ist?“.
   Gib deine Apple-ID ein, wenn du aufgefordert wirst, dich anzumelden. Tippe auf „Noch keine Apple-ID oder hast du sie vergessen?“, wenn du noch keine Apple-ID hast, und folge den angezeigten Anleitungen.
2. Tippe auf „Mein iPad suchen“ und aktiviere die Option „Mein iPad suchen“.
3. Du kannst auch Folgendes aktivieren oder deaktivieren:
   - „Wo ist?“-Netzwerk: Wenn dein Gerät offline ist (also nicht über WLAN oder Mobilfunk verbunden), kann die App „Wo ist?“ es auch über die Option „Netzwerk ‚Wo ist?‘“ orten.
   - Letzten Standort senden: Wenn der Ladezustand deines Geräts sehr niedrig ist, wird sein Standort automatisch an Apple gesendet.

Dein iPad umfasst auch eine als Aktivierungssperre bezeichnete Funktion, die verhindert, dass eine andere Person dein Gerät aktiviert und verwendet, auch wenn dessen gesamter Inhalt gelöscht wurde.

Festlegen von Hinweisen beim Zurücklassen eines Geräts in der App „Wo ist?“ auf dem iPad

In der App „Wo ist?“ kannst du für ein Gerät Hinweise festlegen, damit du es nicht versehentlich zurücklässt. Du kannst auch „Vertrauenswürdige Orte“ festlegen. Hierbei handelt es sich um Orte, an denen du dein Gerät zurücklassen kannst, ohne einen Hinweis zu erhalten.

Für deine iPhone Leder-Wallet mit „Wo ist?“-Unterstützung kannst du einen Hinweis erhalten, wenn sie von deinem iPhone abgenommen wird.

Wichtig: Wenn du eine Mitteilung beim Zurückhalten deines Geräts erhalten möchtest, musst du Mitteilungen von der App „Wo ist?“ erlauben.

Hinweise für iPhone, iPad, iPod touch, Mac oder AirPods konfigurieren

Du kannst Hinweise beim Zurücklassen für dein iPhone, dein iPad oder deinen iPod touch mit iOS 15, iPadOS 15 (oder neuer), deinen Mac mit Apple Chips und macOS Monterey 12 (oder neuer) oder unterstützte AirPods mit aktiviertem „Wo ist?“-Netzwerk konfigurieren.

Ein Hinweis beim Zurücklassen eines Geräts kann nur auf dem Gerät, das deinen Standort teilt, festgelegt werden. Wenn das Gerät, das deinen Standort teilt, von dem Gerät abgenommen wird, für das du einen Hinweis festgelegt hast, erhältst du jedes Mal einen Hinweis.

1. Tippe links unten auf dem Bildschirm auf „Geräte“ und dann auf den Namen des Geräts, für das du einen Hinweis einrichten willst.
2. Tippe unter „Mitteilungen“ auf „Beim Zurücklassen benachrichtigen“.
3. Aktiviere „Beim Zurücklassen benachrichtigen“ und befolge die angezeigten Anleitungen.
4. Wenn du einen vertrauenswürdigen Ort hinzufügen willst, kannst du einen vorgeschlagenen Ort auswählen. Alternativ kannst du auf „Neuer Ort“ tippen, einen Ort auf der Karte auswählen und dann auf „Fertig“ tippen.
5. Tippe auf „Fertig“.

Mitteilung erhalten, wenn die iPhone Leder-Wallet vom iPhone abgenommen wird

Eine Minute, nachdem deine iPhone Leder-Wallet mit „Wo ist?“-Unterstützung von deinem iPhone abgenommen wird, kannst du eine Mitteilung erhalten. In der App „Wo ist?“ kannst du dann ihren letzten Standort auf einer Karte anzeigen.

1. Tippe links unten auf dem Bildschirm auf „Geräte“ und dann auf den Namen deiner iPhone Leder-Wallet.
2. Tippe unter „Mitteilungen“ auf „Bei Abnahme benachrichtigen“.
3. Aktiviere oder deaktiviere „Bei Abnahme benachrichtigen“ und tippe dann auf „Fertig“.

Orten eines Geräts in der App „Wo ist?“ auf dem iPad

Du kannst die App „Wo ist?“ verwenden, um ein vermisstes Gerät (iPhone, iPad, iPod touch, Mac, Apple Watch, AirPods oder Beats-Kopfhörer) zu orten und einen Ton darauf abzuspielen (auf unterstützten Modellen). Zum Orten eines Geräts musst du „Mein [Gerät] suchen“ aktivieren, bevor du es verlierst.

Hinweis: Wenn du sehen möchtest, wie weit deine Geräte von dir entfernt sind, aktiviere „Genauer Standort“ für die App „Wo ist?“.

Wenn du dein iPad verlierst und keinen Zugriff auf die App „Wo ist?“ hast, kannst du „Mein iPhone suchen“ auf iCloud.com verwenden, um es zu orten oder einen Signalton darauf abzuspielen.

Ein Gerät orten

- Du kannst die App „Wo ist?“ auf dem iPad verwenden, um den Standort deines Geräts auf einer Karte anzuzeigen und einen Ton auf dem Gerät abzuspielen, damit du es einfacher finden kannst. Wenn das Gerät online ist, siehst du den Standort des Geräts. Ist das Gerät offline, siehst du den Standort, an dem sich das Gerät beim letzten Mal befunden hat, als es online war oder sich mit dem „Wo ist?“-Netzwerk“ verbunden hat.
- AirPods und unterstützte Beats-Kopfhörer können geortet werden, wenn sie sich in der Nähe deines Geräts befinden und mit Bluetooth verbunden sind. Den Standort deiner unterstützten AirPods kannst du auch über das „Wo ist?“-Netzwerk für bis zu 24

Stunden sehen, nachdem sie zuletzt eine Verbindung zu deinem Gerät hergestellt haben, selbst wenn sie sich nicht in der Nähe befinden.

- Den Standort einer iPhone Leder-Wallet mit „Wo ist?“-Unterstützung kannst du sehen, wenn sie sich am iPhone befindet. Wenn sie vom iPhone abgenommen wird, siehst du ihren letzten bekannten Standort.

Standort deines Geräts auf einer Karte sehen

Du kannst den aktuellen oder den zuletzt bekannten Standort deines Geräts in der App „Wo ist?“ anzeigen.

Tippe links unten auf dem Bildschirm auf „Geräte“ und dann auf den Namen des Geräts, das du orten willst.

- Das Gerät kann geortet werden: Es wird auf einer Karte angezeigt, sodass du sehen kannst, wo es sich befindet.
- Das Gerät kann nicht geortet werden: Unter dem Namen des Geräts wird „Keine Orte gefunden“ angezeigt. Aktiviere unter „Mitteilungen“ die Option „Bei Fund benachrichtigen“. Du erhältst eine Mitteilung, sobald das Gerät geortet wurde.
  Wichtig: Vergewissere dich, dass du Mitteilungen von der App „Wo ist?“ erlaubt hast.

Ton auf iPhone, iPod touch, iPad, iPod touch, Mac oder Apple Watch abspielen

1. Tippe links unten auf dem Bildschirm auf „Geräte“ und dann auf den Namen des Geräts, auf dem du einen Ton abspielen willst.
2. Tippe auf „Ton abspielen“.
   - **Das Gerät ist online**: Der Ton wird nach einer kurzen Verzögerung abgespielt, seine Lautstärke steigt allmählich an und der Ton wird ungefähr zwei Minuten lang abgespielt. Das Gerät vibriert (sofern zutreffend). Auf dem Bildschirm des Geräts wird die Meldung „Mein [Gerät] suchen“ angezeigt.
     Eine E-Mail mit einer Bestätigung wird auch an die E-Mail-Adresse deiner Apple-ID gesendet.
   - **Das Gerät ist offline**: Es wird „Anstehend: Ton“ angezeigt. Der Ton wird abgespielt, wenn das Gerät das nächste Mal eine Verbindung zu einem WLAN oder Mobilfunknetz herstellt.

Siri: Sage zum Beispiel: „Spiele einen Ton auf meinem iPod touch“ oder „Wo ist mein iPad?“

Ton auf AirPods oder Beats-Kopfhörern abspielen

Du kannst einen Ton auf den AirPods oder Beats-Kopfhörern abspielen, wenn sich diese außerhalb ihres Ladecase befinden. Wenn du in iPadOS 15.0.1 (oder neuer) das „Wo ist?“-Netzwerk für unterstützte AirPods aktivierst, kannst du einen Ton abspielen, wenn sie sich im Case befinden.

1. Tippe links unten auf dem Bildschirm auf „Geräte“ und dann auf den Namen der AirPods oder Beats-Kopfhörer, auf denen du einen Ton abspielen willst.
2. Tippe auf „Ton abspielen“. Wenn deine AirPods oder AirPods Pro getrennt sind, kannst du einen der beiden Ohrhörer stumm schalten, indem du auf „Links“ oder „Rechts“ tippst. Auf diese Weise kannst du einen Ohrhörer nach dem anderen finden.
   - Das Gerät ist online: Der Ton wird sofort zwei Minuten lang abgespielt.
   - Das Gerät ist offline: Du erhältst eine Mitteilung, wenn sich dein Gerät das nächste Mal in Reichweite deines iPhone, iPad oder iPod touch befindet.

Wichtig: Vergewissere dich, dass du Mitteilungen von der App „Wo ist?“ erlaubt hast.

Tonwiedergabe auf einem Gerät stoppen

Führe einen der folgenden Schritte aus, wenn du dein Gerät gefunden hast und den Ton ausschalten willst, bevor er automatisch aufhört:

- iPhone, iPad oder iPod touch: Drücke den Ein-/Ausschalter oder eine Lautstärketaste oder verwende den Schalter „Klingeln/Stumm“. Ist das Gerät gesperrt, kannst du es entsperren oder die Meldung „Mein [Gerät] suchen“ durch Streichen ausblenden. Ist das Gerät nicht gesperrt, kannst du auch in der Meldung „Mein [Gerät] suchen“ auf „OK“ tippen.
- Apple Watch: Tippe in der Meldung „Meine Watch suchen“ auf „Schließen“ oder drücke auf die Digital Crown oder die Seitentaste.
- Mac: Klicke in der Meldung „Meinen Mac suchen“ auf „OK“.
- AirPods oder Beats-Kopfhörer: Tippe in der App „Wo ist?“ auf „Stoppen“.

Route zu einem Gerät abrufen

Du kannst die Route zum Standort eines Geräts in der App „Karten“ anzeigen.

1. Tippe links unten auf dem Bildschirm auf „Geräte“ und dann auf den Namen des Geräts, zu dessen Standort du eine Route abrufen möchtest.
2. Tippe auf „Route“, um die App „Karten“ zu öffnen.

Geräte von Freund:innen orten oder einen Signalton darauf abspielen

Wenn jemand sein Gerät verloren hat, kann er es orten oder einen Signalton darauf abspielen, indem er zu icloud.com/find navigiert und sich mit seiner Apple-ID und seinem Passwort anmeldet.

Markieren eines Geräts als „Verloren“ in der App „Wo ist?“ auf dem iPad

Du kannst die App „Wo ist?“ verwenden, um ein Gerät (iPhone, iPad, iPod touch, Apple Watch, Mac, unterstützte AirPods oder iPhone Leder-Wallet) als „Verloren“ zu markieren. Damit du ein Gerät als verloren markieren kannst, musst du „Mein(en) [Gerät] suchen“ aktivieren, bevor du es verloren ging.

Was geschieht, wenn du ein Gerät als „Verloren“ markierst?

- Eine E-Mail mit einer Bestätigung wird an die E-Mail-Adresse deiner Apple-ID gesendet.
- Du kannst für das Gerät eine Nachricht erstellen, die besagt, dass du es verloren hast und wie du kontaktiert werden kannst.
- Beim iPhone, iPad, iPod touch, Mac oder bei einer Apple Watch zeigt dein Gerät keinen Hinweis an oder spielt keinen Ton ab, wenn du Nachrichten oder Mitteilungen erhältst oder wenn ein Wecker ausgelöst wird. Dein Gerät kann weiterhin Telefonanrufe und FaceTime-Anrufe empfangen.
- Beim iPhone, iPad und iPod touch und bei der Apple Watch werden der aktuelle Standort des Geräts und eventuelle Standortänderungen auf einer Karte angezeigt.

- Auf relevanten Geräten werden Zahlungskarten und andere Dienste deaktiviert.

Markieren eines Geräts als „Verloren“

Beim Verlust oder Diebstahl deines Geräts kannst du den Modus „Verloren“ auf deinem iPhone, iPad oder iPod touch oder auf deiner Apple Watch aktivieren bzw. deinen Mac sperren. In iPadOS 15.0.1 (oder neuer) kannst du unterstützte AirPods als „Verloren“ markieren, wenn du das „Wo ist?“-Netzwerk aktiviert hast. In iPadOS 15.1 (oder neuer) kannst du dein iPhone Leder-Wallet als „Verloren“ markieren.

1. Tippe links unten auf dem Bildschirm auf „Geräte“ und dann auf den Namen des verlorenen Geräts.
2. Tippe unter „Als verloren markieren“ auf „Aktivieren“.
3. Folge den angezeigten Anleitungen und bedenke Folgendes:
    - **Code**: Wenn dein iPhone, iPad oder iPod touch oder deine Apple Watch noch keinen Code hat, wirst du aufgefordert, jetzt einen Code zu erstellen. Bei einem Mac musst du einen numerischen Code erstellen, auch wenn du bereits ein Passwort auf deinem Mac festgelegt hast. Dieser Code unterscheidet sich von deinem Passwort und wird nur verwendet, wenn du dein Gerät als „Verloren“ markierst.
    - **Kontaktinformationen**: Gib Kontaktdaten ein, unter denen du zu erreichen bist, wenn du zur Eingabe einer Telefonnummer oder E-Mail-Adresse aufgefordert wirst. Wenn du zur Eingabe einer Nachricht aufgefordert wirst, kannst du zum Beispiel angeben, dass das Gerät verloren wurde und wie man dich erreichen kann. Auf iPhone, iPad, iPod touch, Mac oder Apple Watch erscheinen die Informationen im Sperrbildschirm des Geräts. Für AirPods oder iPhone Leder-Wallet werden die Informationen angezeigt, wenn jemand versucht, eine Verbindung mit deinem Gerät herzustellen.
4. Tippe auf „Aktivieren“ (für iPhone, iPad, iPod touch, Apple Watch, AirPods oder iPhone Leder-Wallet) oder auf „Sperren“ (für einen Mac).

Wenn das Gerät als „Verloren“ markiert wurde, wird „Aktiviert“ unter dem Abschnitt „Als verloren markieren“ angezeigt. Wenn das Gerät zu dem Zeitpunkt, zu dem du es als „Verloren“ markierst, nicht mit einem Netzwerk verbunden ist, wird „Ausstehend“ angezeigt, bis das Gerät wieder online ist.

Informationen für ein verlorenes Gerät ändern

Nachdem du dein Gerät (iPhone, iPad, iPod touch, Apple Watch oder iPhone Leder-Wallet) als „Verloren“ markiert hast, kannst du die Informationen in der Nachricht für den Modus „Verloren“ ändern.

1. Tippe links unten auf dem Bildschirm auf „Geräte“ und dann auf den Namen des verlorenen Geräts.
2. Tippe unter „Als verloren markieren“ auf „Ausstehend“ oder „Aktiviert“.
3. Aktualisiere die Informationen und tippe dann auf „Fertig“.

Modus „Verloren“ für iPhone, iPad, iPod touch, Apple Watch, AirPods oder iPhone Leder-Wallet deaktivieren

Wenn du dein verlorenes Gerät gefunden hast, kannst du den Modus „Verloren“ deaktivieren.

1. Tippe in „Wo ist?“ links unten auf dem Bildschirm auf „Geräte“ und dann auf den Namen des Geräts.
2. Tippe unter „Als verloren markieren“ auf „Ausstehend“ oder „Aktiviert“. Tippe anschließend auf „„Als verloren markieren‘ deaktivieren“ und auf „Deaktivieren“.

Für iPhone, iPad, iPod touch oder Apple Watch kannst du den Modus „Verloren“ auch deaktivieren, indem du den Code deines Geräts eingibst. Für die iPhone Leder-Wallet kannst du den Modus „Verloren“ deaktivieren, indem du die Wallet am iPhone anbringst.

Mac entsperren

Wenn du deinen verlorenen Mac gefunden hast, musst du zum Entsperren den numerischen Code auf dem Gerät eingeben (d. h. den Code, den du festgelegt hast, als du den Mac als „Verloren“ markiert hast).

Wenn du den Code vergessen hast, kannst du ihn mithilfe von „Mein iPhone suchen“ auf iCloud.com wiederherstellen.

Löschen eines Geräts in der App „Wo ist?“ auf dem iPad

Du kannst die App „Wo ist?“ verwenden, um ein Gerät (iPhone, iPad, iPod touch, Mac, Apple Watch oder Mac) zu löschen. Damit du ein Gerät per Fernzugriff löschen kannst, musst du „Mein [Gerät] suchen“ aktivieren, bevor es verloren geht.

Was geschieht, wenn du ein Gerät in der App „Wo ist?“ löschst?

- Eine E-Mail mit einer Bestätigung wird an die E-Mail-Adresse deiner Apple-ID gesendet.
- Wenn du die App „Wo ist?“ zum Löschen eines Geräts per Fernzugriff verwendest, bleibt die Aktivierungssperre aktiviert, um das Gerät zu schützen. Deine Apple-ID und dein Passwort sind für die erneute Aktivierung erforderlich.
- Wenn auf einem verlorenen Gerät iOS 15 oder iPadOS 15 (oder neuer) installiert ist, kannst du „Wo ist?“ verwenden, um das Gerät zu orten oder um einen Ton darauf abzuspielen. Andernfalls ist es nicht möglich, das Gerät zu orten oder einen Ton darauf abzuspielen. Möglicherweise kannst du deinen Mac oder deine Apple Watch orten, wenn er/sie sich in der Nähe eines zuvor genutzten WLANs befindet.

Löschen eines Geräts

1. Tippe links unten auf dem Bildschirm auf „Geräte“ und dann auf den Namen des Geräts, das du löschen willst.
2. Tippe auf „Dieses Gerät löschen“ und dann auf „Fortfahren“.
   Wenn es sich bei dem Gerät um einen Mac handelt, gib einen Code ein, um ihn zu sperren (du musst diesen Code später zum Entsperren verwenden).
3. Wurde das Gerät verloren und wirst du zur Eingabe einer Telefonnummer oder Nachricht aufgefordert, kannst du zum Beispiel angeben, dass das Gerät verloren wurde und wie man dich erreichen kann. Nummer und Nachricht werden im Sperrbildschirm des Geräts angezeigt.
4. Tippe auf „Löschen“.
5. Gib dein Apple-ID-Passwort ein und tippe erneut auf „Löschen“.

Wenn dein Gerät offline ist, wird „Anstehend: Löschen“ angezeigt. Die Fernlöschung beginnt, sobald das Gerät das nächste Mal eine Verbindung zu einem WLAN oder Mobilfunknetz herstellt.

Löschvorgang abbrechen

Wenn du ein Gerät löschst, das offline ist, und es findest, bevor es wieder online ist, kannst du den Löschvorgang abbrechen.

1. Tippe links unten auf dem Bildschirm auf „Geräte“ und dann auf den Namen des Geräts, dessen Löschvorgang abgebrochen werden soll.
2. Tippe auf „Löschen abbrechen“ und gib dein Apple-ID-Passwort ein.

Entfernen eines Geräts aus der App „Wo ist?“ auf dem iPad

Du kannst die App „Wo ist?“ verwenden, um ein Gerät aus deiner Geräteliste zu entfernen oder die Aktivierungssperre auf einem Gerät zu deaktivieren, das du bereits verkauft oder verschenkt hast. Wenn du die Aktivierungssperre entfernst, kann eine andere Person das Gerät aktivieren und mit ihrer Apple-ID verknüpfen.

Wenn das Gerät noch in deinem Besitz ist, kannst du die Aktivierungssperre deaktivieren und das Gerät aus deinem Account entfernen, indem du die Einstellung „Mein(en) [Gerät] suchen“ deaktivierst.

Ein Gerät aus der Geräteliste entfernen

Wenn du ein Gerät nicht mehr verwenden möchtest, kannst du es aus deiner Geräteliste entfernen. Das Gerät muss offline sein, damit es entfernt werden kann.

Das Gerät wird in deiner Geräteliste angezeigt, wenn es das nächste Mal online ist, sofern die Aktivierungssperre nach wie vor eingeschaltet ist (gilt für iPhone, iPad, iPod touch, Mac oder Apple Watch) oder wenn es mit deinem iOS- oder iPadOS-Gerät gekoppelt ist (gilt für AirPods oder Beats-Kopfhörer).

1. Führe einen der folgenden Schritte aus:
    - iPhone, iPad, iPod touch, Mac oder Apple Watch: Schalte das Gerät aus.
    - AirPods: Lege die AirPods in das Case und schließe den Deckel oder schalte die AirPods aus.
    - Beats-Kopfhörer: Schalte die Kopfhörer aus.
2. Tippe in „Wo ist?“ links unten auf dem Bildschirm auf „Geräte“ und dann auf den Namen des Geräts, das offline ist.
3. Tippe auf „Dieses Gerät entfernen“ und dann auf „Entfernen“.

iPhone Leder-Wallet entfernen

Du kannst eine iPhone Leder-Wallet mit „Wo ist?“-Unterstützung aus deiner Geräteliste entfernen, wenn sie in der App „Wo ist?“ nicht angezeigt werden soll. Wenn sie aus „Wo ist?“ entfernt wird, kann eine andere Person sie mit ihrer Apple-ID verknüpfen.

1. Tippe in „Wo ist?“ unten auf dem Bildschirm auf „Geräte“ und dann auf den Namen der iPhone Leder-Wallet.

2. Tippe auf „Dieses Gerät entfernen“ und befolge die angezeigten Anleitungen.

Die Aktivierungssperre auf einem Gerät deaktivieren, das sich nicht mehr in deinem Besitz befindet

Wenn du dein iPhone, dein iPad, deinen iPod touch, deinen Mac oder deine Apple Watch verkauft oder verschenkt und vergessen hast, „Mein(en) [Gerät] finden“ zu deaktivieren, kannst du die Aktivierungssperre in der App „Wo ist?“ deaktivieren.

1. Tippe links unten auf dem Bildschirm auf „Geräte“ und dann auf den Namen des Geräts, das du entfernen willst.
2. Lösche das Gerät.
   Gib keine Telefonnummer oder Nachricht ein, da das Gerät nicht verloren wurde.
   Wenn das Gerät offline ist, beginnt die Fernlöschung, sobald das Gerät das nächste Mal eine Verbindung zu einem WLAN oder Mobilfunknetz herstellt. Du erhältst eine E-Mail, wenn das Gerät gelöscht wurde.
3. Tippe nach dem Löschen des Geräts auf „Dieses Gerät entfernen“ und auf „Entfernen“.
   Alle auf dem Gerät befindlichen Daten werden gelöscht und die Aktivierungssperre wird deaktiviert. Jetzt kann eine andere Person das Gerät aktivieren.

Suchen nach Objekten

Hinzufügen eines AirTag in der App „Wo ist?“ auf dem iPad

Du kannst mit dem iPad ein AirTag für deine Apple-ID registrieren. Wenn du es an einem Alltagsgegenstand (z. B.: Schlüsselbund oder Rucksack) befestigst, kannst du die App „Wo ist?“ verwenden, um das AirTag zu orten, falls du den Gegenstand verloren oder verlegt hast.

Du kannst auch benachrichtigt werden, wenn du dein AirTag zurücklässt.

Du kannst auch unterstützte Produkte von Drittanbietern zu „Wo ist?“ hinzufügen.

AirTag hinzufügen

1. Gehe zum Home-Bildschirm auf deinem iPad.
2. Entferne die Lasche an der Batterie des AirTag (falls vorhanden) und halte das AirTag in die Nähe deines iPad.
3. Tippe auf dem Bildschirm des iPad auf „Verbinden“.
4. Wähle einen Namen in der Liste aus oder wähle „Eigener Name“, um einen Namen einzugeben. Wähle ein Emoji und tippe auf „Fortfahren“.
5. Tippe auf „Fortfahren“, um das Objekt für deine Apple-ID zu registrieren, und tippe anschließend auf „Fertigstellen“.

Du kannst ein AirTag auch in der App „Wo ist?“ registrieren. Tippe auf + und wähle dann „AirTag hinzufügen“.

Ist das Objekt für die Apple-ID einer anderen Person registriert, muss die betreffende Person es entfernen, bevor du es hinzufügen kannst.

Namen oder Emoji eines AirTag ändern

1. Tippe links unten auf dem Bildschirm auf „Objekte“ und anschließend auf das AirTag, dessen Namen oder Emoji du ändern möchtest.
2. Tippe auf „Objekt umbenennen“.
3. Wähle einen Namen in der Liste aus oder wähle „Eigener Name“, um einen Namen einzugeben und ein Emoji auszuwählen.
4. Tippe auf „Fertig“.

Mehr Details zu einem AirTag anzeigen

Wenn du ein AirTag für deine Apple-ID registrierst, kannst du dir mehr Details zum AirTag in der App „Wo ist?“ ansehen.

1. Tippe links unten auf dem Bildschirm auf „Objekte“ und anschließend auf das AirTag, zu dem du dir mehr Details ansehen möchtest.
2. Führe beliebige der folgenden Schritte aus:
   - **Ladezustand der Batterie anzeigen**: Unter dem Standort des AirTag wird ein Batteriesymbol angezeigt. Bei niedrigem Ladezustand werden Anleitungen zum Austauschen der Batterie angezeigt.
   - **Seriennummer anzeigen**: Tippe auf das Batteriesymbol, um die Seriennummer einzublenden.
   - **Firmwareversion anzeigen**: Tippe auf das Batteriesymbol, um die Firmwareversion einzublenden.

Hinzufügen oder Aktualisieren eines Drittanbieter-Produkts in der App „Wo ist?“ auf dem iPad

Du kannst bestimmte Produkte von Drittanbietern mit der App „Wo ist?“ verwenden. Du kannst diese Produkte mit deinem iPad für deine Apple-ID registrieren und anschließend den Tab „Objekte“ der App „Wo ist?“ verwenden, um sie zu orten, falls du sie verloren oder verlegt hast.

Du kannst auch benachrichtigt werden, wenn du dein Objekt zurücklässt.

Du kannst auch AirTags zu „Wo ist?“ hinzufügen.

Drittanbieter-Produkt hinzufügen

1. Folge den Anleitungen des Herstellers, um das Objekt ortbar zu machen.
2. Tippe in der App „Wo ist?“ auf + und wähle „Anderes Objekt hinzufügen“.
3. Tippe auf „Verbinden“, gib einen Namen ein und wähle ein Emoji aus. Tippe anschließend auf „Fortfahren“.
4. Tippe auf „Fortfahren“, um das Objekt für deine Apple-ID zu registrieren, und tippe anschließend auf „Fertigstellen“.

Wende dich an den Hersteller, wenn es Probleme beim Hinzufügen eines Objekts gibt, und erkundige dich, ob die App „Wo ist?“ unterstützt wird.

Ist das Objekt für die Apple-ID einer anderen Person registriert, muss die betreffende Person es entfernen, bevor du es hinzufügen kannst. Weitere Informationen findest du unter

Namen oder Emoji eines Objekts ändern

1. Tippe links unten auf dem Bildschirm auf „Objekte“ und anschließend auf das Objekt, dessen Namen oder Emoji du ändern möchtest.
2. Tippe auf „Objekt umbenennen“.
3. Wähle einen Namen in der Liste aus oder wähle „Eigener Name“, um einen Namen einzugeben und ein Emoji auszuwählen.
4. Tippe auf „Fertig“.

Objekt auf dem neuesten Stand halten

Halte dein Objekt auf dem neuesten Stand, damit du alle Funktionen der App „Wo ist?“ nutzen kannst.

1. Tippe links unten auf dem Bildschirm auf „Objekte“ und anschließend auf das Objekt, das du aktualisieren möchtest.
2. Tippe auf „Update verfügbar“ und folge den angezeigten Anleitungen.
   Hinweis: Wird die Option „Update verfügbar“ nicht angezeigt, ist dein Objekt auf dem neuesten Stand.
   Während der Aktualisierung des Objekts können die Funktionen der App „Wo ist?“ nicht verwendet werden.

Details zu einem Objekt anzeigen

Wenn du ein Objekt für deine Apple-ID registrierst, kannst du die App „Wo ist?“ verwenden, um dir weitere Details wie die Seriennummer oder das Modell anzusehen. Du kannst außerdem prüfen, ob eine Drittanbieter-App des Herstellers verfügbar ist.

1. Tippe links unten auf dem Bildschirm auf „Objekte“ und anschließend auf das Objekt, zu dem du mehr Details haben möchtest.
2. Führe einen der folgenden Schritte aus:
   - **Details anzeigen**: Tippe auf „Details einblenden“.
   - **Drittanbieter-App laden oder öffnen**: Falls eine App verfügbar ist, wird das Symbol der App angezeigt. Tippe auf „Laden“ oder auf  , um die App zu laden. Wenn du die App bereits geladen hast, kannst du auf „Öffnen“ tippen, um sie auf deinem iPad zu öffnen.

Festlegen von Hinweisen beim Zurücklassen eines AirTag oder anderen Objekts in der App "Wo ist?" auf dem iPad

In der App „Wo ist?“ 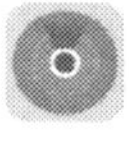 kannst du für ein AirTag oder ein anderes Objekt Hinweise festlegen, damit du es nicht versehentlich zurücklässt. Wenn das Gerät, das deinen Standort teilt, von dem Objekt getrennt wird, erhältst du jedes Mal einen Hinweis.

Du kannst auch „Vertrauenswürdige Orte“ festlegen. Hierbei handelt es sich um Orte, an denen du ein Objekt zurücklassen kannst, ohne einen Hinweis zu erhalten.

Wichtig: Wenn du eine Mitteilung beim Zurückhalten deines Geräts erhalten möchtest, musst du Mitteilungen von der App „Wo ist?“ erlauben.

1. Tippe links unten auf dem Bildschirm auf „Objekte“ und dann auf den Namen des Objekts, für das du einen Hinweis einrichten willst.
2. Tippe unter „Mitteilungen“ auf „Beim Zurücklassen benachrichtigen“.
3. Aktiviere „Beim Zurücklassen benachrichtigen“.
4. Wenn du einen vertrauenswürdigen Ort hinzufügen willst, kannst du einen vorgeschlagenen Ort auswählen. Alternativ kannst du auf „Neuer Ort“ tippen, einen Ort auf der Karte auswählen und dann auf „Fertig“ tippen.
5. Tippe auf „Fertig“.

Orten eines AirTag oder eines anderes Objekts in der App „Wo ist?“ auf dem iPad

Du kannst die App „Wo ist?“ verwenden, um ein verloren gegangenes AirTag oder ein Objekt eines Drittanbieters zu orten, das du zuvor für deine Apple-ID registriert hast.

Hier erfährst du, wie du ein AirTag oder ein Objekt eines Drittanbieters registrierst.

Standort eines Objekts anzeigen

Tippe links unten auf dem Bildschirm auf „Objekte“ und anschließend auf das Objekt, das du orten möchtest.

- Das Objekt kann geortet werden: Es wird auf einer Karte angezeigt, sodass du sehen kannst, wo es sich befindet. Der Standort und der aktualisierte Zeitstempel werden unter dem Namen des Objekts angezeigt. Der Standort des Objekts wird aktualisiert, wenn es eine Verbindung zum Wo ist?“-Netzwerk herstellt.
- Das Objekt kann nicht geortet werden: Du siehst, wo und wann es zuletzt geortet werden konnte. Aktiviere unter „Mitteilungen“ die Option „Bei Fund benachrichtigen“. Du erhältst eine Mitteilung, sobald es erneut geortet wurde.
  Wichtig: Vergewissere dich, dass du Mitteilungen von der App „Wo ist?“ erlaubt hast.

Ton abspielen

Befindet sich das Objekt in der Nähe, kannst du einen Ton auf dem Objekt abspielen, der dir die Suche nach dem Objekt erleichtert.

Hinweis: Wenn du auf einem Objekt keinen Ton abspielen kannst, wird die Taste „Ton abspielen“ nicht angezeigt.

1. Tippe links unten auf dem Bildschirm auf „Objekte“ und anschließend auf das Objekt, auf dem du einen Ton abspielen willst.
2. Tippe auf „Ton abspielen“.
   Tippe auf „Stopp“ um die Wiedergabe des Tons zu beenden, bevor sie automatisch endet.

Route zu einem Objekt abrufen

Du kannst die Route zum aktuellen Standort bzw. zum letzten bekannten Standort eines Objekts in der App „Karten“ abrufen.

1. Tippe links unten auf dem Bildschirm auf „Objekte“ und anschließend auf das Objekt, zu dessen Standort du eine Route abrufen möchtest.
2. Tippe auf „Route“, um die App „Karten“ zu öffnen.

Markieren eines AirTag oder eines anderen Objekts als „Verloren“ in der App „Wo ist?“ auf dem iPad

Wenn du ein AirTag verlierst oder ein Objekt eines Drittanbieters, das für deine Apple-ID registriert ist, kannst du die App „Wo ist?“ verwenden, um das Objekt als verloren zu markieren.

Hier erfährst du, wie du ein AirTag oder ein Objekt eines Drittanbieters registrierst.

Was geschieht, wenn du ein Objekt als verloren markierst?

- Du kannst eine Nachricht hinzufügen, die darüber informiert, dass es sich um ein verloren gegangenes Objekt handelt, und du kannst deine Telefonnummer angeben.
- Wenn jemand dein Objekt findet, kann die betreffende Person ein unterstütztes Gerät verwenden, um zu einer Website zu gelangen, auf der die Nachricht für den Modus „Verloren“ angezeigt wird.

Modus „Verloren“ für ein Objekt aktivieren

Wenn du ein Objekt als verloren markieren möchtest, musst du den Modus „Verloren“ aktivieren.

1. Tippe links unten auf dem Bildschirm auf „Objekte“ und dann auf den Namen des verlorenen Objekt.
2. Tippe unter „Modus ‚Verloren‘“ auf „Aktivieren“.
3. Folge den angezeigten Anleitungen, um eine Telefonnummer einzugeben, unter der du erreichbar bist. Du kannst stattdessen auch eine E-Mail-Adresse eingeben. Tippe dazu auf „E-Mail-Adresse verwenden“.
   Du kannst dich auch benachrichtigen lassen, wenn ein aktualisierter Standort für das Objekt in der App „Wo ist?“ angezeigt werden kann.
   Wichtig: Vergewissere dich, dass du Mitteilungen von der App „Wo ist?“ erlaubt hast.
4. Tippe auf „Aktivieren“.

Kontaktinformationen in der Nachricht für den Modus „Verloren“ ändern

1. Tippe links unten auf dem Bildschirm auf „Objekte“ und dann auf den Namen des verlorenen Objekt.
2. Tippe unter „Modus ‚Verloren‘“ auf „Aktiviert“.
3. Ändere die Telefonnummer oder E-Mail-Adresse und tippe auf „Sichern“.

Modus „Verloren“ für ein Objekt deaktivieren

Deaktiviere den Modus „Verloren“, wenn du dein verloren gegangenes Objekt gefunden hast.

1. Tippe links unten auf dem Bildschirm auf „Objekte“ und dann auf den Namen des Objekts.
2. Tippe unter „Modus ‚Verloren‘“ auf „Aktiviert“.
3. Tippe auf „Modus „Verloren“ deaktivieren“ und dann auf „Deaktivieren“.

Entfernen eines AirTag oder eines anderen Objekts aus der App „Wo ist?“ auf dem iPad

Du kannst die App „Wo ist?“ verwenden, um die Registrierung eines AirTag oder eines Objekts eines Drittanbieters aus deiner Apple-ID zu entfernen, damit eine andere Person das Objekt registrieren kann.

Hier erfährst du, wie du ein AirTag oder ein Objekt eines Drittanbieters registrierst.

1. Tippe links unten auf dem Bildschirm auf „Objekte“ und anschließend auf das Objekt, das du entfernen möchtest.
2. Halte das Objekt in die Nähe deines iPad.
   Auch wenn sich Objekt nicht in der Nähe deines Geräts befindet, kannst du es trotzdem aus deinem Account entfernen. Das Objekt muss jedoch zurückgesetzt werden, bevor eine andere Person es für ihre Apple-ID registrieren kann.
3. Tippe auf „Objekt entfernen“ und folge den angezeigten Anleitungen.

Anpassen von Karteneinstellungen in der App „Wo ist?“ auf dem iPad

In der App „Wo ist?“ kannst du die Kartenansicht oder die Maßeinheit für Entfernungsangaben ändern.

Hinweis: Diese Einstellungen wirken sich nur auf Karten in der App „Wo ist?“ auf dem Gerät aus. Karten in anderen Apps oder auf anderen Geräten sind nicht betroffen.

Ändern der Kartenansicht

1. Tippe auf oben rechts auf der Karte.
2. Wähle unter „Kartenansicht“ die Option „Standard“, „Hybrid“ oder „Satellit“.

Maßeinheit für Entfernungsangaben ändern

1. Tippe auf oben rechts auf der Karte.
2. Wähle unter „Strecke“ die Option „Meilen“ oder „Kilometer“.

Home

Einführung in die App „Home“ auf dem iPad

Mit der App „Home“ kannst du HomeKit-fähiges Zubehör, beispielsweise Lichtquellen, Smart-TVs und Thermostate, auf sichere Weise steuern und automatisieren.

Wenn du unterstützte Sicherheitskameras einrichtest, kannst du Videos aufnehmen und eine Mitteilung erhalten, wenn eine Kamera jemanden an der Tür erkennt oder wenn ein Paket an der Tür abgelegt wird.

Du kannst auch mehrere Lautsprecher gruppieren, um dasselbe Audiosignal wiederzugeben, sowie Intercom-Mitteilungen auf unterstützten Geräten senden und von diesen empfangen.

Mit der App „Home“ und deinem iPad kannst du jedes Zubehörgerät mit dem Etikett „Works with Apple HomeKit“ steuern.

Nach der Konfiguration deines Zuhauses und der Räume kannst du Geräte einzeln steuern oder Szenen einrichten, um mehrere Geräte mit nur einem Befehl zu steuern.

Für die automatische Steuerung oder Fernsteuerung ist ein Gerät erforderlich (Apple TV (ab 4. Generation), HomePod oder iPad (ab iOS 10.3 oder iPadOS 13)), das bei dir zu Hause verbleibt. Du kannst Szenen festlegen, für die automatisch Aktionen zu bestimmten Zeiten oder beim Aktivieren eines bestimmten Geräts ausgeführt werden (z. B. beim Aufschließen der Eingangstür). Auf diese Weise können du und andere von dir eingeladene Personen dein Zuhause während deiner Abwesenheit sicher steuern.

Tippe in der Seitenleiste auf „Entdecken“, um weitere Informationen zum Erstellen und Ausstatten eines Smarthomes mit deinen Apple-Geräten zu erhalten.

Einrichten von Geräten mit der App „Home“ auf dem iPad

Wenn du die App „Home“ zum ersten Mal öffnest, unterstützt dich der Assistent dabei, dein Zuhause zu erstellen, Geräte hinzuzufügen und Räume zu definieren. Wenn du bereits ein Zuhause mit einer anderen mit HomeKit kompatiblen App erstellt hast, kannst du diesen Schritt überspringen.

Zubehör zu deinem Zuhause hinzufügen

Vergewissere dich, bevor du eine Lichtquelle oder eine Kamera hinzufügst, dass das betreffende Gerät an das Stromnetz angeschlossen und eingeschaltet ist und dein WLAN nutzen kann.

1. Tippe in der Seitenleiste auf die Taste „Home“ und danach auf .
2. Tippe auf „Gerät hinzufügen“ und folge den angezeigten Anleitungen.
   Wenn du ein Gerät hinzufügst, wird dieses dem Standardraum oder dem von dir ausgewählten Raum zugeordnet.

Möglicherweise musst du einen QR-Code scannen oder den achtstelligen Konfigurationscode für HomeKit eingeben, der sich auf dem Gerät (oder auf der Verpackung oder in der Dokumentation) befindet. Ein unterstütztes Smart-TV zeigt einen QR-Code an, den du scannen kannst. Du kannst das Gerät einem Raum zuweisen, ihm einen Namen geben und dann diesen Namen verwenden, wenn du es mit Siri steuerst. Du kannst während der Konfiguration auch vorgeschlagene Automationen hinzufügen.

Wenn du ein Apple TV in tvOS einrichtest und einem Raum zuweist, wird es in der App „Home“ auf dem iPad automatisch in diesem Raum angezeigt.

Raumzuweisung für ein Gerät ändern

1. Wähle in der Seitenleiste den Raum aus, dem das Gerät aktuell zugewiesen ist. Sieh unter „Standardraum“ nach, falls es aktuell noch nicht zugewiesen ist.
2. Lege den Finger auf die Taste für das Gerät und streiche nach oben oder tippe auf .
3. Tippe auf „Raum“ und wähle den gewünschten Raum aus.

Aktiviere „In Favoriten anzeigen“, um das Gerät in der App „Home“ zur Ansicht „Zuhause“ hinzuzufügen.

Tippe, um die Favoriten neu zu ordnen, auf , tippe auf „Bildschirm bearbeiten“ und bringe die Geräte durch Ziehen der zugehörigen Tasten in die gewünschte Reihenfolge. Tippe abschließend auf „Fertig“.

Räume in Zonen organisieren

Du kannst Räume in Zonen gruppieren, damit du die einzelnen Bereiche in deinem Zuhause mit Siri leichter steuern kannst. Bei einem zweistöckigen Haus kannst du beispielsweise die Räume in der oberen Etage der Zone „OG“ und die Räume in der unteren Etage der Zone „EG“ zuordnen. Anschließend könntest du Siri zum Beispiel folgenden Befehl geben: „Schalte das Licht unten aus.“

1. Tippe auf und dann auf „Einstellungen des Zuhauses“.
2. Tippe auf „Zone“. Tippe danach auf eine vorhandene Zone oder tippe auf „Erstellen“ und füge der neuen Zone einen Raum hinzu.

Raum bearbeiten

Du kannst den Namen und das Hintergrundbild eines Raums ändern, einen Raum einer Zone zuordnen und einen Raum entfernen. Wenn du einen Raum entfernst, wird das Gerät, das ihm zugeordnet war, dem Standardraum zugeordnet.

1. Tippe auf und dann auf „Raumeinstellungen“.
2. Tippe auf einen Raum und nimm dann deine Änderungen vor.

Steuern von Zubehör mit der App „Home“ auf dem iPad

Du kannst die App „Home“ und das Kontrollzentrum zum Steuern von Geräten in deinem Zuhause verwenden.

Geräte in der App „Home“ steuern

Tippe auf „Home“ oder einen Raum in der Seitenleiste. Tippe danach auf die Taste des gewünschten Geräts (z. B. einer Lichtquelle), um es schnell aus- oder einzuschalten. Lege alternativ den Finger auf die Taste, bis die zugehörigen Steuerelemente eingeblendet werden.

Die verfügbaren Steuerelemente hängen vom Typ des Geräts ab. Bei einigen Lichtquellen gibt es zum Beispiel Steuerelemente zum Ändern der Lichtfarbe. Mit deinem Smart-TV kannst du eine Eingabequelle auswählen.

Geräte im Kontrollzentrum steuern

Wenn du mit deinem iPad zu Hause bist, kannst du die aktuell relevanten Szenen und Geräte im Kontrollzentrum sehen. Morgens kann zum Beispiel die Kaffeemaschine angezeigt werden. Abends wird dir stattdessen deine Nachttischlampe angezeigt.

Öffne das Kontrollzentrum und tippe auf eine Taste, um das entsprechende Gerät ein- oder auszuschalten. Du kannst auch den Finger auf eine Taste legen, bis die jeweiligen Steuerelemente angezeigt werden.

Tippe auf , um schnell alle deine bevorzugten Szenen und Geräte zu sehen (außer den Kameras).

Wenn keine Geräte im Kontrollzentrum angezeigt werden sollen, wähle „Einstellungen“ > „Kontrollzentrum“ und deaktiviere „Home-Steuerelemente“.

Geräte bearbeiten

Lege zum Bearbeiten der Geräteeinstellungen den Finger auf die Taste für das Gerät und streiche nach oben oder tippe auf . Führe dann beliebige der folgenden Schritte aus:

- **Gerät umbenennen**: Tippe auf , um den alten Namen zu löschen. Gib dann einen neuen Namen ein.
- **Symbol für ein Gerät ändern**: Tippe auf das Symbol neben dem Namen des Geräts und wähle ein neues Symbol aus. Wenn keine alternativen Symbole angeboten werden, bedeutet dies, dass das Symbol nicht geändert werden kann.

Geräte gruppieren

Du kannst mehrere Geräte durch Tippen auf eine Taste steuern, wenn du sie gruppierst.

1. Lege den Finger auf die Taste des Geräts, streiche auf dem Bildschirm nach oben oder tippe auf . Tippe dann auf „Mit anderen Geräten gruppieren“.
2. Tippe auf das Gerät, das du mit diesem Gerät gruppieren willst – zum Beispiel eine andere Lichtquelle im Raum.
3. Gib im Feld „Gruppe“ einen Namen für die Gruppe ein.
4. Tippe auf „Fertig“.
   Aktiviere die Option „In Favoriten anzeigen“, wenn die Gruppe in der Ansicht „Zuhause“ in der App „Home“ angezeigt werden soll.

Home-Status anzeigen

Die App „Home“ weist dich auf Probleme hin, die möglicherweise deine Aufmerksamkeit erfordern – z. B. wenn deine Eingangstür nicht abgeschlossen ist, die Batterie eines Geräts leer wird oder ein Licht während des Tages eingeschaltet ist. Oft kannst du diese Probleme mit einem einfachen Tippen lösen.

1. Öffne die App „Home“ und tippe dann in der Seitenleiste auf „Home“.
2. Tippe auf eine der runden Tasten, die unter dem Namen deines Zuhauses angezeigt werden.

Lege den Finger auf eine Taste, die eine Gerätegruppe darstellt – beispielsweise drei Lichtquellen, die in zwei verschiedenen Räumen eingeschaltet werden –, damit du die Geräte für jeden Raum separat steuern kannst. In diesem Fall kannst du die beiden Lichtquellen im Wohnzimmer ausschalten und die Lichtquelle in der Küche eingeschaltet lassen. Durch Tippen auf die Tasten werden alle Geräte in der Gruppe gesteuert – es werden also beispielsweise alle Lichtquellen ein- oder ausgeschaltet.

Adaptives Licht aktivieren

Bei einigen Lichtquellen kannst du die Farbtemperatur auf einem Spektrum anpassen – von kaltem Blau bis hin zu warmem Gelb. Du kannst festlegen, dass unterstützte Lichtquellen im Laufe des Tages automatisch ihre Farbtemperatur anpassen. So kannst du am frühen Morgen mit warmen Farben in den Tag starten, dich tagsüber mit eher kühleren Farben konzentrieren und abends den Tag mit warmem Licht ohne Blaulichtanteil entspannt ausklingen lassen.

1. Lege den Finger auf ein Gerät, das die adaptive Lichtsteuerung unterstützt.
2. Tippe auf .

Hinzufügen weiterer Haushalte mit dem iPad

In der App „Home“ kannst du mehr als einen physischen Raum hinzufügen – beispielsweise eine weitere Wohnung und ein kleines Büro.

1. Tippe auf und tippe anschließend auf „Neues Zuhause hinzufügen“.
2. Gib dem Zuhause einen Namen, wähle einen Hintergrund und tippe auf „Sichern“.

3. Wenn du zu einem anderen Zuhause wechseln möchtest, tippst du auf und dann auf das gewünschte Zuhause.

Konfigurieren eines HomePod in der App „Home" auf dem iPad

Mit der App „Home" kannst du einen HomePod einrichten und viele der Einstellungen für deinen HomePod steuern.

Mit der App „Home" Intercom-Mitteilungen senden und empfangen

1. Tippe in der App „Home" auf und danach auf „Einstellungen des Zuhauses".
2. Tippe auf „Intercom" und konfiguriere die folgenden Einstellungen:
    - Wann sollen Intercom-Mitteilungen empfangen werden?
    - Wer darf Intercom-Mitteilungen senden oder empfangen?
    - Welche HomePod-Lautsprecher dürfen Intercom verwenden?
3. Hinweis: Alle Bewohner:innen des Zuhauses können konfigurieren, wann sie Intercom-Mitteilungen erhalten. Doch nur der:die Eigentümer:in oder Administrator:in des Zuhauses kann konfigurieren, wer Intercom-Mitteilungen senden und empfangen darf und welche HomePod-Lautsprecher Intercom verwenden dürfen.
4. Tippe auf „Zurück" und dann auf „Fertig".
5. Tippe auf und sage beispielsweise „Hey Siri, Intercom an alle, ‚Wer hat das letzte Plätzchen gegessen?'".
   Deine Intercom-Mitteilung wird an alle HomePod-Lautsprecher in deinem Zuhause gesendet sowie an die iOS-, iPadOS- und watchOS-Geräte aller Mitglieder in deinem Zuhause, die Intercom-Mitteilungen senden und empfangen können.
   Wenn du eine Mitteilung an einen HomePod in einem bestimmten Raum oder einer bestimmten Zone senden möchtest, sagst du beispielsweise „Hey Siri, sage im Arbeitszimmer: ‚Der Film fängt an'." oder „Hey Siri, Durchsage oben ‚Ich gehe einkaufen.'"

In der App „Home" einen Wecker für deinen HomePod hinzufügen und bearbeiten

Lege in der App „Home" den Finger auf die Taste „HomePod" und führe beliebige der folgenden Schritte aus:

- **Wecker hinzufügen**: Tippe auf „Neu", erstelle den Wecker und tippe auf „Fertig".
- **Wecker bearbeiten**: Tippe auf den Wecker, ändere die Zeit und tippe auf „Fertig".
- **Wecker ein- oder ausschalten**: Tippe auf den Schalter neben dem Wecker.
- **Wecker löschen**: Streiche nach links über den Wecker und tippe auf „Löschen".

Einstellungen für HomePod ändern

1. Lege in der App „Home" den Finger auf die Taste „HomePod".
2. Streiche nach oben oder tippe auf und konfiguriere die HomePod-Einstellungen. Du kannst den HomePod zum Beispiel einem anderen Raum zuordnen, eine Automation

hinzufügen, aus zwei im gleichen Raum befindlichen HomePod-Lautsprechern ein Stereopaar erstellen, den HomePod umbenennen, die Funktionen der Bedienungshilfen aktivieren und mehr.

Siri-fähiges Gerät hinzufügen

Du kannst den Zugriff auf den HomePod innerhalb deines Zuhauses erweitern, indem du Siri auf kompatiblen HomeKit-Geräten aktivierst, etwa auf Thermostaten, Lichtschaltern und vielen anderen Geräten. „Hey Siri" kann auf diesen Geräten aktiviert werden, sodass du sie mit deiner Stimme steuern, Unterstützung bei alltäglichen Fragen und Aufgaben erhalten und deine Lieblingsmusik und Podcasts (Beta) wiedergeben kannst.

Konfigurieren von Sicherheitskameras in der App „Home" auf dem iPad

Du kannst die App „Home" zum Anzeigen von Videoaktivitäten verwenden, die mit deinen HomeKit Secure Video-Kameras aufgenommen wurden, wenn eine Person, ein Tier, ein Fahrzeug oder eine Paketzustellung festgestellt wurde.

Das mit den Kameras aufgenommene Video wird auf deiner Steuerzentrale (HomePod, Apple TV oder iPad) privat analysiert und verschlüsselt und sicher auf iCloud hochgeladen, sodass es nur von dir und den Personen angezeigt werden kann, mit denen du es teilst. Eine Liste der kompatiblen Sicherheitskameras findest du auf der Website für Home-Zubehör.

Wenn du iCloud+ abonnierst, kannst du die Aktivitäten der letzten 10 Tage von einer bis zu einer unbegrenzten Anzahl von HomeKit Secure Video-Kameras ansehen. Der iCloud+-Speicherplan mit 50 GB unterstützt eine Kamera, der iCloud+-Speicherplan mit 200 GB bis zu fünf Kameras und der iCloud+-Speicherplan mit 2 TB eine unbegrenzte Anzahl an Kameras.

Hinweis: Videoinhalte werden nicht von deinem iCloud-Speicherlimit abgezogen.

Kameraoptionen

Wenn du eine HomeKit Secure Video-Kamera in der App „Home" hinzufügst, wirst du aufgefordert, Streaming- und Aufnahmeoptionen auszuwählen und die Kamera einem Raum zuzuordnen. Die Kamera wird standardmäßig als Favorit markiert und im Tab „Zuhause" angezeigt. Zum nachträglichen Bearbeiten dieser Einstellungen legst du den Finger auf die Taste „Kamera" und tippst auf , um folgende Optionen anzuzeigen:

- **Raum**: Eine Kamera kann in einem Raum deines Zuhauses platziert werden, oder du kannst einen Raum für den Außenbereich wie Veranda oder Hof erstellen.
- **Mitteilungen**: Bei Auswahl dieser Option erhältst du eine Mitteilung, wenn die Kamera Aktivitäten feststellt, ihren Status ändert oder offline geschaltet wird.
- **Aufnahmeeinstellungen**: Du kannst separate Aufnahmeeinstellungen für die Zeit festlegen, in der du zu Hause oder nicht zu Hause bist. Wenn du zu Hause bist, kannst du zum Beispiel das Streamen und Aufnehmen mit einer Kamera im Inneren deines Zuhauses stoppen, aber das Streamen und Aufnehmen mit der Außenkamera fortsetzen.

Hinweis: Die App „Home“ verwendet den Standort der Geräte, die Mitgliedern deines Haushalts gehören, um zwischen den Modi „Zuhause“ oder „Abwesend“ zu wechseln. Wenn du zum Beispiel das Haus mit deinem iPad verlässt, um zur Arbeit zu gehen, wechselt die Kamera die Einstellungen unter „Wenn zu Hause“ zu „Wenn abwesend“.

Mitteilungen einrichten

1. Tippe in der App „Home“ auf und danach auf „Einstellungen des Zuhauses“.
2. Tippe auf „Kameras und Türklingeln“.
3. Tippe auf die Kamera, für die du Mitteilungen einrichten möchtest.
4. Tippe auf „Mitteilungen“ und aktiviere „Mitteilungen bei Aktivitäten“.
   Du kannst festlegen, dass du Mitteilungen basierend auf diesen Faktoren erhalten willst:
   - Tageszeit
   - Wenn jemand zu Hause oder nicht zu Hause ist
   - Wenn ein Clip aufgezeichnet wird
   - Wenn eine beliebige oder eine bestimmte Bewegung festgestellt wird
     Bei Auswahl einer bestimmten Bewegung erhältst du eine Mitteilung, wenn die Kamera Personen, Tiere, Fahrzeuge oder Paketzustellungen registriert. Damit ein Paket erfasst wird, muss es sich nach der Zustellung innerhalb des Sichtbereichs der Kamera befinden.

Tipp: Die Auswahl einer bestimmten statt einer beliebigen Bewegung führt zu einer geringeren Anzahl an Clips (und Clipmitteilungen) und Videos, die überprüft werden müssen. Wenn du beispielsweise die Erkennung von Personen wählst, zeichnet deine Kamera nicht die Bewegung der Blätter eines Baums oder eines Eichhörnchens auf, das von Ast zu Ast springt.

Aktivitätszonen erstellen

Du kannst Zonen erstellen, die die Kamera auf die wichtigsten Bereiche in ihrem Bildbereich ausrichten – z. B. auf den Weg zu deinem Haus, nicht aber auf den Gehweg dahinter. Dann wirst du darauf hingewiesen, wenn Bewegungen in diesen Zonen erkannt werden.

Hinweis: Aktivitätszonen können nur für Kameras erstellt werden, die so eingerichtet sind, dass sie aufnehmen, wenn bestimmte Bewegungen registriert werden. Aktivitätszonen haben jedoch keine Auswirkungen auf die Automation der Bewegungsmeldung.

1. Tippe in der Seitenleiste auf „Home“, lege den Finger auf die Kamera und tippe dann auf .
2. Tippe auf „Aktivitätszonen“, tippe auf das Video, um eine Zone zu erstellen, und tippe auf „Zone hinzufügen“.
   Damit deine Kamera nur Bewegungen erkennt, die außerhalb der von dir definierten Zone liegen, tippe auf „Zone umkehren“.
3. Erstelle, wenn du möchtest, zusätzliche Zonen im Sichtfeld der Kamera – zum Beispiel eine Zone für die Auffahrt und eine andere für den Briefkasten.
4. Tippe auf „Fertig“.

Tippe zum Entfernen einer Aktivitätszone auf „Aktivitätszonen auswählen“, tippe innerhalb einer Zone und tippe dann auf „Löschen“.

Video anzeigen

1. Tippe in der Seitenleiste auf die Taste „Home“ und danach auf die Kamera. Live-Videos werden automatisch wiedergegeben.
2. Streiche über die unten auf dem Bildschirm angezeigte Timeline, um die aufgenommenen Clips durchzublättern.
3. Tippe auf einen Clip, um ihn wiederzugeben.
4. Ziehe zwei Finger auf dem Clip nach links oder rechts auf, um die Timeline einzublenden, und bewege den Finger, um im Video vor- oder zurückzugehen.
5. Tippe auf „Live“, um zum Live-Video zurückzukehren.

Wenn du die Kamera so eingestellt hast, dass bestimmte Bewegungen erfasst werden, zeigt die Timeline einzelne Symbole für Personen, Tiere, Fahrzeuge und Pakete an.

Du kannst live und aufgenommene Videos in der App „Home“ auf deinem Mac mit macOS 10.15.1 ansehen.

Zugriffsoptionen auswählen

Führe die folgenden Schritte aus, um anderen Personen das Ansehen der Videos von deinen Kameras zu erlauben:

1. Tippe auf und dann auf „Einstellungen des Zuhauses“. Wenn du mehrere Haushalte konfigurierst, tippe auf den Namen des Zuhauses, auf das du Zugriff gewähren willst.
2. Tippe unter der Überschrift „Personen“ auf eine Person.
3. Tippe auf „Kameras“ und wähle eine Option aus.

Verwenden der Gesichtserkennung in der App „Home“ auf dem iPad

Mit einer kompatiblen Kamera oder Türklingel kann die App „Home“ dir Mitteilungen senden, wenn sich Personen deiner Tür nähern, die du in der App „Fotos“ markiert hast.

Einrichten der Gesichtserkennung

Die Gesichtserkennung erkennt Personen anhand von Gesichtern, die sich in deiner Fotomediathek befinden, oder Fotos, die von deiner Kamera oder Türklingel aufgenommen wurden.

Führe bei der Ersteinrichtung der Kamera oder Türklingel die folgenden Schritte aus:

1. Füge das Gerät zur App „Home hinzu“.
2. Aktiviere „Gesichtserkennung“ im Abschnitt „Bekannte Gesichter erkennen“ und tippe auf „Weiter“.
3. Wähle aus, wer auf deine Fotomediathek zugreifen darf:
   - **Nie**: Es werden nur Gesichter erkannt, die du aus Clips in der App „Home“ hinzugefügt hast.
   - **Nur ich**: Nur Mitteilungen, die du erhältst, enthalten die Namen von Personen aus deiner Fotomediathek.

- **Alle in diesem Zuhause**: Die Mitteilungen an alle Personen in deinem Zuhause enthalten die Namen von Personen aus deiner Fotomediathek.

4. Tippe auf „Weiter“ und schließe die Einrichtung der Kamera oder Türklingel ab.

Wenn du bereits eine Klingelanlage oder Kamera hast und mit dieser Besucher identifizieren möchtest, tippe auf das Gerät im Tab „Home“ und dann auf . Tippe auf „Gesichtserkennung“ und aktiviere dann die Option „Gesichtserkennung“. Tippe auf deine Fotomediathek und wähle dann aus, wer darauf zugreifen kann.

Hinweis: Die Mitteilungen können auf allen Geräten angezeigt werden, die mit deiner Apple-ID verknüpft sind.

Letzte Besucher:innen identifizieren

Mit der Gesichtserkennung kannst du auch Personen erkennen, die sich nicht in deiner Fotomediathek befinden, indem du Bilder verwendest, die von deiner Kamera oder Türklingel aufgenommen wurden.

1. Wenn die Gesichtserkennung aktiviert ist, öffne die App „Home“ und tippe dann auf „Home“ in der Seitenleiste.
2. Tippe auf die Kamera oder Klingelanlage und dann auf .
3. Tippe auf „Gesichtserkennung“, tippe auf eine nicht erkannte Person unter „Zuletzt“ und tippe auf „Hinzufügen“.
4. Füge den Namen der Person oder ihre Beziehung zu dir hinzu – z. B. Mutter oder Briefträger.
5. Wähle aus, ob du eine Mitteilung erhalten willst, wenn sie von der Kamera oder Türklingel erkannt werden.

Gesichter mit deinem Haushalt teilen

Du kannst Mitgliedern deines Haushalts erlauben, die Namen der Besucher zu sehen, die anhand deiner Fotomediathek erkannt wurden.

1. Öffne bei aktivierter Gesichtserkennung die App „Home“, tippe auf und dann auf „Einstellungen des Zuhauses“.
2. Tippe auf „Kameras & Türklingeln“ und dann auf „Gesichtserkennung“.
3. Tippe auf deine Fotomediathek und dann auf „Alle in diesem Zuhause“.

Konfigurieren eines Routers in der App „Home“ auf dem iPad

Du kannst mit der App „Home“ dein Smarthome sicherer machen, indem du einem kompatiblen Router die Steuerung der Dienste erlaubst, mit denen deine HomeKit-Geräte in deinem privaten WLAN und im Internet kommunizieren können. Für HomeKit-fähige Router ist es erforderlich, dass du einen HomePod, ein Apple TV oder ein iPad als Steuerzentrale eingerichtet hast. Eine Liste der kompatiblen Router findest du auf der Website für das Home-Zubehör.

Führe folgende Schritte aus, um die Router-Einstellungen zu konfigurieren:

1. Richte den Router anhand der App des Herstellers auf einem iOS-Gerät ein.
2. Öffne die App „Home“ und tippe auf .
3. Tippe auf „Einstellungen des Zuhauses“ und dann auf „WLAN & Router“.
4. Tippe auf ein Gerät und wähle eine dieser Einstellungen aus:
    - **Keine Beschränkung**: Der Router erlaubt den Geräten die Verbindung zu einem beliebigen Internetdienst oder lokalen Gerät.
      Dies ist die niedrigste Sicherheitsstufe.
    - **Automatisch**: Der Router erlaubt den Geräten die Verbindung zu einer automatisch aktualisierten Liste der vom Hersteller genehmigten Internetdienste oder lokalen Geräte.
    - **Auf Home beschränken**: Der Router erlaubt den Geräten nur die Verbindung zu deiner Steuerzentrale.

Dieses Option kann Firmware-Updates oder andere Dienste verhindern.

Erstellen und Verwenden von Szenen in der App „Home“ auf dem iPad

Du kannst in der App „Home“ Szenen erstellen, damit du mehrere Smart-Home-Geräte zusammen kontrollieren und steuern kannst. Du kannst zum Beispiel eine Szene „Lesen“ definieren, die die Beleuchtung anpasst, sanfte Musik auf dem HomePod spielt, die Vorhänge schließt und den Thermostat einstellt.

Szene erstellen

1. Tippe in der Seitenleiste auf Home“, auf und auf „Szene hinzufügen“.
2. Tippe auf die Taste „Eigene“, gib einen Namen für die Szene ein (z. B. „Dinner-Party“ oder „Fernsehabend“) und tippe auf „Geräte hinzufügen“.
3. Wähle die Geräte aus, die zu dieser Szene gehören sollen, und tippe auf „Fertig“.
   Das erste Gerät, das du auswählst, bestimmt, welchem Raum die Szene zugeordnet wird. Wenn du beispielsweise zuerst eine Lichtquelle in deinem Schlafzimmer auswählst, wird die Szene deinem Schlafzimmer zugeordnet.
4. Stelle für jedes Gerät den Status ein, in den es versetzt werden soll, wenn du die Szene ausführst.
   Für die Szene „Lesen“ könntest du zum Beispiel definieren, dass die Nachttischlampen auf „100 Prozent“ (ganz hell) gestellt, die Vorhänge geschlossen und das Thermostat auf „20°C“ eingestellt werden, oder eine geringe Lautstärke für den HomePod wählen.

Szenen verwenden

Wähle in der Seitenleiste den Raum aus, dem die Szene zugeordnet ist. Führe danach einen der folgenden Schritte aus:

- **Szene ausführen**: Tippe auf die Szene.
- **Szene ändern**: Lege den Finger auf eine Szene.
  Du kannst den Namen der Szene ändern, die Szene testen, Geräte zu ihr hinzufügen

oder aus ihr entfernen, die Szene zu deinen Favoriten hinzufügen und die Szene löschen.
Die als Favoriten definierten Szenen werden in der Ansicht „Zuhause“ der App „Home“ angezeigt.

Steuern deines Zuhauses mit Siri auf dem iPad

Du kannst deine Zubehörgeräte und Szenen nicht nur mit der App „Home“ kontrollieren und steuern, sondern auch mit Siri. Hier findest du einige Beispiele für Befehle an Siri für die hinzugefügten Geräte und erstellten Szenen, Räume oder Haushalte:

- „Schalte die Lichter aus“ oder „Mach das Licht an“
- „Stelle die Temperatur auf 18°“
- „Schalte die Lichter im Schlafzimmer um 21.00 Uhr ein“
- „Habe ich die Haustür abgesperrt?“
- „Zeige mir die Kamera an der Haustür“
- „Stelle das Licht in der Küche dunkler“
- „Stelle meine Szene „Lesen“ ein“
- „Schalte das Licht im Büro aus“

Steuern deines Zuhauses per Fernzugriff mit dem iPad

Mit der App „Home“ kannst du deine Smart-Home-Geräte steuern, auch wenn du nicht zu Hause bist. Erforderlich ist dafür ein als Steuerzentrale oder „Hub“ fungierendes Gerät (Apple TV (ab 4. Generation), HomePod oder iPad (ab iOS 10.3 oder iPadOS 13)), das bei dir zu Hause verbleibt.

iPad als Steuerzentrale einrichten

Wähle „Einstellungen“, tippe auf „Home“ und aktiviere die Option „Dieses iPad als Steuerzentrale benutzen“.

Dein Zuhause per Fernzugriff steuern

Wähle „Einstellungen“ > „[dein Name]“ > „iCloud“ und aktiviere „Home“.

Auf deiner Steuerzentrale und auf deinem iPad musst du mit derselben Apple-ID angemeldet sein.

Wenn du auf deinem Apple TV oder HomePod mit derselben Apple-ID wie auf deinem iPad angemeldet bist, wird das Gerät automatisch als Steuerzentrale eingerichtet.

Verwenden von Automationen in der App „Home“ auf dem iPad

Mit der App „Home“ kannst du Vorgänge automatisieren, damit sie abhängig von der Uhrzeit, von deinem Standort, vom Aktivieren eines Sensors oder von der Aktion eines Geräts automatisch ausgeführt werden. Du kannst vorkonfigurierte, in der App „Home“ integrierte Automationen verwenden oder deine eigenen Automationen erstellen.

Vorkonfigurierte Automationen verwenden

1. Lege den Finger auf ein Gerät und streiche nach oben oder tippe auf .
2. Aktiviere eine Automation.

Um eine Automation zu deaktivieren, öffne die Einstellungen für das Gerät erneut und deaktiviere die Automation.

Erstellen einer Automation

1. Tippe im Tab „Zuhause“, „Räume“ oder „Automation“ auf + .
2. Tippe auf „Automation hinzufügen“ und wähle einen der folgenden Impulse (Trigger) aus, mit dem die Automation ausgelöst werden soll:
   - **Beim Erreichen oder Verlassen eines bestimmten Orts**: Tippe auf „Wenn Personen ankommen“ oder „Wenn Personen den Ort verlassen“. Wähle aus, wann die Automation aktiviert wird (wenn Personen kommen oder gehen) und lege den Ort und Dauer der Automation fest.
   - **Zu einer bestimmten Tageszeit**: Tippe auf „Zu einer bestimmten Tageszeit“ und gib an, wann diese Automation ausgeführt werden soll.
     Wenn du „Sonnenuntergang“ oder „Sonnenaufgang“ wählst, variiert der Zeitpunkt je nach Jahreszeit.
     Du kannst eine Automation so einrichten, dass sie erst nach Sonnenuntergang ausgelöst wird. Dies ist zum Beispiel bei der Beleuchtung sinnvoll, da das Licht erst eingeschaltet wird, wenn es bei einbrechender Dunkelheit benötigt wird.
   - **Bei einer Zustandsänderung eines Geräts**: Tippe auf „Wenn ein Gerät gesteuert wird“, wähle ein Gerät aus, tippe auf „Weiter“ und folge den angezeigten Anleitungen.
     Diese Automation könntest du zum Beispiel verwenden, um eine Szene zum Aufschließen der Eingangstür auszulösen.
   - **Beim Erkennen einer Veränderung durch einen Sensor**: Wenn du einen Sensor zur App „Home“ hinzugefügt hast, tippst du auf „Wenn ein Sensor etwas entdeckt“ und wählst ein Gerät aus. Tippe anschließend auf „Weiter“ und folge den angezeigten Anleitungen.
     Diese Automation kannst du beispielsweise verwenden, um die Beleuchtung im Treppenhaus einzuschalten, wenn eine Bewegung registriert wird.

Tippe zum Deaktivieren einer Automation auf dem Tab „Automation“ auf die betreffende Automation und deaktiviere die Option „Diese Automation aktivieren“.

Du kannst auch einen Finger auf ein Gerät legen, auf tippen und anschließend Automationen aktivieren oder deaktivieren.

Siri-Kurzbefehl hinzufügen

Du kannst deine Automation noch effizienter nutzen, wenn du einen Siri-Kurzbefehl hinzufügst.

1. Streiche nach oben, wenn du Gerät auswählst, das du per Automation steuern möchtest, und tippe auf „In Kurzbefehl konvertieren".
2. Tippe auf und wähle einen Kurzbefehl aus.

Steuern von Geräten in deinem Zuhause anderen Personen erlauben

Du kannst in der App „Home" andere Personen zum Steuern des Smart-Home-Zubehörs in deinem Zuhause einladen. Du und die eingeladenen Personen müssen bei iCloud angemeldet sein und iOS 11.2.5, iPadOS 13 oder neuer verwenden. Außerdem musst du dich dazu bei dir zu Hause aufhalten oder eine als „Hub" fungierende Steuerzentrale bei dir zu Hause eingerichtet haben.

Andere zum Steuern von Geräten einladen

1. Tippe auf .
2. Tippe auf „Einstellungen des Zuhauses" und auf „Personen einladen".
   Tippe auf „Einstellungen des Zuhauses" und danach auf das gewünschte Zuhause, wenn du mehrere Haushalte konfigurierst.
3. Tippe auf und wähle die Personen mit einer Apple-ID aus deinen Kontakten aus oder gib die E-Mail-Adressen zu deren Apple-ID in das Feld „An" ein.
4. Tippe auf „Einladen".
5. Fordere die eingeladenen Personen auf, einen der folgenden Schritte auszuführen:
   - **In der Mitteilung**: (iOS- oder iPadOS-Gerät) Auf „Annehmen" tippen.
   - **In der App „Home"**: (iOS- oder iPadOS-Gerät) Auf und danach auf „Einstellungen des Zuhauses" und den entsprechenden Namen tippen.
   - **Auf einem Apple TV-Gerät**: Auf „Mich auf dem Apple TV anzeigen" tippen und ein oder mehrere Apple TV-Geräte aktivieren oder deaktivieren.

Anderen erlauben, auf deine AirPlay 2-fähigen Lautsprecher und TV-Geräte zuzugreifen

1. Tippe auf .
2. Tippe auf „Einstellungen des Zuhauses" > „Zugriff erlauben" und wähle eine Option aus.

Du kannst allen Benutzer:innen, jedem:r BenutzerIn im gleichen Netzwerk oder nur den von dir eingeladenen Personen erlauben, die Lautsprecher und das TV-Gerät zu steuern. Du kannst für den Zugriff auf Lautsprecher auch ein Passwort festlegen.

iTunes Store

Abrufen von Musiktiteln, Filmen und TV-Sendungen im iTunes Store auf dem iPad

Verwende die App „iTunes Store“, um Musik, Filme und TV-Sendungen zu deinem iPad hinzuzufügen.

Hinweis: Für den Zugriff auf den iTunes Store benötigst du eine Internetverbindung. Die Verfügbarkeit des iTunes Store und seiner Funktionen variiert abhängig von Land oder Region.

Finden von Musiktiteln, Filmen und TV-Sendungen

1. Tippe im iTunes Store auf einen der folgenden Einträge:
    - **Musiktitel, Filme oder TV-Sendungen**: Durchsuche das Angebot der jeweiligen Kategorie. Tippe oben auf dem Bildschirm auf „Genres“, um deine Auswahl einzugrenzen.
    - **Charts**: Sieh dir an, was bei iTunes besonders beliebt ist.
    - **Genius**: Entdecke Empfehlungen, die auf deinen Käufen bei iTunes basieren.
    - **Suchen**: Hier kannst du Stichworte zu einem Objekt eingeben, nach dem du suchst. Tippe nach der Eingabe auf „Suchen“ auf der Tastatur.
2. Tippe auf ein Objekt, um mehr Informationen darüber anzuzeigen. Du kannst Hörproben von Musiktiteln wiedergeben, Trailer von Filmen und TV-Sendungen ansehen oder auf tippen, um eine der folgenden Aktionen auszuführen:
    - **Link zu einem Objekt teilen**: Wähle eine Freigabeoption.
    - **Objekt verschenken**: Tippe auf „Geschenk“.
    - **Objekt zu deiner Wunschliste hinzufügen**: Tippe auf „Zur Wunschliste hinzufügen“.

      Tippe zum Anzeigen deiner Wunschliste auf und danach auf „Wunschliste“.

Inhalte kaufen und laden

1. Tippe auf den angezeigten Preis, wenn du ein Objekt kaufen möchtest. Tippe bei kostenlosen Artikeln auf „Laden“.

   Wenn anstelle eines Preises angezeigt wird, hast du den Artikel bereits gekauft und kannst ihn kostenfrei erneut laden.
2. Authentifiziere deine Apple-ID, sofern du dazu aufgefordert wirst, per Face ID oder Touch ID oder durch Eingabe deines Codes, damit der Kaufvorgang abgeschlossen werden kann.
3. Tippe auf „Downloads“, um den Verlauf eines Ladevorgangs zu verfolgen.

Klingeltöne abrufen

1. Tippe auf „Musik“, dann auf „Genres“ und scrolle nach unten. Tippe dann auf „Töne“.

2. Durchsuche die einzelnen Kategorien oder tippe auf „Charts“, um die beliebtesten Inhalte zu sehen.
3. Tippe auf einen Klingelton, um weitere Informationen zu erhalten oder eine Hörprobe abzuspielen.
4. Tippe auf den angezeigten Preis, wenn du einen Klingelton kaufen möchtest.

App Store- oder iTunes-Geschenkkarte verschenken oder senden

1. Tippe auf „Musik“ und scrolle auf dem Bildschirm ganz nach unten.
2. Tippe auf „Einlösen“ oder auf „Verschenken“.

Klingeltöne, Nachrichtentöne und Hinweistöne im iTunes Store auf dem iPad laden

In der App „iTunes Store“ kannst du Klingeltöne, Nachrichtentöne und andere Hinweistöne für Wecker und mehr laden.

Neue Töne kaufen

1. Tippe im iTunes Store auf „Genres“ und danach auf „Töne“.
2. Durchsuche einzelne Kategorien oder tippe auf „Suchen“, um einen bestimmten Musiktitel oder Künstler zu finden.
3. Tippe auf einen Ton, um weitere Informationen zu sehen oder eine Vorschau abzuspielen.
4. Tippe auf den angezeigten Preis, wenn du einen Ton kaufen möchtest.

Mit deiner Apple-ID gekaufte Töne erneut laden

Wenn du Töne auf einem anderen Gerät gekauft hast, kannst du sie erneut laden.

1. Wähle „Einstellungen“ > „Töne“.
2. Tippe auf einen Ton unter „Töne und Vibrationsmuster“.
3. Tippe auf „Alle gekauften Töne laden“. Wenn du alle deine gekauften Töne schon geladen oder keine Töne gekauft hast, wird diese Option möglicherweise nicht angezeigt.

Verwalten von Käufen im iTunes Store und von Einstellungen auf dem iPad

In der App „iTunes Store“ kannst du Musik, Filme und TV-Sendungen ansehen und laden, die du oder Mitglieder deiner Familie gekauft haben. Darüber hinaus kannst du in der App „Einstellungen“ deine Voreinstellungen für den iTunes Store festlegen.

Käufe über die Familienfreigabe bestätigen

Bei eingerichteter Familienfreigabe kann der:die Organisator:in der Familie Käufe von anderen Familienangehörigen unter einem bestimmten Alter überprüfen und genehmigen.

Die von dir oder Familienmitgliedern gekauften Musiktitel, Filme oder TV-Sendungen ansehen und laden

1. Tippe im iTunes Store auf „Käufe“.
2. Wähle, wenn du die Familienfreigabe eingerichtet hast, auf „Meine Käufe“ und wähle das Mitglied aus, dessen Käufe du ansehen möchtest.
   Hinweis: Käufe von Familienmitgliedern kannst du nur ansehen, wenn sie ihre Käufe freigeben und teilen.
3. Tippe auf „Musik“, „Filme“ oder „TV-Sendungen“.
4. Wähle das Objekt aus, das du herunterladen möchtest, und tippe auf .

Komplette iTunes Store-Einkaufsstatistik anzeigen

Wenn du dir anhand einer chronologischen Liste einen Überblick über alle Objekte (Apps, Musiktitel, Filme, Fernsehsendungen, Bücher und sonstige Inhalte) verschaffen möchtest, die mit deiner Apple-ID gekauft wurden, kannst du die iTunes Store-Einkaufsstatistik anzeigen.

Wenn die Einkaufsstatistik angezeigt wird, kannst du beliebige der folgenden Schritte ausführen:

- Den Zeitpunkt anzeigen, an dem eine Bestellung deinem Account belastet wurde.
- Das Kaufdatum ansehen.
- E-Mail-Kaufbestätigungen neu senden.
- Ein Problem mit einem gekauften Inhalt melden.

Inhaltsbeschränkungen festlegen

Nachdem du die Option „Beschränkungen“ aktiviert hast, wählst du „Einstellungen“ > „Bildschirmzeit“ > „Beschränkungen“ > „Inhaltsbeschränkungen“ und legst beliebige der verfügbaren Beschränkungen fest. Du kannst jugendgefährdende Inhalte blockieren, Musikvideos deaktivieren, Inhalte nach Altersfreigaben beschränken und mehr.

Lupe

Vergrößern von Objekten in deiner Umgebung mit dem iPad

Mit der App „Lupe“ kannst du dein iPad als Vergrößerungsglas verwenden, um Objekte in deiner Nähe zu vergrößern.

Lupe aktivieren

Du hast folgende Möglichkeiten, die App „Lupe“ zu öffnen:

- Tippe auf . (Wenn das Symbol der App „Lupe“ im Home-Bildschirm nicht angezeigt wird, navigiere zur App-Mediathek und sieh dann im Ordner „Dienstprogramme“ nach.)
- Verwende die Kurzbefehle für Bedienungshilfen.

- Öffne das Kontrollzentrum und tippe dann auf .

  (Füge zum Kontrollzentrum hinzu, falls sie dort noch nicht angezeigt wird. Wähle dazu „Einstellungen" > „Kontrollzentrum" > und tippe dann neben „Lupe" auf .)

Bild anpassen

1. Ziehe den Schieberegler zum Anpassen des Zooms nach links oder rechts.
2. Streiche nach oben, um weitere Steuerelemente einzublenden. Du kannst weitere Steuerelemente hinzufügen, wenn die gewünschten Steuerelemente nicht angezeigt werden.
3. Dir stehen die folgenden Steuerelemente zur Verfügung:
   - Helligkeit anpassen: Tippe auf .
   - Kontrast anpassen: Tippe auf .
   - Farbfilter anwenden: Tippe auf . (Weitere Informationen findest du unter Bevorzugte Farbfilter auswählen.)
   - Lichtverhältnisse verbessern: Tippe auf , um den Blitz einzuschalten (verfügbar auf iPad-Modellen mit True Tone-Blitz).
   - Fokus sperren: Tippe auf .
   - Zu einer anderen Kamera wechseln: Tippe auf , um zur Front- oder Rückkamera zu wechseln.

Anwesenheit von Personen in deiner Umgebung erkennen

Tippe auf dem iPad Pro 11" (2. Generation und neuer) und auf dem iPad Pro 12,9" (4. Generation und neuer) auf , um die Anwesenheit von Personen zu erkennen und auf diese Weise eine physische oder soziale Distanz zu anderen einzuhalten.

Standbild verwenden

Du kannst ein oder mehrere Standbilder erzeugen und dir eine Vorschau ansehen.

Hinweis: Standbilder werden nicht in der App „Fotos" gespeichert.

1. Tippe auf .
2. Zum Erzeugen mehrerer Standbilder tippst du auf , positionierst die Kamera neu und tippst dann auf .

3. Tippe auf die Taste „Anzeigen“ und dann auf die Standbilder, die du dir ansehen möchtest.
4. Tippe auf „Beenden“, um zum Live-Objektiv zurückzukehren.

Ändern der Lupeneinstellungen auf dem iPad

In der App „Lupe“ kannst du Steuerelemente hinzufügen, um den Fokus zu sperren, die Kamera zu ändern und vieles mehr. Darüber hinaus lassen sich die Steuerelemente neu anordnen und bevorzugte Farbfilter auswählen.

Häufig verwendete Steuerelemente hinzufügen und anordnen

Tippe auf und führe beliebige der folgenden Schritte aus:

- Steuerelemente hinzufügen oder entfernen: Tippe auf oder neben einem Steuerelement.
- Steuerelemente neu anordnen: Bewege nach oben oder nach unten.

Bevorzugte Farbfilter auswählen

Wenn du farbenblind bist oder dein Sehvermögen eingeschränkt ist, kannst du Farbfilter verwenden, um die Farben besser unterscheiden zu können. Um die im Steuerelement „Filter“ angezeigten Filter anzupassen, führe die folgenden Schritte aus:

1. Tippe auf und dann auf „Filter“ (unter „Andere Steuerelemente“).
2. Wähle die bevorzugten Filter aus.

   Wenn du auf tippst, werden die Filter mit einem Haken angezeigt.

Erkennen von Personen in der Nähe mit der Lupe auf dem iPad

Auf dem iPad Pro 11" (2. Generation und neuer) und auf dem iPad Pro 12,9" (4. Generation und neuer) kannst du mit der App „Lupe“ die Anwesenheit von Personen erkennen und auf diese Weise eine physische oder soziale Distanz zu anderen einhalten. Wenn das iPad Personen in der Nähe entdeckt, wirst du durch Töne oder gesprochenes Feedback darauf hingewiesen. Je näher du einer Person kommst, umso häufiger erfolgt das Feedback.

Wichtig: Verwende die Personenerkennung nicht zur Navigation oder in Situationen, in denen du zu Schaden kommen oder verletzt werden könntest.

Einstellungen für die Funktion „Personenerkennung“ anpassen

1. Tippe auf .

2. Tippe neben „Personenerkennung“ auf , um diese Funktion zu den Steuerelementen hinzuzufügen.
3. Tippe auf „Personenerkennung“ (unter „Filter“), um folgende Optionen anzupassen:
    - Einheiten: Wähle zwischen „Meter“ und „Fuß“.
    - Entfernung (Tonhöhe): Tippe auf oder auf , um die Entfernung anzupassen. Wenn innerhalb dieser Entfernung Personen erkannt werden, wird bei einem akustischen Feedback der Ton höher.
    - Feedback: Aktiviere die Option „Töne“ oder „Sprachausgabe“ (oder beide Optionen). Wenn du „Sprachausgabe“ aktivierst, sagt dir das iPad, wie groß der Abstand zwischen dir und der anderen Person ist.
4. Tippe auf „Fertig“.

Kurzbefehle für die Personenerkennung einrichten

- Bedienungshilfen-Kurzbefehl: Wähle „Einstellungen“ > „Bedienungshilfen“ > „Kurzbefehl“ und aktiviere „Personenerkennung“.
- VoiceOver-Geste: Standardmäßig wird die Personenerkennung durch Dreifachtippen mit vier Fingern aktiviert bzw. deaktiviert. Wenn du eine andere Geste zuweisen möchtest, wählst du „Einstellungen“ > „Bedienungshilfen“ > „VoiceOver“ > „Befehle“ > „Berührungsgesten“.

Anwesenheit von Personen in der Nähe erkennen

1. Aktiviere die Lupe und tippe dann auf .
2. Halte das iPad so, dass die rückwärtige Kamera Personen in deiner Nähe erkennen kann.
3. Tippe nach dem Anpassen der Einstellungen auf „Beenden“, um zur Lupe zurückzukehren, oder streiche vom unteren Bildschirmrand nach oben.

Mail

Hinzufügen oder Entfernen von E-Mail-Accounts

Hinzufügen und Entfernen von E-Mail-Accounts auf dem iPad

In der App „Mail“ kannst du E-Mail-Accounts hinzufügen, um E-Mails zu senden oder zu empfangen, und E-Mail-Accounts entfernen, die du nicht mehr benötigst.

E-Mail-Accounts hinzufügen

Wenn du die App „Mail“ auf deinem iPad zum ersten Mal öffnest, wirst du möglicherweise dazu aufgefordert, einen E-Mail-Account einzurichten. Befolge dazu einfach die Anleitung auf dem Bildschirm.

Wenn du weitere E-Mail-Accounts einrichten möchtest, führe die folgenden Schritte aus:

1. Wähle „Einstellungen“ > „Mail“ > Accounts“ > „Account hinzufügen“.
2. Führe einen der folgenden Schritte aus:
    - Tippe auf einen E-Mail-Dienst wie beispielsweise iCloud oder Microsoft Exchange und gib die Zugangsdaten für deinen E-Mail-Account ein.
    - Tippe auf „Andere“, auf „Mail-Account hinzufügen“ und gib dann die Zugangsdaten für deinen E-Mail-Account ein.

E-Mail-Accounts entfernen

1. Wähle „Einstellungen“ > „Mail“ > „Accounts“.
2. Tippe auf den E-Mail-Account, den du entfernen möchtest, und führe einen der folgenden Schritte aus:
    - **Wenn du einen iCloud-E-Mail-Account entfernst**: Tippe auf „iCloud“, tippe erneut auf „iCloud“ und deaktiviere „iCloud-Mail“.
    - **Wenn du einen anderen E-Mail-Account entfernst**: Deaktiviere „Mail“. **Hinweis**: Wenn du den E-Mail-Account aus allen Apps auf deinem iPad entfernen möchtest, tippe auf „Account löschen“.

Konfigurieren einer eigenen E-Mail-Domain mit iCloud-Mail auf dem iPad

Mit einem Abonnement für iCloud+ kannst du bis zu fünf eigene E-Mail-Domains hinzufügen sowie E-Mail-Adressen für diese Domains auf dem iPad (iPadOS 15.4 oder neuer) erstellen. Im Anschluss kannst du in der App „Mail“ E-Mails auf dem iPhone, iPad, iPod touch und dem Mac sowie über deinen E-Mail-Account auf iCloud.com oder in einer E-Mail-App auf Windows-Computern senden und empfangen.

Hinweis: Stelle sicher, dass du auf jedem Gerät mit derselben Apple-ID angemeldet bist. Auf Geräten, auf denen du nicht mit deiner Apple-ID angemeldet bist oder auf denen die Funktion in Mail deaktiviert ist, werden die eigenen E-Mail-Domains und E-Mails nicht angezeigt.

Eigene E-Mail-Domain zu iCloud-Mail hinzufügen

Du kannst eine eigene E-Mail-Domain, die dir bereits gehört, zu iCloud hinzufügen. Wenn du bereits E-Mail-Adressen für diese Domain besitzt, kannst du sie während der Konfiguration einrichten. Solltest du noch keine E-Mail-Adressen haben, kannst du nach dem Hinzufügen der Domain zu iCloud E-Mail-Adressen erstellen.

Hinweis: Du musst eine primäre iCloud-Mail-Adresse besitzen, bevor du eine eigene E-Mail-Domain auf dem iPad hinzufügst kannst.

1. Öffne „Einstellungen“ > „[dein Name]“ > „iCloud“ > „iCloud-Mail“ und stelle sicher, dass „iCloud-Mail“ aktiviert ist.
2. Tippe auf „Eigene E-Mail-Domain“.
   Folge der Anleitung auf dem Bildschirm oder tippe auf „Domain hinzufügen“.

3. Folge den auf dem Bildschirm angezeigten Anweisungen, um die Konfiguration der Domain abzuschließen.
4. Folge nach dem Konfigurieren der Domain der Anleitung auf dem Bildschirm, um dich beim Registrar anzumelden, bei dem du die Domain erworben hast. Tippe dann auf die Taste „Verbinden“, um die Domain zu verifizieren. Dies dauert normalerweise ein paar Minuten. Es kann aber auch bis zu 24 Stunden dauern.
   Bei einigen Registraren ist es erforderlich, DNS-Einträge zu ändern, um die Domain zu konfigurieren.

E-Mail-Adressen erstellen oder löschen

Nach dem Hinzufügen eines eigenen Domain-Namens kannst du ganz einfach E-Mail-Adressen für diese Domain erstellen oder löschen.

1. Öffne „Einstellungen“  > „[dein Name]“ > „iCloud“ > „iCloud-Mail“ und stelle sicher, dass „iCloud-Mail“ aktiviert ist.
2. Tippe auf „Eigene E-Mail-Domain“ und dann auf die Domain, die du anpassen möchtest.
3. Tippe auf „E-Mail-Adressen verwalten“ und führe einen der folgenden Schritte aus:
   - **Neue E-Mail-Adresse hinzufügen**: Tippe auf „E-Mail-Adresse erstellen“, gib die neue Adresse ein und tippe dann auf „Fortfahren“.
   - **E-Mail-Adresse löschen**: Streiche auf einer E-Mail-Adresse nach links, tippe auf „Löschen“ und dann auf „Entfernen“.

Eigene E-Mail-Domain entfernen

Wenn du eine eigene E-Mail-Domain nicht mehr verwenden möchtest, kannst du sie über dein iPad entfernen. Nach dem Entfernen einer eigenen E-Mail-Domain kannst du in iCloud-Mail keine E-Mails mehr von den Adressen mit dieser Domain senden oder empfangen.

1. Öffne „Einstellungen“  > „[dein Name]“ > „iCloud“ > „iCloud-Mail“ und stelle sicher, dass „iCloud-Mail“ aktiviert ist.
2. Tippe auf „Eigene E-Mail-Domain“ und tippe dann neben „Deine Domains“ auf „Bearbeiten“.
3. Tippe auf  und danach auf „Entfernen“.
4. Wenn du deine Domain auf einen neuen Anbieter überträgst, stelle sicher, dass du die folgenden Schritte ausführst:
   - Gehe zu deinem Domainregistrar, um die Domain-Einträge für deinen neuen E-Mail-Anbieter zu aktualisieren und alle iCloud-Einträge zu entfernen.
   - Konfiguriere eine beliebige E-Mail-Adresse, die du mit deinem neuen Anbieter verwenden möchtest.

Hinweis: Wenn du eine eigene E-Mail-Domain entfernst, kannst du weiterhin E-Mails von deiner primären @icloud.com-Adresse senden und empfangen.

Abrufen von E-Mails in der App „Mail“ auf dem iPad

In der App „Mail“ kannst du E-Mails lesen, Kontakte hinzufügen und den Inhalt einer E-Mail in der Vorschau ansehen, ohne sie öffnen zu müssen.

E-Mail lesen

Tippe in der Postfachliste auf die E-Mail, die du lesen möchtest.

Vorschau einer E-Mail und eine Liste mit Optionen anzeigen

Lege den Finger auf eine E-Mail in einer Postfachliste, um deren Inhalt in der Vorschau anzuzeigen und eine Liste mit Optionen zum Antworten, Bewegen usw. einzublenden.

Längere Vorschau für jede E-Mail anzeigen

Die App „Mail“ zeigt in der Postfachliste standardmäßig für jede E-Mail zwei Zeilen mit Text an. Du kannst festlegen, dass mehr Zeilen mit Text angezeigt werden, ohne die E-Mail öffnen zu müssen.

Wähle „Einstellungen“ > „Mail“ > „Vorschau“ (unter der E-Mail-Liste) und wähle die gewünschte Größe des Vorschaubereichs. Er kann bis zu fünf Zeilen umfassen.

Gesamte Konversation anzeigen

Wähle „Einstellungen“ > „Mail“ und aktiviere die Option „Nach Konversation“ (unter „Konversationen“).

Hinweis: Weitere Einstellungen kannst du unter „Einstellungen“ > „Mail“ anpassen. Zu diesen Einstellungen gehören u. a. „Gelesene Nachr. reduzieren“ oder „Neueste Nachricht ganz oben“.

Etiketten „Zu“ und „Kopie“ im Posteingang anzeigen

Wähle „Einstellungen“ > „Mail“ und aktiviere die Option „An/Kopie anzeigen“(unter „E-Mail-Liste“).

Du kannst auch das Postfach „An/Kopie“ verwenden, in dem alle an dich adressierten E-Mails gesammelt werden. Tippe auf < oben links in der App „Mail“, tippe auf „Bearbeiten“ und wähle „An“ oder „Kopie“, um dieses Postfach ein- oder auszublenden.

Person zu Kontakten oder zur VIP-Liste hinzufügen

Tippe in einer E-Mail zweimal auf den Namen oder die E-Mail-Adresse der Person. Führe danach einen der folgenden Schritte aus:

- **Zu Kontakten hinzufügen**: Tippe auf „Neuen Kontakt erstellen“ oder „Zu Kontakt hinzufügen“.
  Du kannst u. a. eine Telefonnummer und weitere E-Mail-Adressen hinzufügen.
- **Zur VIP-Liste hinzufügen**: Tippe auf „Zu VIP hinzufügen“.

Schreiben und Senden von E-Mails

Senden von E-Mails in der App „Mail“ auf dem iPad

In der App „Mail“ kannst du E-Mails von jedem deiner E-Mail-Accounts senden und bearbeiten.

E-Mail schreiben

1. Tippe auf .
2. Tippe auf die E-Mail und schreibe deine Nachricht.
   Auf der Bildschirmtastatur kannst du auf einzelne Tasten tippen. Oder ziehe die Tastatur mit drei Fingern zusammen, um die kleinere QuickType-Tastatur zu verwenden. Streiche mit dem Finger von einem Buchstaben zum nächsten und hebe den Finger erst an, wenn du ein Wort beendet hast.
3. Tippe auf Aa, um den Text zu formatieren.
   Du kannst u. a. den Schriftstil und die Textfarbe ändern, Fettdruck und Kursivschrift verwenden und eine Aufzählungsliste mit Punkten oder eine nummerierte Liste hinzufügen.

Empfänger:innen hinzufügen

1. Tippe auf das Feld „An“ und gib die Namen der Empfänger:innen ein.
   Während der Eingabe schlägt Mail automatisch Personen aus der App „Kontakte“ sowie E-Mail-Adressen von Personen vor, die mehr als eine E-Mail-Adresse haben.

   Alternativ kannst du auf tippen, um die App „Kontakte“ zu öffnen und von dort aus Personen hinzuzufügen.
2. Tippe auf das Feld „Kopie/Blindkopie“, wenn du ein Kopie deiner Nachricht an andere Personen senden willst. Führe dann beliebige der folgenden Schritte aus:
   - Tippe auf das Feld „Kopie“ und gib die Namen der Personen ein, an die eine Kopie gesendet werden soll.
   - Tippe auf Feld „Blindkopie“ und gib die Namen der Personen ein, deren Namen die anderen Empfänger nicht sehen sollen.

E-Mail-Adresse von einem Foto erfassen

In der App „Fotos“ auf dem iPad kannst die Option „Live Text“ verwenden, um mit E-Mail-Adressen auf Visitenkarten, Plakaten oder anderen gedruckten Dokumenten zu interagieren. So kannst du schnell mit dem Schreiben einer E-Mail beginnen, ohne die Adresse manuell eingeben zu müssen.

1. Öffne ein Foto in der App „Fotos“ und tippe auf die E-Mail-Adresse, die du erfassen willst.
2. Tippe auf , nachdem der gelbe Rahmen um den erkannten Text erscheint.

3. Tippe oder verwende die Aktivpunkte, um die E-Mail-Adresse auszuwählen. Tippe dann auf „Neue E-Mail".

Tipp: Du kannst die Funktion „Live Text" auch mit der App „Kamera" verwenden, um eine E-Mail-Adresse zu erfassen.

Automatisch eine Kopie an dich selbst senden

Wähle „Einstellungen" > „Mail" und aktiviere die Option „Blindkopie an mich" (unter „Verfassen").

Eine E-Mail-Nachricht von einem anderen Account aus senden

Wenn du mehrere E-Mail-Accounts hast, kannst du angeben, von welchem Account die E-Mail gesendet wird.

1. Tippe in deinem E-Mail-Entwurf auf das Feld „Von".
2. Tippe erneut auf das Feld „Von" und wähle einen Account aus.

Beantworten und Weiterleiten von E-Mails auf dem iPad

Mit der App „Mail" kannst du auf E-Mails antworten und E-Mails weiterleiten.

Auf E-Mail antworten

1. Tippe auf die E-Mail und dann auf und führe beliebige der folgenden Schritte aus:
   - Nur Absender:in antworten: Tippe auf „Antworten".
   - Absender:in und anderen Empfänger:innen antworten: Tippe auf „Allen Antworten".
2. Schreibe deine Antwort und tippe auf , um sie zu senden.

Text aus der erhaltenen E-Mail-Nachricht in der Antwort zitieren

Wenn du auf eine E-Mail antwortest, kannst du den Text des Absenders einbeziehen, um den Bezug der Antwort zu verdeutlichen.

1. Lege den Finger in der E-Mail des Absenders auf das erste Wort und ziehe ihn zum letzten Wort.
2. Tippe auf , auf „Antworten" und gib dann deine Nachricht ein.

Wähle „Einstellungen" > „Mail" > „Zitatebene erhöhen" (unter „Verfassen") und deaktiviere die Option „Zitatebene erhöhen".

E-Mail weiterleiten

Du kannst eine E-Mail an neue Empfänger:innen weiterleiten.

1. Tippe auf die E-Mail, tippe auf und danach auf „Weiterleiten".

2. Gib die E-Mail-Adressen der neuen Empfänger:innen ein.
3. Tippe auf die E-Mail und schreibe deine Antwort.
   Die weitergeleitete Nachricht wird darunter angezeigt.

Speichern eines E-Mail-Entwurfs in der App „Mail“ auf dem iPad

In der App „Mail“ kannst du den Entwurf einer E-Mail-Nachricht speichern, die du zu einem späteren Zeitpunkt fertigstellen möchtest. Außerdem kannst du vorhandene E-Mail-Nachricht anzeigen, solange du eine neue Nachricht schreibst.

Entwurf für später sichern

Tippe auf „Abbrechen“ und danach auf „Entwurf sichern“, wenn du eine angefangene E-Mail später fertigstellen möchtest. Wenn du die Arbeit an einer als Entwurf gesicherten E-Mail fortsetzen willst, legst du den Finger auf und wählst einen Entwurf aus.

Wenn du einen Mac mit OS X 10.10 oder neuer verwendest, kannst du halbfertige E-Mails per Handoff auch auf dem iPad fortsetzen – und umgekehrt.

Während des Schreibens eine andere E-Mail anzeigen

1. Streiche auf der Titelleiste der E-Mail, die du gerade schreibst, nach unten.
2. Tippe, wenn du zu deiner E-Mail zurückkehren möchtest, auf deren Titel unten auf dem Bildschirm.

Wenn du mehrere E-Mail-Entwürfe hast, kannst du auf den unteren Bildschirmrand tippen, um sie alle einzublenden.

E-Mail-Entwürfe aus allen Accounts anzeigen

1. Tippe oben links auf <, um deine Postfächer zu sehen.
2. Tippe auf „Bearbeiten“ oben in der Liste.
3. Tippe auf „Postfach hinzufügen“ und aktiviere das Postfach „Alle Entwürfe“.

Alle aktuellen E-Mail-Entwürfe anzeigen

Wenn du mehrere E-Mail-Accounts verwendest, kannst du dir im Postfach „Alle Entwürfe“ unten am Bildschirm entlang Miniaturen deiner aktuellen Entwürfe anzeigen lassen.

1. Tippe oben links auf <.
2. Tippe auf „Bearbeiten“ oben in der Liste.
3. Tippe auf „Postfach hinzufügen“ und aktiviere das Postfach „Alle Entwürfe“.

Streiche während des Bearbeitens eines Entwurfs nach unten. Tippe auf eine beliebige Miniatur, um den Entwurf zu öffnen. Fahre dann mit deiner Bearbeitung fort.

Arbeiten mit Anhängen

Hinzufügen von E-Mail-Anhängen in der App „Mail" auf dem iPad

In der App „Mail" kannst du Fotos, Videos und Dokumente als Anhang zu einer E-Mail hinzufügen. Außerdem kannst du Druckdokumente scannen und als PDF-Datei anhängen oder direkt in eine E-Mail zeichnen und deine Zeichnung als Anhang verschicken. Abhängig von der Dateigröße wird der Anhang zusammen mit dem Text in der E-Mail oder als am Ende der E-Mail angezeigt.

Anhängen von Fotos, Videos und Dokumenten an eine E-Mail

Du kannst Dokumente, Videos und Fotos an deine E-Mails anhängen und senden. Die Empfänger:innen können diese Anhänge dann leicht herunterladen und sichern.

1. Tippe in der E-Mail auf die Stelle, an der der Anhang eingefügt werden soll. Führe dann beliebige der folgenden Schritte aus:
   - **Dokument anhängen**: Tippe auf über der Tastatur und navigiere in der App „Dateien" zum gewünschten Dokument.
     Tippe in der App „Dateien auf „Durchsuchen" oder „Zuletzt" und danach auf ein Objekt (Datei, Ort oder Ordner), um es zu öffnen.
   - **Gesichertes Foto oder Video anhängen**: Tippe auf über der Tastatur, tippe auf „Fotomediathek" und wähle ein Foto oder Video aus.
   - **Neues Foto oder Video aufnehmen und an die E-Mail anhängen**: Tippe auf über der Tastatur, tippe auf „Foto oder Video aufnehmen" und nimm dann ein Foto oder Video auf. Tippe auf „Foto benutzen" oder auf „Video benutzen", um es in deine E-Mail einzufügen. Tippe alternativ auf „Wiederholen", wenn du das Foto oder Video erneut aufnehmen willst.

Hinweis: Wenn die Größe der Datei das für deinen E-Mail-Account zulässige Maximum überschreitet, befolge die angezeigten Anleitungen, um sie mit Mail Drop zu senden. Weitere Informationen findest du im Apple Support-Artikel Mail Drop-Grenzwerte.

Scannen und Anhängen von Dokumenten an eine E-Mail

Du kannst Druckdokumente scannen und als PDF-Datei senden.

1. Tippe in der E-Mail auf die Stelle, an der das gescannte Dokument eingefügt werden soll. Tippe dann auf über der Tastatur und tippe auf die Taste .
2. Richte dein iPad so aus, dass die gewünschte Seite des Dokuments auf dem Bildschirm zu sehen ist. Das iPad scannt die Seite daraufhin automatisch.

Tippe auf und drücke eine der Lautstärketasten, um eine Seite manuell zu scannen. Tippe auf , um den Blitz ein- oder auszuschalten.
3. Scanne weitere Seiten und tippe zum Schluss auf „Sichern".
4. Tippe auf das gesicherte Scanobjekt und führe danach beliebige der folgenden Schritte aus:
   - Bild zuschneiden: Tippe auf .
   - Filter anwenden: Tippe auf .
   - Bild drehen: Tippe auf .
   - Scan löschen: Tippe auf .

Erstellen und Anhängen von Dokumenten an eine E-Mail

Du kannst Zeichnungen in E-Mails erstellen, um Ideen zu veranschaulichen, die sich schwer in Worte fassen lassen. Deine Zeichnung wird als Anhang zu deiner E-Mail hinzugefügt. Die Empfänger:innen deiner E-Mail können den Scan dann ansehen und herunterladen.

1. Tippe in der E-Mail auf die Stelle, an der eine Zeichnung eingefügt werden soll. Tippe dann auf über der Tastatur um die Symbolleiste „Markierungen" einzublenden.
2. Wähle ein Zeichenwerkzeug und eine Farbe aus und schreibe oder zeichne mit deinem Finger.
3. Tippe zum Schluss auf „Fertig" und auf „Zeichnung einfügen".

Wenn du die Arbeit an einer Zeichnung fortsetzen möchtest, tippst du in der E-Mail auf die Zeichnung und dann auf .

Hinzufügen von E-Mail-Anhängen in der App „Mail" auf dem iPad

In der App „Mail" kannst du Anhänge, die du in einer E-Mail erhältst, herunterladen und einfach nach E-Mails mit Anhängen in deinen Postfächern suchen.

Herunterladen eines erhaltenen Anhangs

Lege den Finger auf einen Anhang und wähle „Bild sichern" oder „In ‚Dateien' sichern".

Wenn du „Bild sichern" wählst, findest du das Objekt in der App „Fotos". Wenn du „In ‚Dateien' sichern" wählst, findest du das Objekt in der App „Dateien".

Tipp: Wenn du einen Anhang in einer anderen App öffnen möchtest, tippe auf „Teilen" und wähle die entsprechende App aus.

E-Mails mit Anhängen suchen

Wenn du einen bestimmten Anhang nicht finden kannst, hast du die Möglichkeit, deine E-Mails so zu filtern, dass nur E-Mails mit Anhängen angezeigt werden.

1. Tippe in einem Postfach auf , um die Filterfunktion zu aktivieren.
2. Tippe auf „Gefiltert nach“ und aktiviere die Option „Nur E-Mails mit Anhang“.

Tipp: Außerdem kannst du E-Mails mit Anhängen aus allen Accounts in einem Postfach anzeigen. Um das Postfach „Anhänge“ einzurichten, tippe oben links auf und dann auf „Bearbeiten“. Wähle anschließend „Anhänge“ aus. Das Postfach „Anhänge“ wird gemeinsam mit den anderen Postfächern in der Postfachliste angezeigt.

Markieren von E-Mail-Anhängen auf dem iPad

In der App „Mail“ kannst du Feedback zu einem Entwurf geben, ein Foto verzieren und vieles mehr. Außerdem kannst du auf einem Foto-, Video- oder PDF-Anhang zeichnen und schreiben und deine Änderungen sichern oder den Anhang zurückschicken.

1. Tippe in der E-Mail auf den Anhang und danach auf .
2. Verwende die Zeichenwerkzeuge, um mit deinem Finger zu zeichnen.
3. Wenn du fertig bist, tippe auf „Fertig“ und wähle, ob du den bearbeiteten Anhang sichern, senden oder die Änderungen verwerfen möchtest.

Einrichten von E-Mail-Mitteilungen auf dem iPad

In der App „Mail“ kannst du die Einstellungen für E-Mail-Mitteilungen ändern und wählen, von welchen Postfächern und E-Mail-Konversationen du Mitteilungen erhalten möchtest.

E-Mail-Mitteilungen stumm schalten

Um Unterbrechungen bei E-Mail-Konversationen zu reduzieren, kannst du Mitteilungen von E-Mails in Konversationen stumm schalten.

1. Öffne eine E-Mail in der Konversation.
2. Tippe auf und anschließend auf „Stumm“.

Wähle „Einstellungen“ > „Mail“ > „Aktion ‚Konversation stummschalten‘“ und wähle eine Option aus, um festzulegen, was mit stumm geschalteten E-Mails geschieht.

Mitteilungen über Antworten auf eine E-Mail-Nachricht oder -Konversation erhalten

Du kannst Mitteilungen einrichten, die dich über den Empfang von E-Mails in einem favorisierten Postfach oder von einem deiner VIP-Kontakte informieren.

- Beim Lesen einer E-Mail-Nachricht: Tippe auf und danach auf „Mitteilung".
- Beim Schreiben einer E-Mail-Nachricht: Tippe nacheinander auf das Feld „Betreff", im Feld „Betreff" auf und schließlich auf „Mitteilung".

Wähle „Einstellungen" > „Mitteilungen" > „Mail" und aktiviere „Mitteilungen erlauben", um das Erscheinungsbild der Mitteilungen zu ändern.

Mitteilungen ändern:

1. Wähle „Einstellungen" > „Mail" > „Mitteilungen" und stelle dann sicher, dass „Mitteilungen erlauben" aktiviert ist.
2. Tippe auf „Mitteilungen anpassen" und dann auf den E-Mail-Account, den du anpassen möchtest.
3. Wähle die gewünschten Einstellungen aus, z. B. für Töne und Kennzeichen. Wenn du Töne aktivierst, kannst du diese durch Ändern des Hinweis- oder Klingeltons anpassen.

Du kannst die Zeiten festlegen, zu denen zu Mitteilungen von der App „Mail" erhältst.

Suchen nach einer E-Mail-Nachricht in der App „Mail" auf dem iPad

In der App „Mail" kannst du nach E-Mails suchen und hierfür unterschiedliche Kriterien verwenden.

Nach Text in einer E-Mail-Nachricht suchen

1. Streiche von der Mitte eines Postfachs nach unten, um das Suchfeld einzublenden.
2. Tippe auf das Suchfeld und gib den gesuchten Text.
3. Gib mit den Optionen oberhalb der Ergebnisliste an, ob alle Postfächer oder nur das aktuelle Postfach durchsucht werden sollen.
4. Tippe auf „Suchen" und tippe in der Ergebnisliste auf eine E-Mail, um sie zu lesen.

Beim Suchen werden die Adressfelder, der Betreff und der Textteil der E-Mail-Nachrichten durchsucht. Die E-Mail-Nachrichten mit der größten Relevanz werden schon während der Eingabe als Toptreffer oberhalb der Suchvorschläge angezeigt.

Per Zeitfenster suchen

1. Tippe in einer Postfachliste auf das Suchfeld.
2. Gib einen Zeitraum ein (z. B. „September") und tippe auf eine Option unter „Daten", um alle E-Mails aus diesem Zeitraum zu sehen.
   Tippe erneut auf das Suchfeld und gib einen Suchbegriff (z. B. „Meeting") ein, um die Suche weiter einzugrenzen.

Per E-Mail-Attribute suchen

Tippe in einer Postfachliste auf das Suchfeld, um mit verschiedenen Attributen nach E-Mails zu suchen. Du kannst zum Beispiel Folgendes tun:

- **Alle mit einer Markierung versehenen E-Mails suchen**: Gib „Markierung“ in das Suchfeld ein und tippe unter „Andere“ auf „Markierte E-Mails“.
- **Alle E-Mails von Personen in deiner VIP-Liste suchen**: Gib „VIP“ in das Suchfeld ein und tippe unter „Andere“ auf „E-Mails von VIPs“.
- **Alle ungelesenen E-Mails suchen**: Gib „Ungelesen“ in das Suchfeld ein, scrolle nach unten und tippe unter „Andere“ auf „Ungelesene E-Mails“.
- **Alle E-Mails mit Anhängen suchen**: Gib „Anhang“ in das Suchfeld ein und tippe unter „Andere“ auf „E-Mails mit Anhängen“.

Verwalten von E-Mails in Postfächern auf dem iPad

In der App „Mail“ kannst du deine E-Mails in Postfächern verwalten.

E-Mail-Nachricht mit einer Streichbewegung verwalten

Beim Anzeigen der E-Mail-Liste genügt ein einfaches Streichen, um einzelne E-Mails in den Papierkorb zu bewegen oder um sie als „Gelesen“ zu markieren. Führe beliebige der folgenden Schritte aus:

- Wenn du eine E-Mail langsam nach links ziehst, wird ein Menü mit verfügbaren Aktionen eingeblendet, aus dem du durch Tippen die gewünschte Aktion auswählen kannst.
- Wenn du die Aktion ganz rechts verwenden möchtest, kannst du auch schnell nach ganz links streichen.
- Beim Streichen nach rechts wird eine weitere Aktion eingeblendet.

Wähle „Einstellungen“ > „Mail“ > „Streichgesten“ (unter „E-Mail-Liste“), um festzulegen, welche Aktionen in diesen Menüs angezeigt werden sollen.

E-Mail-Nachrichten mit Postfächern verwalten

Du kannst wählen, welche Postfächer angezeigt werden, deine Postfächer neu anordnen, neue Postfächer erstellen und Postfächer umbenennen oder löschen. (Einige Postfächer können nicht geändert werden.)

Wenn du deine Postfächer neu anordnen möchtest, tippe oben links auf <, tippe auf „Bearbeiten“ und führe beliebige der folgenden Schritte aus:

- **Postfächer anzeigen**: Markiere die Felder neben den Postfächern, die in der Liste der Postfächer angezeigt werden sollen.
- **Postfächer neu anordnen**: Lege den Finger auf neben einem Postfach, bis es sich loslöst, und bewege es an eine neue Position.
- **Neues Postfach erstellen**: Tippe auf „Neues Postfach“ unten rechts und folge der angezeigten Anleitung.
- **Postfach umbenennen**: Tippe auf das Postfach und tippe auf seinen Namen. Lösche den Namen und gib einen neuen ein.
- **Postfach löschen**: Tippe auf das Postfach und auf „Postfach löschen“.

Mehrere E-Mail-Nachrichten bewegen oder markieren

1. Tippe beim Ansehen einer Liste von E-Mail-Nachrichten auf „Bearbeiten“.
2. Wähle die E-Mails aus, die du bewegen oder markieren willst, indem du auf deren Markierungsfelder tippst.
   Streiche zum schnellen Auswählen mehrerer E-Mails nach unten über die Markierungsfelder.
3. Tippe unten auf dem Bildschirm auf „Markieren“, „Bewegen“ oder „Papierkorb“.
   Streiche sofort mit drei Fingern nach links, wenn du deine Meinung änderst, um den Vorgang zu widerrufen.

E-Mails von einem einzelnen Account anzeigen

Wenn du in der App „Mail“ mehrere E-Mail-Accounts verwendest, kannst du die Liste der Postfächer verwenden, um die E-Mails von einem Account einzeln anzuzeigen.

Tippe auf links oben und tippe auf ein Postfach unter dem E-Mail-Account, auf den du zugreifen möchtest.

In allen Postfächern unter einem bestimmten E-Mail-Account werden ausschließlich die E-Mails von diesem Account angezeigt. Um beispielsweise nur E-Mails anzuzeigen, die von deinem iCloud-Account gesendet wurden, tippst du auf „iCloud“ und dann auf „Gesendet“.

E-Mail in den Ordner „Spam“ bewegen

Öffne eine E-Mail, die du in den Ordner „Spam“ bewegen willst, tippe auf und danach auf „In ‚Spam‘ bewegen“.

„E-Mail-Adresse verbergen“ in Mail auf dem iPad verwenden

Wenn du iCloud+ abonnierst, kannst du mit der Option „E-Mail-Adresse verbergen“ E-Mail-Nachrichten senden und erhalten, die an deinen echten E-Mail-Account weitergeleitet werden, damit deine echte E-Mail-Adresse privat bleibt. In iPadOS 15.2 oder neuer kannst du in der App „Mail“ nach Bedarf eindeutige E-Mail-Adressen erstellen.

E-Mail mit „E-Mail-Adresse verbergen“ senden

1. Tippe auf .
2. Gib eine:n Empfänger:in und einen Betreff ein.
   Hinweis: Mit der Option „E-Mail-Adresse verbergen“ kannst du eine E-Mail nur an jeweils eine:n Empfänger:in senden.
3. Tippe auf das Feld „Von“, tippe erneut auf das Feld und tippe auf „E-Mail-Adresse verbergen“.
   Eine neue, eindeutige E-Mail-Adresse wird angezeigt.

Tipp: Wenn Empfänger:innen auf eine E-Mail antworten, die du mit der Option „E-Mail-Adresse verbergen“ gesendet hast, wird die Antwort an deine echte E-Mail-Adresse weitergeleitet.

E-Mail mit „E-Mail-Adresse verbergen“ beantworten

Wenn du eine E-Mail erhältst, die an eine deiner eindeutigen, zufälligen Adressen gesendet wurde, kannst du mit derselben Adresse antworten. Dadurch kannst du die Konversation fortsetzen, während deine echte E-Mail-Adresse privat bleibt. Führe die folgenden Schritte aus, um zu antworten:

1. Tippe auf und anschließend auf „Antworten“.
2. Gib deine Antwort ein.
   Du kannst auf das Feld „Von“ tippen, um die E-Mail-Adresse zu sehen, die dem:der Empfänger:in angezeigt wird.

Von „E-Mail-Adresse verbergen“ erstellte Adressen verwalten

Mit der Option „E-Mail-Adresse verbergen“ kannst du zufällige Adressen erstellen, deaktivieren, erneut aktivieren und verwalten.

Markieren und Filtern von E-Mails

Markieren von E-Mails auf dem iPad

In der App „Mail“ kannst du E-Mails markieren, Postfächer für markierte Mails erstellen und E-Mails von VIP-Kontakten markieren.

E-Mail-Nachricht markieren

Du kannst eine E-Mail markieren, um sie später schneller finden zu können. Wenn du eine E-Mail markierst, bleibt sie in deinem Posteingang, wird aber auch im Postfach „Markiert“ angezeigt.

1. Öffne die E-Mail, tippe auf und danach auf „Markierung“.
2. Tippe zum Auswählen einer Farbe für die Markierung auf einen Punkt.

   Öffne zum Ändern oder Entfernen einer Markierung die E-Mail, tippe auf und wähle eine andere Farbe, oder tippe alternativ auf .

Die von dir zu einer E-Mail hinzugefügte Markierung wird in der App „Mail“ auf all deinen Apple-Geräten angezeigt, auf denen du mit derselben Apple-ID angemeldet bist.

Postfach „Markiert“ erstellen

Du kannst ein Postfach „Markiert“ erstellen, sodass du an einer Stelle auf alle deine markierten E-Mails zugreifen kannst.

1. Tippe oben links auf .
2. Tippe auf „Bearbeiten“ und wähle dann „Markiert“.

E-Mail-Nachrichten von deinen VIP-Kontakten markieren

Du kannst für dich wichtige Personen zu deiner VIP-Liste hinzufügen, damit deren E-Mails mit einer VIP-Markierung versehen und im Postfach „VIP“ angezeigt werden.

1. Tippe beim Lesen einer E-Mail auf den Namen oder die E-Mail-Adresse einer Person in der E-Mail.
2. Tippe auf „Zu VIP hinzufügen“.

E-Mails von bestimmten Absendern blockieren

Tippe zum Blockieren eines Absenders auf dessen E-Mail-Adresse und wähle „Diesen Kontakt blockieren“.

Filtern von E-Mails auf dem iPad

In der App „Mail“ kannst du Filter verwenden, um vorübergehend nur bestimmte Nachrichten anzuzeigen – also nur die E-Mails, die allen von dir in der Filterliste ausgewählten Kriterien entsprechen. Wenn du beispielsweise „Ungelesen“ und „Nur E-Mails mit Anhang“ auswählst, werden nur die E-Mails angezeigt, die du noch nicht gelesen hast und die Anhänge haben.

1. Tippe auf links oben in der Postfachliste.

   Hinweis: Wenn du auf dem iPad eine E-Mail im Querformat liest, tippst du auf , damit die E-Mail-Liste mit unten eingeblendet wird.
2. Tippe auf „Gefiltert nach“ und wähle die Kriterien zum Anzeigen der E-Mails aus oder aktiviere sie.
3. Tippe auf unten links, um alle E-Mail-Nachrichten auszublenden, die nicht mit den aktuellen Filtern übereinstimmen. Tippe erneut, um den Filter zu deaktivieren.

Tippe auf , um alle Filter zu deaktivieren. Um einen bestimmten Filter zu deaktivieren, tippe auf „Gefiltert nach“ und deaktiviere ihn.

Ändern von E-Mail-Einstellungen auf dem iPad

In der App „Mail“ kannst du deine E-Mail-Signatur anpassen und Adressen markieren, die sich außerhalb bestimmter Domains befinden.

E-Mail-Signatur anpassen

Du kannst die E-Mail-Signatur anpassen, die automatisch unten in jeder von dir gesendeten E-Mail erscheint.

1. Wähle „Einstellungen“ > „Mail“ und tippe dann auf „Signatur“ (unter „Verfassen“).
2. Tippe auf das Textfeld und bearbeite deine Signatur.
   Du kannst in deinen Mail-Signaturen nur Text verwenden.

Tipp: Tippe auf „Pro Account“, wenn du mehrere E-Mail-Accounts verwendest, um für jeden dieser Accounts eine andere Signatur festzulegen.

Adressen außerhalb bestimmter Domains markieren

Für den Fall, dass du eine Nachricht an eine:n Empfänger:in verfasst, der:die nicht der Domain deines Unternehmens angehört, kannst du festlegen, dass als Hinweis für dich der Name rot angezeigt wird.

1. Wähle „Einstellungen“ > „Mail“ > „Adressen markieren“ (unter „Verfassen“).
2. Gib die Domains an, die zu deiner Organisation zählen – und die nicht rot markiert werden sollen.
   Du kannst mehrere Domains eingeben, indem du sie durch Komma voneinander trennst (z. B. „apple.com, example.org“).
   Die Namen von Empfänger:innen, die nicht zur Domain deiner Organisation gehören, werden rot dargestellt. Das ist der Fall, wenn du diesen Personen E-Mails sendest oder von ihnen E-Mails empfängst.

Verwenden des E-Mail-Datenschutzes auf dem iPad

In der App „Mail“ kann die Funktion „E-Mail-Datenschutz“ deine Privatsphäre schützen, indem verhindert wird, dass E-Mail-Absender Informationen über deine Aktivitäten in Mail sammeln können. Wenn du die Funktion aktivierst, wird deine IP-Adresse verborgen, sodass Absender sie nicht mit deinen anderen Online-Aktivitäten verknüpfen oder deinen Standort bestimmen können. Darüber hinaus können Absender so auch nicht feststellen, ob du ihre E-Mail geöffnet hast.

1. Wähle „Einstellungen“ > „Mail“ > „Datenschutz“.
2. Aktiviere die Option „Mail-Aktivität schützen“.

Hinweis: Wenn du iCloud+ abonnierst, kannst du die Option „E-Mail-Adresse verbergen“ verwenden, um eine eindeutige, zufällige E-Mail-Adresse zu erstellen.

Löschen und Wiederherstellen von E-Mail-Nachrichten in der App „Mail“ auf dem iPad

Du kannst in der App „Mail“ E-Mail-Nachrichten, die du nicht mehr benötigst, löschen oder archivieren. Wenn du deine Meinung geändert hast, kannst du gelöschte E-Mail-Nachrichten wiederherstellen.

Löschen von E-Mail-Nachrichten

Es gibt mehrere Möglichkeiten, E-Mail-Nachrichten zu löschen. Führe beliebige der folgenden Schritte aus:

- Beim Lesen einer E-Mail-Nachricht: Tippe auf und danach auf .
- **Beim Anzeigen der Liste von E-Mail-Nachrichten**: Streiche nach links über eine E-Mail-Nachricht und wähle „Löschen“ aus.
  Du kannst eine E-Mail-Nachricht auch mit einer einzelnen Streichgeste löschen, einfach indem du ganz nach links über die Nachricht streichst.
- **Mehrere E-Mails auf einmal löschen**: Tippe in der Liste der E-Mails auf „Bearbeiten“, wähle die zu löschenden E-Mails aus und tippe auf „Papierkorb“.
  Streiche zum schnellen Auswählen mehrerer E-Mails nach unten über die Markierungsfelder.

Wenn du das Bestätigen für das Löschen aktivieren bzw. deaktivieren möchtest, wähle „Einstellungen“ > „Mail“ und aktiviere bzw. deaktiviere die Option „Löschen bestätigen“ (unter „Nachrichten“).

Streiche sofort mit drei Fingern nach links, wenn du deine Meinung änderst, um den Vorgang zu widerrufen.

Eine gelöschte E-Mail-Nachricht wiederherstellen

1. Tippe oben links auf und tippe auf das Postfach „Papierkorb“ eines Accounts.
2. Tippe auf die E-Mail, die du wiederherstellen willst.
3. Tippe auf und wähle ein Postfach aus.

Tipp: Tippe zum Anzeigen der gelöschten E-Mails all deiner Accounts oben links auf „Postfächer“ und danach oben in der Liste auf „Bearbeiten“. Wähle anschließend das Postfach „Papierkorb (alle)“ aus.

E-Mail-Nachrichten archivieren statt löschen

Du kannst E-Mails im Postfach „Archiv“ archivieren. (Du kannst E-Mail-Nachrichten trotzdem noch löschen, auch wenn du das Postfach „Archiv“ einrichtest.)

1. Wähle „Einstellungen“ > „Mail“ und tippe auf „Accounts“.
2. Führe einen der folgenden Schritte aus:
   - **Wenn du einen iCloud-E-Mail-Account verwendest**: Tippe auf „iCloud“, tippe erneut auf „iCloud“ und dann auf „iCloud-Mail“.
   - **Wenn du einen anderen E-Mail-Account verwendest**: Tippe auf deinen E-Mail-Anbieter und tippe auf deinen E-Mail-Account.
3. Tippe auf „Erweitert“ und wähle die Option „Archiv“ als Ziel für verworfene Nachrichten aus.

Aufbewahrungsdauer für gelöschte E-Mail-Nachrichten festlegen

Bei einigen E-Mail-Apps kannst du einstellen, wie lange gelöschte E-Mails im Papierkorb verbleiben.

1. Wähle „Einstellungen“ > „Mail“ und tippe auf „Accounts“.
2. Führe einen der folgenden Schritte aus:
   - **Wenn du einen iCloud-E-Mail-Account verwendest**: Tippe auf „iCloud“, tippe erneut auf „iCloud“, scrolle zum Ende der Liste und tippe auf „Mail“.
   - **Wenn du einen anderen E-Mail-Account verwendest:** Tippe auf deinen E-Mail-Anbieter und tippe auf deinen E-Mail-Account.
3. Tippe auf „Erweitert“ und danach auf „Entfernen“.
4. Wähle einen Zeitraum aus.

Hinweis: Einige E-Mail-Dienste überschreiben möglicherweise deine Auswahl. iCloud zum Beispiel verwahrt gelöschte E-Mails maximal 30 Tage, auch wenn du „Nie“ auswählst.

Hinzufügen des Widgets „Mail“ zum Home-Bildschirm des iPad

Die Widgets zeigen dir auf einen Blick die neuesten Informationen aus deinen bevorzugten Apps. Du kannst auf dem iPad das Widget „Mail“ hinzufügen und anpassen, welches Postfach das Widget im Home-Bildschirm anzeigt. Du hast die Möglichkeit, die letzten ungelesenen E-Mails, die neuen E-Mails von deinen VIPs oder ein anderes Postfach anzuzeigen.

Drucken von E-Mail-Nachrichten in der App „Mail“ auf dem iPad

Du kannst in der App „Mail“ eine E-Mail oder einen E-Mail-Anhang drucken.

E-Mail-Nachricht drucken

Tippe auf und anschließend auf „Drucken“.

Anhang oder Bild drucken

Tippe auf einen Anhang, um ihn anzuzeigen. Tippe danach auf „Teilen“ und wähle die Option „Drucken“.

Tastaturkurzbefehle in der App „Mail“ auf dem iPad

Mit der App „Mail“ kannst du viele Aufgaben mit Tastaturkurzbefehlen schnell erledigen, wenn dein iPad mit einer externen Tastatur von Apple verbunden ist.

Verbinde deine Tastatur und halte die Befehlstaste gedrückt, um alle verfügbaren Tastaturkurzbefehle anzuzeigen.

Hinweis: Abhängig von der Sprache und Tastatur, die du verwendest, können die Tastaturkurzbefehle in Apps variieren.

Karten

Anzeigen von Karten auf dem iPad

In der App „Karten“ kannst du deinen Standort auf einer Karte anzeigen und den Kartenausschnitt vergrößern oder verkleinern, um ihn mit der benötigten Detailgenauigkeit anzuzeigen.

Auf unterstützten Modellen bietet die App „Karten“ in ausgewählten Städten optimierte Details für Erhebungen, Straßen, Bäume, Gebäude, Sehenswürdigkeiten und mehr.

Der App „Karten“ erlauben, den Standort zu verwenden

Zum Ermitteln deines Standorts und zum Bereitstellen präziser Wegbeschreibungen muss das iPad mit dem Internet verbunden und die Ortungsdienste müssen aktiviert sein.

Wenn die App „Karten“ meldet, dass die Ortungsdienste deaktiviert sind, tippe auf die angezeigte Nachricht, auf „In ‚Einstellungen‘ einschalten“ und aktiviere die Ortungsdienste.

Mobilfunkgebühren können anfallen (Wi-Fi + Cellular-Modelle; weitere Informationen findest du unter Account für mobile Daten anzeigen oder ändern).

Hinweis: Wenn du nützliche ortsbezogene Informationen in „Karten“ erhalten möchtest, muss die Option „Wichtige Orte“ in „Einstellungen“ > „Datenschutz“ > „Ortungsdienste“ > „Systemdienste“ aktiviert sein.

Aktuellen Standort anzeigen

Tippe auf .

Deine Position wird in der Mitte der Karte markiert. Der Kartenausschnitt oben ist Norden. Tippe auf , wenn oben auf der Karte nicht Norden, sondern die Richtung angezeigt werden soll, in die du dich bewegst. Tippe auf oder , damit Norden angezeigt wird.

Geeignete Karte auswählen

Die Taste oben rechts in einer Karte gibt an, ob die aktuelle Karte für , Autofahrten , ÖPNV oder eine Satellitenansicht vorgesehen ist. Führe die folgenden Schritte aus, um eine andere Karte auszuwählen:

1. Tippe auf die Taste rechts oben.
2. Wähle einen anderen Kartentyp aus und tippe auf .

3D-Karte anzeigen

Führe auf einer 2D-Karte einen der folgenden Schritte aus:

- Streiche mit zwei Fingern nach oben.
- Tippe auf der Satellitenkarte oben rechts auf „3D".
- Tippe auf unterstützten Modellen und in ausgewählten Städten oben rechts auf „3D".

Auf einer 3D-Karte kannst du Folgendes tun:

- Winkel anpassen: Streiche mit zwei Fingern nach oben oder nach unten.
- Gebäude und andere kleinere Objekte in 3D anzeigen: Zoome in die Karte ein.
- Zur 2D-Ansicht zurückkehren: Tippe oben auf „2D".

Karte oder 3D-Globus bewegen, zoomen und drehen

- **Kartenausschnitt bewegen**: Ziehe die Karte in die gewünschte Richtung.
- **Einzoomen oder auszoomen**: Tippe zweimal auf die Karte und lasse dabei nach dem zweiten Tippen deinen Finger auf dem Bildschirm liegen. Ziehe den Finger nach oben, um einzuzoomen, oder nach unten, um auszuzoomen. Du kannst alternativ auch zwei Finger auf der Karte auseinanderziehen oder zusammenziehen.
  Beim Zoomen auf einer 2D-Karte wird oben links der Kartenmaßstab angezeigt. Wähle „Einstellungen" > „Karten" und aktiviere die Option „In Meilen" oder „In Kilometern", um die Maßeinheit für Entfernungsangaben zu ändern.
- **Karte drehen**: Lege zwei Finger auf die Karte und drehe danach deine Finger umeinander.
  Tippe auf , wenn nach dem Drehen der Karte Norden oben angezeigt werden soll.
- **Mit einem interaktiven 3D-Globus die Erde betrachten**: Zoome aus, bis sich die Karte in einen Globus ändert. Ziehe den Globus, um ihn zu drehen, oder zoome ein oder aus, um dir Details für Gebirgszüge, Wüsten, Ozeane und mehr anzusehen.

Namen zur App „Karten" hinzufügen oder mit der App „Karten" Probleme melden

1. Tippe auf dein Bild oder deine Initialen neben dem Suchfeld und anschließend auf „Meldungen".
   Wenn dein Bild oder deine Initialen nicht angezeigt werden, kannst du neben dem Suchfeld auf „Abbrechen" tippen oder auf das Suchfeld und dann auf „Abbrechen" tippen.
2. Wähle eine der Optionen und gib die erforderlichen Informationen ein.

Apple räumt der Sicherheit und dem Schutz deiner persönlichen Daten bezüglich deines Standorts höchste Priorität ein. Wähle „Einstellungen" > „Karten" und tippe auf „Über Apple Karten & Datenschutz", um mehr zu erfahren.

Suchen von Orten

Suchen von Orte in der App „Karten“ auf dem iPad

Du kannst die App „Karten“ verwenden, um nach Adressen, Sehenswürdigkeiten, Dienstleistungen und mehr zu suchen.

Ort suchen

Siri: Sage zum Beispiel: „Zeige mir das Brandenburger Tor.“

Du kannst auch auf das Suchfeld tippen (oben auf der Suchkarte) und mit dem Schreiben beginnen.

Es gibt verschiedene Möglichkeiten zum Suchen. Beispiel:

- Kreuzung („8th and Market“)
- Gegend („Greenwich Village“)
- Sehenswürdigkeit („Guggenheim“)
- Postleitzahl („60622“)
- Unternehmen („Kino“, „Restaurants in San Francisco“, „Apple Inc New York“)

Streiche zum Anzeigen aller Ergebnisse auf der Suchkarte nach oben. Tippe auf ein Ergebnis, um eine Wegbeschreibung zu erhalten.

Suchkarte anzeigen, länger oder kürzer machen

Wenn anstelle der Suchkarte eine andere Art von Karte angezeigt wird, tippst du auf oben rechts auf der Karte.

Wenn du weniger oder mehr Informationen auf der Suchkarte sehen möchtest, ziehst du den unteren Rand der Suchkarte nach oben oder unten.

Neueste Suchergebnisse schnell finden oder löschen

Scrolle auf der Suchkarte nach unten zu „Zuletzt“, um eine Liste der letzten Suchergebnisse zu erhalten.

Streiche nach links über ein Objekt, um es zu löschen. Oder tippe über der Liste auf „Mehr“ und führe einen der folgenden Schritte aus:

- Gruppe löschen: Tippe über der Gruppe auf „Löschen“.
- Einzelnes Objekt löschen: Streiche nach links über das Objekt.

Finden von Sehenswürdigkeiten, Restaurants und Dienstleistungen in der Nähe in der App „Karten“ auf dem iPad

Du kannst die App „Karten“ verwenden, um Sehenswürdigkeiten, Dienstleistungen und mehr in deiner Nähe zu finden.

Sehenswürdigkeiten, Restaurants und Dienstleistungen in der Nähe finden

Siri: Sage zum Beispiel: „Suche eine Tankstelle“ oder „Finde ein Café in der Nähe.“

Ohne Siri zu fragen, kannst du auch auf das Suchfeld tippen und dann einen der folgenden Schritte ausführen:

- Tippe im Abschnitt „In der Nähe suchen“ der Suchkarte auf eine Kategorie wie „Lebensmittelläden“ oder „Restaurants“.
- Gib beispielsweise „Spielplätze“ oder „Parks“ in das Suchfeld ein und tippe auf das Suchergebnis für „In der Nähe suchen“.

Ziehe die Karte in die gewünschte Richtung, um die nähere Umgebung zu ändern.

In Abhängigkeit von deinem Suchbegriff kannst du eventuell weitere Suchkriterien anwenden. Tippe auf einen Vorschlag, um weitere Informationen zu erhalten.

Hinweis: Die Funktionalität „Vorschläge in der Nähe“ ist nicht in allen Ländern oder Regionen verfügbar.

Orientierung in Flughäfen und Einkaufszentren

1. Führe einen der folgenden Schritte aus:
   - Wenn du dich noch nicht im Flughafen oder Einkaufszentrum befindest: Suche nach dem Flughafen oder dem Einkaufszentrum in der App „Karten“ oder ziehe die Karte, um dein jeweiliges Ziel auf der Karte zu sehen. Vergrößere den Kartenausschnitt und tippe anschließend auf „Hineinschauen“ oder zoome ein, während die Suchkarte angezeigt wird. Tippe dann auf die Taste „Entdecken“.
   - Wenn du dich auf einem Flughafen oder in einem Einkaufszentrum befindest:

     Öffne die App „Karten“, tippe auf und tippe auf „Hineinschauen“ oder zoome ein, während die Suchkarte angezeigt wird. Tippe dann auf „Entdecken“.
2. Tippe auf eine Kategorie (z. B. „Essen“, „WCs“ oder „Flugsteige“) auf der Ortskarte, um nach einer Einrichtung oder Dienstleistung in der Nähe zu suchen. Scrolle dann nach unten, um alle Suchergebnisse zu sehen.

Tippe auf ein Suchergebnis, um mehr Informationen zu erhalten.

3. Tippe auf die Taste für die gewünschte Gebäudeebene, um den Plan einer anderen Ebene zu erhalten (möglicherweise musst du einzoomen, damit die Taste angezeigt wird).
Hinweis: Indoor-Karten sind nur für ausgewählte Flughäfen und Einkaufszentren verfügbar.

Abrufen von Informationen über Orte in der App „Karten“ auf dem iPad

In der App „Karten“ kannst du die Postanschrift und andere Informationen für Orte finden.

Informationen über einen Ort abrufen

Tippe auf den Ort (zum Beispiel auf eine Stadt oder eine Sehenswürdigkeit auf einer Karte, auf einen Ort, den du mit einer Stecknadel markiert hast, oder auf ein Suchergebnis in der App „Karten“) und führe beliebige der folgenden Schritte aus:

- **Route zu einem Ort abrufen**: Tippe auf Taste „Route".
- **Weitere Informationen anzeigen**: Scrolle auf der Ortskarte nach unten.
  Zu den Informationen können Straßenadressen, eine Telefonnummer, ein Link zu einer Webseite, Öffnungszeiten und Bewertungen von Kund:innen gehören. Viele Restaurants und andere Unternehmen stellen App Clips zur Verfügung, mit denen du Bestellungen aufgeben oder eine Reservierung vornehmen kannst, indem du auf die Tasten der zugehörigen Ortskarten tippst.
- Ortskarte schließen: Tippe auf .

Hinweis: Wenn du eine App mit einer Tischreservierungserweiterung installierst, kann dich die App-Erweiterung bei Reservierungen in Restaurants unterstützen. Wenn die Namen von Restaurants, die du dir ansiehst, nicht mehr an die Erweiterung gesendet werden sollen, wählst du „Einstellungen" > „Karten" > „Restaurantreservierung" und deaktivierst die App-Erweiterung.

Informationen über einen Ort sichern

Du kannst einen Ort als einen deiner Favoriten in einem deiner Reiseführer in „Meine Reiseführer" sichern und auch als einen deiner Kontakte.

Tippe auf einen Ort auf einer Karte oder auf ein Suchergebnis in der App „Karten", tippe auf (rechts neben der Taste „Route" auf der Ortskarte) und wähle eine Option aus.

Markieren von Orten in der App „Karten" auf dem iPad

Du kannst in der App „Karten" Orte mit Stecknadeln markieren, damit du sie später findest.

Tipp: Wenn du deinen Standort schnell markieren willst, sodass du später einfacher dorthin zurückfindest, lege den Finger auf das Symbol der App „Karten" im Home-Bildschirm und wähle „Standort markieren".

Nicht beschrifteten Ort markieren

Lege den Finger auf die Karte, bis ein Marker in Form einer Stecknadel angezeigt wird, und führe beliebige der folgenden Schritte aus:

- Ort präzisieren: Tippe auf „Bewegen" und ziehe die Karte.
- Ort als Favoriten sichern: Tippe auf (auf der Ortskarte rechts neben der Taste „Route") und tippe auf „Als Favoriten sichern". (In deinen Favoriten kannst du dem Ort einen Namen geben.)
- Ort in einem von dir erstellten Reiseführer sichern: Tippe auf , tippe auf „Reiseführer", wähle einen Reiseführer aus, gib einen Namen für den Ort ein und tippe auf „Sichern".

- Ortskarte schließen: Tippe auf .

Stecknadelmarker löschen

1. Tippe auf den Marker.
2. Tippe auf der Ortskarte auf „entfernen“.

Du kannst auch deinen Finger auf den Marker legen und dann auf „Marker entfernen“ tippen.

Teilen von Orten in der App „Karten“ auf dem iPad

In der App „Karten“ kannst du Orte mit anderen Personen teilen. Du kannst ihnen zum Beispiel eine Nachricht oder E-Mail senden, um ihnen zu zeigen, wo ihr euch treffen wollt.

Tipp: Wenn du deinen aktuellen Standort schnell teilen willst, lege den Finger auf die App „Karten“ im Home-Bildschirm und wähle „Standort senden“.

1. Tippe auf einen Ort auf der Karte oder auf ein Suchergebnis in der App „Karten“.
2. Tippe auf ••• (rechts neben der Taste „Route“ auf der Ortskarte).
3. Tippe auf „Teilen“ und wähle eine Option aus.

Du kannst auch deinen Finger auf den Ort legen und dann auf „Standort teilen“ tippen.

Orte in der App „Karten“ auf dem iPad bewerten

In der App „Karten“ kannst du Orte bewerten und Fotos von besuchten Orten aufnehmen, um anderen zu helfen.

Hinweis: Die Funktion „Bewertungen & Fotos“ von Apple ist nicht in allen Ländern oder Regionen verfügbar.

Bewertungen und Fotos für einen Ort hinzufügen

1. Tippe auf einen Ort auf der Karte oder auf ein Suchergebnis in der App „Karten“.
2. Tippe auf der Ortskarte auf „Bewerten“.
   Wenn die Taste „Bewerten“ nicht angezeigt wird, kannst du den Ort nicht bewerten und auch keine Fotos hinzufügen.
3. Tippe auf oder um eine Gesamtbewertung abzugeben.
   Wenn die Option verfügbar ist, kannst du auch spezifischere Aspekte wie die Atmosphäre oder den Service bewerten.
4. Um ein Fotos des Ortes hinzuzufügen, tippe auf „Foto hinzufügen“ und nimm ein Foto auf oder wähle ein vorhandenes Fotos aus.
5. Klicke auf „Fertig“.

Um deine Bewertungen und Fotos bei Apple hochzuladen, musst du eine Apple-ID haben.

Bewertungen und Fotos anzeigen oder bearbeiten

1. Tippe auf dein Bild oder deine Initialen oben rechts auf der Suchkarte und tippe auf „Bewertungen & Fotos".
   Wenn dein Bild oder deine Initialen nicht angezeigt werden, kannst du neben dem Suchfeld auf „Abbrechen" tippen oder auf das Suchfeld und dann auf „Abbrechen" tippen.
2. Um deine Bewertungen zu ändern oder Fotos hinzuzufügen und zu entfernen, tippe auf einen Ort auf der Karte „Bewertungen & Fotos", tippe auf „Bewerten", nimm die Änderungen vor und tippe auf „Fertig".

Deine Bewertungen und Fotos werden dann auf allen Geräten angezeigt, auf denen du mit derselben Apple-ID angemeldet bist.

Möglicherweise erhältst du in der App „Karten" Vorschläge zum Hinzufügen von Bewertungen oder Fotos von Orten, wenn du diese besucht oder ein Foto von einer Sehenswürdigkeit gemacht hast. Diese Vorschläge werden geräteintern erstellt und können nicht von Apple erfasst werden. Wenn du diese Vorschläge nicht mehr erhalten möchtest, wähle „Einstellungen" > „Karten" und deaktiviere „Bewertungen und Fotovorschläge".

Sichern von Lieblingsorten in der App „Karten" auf dem iPad

In der App „Karten" kannst du Orte in deiner Favoritenliste sichern – wie beispielsweise deinen Wohnort, deine Arbeitsstätte und dein Lieblingscafé. Du kannst deine Favoriten schnell auf der Suchkarte finden.

Tipp: Durch Hinzufügen deiner Privatadresse und deiner Arbeitsadresse zu deiner Karte („Meine Karte") in der App „Kontakte" können die Orte „Privat" und „Arbeit" automatisch als Favoriten angezeigt werden.

Ort zu deinen Favoriten hinzufügen

1. Tippe auf der Suchkarte in der Zeile mit den Favoriten auf +.
   Streiche nach links über die Zeile „Favoriten", wenn + nicht zu sehen ist.
2. Führe einen der folgenden Schritte aus:
   - Wähle unter dem Suchfeld einen Vorschlag aus.
   - Gib einen Ort oder eine Adresse in das Suchfeld ein und wähle ein Suchergebnis aus.

Du kannst auch auf einen Ort auf einer Karte oder auf ein Suchergebnis in der App „Karten" tippen. Tippe anschließend auf ••• (rechts neben der Taste „Route" auf der Ortskarte) und tippe dann auf „Als Favoriten sichern".

Favoriten schnell finden

Im oberen Teil der Suchkarte wird eine Zeile mit Favoriten angezeigt.

Streiche auf der Zeile nach links oder tippe über der Zeile auf „Mehr“, um weitere Favoriten zu sehen.

Favorit bearbeiten

1. Tippe auf der Suchkarte über der Zeile mit den Favoriten auf „Mehr“.
2. Tippe auf ⓘ neben dem Favorit.
3. Abhängig vom Standort kannst du u. a. folgende Änderungen vornehmen:
   - **Favorit umbenennen**: Tippe auf den Titel und gib einen neuen Namen ein.
   - **Adresse ändern**: Tippe auf die Adresse und auf „Kontaktkarte öffnen“.
   - **Beschriftung ändern**: Tippe auf einen Beschriftungstyp.
   - Ort aus deiner Favoritenliste löschen: Tippe auf „Favorit entfernen“.
   - **Voraussichtliche Ankunftszeit mitteilen**: Tippe auf „Person hinzufügen“ und wähle einen oder mehrere der vorgeschlagenen Kontakte aus oder suche gezielt nach einem Kontakt. Immer wenn du die detaillierte Wegbeschreibung zu diesem Ort startest, wird/werden die ausgewählte(n) Person(n) automatisch über deine voraussichtliche Ankunftszeit informiert.
4. Tippe auf „Fertig“.

Privatadresse oder Arbeitsadresse präzisieren

Wenn die App „Karten“ deine Privatadresse oder deine Arbeitsadresse nicht exakt ortet, kannst du die Wegbeschreibungen zu und von deiner Privat- oder Arbeitsadresse präzisieren, indem du die Ortsangaben korrigierst.

1. Tippe auf der Suchkarte über der Zeile mit den Favoriten auf „Mehr“ und anschließend auf ⓘ neben „Privat“ oder „Arbeit“.
2. Tippe auf „Standort präzisieren“, ziehe die Karte, um den Marker an den richtigen Ort zu bewegen, und tippe auf „Fertig“.

Ort aus deinen Favoriten löschen

Tippe auf der Suchkarte über der Zeile mit den Favoriten auf „Mehr“ und streiche auf dem Ort nach links.

Entdecken von neuen Orten mit Reiseführern in der Apps „Karten“ auf dem iPad

In der App „Karten“ sind redaktionell kuratierte Reiseführer renommierter Marken und Partner verfügbar, die dich dabei unterstützen, großartige Orte auf der ganzen Welt zu entdecken, wo du essen, einkaufen oder Sightseeing machen kannst. Reiseführer werden automatisch mit neuen Orten aktualisiert, sodass du immer auf die aktuellsten Empfehlungen zugreifen kannst.

Städte auf der ganzen Welt mit Reiseführern erkunden

Scrolle auf der Ortskarte nach unten und tippe auf „Reiseführer erkunden“.

Du kannst die Reiseführer nach Interesse, Herausgeber, Stadt und mehr durchsuchen. Wenn du die Reiseführer nach Orten auf der ganzen Welt durchsuchen möchtest, tippst du beispielsweise oben auf dem Bildschirm auf .

Reiseführer anzeigen, teilen und sichern

Tippe auf das zugehörige Cover, um einen Reiseführer zu öffnen. Scrolle nach unten, um dir den Inhalt anzusehen.

Du kannst außerdem beliebige der folgenden Schritte ausführen:

- **Reiseführer sichern**: Scrolle an den Anfang des Reiseführers und tippe auf . Der Reiseführer wird in der Sammlung „Meine Reiseführer" gesichert.
- **Reiseführer teilen**: Scrolle an den Anfang des Reiseführers, tippe auf und wähle die gewünschte Option aus.
- **Zielort zu „Meine Reiseführer" hinzufügen**: Tippe auf und wähle einen deiner Reiseführer aus.
- **Ähnliche Medien entdecken**: In einigen Reiseführern kannst du über Links relevante Musik, Bücher und mehr finden.
- Reiseführer schließen: Tippe auf .

Tipp: Achte auf Tasten für App Clips, die es dir beispielsweise ermöglichen, einen Tisch direkt in einem Reiseführer zu reservieren.

Organisieren von Orten in „Meine Reiseführer" in der App „Karten" auf dem iPad

In der App „Karten" kannst du Orte in eigenen Reiseführern organisieren, um sie schnell und einfach zu finden. Du kannst zum Beispiel die Ziele für den bevorstehenden Urlaub zu einem Reiseführer mit dem Namen Sommerreise hinzufügen. Von der Suchkarte aus kannst du schnell auf deine Reiseführer zugreifen und deine Reiseführer mit anderen teilen.

Reiseführer erstellen

Scrolle auf der Suchkarte nach unten, tippe auf „Neuer Reiseführer", gib einen Namen ein und tippe auf „Erstellen".

Ort zu „Meine Reiseführer" hinzufügen

1. Tippe auf einen Ort auf einer Karte oder auf ein Suchergebnis in der App „Karten".
2. Tippe auf ••• (rechts neben der Taste „Route" auf der Ortskarte).
3. Tippe auf „Reiseführer" und wähle einen deiner Reiseführer aus.

Du kannst auch redaktionell kuratierte Reiseführer zu „Meine Reiseführer" hinzufügen.

Reiseführer teilen

1. Tippe auf dein Bild oder deine Initialen oben rechts auf der Suchkarte und tippe auf „Reiseführer“.
   Wenn dein Bild oder deine Initialen nicht angezeigt werden, kannst du neben dem Suchfeld auf „Abbrechen“ tippen oder auf das Suchfeld und dann auf „Abbrechen“ tippen.
2. Wähle einen Reiseführer aus.
3. Tippe unten auf der Reiseführerkarte auf und wähle eine der Optionen aus.

Von dir erstellten Reiseführer bearbeiten

Du kannst für jeden von dir erstellten Reiseführer ein Coverbild hinzufügen, den Titel ändern und Orte hinzufügen oder entfernen.

1. Tippe auf dein Bild oder deine Initialen oben rechts auf der Suchkarte und tippe auf „Reiseführer“.
   Wenn dein Bild oder deine Initialen nicht angezeigt werden, kannst du neben dem Suchfeld auf „Abbrechen“ tippen oder auf das Suchfeld und dann auf „Abbrechen“ tippen.
2. Wähle einen von dir erstellten Reiseführer aus.
3. Tippe unten auf der Reiseführerkarte auf „Bearbeiten“.
4. Nimm die gewünschten Änderungen vor und tippe auf oben rechts auf der Reiseführerkarte.

Abrufen von Verkehrs- und Wetterinformationen in der App „Karten“ auf dem iPad

Verkehrsinformationen abrufen

1. Tippe auf einer geöffneten Karte auf die Taste rechts oben, wähle „Fahren“ oder „Satellit“ aus und tippe auf .
   Orange weist auf einen Punkt hin, an dem der Verkehr langsamer fließt. Rot kennzeichnet einen Punkt mit Stop-and-Go-Verkehr.
2. Tippe auf einen Marker für eine Störung, um eine Störungsmeldung zu erhalten.
   Die Marker weisen auf Störungen wie Gefahrenstellen , Straßensperrungen , Baustellen , Unfälle und mehr hin.
3.

Du kannst auch Verkehrsstörungen melden.

Hinweis: Verkehrsfunktionen und Verkehrsinformationen sind nicht in allen Ländern oder Regionen verfügbar.

Über Wetter und Luftqualität informieren

Zoome die Karte ein, bis in der Ecke unten rechts das Symbol „Wetter“ erscheint. Das Symbol veranschaulicht die Wetterbedingungen in der angezeigten Gegend. In einigen Regionen wird auch der Index für die Luftqualität (LQI) unten rechts angezeigt.

Lege den Finger auf das Symbol „Wetter“, um die stündliche Wettervorhersage anzuzeigen. Tippe auf die stündliche Wettervorhersage, um die Wetterprognose für mehrere Tage in der App „Safari“ anzuzeigen.

Sollen die Wetterinformationen oder der Index für die Luftqualität in „Karten“ nicht angezeigt werden, wähle „Einstellungen“ > „Karten“ und deaktiviere „Wetterbedingungen“ oder „Luftqualitätsindex“.

Löschen wichtiger Orte auf dem iPad

In der App „Karten“ werden Informationen darüber gespeichert, welche Orte du zuletzt besucht hast und wann und wie oft du an diesen Orten warst. Die App „Karten“ nutzt diese Informationen für personalisierte Dienste wie beispielsweise Routenvorschläge. Du kannst diese Informationen löschen.

Hinweis: Signifikante Orte sind vollständig verschlüsselt und können nicht von Apple gelesen werden.

1. Wähle „Einstellungen“ > „Datenschutz“ > „Ortungsdienste“ > „Systemdienste“ und tippe auf „Wichtige Orte“.
2. Tippe auf „Verlauf löschen“. Bei dieser Aktion werden alle signifikanten Orte auf allen Geräten gelöscht, auf denen du mit derselben Apple-ID angemeldet bist.

Schnelles Abrufen der Einstellungen für die App „Karten“ auf dem iPad

In der App „Karten“ kannst du schnell deine Einstellungen, Reiseführer, Favoriten und mehr finden.

Tippe auf dein Bild oder deine Initialen oben rechts auf der Suchkarte und wähle eine Option aus. (Wenn dein Bild oder deine Initialen nicht neben dem Suchfeld angezeigt werden, kannst du neben dem Feld auf „Abbrechen“ tippen oder auf das Suchfeld und dann auf „Abbrechen“ tippen.)

Wenn du weitere Einstellungen für die App „Karten“ abrufen möchtest, wählst du „Einstellungen“, scrollst nach unten und tippst unten auf dem Bildschirm auf „Karten-Einstellungen“.

Abrufen von Routen

Abrufen von Wegbeschreibungen mit Siri, der App „Karten“ und dem Widget „Karten“ auf dem iPad

In der App „Karten“ kannst du auf mehrere Arten Wegbeschreibungen anfordern.

Wichtig: Das iPad muss mit dem Internet verbunden und die Ortungsdienste müssen aktiviert sein, um Wegbeschreibungen abrufen zu können.

Verwenden von Siri zum Abrufen von Routen

Siri: Sage zum Beispiel:

- „Zeige mir die Route zum nächsten Café“
- „Suche eine Ladestation“
- „Wie komme ich nach Hause“

Tipp: Durch Hinzufügen deiner Privatadresse und deiner Arbeitsadresse auf deiner Karte („Meine Karte“) in der App „Kontakte“ können die Orte „Privat“ oder „Arbeit“ bei der Interaktion mit Siri oder beim Suchen in der App „Karten“ verwendet werden.

Routen in der App „Karten“ abrufen

1. Führe einen der folgenden Schritte aus:
   - Tippe auf einen Ort (zum Beispiel auf eine Sehenswürdigkeit auf der Karte oder auf einen Ort, den du mit einer Stecknadel markiert hast).
   - Lege den Finger auf eine beliebige Stelle der Karte.
   - Tippe auf das Suchfeld, beginne zu schreiben und tippe auf ein Suchergebnis.
2. Tippe auf die Taste „Route“ auf der Ortskarte.
   Nach dem Tippen auf die Taste „Route“ kannst du eine andere Fortbewegungsart und einen anderen Ausgangsort sowie weitere Optionen auswählen.
3. Tippe neben der gewünschten Route auf „Los“.
   Wenn du einer Fahrt-, Geh- oder Fahrradroute folgst, kannst du nach dem Tippen auf „Los“ deine voraussichtliche Ankunftszeit teilen, eine Routenübersicht abrufen, die gesprochenen Wegbeschreibungen deaktivieren und weitere Optionen verwenden.

Widget „Karten“ verwenden

Füge das Widget „Karten“ hinzu, um auf dem Home-Bildschirm oder in der Ansicht „Heute“ schnell eine Wegbeschreibung zu einem Ziel zu erhalten.

Standardmäßige Fortbewegungsart wählen

Beim Bereitstellen von Routen verwendet die App „Karten“ standardmäßig deine bevorzugte Fortbewegungsart. Führe die folgenden Schritte aus, um deine Einstellung zu ändern:

1. Tippe auf dein Bild oder deine Initialen oben rechts auf der Suchkarte und tippe auf „Einstellungen“.
   Wenn dein Bild oder deine Initialen nicht angezeigt werden, kannst du neben dem

Suchfeld auf „Abbrechen“ tippen oder auf das Suchfeld und dann auf „Abbrechen“ tippen.

2. Tippe auf „Fahren“, „Gehen“, „ÖPNV“ oder „Radfahren“.

Auswählen weiterer Routenoptionen in der App „Karten“ auf dem iPad

Wenn eine Route in der App „Karten“ angezeigt wird, kannst du mehrere Optionen auswählen, bevor du auf „Los“ tippst.

- **Alternative Route wählen**: Werden alternative Routen angezeigt, kannst du auf eine Route auf der Karte tippen, um sie zu übernehmen, oder auf die Taste „Los“ neben der Beschreibung in der Routenkarte tippen. Wenn du auf eine beliebige Stelle der alternativen Route tippst, wird die voraussichtliche Wegzeit oben auf der Routenkarte angezeigt.
- Voraussichtliche Wegzeit für Alternativrouten abrufen: Scrolle auf der Routenkarte nach unten.
- **Start und Ziel vertauschen**: Tippe auf „Mein Standort“ (oben auf der Routenkarte) und danach auf .
- **Anderen Ausgangsort oder anderes Ziel auswählen**: Tippe auf „Mein Standort“ und danach entweder auf „Von“ oder auf „Nach“ und gib einen anderen Ort ein.
- Zu einer anderen Fortbewegungsart wechseln: Tippe auf , , oder .
- **Navigationsanweisungen für eine Route als Liste anzeigen**: Tippe auf der Routenkarte auf „Routenvorschau“. Scrolle auf der Karte nach unten und tippe auf „Teilen“, um die Route zu teilen. Tippe abschließend auf „Fertig“.

Abhängig von der gewählten Fortbewegungsart stehen weitere Routenoptionen zur Verfügung wie die Auswahl einer Ankunftszeit bei einer Fahrtroute, das Vermeiden stark befahrener Straßen bei einer Radroute oder die Auswahl des bevorzugten Verkehrsmittels bei einer ÖPNV-Route.

Verfügbare Optionen während einer Navigation in der App „Karten“ auf dem iPad

Wenn du einer Fahrt-, Geh- oder Fahrradroute in der App „Karten“ (Wi-Fi + Cellular-Modelle) folgst, kannst du deine voraussichtliche Ankunftszeit teilen, eine Routenübersicht abrufen, die gesprochenen Wegbeschreibungen deaktivieren und weitere Optionen verwenden.

Hinweis: Für die Funktionen von Wi-Fi + Cellular-Modellen ist ein mobiler Datentarif erforderlich und die Option „Mobile Daten“ muss in „Einstellungen“ > „Karten“ aktiviert sein.

Navigation vor der Ankunft am Ziel beenden

Siri: Sage zum Beispiel: „Hey Siri, Navigation beenden.“

Du kannst auch auf die Karte unten auf dem Bildschirm und dann auf „Route beenden“ tippen, ohne Siri zu fragen.

Liste der nächsten Navigationsanweisungen anzeigen

Tippe auf das Banner am oberen Bildschirmrand. Scrolle nach unten, um die weiteren Navigationsanweisungen zu sehen. Tippe zum Schluss auf .

Routenübersicht abrufen

Tippe auf . Tippe auf , um zur detaillierten Wegbeschreibung zurückzukehren.

Voraussichtliche Ankunftszeit teilen

Siri: Sage zum Beispiel: „Wann ist die geschätzte Ankunftszeit?”

Ohne Siri zu fragen, kannst du wie folgt vorgehen:

1. Tippe auf die Routenkarte unten auf dem Bildschirm und danach auf „Ankunftszeit teilen“.
2. Wähle einen oder mehrere der vorgeschlagenen Kontakte aus oder tippe auf „Kontakte öffnen“, um nach einem Kontakt zu suchen.

Du kannst auch einen Ort zu deinen Favoriten hinzufügen und anschließend einen Kontakt auswählen, der automatisch deine voraussichtliche Ankunftszeit erhalten soll, wenn du eine detaillierte Wegbeschreibung zu dem betreffenden Ort startest.

Tippe unten auf dem Bildschirm auf „Teilen“ und auf einen Namen, wenn Informationen zu deiner Ankunftszeit nicht mehr gesendet werden sollen.

Personen mit Geräten, auf denen iOS 13.1 oder iPadOS 13.1 (oder eine neuere Version) installiert ist, erhalten in ihrer App „Karten“ eine Mitteilung mit deiner Ankunftszeit und sie können deinen Fahrtverlauf in der App „Karten“ verfolgen. Personen, die Geräte mit einer früheren Version verwenden, erhalten die Mitteilung über iMessage. Personen, die andere Mobilgeräte verwenden, erhalten eine SMS-Nachricht.

Hinweis: Dafür können Standardgebühren für die Daten- und Textkommunikation anfallen.

Wähle „Einstellungen“ > „Karten“, um das Teilen deiner Ankunftszeit zu beenden.

Suchen von Orten für einen Zwischenstopp

Wenn du für die Navigation eine Fahrt- oder Radroute verwendest, kannst du Wegbeschreibungen zu Restaurants, Dienstleistungen und mehr abrufen.

1. Tippe auf die Routenkarte unten auf dem Bildschirm.
2. Tippe auf „Stopp hinzufügen“ und anschließend auf eine Kategorie.
3. Tippe bei einem der Vorschläge für einen Ort in der Nähe auf „Los“.
4. Tippe auf „Route fortsetzen“ oben auf dem Bildschirm, um zu deiner ursprünglichen Route zurückzukehren.

Gesprochene Wegbeschreibungen aktivieren oder deaktivieren

Tippe auf eine der Audiotasten, die sich auf der Karte befinden (beispielsweise auf), und wähle eine Option aus.

Taste	Beschreibung
	Alle Wegbeschreibungen werden gesprochen.
	Nur Warnhinweise für Fahrtrouten werden gesprochen.
	Die Wegbeschreibungen werden nicht gesprochen.

Weitere Einstellungen für gesprochene Wegbeschreibungen ändern

Drücke die Lautstärketasten an deinem iPad, um die Lautstärke für VoiceOver zu ändern.

In der App „Einstellungen“ kannst du festlegen, ob gesprochene Audioinhalte (wie Podcasts oder Hörbücher) pausiert werden sollen, wenn Navigationsanweisungen gesprochen werden, oder ob der Ruhezustand des iPad für die gesprochenen Wegbeschreibungen beendet werden soll. Wenn das iPad mit dem Audiosystem eines kompatiblen Fahrzeugs verbunden ist, kannst du auch festlegen, dass du die gesprochenen Wegbeschreibungen auch verfolgen kannst, wenn du Radio hörst.

Wähle „Einstellungen“ > „Karten“ > „Gesprochene Wegbeschreibungen“ und wähle die gewünschten Optionen aus.

Abrufen von Fahrtrouten in der App „Karten“ auf dem iPad

In der App „Karten“ kannst du detaillierte Fahrtrouten zu deinem Ziel anfordern.

Bei Autofahrten in ausgewählten Städten siehst du optimierte Details zu Zebrastreifen, Radspuren und Gebäuden sowie eine perspektivische Ansicht auf Straßenebene, die dir hilft, dich bei komplexen Verkehrsknotenpunkten auf der richtigen Spur einzuordnen.

Hinweis: Für die Funktionen von Wi-Fi + Cellular-Modellen ist ein mobiler Datentarif erforderlich und die Option „Mobile Daten“ muss in „Einstellungen“ > „Karten“ aktiviert sein.

Hinweis: Gesprochene detaillierte Wegbeschreibungen sind nicht in allen Ländern oder Regionen verfügbar.

Fahrtrouten abrufen

1. Führe einen der folgenden Schritte aus:
   - Sage zum Beispiel „Wie komme ich nach Hause".
   - Tippe auf dein Ziel (wie beispielsweise ein Suchergebnis in der App „Karten" oder eine Sehenswürdigkeit auf einer Karte) oder lege den Finger auf eine beliebige Stelle der Karte und tippe auf die Taste „Route".
2. Wenn ein Routenvorschlag angezeigt wird, kannst du beliebige der folgenden Schritte ausführen:
   - **Zur Route für Autofahrten wechseln**: Wenn Autofahren nicht deine standardmäßige Fortbewegungsart ist oder wenn du dir gerade eine ÖPNV-Karte ansiehst, kannst du auf  tippen, um einen Vorschlag für eine Fahrtroute zu erhalten.
   - **Navigationsanweisungen für eine Route als Liste anzeigen**: Tippe auf der Routenkarte auf die voraussichtliche Wegzeit der Route, damit die Route ganz oben auf der Routenkarte angezeigt wird. Tippe anschließend erneut auf die voraussichtliche Wegzeit. Diese Liste ist besonders hilfreich, wenn du vermutlich auf der Route teilweise kein Internet hast, da du diese Wegbeschreibungen auch ohne Internetverbindung verwenden kannst.
     Scrolle auf der Karte nach unten und tippe auf „Teilen", um die Route zu teilen.
   - **Abfahrts- oder Ankunftszeit in der Zukunft auswählen**: Tippe auf „Jetzt los" (im oberen Teil der Routenkarte), wähle eine Uhrzeit oder ein Datum für die Abfahrts- oder die Ankunftszeit aus und tippe auf „Fertig". Die voraussichtliche Wegzeit kann sich je nach Verkehrsaufkommen ändern.
   - **Mautstrecken und Autobahnen meiden**: Scrolle ans Ende der Routenkarte und aktiviere eine der Optionen.
   - **Weitere Routenoptionen auswählen**: Du kannst unter anderem Start und Ziel vertauschen und einen anderen Ausgangsort oder ein anderes Ziel auswählen.
3. Tippe neben der gewünschten Route auf „Los".
   Auf reinen WLAN-Modellen zeigt die App „Karten" Hinweise zum Abbiegen oben links in einem Banner an. Streiche auf dem Banner nach links, um die nächste Fahrtrichtungsänderung zu sehen. Um eine Liste der nächsten Navigationsanweisungen anzuzeigen oder die Navigationsanweisungen zu deaktivieren, tippe auf die Routenkarte unten auf dem Bildschirm und dann auf „Details" oder „Route beenden".

Bei Wi-Fi + Cellular-Modellen leitet die App „Karten" dich mit gesprochenen Navigationsanweisungen zu deinem Ziel. Du kannst während der Navigation deine voraussichtliche Ankunftszeit teilen, die gesprochenen Wegbeschreibungen deaktivieren, einen Ort für einen Zwischenstopp finden und vieles mehr.

Wenn der Fokus „Fahren" aktiviert ist oder wenn das iPad automatisch gesperrt wird, bleibt die App „Karten" sichtbar und die gesprochenen Wegbeschreibungen werden fortgesetzt. Auch wenn du eine andere App öffnest, erhältst du weiterhin detaillierte gesprochene Wegbeschreibungen. (Wenn du von einer anderen App zur App „Karten" zurückkehren möchtest, tippst du auf das Banner für die Routen oben auf dem Bildschirm oder auf das Navigationssymbol  in der Statusleiste.)

Kompass oder Tempolimit ein- oder ausblenden (Wi-Fi + Cellular-Modelle)

Wähle „Einstellungen“ > „Karten“ und tippe auf „Fahren“ (unter „Route“) und aktiviere oder deaktiviere die Optionen „Kompass“ oder „Tempolimit“.

Melden von Verkehrsstörungen in „Karten“ auf dem iPad

Mit einem iPad (WiFi + Cellular-Modelle) kannst du in ausgewählten Regionen und Ländern Unfälle, Gefahrenstellen, Geschwindigkeitskontrollen und Straßenarbeiten melden und du kannst melden, wenn diese Ereignisse nicht mehr bestehen (die jeweils verfügbaren Funktionen können je nach Land oder Region variieren).

Apple wertet die eingehenden Meldungen zu Verkehrsstörungen aus. Wenn die Meldungen als vertrauenswürdig eingestuft werden, sehen auch andere Personen entsprechende Marker für Störungen wie Gefahrenstellen und Unfälle in der App „Karten“.

Hinweis: Für Geschwindigkeitskontrollen (falls unterstützt) werden keine Marker für Störungen angezeigt. Stattdessen werden Mitteilungen über Geschwindigkeitskontrollen angezeigt, wenn du eine detaillierte Wegbeschreibung verwendest.

Verkehrsstörungen melden (Wi-Fi + Cellular-Modelle)

Siri: Sage zum Beispiel:

- „Report an accident“
- „There's something on the road“
- „There's a speed check here“

Ohne Siri zu fragen, kannst du beim Verfolgen der detaillierten Wegbeschreibungen auch auf die Routenkarte unten auf dem Bildschirm tippen. Tippe dann auf „Störung melden“ und wähle eine Option.

Status einer Gefahren- oder Unfallstelle melden (Wi-Fi + Cellular-Modelle)

Auf einer Karte werden möglicherweise Marker für Gefahren und Unfälle angezeigt. Wenn du dich in ausgewählten Ländern oder Regionen in der Nähe einer Verkehrsstörung befindest, kannst du melden, ob die Störung behoben ist.

Siri: Sage zum Beispiel: “The hazard is gone” oder “Clear the accident.”

Ohne Siri zu fragen, kannst du wie folgt vorgehen:

1. Tippe auf den Marker für eine Störung.
2. Tippe auf „Beseitigt“ oder „Noch da“.

Apple wertet die eingehenden Meldungen zu Verkehrsstörungen aus. Wenn die Meldungen, dass eine Störung behoben ist, als vertrauenswürdig eingestuft werden, wird der entsprechende Marker aus der App „Karten“ entfernt.

Hinweis: Du kannst keine Entwarnungsmeldung für Geschwindigkeitskontrollen geben.

Abrufen von Fahrradrouten in der App „Karten“ auf dem iPad

In der App „Karten“ kannst du detaillierte Fahrradrouten anfordern. Die App „Karten“ bietet Routen auf Radwegen, Radspuren und fahrradfreundlichen Straßen (sofern verfügbar). Du kannst dir vorab das Höhenprofil deiner Strecke ansehen, die Verkehrslage prüfen und eine Strecke mit möglichst wenig Steigungen auswählen.

Hinweis: Fahrradrouten sind in ausgewählten Gebieten verfügbar. Funktionen können je nach Land oder Region variieren.

Fahrradrouten abrufen

1. Führe einen der folgenden Schritte aus:
   - Sage zum Beispiel „Hey Siri, zeige mir die Fahrradroute nach Hause“.
   - Tippe auf dein Ziel (wie beispielsweise ein Suchergebnis in der App „Karten“ oder eine Sehenswürdigkeit auf einer Karte) oder lege den Finger auf eine beliebige Stelle der Karte und tippe auf die Taste „Route“.
2. Wenn ein Routenvorschlag angezeigt wird, kannst du Folgendes tun:
   - **Navigationsanweisungen für eine Route als Liste anzeigen**: Tippe auf der Routenkarte auf die voraussichtliche Wegzeit der Route, damit die Route ganz oben auf der Routenkarte angezeigt wird. Tippe anschließend erneut auf die voraussichtliche Wegzeit. Diese Liste ist besonders hilfreich, wenn du vermutlich auf der Route teilweise kein Internet hast, da du diese Wegbeschreibungen auch ohne Internetverbindung verwenden kannst.
     Scrolle auf der Karte nach unten und tippe auf „Teilen“, um die Route zu teilen.
   - **Zur Fahrradroute wechseln**: Wenn Radfahren nicht deine standardmäßige Fortbewegungsart ist oder wenn du dir gerade eine ÖPNV-Karte ansiehst, kannst du auf tippen, um einen Vorschlag für eine Fahrradroute zu erhalten.
   - **Steigungen oder stark befahrene Straßen meiden**: Scrolle auf der Routenkarte nach unten und aktiviere eine der Optionen.
   - **Weitere Routenoptionen auswählen**: Du kannst unter anderem Start und Ziel vertauschen und einen anderen Ausgangsort oder ein anderes Ziel auswählen.
3. Tippe neben der gewünschten Route auf „Los“.

Auf reinen WLAN-Modellen zeigt die App „Karten“ Hinweise zum Abbiegen oben links in einem Banner an. Streiche auf dem Banner nach links, um die nächste Fahrtrichtungsänderung zu sehen. Um eine Liste der nächsten Navigationsanweisungen anzuzeigen oder die Navigationsanweisungen zu deaktivieren, tippe auf die Routenkarte unten auf dem Bildschirm und dann auf „Details“ oder „Route beenden“.

Bei Wi-Fi + Cellular-Modellen (mit mobilem Datentarif und aktivierter Option „Mobile Daten“ in „Einstellungen“ > „Karten“) erhältst du von der App „Karten“ eine fahrradspezifische gesprochene Wegbeschreibung mit Streckendetails. Du kannst während der Navigation deine voraussichtliche Ankunftszeit teilen, die gesprochenen Wegbeschreibungen deaktivieren, Orte für einen Zwischenstopp finden und vieles mehr.

Abrufen von Fußgängerrouten in der App „Karten“ auf dem iPad

In der App „Karten“ kannst du detaillierte Fußgängerrouten zu deinem Ziel anfordern.

Hinweis: Gesprochene detaillierte Wegbeschreibungen sind nicht in allen Ländern oder Regionen verfügbar.

Fußgängerrouten abrufen

1. Führe einen der folgenden Schritte aus:
   - Sage zum Beispiel „Zeige mir die Fußgängerroute nach Hause.“
   - Tippe auf dein Ziel (wie beispielsweise ein Suchergebnis in der App „Karten“ oder eine Sehenswürdigkeit auf einer Karte) oder lege den Finger auf eine beliebige Stelle der Karte und tippe auf die Taste „Route“.
2. Wenn ein Routenvorschlag angezeigt wird, kannst du Folgendes tun:
   - Navigationsanweisungen für eine Route als Liste anzeigen: Tippe auf der Routenkarte auf die voraussichtliche Wegzeit der Route, damit die Route ganz oben auf der Routenkarte angezeigt wird. Tippe anschließend erneut auf die voraussichtliche Wegzeit. Diese Liste ist besonders hilfreich, wenn du vermutlich auf der Route teilweise kein Internet hast, da du diese Wegbeschreibungen auch ohne Internetverbindung verwenden kannst.
     Scrolle auf der Karte nach unten und tippe auf „Teilen“, um die Route zu teilen.
   - Zur Fußgängerroute wechseln: Wenn Gehen nicht deine standardmäßige Fortbewegungsart ist oder wenn du dir gerade eine ÖPNV-Karte ansiehst, kannst du auf tippen, um einen Vorschlag für eine Fußgängerroute zu erhalten.
   - Weitere Routenoptionen auswählen: Du kannst unter anderem Start und Ziel vertauschen und einen anderen Ausgangsort oder ein anderes Ziel auswählen.
3. Tippe neben der gewünschten Route auf „Los“.

Auf reinen WLAN-Modellen zeigt die App „Karten“ Hinweise zum Abbiegen oben links in einem Banner an. Streiche auf dem Banner nach links, um die nächste Fahrtrichtungsänderung zu sehen. Um eine Liste der nächsten Navigationsanweisungen anzuzeigen oder die Navigationsanweisungen zu deaktivieren, tippe auf die Routenkarte unten auf dem Bildschirm und dann auf „Details“ oder „Route beenden“.

Bei Wi-Fi + Cellular-Modellen (mit mobilem Datentarif und aktivierter Option „Mobile Daten“ in „Einstellungen“ > „Karten“) erhältst du von der App „Karten“ eine detaillierte gesprochene Wegbeschreibung zu deinem Ziel. Du kannst während der Navigation deine voraussichtliche Ankunftszeit teilen, eine Übersichtskarte deiner Route abrufen und vieles mehr.

Abrufen von ÖPNV-Routen in der App „Karten“ auf dem iPad

In der App „Karten“ kannst du detaillierte ÖPNV-Routen zu deinem Ziel anfordern.

Hinweis: ÖPNV-Informationen sind nicht in allen Ländern oder Regionen verfügbar.

ÖPNV-Route ermitteln

1. Führe einen der folgenden Schritte aus:
   - Sage zum Beispiel „Hey Siri, wie komme ich mit dem ÖPNV zum Ferry Building?“
     Hinweis: ÖPNV-Routen mit Siri sind nicht in allen Ländern oder Regionen verfügbar.
   - Tippe auf dein Ziel (wie beispielsweise ein Suchergebnis in der App „Karten“ oder eine Sehenswürdigkeit auf einer Karte) oder lege den Finger auf eine beliebige Stelle der Karte und tippe auf die Taste „Route“.
2. Wenn ein Routenvorschlag angezeigt wird, kannst du beliebige der folgenden Schritte ausführen:
   - **Zur ÖPNV-Route wechseln**: Wenn der ÖPNV nicht deine standardmäßige Fortbewegungsart ist oder wenn du dir gerade eine ÖPNV-Karte ansiehst, kannst du auf tippen, um einen Vorschlag für eine ÖPNV-Route zu erhalten.
   - **Abfahrts- oder Ankunftszeit in der Zukunft auswählen**: Tippe auf „Jetzt los“ (im oberen Teil der Routenkarte), wähle eine Uhrzeit oder ein Datum für die Abfahrts- oder die Ankunftszeit aus und tippe auf „Fertig“.
   - **Bevorzugtes ÖPNV-Verkehrsmittel auswählen**: Scrolle ans Ende der Routenkarte und wähle die bevorzugten Optionen aus.
   - **Weitere Routenoptionen auswählen**: Du kannst unter anderem Start und Ziel vertauschen und einen anderen Ausgangsort oder ein anderes Ziel auswählen.
3. Tippe neben der gewünschten Route auf „Los“.

Scrolle während der Fahrt auf der Routenkarte nach unten, um die nächsten Navigationsanweisungen zu sehen. Um Wegbeschreibungen aus der Liste zu entfernen, tippe auf die erste Wegbeschreibung, die du behalten willst. Die darauf folgenden Wegbeschreibungen werden ebenfalls behalten.

Wenn du die Navigation vor Erreichen des Ziels beenden möchtest, kannst du beispielsweise „Hey Siri, Navigation beenden” sagen oder auf der Routenkarte auf tippen.

ÖPNV-Abfahrtszeiten in der Nähe über die Favoriten schnell finden

Für Haltestellen, Bahnhöfe oder Stationen in deiner Nähe kannst du durch einfaches Tippen die Abfahrtszeiten abrufen.

- **ÖPNV in der Nähe zu Favoriten hinzufügen**: Tippe auf der Suchkarte in der Zeile mit den Favoriten auf , tippe auf „ÖPNV in der Nähe“ und anschließend auf „Fertig“. (Streiche nach links über die Zeile „Favoriten“, wenn nicht zu sehen ist.)
- **Nächste Abfahrtszeiten anzeigen**: Tippe auf der Suchkarte in der Zeile mit den Favoriten auf „ÖPNV“.
- **Linie auswählen, die oben in der Liste „ÖPNV in der Nähe“ angezeigt werden soll**: Tippe auf der Suchkarte in der Zeile mit den Favoriten auf „ÖPNV“, lege einen Finger

auf eine Linie und tippe auf „Stecknadel“. (Zum Entfernen der Stecknadel legst du den Finger erneut auf die Linie und tippst auf „Stecknadel entfernen“.)

ÖPNV-Bahnhof, Station oder Haltestelle zu Favoriten hinzufügen

1. Führe einen der folgenden Schritte aus:
    - Verwende Siri oder die Suchfunktion, um ÖPNV-Bahnhöfe, Stationen oder Haltestellen zu finden.
    - Öffne eine ÖPNV-Karte und vergrößere oder verschiebe die Karte, bis du den gewünschten Bahnhof, die Station oder die Haltestelle sehen kannst, und tippe auf den ÖPNV-Bahnhof, die Station oder die Haltestelle.
2. Tippe auf ••• (auf der Ortskarte rechts neben der Taste „Route“) und tippe auf „Als Favoriten sichern“.

Wichtige ÖPNV-Linien anzeigen

1. Öffne eine Karte und tippe auf die Taste oben rechts.
2. Wähle „ÖPNV“ aus und tippe auf ✕.

Löschen der letzten Routen in der App „Karten“ auf dem iPad

Du kannst die zuletzt in der App „Karten“ angesehenen Routen löschen.

Scrolle auf der Suchkarte nach unten zu „Zuletzt“ und führe einen der folgenden Schritte aus:

- Streiche auf einer der kürzlich angezeigten Routen nach links.
- Tippe über der Liste auf „Mehr“ und streiche auf einer der kürzlich angezeigten Routen nach links oder lösche eine Gruppe von Routen, indem du über der Gruppe auf „Löschen“ tippst.

Verwenden der App „Karten“ auf dem Mac zum Abrufen von Wegbeschreibungen für das iPad

Vor einer größeren Reise oder einer Radtour kannst du die Route auf deinem Mac planen und die detaillierte Wegbeschreibung anschließend mit deinem iPad teilen. Du musst dazu auf deinem Mac und deinem iPad mit derselben Apple-ID angemeldet sein.

1. Erstelle in der App „Karten“ auf dem Mac die Route für deine Reise.
   Weitere Informationen findest du unter Planen einer Route auf dem Mac im Benutzerhandbuch für die App „Karten“.
2. Wähle „Ablage“ > „Teilen“ > „Senden an [dein Gerät]“.

Entdecken von Touren

Umsehen in den Straßen in der App „Karten“ auf dem iPad

In der App „Karten“ kannst du dir Städte in einer interaktiven 3D-Darstellung ansehen, in der du um 360 Grad schwenken und dich durch die Straßen bewegen kannst.

1. Tippe in ausgewählten Städten unten auf einer Karte auf .
2. Zum Ändern der Ansicht kannst du beliebige der folgenden Schritte ausführen:
   - **Bewegen**: Ziehe den Finger nach links oder nach rechts.
   - **Nach vorne bewegen**: Tippe auf die Szene.
   - **Einzoomen oder auszoomen:** Ziehe die Finger auf oder zu.
   - **Weitere Sehenswürdigkeit ansehen**: Tippe auf eine beliebige Stelle auf der Karte.
   - In oder aus dem Vollbildmodus wechseln: Tippe auf oder auf .
   - **Beschriftungen im Vollbildmodus ausblenden**: Tippe auf die Adresskarte oben links und danach auf .

     Wenn links oben eine andere Informationskarte angezeigt wird, tippe auf , um die Adresskarte einzublenden.
3. Tippe abschließend auf „Fertig“.

Flyover-Touren in der App „Karten“ auf dem iPad

In der App „Karten“ kannst du viele Großstädte und Sehenswürdigkeiten weltweit aus der Luft betrachten. Flyover-Sehenswürdigkeiten sind an der Taste „Flyover“ auf ihren Ortskarten zu erkennen.

Stadt oder Sehenswürdigkeit aus der Luft betrachten

Auf unterstützten Modellen kannst du das iPad bewegen, um eine Stadt oder eine Sehenswürdigkeit aus der Luft zu betrachten.

1. Verwende die Taste oben rechts, um eine beliebige Karte (außer „ÖPNV“) auszuwählen.
2. Tippe auf den Namen einer Stadt oder auf den Namen einer Sehenswürdigkeit.
3. Tippe auf der Ortskarte auf „Flyover“.
4. Führe beliebige der folgenden Schritte aus:
   - **Blickrichtung ändern**: Richte das iPad in die gewünschte Blickrichtung aus oder neige es entsprechend.
   - **Umgebung erkunden**: Ziehe den Finger in eine beliebige Richtung. Lege zum Ändern der Perspektive einen Finger auf den Bildschirm und drehe einen zweiten Finger um den ersten.

- **3D-Flug ausführen**: Tippe in der Karte unten auf dem Bildschirm auf „Tour starten“ oder „Stadttour starten“. (Tippe auf eine beliebige Stelle auf dem Bildschirm, wenn die Karte nicht angezeigt wird.)

5. Tippe in der Karte am unteren Bildschirmrand auf , um zur Karte zurückzukehren (tippe auf eine beliebige Stelle des Bildschirms, falls nicht angezeigt wird).

Flug in 3D-Tour ansehen

Auf dem iPad mini 4 kannst du eine Flyover-Tour über eine Stadt oder eine Sehenswürdigkeit starten.

1. Tippe auf den Namen einer Stadt (in der Ansicht „Karte“ oder „Satellit“) oder auf den Namen einer Sehenswürdigkeit.
2. Tippe auf der Ortskarte auf „Flyover-Tour“.
3. Tippe auf , um zur Karte zurückzukehren.

Maßband

Größenmessungen mit dem iPad

Verwende auf unterstützen Modellen die App „Maßband“ und die iPad-Kamera, um die Abmessungen von in der Nähe befindlichen Objekten und Oberflächen zu messen. Du kannst u. a. den Anfangs- und Endpunkt für eine Messung manuell einstellen und das iPad die Abmessungen rechtwinkliger Objekte automatisch erkennen lassen.

Die besten Ergebnisse erzielst du mit der App „Maßband“, wenn die Kanten der zu messenden Objekte klar zu erkennen sind und sich die Objekte in einem Abstand zwischen 0,5 und 3 Metern zum iPad befinden.

Hinweis: Bei den Messungen handelt es sich um Näherungswerte.

Messung starten

1. Öffne die App „Maßband“ und verwende danach die Kamera deines iPad, um die Objekte in deiner Nähe langsam zu scannen.
2. Richte dein iPad so aus, dass das Objekt, das du messen möchtest, auf dem Bildschirm erscheint.

Hinweis: Wenn du mit der App „Maßband“ etwas misst, wird zur Sicherung deiner Privatsphäre ein grüner Punkt oben auf dem Bildschirm angezeigt, der darauf hinweist, dass die Kamera verwendet wird.

Automatische Messung bei einem rechtwinkligen Objekt vornehmen

1. Tippe auf den Rahmen, der erscheint, wenn das iPad die Kanten eines rechtwinkligen Objekts erkennt, um die Abmessungen eines Objekts zu sehen.

2. Tippe auf , wenn du deine Messung als Foto dokumentieren und sichern möchtest.

Manuelle Messung vornehmen

1. Richte den Punkt in der Mitte des Bildschirms mit dem Punkt aus, an dem du mit der Messung beginnen willst. Tippe dann auf .
2. Bewege das iPad langsam in Richtung Endpunkt und tippe auf , um die gemessene Länge einzublenden.
3. Tippe auf , wenn du deine Messung als Foto dokumentieren und sichern möchtest.
4. Nimm eine weitere Messung vor oder tippe auf „Löschen“, um von vorne zu beginnen. Um auf einem iPad Pro 12,9" (4. Generation und neuer) und auf einem iPad Pro 11" (2. Generation und neuer) tippe auf und dann auf „Alle löschen“.

Kantenführungen verwenden

Auf einem iPad Pro 11" (2. Generation und neuer) und auf einem iPad Pro 12,9" (4. Generation und neuer) kannst du die Höhe und die geraden Kanten von Möbeln, Arbeitsplatten und anderen Objekten mithilfe der automatisch eingeblendeten Kantenführungen ganz einfach messen.

1. Positioniere den Punkt in der Mitte des Bildschirms auf einer geraden Kante eines Objekts, bis eine Hilfslinie eingeblendet wird.
2. Tippe an der Stelle, an der du mit der Messung beginnen möchtest, auf .
3. Bewege das Gerät langsam entlang der Hilfslinie und tippe am Endpunkt auf , um die gemessene Länge einzublenden.
4. Tippe auf , wenn du deine Messung als Foto dokumentieren und sichern möchtest.

Linealansicht verwenden

Auf einem iPad Pro 11" (2. Generation und neuer) und auf einem iPad Pro 12,9" (4. Generation und neuer) kannst du die Linealansicht verwenden, um weitere Details in deinen Messungen anzuzeigen.

1. Bewege nach dem Messen der Entfernung zwischen zwei Punkten das iPad näher an die Messlinie, bis sie zum Lineal wird und Zentimeter und Millimeter darauf angezeigt werden.
2. Tippe auf , wenn du deine Messung als Foto dokumentieren und sichern möchtest.

Anzeigen und Sichern von Messungen auf dem iPad

In der App „Maßband“ auf einem iPad Pro 11" (2. Generation und neuer) und auf einem iPad Pro 12,9" (4. Generation und neuer) kannst du eine Liste aller während einer Sitzung erfassten Messungen komplett mit Bildschirmfotos anzeigen und sichern, sodass du sie einfach teilen und darauf zugreifen kannst, wann immer du sie benötigst.

1. Tippe auf , um eine Liste deiner letzten Messungen zu sehen.
   Streiche vom oberen Rand der Liste nach oben, um weitere Messungen anzuzeigen.
2. Tippe zum Sichern der Messungen auf „Kopieren“, öffne eine andere App (beispielsweise „Notizen“), tippe auf ein Dokument und dann auf „Einsetzen“.

Hinweis: Größenmessungen von Personen sind nicht in dieser Liste enthalten.

Messen der Größe einer Person auf dem iPad

Auf einem iPad Pro 11" (2. Generation und neuer) und auf einem iPad Pro 12,9" (4. Generation und neuer) kannst du die App „Maßband“ verwenden, um die Größe einer Person vom Fußboden bis zum Kopf, Haar oder Hut zu messen. (Du kannst sogar die Größe einer Person messen, die auf einem Stuhl sitzt.)

1. Richte dein iPad so aus, dass die Person, die du messen möchtest, auf dem Bildschirm von Kopf bis Fuß angezeigt wird.
   Über dem Kopf (oder Haar oder Hut) der Person wird eine Linie eingeblendet und unter der Linie wird die gemessene Höhe angezeigt.
2. Tippe auf , wenn du ein Foto deiner Messung aufnehmen und sichern möchtest.
3. Zum Sichern des Fotos tippst du auf das Bildschirmfoto links unten, tippst dann auf „Fertig“ und wählst „In ‚Fotos‘ sichern“ oder „In ‚Dateien‘ sichern“.
   Du kannst das Bild mit der Größenmessung ganz einfach und jederzeit in den Apps „Fotos“ oder „Dateien“ auf dem iPad öffnen und teilen.

Wenn du die Messung wiederholen möchtest, legst du das iPad einen Moment zur Seite, damit die vorherige Größenmessung zurückgesetzt wird.

Nachrichten

Einrichten der App „Nachrichten“ auf dem iPad

In der App „Nachrichten“ kannst du Textnachrichten als SMS/MMS-Nachrichten über deinen Mobilfunkanbieter beziehungsweise mit iMessage über eine WLAN- oder Mobilfunkverbindung an andere Personen senden, die ein iPhone oder iPad oder einen iPod touch oder Mac verwenden. iMessage-Nachrichten werden dabei im Rahmen deines

Mobilfunktarifs nicht als SMS/MMS gezählt, doch es können Kosten für die Datenübertragung über das Mobilfunknetz anfallen.

iMessage-Nachrichten können Fotos, Videos und weitere Informationen enthalten. Du kannst sehen, wenn andere Personen Text eingeben und sie mit einer Lesebestätigung wissen lassen, wenn du ihre Nachrichten gelesen hast. iMessage-Nachrichten werden aus Sicherheitsgründen vor dem Senden verschlüsselt.

iMessage-Texte werden in blauen und SMS-/MMS-Texte in grünen Sprechblasen angezeigt.

Bei iMessage anmelden

1. Wähle „Einstellungen" > „Nachrichten".
2. Aktiviere die Option „iMessage".

Auf deinem Mac und anderen Apple-Geräten mit derselben Apple-ID bei iMessage anmelden

Wenn du dich auf allen Geräten mit derselben Apple-ID bei iMessage anmeldest, kannst du alle mit dem iPad gesendeten oder empfangenen Nachrichten auch auf allen anderen Apple-Geräten sehen. Du kannst daher eine Nachricht von dem Gerät aus senden, das sich gerade in deiner Nähe befindet, oder Handoff verwenden, um eine Konversation auf einem ersten Gerät zu starten und auf einem anderen Gerät fortzusetzen.

1. Wähle auf dem iPhone, iPad oder iPod touch „Einstellungen" > „Nachrichten" und aktiviere die Option „iMessage".
2. Öffne auf deinem Mac die App „Nachrichten" und führe einen der folgenden Schritte aus:
   - Gib deine Apple-ID und das Passwort ein und klicke auf „Anmelden", wenn du dich zum ersten Mal anmeldest.
   - Wähle „Nachrichten" > „Einstellungen" und klicke auf „iMessage" und auf „Abmelden", wenn du aktuell bereits angemeldet bist und eine andere Apple-ID verwenden möchtest.

Mithilfe der Integrationsfunktion (Continuity) kannst du auf dem iPad über die Mobilfunkverbindung deines iPhone SMS/MMS-Nachrichten senden und empfangen.

Option „Nachrichten in iCloud" verwenden

Wähle „Einstellungen" > „[dein Name]" > „iCloud" und aktiviere die Option „Nachrichten" (sofern sie noch nicht aktiviert ist).

Ab diesem Zeitpunkt wird jede Nachricht, die du auf dem iPad sendest oder empfängst, in iCloud gesichert. Wenn du dich mit derselben Apple-ID auf einem neuen Gerät anmeldest, auf dem die Option „Nachrichten in iCloud" aktiviert ist, werden all deine Konversationen automatisch auch dort angezeigt.

Da deine Nachrichten und alle Anhänge in iCloud gespeichert werden, steht dir auf deinem iPad mehr Speicherplatz zur Verfügung. Sprechblasen mit Nachrichten, komplette Konversationen und Anhänge, die du von deinem iPad löschst, werden auch von deinen anderen Apple-Geräten gelöscht (ab iOS 11.4, iPadOS 13 oder macOS 10.13.5), auf denen die Option „Nachrichten in iCloud" aktiviert ist.

Hinweis: Die Option „Nachrichten in iCloud“ belegt iCloud-Speicher.

Senden und Empfangen von Textnachrichten auf dem iPad

Verwende die App „Nachrichten“ , um Text- und Audionachrichten, Fotos und Videos zu senden und zu empfangen. Deine Nachrichten kannst du mit animierten Effekten, Memoji-Stickern, iMessage-Apps und mehr personalisieren.

Nachricht senden

Du kannst eine Textnachricht an eine oder mehrere Personen senden.

1. Tippe oben auf dem Bildschirm auf , um eine neue Nachricht zu beginnen, oder tippe auf eine bereits vorhandene Nachricht.
2. Gib die Telefonnummer, den Namen oder die Apple-ID aller Empfänger ein. Oder tippe auf und wähle die Kontakte aus.
3. Tippe auf das Textfeld, gib den Text für deine Nachricht ein, und tippe danach auf , um deine Nachricht zu senden.
    - Wird die Taste „Senden“ blau angezeigt, bedeutet das, dass die Nachricht mit iMessage gesendet wird. Ist die Taste „Senden“ grün, wird die Nachricht als SMS/MMS über deinen Mobilfunkanbieter gesendet.
    - Wenn eine Nachricht nicht gesendet werden kann, wird eine Warnung angezeigt. Tippe auf die Warnung, um den Versuch, die Nachricht zu senden, zu wiederholen.

Tipp: Bewege die Sprechblase der Nachricht nach links, um zu sehen, wann die Nachricht empfangen bzw. gesendet wurde.

Tippe auf den Namen oder die Telefonnummer oben auf dem Bildschirm, um Details für eine Konversation anzuzeigen. Du kannst auf einen Kontakt tippen, um dessen Kontaktkarte anzuzeigen, deinen Standort teilen, Anhänge ansehen, eine Gruppenkonversation verlassen und andere Aktionen ausführen.

Antworten auf eine Nachricht

Siri: Sage zum Beispiel:

- „Schicke Anke eine Nachricht und sag, wie wäre es mit morgen“
- „Lies meine letzte Nachricht von Alex vor“
- „Antworte, das sind großartige Nachrichten“

Tipp: Wenn du AirPods (2. Generation und neuere Modelle), AirPods Pro und AirPods Max oder andere unterstützte Kopfhörer trägst, kann Siri eingehende Nachrichten vorlesen und du kannst eine Antwort sprechen, die Siri dann sendet. Weitere Informationen findest du unter Anhören und Beantworten von Nachrichten im Benutzerhandbuch für die AirPods.

Gehe alternativ wie folgt vor:

1. Tippe in der Nachrichtenliste auf die Konversation, auf die du antworten willst. Wenn du nach Kontakten oder dem Inhalt von Konversationen suchen möchtest, streichst du in der Nachrichtenliste nach unten und gibst den gewünschten Text in das Suchfeld ein. Alternativ kannst du aus der Liste mit den Vorschlägen für Kontakte, Links, Fotos und mehr auswählen.
2. Tippe auf das Textfeld und schreibe deine Nachricht.

   Tipp: Tippe, wenn du einen Text durch Emojis ersetzen möchtest, auf oder auf und danach auf jedes hervorgehobene Wort.

3. Tippe zum Senden der Nachricht auf .

Mit einem Tapback (zum Beispiel „Daumen hoch“ oder „Herz“) kannst du schnell auf Nachrichten antworten). Doppeltippe auf die Sprechblase der Nachricht, auf die du antworten möchtest, und wähle ein Tapback aus. Du kannst auch auf eine bestimmte Nachricht in einer Konversation antworten.

Konversation anpinnen

Du kannst bestimmte Konversationen oben in der Nachrichtenliste anpinnen, sodass die Personen, die du am häufigsten kontaktierst, immer an erster Stelle angezeigt werden.

Führe beliebige der folgenden Schritte aus:

- Streiche auf einer Konversation nach rechts und tippe dann auf .
- Lege den Finger auf eine Konversation und bewege sie in der Liste nach oben.

Konversation loslösen

Du kannst bestimmte Konversationen, die oben in der Nachrichtenliste angepinnt sind, loslösen.

Führe beliebige der folgenden Schritte aus:

- Lege den Finger auf eine Konversation und bewege die Nachricht in der Liste nach unten.
- Lege den Finger auf eine Konversation und tippe dann auf .

Name und Foto teilen

In der App „Nachrichten“ kannst du deinen Namen und dein Foto teilen, wenn du eine neue Nachricht startest oder auf eine neue Nachricht antwortest. Dein Foto kann ein Memoji oder ein eigenes Bild sein. Folge nach erstmaligem Öffnen der App „Nachrichten“ den Anleitungen auf deinem iPad, um deinen Namen oder dein Foto auszuwählen.

Öffne zum Ändern deines Namens, Fotos oder der Freigabeoptionen die App „Nachrichten“, tippe auf die und auf „Name und Foto bearbeiten“. Führe anschließend beliebige der folgenden Schritte aus:

- **Profilbild ändern**: Tippe auf „Bearbeiten“ und wähle eine Option aus.
- **Namen ändern**: Tippe auf die Textfelder, in denen dein Name angezeigt wird.

- **Teilen aktivieren oder deaktivieren**: Tippe auf die Taste neben „Name und Foto teilen" (grün bedeutet, dass das Teilen aktiviert ist).
- **Personen ändern, die dein Profil sehen können**: Tippe auf eine Option unter „Automatisch teilen" (die Option „Name und Foto teilen" muss aktiviert sein).

Dein Name und Foto in der App „Nachrichten" kann auch für deine Apple-ID und für „Meine Karte" in der App „Kontakte" verwendet werden.

Von einer Konversation in der App „Nachrichten" zu einem Audio- oder Videoanruf mit FaceTime umschalten

Du kannst in der App „Nachrichten" während einer Konversation einen Audio- oder Videoanruf per FaceTime mit der Person starten, mit der du gerade chattest.

1. Tippe in einer Konversation in der App „Nachrichten" auf .
2. Tippe auf „FaceTime-Audio" oder „FaceTime-Video".

Nachricht an ein Unternehmen senden

Manche Unternehmen ermöglichen dir, direkt mit ihnen zu kommunizieren, damit du Fragen stellen, Probleme lösen, Kaufberatungen erhalten und Käufe mit Apple Pay tätigen kannst.

1. Suche nach dem Unternehmen oder Dienstleister, mit dem du den Chat führen möchtest. Zum Suchen kannst du die Apps „Karten" und „Safari", die Suchfunktion oder Siri verwenden.
2. Starte eine Konversation, indem du auf den Chat-Link in den Suchergebnissen tippst. Das Erscheinungsbild dieses Links kann unterschiedlich sein und beispielsweise wie eine Taste oder ein Text-Link aussehen. Es kann zum Beispiel auch das Logo des Unternehmens sein.
   Bei einigen Unternehmen und Dienstleistern kannst du einen Chat auch von deren Website oder App starten.

Hinweis: Nachrichten, die du an teilnehmende Unternehmen sendest, werden grau angezeigt, damit du sie leicht von iMessage-Nachrichten (blau) und SMS/MMS-Nachrichten (grün) unterscheiden kannst.

Senden von Nachrichten an eine Gruppe auf dem iPad

In der App „Nachrichten" kannst du Nachrichten an eine Gruppe senden. In einer Gruppennachricht kannst du direkt auf eine bestimmte Nachricht antworten und andere aufmerksam machen.

Neue Nachricht an eine Gruppe senden

Du kannst eine Nachricht an mehrere Personen schicken, um eine Gruppenkonversation zu beginnen.

1. Tippe oben auf dem Bildschirm auf , um eine neue Konversation zu beginnen.

2. Gib die Telefonnummern, die Kontaktnamen oder die Apple-IDs aller Empfänger:innen ein oder tippe auf und wähle die Kontakte aus.
   Hinweis: Wenn eine:r oder mehrere der Empfänger:innen iMessage nicht verwenden, werden die Nachrichten in grünen statt blauen Sprechblasen angezeigt.
3. Tippe auf das Textfeld, gib deine Nachricht ein und tippe danach auf .

Auf eine bestimmte Nachricht in einer Gruppenkonversation antworten

Du kannst direkt auf eine bestimmte Nachricht in Gruppen- oder Einzelkonversationen antworten, um die Konversation übersichtlicher und organisierter zu gestalten.

1. Lege in einer Konversation den Finger auf eine Nachricht und tippe auf .
2. Schreibe deine Antwort und tippe auf , um sie zu senden.

Andere Personen können direkt auf eine bestimmte Nachricht antworten, sofern alle Personen in der Gruppe ein iPhone, ein iPad, einen iPod touch oder einen Mac verwenden und iMessage aktiviert haben.

Person zu einer vorhandenen Gruppenkonversation hinzufügen

1. Tippe auf die Gruppenkonversation, zu der du eine Person hinzufügen möchtest.
2. Tippe auf das Foto der Gruppe oben auf dem Bildschirm.
3. Tippe auf „Hinzufügen“.

Du kannst Personen zu einer vorhandenen Gruppenkonversation hinzufügen (sofern alle Personen in der Gruppe ein iPhone, ein iPad, einen iPod touch oder einen Mac verwenden und iMessage aktiviert haben). Andernfalls musst du eine neue Gruppenkonversation beginnen.

Personen aus einer Gruppenkonversation entfernen

Du kannst eine andere Person aus einer vorhandenen Gruppenkonversation entfernen, sofern die Gruppe mindestens drei Personen umfasst (und alle Personen in der Gruppe ein iPhone, ein iPad, einen iPod touch oder einen Mac verwenden und iMessage aktiviert haben).

1. Tippe auf die Gruppenkonversation, aus der du eine Person entfernen möchtest.
2. Tippe auf das Foto der Gruppe oben auf dem Bildschirm.
3. Streiche auf dem Namen der zu entfernenden Person nach links und tippe danach auf „Entfernen“.

Unabhängig von der Anzahl der Personen in der Gruppenkonversation kannst du auch die Konversation stummschalten, damit du keine Mitteilungen zu Nachrichten in dieser Konversation erhältst.

Gruppenkonversation verlassen

Du kannst eine Gruppenkonversation verlassen (sofern alle Personen in der Gruppe ein iPhone, ein iPad, einen iPod touch oder einen Mac verwenden und iMessage aktiviert haben).

1. Tippe auf die Gruppenkonversation, die du verlassen möchtest.
2. Tippe auf das Foto der Gruppe oben auf dem Bildschirm.
3. Scrolle nach unten und tippe auf „Konversation verlassen“.

Personen in einer Gruppenkonversation erwähnen

In einer Gruppennachricht kannst du eine andere Person mit ihrem Namen ansprechen, um sie auf eine bestimmte Nachricht aufmerksam machen. Sie empfangen eine Mitteilung, sofern alle Personen in der Gruppe ein iPhone, ein iPad, einen iPod touch oder einen Mac verwenden und iMessage aktiviert haben. Abhängig von ihren Einstellungen erhalten sie auch dann eine Mitteilung, wenn sie die Konversation stummgeschaltet hat.

1. Gib zunächst den Namen eines Kontakts im Textfeld einer Konversation ein.
2. Tippe auf den Namen des Kontakts, sobald er angezeigt wird.
   Du kannst einen Kontakt auch erwähnen, indem du „@“ gefolgt vom Namen des Kontakts eingibst.
   Um deine Benachrichtigungseinstellungen für Erwähnungen in der App „Nachrichten“ festzulegen, wähle „Einstellungen“ > „Nachrichten“ > „Mitteilung an mich“.

Namen und Foto einer Gruppenkonversation ändern

Du kannst einer Gruppenkonversation einen eigenen Namen oder ein eigenes Foto zuweisen (sofern alle Personen in der Gruppe ein iPhone, ein iPad, einen iPod touch oder einen Mac verwenden und iMessage aktiviert haben).

1. Tippe auf den Namen oder die Telefonnummer oben in der Konversation.
2. Tippe auf „Namen und Foto“ und wähle eine Option aus.

Senden und Empfangen von Fotos, Videos und Audionachrichten auf dem iPad

In der App „Nachrichten“ kannst du über iMessage oder den SMS/MMS-Dienst (Wi-Fi + Cellular-Modelle) Nachrichten mit Fotos, Videos und Audioinhalten senden. Außerdem kannst du Anhänge teilen, sichern oder drucken. Dein Anbieter kann die maximale Größe von Anhängen bestimmen. Möglicherweise komprimiert das iPad Foto- und Videoanhänge, sofern dies nötig ist.

Foto oder Video senden

1. Führe in der App „Nachrichten“ beim Schreiben einer Nachricht beliebige der folgenden Schritte aus:
   - **Foto in der App „Nachrichten“ aufnehmen**: Tippe auf , umrahme das gewünschte Objekt im Sucher und tippe auf .
   - **Video in der App „Nachrichten“ aufnehmen**: Tippe auf , wähle „Video“ als Modus aus und tippe auf .

- **Vorhandenes Foto oder Video auswählen**: Tippe auf , um die neuesten Aufnahmen anzuzeigen. Streiche dann nach oben, um alle Fotos und Alben zu durchsuchen. Wenn mehrere Fotos oder Videos ausgewählt sind, zeigt eine Nummer an, in welcher Reihenfolge sie gesendet werden.

2. Tippe auf , um deine Nachricht zu senden, oder auf , um den Vorgang abzubrechen.

Wenn du mehrere Fotos gleichzeitig erhältst, werden sie automatisch in einer Collage (zwei bis drei Fotos) oder einem Fotostapel (mehr als vier Fotos) gruppiert. Du kannst per Streichgeste den Fotostapel durchschauen, um jedes Foto einzeln anzuzeigen, darauf zu antworten oder anderweitig damit zu interagieren.

Um ein Foto zu sichern, tippst du auf neben dem Foto oder der Fotosammlung.

Hinweis: Die App „Nachrichten“ erkennt Nacktheit in Fotos auf dem Gerät deines Kindes, bevor die Fotos gesendet oder empfangen werden, und bietet Ressourcen, die dein Kind beim Umgang mit der Situation unterstützen (iPadOS 15.2 oder neuer; nicht in allen Ländern oder Regionen verfügbar). Diese Funktion gibt Apple keinen Zugriff auf die Fotos.

Foto mit Markierungen versehen oder bearbeiten

Du kannst ein Foto mit Markierungen versehen und bearbeiten, bevor du es im Rahmen einer Konversation in der App „Nachrichten“ versendest.

1. Tippe in der Übersicht der Apps auf und wähle ein Foto aus.
2. Tippe auf das Foto in der Sprechblase der Nachricht und führe beliebige der folgenden Schritte aus:
   - Tippe auf „Markierungen“, um mit den Markierungswerkzeugen auf dem Foto zu zeichnen. Tippe danach auf „Sichern“.
   - Tippe auf „Bearbeiten“, um das Foto mit den Werkzeugen für die Fotobearbeitung zu bearbeiten. Tippe danach auf „Sichern“.
3. Tippe auf „Fertig“ und füge deinen Nachrichtentext hinzu. Tippe danach auf , um das Foto zu senden, oder auf , um das Foto aus der Sprechblase der Nachricht zu entfernen.

Kameraeffekte zu einem Foto oder Video hinzufügen

Wenn du im Rahmen einer „Nachrichten“-Konversation ein Foto oder Video aufnimmst, kannst du ihm bei unterstützten Modellen Kameraeffekte wie Filter, Sticker, Etiketten und Formen hinzufügen.

1. Tippe“ auf und wähle „Foto“ oder „Video“ als Modus.
2. Tippe auf und führe beliebige der folgenden Schritte aus:

- Tippe auf und wähle einen Filter aus, der auf dein Bild angewendet werden soll.
- Tippe auf , um ein Textetikett hinzuzufügen, oder auf , um eine Form hinzuzufügen.
- Tippe auf , um ein Memoji als Sticker hinzuzufügen, oder auf , um ein Emoji als Sticker hinzuzufügen.

3. Tippe auf , um das Effektfenster zu schließen.
4. Tippe auf , um ein Foto aufzunehmen, oder auf , um ein Video aufzunehmen.
5. Tippe auf „Fertig", um das Foto oder Video zur Sprechblase hinzuzufügen, in der du eine Nachricht hinzufügen kannst. Oder tippe auf , um das Foto oder Video direkt zu senden.

Audionachricht senden

1. Lege in einer Konversation den Finger auf , um eine Audionachricht aufzunehmen.
2. Tippe auf , um deine Audionachricht anzuhören, bevor du sie sendest.
3. Tippe auf , um deine Nachricht zu senden, oder auf , um den Vorgang abzubrechen.

Hinweis: Um Speicherplatz zu sparen, löscht das iPad Audionachrichten zwei Minuten, nachdem du sie angehört hast, automatisch, sofern du nicht auf „Behalten" tippst. Wähle „Einstellungen" > „Nachrichten" > „Löschen" (unter „Audionachrichten") und tippe auf „Nie", wenn Audionachrichten generell aufbewahrt werden sollen.

Nachricht oder Anhang teilen, sichern, drucken, kopieren oder löschen

Führe in einer Konversation beliebige der folgenden Schritte für einen Anhang aus:

- Anhang teilen, sichern oder drucken: Tippe auf den Anhang und auf .
- **Anhang kopieren**: Lege den Finger auf den Anhang und tippe auf „Kopieren".
- **Objekte aus einer anderen App teilen**: Tippe in der anderen App auf „Teilen" oder auf und danach auf „Nachrichten".
- **Nachricht oder Anhang weiterleiten**: Lege den Finger auf eine Nachricht oder einen Anhang, tippe auf „Mehr", wähle ggf. zusätzliche Objekte aus und tippe auf .

- **Nachricht oder Anhang löschen**: Lege den Finger auf eine Nachricht oder einen Anhang, tippe auf „Mehr“, wähle ggf. zusätzliche Objekte aus und tippe auf .

Hinweis: Anhänge, die du mittels iMessage sendest (z. B. Fotos oder Videos) werden möglicherweise auf einen Apple-Server hochgeladen und dort verschlüsselt, damit nur der:die Absender:in und der:die Empfänger:in darauf zugreifen können. Es ist möglich, dass zur Optimierung der Leistung dein Gerät Anhänge automatisch auf einen Apple-Server hochlädt, während du noch deine iMessage-Nachricht erstellst. Wenn du deine Nachricht nicht sendest, werden die Anhänge nach einigen Tagen vom Server gelöscht.

Verwenden der App „Nachrichten“ zum Empfangen und Teilen von Inhalten auf dem iPad

Wenn eine Person Links, Fotos oder andere Inhalte mit dir in der App „Nachrichten“ teilt, findest du diese Inhalte im Bereich „Mit dir geteilt“ in unterstützten Apps. So kannst du dir die Inhalte zu einem gewünschten Zeitpunkt ansehen. Zu den Apps, die die Funktion „Mit dir geteilt“ unterstützen, gehören „Fotos“, „Safari“, „News“, „Musik“, „Podcasts“ und „TV“.

Hinweis: Die Inhalte werden nur unter „Mit dir geteilt“ angezeigt, wenn sich die Person, die diese Inhalte gesendet hat, in deiner App „Kontakte“ befindet.

Inhalte mit anderen Personen teilen

Wenn du Inhalte über die App „Nachrichten“ teilen möchtest, setzt du einen Link in deine Nachricht ein oder tippst auf , um Fotos hinzuzufügen. Tippe dann auf .

Wenn du Inhalte von einer anderen App (wie z. B. Podcasts, News oder „Musik“) teilen möchtest, wählst du zuerst den Inhalt aus, den du teilen möchtest. Tippe auf und wähle dann „Nachrichten“.

Ansehen, was andere Personen mit dir geteilt haben

Du kannst ansehen, was andere Personen mit dir in einer Konversation in „Nachrichten“ geteilt haben oder dir die Inhalte später in den entsprechenden Apps ansehen:

- **Fotos**: Tippe auf „Für dich“ und scrolle dann zum Bereich „Mit dir geteilt“.
- **Safari**: Tippe auf das Adressfeld und scrolle dann zum Bereich „Mit dir geteilt“.
- **News**: Tippe auf „Folge ich“ und dann auf „Mit dir geteilt“.
- **Musik**: Tippe auf „Jetzt anhören“ und scrolle dann zum Bereich „Mit dir geteilt“.
- **Podcasts**: Tippe auf „Jetzt anhören“ und scrolle dann zum Bereich „Mit dir geteilt“.
- **Apple TV**: Tippe auf „Jetzt ansehen“ und scrolle dann zum Bereich „Mit dir geteilt“.

Inhalte, die in letzter Zeit mit dir geteilt wurden, verfügen über eine Taste, die Auskunft darüber gibt, wer diesen Inhalt geteilt hat. Um die Konversation fortzuführen, ohne die Apps zu verlassen, tippst du bei dem entsprechenden Inhalt auf das Etikett „Geteilt von“ und antwortest in „Nachrichten“.

Geteilte Inhalte anpinnen

Wenn eine Person einen besonders interessanten Inhalt teilt, kannst du diesen in „Nachrichten“ schnell anpinnen. So wird der Inhalt im Bereich „Mit dir geteilt“ in den unterstützten Apps, in der Suche in „Nachrichten“ und in der Detailansicht der Konversation ganz oben angezeigt.

Lege in der App „Nachrichten“ den Finger auf einen Link und tippe dann auf .

Hinweis: Fotos können nicht angepinnt, sondern nur in deiner Mediathek gesichert werden.

Steuern, welche geteilten Inhalte in Apps angezeigt werden

Du kannst festlegen, dass der Bereich „Mit dir geteilt“ in einer App ausgeblendet wird.

1. Wähle „Einstellungen“ > „Nachrichten“ > „Mit dir geteilt“.
2. Deaktiviere die Option „Automatisch teilen“ oder deaktiviere die Option „Mit dir geteilt“ für eine bestimmte App.

Senden animierter Effekte in der App „Nachrichten“ auf dem iPad

In der App „Nachrichten“ kannst du eine einzelne Nachricht mit einem Sprechblaseneffekt animieren oder alternativ den gesamten Bildschirm einer Nachricht mit einem Vollbildeffekt füllen (z. B. mit Luftballons oder Konfetti). Du kannst auch eine persönliche Nachricht mit unsichtbarer Tinte senden, die so lange nur verschwommen angezeigt wird, bis der:die Empfänger:in darüber streicht.

Zum Senden und Empfangen von Nachrichteneffekten benötigst du iMessage.

Handschriftliche Nachrichten erstellen und senden

Du kannst eine handschriftliche Nachricht verfassen, d. h. eine Nachricht mit deinem Finger schreiben. Der:die Empfänger:in sieht in einer animierten Nachricht, wie quasi die Tinte auf das Papier fließt.

1. In einer Konversation drehst du das iPad in das Querformat und tippst auf das Textfeld.
2. Tippe auf die Taste auf der Tastatur.
3. Schreibe mit dem Finger eine Nachricht oder tippe auf , um eine gesicherte Nachricht auszuwählen. Tippe dann auf „Fertig“.
4. Tippe auf , um deine Nachricht zu senden, oder auf , um den Vorgang abzubrechen.

Nach dem Erstellen und Senden wird eine handschriftliche Nachricht gesichert. Tippe auf . Tippe auf die Nachricht, um sie erneut zu verwenden. Lege zum Löschen einer gesicherten Nachricht den Finger auf die Nachricht, bis die Nachrichten anfangen zu wackeln, und tippe auf .

Sprechblaseneffekt verwenden

Verwende Sprechblaseneffekte zum Animieren von Nachrichtenblasen.

1. Schreibe in einer neuen oder vorhandenen Konversation eine Nachricht oder füge ein Foto oder Memoji ein.
2. Lege den Finger auf und tippe auf die grauen Punkte, um verschiedene Sprechblaseneffekte in einer Vorschau anzuzeigen.
   Tipp: Möchtest du eine persönliche Nachricht senden? Wenn du unsichtbare Tinte verwendest, wird die Nachricht verschwommen angezeigt, und der:die Empfänger:in kann sie erst lesen, wenn er:sie darüber streicht.
3. Tippe auf , um deine Nachricht zu senden, oder auf , um den Vorgang abzubrechen.
   Tipp: Möchtest du eine persönliche Nachricht senden? Wenn du unsichtbare Tinte verwendest, wird die Nachricht verschwommen angezeigt, und der:die Empfänger:in kann sie erst lesen, wenn er:sie darüber streicht.

Vollbildeffekt verwenden

Verwende Vollbildeffekte zum Animieren des Nachrichtenbildschirms.

1. Schreibe in einer neuen oder vorhandenen Konversation eine Nachricht oder füge ein Foto oder Memoji ein.
2. Lege den Finger auf und tippe auf „Bildschirm".
3. Streiche nach links, um verschiedene Bildschirmeffekte in einer Vorschau anzuzeigen.

4. Tippe auf , um deine Nachricht zu senden, oder auf , um den Vorgang abzubrechen.

Die App „Nachrichten" verwendet automatisch die folgenden Bildschirmeffekte bei bestimmten Textelementen:

- Ballons für „Herzlichen Glückwunsch zum Geburtstag"
- Konfetti für „Herzlichen Glückwunsch"
- Feuerwerk für „Frohes Neues Jahr"

Verwenden von mit iMessage kompatiblen Apps in der App „Nachrichten" auf dem iPad

In der App „Nachrichten" kannst du eine Konversation mit Stickern verzieren, ein Spiel spielen, Musiktitel teilen und vieles mehr – alles mit iMessage-Apps und ohne die App „Nachrichten" zu verlassen. Wenn du weitere iMessage-Apps aus dem App Store lädst, stehen dir noch mehr Nachrichtenoptionen zur Verfügung.

Mit iMessage kompatible Apps suchen und herunterladen

1. Tippe in einer „Nachrichten“-Konversation auf , um den App Store für iMessage zu öffnen.
2. Tippe auf eine App, um weitere Details und Rezensionen anzuzeigen, und tippe dann auf den Preis, um die App zu kaufen. Oder tippe auf „Laden“, um eine kostenlose App zu laden.
   Alle Käufe werden der Zahlungsmethode belastet, die du für deine Apple-ID hinterlegt hast.

iMessage-App verwenden

1. Öffne eine Konversation und tippe in der Übersicht der Apps auf eine iMessage-App.
2. Tippe auf ein Objekt in der iMessage-App, um es der Sprechblase deiner Nachricht hinzuzufügen.
3. Füge ggf. einen Kommentar hinzu und tippe auf , um deine Nachricht zu senden, oder auf , um den Vorgang abzubrechen.

Mit Stickern ausschmücken

Du kannst eine App für Sticker aus dem App Store herunterladen, um in der App „Nachrichten“ deine Fotos und Videos mit Stickern zu versehen.

1. Öffne eine Konversation und tippe in der Übersicht der Apps auf eine App für Sticker.
2. Lege einen Finger auf einen Sticker und ziehe ihn auf eine Nachricht in der Konversation. Bevor den Finger anhebst, kannst du beliebige der folgenden Schritte ausführen:
   - **Winkel anpassen**: Drehe einen zweiten Finger um den Finger, der den Sticker zieht.
   - **Größe anpassen**: Bewege einen zweiten Finger näher an den Finger heran, der den Sticker zieht, oder weiter von ihm weg.
3. Du kannst den Sticker auch über einem anderen Sticker platzieren oder auf einem Foto.

Doppeltippe auf einen Sticker, um den Text zu sehen, der durch den Sticker verdeckt wird.

Lege den Finger auf den Sticker und tippe auf „Stickerdetails“, um weitere Informationen zu dem Sticker zu erhalten. Du kannst beliebige der folgenden Schritte ausführen:

- Ansehen, wer den Sticker gesendet hat.
- Ansehen, aus welcher mit iMessage kompatiblen App der Sticker gesendet wurde.
- Nach links über den Sticker streichen und auf „Löschen“ tippen, um den Sticker zu löschen.

Mit iMessage kompatible Apps verwalten

1. Tippe in der Übersicht der Apps auf .
2. Tippe auf „Bearbeiten“ und führe beliebige der folgenden Schritte für deine mit iMessage kompatiblen Apps aus:
   - Apps neu anordnen: Ziehe .

- App zu deinen Favoriten hinzufügen: Tippe auf .
- App aus deinen Favoriten entfernen: Tippe auf .
- **App ausblenden**: Deaktiviere die App.
- **App löschen**: Streiche nach links über die App und tippe auf „Löschen".

Verwenden von Memojis in der App „Nachrichten" auf dem iPad

Verwende die App „Nachrichten" , um dich mit personalisierten Memoji-Stickern zu präsentieren, die deine Persönlichkeit und deine Stimmung reflektieren. Bei Modellen mit einer TrueDepth-Kamera kannst du animierte Memoji-Nachrichten senden, bei denen deine Stimme aufgenommen und deine Mimik nachgeahmt wird.

Eigenes Memoji erstellen

Du kannst den Look für dein eigenes Memoji individuell gestalten – von der Hautfarbe über die Kopfbedeckung bis hin zur Brille. Du kannst mehrere Memojis für verschiedene Stimmungslagen erstellen.

1. Tippe in einer Konversation auf und dann auf .
2. Tippe nacheinander auf die einzelnen Funktionen und Attribute und wähle die jeweils gewünschte Option aus. Je mehr Funktionen du deinem Memoji hinzufügst, umso natürlicher wirkt es am Ende.
3. Tippe auf „Fertig", um das Memoji zu deiner Sammlung hinzuzufügen.

   Tippe zum Bearbeiten, Duplizieren oder Löschen eines Memoji auf , auf „Memoji" und auf .

Memoji und Memoji-Sticker senden

Auf der Basis deines Memojis und deiner Memoji-Figuren generiert die App „Nachrichten" automatisch Sticker-Pakete. Du kannst diese Sticker verwenden, um ein breites Spektrum an Emotionen auf ganze neue Art auszudrücken.

1. Tippe in einer Konversation auf .
2. Tippe in der obersten Zeile auf ein Memoji, um die Sticker im Sticker-Paket anzuzeigen.
3. Führe einen der folgenden Schritte aus, um einen Sticker zu senden:
   - Tippe auf den Sticker, um ihn zur Sprechblase hinzuzufügen. Füge gegebenenfalls einen Kommentar hinzu und tippe auf , um den Sticker zu senden.
   - Lege einen Finger auf einen Sticker und ziehe ihn auf eine Nachricht in der Konversation. Der Sticker wird automatisch gesendet, wenn du ihn zur Nachricht hinzufügst.

Animiertes Memoji und Memoji-Aufnahmen senden

Bei Modellen mit einer TrueDepth-Kamera kannst du Memoji-Nachrichten senden, bei denen deine Stimme aufgenommen und deine Mimik nachgeahmt wird.

1. Tippe in einer Konversation auf und wähle ein Memoji aus.
2. Tippe auf , um deine Mimik und deine Stimme aufzuzeichnen. Tippe auf die Taste „Wiederholen", um dir die Nachricht anzusehen und anzuhören.
3. Tippe auf , um deine Nachricht zu senden, oder auf , um den Vorgang abzubrechen.

Du kannst auch ein Foto oder Video von dir als Memoji aufnehmen, es mit Stickern verzieren und versenden.

Senden eines Digital Touch-Effekts in der App „Nachrichten" auf dem iPad

In der App „Nachrichten" kannst du in einer iMessage-Konversation mittels Digital Touch animierte Handzeichnungen, Taps, Küsse, Herzschläge usw. senden. Du kannst auch einen Digital Touch-Effekt zu einem Foto oder Video hinzufügen.

Handzeichnung senden

1. Tippe in der Übersicht der Apps auf .
2. Tippe auf den farbigen Punkt, wähle eine Farbe aus und zeichne mit einem Finger. Du kannst die Farbe ändern und danach weiter zeichnen.
3. Tippe auf , um deine Zeichnung zu senden, oder auf , um sie zu löschen.

Gefühle ausdrücken

1. Tippe in der Übersicht der Apps auf .
2. Führe im Zeichenbereich eine der folgenden Gesten aus, um die jeweilige Animation zu senden. Deine Gefühle werden automatisch gesendet, wenn du die Geste beendest.
   - **Tippen**: Tippe mit einem Finger, um eine Farbexplosion zu erzeugen. Du kannst die Farbe ändern und erneut tippen.
   - **Feuerball**: Lege einen Finger auf den Bereich.
   - **Kuss**: Tippe mit zwei Fingern.
   - **Herzschlag**: Lege zwei Finger auf den Bereich.
   - **Gebrochenes Herz**: Lege zwei Finger auf den Bereich, bis ein schlagendes Herz angezeigt wird. Ziehe danach deine Finger nach unten, um das Herz zu brechen.

Digital Touch-Effekt zu einem Foto oder Video hinzufügen

1. Tippe in der Übersicht der Apps auf .
2. Tippe auf .
3. Tippe auf , um ein Foto aufzunehmen, oder auf , um ein Video aufzunehmen.
4. Füge einen Digital Touch-Effekt hinzu (z. B. eine Zeichnung oder einen Kuss).
5. Tippe auf , um deine Nachricht zu senden, oder auf , um sie zu löschen.

Senden, Erhalten und Anfordern von Geldbeträgen auf dem iPad (nur USA)

Du kannst Apple Cash verwenden, um in den Apps „Nachrichten“ oder „Wallet“ schnell und einfach Geldbeträge zu senden, zu erhalten oder anzufordern. Du musst dazu keine App laden, und du kannst die Karten nutzen, die du bereits für Apple Pay hinterlegt hast.

Ein Geldbetrag, den du in der App „Nachrichten“ erhältst, wird deiner Apple Cash-Karte gutgeschrieben.

Geldbetrag mit der App „Nachrichten“ senden

Du kannst außerdem beliebige der folgenden Schritte ausführen:

1. Tippe in einer iMessage-Konversation auf und gib den Geldbetrag ein.
   Tipp: Tippe auf einen Geldbetrag, der in einer Nachricht unterstrichen ist, um die Zahlung vorzumerken.
2. Tippe auf „Bezahlen“ und füge ggf. einen Kommentar hinzu.
3. Tippe zum Abschließen des Zahlungsvorgangs auf und authentifiziere die Zahlung per Face ID oder mit deinem Code.
   Die Zahlung erfolgt mit Apple Cash, sofern dein Konto eine ausreichende Deckung aufweist.

Du kannst eine Zahlung stornieren, die nicht akzeptiert wurde. Tippe in der Sprechblase der Zahlung auf „Zahlung abbrechen“.

Zahlung anfordern

Siri: Sage zum Beispiel: „Bitte Steffi um 26 $ mit Apple Pay.“

Du kannst außerdem beliebige der folgenden Schritte ausführen:

1. Tippe in einer iMessage-Konversation auf .
2. Gib einen Geldbetrag ein und tippe auf „Anfordern“.

Ändern der Mitteilungen zu Nachrichten auf dem iPad

In der App „Einstellungen“ kannst du Mitteilungen einrichten und verwalten, die dich auf neue Nachrichten in der App „Nachrichten“ hinweisen und Nachrichten von unbekannten Absendern ausfiltern.

Mitteilungen zu Nachrichten verwalten

1. Wähle „Einstellungen“ > „Mitteilungen“ > „Nachrichten“.
2. Wähle die gewünschten Optionen aus. Zur Auswahl stehen:
    - Schalte die Option „Mitteilungen erlauben“ ein oder aus.
    - Gib an, wo die Mitteilungen zu Nachrichten angezeigt werden sollen.
    - Wähle einen Hinweiston für die Mitteilungen aus.
    - Gib an, wann die Nachrichtenvorschau angezeigt werden soll.

Festlegen eines Fokus und Planen einer Zusammenfassung deiner Mitteilungen

„Fokus“ ist eine Funktion, die dich dabei unterstützt, dich auf eine Aufgabe zu konzentrieren, indem Ablenkungen reduziert werden. Wenn du dich konzentrieren musst oder dein iPad gerade nicht verwenden kannst, hast du mit der Funktion „Fokus“ die Möglichkeit, alle Mitteilungen vorübergehend stummzuschalten oder nur bestimmte Mitteilungen zu erlauben (z. B. Mitteilungen, die deine zu erledigende Aufgabe betreffen).

Nachdem du einen Fokus aktiviert hast, teilt „Nachrichten“ Apps und Personen mit, dass du gerade beschäftigt bist. In dringenden Fällen können Personen entscheiden, ob sie dich trotzdem benachrichtigen möchten.

Du kannst auch festlegen, dass für dich jeden Tag eine Zusammenfassung deiner Mitteilungen zu einem bestimmten Zeitpunkt erstellt wird. Dadurch kannst du störende Unterbrechungen während des Tages reduzieren und dich zu einem für dich günstigeren Zeitpunkt auf den neuesten Stand bringen.

Hinweiston für Nachrichten festlegen

1. Wähle „Einstellungen“ > „Töne“.
2. Tippe auf „Nachrichtenton“ und führe beliebige der folgenden Schritte aus:
    - Tippe unter „Hinweistöne“ auf einen Sound.
    - Tippe auf „Tone Store“, um einen Hinweiston aus dem iTunes Store herunterzuladen.

Einem Kontakt einen anderen Klingelton zuweisen

1. Öffne die App „Kontakte“ und wähle einen Kontakt aus.
2. Tippe auf „Bearbeiten“ und danach auf „Nachrichtenton“.

3. Wähle unter „Hinweistöne“ eine Option aus.
   Aktiviere die Option „Notfallumgehung“, wenn du Mitteilungen zu Nachrichten von diesem Kontakt auch erhalten möchtest, solange der Modus „Nicht stören“ aktiviert ist.

Mitteilungen zu einer Konversation stummschalten

1. Lege in der Liste der Nachrichten den Finger auf eine Konversation.
2. Tippe auf „Hinweise ausblenden“.

Blockieren, Filtern und Melden von Nachrichten auf dem iPad

In der App „Nachrichten“ kannst du unerwünschte Nachrichten blockieren, Nachrichten von unbekannten Absendern filtern und Junk- oder Spam-Nachrichten melden.

Nachrichten einer bestimmten Person oder Nummer blockieren

1. Tippe in der Konversation der App „Nachrichten“ auf den Namen oder die Telefonnummer ganz oben.
2. Scrolle nach unten und tippe auf „Anrufer blockieren“.

Wähle „Einstellungen“ > „Nachrichten“ > „Blockierte Kontakte“, um die Liste der blockierten Kontakt- und Telefonnummern anzuzeigen und zu verwalten.

Über iMessage empfangene Nachrichten von unbekannten Absendern ausfiltern

Das Filtern von Nachrichten unbekannter Absender deaktiviert iMessage-Mitteilungen von Personen, die nicht in deiner Kontaktliste sind. Die zugehörigen Nachrichten werden in den Tab „Unbekannte Absender“ der Liste „Nachrichten“ einsortiert.

1. Wähle „Einstellungen“ > „Nachrichten“.
2. Aktiviere die Option „Unbekannte Absender filtern“.
   Hinweis: Du kannst Links in der Nachricht eines unbekannten Absenders erst öffnen, wenn du den Absender zu deinen Kontakten hinzufügst oder auf die Nachricht antwortest.

Junk- oder Spam-Nachrichten melden

In iMessage wird eine Nachricht, die von einem Absender stammt, der nicht in deinen Kontakten gespeichert ist, möglicherweise als potenzielle Junk- oder Spam-Nachricht identifiziert. Du kannst diese Nachrichten an Apple melden.

Tippe in der Nachricht auf „Spam melden“ und tippe dann auf „Spam löschen und melden“.

Die Kontaktdaten des Absenders und die Nachricht werden an Apple gesendet und die Nachricht wird dauerhaft von deinem Gerät gelöscht.

Hinweis: Das Melden von Junk oder Spam verhindert nicht, dass dir der Absender weitere Nachrichten sendet, aber du kannst die Nummer blockieren und dadurch verhindern, dass die Nachrichten zugestellt werden.

Löschen von Nachrichten auf dem iPad

In der App „Nachrichten“ kannst du Nachrichten und komplette Konversationen löschen. Eine gelöschte Konversation kann nicht wiederhergestellt werden.

Wenn auf dem iPad die Option „Nachrichten in iCloud“ aktiviert ist, wird alles, was du von deinem iPad löschst, auch von deinen anderen Apple-Geräten gelöscht, auf denen diese Option aktiviert ist.

Nachricht löschen

1. Lege den Finger auf die Sprechblase der Nachricht und tippe auf „Mehr“.
2. Wähle die Sprechblasen der Nachrichten aus, die gelöscht werden sollen, und tippe auf .

Konversation löschen

1. Streiche in der Liste der Nachrichten nach links über die Konversation.
2. Tippe auf „Löschen“.

Musik

Laden und Wiedergeben von Musik auf dem iPad

Mit der App „Musik“ kannst du auf deinem iPad gespeicherte Musiktitel und über das Internet gestreamte Musik anhören. Mit einem optionalen Abonnement für Apple Music kannst du Millionen von Titeln werbefrei anhören, Dateien streamen und laden, die verlustfrei komprimiert wurden (Format „Lossless“), Tausende von Dolby Atmos-Titeln anhören und zusammen mit deinen Freunden neue Musik entdecken. Mit einem Apple Music Voice-Abonnement kannst du Siri verwenden, um alle Songs, Alben, Playlists oder Radiosender aus dem Apple Music-Katalog zu streamen.

Es gibt mehrere Möglichkeiten, Musik zu laden, um sie auf dem iPad wiederzugeben:

- **Apple Music abonnieren**: Mit einem Abonnement und einer WLAN- oder Mobilfunkverbindung kannst du beliebig viele Musiktitel aus dem Katalog von Apple Music und deiner Musikmediathek streamen. Du kannst Musiktitel, Alben und Playlists laden und Musik mit deinen Freunden teilen.
- **Apple Music Voice abonnieren**: Mit einem Abonnement und einer WLAN- oder Mobilfunkverbindung kannst du beliebig viele Musiktitel aus dem Katalog von Apple Music streamen und gekaufte Musik aus deiner Musikmediathek abspielen.
- **An der Familienfreigabe teilnehmen**: Kaufe ein Familienabonnement für Apple Music. Danach können alle Gruppenmitglieder deiner Familienfreigabe Apple Music genießen.
- Musik im iTunes Store kaufen
- Musik mit der App „Musik“ (macOS 10.15 oder neuer) oder iTunes (macOS 10.14 oder älter und Windows-PCs) auf deinem Computer synchronisieren

- **Apple Music-Radio hören**: Apple Music-Radio bietet drei Radiosender, die weltweit live auf Apple Music senden – Apple Music 1, Apple Music Hits, und Apple Music Country. Apple Music-Radio steht auf Apple- und Android-Geräten zur Verfügung sowie mit gängigen Webbrowsern auch auf der Website music.apple.com/de.

Hinweis: Die entsprechenden Dienste und Funktionen sind nicht in allen Ländern oder Regionen verfügbar, und die Funktionen können in verschiedenen Regionen variieren. Bei Verwendung einer Mobilfunkverbindung können zusätzliche Gebühren anfallen.

Anzeigen von Alben, Playlists und anderen Objekten in der App „Musik“ auf dem iPad

In der Mediathek der App „Musik“ befinden sich Musiktitel, TV-Sendungen und Filme, die du aus Apple Music hinzugefügt oder heruntergeladen hast, Musiktitel und Videos, die du mit deinem iPad synchronisiert hast, und Inhalte, die du im iTunes Store gekauft hast.

Hinweis: Im Apple Music Voice-Abonnement sind nicht alle Funktionen verfügbar.

Musik durchsuchen und abspielen

1. Tippe in der Seitenleiste im Bereich „Mediathek“ auf eine Kategorie (zum Beispiel auf „Alben“ oder „Titel“). Tippe auf „Geladen“, wenn du nur Titel anhören möchtest, die auf deinem iPad gespeichert sind.
2. Gib Text in das Suchfeld ein, um deine Ergebnisse zu filtern und schnell den Titel zu finden, den du suchst.
3. Tippe auf ein Objekt und danach auf die Taste „Wiedergabe“, um das Objekt wiederzugeben. Tippe auf „Zufällig“, wenn die Titel eines Albums oder einer Playlist in zufälliger Reihenfolge wiedergegeben werden sollen.
   Du kannst auch deinen Finger auf das Albumcover legen und dann auf die Wiedergabetaste tippen.

Tippe in der Seitenleiste auf „Bearbeiten“, wenn du die Liste der Kategorien ändern möchtest, und wähle die Kategorien aus, die du hinzufügen möchtest (z. B. „Genres“ oder „Compilations“). Tippe auf bereits vorhandene Kategorien, um sie zu entfernen.

Musiktitel sortieren

1. Tippe in der Seitenleiste im Bereich „Mediathek“ auf „Playlists“, „Alben“, „Titel“, „TV & Filme“ oder „Musikvideos“.
2. Tippe auf „Sortieren“ und wähle die gewünschte Sortierfolge aus (zum Beispiel „Titel“, „Künstler“, „Zuletzt hinzugefügt“ oder „Zuletzt gespielt“).

Von einem Computer in der Nähe geteilte Musik wiedergeben

Wenn ein Computer in deinem Netzwerk Musik mit der Option „Privatfreigabe“ teilt, kannst du diese Musik auf dein iPad streamen.

1. Öffne auf deinem iPad „Einstellungen“ > „Musik“, tippe im Bereich „Privatfreigabe“ auf „Anmelden“ und melde dich anschließend mit deiner Apple-ID an.

2. Öffne die App „Musik“ , tippe in der Seitenleiste auf „Bearbeiten“, wähle „Privatfreigabe“ aus und tippe auf „Fertig“.
3. Tippe auf „Privatfreigabe“ und wähle eine geteilte Mediathek aus.

Musiktitel aus Apple Music vom iPad entfernen

Wähle „Einstellungen“ > „Musik“ und deaktiviere die Option „Mediathek synchronisieren“.

Die Titel werden von deinem iPad entfernt, verbleiben aber in iCloud. Auch von dir gekaufte oder synchronisierte Musiktitel bleiben erhalten.

Wiedergeben von Musik auf dem iPad

Im Bereich „Jetzt läuft“ der App „Musik“ kannst du Songtexte anzeigen, Musiktitel wiedergeben, die Wiedergabe unterbrechen, Titel überspringen und Titel in zufälliger Reihenfolge oder wiederholt abspielen. Du kannst auch die Taste „Jetzt läuft“ verwenden, um das Albumcover anzuzeigen und auszuwählen, welcher Titel in der Liste als nächstes gespielt werden soll.

Hinweis: Im Apple Music Voice-Abonnement sind nicht alle Funktionen verfügbar.

Wiedergabe steuern

Tippe auf den Player (unten rechts), um den Bildschirm „Jetzt läuft“ mit den folgenden Steuerelementen einzublenden:

Taste	Beschreibung
	Aktuellen Titel wiedergeben.
	Wiedergabe unterbrechen.
	Zum nächsten Titel wechseln. Wenn du den Finger auf der Taste liegen lässt, wird der schnelle Vorlauf für den aktuellen Titel gestartet.
	Zum Anfang des Titels zurückkehren. Tippe nochmals auf die Taste, um den vorherigen Titel auf einem Album oder in einer Playlist abzuspielen. Wenn du den Finger auf der Taste liegen lässt, wird der schnelle Rücklauf für den aktuellen Titel gestartet.
	Tippe, um ein Album oder eine Playlist zu wiederholen. Durch Doppeltippen kannst du einen einzelnen Titel wiederholen.

	Tippe, um deine Titel in zufälliger Reihenfolge wiederzugeben. Tippe erneut, um die zufällige Wiedergabe zu deaktivieren.
	Der Bildschirm „Jetzt läuft“ wird ausgeblendet.
	Tippe auf diese Taste, um weitere Optionen einzublenden.
	Zeitsynchronen Liedtext anzeigen (Liedtexte sind nicht für alle Titel verfügbar).
	Musik an Bluetooth- oder AirPlay-fähige Geräte streamen.
	Warteliste anzeigen.

Lautstärke anpassen, Details zum Titel anzeigen und weitere Aktionen

Der Bildschirm „Jetzt läuft“ enthält weitere Optionen, mit denen du Musiktitel steuern und abrufen kannst.

- **Lautstärke anpassen**: Bewege den Schieberegler für die Lautstärke. Du kannst auch die Lautstärketasten am iPad verwenden.
- **Schnell zum Künstler, zum Album oder zur Playlist navigieren**: Tippe unter dem Namen des aktuellen Titels auf den Namen des Künstlers und wähle „Zum Künstler“, „Zum Album“ bzw. „Zur Playlist“ aus.
- Zu einer beliebigen Stelle in einem Musiktitel springen: Bewege die Abspielposition.

Zeitsynchronen Liedtext anzeigen

Für viele der Musiktitel in Apple Music sind zeitsynchrone Liedtexte verfügbar.

Tippe auf den Player, um den Bildschirm „Jetzt läuft“ zu öffnen. Tippe anschließend auf . Die Liedtexte werden zeitsynchron mit der Musik angezeigt.

Tippe auf , um Liedtexte auszublenden.

Tipp: Tippe auf einen bestimmten Teil des Liedtexts – z. B. die erste Zeile des Refrains – um zu diesem Teil des Songs zu gehen.

Tippe auf und dann auf „Vollständigen Liedtext anzeigen“, um den gesamten Liedtext zu sehen.

Hinweis: Voraussetzung für das Anzeigen von Liedtexten ist ein Abonnement für Apple Music.

Liedtexte teilen

In iPadOS 14.5 (und neuer) kannst du bis zu 150 Zeichen eines Liedtextes teilen, sofern ein zeitsynchroner Liedtext verfügbar ist.

1. Tippe auf den Player, um den Bildschirm „Jetzt läuft" zu öffnen.
2. Tippe auf und danach auf „Liedtext teilen".
   Du kannst auch einen Finger auf eine Zeile des Liedtextes legen, um die Optionen zum Teilen anzuzeigen.
3. Tippe auf die erste und die letzte Zeile des Liedtextes, den du teilen möchtest und wähle die gewünschte Option zum Teilen aus.

Hinweis: Zum Teilen von Liedtexten ist ein Abonnement für Apple Music erforderlich.

Bedenken melden

Wenn du Bedenken zu einem zeitsynchronen Liedtext melden möchtest, legst du einen Finger auf eine Zeile des Liedtextes und tippst dann unten auf dem Bildschirm auf „Bedenken melden".

Vom Sperrbildschirm oder aus einer anderen App auf die Steuerelemente für die Audiowiedergabe zugreifen

Öffne das Kontrollzentrum und tippe auf die Audiokarte.

Musik auf Bluetooth- oder AirPlay-Geräte streamen

1. Tippe auf den Player, um den Bildschirm „Jetzt läuft" zu öffnen.
2. Tippe auf und wähle ein Gerät aus.

Hinweis: Du kannst dieselbe Musik auf mehreren AirPlay 2-fähigen Geräten abspielen, zum Beispiel auf zwei oder mehr HomePod-Lautsprechern. Du kannst auch zwei AirPod-Paare mit einem iPad koppeln und den gleichen Musiktitel oder Film mit einem Freund genießen.

Hinzufügen von Musik zur Warteliste auf dem iPad

Verwende die Warteliste in der App „Musik" , um eine Liste der als Nächstes folgenden Musiktitel zu sehen, Songs und Videos zur Warteliste hinzuzufügen und zuletzt gespielte Titel zu sehen.

Hinweis: Im Apple Music Voice-Abonnement sind nicht alle Funktionen verfügbar.

Warteliste verwenden

1. Tippe auf den Player, um den Bildschirm „Jetzt läuft" zu öffnen.
2. Tippe auf , tippe dann auf einen Musiktitel, der abgespielt werden soll, und auf die Titel, die darauf folgen sollen.

   Bewege , um die Reihenfolge der Titel in der Liste zu ändern.
3. Tippe erneut auf , um die Warteliste auszublenden.

Wenn du über ein Abonnement für Apple Music verfügst, fügt die Funktion „Automatische Wiedergabe“ am Ende der Warteliste Musiktitel hinzu, die den zuletzt gespielten Titeln ähnlich sind. Tippe auf , um die automatische Wiedergabe zu deaktivieren.

Hinweis: Wenn du die Funktion „Automatische Wiedergabe“ auf einem Gerät deaktivierst, das deine Apple-ID verwendet, z. B. auf deinem iPad, wird sie auch auf allen Geräten deaktiviert, die dieselbe Apple-ID verwenden.

Musik und Videos zur Warteliste hinzufügen

Wenn du deine Mediathek durchsuchst oder Musik abspielst, lege den Finger auf einen Musiktitel, ein Album, eine Playlist oder ein Video und wähle eine Option aus.

- Musik direkt nach dem aktuell abgespielten Titel hinzufügen: Tippe auf „Nächster Titel“.
- Musik zum Ende der Warteliste hinzufügen: Tippe auf „Zuletzt wiedergeben“.

Tipp: Wenn du Musik mit einem HomePod streamst und sich deine Freund:innen im gleichen WLAN befinden, können auch sie Objekte zur Warteliste hinzufügen und die Objekte in der Liste neu anordnen.

Kürzlich gespielte Titel anzeigen

1. Tippe auf den Player, um den Bildschirm „Jetzt läuft“ zu öffnen.
2. Tippe auf und streiche nach unten, um den Wiedergabeverlauf anzuzeigen.

Tippe auf einen Titel im Verlauf, um ihn abzuspielen. Tippe auf „Löschen“, um den Wiedergabeverlauf zu löschen.

Anhören von Radiosendern auf dem iPad

Du kannst Tausende von Radiosendern auf deinem iPad anhören.

- **Siri fragen**: Aktiviere Siri und sage zum Beispiel: „Spiele den Sender Energy“ oder „Spiele den Radiosender Deutschlandfunk.“
- **Sender suchen**: Tippe in der Seitenleiste auf „Suchen“ und gib den Sender in das Suchfeld ein. Tippe danach auf einen Treffer, um den Sender zu spielen.
  Du kannst Sender auch nach Namen, Sendezeichen, Frequenz oder Kurznamen suchen.
- **Sender auswählen**: Tippe auf „Radio“, streiche nach oben und wähle unter „Lokale Radiosender“ oder „Internationale Radiosender“ einen Sender aus.

Hinweis: Du musst Apple Music nicht abonnieren, um Radiosender anzuhören. Radiosender sind nicht in allen Länder oder Regionen verfügbar und nicht alle Stationen sind in allen Ländern oder Regionen verfügbar.

Apple Music

Abonnieren von Apple Music auf dem iPad

Apple Music ist ein werbefreier Streamingdienst für Musik, mit dem du Millionen von Titeln und die Musik in deiner Musikmediathek anhören kannst. Mit einem Abonnement kannst du jederzeit – online oder offline – Musik hören und eigene Playlists erstellen, verlustfrei komprimierte (Format „Lossless“) und Dolby Atmos-Audiodateien streamen und laden, personalisierte Empfehlungen erhalten, anzeigen, welche Musik deine Freund:innen hören, exklusive Videoinhalte ansehen und vieles mehr.

Du kannst Apple Music abonnieren oder Apple One, einen Dienst, der Apple Music und weitere Dienste umfasst.

Alternativ kannst du Apple Music Voice abonnieren und Siri verwenden, um alle Songs, Alben, Playlists oder Radiosender aus dem Apple Music-Katalog zu streamen.

Hinweis: Apple Music, Apple Music Voice, Apple One sowie die Formate „Lossless“ und „Dolby Atmos“ sind nicht in allen Ländern oder Regionen verfügbar.

Apple Music abonnieren

Du kannst Apple Music abonnieren, wenn du die App „Musik“ zum ersten Mal öffnest.

Wenn du den Dienst später abonnieren möchtest, wählst du „Einstellungen“ > „Musik“ und tippst auf die Taste zum Abonnieren.

Neue Abonnenten können jederzeit einen Testlauf starten oder diesen jederzeit abbrechen. Wenn du dein Abonnement für Apple Music beendest, kannst du keine Musik aus Apple Music mehr streamen und keine aus Apple Music geladenen Titel mehr abspielen.

Qualifizierte Studierende können ein Apple Music-Abo für Studierende zu einem reduzierten Preis abschließen.

Apple Music mit Familienmitgliedern teilen

Wenn du Apple Music abonnierst oder ein Familien- oder Premium-Abo für Apple One abschließt, kannst du die Familienfreigabe verwenden, um Apple Music mit bis zu fünf weiteren Familienmitgliedern zu teilen. Deine Familiengruppe muss nichts weiter unternehmen – Apple Music steht den Mitgliedern zur Verfügung, wenn sie die App „Musik“ zum ersten Mal nach der Aktivierung des Abonnements öffnen.

Wenn du einer Familiengruppe beitrittst, die Apple Music abonniert oder ein Familien- oder Premium-Abo für Apple One abgeschlossen hat, und du selbst bereits ein Abonnement besitzt, wird dein Abonnement zum nächsten Zahlungstermin nicht verlängert. Du verwendest stattdessen das Abonnement der Gruppe. Wenn du einer Familiengruppe beitrittst, die nicht über ein Abonnement verfügt, verwendet die Gruppe dein Abonnement.

Hinweis: Wenn du dein Abo für Apple Music nicht mehr mit einer Familiengruppe teilen möchtest, kannst du das Abonnement kündigen, die Familiengruppe verlassen oder die Familienfreigabe verlassen oder deaktivieren.

Musik anhören, die mit dir geteilte wurde

Wenn eine Person Musik mit dir in der App „Nachrichten" teilt, findest du diese im Bereich „Mit dir geteilt" von Apple Music. („Musik" muss unter „Einstellungen" > „Nachrichten" > „Mit dir geteilt" aktiviert werden und die teilende Person muss sich in deiner App „Kontakte" befinden.)

1. Öffne die App „Musik" und tippe dann auf „Jetzt anhören".
2. Streiche nach oben zu „Mit dir geteilt" und führe dann beliebige der folgenden Schritte aus:
   - Tippe auf einen Titel, um ihn anzuhören.
   - Tippe auf den Namen der Person oder Gruppe bzw. die Namen der Personen, die einen Titel geteilt haben, um mit der App „Nachrichten" darauf zu antworten. Du kannst auch antworten, während du den Titel anhörst. Tippe dazu auf den Namen über dem Titel.
   - Lege den Finger auf einen Titel, um andere Aktionen auszuführen, z. B. den Titel zu deiner Mediathek hinzuzufügen, einen Sender zu erstellen oder ihn zu teilen.

Abonnementoptionen ein- oder ausblenden

Wähle „Einstellungen" > „Musik" und deaktiviere die Option „Apple Music zeigen".

Apple Music-Abonnement ändern oder kündigen

Du kannst deinen Abonnementplan ändern oder dein Abonnement kündigen.

1. Tippe in der Seitenleiste auf „Jetzt hören" und danach auf oder auf dein Profilbild.
2. Tippe auf „Abo verwalten" und folge den angezeigten Anleitungen.

Wenn du kein Abonnent bist, kannst du in der App „Musik" Musik anhören, die du von einem Mac oder Windows-PC mit deinem iPad synchronisiert hast. Du kannst auch frühere Käufe aus dem iTunes Store wiedergeben und herunterladen und kostenlos den Sender „Apple Music 1" anhören.

Anhören von verlustfrei komprimierter Musik (Format „Lossless") auf dem iPad

In der App „Musik" haben Abonnent:innen von Apple Music Zugriff auf Millionen von Audiotiteln, die verlustfrei komprimiert wurden.

Die Lossless-Komprimierung ist eine Form der Komprimierung, bei der die Originaldaten erhalten bleiben. Apple hat eine eigene Technologie mit der Bezeichnung Apple Lossless Audio Codec (ALAC) für die verlustfreie Audiokomprimierung entwickelt. Der gesamte Katalog von

Apple Music wurde mit ALAC codiert und ist in verschiedenen Auflösungen von 16 Bit/44,1 kHz (CD-Qualität) bis zu 24 Bit/192 kHz verfügbar.

Hinweis: Das Lossless-Format ist im Apple Music Voice-Abonnement nicht verfügbar.

Das solltest du über das Format „Lossless“ in Apple Music wissen

- Beim Streamen von Lossless Audio über ein Mobilfunknetz oder WLAN erhöht sich der Datenverbrauch deutlich. Das Laden von Lossless Audio erfordert deutlich mehr Speicherplatz auf deinem Gerät. Der Datenverbrauch ist bei höheren Auflösungen größer als bei niedrigen.
- AirPods, AirPods Pro, AirPods Max und kabellose Beats-Kopfhörer verwenden den Apple AAC Bluetooth Codec, um eine exzellente Audioqualität zu gewährleisten. Allerdings sind Bluetooth-Verbindungen nicht verlustfrei.
- Um eine Lossless-Version der Musik zu erhalten, die du bereits aus Apple Music geladen hast, musst du lediglich die vorhandene Musik löschen und anschließend erneut aus dem Katalog von Apple Music laden.
- Wenn du dir Songs mit Abtastraten von mehr als 48 kHz auf dem iPad anhören möchtest, benötigst du einen externen Digital-Analog-Umsetzer (DAU).

Hinweis: Apple Music und das Format „Lossless“ sind nicht in allen Ländern oder Regionen verfügbar.

Lossless-Audio aktivieren und Einstellungen für die Audioqualität festlegen

Du kannst Einstellungen für die Audioqualität auswählen, die beim Streamen über das Mobilfunknetz oder WLAN und bei Downloads verwendet werden sollen.

1. Wähle „Einstellungen“ > „Musik“.
2. Tippe auf „Audioqualität“ und anschließend auf „Lossless Audio“, um diese Option zu aktivieren oder zu deaktivieren.
3. Wähle die gewünschte Audioqualität zum Streamen und Laden von Audio.
    - Wähle „Lossless“ für eine maximale Auflösung von 24 Bit/48 kHz.
    - Wähle „Hi-Res Lossless“ für eine maximale Auflösung von 24 Bit/192 kHz.

Die Audioqualität von gestreamter Musik hängt von der Verfügbarkeit des Titels, von den Netzbedingungen und von der Leistungsfähigkeit der verbundenen Kopfhörer oder Lautsprecher ab.

Lossless Audio-Music erkennen

Wenn Musik im Lossless-Format verfügbar ist, wird auf den Albumseiten angezeigt.

Wenn du die Option „Lossless Audio“ in „Einstellungen“ > „Musik“ > „Audioqualität“

aktivierst, wird das Lossless-Badge auch im Bildschirm „Jetzt läuft“ angezeigt. Tippe auf auf einer Albumseite oder im Bildschirm „Jetzt läuft“, um mehr über die Lossless-Codierung eines Titels zu erfahren.

Anhören von Dolby Atmos-Musik auf dem iPad

In der App „Musik“ können Abonnent:innen von Apple Music in Dolby Atmos verfügbare Titel anhören. Dolby Atmos erzeugt auf Stereokopfhörern und Stereolautsprechern oder mit Dolby Atmos kompatiblen Receivern ein immersives, dreidimensionales Klangerlebnis.

Hinweis: Dolby Atmos ist im Apple Music Voice-Abonnement nicht verfügbar.

Alben, die in Dolby Atmos verfügbar sind, sind mit dem Dolby Atmos-Badge gekennzeichnet. Wenn ein Titel in Dolby Atmos wiedergegeben wird, wird das Badge auch im Bildschirm „Jetzt läuft“ angezeigt.

Dolby Atmos aktivieren

1. Wähle „Einstellungen“ > „Musik“ > „Dolby Atmos“.
2. Wähle „Automatisch“ oder „Immer eingeschaltet“.
   - **Automatisch**: Dolby Atmos wird verwendet, wenn das iPad mit kompatiblen Kopfhörern wie den AirPods (3. Generation), AirPods Pro oder AirPods Max beziehungsweise mit Lautsprechern oder Receivern, die mit Dolby Atmos kompatibel sind, verbunden ist.
   - **Immer eingeschaltet**: Dolby Atmos wird für beliebige Kopfhörer oder Lautsprecher verwendet. Die App „Musik“ versucht, Dolby Atmos-Titel auf beliebigen Kopfhörern oder Lautsprechern abzuspielen, die mit dem iPad verbunden sind.

Dolby Atmos kann für beliebige Kopfhörer verwendet werden, doch nicht alle Lautsprecher spielen Dolby Atmos wie erwartet ab.

Tipp: Wenn du deine AirPods (3. Generation), AirPods Pro oder AirPods Max zum Anhören von Titeln oder Musikvideos verwendest, die Dolby Atmos unterstützen, hörst du die Surround-Sound-Kanäle am korrekten Ort, selbst wenn du deinen Kopf drehst. Öffne das Kontrollzentrum, lege den Finger auf den Lautstärkeregler und tippe dann auf „3D-Audio“.

Titel in Dolby Atmos laden

1. Wähle „Einstellungen“ > „Musik“.
2. Aktiviere die Option „Als Dolby Atmos laden“.

Suchen nach neuer Musik mit Apple Music auf dem iPad

In der App „Musik“ kannst du nach neuen, bemerkenswerten Musiktiteln, Musikvideos, Playlists und anderen unterhaltsamen Inhalten suchen.

Hinweis: Die Suchfunktion ist im Apple Music Voice-Abonnement nicht verfügbar.

Apple Music durchsuchen

Tippe auf „Entdecken“, um neue Musik zu finden. Führe beliebige der folgenden Schritte aus:

- **Empfohlene Musik entdecken**: Streiche über die empfohlenen Songs und Videos, die oben im Bildschirm „Entdecken“ angezeigt werden.
- **Von Musikexperten erstellte Playlists durchsuchen**: Tippe auf eine der zahlreichen Playlists, die von Musikexperten zusammengestellt wurden.
- **Neue Musik entdecken**: Streiche über die Songs unter „Neue Musik“ oder tippe auf „Alle anzeigen“.
- **Zu deiner Stimmung passende Musik anhören**: Tippe auf eine Stimmung wie „Gute Laune“, „Romantik“ oder „Party“ und danach auf die gewünschte Playlist.
- **Angesagte Musik finden**: Tippe unter „Die besten neuen Songs“ auf einen Titel. Streiche nach links, um weitere Titel anzuzeigen, oder tippe auf „Alle anzeigen“.
- **Top-Titel aus der ganzen Welt anhören**: Tippe auf eine der „Top 100 des Tages“-Playlists. Diese Playlists enthalten die beliebtesten Musiktitel des Tages in Ländern rund um den Globus.
- **Tracks von einem demnächst erscheinenden Album anhören**: Tippe auf ein Album unter „Bald erhältlich“ und dann auf einen der bereits verfügbaren Titel.
- **Lieblingskategorien erkunden**: Tippe auf „Kategorien“, wähle eine Kategorie und tippe auf eine empfohlene Playlist, einen Titel, ein Album, eine:n Künstler:in, einen Radiosender oder ein Musikvideo und genieße von Musikexpert:innen sorgfältig zusammengestellte Musik.
- **Die beliebtesten Songs des Tages anhören**: Tippe auf „Charts“ und dann auf einen Titel, eine Playlist, ein Album oder ein Musikvideo. Tippe oben im Bildschirm auf „Alle Genres“, um die beliebtesten Titel und Musikvideos für ein von dir gewähltes Genre anzuzeigen.
- **Musikvideos ansehen**: Tippe auf „Musikvideos“ und dann auf ein empfohlenes Musikvideo oder eine Playlist mit Musikvideos.

Hinzufügen von Musiktiteln zum Offline-Anhören auf dem iPad

In der App „Musik“ können Abonnenten von Apple Music Musiktitel und Videos aus Apple Music hinzufügen und laden. Wenn du eine Internetverbindung hast, kannst du Musik streamen, die du zu deinem iPad hinzugefügt hast. Musik, die du anhören möchtest, wenn du keine Internetverbindung hast, musst du zunächst herunterladen.

Hinweis: Mit einem Apple Music Voice Abonnement kannst du Musik weder hinzufügen noch herunterladen.

Musik von Apple Music zu deiner Mediathek hinzufügen

Führe beliebige der folgenden Schritte aus:

- Lege zwei Finger auf einen Musiktitel, ein Album, eine Playlist oder ein Video und tippe auf „Zur Mediathek hinzufügen“.

- Sieh dir den Inhalt eines Albums oder einer Playlist an und tippe oben auf dem Bildschirm auf , um das Album oder die Playlist hinzuzufügen, oder tippe auf und dann auf „Zur Mediathek hinzufügen", um einzelne Musiktitel hinzuzufügen.
- Tippe im Bildschirm „Jetzt läuft" auf und anschließend auf „Zur Mediathek hinzufügen".

Lege den Finger auf einen Musiktitel, ein Album, eine Playlist oder ein Musikvideo, den/das du aus deiner Mediathek entfernen möchtest, und tippe auf „Aus Mediathek löschen".

Musik, die du zum iPad hinzufügst, wird auch zu anderen Geräten hinzugefügt, wenn du auf diesen mit der gleichen Apple-ID beim iTunes Store und App Store angemeldet bist und die Option „Mediathek synchronisieren" aktiviert ist (wähle hierfür „Einstellungen" > „Musik" und aktiviere „Mediathek synchronisieren".)

Musiktitel zu einer Playlist hinzufügen

1. Lege den Finger auf ein Album, eine Playlist, einen Musiktitel oder ein Musikvideo.
2. Tippe auf „Zu Playlist hinzufügen" und wähle eine Playlist aus.

Musik von Apple Music auf dein iPad herunterladen

- Musiktitel, Album oder Playlist laden: Lege einen Finger auf Musik, die du zu deiner Mediathek hinzugefügt hast, und tippe auf „Download".
  Nachdem du eine Playlist oder ein Album hinzugefügt hast, kannst du auch oben auf dem Bildschirm auf tippen.
  Hinweis: Damit du Musik aus Apple Music in deine Mediathek herunterladen kannst, musst du die Option „Mediathek synchronisieren" aktivieren. Wähle dazu „Einstellungen" > „Musik" und aktiviere die Option „Mediathek synchronisieren".
- Musik immer herunterladen: Wähle „Einstellungen" > „Musik" und aktiviere die Option „Automatische Downloads".
  Hinzugefügte Titel werden automatisch auf das iPad heruntergeladen.
- Download-Fortschritt anzeigen: Tippe im Menü „Mediathek" auf „Geladene Musik" und danach auf „Laden".

Hinweis: Wenn die Musik, die du lädst, in Dolby Atmos verfügbar ist, wird neben dem Objekt angezeigt und du kannst es entweder in Dolby Atmos oder in Stereo laden. Wähle „Einstellungen" > „Musik" und aktiviere die Option „Als Dolby Atmos laden", wenn du Musik in Dolby Atmos laden möchtest (falls verfügbar).

Speicherbereich verwalten

- Speicher für Musik freigeben: Wenn auf dem iPad nur noch wenig Speicherplatz vorhanden ist, kannst du veranlassen, dass geladene Musiktitel, die du längere Zeit nicht gespielt hast, automatisch gelöscht werden. Wähle „Einstellungen" > „Musik" > „Speicher optimieren".

- Auf dem iPad gesicherte Musiktitel und Videos löschen: Lege einen Finger auf einen Musiktitel, ein Album, eine Playlist, ein Musikvideo, eine TV-Sendung oder einen Film, den/das/die du heruntergeladen hast. Tippe auf „Entfernen" und danach auf „Downloads entfernen".
  Das Objekt wird von deinem iPad entfernt, nicht jedoch aus der iCloud-Musikmediathek.
- Alle Musiktitel oder Titel bestimmter Künstler vom iPad entfernen: Wähle „Einstellungen" > „Musik" > „Musikdownloads". Tippe danach auf „Bearbeiten" und auf neben „Alle Titel" oder neben dem Künstler, dessen Musik du löschen möchtest.

Mobilfunkoptionen für die App „Musik" auswählen

Wähle auf dem iPad (Wi-Fi + Cellular-Modelle) „Einstellungen" > „Musik", aktiviere die Option „Mobile Daten" und führe beliebige der folgenden Schritte aus:

- Aktiviere oder deaktiviere die Option „Über Mobilfunknetz laden".
- Tippe auf „Audioqualität", aktiviere „Lossless Audio" und tippe auf „Mobiles Streaming", um eine Einstellung auszuwählen („Ohne", „High Efficiency", „High Quality", „Lossless" oder „High-Resolution Lossless").
  Bei den Optionen „High Quality", „Lossless" und „High-Resolution Lossless" ist der Datenverbrauch wesentlich höher als bei „High Efficiency", sodass zusätzliche Gebühren bei deinem Mobilfunkanbieter anfallen können. Es kann länger dauern, bis die Wiedergabe von Titeln startet.

Anzeigen von Musikempfehlungen auf dem iPad

Mithilfe der Funktion „Jetzt hören" in der App „Musik" kannst du deine Lieblingsalben, Playlists, Interviews und persönliche Mixe, die zu deinem Musikgeschmack passen, abspielen und entdecken.

Hinweis: Im Apple Music Voice-Abonnement sind nicht alle Funktionen verfügbar.

Von dir bevorzugte Genres und Künstler auswählen

Wenn du zum ersten Mal auf „Jetzt hören" in der Seitenleiste tippst, wirst du aufgefordert, Apple Music deine Vorlieben mitzuteilen. Apple Music verwendet diese Angaben, um dir Musikempfehlungen zu geben.

1. Tippe auf die Genres, die du grundsätzlich magst. (Doppeltippe auf die Genres, die du absolut bevorzugst. Lege den Finger auf die Genres, die dich nicht interessieren.)
2. Tippe auf „Weiter" und gehe wie oben beschrieben vor, um deine Auswahl unter den vorgeschlagenen Künstler:innen zu treffen.

Tippe auf „Künstler:in hinzufügen", um nicht aufgeführte Künstler:innen hinzuzufügen, und gib den entsprechenden Namen ein.

Wiedergeben von Musik

1. Tippe in der Seitenleiste auf „Jetzt hören“ und dann auf eine Playlist oder ein Album.
2. Tippe auf die Wiedergabetaste oder auf die Taste „Zufällige Wiedergabe“, um die Playlist oder das Album in zufälliger Reihenfolge anzuhören.

Du kannst auch deinen Finger auf eine Playlist oder ein Album legen und dann auf die Wiedergabetaste tippen.

Musiktitel aus dem Katalog eines:einer Künstler:in wiedergeben

Öffne die Seite eines:einer Künstler:in und tippe auf neben dem Namen des:der Künstler:in.

Die App „Musik“ spielt Titel aus dem Gesamtkatalog des:der Künstler:in, wobei Hits und seltener gehörte Titel gemischt werden.

Apple Music deine Vorlieben mitteilen

Führe einen der folgenden Schritte aus:

- Lege den Finger auf ein Album, eine Playlist oder einen Musiktitel und tippe auf „Mag ich“ oder „Weniger dieser Vorschläge anzeigen“.
- Tippe im Bildschirm „Jetzt läuft“ auf und anschließend auf „Mag ich“ oder „Weniger dieser Vorschläge anzeigen“.

Indem du Apple Music deine Vorlieben mitteilst, kannst du künftige Empfehlungen verbessern.

Musiktitel in deiner Mediathek bewerten

1. Wähle „Einstellungen“ > „Musik“.
2. Aktiviere die Option „Wertungssterne einblenden“.
3. Lege in der App „Musik“ den Finger auf einen Musiktitel in deiner Mediathek, tippe auf „Titel bewerten“ und wähle eine Bewertung zwischen einem und fünf Sternen.

Die Bewertungen von Musiktiteln werden zwischen allen Geräten synchronisiert, auf denen du mit derselben Apple-ID angemeldet bist.

Diese Option wird nur angezeigt, wenn du bereits Wertungssterne von einer synchronisierten Mediathek auf deinem Gerät hast.

Apple Music das Ignorieren deiner Hörgewohnheiten mitteilen

Führe die folgenden Schritte aus, wenn du nicht möchtest, dass deine Follower:innen auf Apple Music sehen, welche Musik du dir anhörst:

1. Wähle „Einstellungen“ > „Musik“.
2. Deaktiviere die Option „Hörverlauf verwenden“.

Das Deaktivieren der Option „Hörverlauf verwenden“ hat Auswirkungen auf die Empfehlungen neuer Musik und auf die Inhalte der Replay-Playlists.

Anhören von Radiosendern auf dem iPad

In der App „Musik“ kannst du dir im Tab „Radio“ Radiosender von Apple Music anhören. Im Tab „Radio“ von Apple Music findest du drei erstklassige Radiosender (Apple Music 1, Apple Music Hits und Apple Country) sowie die neueste Musik aus zahlreichen Genres und exklusive Interviews. Du kannst außerdem empfohlene Sender anhören, die von Musikexpert:innen zusammengestellt wurden, und eigene Sender mit von dir ausgewählten Titeln und Künstler:innen erstellen.

Apple Music-Radio hören

Tippe auf „Radio“ und dann auf einen der Apple Music-Radiosender. Zum Anhören von Apple Music 1, Apple Music Hits oder Apple Music Country ist kein Abonnement erforderlich.

Hinweis: Da Apple Music-Radiosender live senden, kannst du nicht zurückspulen oder Musiktitel überspringen.

Musiktitel eines bevorzugten Genres anhören

1. Tippe in der Seitenleiste auf „Radio“ und dann unter „Mehr entdecken“ auf das gewünschte Genre.
2. Tippe auf einen empfohlenen Radiosender.

Sender erstellen

Du kannst ausgehend von bestimmten Künstler:innen oder Musiktiteln einen eigenen Sender erstellen. Wenn du den:die ausgewählte:n Künstler:in oder Musiktitel wirklich magst, stehen die Chancen recht gut, dass du auch die Musik magst, die der Sender für dich spielt.

1. Lege den Finger auf eine:n Künstler:in oder einen Musiktitel.
2. Tippe auf „Sender erstellen“.

Tippe zum Erstellen eines Senders im Bildschirm „Jetzt läuft“ auf ••• und danach auf „Sender erstellen“.

Suchen nach Musiktiteln auf dem iPad

Mit der Suche in der App „Musik“ kannst du schnell Musikkategorien durchsuchen, den Suchverlauf ansehen und Apple Music oder deine Mediathek durchsuchen.

Hinweis: Im Apple Music Voice-Abonnement sind nicht alle Funktionen verfügbar.

1. Tippe in der Seitenleiste auf „Suchen“ und führe beliebige der folgenden Schritte aus:
    - Tippe auf eine Kategorie (z. B. „Pop“ oder „Fitness“).
    - Tippe auf das Suchfeld und tippe dann auf etwas, das du bei einer früheren Suche ausgewählt hast (z. B. einen Titel oder eine:n Künstler:in).
    - Tippe auf das Suchfeld, tippe auf Apple Music und gib einen Titel, eine:n Künstler:in, ein Album, eine Playlist, eine Radiosendung oder eine Folge, einen Sender, ein Video, eine Kategorie, einen Kurator, ein Musiklabel oder ein Profil ein.

- Tippe auf das Suchfeld, tippe auf „Deine Mediathek“ und gib einen Musiktitel, ein Album, eine Playlist, eine:n Künstler:in, ein Video, eine Compilation oder eine:n Komponist:in ein.

2. Tippe auf ein Ergebnis, um es wiederzugeben.

Du kannst in Apple Music auch anhand des Liedtexts nach einem Titel suchen. Gib ein paar Wörter, an die du dich erinnerst, in das Suchfeld ein, um einen Musiktitel zu finden.

Siri: Sage zum Beispiel: „Spiel den Song mit dem Liedtext“ und zitiere dann eine Passage aus dem Liedtext.

Erstellen von Playlists auf dem iPad

In der App „Musik“ kannst du Musiktitel in Playlists verwalten, die du mit deinen Freunden teilen kannst.

Hinweis: Mit einem Apple Music Voice Abonnement kannst du keine Playlists erstellen.

Playlists zum Verwalten von Musiktiteln erstellen

1. Führe einen beliebigen der folgenden Schritte aus, um eine neue Playlist zu erstellen:
    - Tippe auf „Mediathek“, auf „Playlists“ und auf „Neue Playlist“.
    - Lege einen Finger auf einen Musiktitel, ein Album oder eine Playlist und tippe auf „Zu einer Playlist hinzufügen“ und tippe anschließend auf „Neue Playlist“.
    - Tippe im Bildschirm „Jetzt läuft“ auf ••• und anschließend auf „Zu einer Playlist hinzufügen“ und dann auf „Neue Playlist“.
2. Gib einen Namen und eine Beschreibung für die Playlist ein, damit du sie später leicht wiederfinden kannst.
3. Tippe auf und nimm ein Foto auf oder wähle alternativ ein Bild aus deiner Fotomediathek aus, um ein Cover für deine Playlist hinzuzufügen.
4. Wenn du Musik zur Playlist hinzufügen möchtest, tippst du auf „Musik hinzufügen“ und anschließend auf „Jetzt hören“, „Entdecken“, „Mediathek“ oder auf das Suchfeld.
5. Suche nach der gewünschten Musik oder wähle die gewünschte Musik aus und tippe auf ⊕, um die Musik zur Playlist hinzuzufügen.

Tipp: Sollen die Musiktitel beim Hinzufügen zu einer Playlist auch zur Mediathek hinzugefügt werden, wählst du „Einstellungen“ > „Musik“ und aktivierst die Option „Playlisttitel hinzufügen“.

Auf dem iPad erstellte Playlist bearbeiten

Tippe auf die Playlist, tippe auf •••, tippe auf „Bearbeiten“ und führe einen der folgenden Schritte aus:

- Weitere Titel hinzufügen: Tippe auf „Musik hinzufügen“ und wähle die gewünschte Musik aus.
  Du kannst auch einen Finger auf einen Musiktitel, ein Album, eine Playlist oder ein Musikvideo legen und dann auf „Zu einer Playlist hinzufügen“ tippen und die gewünschte Playlist auswählen.
- Titel löschen: Tippe auf und danach auf „Entfernen“. Wenn du einen Musiktitel aus einer Playlist löschst, wird er nicht aus deiner Mediathek gelöscht.
- Reihenfolge der Titel ändern: Bewege neben einem Musiktitel.

Die an deiner Musikmediathek vorgenommenen Änderungen werden auf all deinen Geräten übernommen, wenn du in den Einstellungen für die App „Musik“ die Option „Mediathek synchronisieren“ aktiviert hast. Wenn du kein Abonnent von Apple Music bist, werden die Änderungen in deiner Musikmediathek angezeigt, wenn du dein iPad das nächste Mal mit deinem Computer synchronisierst.

Playlist löschen

Lege den Finger auf die Playlist in der Seitenleiste und tippe auf „Aus Mediathek löschen“.

Außerdem kannst du auf die Playlist, und dann auf „Aus Mediathek löschen“ tippen.

Anzeigen der Musikauswahl deiner Freund:innen

Als Abonnent von Apple Music kannst du sehen, welche Musiktitel die Freunde hören, denen du folgst. Außerdem kannst du die Playlists sehen, die sie geteilt haben. Umgekehrt können deine Follower:innen die Musiktitel sehen, die du hörst oder in den von dir geteilten Playlists enthalten sind. Diese Informationen findest du auf deinem Profilbildschirm in der App „Musik“ .

Hinweis: Im Apple Music Voice-Abonnement sind nicht alle Funktionen verfügbar.

Profil erstellen

Wenn du die App „Musik“ zum ersten Mal öffnest, wirst du aufgefordert, dein Profil zu erstellen und deinen Freund:innen zu folgen. Wenn du diesen Schritt übersprungen hast, kannst du dein Profil auch später noch einrichten.

1. Tippe in der Seitenleiste auf „Jetzt hören“ und danach auf .
2. Tippe auf „Jetzt teilen mit Freunden“.
   Deine Freunde können dir nun folgen.

Dein Profil anzeigen

1. Tippe in der Seitenleiste auf „Jetzt hören“ und danach auf oder auf dein Profilbild.
2. Tippe auf „Profil anzeigen“ oben auf dem Bildschirm.

Deinen Freund:innen folgen

Du kannst Freund:innen auf verschiedene Weisen folgen:

- Füge Freund:innen beim Erstellen deines Profils hinzu.
- Streiche nach dem Einrichten deines Profils im Profilbildschirm zum unteren Rand, tippe auf „Weiteren Freund:innen folgen“ und danach auf „Folgen“ neben den Namen der Personen, denen du folgen möchtest.
  Du kannst Freund:innen folgen, die sich in deiner Kontaktliste befinden und die Apple Music verwenden.
- Lege im Profilbildschirm deinen Finger auf ein Profilbild und tippe danach auf „Folgen“.
- Tippe auf „Suchen“, gib den Namen eines:einer Freund:in ein und tippe danach in der Ergebnisliste auf diesen Namen und anschließend auf „Folgen“.
  Hinweis: Deine Freund:innen müssen ein eigenes Profil haben, damit du sie mit der Suchfunktion finden kannst.

Wenn du sehen willst, wem du folgst und wer dir folgt, kannst du den Profilbildschirm öffnen und nach oben streichen.

Ist ein Profilbild mit einem Schloss versehen, musst du die betreffende Person fragen, ob du ihr folgen darfst. Wenn die betreffende Person einverstanden ist, siehst du die Playlists, die die Person geteilt hat, sowie die von ihr gehörte Musik.

Auf Anfrage zum Folgen antworten

Du kannst die Erlaubnis, dir zu folgen, allen Benutzer:innen oder nur von dir ausgewählten Personen erteilen. Du erhältst Anfragen zum Folgen nur, wenn du dich dafür entscheidest, selbst die Personen auszuwählen, die dir folgen dürfen.

1. Tippe in der Seitenleiste auf „Jetzt hören“ und danach auf  oder auf dein Profilbild.
2. Tippe auf „Profil anzeigen“.
3. Tippe auf „Bearbeiten“ und dann auf die Option für genehmigte Personen, wenn dir nur Personen folgen sollen, die du ausgewählt hast.
4. Tippe auf dem Profilbildschirm auf „Anfragen zum Folgen“ und nimm die Anfragen an oder lehne sie ab.

Du kannst Anfragen zum Folgen auf unterschiedlichen Wegen erhalten – zum Beispiel als Link in einer E-Mail- oder einer Textnachricht. Tippe auf den Link, um die Anfrage zu akzeptieren.

Folgen beenden und Follower:innen blockieren

- Folgen beenden: Lege den Finger auf das Profilbild einer Person, der du folgst, und tippe auf „Nicht mehr folgen“.
- Follower:innen blockieren: Lege den Finger auf ein Profilbild und tippe auf „Blockieren“. Personen, die du blockierst, können dein Profil nicht finden und auch nicht sehen, welche Musik du hörst. Sie können aber weiterhin die von dir geteilten Playlists wiedergeben, sofern sie diese zu ihren Mediatheken hinzugefügt haben.

Musik mit Follower:innen teilen

Standardmäßig sehen deine Follower:innen die Playlists, die du erstellt hast. Du kannst jedoch festlegen, welche Playlists nicht geteilt werden sollen.

1. Tippe in der Seitenleiste auf „Jetzt hören“ und danach auf oder auf dein Profilbild.
2. Tippe auf „Profil anzeigen“.
3. Tippe auf „Bearbeiten“ und aktiviere oder deaktiviere deine Playlists.
4. Ziehe , um die Playlists neu anzuordnen.

Deine Follower:innen sehen die Playlists, die du in deinem Profil erstellst, es sei denn, du deaktivierst Playlists, die du nicht teilen willst. Du kannst diese Option deaktivieren, wenn du eine Playlist erstellst oder später die Playlist bearbeitest.

Du kannst Playlists auch mit Personen teilen, die dir nicht folgen. Lege dazu den Finger auf eine Playlist und tippe auf „Playlist teilen“.

Hinweis: Wenn du Änderungen an der Musik vornimmst, die du geteilt hast – wenn du beispielsweise eine Playlist bearbeitest oder ihre Freigabe aufhebst –, werden diese Änderungen auf den Geräten deiner Follower:innen reflektiert.

Musik vor Follower:innen verbergen

1. Tippe in der Seitenleiste auf „Jetzt hören“ und danach auf oder auf dein Profilbild.
2. Tippe auf „Profil anzeigen“.
3. Lege den Finger auf eine Playlist oder ein Album (im Bereich „Hört gerade“).
4. Tippe auf „Von Profil ausblenden“.

Der Hörverlauf für das ausgewählte Objekt wird nicht im Profil angezeigt und ist auch für Personen, die dir folgen, nicht sichtbar. Tippe auf dem Profilbildschirm auf „Bearbeiten“ und deaktiviere die Option „Hört gerade“, wenn deine Follower:innen generell nicht sehen sollen, welche Musik du hörst.

Hinweis: Es kann bis zu 10 Minuten dauern, bis die ausgeblendeten Inhalte für deine Follower:innen nicht mehr sichtbar sind.

Von anderen gehörte Musiktitel anzeigen

Tippe in der Seitenleiste auf „Jetzt hören“ und führe beliebige der folgenden Schritte aus:

- Von deinen Freund:innen gehörte Musiktitel anzeigen: Scrolle nach unten zum Bereich „Freund:innen hören gerade“. Tippe auf einen Titel, um ihn wiederzugeben.
- Mix von Titeln anhören, die deine Freund:innen gerade anhören: Scrolle nach unten zum Bereich „Für dich gemacht“ und tippe auf „Mix von Freund:innen“.
- Von Follower:innen oder Personen, denen du folgst, gehörte Musiktitel anzeigen: Tippe auf oder auf dein Profilbild und dann auf „Profil anzeigen“. Tippe auf das Profilbild einer Person, um die von ihr geteilten Playlists und die von ihr gehörte Musik anzuzeigen. Außerdem siehst du, welchen anderen Personen deine Freund:innen folgen und wer ihre Follower:innen sind.

Dein Profil teilen

Du kannst dein Profil mittels einer E-Mail- oder Textnachricht oder mithilfe einer anderen App deiner Wahl teilen.

1. Tippe in der Seitenleiste auf „Jetzt hören“ und danach auf oder auf dein Profilbild.
2. Tippe auf „Profil anzeigen“.
3. Tippe im Profilbildschirm auf und danach auf „Teilen“ und wähle eine Freigabeoption aus.

Du kannst auch das Profil jeder Person teilen, der du folgst oder die umgekehrt dir folgt.

Bedenken melden

Lege bei Bedenken bezüglich eines:einer Follower:in den Finger auf das Profilbild der betreffenden Person und tippe auf „Bedenken melden“.

Verwenden von Siri für die Musikwiedergabe auf dem iPad

Du kannst die Musikwiedergabe in der App „Musik“ mit Siri steuern.

Aktiviere Siri und formuliere deine Anfrage. Siri unterstützt eine Vielzahl von Befehlen:

- **Musiktitel aus Apple Music wiedergeben**: Du kannst beliebige Songs, Künstler:innen, Alben, Playlists und Radiosender wiedergeben. Sage zum Beispiel: „Spiele ‚Old Jack Swing‘ von Georgia Anne Muldrow” oder „Spiele James Blake.“ Siri kann außerdem beliebte Songs aus verschiedenen Genres oder Jahren wiedergeben. Sage: „Spiele die Top-Songs von 1990.“ Außerdem kannst du Musik mit AirPlay 2-fähigen Geräten in bestimmten Räumen wiedergeben. Sage zum Beispiel. „Spiele das neueste Album von St. Vincent im Wohnzimmer.“
- **Apple Music als persönlichen DJ verwenden**: Sage zum Beispiel „Spiele meinen Chill Mix“ oder „Spiele Musik die ich mag“.
- **Musik von Apple Music zu deiner Mediathek hinzufügen**: Sage zum Beispiel: „Füge ‚Take My Breath‘ von The Weeknd zu meiner Mediathek hinzu.“ Oder sage, während ein Titel gespielt wird, zum Beispiel „Füge dies zu meiner Mediathek hinzu“. (Apple Music Abonnement erforderlich. Nicht mit Apple Music Voice verfügbar.)
- **Einen Musiktitel oder ein Album zu einer Playlist hinzufügen**: Sage während der Wiedergabe eines Titels zum Beispiel „Füge dieses Lied zu meiner Playlist Sport hinzu“ oder „Füge dieses Album zu meiner Sonntagmorgen-Playlist hinzu“.
- **Zusätzliche Informationen über den aktuellen Titel abrufen**: Sage „Was läuft gerade?“, „Wer singt dieses Lied?“ oder „Von wem ist dieses Lied?“.
  Tipp: Du kannst auch herausfinden, welcher Musiktitel gerade auf dem iPad oder in der Nähe des iPad läuft, indem du das Steuerelement „Musikerkennung“ zum Kontrollzentrum hinzufügst. Wähle „Einstellungen“ > „Kontrollzentrum“ und tippe auf neben „Musikerkennung“. Öffne das Kontrollzentrum, wenn gerade ein Musiktitel läuft, und tippe auf .

- **Einen Musiktitel basierend auf dem Liedtext abspielen**: Sage „Spiel den Song mit dem Liedtext“ und zitiere dann eine Passage aus dem Liedtext.

Musik mit Apple Music Voice auf dem iPad hören

Apple bietet in iPad 15.2 (oder neuer) das Apple Music Voice-Abonnement an – eine neue Abo-Option für Apple Music, die auf Siri aufbaut. Sie ermöglicht dir, nur mit deiner Stimme auf Millionen von Songs, Zehntausende Playlists (inklusive Hunderten neuen Stimmungs- und Aktivitäts-Playlists), personalisierte Mixe, Genre-Sender und Apple Music Radio zuzugreifen.

Du kannst Musik von Apple Music streamen und darüber hinaus Musik abspielen, die du im iTunes Store gekauft und mit deinem iPad synchronisiert hast. Außerdem kannst du Musik mit AirPlay streamen, Musik über Home Sharing wiedergeben und die Apple Music Mediathek sowie deine eigene Musikmediathek durchsuchen.

Hinweis: Im Apple Music Voice-Abonnement sind nicht alle Funktionen verfügbar.

Apple Music Voice abonnieren

Du kannst Apple Music Voice beim ersten Öffnen der App „Musik“ abonnieren.

Als Apple Music Voice-Abonnent kannst du Musik auf allen deinen Geräten abspielen, auf denen Siri aktiviert ist, einschließlich dem HomePod mini, AirPods, allen anderen Apple-Geräten und beim Nutzen von CarPlay.

Tipp: Wenn du Apple Music Voice ein paar Tage lang testen möchtest, sage: „Hey Siri, starte Apple Music Voice.“

Neue Abonnenten können jederzeit einen Testlauf starten oder diesen jederzeit abbrechen. Wenn du dein Abonnement für Apple Music Voice beendest, kannst du keine Musik aus Apple Music mehr streamen.

Musik mit Apple Music Voice wiedergeben

Um Musik mit Apple Music Voice wiederzugeben, sage einfach „Hey Siri“ gefolgt von deinem Wunsch:

- „Spiele ‚enough for you‘ von Olivia Rodrigo.“
- „Spiele Apple Music Country.“
- „Spiele Cool Jazz.“
- „Spiele die ‚Dinner Party‘-Playlist.“
- „Spiele eine Playlist zum Entspannen.“
- „Spiele ähnliche Musik.“

Um Vorschläge zu sehen, die Siri speziell für dich erstellt hat, öffne die App „Musik“, tippe auf „Jetzt hören“ und streiche durch die Vorschläge unter „Siri fragen“. Sage „Hey Siri“ und sage den Namen des Vorschlags oder tippe auf den Vorschlag, um ihn wiederzugeben.

Zuletzt gehörte Musik wiedergeben

Öffne die App „Musik“ , tippe auf „Jetzt hören“ und tippe auf ein Objekt. Playlists und Alben werden in ihrer ursprünglichen Reihenfolge wiedergegeben.

Gekaufte und synchronisierte Musik wiedergeben

Du kannst Musik wiedergeben, die du im iTunes Store gekauft hast oder mit deinem Computer und deinem iPad synchronisiert hast.

Öffne die App „Musik“ , tippe auf „Mediathek“, tippe auf eine Kategorie wie etwa „Playlist“, Künstler:innen“ oder „Alben“ und tippe auf ein Objekt.

Tippe auf „Mediathek“, auf „Privatfreigabe“ und dann auf eine Mediathek, um Musik aus einer privat freigegebenen Mediathek wiederzugeben.

Art der Musikwiedergabe auf dem iPad ändern

Mit den Einstellungen „EQ“, „Maximale Lautstärke“ und „Lautstärke anpassen“ kannst du beeinflussen, auf welche Weise Musik auf deinem iPad wiedergegeben wird.

- Einstellung für Equalizer (EQ) auswählen: Wähle „Einstellungen“ > „Musik“ > „EQ“.
- Lautstärkepegel an deine Audioinhalte anpassen: Wähle „Einstellungen“ > „Musik“ und aktiviere die Option „Lautstärke anpassen“.

News

Einführung in die App „News“ auf dem iPad

Die App „News“ sammelt – basierend auf den von dir favorisierten Quellen – alle Artikel und Storys zu den Themen, die dich besonders interessieren. Du kannst die App „News“ personalisieren, indem du bestimmte Publikationen (als Channels oder „Kanäle“ bezeichnet) und Themen auswählst (z. B. Entertainment, Food und Science).

Für die Verwendung der App „News“ benötigst du eine WLAN- oder Mobilfunkverbindung.

Je mehr du liest, desto genauer kann die App „News“ bestimmen, wo deine Interessen liegen. Siri lernt, was dir wichtig ist, und macht dir auf dieser Basis Lesevorschläge. Du kannst dir außerdem von Kanälen, denen du folgst, Mitteilungen zu wichtigen Storys zusenden lassen.

Du kannst Apple News+ abonnieren – hier findest du Hunderte Magazine, bekannte Zeitungen und Inhalte von Premium-Verlagen für digitale Inhalte.

Hinweis: Apple News+ und Apple News+ sind nicht in allen Ländern oder Regionen verfügbar.

App „News“ personalisieren

Wenn du einem Kanal oder Thema folgst, werden zugehörige Storys entsprechend häufiger im „Today"-Feed angezeigt. Der jeweilige Kanal bzw. das jeweilige Thema wird unter „Channels & Topics" in der Seitenleiste angezeigt.

1. Tippe nach erstmaligem Öffnen der App „News" in der Seitenleiste auf ⊕ neben den Kanälen und Themen, denen du folgen möchtest.
   Lege deinen Finger auf Kanäle oder Themen, die nicht in deinem Feed erscheinen sollen, und wähle dann die Option „Block Channel", „Block Topic" oder „Stop Suggesting" aus.
   Wenn du einen Kanal oder ein Thema blockierst, werden die zugehörigen Storys nicht im „Today"-Feed und nicht in den Widgets angezeigt. Tippe im unteren Bereich der Seitenleiste unter „Manage" auf „Blocked Channels & Topics" (um die blockierten Kanäle und Themen zu sehen).
   Hinweis: Wenn du dir die „Top Stories" und andere Bereiche mit von Apple News-Redakteuren kuratierten Storys ansiehst, werden für Storys von blockierten Kanälen unter Umständen Platzhalter angezeigt.

2. Tippe auf „Discover Channels" unten in der Seitenleiste und danach auf ⊕ neben jedem Kanal, dem du folgen möchtest.

Streiche nach links und tippe auf „Unfollow", um einem Kanal oder einem Thema nicht mehr zu folgen.

Du kannst gezielt nach bestimmten Kanälen und Themen suchen, indem du in der Seitenleiste auf das Suchfeld tippst und den Namen des gewünschten Kanals oder Themas in eingibst.

Tippe danach in der Liste der Ergebnisse unten auf ⊕.

Mitteilungen erhalten

Bestimmte Kanäle, denen du folgst, können dir Mitteilungen zu wichtigen neuen Storys senden.

1. Tippe unten in der Seitenleiste unter „Manage" auf „Notifications & Email".
2. Aktiviere die Mitteilungen für die von dir favorisierten Kanäle.

Wenn du Apple News+ abonnierst, kannst du dich benachrichtigen lassen, wenn neue Ausgaben verfügbar sind.

Newsletter von Apple News erhalten

Du kannst dir von der Apple News-Redaktion Newsletter schicken lassen. Diese Newsletter findest du dann in deinem E-Mail-Eingang. Die Newsletter enthalten Topstorys auf Basis deiner Interessen.

1. Streiche zum Ende der Seitenleiste und tippe auf „Notifications & Email".
2. Streiche im Fenster nach unten und aktiviere „Apple News Newsletter".
   Wenn du Apple News+ abonnierst, weist dich der Newsletter auch auf neue Ausgaben deiner Lieblingsmagazine hin.

Wenn du keine Newsletter mehr erhalten willst, kehre zum Fenster „Notifications & Email" zurück und deaktiviere „Apple News Newsletter".

Hinweis: Personalisierte Newsletter sind nicht in allen Ländern oder Regionen verfügbar.

Nur Storys solcher Kanäle anzeigen, denen du folgst

Wähle „Einstellungen" > „News" und aktiviere die Option „Restrict Stories in Today". Bestätige danach deine Auswahl.

Hinweis: Wenn du von der Möglichkeit, Storys einzuschränken, in großem Umfang Gebrauch machst, verringert sich die inhaltliche und thematische Bandbreite der Storys im „Today"-Feed und in allen anderen Feeds erheblich. Wenn du beispielsweise Storys einschränkst und einem einzigen Entertainmentkanal folgst, umfasst dein Themen-Feed „Entertainment" ausschließlich Storys, die von diesem Kanal stammen. Wenn du Einschränkungen vornimmst, werden die Bereiche „Top Stories" und „Trending Stories" nicht angezeigt.

Verwenden von News-Widgets auf dem iPad

Wenn du auf das Widget „Today" oder „Topic" tippst, kannst du dir die Topstorys des Tages aus der App „News" , beliebte Storys sowie Storys aus einem Nachrichtenthema deiner Wahl ansehen.

Storys über die News-Widgets anzeigen

Tippe im Widget „Today" oder „Topic" auf die Schlagzeile einer Story, um die zugehörige Story zu öffnen.

Anzeigen speziell für dich ausgewählter Storys auf dem iPad

Im „Today"-Feed der App „News" werden die von Apple News-Redakteuren ausgewählten Top-Storys, die besten Storys der Kanäle und Themen, denen du folgst, und auch Storys und Ausgaben von Apple News+ angezeigt. Der „Today"-Feed enthält auch von Siri vorgeschlagene Storys, bei anderen News-Lesern beliebte Storys und vieles mehr. Abhängig von deinem Standort kann der „Today"-Feed auch lokale Nachrichten und Wettervorhersagen enthalten.

Hinweis: Lokale Nachrichten und Wettervorhersagen sind nicht in allen Regionen verfügbar.

Auf Storys im „Today"-Feed zugreifen

- Weitere Storys innerhalb einer Gruppe lesen: Tippe auf den Pfeil unten in der Gruppe.
- *Video abspielen:* Tippe auf auf der Miniatur.
- *Neuere Storys abrufen:* Streiche nach unten, um den „Today"-Feed mit den neuesten Storys zu aktualisieren.

Folgen, Folgen beenden, Blockieren und Blockierung aufheben von Kanälen und Themen

Du kannst das Aussehen und den Inhalt des „Today“-Feeds beeinflussen, indem du die Kanäle und Themen angibst, denen du folgen möchtest, und Kanäle und Themen blockierst, die dich nicht interessieren.

1. Führe beliebige der folgenden Schritte aus:
    - **Kanal-Feed öffnen**: Lege den Finger auf eine Story, tippe auf den Namen des Kanals und dann auf „Go to Channel“. Alternativ kannst du auf eine Story im „Today“-Feed und danach auf den Namen des Kanals oben in der Story tippen.
    - **Themen-Feed öffnen**: Tippe auf den Titel des Themas – zum Beispiel „Movies“ oder „Travel“.
2. Führe im oberen Teil des Feeds beliebige der folgenden Schritte aus:
    - Folgen: Tippe auf .
    - Folgen beenden: Tippe auf und danach auf „Unfollow Channel“ bzw. auf „Unfollow Topic“.
    - Blockieren: Tippe auf und danach auf „Block Channel“ bzw. auf „Block Topic“.
    - Blockieren beenden: Tippe auf und danach auf „Unblock Channel“ bzw. auf „Unblock Topic“.

Hinweis: Wenn du dir die „Top Stories“ und andere Bereiche mit von Apple News-Redakteuren kuratierten Storys ansiehst, werden für Storys von blockierten Kanälen unter Umständen Platzhalter angezeigt. Tippe auf „Show Story Anyway“, wenn du eine Story von einem blockierten Kanal lesen möchtest.

Vorschläge bestimmter Kanäle und Themengruppen im „Today“-Feed stoppen

Im „Today“-Feed werden möglicherweise vorgeschlagene Kanäle und Themengruppen angezeigt. Du kannst diese Vorschläge aber deaktivieren.

1. Tippe in der Seitenleiste auf „Today“.
2. Tippe in einer Kanal- oder Themengruppe auf und danach auf „Stop Suggesting“.

Der Kanal bzw. das Thema ist nicht blockiert, aber News zeigt die Story-Gruppe in der Ansicht „Today“ nicht mehr an.

Der App „News“ bevorzugte Storys nennen

1. Tippe in der Seitenleiste auf „Today“.
2. Tippe auf unter einer Überschrift und tippe dann auf „Suggest More“ oder „Suggest Less“.

Lesen von Storys in der App „News“ auf dem iPad

Du kannst die Storys in der App „News“ auf dem iPad lesen und teilen.

Hinweis: Apple News+ und Apple News+ sind nicht in allen Ländern oder Regionen verfügbar.

Story lesen

Tippe in der Seitenleiste auf einen Kanal oder ein Thema, um die zugehörigen Storys zu durchsuchen. Tippe auf die gewünschte Story, um sie zu lesen. Beim Lesen einer Story hast du folgende Möglichkeiten:

- **Nächste Story lesen**: Tippe auf → in der unteren rechten Bildschirmecke oder streiche nach links.
- **Vorhergehende Story lesen**: Tippe auf ← in der unteren rechten Bildschirmecke oder streiche nach rechts.
- **Der App „News“ bevorzugte Storys nennen**: Wenn du dir eine Story ansiehst, die nicht Teil einer Ausgabe von Apple News+ ist, kannst du unten in der Story auf oder tippen. Dein Feedback wird bei künftigen Empfehlungen berücksichtigt.

  Tippe beim Lesen einer Story in einer Ausgabe von Apple News+ auf und dann auf „Suggest More“ oder „Suggest Less“.
- **Textgröße ändern**: Tippe auf AA und danach auf die Taste mit dem kleineren oder größeren Buchstaben A, um die Textgröße in der ausgewählten Story und allen anderen Storys des Kanals zu ändern. (Diese Tasten sind nicht in allen Kanälen verfügbar.)
- **Story teilen**: Tippe auf , auf „Share Story“ und wähle dann eine Option zum Teilen aus (z. B. „Nachrichten“ oder „Mail“).
- **Bedenken melden**: Tippe auf und auf „Report a Concern“, wenn du der Meinung bist, dass eine Story irreführend, bedenklich oder beleidigend ist oder nicht ordnungsgemäß angezeigt wird.

In Apple News+-Ausgaben im PDF-Format sind die Optionen „Suggest More“, „Suggest Less“, „Save Story“ und „Report a Concern“ nicht verfügbar.

Storys lesen, die mit dir geteilt wurden

Wenn eine Person Storys mit dir in der App „Nachrichten“ teilt, findest du unter „Shared with You“ in Apple News. („News“ muss unter „Einstellungen“ > „Nachrichten“ > „Mit dir geteilt“ aktiviert werden und die teilende Person muss sich in „Kontakte“ befinden.)

Tippe in der App „News“ auf „Shared with You“ und führe dann beliebige der folgenden Schritte aus:

- Tippe auf eine geteilte Story, um sie in News zu lesen.
- Tippe auf den Namen der Person, die eine Story geteilt hat, um mit der App „Nachrichten“ darauf zu antworten. Du kannst auch antworten, während du die Story liest. Tippe dazu auf den Namen unter dem Kanallogo.

Apple News+

Abonnieren von Apple News+ auf dem iPad

In der App „News“ kannst du mit Apple News+ Hunderte von Magazinen, bekannte Zeitungen und Inhalte von Premium-Verlagen direkt auf deinem iPad lesen.

Du kannst Apple News+ abonnieren oder Apple One Premier, einen Dienst, der Apple News+ und weitere Apple-Dienste umfasst.

Als Abonnent hast du Zugriff auf aktuelle und verfügbare frühere Publikationen und du kannst Inhalte laden, die du dann offline lesen kannst. Außerdem kannst du Storys und Ausgaben mit anderen teilen. Apple News+-Abonnenten können auch Audioversionen ausgewählter Storys auf iPhone und iPod touch anhören.

Wenn du Apple News+ nicht abonniert hast, kannst du eine Sammlung von für dich personalisierten Story-Überschriften und Publikationen durchsuchen, aber nicht lesen. Darüber hinaus kannst du dir den gesamten Katalog von Apple News+ ansehen und die Ausgaben nach Kategorie (beispielsweise „Entertainment“ oder „Food“) durchsuchen. Starte ein Probeabo oder abonniere Apple News+, um Storys und Ausgaben zu lesen und um Audioversionen der Storys von Apple News+ auf dem iPhone und iPod touch anzuhören.

Hinweis: Apple News, Apple News+, Apple One und die Audiofunktion sind nicht in allen Ländern oder Regionen verfügbar.

Apple News+ abonnieren

Tippe auf eine der Tasten zum Abonnieren, die in einem Magazin oder einer Story in der App „News“ angezeigt werden, und folge den angezeigten Anleitungen.

Du wirst möglicherweise aufgefordert, dich mit deiner Apple-ID anzumelden.

Apple News+ mit Familienmitgliedern teilen

Wenn du Apple News+ abonnierst oder ein Premier-Abo für Apple One abschließt, kannst du die Familienfreigabe verwenden, um Apple News+ mit bis zu fünf weiteren Familienmitgliedern zu teilen. Die Mitglieder deiner Familiengruppe müssen nichts weiter unternehmen – Apple News+ steht ihnen zur Verfügung, wenn sie die App „News“ zum ersten Mal nach der Aktivierung des Abonnements öffnen.

Wenn du einer Familiengruppe beitrittst, die Apple News+ oder ein Premier-Abo für Apple One abgeschlossen hat, und du selbst bereits ein Abonnement besitzt, wird dein Abonnement zum nächsten Zahlungstermin nicht verlängert. Du verwendest stattdessen das Abonnement der Gruppe. Wenn du einer Familiengruppe beitrittst, die nicht über ein Abonnement verfügt, verwendet die Gruppe dein Abonnement.

Hinweis: Wenn du dein Abo für Apple News+ nicht mehr mit einer Familiengruppe teilen möchtest, kannst du das Abonnement kündigen oder die Familienfreigabe deaktivieren.

Abonnement für Apple News+ beenden oder ändern

Tippe im unteren Bereich der Seitenleiste auf „Subscriptions“ und führe anschließend einen der folgenden Schritte aus:

- **Nur Apple News+**: Tippe auf „Cancel Subscription“ und folge den angezeigten Anleitungen.
- **Apple News+ und einzelne Kanäle**: Wähle „Apple News+“, tippe auf „Cancel Subscription“ und folge den angezeigten Anleitungen.

Durchsuchen und Lesen von Apple News+-Storys und -Ausgaben auf dem iPad

Um Apple News+ optimal zu nutzen, kannst du deinen Lieblingspublikationen folgen und dir aktuelle und frühere Ausgaben ansehen.

Hinweis: Apple News+ und Apple News+ sind nicht in allen Ländern oder Regionen verfügbar.

Publikationen folgen oder nicht mehr folgen

Du kannst einer Apple News+-Publikation folgen, indem du ihrem Kanal folgst. Führe beliebige der folgenden Schritte aus:

- Tippe in der Seitenleiste auf „Today“ oder „News+“, tippe auf eine Story oder Ausgabe einer Apple News+-Publikation und tippe oben auf den Namen der Publikation. Tippe dann auf .
- Tippe in der Seitenleiste auf das Suchfeld, gib den Namen einer Publikation ein und tippe anschließend auf .
- Tippe in der Seitenleiste auf „News+“, tippe auf „Newspapers“ oder „Catalog“ (oben auf dem Bildschirm) und anschließend auf „Follow“ (unter dem Cover der Publikation).

Wenn du einer Publikation nicht mehr folgen möchtest, streichst du in der Seitenleiste auf der Publikation nach links und tippst auf „Unfollow“.

Ausgaben und Storys von Apple News+ durchsuchen

Storys und Ausgaben von Apple News+ werden im „Today“-Feed und in Kanal-Feeds angezeigt. Storys (aber keine Ausgaben) werden auch in Themen-Feeds und in den Suchergebnissen angezeigt. Für den Zugriff auf komplette Ausgaben tippst du in der Seitenleiste auf „News+“ und kannst dann beliebige der folgenden Schritte ausführen:

- **Alle verfügbaren Publikationen anzeigen**: Tippe oben auf dem Bildschirm auf „Catalog“.

- **Bestimmte Inhaltskategorie anzeigen**: Tippe auf „Catalog“, tippe auf „Featured“ und anschließend auf eine Kategorie wie „Business“, „Entertainment“ oder „Sports“.
- **Neue und aktuelle Ausgaben anzeigen**: Tippe auf „My Magazines“. Standardmäßig befinden sich neue Ausgaben oben auf dem Bildschirm. Die Ausgabe, die du zuletzt gelesen hast, wird als Erstes angezeigt. Wenn du vor Kurzem eine Ausgabe geladen hast, wird diese als Nächstes angezeigt. Zum Ändern der Sortierung tippst du auf und anschließend auf „Sort by Name“ oder „Sort by Date“.

Hinweis: Wenn du eine Apple News+-Publikation blockierst, werden ihre Ausgaben aus „My Magazines“ entfernt.

Führe beliebige der folgenden Schritte aus, um eine Story oder eine Ausgabe zu öffnen:

- Tippe auf das Cover der Ausgabe im Feed „News+“ oder „Today“.
- Tippe in der Seitenleiste auf das Suchfeld, gib den Namen des Apple News+-Kanals ein, tippe auf den Kanal und dann auf die Ausgabe.
- Folge einem Link zu einer Story oder zu einer Ausgabe, die eine andere Person mit dir geteilt hat.

Auf ältere Ausgaben zugreifen

Führe beliebige der folgenden Schritte aus:

- Tippe in der Seitenleiste auf „News+“, tippe auf „My Magazines“, tippe auf unter dem Cover einer Ausgabe (oder lege einen Finger auf das Cover) und tippe anschließend auf „Browse Back Catalog“.
- Tippe in der Seitenleiste auf einen Kanal, dem du folgst, oder suche nach einem Kanal. Tippe dann darauf. Streiche unter „Recent Issues“ zu der Ausgabe, die du lesen willst. Tippe darauf, um sie zu öffnen. Tippe oben auf „Issues“, um alle verfügbaren Ausgaben zu durchsuchen.

Laden von Apple News+-Ausgaben auf dem iPad

Mit der App „News“ und einem Abonnement für Apple News+ kannst du Ausgaben laden und später lesen.

Hinweis: Apple News+ und Apple News+ sind nicht in allen Ländern oder Regionen verfügbar.

Ausgabe von Apple News+ laden

1. Führe beliebige der folgenden Schritte aus:
    - Tippe in der Seitenleiste auf „Today“ und streiche zu „My Magazines“.
    - Tippe in der Seitenleiste auf „News+“ und anschließend auf „My Magazines“. Du kannst auch oben auf dem Bildschirm auf „Catalog“ und anschließend auf einen Magazinstapel tippen.
    - Tippe in der Seitenleiste auf einen Magazinkanal, dem du folgst.

- Tippe in der Seitenleiste auf das Suchfeld, gib den Namen eines Kanals ein und tippe auf den Kanal.

2. Wenn du die gewünschte Ausgabe gefunden hast, tippst du auf unter dem Magazincover (oder legst einen Finger auf das Cover) und tippst auf „Download Issue“.

   Zum Laden mehrerer Ausgaben tippst du auf „My Magazines“, dann auf und auf „Select“. Tippe anschließend auf die Ausgaben, die du laden möchtest, und dann auf .

Wenn du Apple News+ abonnierst, werden die neuesten Ausgaben der Magazine, denen du folgst, automatisch geladen, sofern das iPad an das Stromnetz angeschlossen ist, ausreichend Speicherplatz hat und mit dem WLAN verbunden ist. Wenn du Ausgaben nicht automatisch laden möchtest, wähle „Einstellungen“ > „News“ und deaktiviere dann „Download Issues“. Du kannst Ausgaben nur laden, wenn du ein Abonnement für Apple News+ besitzt.

Geladene Ausgabe lesen

1. Tippe in der Seitenleiste auf „News+“.
2. Tippe oben auf dem Bildschirm auf „Downloaded“ und dann auf eine Ausgabe.

Ausgabe von Apple News+ manuell entfernen

In den meisten Fällen werden automatisch geladene Ausgaben nach 30 Tagen vom iPad entfernt. Du kannst sie jedoch auch früher entfernen.

Tippe in der Seitenleiste auf „News+“ und führe beliebige der folgenden Schritte aus:

- Tippe auf „Downloaded“, dann auf unter dem Magazincover (oder lege einen Finger auf das Cover) und tippe auf „Remove“. Tippe anschließend auf „Remove Download“.
  Die Ausgabe wird aus dem Bereich „Downloaded“ entfernt, aber das Cover bleibt im Bereich „My Magazines“, damit du schnell erneut auf die Ausgabe zugreifen kannst.

- Tippe oben auf dem Bildschirm auf „My Magazines“, tippe auf unter dem Magazincover (oder lege einen Finger auf das Cover) und tippe auf „Remove“. Tippe anschließend auf „Remove from My Magazines“.
  Das Cover und der Inhalt der Ausgabe werden vom iPad und von anderen Geräten entfernt, auf denen du mit der gleichen Apple-ID angemeldet bist und auf denen in den iCloud-Einstellungen oder in den „Einstellungen“ die Option „News“ aktiviert ist.

Zum Entfernen mehrerer Ausgaben tippst du auf „My Magazines“ oder „Downloaded“ und dann auf . Tippe auf „Select“, tippe auf die zu entfernenden Ausgaben und anschließend auf .

Tippe zum Entfernen aller geladenen Ausgaben auf „History“, tippe auf „Clear“ und dann auf „Clear All“.

Ist der Speicherplatz auf deinem iPad begrenzt, werden Ausgaben unter Umständen automatisch bereits früher als 30 Tage nach dem Laden entfernt.

Ausgaben von Apple News+ lesen

Öffnen die Ausgabe und führe einen der folgenden Schritte aus:

- **Inhaltsverzeichnis anzeigen**: Tippe auf die Coverminiatur unten links auf dem Bildschirm.
- **Zu einer Story navigieren**: Tippe in einer Ausgabe im Apple News-Format auf den Story-Link im Inhaltsverzeichnis. In einer PDF-Ausgabe tippst du auf die Miniatur der Seite, die du sehen willst.
- **Ausgabe durchblättern**: Streiche nach links oder tippe auf →, um zur nächsten Story zu wechseln, bzw. streiche nach rechts oder tippe auf ←, um zur vorherigen Story zu wechseln.
- **Textgröße ändern**: In Ausgaben im Apple News-Format tippst du auf AA und danach auf die Taste mit dem kleineren oder größeren Buchstaben A, um die Textgröße in der ausgewählten Story und allen anderen Storys des Kanals zu ändern. In PDF-Ausgaben kannst du durch Auf- und Zuziehen zoomen.

Wenn du dich in „Einstellungen“ > „[dein Name]“ > „Medien & Käufe“ abmeldest, kannst du nur auf kostenfreie Storys zugreifen. Du musst dich erneut anmelden, um auf Storys zugreifen und Ausgaben laden zu können, die ein Abonnement für Apple News+ erfordern.

Suchen nach Storys in der App „News“ auf dem iPad

Die App „News“ verfolgt eine Vielzahl von Kanälen, Themen und Storys, damit du rasch die Inhalte findest, die dich interessieren.

Nach Kanälen, Themen oder Storys suchen

1. Tippe in der Seitenleiste auf das Suchfeld.
2. Gib beliebige der folgenden Angaben ein:
   - Name eines Kanals (z. B. „CNN“ oder „Washington Post“)
   - Thema (z. B. „Fashion“, „Business“ oder „Politics“)
   - Ereignis, (z. B. ein bevorstehender Meteorschauer)

Tippe in der Liste der Ergebnisse auf ⊕, um dem betreffenden Kanal oder Thema zu folgen.

Sichern von Storys zum späteren Lesen auf dem iPad

Du kannst Storys in der App „News“ sichern, um sie zu einem späteren Zeitpunkt lesen zu können.

Story sichern

Tippe beim Lesen einer Story auf , um die Story zu sichern.

Tippe zum Lesen einer gesicherten Story in der Seitenleiste auf „Saved Stories“ und anschließend auf die gewünschte Story. Lege zum Löschen einer gesicherten Story einen Finger auf die Story und tippe auf „Unsave Story“.

Leseverlauf überprüfen und bearbeiten

Tippe in der Seitenleiste auf „History“ und führe beliebige der folgenden Schritte aus:

- Story lesen: Tippe auf die Story.
- Story löschen: Lege den Finger auf eine Story und tippe auf „Remove from History“.
- Leseverlauf entfernen: Tippe auf „Clear“ und danach auf „Clear History“.
- Als Basis für Empfehlungen verwendete Informationen entfernen: Tippe auf „Clear“ und danach auf „Clear Recommendations“.
- Alles entfernen: Tippe auf „Clear“ und danach auf „Clear All“.
  Dein Verlauf der App „News“, Empfehlungen, gesicherte Storys und heruntergeladene Ausgaben werden von allen deinen Geräten entfernt, bei denen du mit derselben Apple-ID angemeldet bist.
  Hinweis: Die Titel der Storys bleiben in „Saved Stories“, doch du musst online sein, um die Storys lesen zu können.
  Wenn du die Empfehlungen löschst und die Option „Show Siri Suggestions in App“ aktiviert ist („Einstellungen“ > „News“ > „Siri & Search“), werden in der App „News“ die Empfehlungen entfernt, die auf deiner Nutzung der App „Safari“ und anderer Apps und auf deinen Lesegewohnheiten basieren. Deaktiviere die Option „Show Siri Suggestions in App“, wenn du verhindern möchtest, dass die App „News“ Storys vorschlägt, die auf deiner Nutzung von Safari und anderen Apps basieren.

Wenn du den Verlauf löschst, wird auch die ID zurückgesetzt, die Apple News verwendet, um statistische Daten an die Verlage zu übermitteln. Du kannst diese ID jederzeit auch manuell zurücksetzen, indem du „Einstellungen“ > „News“ wählst und die Option „Reset Identifier“ aktivierst.

Abonnieren einzelner Kanäle auf dem iPad

Kanäle abonnieren

In der App „News“ kannst du neben dem Abonnieren von Apple News+ auch einzelne Publikationen von ausgewählten Verlagen abonnieren. Es gibt drei Möglichkeiten, auf diese Abonnements in News zuzugreifen:

- **Innerhalb der App „News“ abonnieren**: Du kannst direkt in der App „News“ ein Abonnement erwerben. Tippe im Falle eines Kanals, der Abonnements unterstützt, auf die Taste zum Abonnieren.
- **Auf ein vorhandenes Abonnement zugreifen, das in der App eines Verlages erworben wurde**: Wenn du die App eines Verlages im App Store geladen hast und die Abonnements, die du als In-App-Käufe erworben hast, auch in der App „News“ zur Verfügung stehen, kannst du automatisch auch in der App „News“ darauf zugreifen.
- **Auf ein vorhandenes, direkt beim Verlag erworbenes Abonnement zugreifen**: Wenn du ein Abonnement direkt auf der Website eines Verlags oder in der App des Verlags auf einem nicht von Apple stammenden Gerät erworben hast, ist es von Seiten des Verlags möglicherweise erlaubt, dass du dich in der App „News“ bei deinem Account anmeldest und auf dein Abonnement zugreifst.

Tippe zum Anmelden auf eine Story, für die ein Abonnement erforderlich ist, und danach auf „Already a Subscriber?“. Gib den Benutzernamen und das Passwort für dein vorhandenes Abonnement ein.

Wenn du einen Kanal abonnierst, folgst du ihm auch automatisch. Die Storys des Kanals erscheinen daher im „Today“-Feed.

Zum Kündigen eines Abonnements streichst du in der Seitenleiste nach oben, tippst unter der Überschrift „Manage“ auf „Subscriptions“ und wählst das Abonnement aus. Tippe dann auf „Cancel Subscription“.

Notizen

Erstellen von Notizen auf dem iPad

In der App „Notizen“ kannst du dir kurze Notizen als Gedächtnisstütze machen oder detaillierte Informationen in Form von Checklisten, Bildern, Weblinks, gescannten Dokumenten, handschriftlichen Notizen und Handzeichnungen organisieren und verwalten.

Neue Notiz erstellen und formatieren

Siri: Sage zum Beispiel: „Erstelle eine neue Notiz.“

Gehe alternativ wie folgt vor:

1. Tippe auf und gib den Text ein.
   Die erste Notizzeile wird zum Titel der Notiz.
2. Tippe auf Aa, um die Formatierung zu ändern.
   Du kannst u. a. auf den Text einen Textstil für Überschriften, für Fettdruck und für

Kursivschrift anwenden und den Text als Aufzählungsliste mit Punkten oder als nummerierte Liste formatieren.

3. Tippe auf „Fertig“, um die Notiz zu sichern.

Tipp: Wenn du einen Standardstil für die erste Zeile aller neuen Notizen auswählen möchtest, öffnest du „Einstellungen“ > „Notizen“ > „Neue Notizen beginnen mit“.

Du kannst schnell eine neue Notiz erstellen oder die Arbeit an der zuletzt verwendeten Notiz fortsetzen, indem du mit dem Apple Pencil auf den Sperrbildschirm tippst. Bei anderen iPad-Modellen ist dies ebenfalls möglich, wenn du die App „Notizen“ zum Kontrollzentrum hinzufügst.

Wähle „Einstellungen“ > „Notizen“ > „Auf App ‚Notizen‘ im Sperrbildschirm zugreifen“, um das Verhalten des Sperrbildschirms zu ändern.

Checkliste hinzufügen

Tippe in einer Notiz auf und führe beliebige der folgenden Schritte aus:

- Objekt hinzufügen: Gib den Text ein und tippe auf den Zeilenschalter, um den nächsten Listenpunkt einzugeben.
- Einzug vergrößern oder verkleinern: Streiche auf dem Objekt nach rechts oder links.
- Objekt als erledigt markieren: Tippe auf den leeren Kreis neben einem Objekt, um ein Häkchen hinzuzufügen.
- Objekte neu anordnen: Lege einen Finger auf den leeren Kreis oder das Häkchen neben einem Objekt und bewege es an die gewünschte Position in der Liste.
- Objekte in der Liste verwalten: Tippe auf die Liste, um das Menü einzublenden, tippe auf und dann auf „Checkliste“. Tippe anschließend auf „Alles auswählen“, „Auswahl aufheben“, „Markierte löschen“ oder „Markierte nach unten bewegen“.

Um markierte Objekte in allen Notizen automatisch unten einzusortieren, wähle „Einstellungen“ > „Notizen“ > „Markierte Einträge sortieren“ und tippe auf „Automatisch“.

Tabelle hinzufügen oder bearbeiten

Tippe in einer Notiz auf und führe beliebige der folgenden Schritte aus:

- Text eingeben: Tippe auf eine Zelle und gib den jeweiligen Text ein. Um eine neue Zeile in der Zelle hinzuzufügen, legst du einen Finger auf die Umschalttaste und tippst auf „Weiter“.
- Zur nächsten Zelle springen: Tippe auf „Weiter“. Wenn du die letzte Zelle erreicht hast, tippst du auf „Weiter“, um eine neue Zeile zu beginnen.
- Zeile oder Spalte formatieren: Tippe auf den Auswahlpunkt einer Zeile oder einer Spalte und wähle danach den gewünschten Stil aus – „Fett“, „Kursiv“, „Unterstreichen“ oder „Durchstreichen“.
- Zeile oder Spalte hinzufügen oder löschen: Tippe auf den Aktivpunkt einer Zeile oder Spalte und wähle die Option zum Löschen oder zum Hinzufügen aus.

- Zeile oder Spalte bewegen: Lege deinen Finger auf den Aktivpunkt einer Zeile oder Spalte und ziehe sie an die gewünschte neue Position.
- Weitere Spalten anzeigen: Streiche in einer Tabelle, die breiter als dein Bildschirm ist, auf der Tabelle nach links oder nach rechts, um alle Spalten sehen zu können.

Du kannst die Formatierung als Tabelle entfernen und den Inhalt der Tabelle in Text konvertieren. Tippe dazu auf eine Zelle in der Tabelle, auf und auf „In Text konvertieren".

Adressen, Telefonnummern, Daten und weitere Informationen verarbeiten

In deinen Notizen wird Text, der als Anschrift, E-Mail-Adresse, Telefonnummer, Datum oder als andere Information erkannt wird, gelb unterstrichen. Tippe auf den unterstrichenen Text, um mit dem Text zu interagieren. Du kannst dir beispielsweise eine Adresse in der App „Karten" anzeigen lassen, eine E-Mail erstellen, eine erkannte Telefonnummer anrufen oder ein Kalenderereignis hinzufügen.

Hinweis: Die Datenerkennung ist verfügbar, wenn in „Einstellungen" > „Allgemein" > „Sprache & Region" die Systemsprache des iPad auf eine unterstützte Sprache eingestellt ist.

Darstellung der App „Notizen" auf dem iPad ändern

- Notiz im Vollbildmodus anzeigen: Öffne eine Notiz im Querformat und tippe auf oder drehe das iPad ins Hochformat.
- Accounts, Notizenliste und ausgewählte Notiz gleichzeitig anzeigen: (iPad Pro 12,9")

  Drehe das iPad ins Querformat und tippe auf .

Tastaturkurzbefehle verwenden

Wenn dein iPad mit einer externen Tastatur von Apple verbunden ist, kannst du Tastaturkurzbefehle verwenden, um die folgenden Aktionen in „Notizen" auszuführen:

- **Neue Notiz starten**: Drücke die Tastenkombination „Befehl-N".
- **Checkliste hinzufügen**: Drücke die Tastenkombination Umschalt-Befehl-L.
- **Seitenleiste ausblenden**: Drücke die Tastenkombination Umschalt-Befehl-S.
- **Weitere Tastaturkurzbefehle anzeigen**: Halte die Globustaste oder Befehlstaste gedrückt, bis die Kurzbefehle angezeigt werden.

Zeichnen oder Schreiben in der App „Notizen" auf dem iPad

Verwende die App „Notizen" , um mit dem Apple Pencil oder mit dem Finger zu zeichnen oder handschriftliche Notizen zu erstellen. Du kannst aus einer Vielzahl von Markierungswerkzeugen und Farben wählen und mit dem Lineal gerade Linien zeichnen.

Notiz zeichnen oder schreiben

1. Beginne in der Notiz mit dem Apple Pencil zu zeichnen oder zu schreiben. Oder tippe auf , um mit dem Finger zu zeichnen oder zu schreiben.
2. Führe beliebige der folgenden Schritte aus:
   - Farbe oder Werkzeuge ändern
   - **Handschriftbereich anpassen**: Ziehe den Aktivpunkt für die Größenänderung (links) nach oben oder unten.
   - Handgeschriebenen Text während des Schreibens mit dem Apple Pencil in getippten Text umwandeln: Tippe auf das Symbol für „Handschrift" (links neben dem Stift) und beginne zu schreiben.

Hinweis: Die Funktion „Kritzeln" ist in mehreren Sprachen verfügbar.

Tipp: In der App „Notizen" kannst du (in den unterstützten Sprachen) nach handgeschriebenem Text suchen. Hat die Notiz keinen Titel, wird die erste Zeile des handgeschriebenen Texts als Titel vorgeschlagen. Scrolle an den Anfang der Notiz und tippe auf „Bearbeiten", wenn du den vorgeschlagenen Titel ändern möchtest.

Zeichnungen und handgeschriebene Notizen auswählen und bearbeiten

Mit der Funktion „Intelligente Auswahl" kannst du handgeschriebenen Text mit den gleichen Gesten auswählen, die du für getippten Text verwendest. Du kannst die Auswahl innerhalb der Notiz bewegen, kopieren oder löschen. Du kannst die Auswahl sogar als getippten Text in einer anderen Notiz oder App einsetzen.

Hinweis: Die Funktion „Intelligente Auswahl" und die Umwandlung von handschriftlichem in getippten Text werden unterstützt, wenn als Systemsprache für das iPad Englisch, vereinfachtes oder traditionelles Chinesisch verwendet wird. Die iPad-Sprache wird in „Einstellungen" > „Allgemein" > „Sprache & Region" > „iPad-Sprache" festgelegt.

1. Tippe in der Symbolleiste „Markierungen" auf das Auswahlwerkzeug (zwischen dem Radiergummi und dem Lineal).
2. Verwende die folgenden Methoden, um Zeichnungen und handschriftlichen Text mit dem Apple Pencil oder mit dem Finger auszuwählen:
   - Setze den Apple Pencil auf oder lege einen Finger auf den gewünschten Bereich und erweitere die Auswahl durch Bewegen des Apple Pencil bzw. des Fingers.
   - Tippe zweimal, um ein Wort auszuwählen.
   - Tippe dreimal, um einen Satz auszuwählen.
3. Passe die Auswahl gegebenenfalls an, indem du die Aktivpunkte entsprechend bewegst.
4. Tippe auf die Auswahl und wähle „Ausschneiden", „Kopieren", „Löschen", „Duplizieren" oder „Leerzeichen oben einfügen".
   Wenn du „Als Text kopieren" auswählst, kannst du den transkribierten Text in eine andere Notiz oder eine andere App einsetzen.

Bilder per Drag & Drop von anderen Apps bewegen

Du kannst per Drag & Drop Bilder von anderen Apps in eine Notiz bewegen, um sie mit handschriftlichen oder gezeichneten Inhalten zu kombinieren. Nachdem du ein Bild zum Zeichenbereich hinzugefügt hast, kannst du das Bild neu positionieren und seine Größe ändern.

Handgeschriebene Adressen, Telefonnummern, Datumsangaben und mehr verwenden

Unter handgeschriebenem Text, der als Straßen- oder E-Mail-Adresse, Telefonnummer, Datum oder andere Information erkannt wird, erscheint eine gelbe Linie. Tippe auf den unterstrichenen Text, um mit dem Text zu interagieren. Du kannst dir beispielsweise eine Adresse in der App „Karten" anzeigen lassen, eine E-Mail erstellen, eine erkannte Telefonnummer anrufen oder ein Kalenderereignis hinzufügen.

Hinweis: Die Datenerkennung wird unterstützt, wenn als Systemsprache für das iPad Englisch, vereinfachtes oder traditionelles Chinesisch verwendet wird. Die iPad-Sprache wird in „Einstellungen" > „Allgemein" > „Sprache & Region" festgelegt.

Linien oder Gitter in Notizen einblenden

- In einer vorhandenen Notiz: Tippe auf (rechts oben), tippe auf „Linien & Gitter" und wähle einen Stil aus.
- Standardstil für alle neuen Notizen auswählen: Wähle „Einstellungen" > „Notizen" > „Linien & Gitter".

Scannen von Text und Dokumenten mit der Kamera in der App „Notizen" auf dem iPad

Du kannst in der App „Notizen" die Kamera verwenden, um Text und Dokumente zu scannen.

Text in eine Notiz scannen

Du kannst in iPadOS 15.4 (oder neuer) in unterstützten Sprachen gescannten Text mithilfe der Kamera einsetzen.

1. Tippe in einer Notiz auf und tippe auf „Text scannen".
2. Positioniere das iPad so, dass der Text im Kamerarahmen erscheint.
3. Tippe auf , nachdem der gelbe Rahmen um den erkannten Text erscheint.
4. Wähle den Text durch Ziehen oder mithilfe der Aktivpunkte aus und tippe dann auf „Einfügen".

Dokument scannen

1. Tippe in einer Notiz auf und wähle „Dokumente scannen" aus.

2. Richte dein iPad so aus, dass die gewünschte Seite des Dokuments auf dem Bildschirm zu sehen ist. Das iPad scannt die Seite daraufhin automatisch.

   Tippe auf und drücke eine der Lautstärketasten, um eine Seite manuell einzuscannen. Tippe auf (auf einem iPad mit Blitz), um den Blitz ein- oder auszuschalten.
3. Scanne weitere Seiten und tippe zum Schluss auf „Sichern“.
4. Tippe auf das gescannte Dokument, wenn du Änderungen daran vornehmen möchtest. Führe danach beliebige der folgenden Schritte aus:

   - Weitere Seiten hinzufügen: Tippe auf .
   - Bild zuschneiden: Tippe auf .
   - **Filter anwenden**: Tippe auf und gib an, ob du die Seite als Dokument in Farbe, in Graustufen oder in Schwarzweiß oder als Foto scannen möchtest.
   - **Bild drehen**: Tippe auf .
   - **Dokument mit Markierungen versehen**: Tippe auf , dann auf und verwende die Markierungswerkzeuge, um Anmerkungen oder deine Unterschrift hinzuzufügen.
   - **Scan löschen**: Tippe auf .

Hinzufügen von Fotos, Videos und vielem mehr zu Notizen auf dem iPad

Du kannst in der App „Notizen“ Fotos, Videos und Informationen aus anderen Apps wie Karten, Links und Dokumente in eine Notiz einfügen.

Foto oder Video hinzufügen

1. Tippe in einer Notiz auf .
2. Wähle ein Foto oder Video aus deiner Fotomediathek aus oder nimm ein neues Foto oder Video auf.
3. Lege den Finger auf einen Anhang, um dessen Vorschaugröße zu ändern, und tippe auf „Kleine Bilder“ oder „Große Bilder“.

Tipp: Wenn du auf einem Foto zeichnen möchtest, tippst du auf das Foto und dann auf .

Wähle „Einstellungen“ > „Notizen“ und aktiviere die Option „Medien in ‚Fotos‘ sichern“, wenn in der App „Notizen“ aufgenommene Fotos oder Videos in der App „Fotos“ gesichert werden sollen.

Einer Notiz Informationen aus einer anderen App hinzufügen

Du kannst einer Notiz Informationen aus einer anderen App als Anhang hinzufügen – zum Beispiel einen Ort aus der App „Karten“, eine Webseite aus der App „Safari“, ein PDF-Dokument aus der App „Dateien“ oder ein Bildschirmfoto.

1. Öffne in der anderen App das Objekt, das du teilen möchtest (z. B. eine Karte oder eine Webseite).
2. Tippe auf „Teilen“ oder auf und danach auf „Notizen“.
3. Sichere das Objekt in einer neuen Notiz oder wähle eine vorhandene Notiz aus.

Alle Anhänge in der App „Notizen“ anzeigen

1. Tippe über der Notizenliste auf und dann auf „Anhänge anzeigen“, um Miniaturen von Zeichnungen, Fotos, Links, Dokumenten und anderen Anhängen zu sehen. (Anhänge gesperrter Notizen werden nicht angezeigt.)
2. Wenn du die Notiz, zu der ein Anhang gehört, direkt anzeigen möchtest, kannst du auf die Miniatur des Anhangs und danach auf „In Notiz anzeigen“ tippen.

Erstellen von Schnellnotizen überall auf dem iPad

Mit der App „Schnellnotizen“ kannst du dir Notizen in jeder App und auf jedem iPad (nicht verfügbar auf dem iPad Air 2 oder iPad mini 4) machen. Füge Handschriftliches, Links, Safari-Markierungen, Tags und Erwähnungen zu einer Schnellnotiz hinzu, damit du leicht auf Namen, Zahlen und Ideen zugreifen kannst. Wenn du in Safari Text markierst oder einen Link aus einer App einfügst, siehst du beim nächsten Besuch der Website eine Schnellnotiz-Miniatur, mit der du zuletzt angesehene Inhalte wieder öffnen kannst.

Du kannst in der App „Notizen“ auf alle deine Schnellnotizen zugreifen. Und wenn du eine Schnellnotiz auf dem iPad erstellst, kannst du die Notiz auch auf deinem iPhone oder Mac sehen.

Schnellnotiz erstellen

1. Du hast folgende Möglichkeiten, eine Schnellnotiz zu erstellen:
   - Streiche mit deinem Finger oder dem Apple Pencil von der rechten unteren Ecke des Displays nach oben.
   - Öffne das Kontrollzentrum und tippe auf .

     (Wird nicht angezeigt, kannst du die Taste zum Kontrollzentrum

hinzufügen. Wähle dazu „Einstellungen“ > „Kontrollzentrum“ und dann „Schnellnotiz“.)
    - Wenn dein iPad mit einer externen Tastatur von Apple verbunden ist, kannst du den Tastaturkurzbefehl „Globus-Q“ verwenden, um die App „Schnellnotiz“ zu öffnen. Wenn „Schnellnotiz“ bereits geöffnet ist, kannst du den Tastaturkurzbefehl „Befehl-N“ verwenden, um eine neue Notiz zu erstellen.
2. Führe beliebige der folgenden Schritte aus:
    - Text eingeben: Tippe oder schreibe mit dem Apple Pencil.
    - Link hinzufügen: Tippe auf „Link hinzufügen“.
    - Neue Notiz starten: Tippe auf .
    - Zu anderen Schnellnotizen wechseln: Streiche nach links oder rechts.

Schnellnotizen anzeigen und verwalten

Um alle Schnellnotizen in der App „Notizen“ anzuzeigen, tippe auf den Ordner „Schnellnotizen“.

Wenn du eine einzelne Schnellnotiz in einen anderen Ordner bewegst, wird diese zu einer Standardnotiz. Sie wird dann nicht länger als Schnellnotiz in anderen Apps angezeigt.

Hinweis: Du kannst eine Schnellnotiz nur sperren, wenn du sie in einen anderen Ordner bewegst.

Eckengeste für Schnellnotizen ändern oder deaktivieren

Wähle „Einstellungen“ > „Notizen“ > „Eckengeste“ und führe beliebige der folgenden Schritte aus:

- Aktiviere oder deaktiviere die Option „Fingerstreichen von Ecke aus erlauben“.
- Tippe auf „Von linker Ecke streichen“ oder „Von rechter Ecke streichen“ und wähle dann eine Aktion.

Suchen und Verwalten von Notizen in Ordnern auf dem iPad

In der App „Notizen“ kannst du alle Notizen nach getippten und handgeschriebenen Texten, nach in Bildern erscheinenden Objekten und nach Texten in gescannten Dokumenten durchsuchen. Außerdem kannst du deine Notizen in Ordnern organisieren und verwalten und wichtige Notizen anpinnen, damit sie stets am Anfang der Liste erscheinen.

Ordner oder Unterordner erstellen, umbenennen, bewegen oder löschen

Führe in der Ordnerliste beliebige der folgenden Schritte aus:

- **Ordner erstellen**: Tippe auf , wähle einen Account aus (wenn du mehrere Accounts besitzt), tippe auf „Neuer Ordner“ und gib dann einen Namen ein.
- Unterordner erstellen: Lege den Finger auf einen Ordner und bewege ihn in einen anderen Ordner.

- **Ordner umbenennen**: Lege den Finger auf einen Ordner, tippe auf „Umbenennen“ und gib dann einen neuen Namen ein.
- **Ordner bewegen**: Streiche auf dem Ordner nach links, tippe auf und wähle einen neuen Speicherort. Oder lege den Finger auf den Ordner und bewege ihn an einen neuen Speicherort. Der Ordner wird zu einem Unterordner, wenn du ihn auf einen anderen Ordner bewegst.
- **Ordner löschen**: Streiche auf dem Ordner nach links und tippe dann auf . Oder lege den Finger auf den Ordner und tippe auf „Löschen“.
  Wenn du deine Meinung änderst, kannst du den Ordner „Zuletzt gelöscht“ öffnen und die Notizen wiederherstellen.

Ordneransicht ändern und Notizen sortieren, bewegen, anpinnen oder löschen

Führe in einer Liste mit Notizen beliebige der folgenden Schritte aus:

- **Ordneransicht ändern**: Tippe auf und wähle „Als Galerie anzeigen“ oder „Als Liste anzeigen“.
- **Sortierreihenfolge eines Ordners ändern**: Tippe auf , dann auf „Sortiert nach“ und wähle „Bearbeitungsdatum“, „Erstellungsdatum“ oder „Titel“. Wähle „Einstellungen“ > „Notizen“ > „Sortieren nach“, um eine Standardsortiermethode für alle Ordner auszuwählen.
- **Notiz in einen anderen Ordner bewegen**: Streiche auf der Notiz nach links und tippe dann auf . Oder lege den Finger auf die Notiz, tippe auf „Bewegen“ und wähle einen Ordner aus.
- **Wichtige Notiz an den Anfang der Liste anpinnen**: Lege den Finger auf die Notiz und tippe auf „Notiz anpinnen“. Alternativ kannst auf der Notiz nach rechts streichen und dann auf die Stecknadel tippen.
- **Notiz löschen**: Streiche auf der Notiz nach links und tippe dann auf . Oder lege den Finger auf die Notiz und tippe auf „Löschen“.

Wenn du deine Meinung änderst, kannst du den Ordner „Zuletzt gelöscht“ öffnen und die Notiz wiederherstellen.

Nach Notizen suchen

Du kannst nach Tags, getippten und handgeschriebenen Texten, nach in Bildern erscheinenden Objekten und nach Texten in gescannten Dokumenten suchen.

1. Streiche auf der Notizenliste nach unten, um das Suchfeld einzublenden.
2. Tippe auf das Suchfeld und gib den Suchbegriff ein. Du kannst auch eine der vorgeschlagenen Suchen wie „Notizen mit Zeichnungen“ auswählen und zusätzlichen Text eingeben, um deine Suche zu verfeinern.

Wenn eine Notiz gesperrt ist, wird nur ihr Titel in den Suchergebnissen angezeigt. Die Suche umfasst auch handgeschriebenen Text (in den unterstützten Sprachen), Fotos und gescannte Dokumente.

Innerhalb einer Notiz nach mit einer Tastatur eingegebenem oder handschriftlichem Text suchen

1. Öffne die Notiz, in der du suchen möchtest.
2. Tippe auf (rechts oben) und danach auf „In Notiz suchen“.
3. Gib den gesuchten Text in das Suchfeld ein.

Verwenden von Tags und intelligenten Ordnern in Notizen auf dem iPad

In der App „Notizen“ kannst du deine Notizen mit Tags schnell und flexibel kategorisieren und organisieren. Du kannst einen oder mehrere Tags zu einer Notiz hinzufügen, beispielsweise #einkaufen oder #arbeit. Darüber hinaus kannst du mit der Tag-Übersicht oder intelligenten Ordnern deine Notizen ganz einfach ordnerübergreifend suchen und filtern.

Tags zu Notizen hinzufügen

Gib beim Erstellen oder Bearbeiten einer Notiz zuerst # gefolgt von dem Namen des Tags ein. Du kannst aber auch ein Tag aus dem Menü über der Tastatur auswählen. Ein Tag darf nur aus einem Wort bestehen. Du kannst allerdings mehrere Wörter mit Binde- und Unterstrichen verbinden. Du kannst mehrere Tags zu einer Notiz hinzufügen.

Tags umbenennen oder löschen

Lege den Finger auf ein Tag in der Tag-Übersicht (unter deinen Ordnern) und tippe auf „Tag umbenennen“ oder „Tag löschen“.

Wenn du ein Tag löschst, wird es auch aus allen intelligenten Ordnern entfernt, die es verwenden.

Notizen mit Tags anzeigen

Tippe in der Tag-Übersicht (unter den Ordnern) auf „Alle Tags“. Tippe auf einen oder mehrere Tags, um die Liste zu filtern.

Intelligenten Ordner erstellen

1. Tippe auf wähle einen Account aus (wenn du mehrere Accounts besitzt) und tippe auf „Neuer intelligenter Ordner“.
2. Gib einen Namen ein und wähle dann die Tags aus.

Außerdem kannst du einen intelligenten Ordner erstellen, indem du beim Anzeigen einer Liste der mit Tags versehenen Notizen auf und dann auf „Intelligenten Ordner erstellen“ tippst.

Ordner in intelligenten Ordner konvertieren

Tippe beim Anzeigen des Ordners, den du konvertieren möchtest, auf , scrolle nach unten und tippe dann auf „In intelligenten Ordner konvertieren".

Beim Konvertieren eines Ordners werden die darin befindlichen Notizen in den Ordner „Notizen" bewegt und mit dem Namen des intelligenten Ordners getaggt.

Hinweis: Du kannst keine geteilten Ordner, Ordner mit Unterordnern oder Ordner mit gesperrten Notizen konvertieren.

Intelligenten Ordner bearbeiten

Lege den Finger auf den intelligenten Ordner und tippe dann auf „Intelligenten Ordner bearbeiten". Du kannst den angezeigten Namen oder die angezeigten Tags ändern.

Teilen von Notizen und Zusammenarbeiten auf dem iPad

Du kannst in der App „Notizen" Freund:innen eine Kopie einer Notiz senden. Du kannst auch Personen einladen, mit dir zusammen an einer Notiz oder einem Ordner in iCloud zu arbeiten. In diesem Fall sind die aktuellen Änderungen für alle Beteiligten sichtbar.

Kopie einer Notiz senden

1. Öffne die Notiz, die du teilen möchtest.
2. Tippe auf (rechts oben) und gib an, wie deine Notiz gesendet werden soll.

Zusammen mit anderen Personen an einer Notiz arbeiten

Wenn du eine Notiz in iCloud teilst, können alle teilnehmenden Personen die Änderungen der anderen sehen. Jede Person, mit der du eine Notiz teilst, muss mit ihrer Apple-ID angemeldet sein, damit sie die Notiz bearbeiten oder ansehen kann.

Hinweis: Es ist nicht möglich, gemeinsam mit anderen Personen an einer gesperrten Notiz zu arbeiten.

1. Führe einen der folgenden Schritte aus:
   - Streiche in der Liste der Notizen auf der Notiz, die du teilen möchtest, nach links und tippe dann auf .
   - Öffne die Notiz, die du teilen möchtest, tippe auf (rechts oben) und dann auf „Notiz teilen".
2. Tippe auf „Freigabeoptionen" und wähle „Bearbeitung erlauben" oder „Nur ansehen". Durch Auswählen der Option „Bearbeitung erlauben" kannst du anderen Personen ermöglichen, weitere Personen einzuladen.
3. Gib an, wie deine Einladung gesendet werden soll (zum Beispiel mithilfe der App „Mail" oder „Nachrichten").

Aktivität in einer Notiz einblenden

In der Notizenliste zeigt ein orangefarbener Punkt links neben dem Titel einer Notiz an, dass die Notiz geändert wurde, seitdem du sie das letzte Mal angesehen hast.

1. Öffne die Notiz und streiche dann auf der Notiz nach rechts oder streiche auf der Karte „Aktivität" nach oben, um zu sehen, wer wann Änderungen vorgenommen hat.
2. Um anzupassen, wie die Aktivität eingeblendet wird, tippst du auf und wählst dann beliebige der folgenden Optionen aus:
   - **Updates anzeigen**: Zeigt die Änderungen an, die vorgenommen wurden, nachdem du die Notiz das letzte Mal geöffnet hattest.
   - **Alle Aktivitäten einblenden**: Zeigt alle Aktivitäten in der Notiz an.
   - **Markierungen einblenden**: Zeigt Namen, Daten und die von anderen Personen vorgenommenen Änderungen an.

Tipp: Um eine Person zu erwähnen und diese über wichtige Aktualisierungen zu informieren, gibst du das Zeichen @ gefolgt von dem Namen der Person ein.

Zusammen mit anderen Personen an einem Ordner arbeiten

Wenn du eine Notiz in iCloud teilst, können alle teilnehmenden Personen die Änderungen der anderen sehen. Personen, die Änderungen vornehmen dürfen, können Notizen erstellen oder bearbeiten, Anhänge hinzufügen und sogar Unterordner erstellen, wenn sie iCloud verwenden.

Hinweis: Es ist nicht möglich, gemeinsam mit anderen Personen an einem Ordner mit gesperrten Notizen zu arbeiten.

1. Führe einen der folgenden Schritte aus:
   - Streiche in der Ordnerliste auf dem Ordner, den du teilen möchtest, nach links und tippe dann auf .
   - Öffne den Ordner, den du teilen möchtest, tippe auf (über der Notizenliste) und dann auf „Ordner teilen".
2. Tippe auf „Freigabeoptionen" und wähle „Bearbeitung erlauben" oder „Nur ansehen". Durch Auswählen der Option „Bearbeitung erlauben" kannst du anderen Personen ermöglichen, weitere Personen einzuladen.
3. Gib an, wie deine Einladung gesendet werden soll (zum Beispiel mithilfe der App „Mail" oder „Nachrichten").

Aktivität in einem Ordner einblenden

Lege den Finger auf den Ordner und tippe auf „Ordneraktivität einblenden".

Personen hinzufügen oder entfernen oder Zusammenarbeit beenden

Tippe auf , tippe auf „Geteilte Notiz verwalten" oder „Geteilten Ordner verwalten" und führe dann beliebige der folgenden Schritte aus:

- **Personen hinzufügen**: Wähle eine Freigabeoption.
- **Personen entfernen**: Streiche auf der zu entfernenden Person nach links und tippe danach auf „Entfernen".

- **Berechtigungen ändern**: Tippe auf „Freigabeoptionen“ und wähle „Bearbeitung erlauben“ oder „Nur ansehen“. Durch Auswählen der Option „Bearbeitung erlauben“ kannst du anderen Personen ermöglichen, weitere Personen einzuladen.
- **Nicht mehr teilen**: Wenn du diese Option wählst, wird die geteilte Notiz oder der geteilte Ordner von den Geräten der anderen teilnehmenden Personen gelöscht.

Sperren von Notizen auf dem iPad

In der App „Notizen“ kannst du Notizen mit einem Passwort sperren, um deine sensiblen Daten zu schützen. Die App „Notizen“ verwendet auf all deinen Geräten ein einziges Passwort für alle gesperrten Notizen in einem Account (beispielsweise in deinem iCloud-Account).

Du kannst Face ID für den komfortablen Zugriff auf deine gesperrten Notizen verwenden, solltest dich aber nicht auf Face ID oder Touch ID als einzige Möglichkeit zum Entsperren deiner Notizen verlassen. Wenn du deine Einstellungen für Face ID oder Touch ID aktualisierst oder dein Passwort für die App „Notizen“ ändern möchtest, musst du das Passwort für die App „Notizen“ erneut eingeben. Aus diesem Grund wird dringend empfohlen, eine Merkhilfe zu deinem Passwort hinzuzufügen, wenn du es erstellst.

Passwort für Notizen festlegen

Das von dir festgelegte Passwort wird für alle Notizen verwendet, die du künftig sperrst.

1. Wähle „Einstellungen“ > „Notizen“ > „Passwort“.
2. Wenn du mehrere Accounts hast, wählst du nun den Account aus, für den du das Passwort festlegen möchtest.
3. Gib ein Passwort ein und füge eine Merkhilfe hinzu.
   Darüber hinaus kannst du auch Face ID oder Touch ID aktivieren.

Wichtig: Falls du das Passwort für deine Notizen vergessen hast und sie auch nicht mit Face ID oder Touch ID entsperren kannst, ist es dir nicht mehr möglich, auf deine gesperrten Notizen zuzugreifen. In diesem Fall hat auch Apple keine Möglichkeit, dir Zugriff auf deine gesperrten Notizen bereitzustellen.

Du kannst zwar das Passwort für deine Notizen zurücksetzen, erhältst dadurch jedoch keinen Zugriff auf Notizen, die zuvor gesperrt wurden. Das neue Passwort wird für alle Notizen verwendet, die du künftig sperrst. Wähle „Einstellungen“ > „Notizen“ > „Passwort“ und tippe auf „Passwort zurücksetzen“.

Notiz sperren

Du kannst nur solche Notizen sperren, die sich auf deinem Gerät oder in iCloud befinden. Du kannst keine Notizen mit Anhängen (in Form von PDF-, Audio-, Video-, Keynote-, Pages- oder Numbers-Dokumenten) und auch keine Notizen sperren, die mit anderen Accounts synchronisiert werden. Du kannst außerdem keine Notizen in iCloud sperren, an denen mehrere Personen zusammenarbeiten.

1. Öffne die Notiz und tippe auf (rechts oben).

2. Tippe auf „Sperren“.

Im Fall einer gesperrten Notiz wird in der Liste der Notizen nur ihr Titel angezeigt.

Zum Aufheben der Sperre einer Notiz tippst du auf (rechts oben) und danach auf „Entfernen“.

Gesperrte Notiz öffnen

Wenn du eine gesperrte Notiz öffnest, wird für einige Minuten die Sperre sämtlicher Notizen im gleichen Account aufgehoben, damit du schnell zu einer anderen Notiz wechseln oder Informationen aus anderen Apps kopieren und einsetzen kannst.

1. Tippe auf die gesperrte Notiz und danach auf „Notiz anzeigen“.
2. Zum Öffnen der Notiz kannst du Face ID, Touch ID oder das Passwort für deine Notizen verwenden.

Führe einen der folgenden Schritte aus, um die Sperre für deine Notizen wieder zu aktivieren:

- Tippe auf das Schlosssymbol oben auf dem Bildschirm.
- Tippe auf „Jetzt sperren“ unterhalb der Liste der Notizen.
- Schließe die App „Notizen“.
- Sperre dein iPad.

Ändern der Einstellungen für Notizen auf dem iPad

In der App „Einstellungen“ kannst du die Einstellungen für die App „Notizen“ anpassen. Du kannst unter anderem deine Notizen in iCloud sichern und im Sperrbildschirm auf die App „Notizen“ zugreifen.

Notizen mit iCloud auf allen Geräten auf dem neuesten Stand halten

Wähle „Einstellungen“ > „[dein Name]“ > „iCloud“ und aktiviere „Notizen“.

Deine iCloud-Notizen – und alle daran vorgenommenen Änderungen – werden auf deinen Geräten (iPhone, iPad, iPod touch und Mac) angezeigt, auf denen du mit derselben Apple-ID angemeldet bist.

Einstellungen für Notizen ändern

Wähle „Einstellungen“ > „Notizen“ und passe beliebige der folgenden Einstellungen an. Beispiel:

- Standardaccount: Wähle den Standardaccount für Siri und das Widget „Notizen“ aus.
- Account „Auf meinem iPad“: Notizen in diesem Account werden nur auf deinem iPad angezeigt. Deine Notizen in iCloud sind davon nicht betroffen.
- Auf App „Notizen“ im Sperrbildschirm zugreifen: Zur Auswahl stehen hier die Optionen „Immer neue Notiz erstellen“ und „Letzte Notiz fortsetzen“. Du kannst die Option auch deaktivieren, um den Zugriff im Sperrbildschirm zu unterbinden.

Photo Booth

Aufnehmen von Fotos mit Photo Booth auf dem iPad

Verwende die App „Photo Booth“ , um Selfies und Fotos mit witzigen Effekten aufzunehmen.

Foto aufnehmen

Die App „Photo Booth“ verwendet die Frontkamera, um das Motiv in mehreren Kacheln und mit jeweils unterschiedlichen Effekten auf dem iPad anzuzeigen. Zu den Effekten gehören unter anderem „Kaleidoskop“, „Strecken“ und „Röntgen“. Die Kachel in der Mitte des Bildschirms zeigt das Motiv in der Ansicht „Normal“.

1. Richte das iPad auf das Motiv, um den Bildausschnitt festzulegen.
2. Tippe auf die Kachel mit dem Effekt, den du verwenden möchtest, und führe beliebige der folgenden Schritte aus:
   - Zwischen der Front- und der Rückkamera umschalten: Tippe auf  unten auf dem Bildschirm.
   - Effekt ändern: Tippe auf  unten links auf dem Bildschirm.
     Bei einigen Effekten kannst du deinen Finger über den Bildschirm bewegen, auf- oder zuziehen, streichen oder das Bild drehen, um das Aussehen zu ändern.
3. Tippe auf die Auslösertaste, um das Foto aufzunehmen.

Wenn du ein Foto aufnimmst, gibt das iPad einen Auslöserton aus. Mit den Lautstärketasten kannst du die Lautstärke des Auslösertons steuern.

Hinweis: In einigen Regionen werden Soundeffekte auch wiedergegeben, wenn die Töne mit dem Seitenschalter (bei einigen Modellen verfügbar) stummgeschaltet wurden.

Löschen, Teilen und Kopieren eines Fotos in der App „Photo Booth“ auf dem iPad

Du kannst die Fotos, die du in der App „Photo Booth“  aufnimmst, löschen, kopieren und teilen.

Foto in der App „Photo Booth“ löschen

1. Tippe auf eine Fotominiatur unten auf dem Bildschirm.
2. Tippe auf  und danach auf „Foto löschen“.

Foto in der App „Photo Booth“ teilen oder kopieren

1. Tippe auf eine Fotominiatur unten auf dem Bildschirm.

2. Tippe auf und wähle eine Option zum Teilen aus (z. B. „Nachrichten“ oder „Mail“) oder wähle „Foto kopieren“.

Fotos auf den Computer laden

Schließe das iPad unter Verwendung des mitgelieferten USB-Kabels an deinen Computer an.

- **Mac**: Öffne die App „Fotos“ auf deinem Mac und wähle dein iPad in der Seitenleiste aus. Wähle die Fotos aus, die du importieren möchtest, und tippe auf „Ausgewählte importieren“.
  Zum Löschen der Fotos von deinem iPad, nachdem sie auf deinen Mac geladen wurden, wähle „Objekte nach dem Import löschen“.
- **PC**: Befolge die Anleitungen, die du mit deiner Foto-App erhalten hast.

Ansehen und Bearbeiten von Fotos in der App „Fotos“ auf dem iPad

Fotos, die du in der App „Photo Booth“ aufnimmst, werden in der App „Fotos“ gesichert, wo du sie ansehen und bearbeiten kannst.

Ansehen und Bearbeiten von Fotos in der App „Fotos“

1. Tippe in der App „Fotos“ auf den Tab „Fotos“ oder auf den Tab „Alben“ und dann auf eine Miniatur.
   Streiche nach links oder rechts, um das nächste bzw. das vorherige Foto zu sehen.
2. Tippe auf „Bearbeiten“ und verwende die Steuerelemente unten auf dem Bildschirm, um Änderungen vorzunehmen.
3. Tippe auf „Fertig“.

Fotos auf allen Geräten ansehen

Wenn du iCloud-Fotos verwendest, kannst du deine Fotos auf anderen Geräten (iOS 8.1, iPadOS 13 oder neuer), Mac-Computern (OS X 10.10.3 oder neuer) und über iCloud.com anzeigen. Du musst dazu auf allen Geräten mit derselben Apple-ID angemeldet sein.

Fotos

Ansehen von Fotos und Videos in der App „Fotos“ auf dem iPad

Verwende die App „Fotos“, um die Fotos und Videos auf deinem iPad zu finden und anzuzeigen.

So sind deine Fotos und Videos in der App „Fotos“ organisiert

Streiche vom linken Rand des Bildschirms nach rechts oder tippe auf , um die Seitenleiste zu öffnen und mit den Tasten „Mediathek“, „Für dich“, „Alben“ und „Suchen“ in der App „Fotos“ zu navigieren.

- **Mediathek**: Hier kannst du Fotos und Videos durchsuchen, die nach Tagen, Monaten und Jahren sortiert sind, oder dir alle Fotos ansehen.
- **For You**: Hier kannst du dir Rückblicke, geteilte Fotos, empfohlene Fotos und Vorschläge zum Teilen in einem persönlichen Feed ansehen.
- **Alben**: Hier findest du Alben, die du erstellt oder geteilt hast, und deine automatisch nach Kategorien organisierten Fotos – zum Beispiel „Personen & Orte“ und „Medienarten“.
- **Suchen**: Über das Suchfeld kannst du nach Fotos mit bestimmten Attributen wie Datum, Ort, Beschriftung oder darin enthaltenen Objekten suchen. Du kannst auch Fotos durchsuchen, die bereits nach wichtigen Ereignissen, Personen, Orten oder Kategorien sortiert sind.

Fotos in deiner Mediathek durchsuchen

Wenn du die Fotos und Videos nach der Aufnahmezeit durchsuchen möchtest, tippst du auf „Mediathek“ und wählst beliebige der folgenden Optionen:

- **Jahre**: Mit dieser Option findest du schnell ein bestimmtes Jahr in deiner Fotomediathek.
- **Monate**: Mit dieser Option siehst du Fotosammlungen, die du in einem bestimmten Monat gemacht hast. Diese sind zu wichtigen Ereignissen wie Familienausflügen, Treffen mit Freund:innen, Geburtstagsfeiern oder Reisen zusammengefasst.
- **Tage**: Mit dieser Option werden deine Fotos in chronologischer Reihenfolge angezeigt und sind nach Datum oder Aufnahmeort gruppiert.
- Alle Fotos: Mit dieser Option kannst du dir alle Fotos und Videos ansehen.

Tipp: Wenn du „Alle Fotos“ ausgewählt hast, kannst du auf ••• tippen, um die Ansicht zu vergrößern oder zu verkleinern, um alle Fotos in einem Seitenverhältnis- oder einem quadratischen Raster anzuzeigen, um Fotos nach bestimmten Kriterien zu filtern oder auf einer Karte zu zeigen.

Die App „Fotos“ entfernt ähnliche Fotos und störende Objekte wie Bildschirmfotos, Whiteboards und Rezepte aus den Ansichten „Jahre“, „Monate“ und „Tage“. Tippe auf „Alle Fotos“, um alle Fotos und Videos einzublenden.

Einzelne Fotos ansehen

Tippe auf ein Foto, um es im Vollbildmodus auf deinem iPad anzuzeigen.

Doppeltippe auf ein Foto bzw. ziehe es zum Einzoomen mit Daumen und Zeigefinger auf. Durch Ziehen kannst du dir andere Bereiche des Fotos ansehen, durch Doppeltippen bzw. Zusammenziehen mit Daumen und Zeigefinger kannst du ein Foto wieder auszoomen.

Tipp: Beim Anzeigen eines Live Photo kannst du den Finger auf das Foto legen, um es wiederzugeben.

Tippe auf < oder ziehe das Foto nach unten, um mit dem Durchsuchen fortzufahren, oder kehre zu den Suchergebnissen zurück.

Foto- und Videoinformationen ansehen

Tippe auf oder streiche in der Vollbildansicht nach oben, um Informationen zu einem Foto oder Video einzublenden. Je nach Foto oder Video werden die folgenden Details angezeigt:

- Auf dem Foto identifizierte Personen
- Ein Feld, in dem du eine Beschreibung für das Foto oder Video eingeben kannst, damit es über die Suchfunktion einfacher zu finden ist
- Von der Funktion „Visuelles Nachschlagen" erkannte Objekte
- Die Angabe, ob das Foto über die App „Nachrichten" oder über eine andere App mit dir geteilt wurde
- Aufnahmedatum und Aufnahmezeit des Fotos oder Videos (durch Tippen auf „Anpassen" kannst du Datum und Uhrzeit ändern)
- Metadaten für die Kamera wie Objektiv, Verschlusszeit, Dateigröße und mehr
- Aufnahmeort des Fotos oder Videos (durch Tippen auf den Link kannst du dir den Ort in der App „Karten" ansehen)

Wiedergeben von Videos und Diashows in der App „Fotos" auf dem iPad

Verwende die App „Fotos", um Videos wiederzugeben, die du mit deinem iPad aufgenommen oder auf deinem iPad gesichert hast. Du kannst auch aus Fotos, Videos und Live Photos in deiner Mediathek Diashows erstellen.

Video wiedergeben

Wenn du die Fotos und Videos in der App „Fotos" durchsuchst, kannst du auf ein Video tippen, um es auf dem iPad wiederzugeben. Während es läuft, kannst du Folgendes tun:

- Tippe auf die Steuerelemente des Players oben auf dem Bildschirm, um das Video zu unterbrechen, stummzuschalten, als Favorit zu markieren, zu teilen, zu löschen oder Informationen einzublenden. Tippe auf den Bildschirm, um die Steuerelemente des Players auszublenden.
- Doppeltippe auf den Bildschirm, um zwischen den Modi „Vollbildvideo" und „An Bildschirm anpassen" umzuschalten.
- Lege einen Finger auf die Bildansicht (Viewer) unten auf dem Bildschirm, um das Video anzuhalten und bewege den Viewer nach links oder rechts, um vor- oder zurückzuspringen.

Diashow erstellen und wiedergeben

Du kannst eine Diashow erstellen, um dir eine Sammlung von Fotos und Videos anzusehen, die du in deiner Mediathek ausgewählt hast. Diashows werden automatisch formatiert und mit Musik unterlegt.

1. Tippe auf „Mediathek".
2. Zeige die Fotos in der Ansicht „Alle Fotos" oder „Tage" an und tippe auf „Auswählen".

3. Tippe nacheinander auf jedes Foto, das Teil der Diashow sein soll, und tippe danach auf .
4. Tippe in der Liste der Optionen auf „Diashow“.
   Tippe während der Wiedergabe der Diashow auf den Bildschirm und dann auf „Optionen“, um das Thema, die Musik und andere Eigenschaften der Diashow zu ändern.

Hinweis: Du kannst auch aus einem Album eine Diashow erstellen. Tippe auf „Alben“, tippe auf das Album, das du für die Diashow verwenden möchtest, und führe die oben genannten Schritte aus.

Löschen oder Ausblenden von Fotos und Videos auf dem iPad

In der App „Fotos“ kannst du Fotos und Videos von deinem iPad löschen oder sie ins Album „Ausgeblendet“ verschieben und ausblenden. Du kannst auch Fotos wiederherstellen, die du vor Kurzem gelöscht hast. Wenn du die Option „iCloud Fotos“ aktiviert hast, werden alle Änderungen, die du vornimmst, auf alle deine Geräte übernommen.

Foto oder Video löschen oder ausblenden

Tippe auf ein Foto oder ein Video und führe einen der folgenden Schritte aus:

- **Löschen**: Tippe auf , um ein Foto von deinem iPad und von allen anderen Geräten zu löschen, auf denen du denselben Account für iCloud-Fotos verwendest.
  Gelöschte Fotos und Videos verbleiben noch 30 Tage im Album „Zuletzt gelöscht“. Während dieser Zeit kannst du sie wiederherstellen oder manuell unwiderruflich löschen.
- **Ausblenden**: Tippe auf und danach in der Liste der Optionen auf „Ausblenden“. Ausgeblendete Fotos werden in das Album „Ausgeblendet“ im Tab „Alben“ verschoben. Du kannst solche Fotos nirgendwo anders anzeigen.
  Wenn das Album „Ausgeblendet“ nicht im Tab „Alben“ angezeigt werden soll, wählst du „Einstellungen“ > „Fotos“ > und deaktivierst die Option „Ausgeblendetes Album“.

Gelöschte Fotos wiederherstellen oder unwiderruflich löschen

Gehe wie folgt vor, um gelöschte Fotos wiederherzustellen oder permanent zu löschen:

1. Streiche vom linken Rand des Bildschirms nach rechts oder tippe auf , um die Seitenleiste zu öffnen. Tippe anschließend unter „Dienstprogramme“ auf „Zuletzt gelöscht“.
2. Tippe auf „Auswählen“ und wähle die Fotos und Videos aus, die du entweder wiederherstellen oder endgültig löschen möchtest.
3. Wähle unten auf dem Bildschirm entweder „Wiederherstellen“ oder „Löschen.

Bearbeiten von Fotos und Videos auf dem iPad

Nachdem du ein Foto oder Video aufgenommen hast, kannst du die Werkzeuge in der App „Fotos“ verwenden, um es auf dem iPad zu bearbeiten. Du kannst die Beleuchtung und die Farben anpassen, das Bild zuschneiden oder drehen, einen Filter hinzufügen und vieles mehr. Wenn dir deine Änderungen nicht gefallen, tippst du auf „Abbrechen“, um zum Original zurückzukehren.

Wenn du die Option „iCloud Fotos“ aktiviert hast, werden alle Bearbeitungen, die du vornimmst, auf all deine Geräte übernommen und gesichert.

Licht und Farbe anpassen

1. Tippe auf die Miniatur eines Fotos oder eines Videos, um das Foto oder Video im Vollbildmodus anzuzeigen.

   Wenn du eine Video oder ein Foto im Porträtmodus bearbeitest, tippe auf links auf dem Bildschirm.
2. Tippe auf „Bearbeiten“ und streiche auf der rechten Seite des Bildschirms nach oben, um die Effekte zu sehen, die du bearbeiten kannst. Hierzu gehören beispielsweise Belichtung, Brillanz, Glanzlichter und Schatten.
3. Tippe auf den Effekt, den du bearbeiten möchtest, und nimm durch Ziehen des Reglers präzise Anpassungen vor.
   Den Anpassungsgrad, den du für die einzelnen Effekte vornimmst, kannst du an der Kontur der jeweiligen Taste erkennen. So siehst du auf einen Blick, welche Effekte du verstärkt und welche du abgeschwächt hast. Tippe auf die Effekttaste, um zwischen dem bearbeiteten Effekt und dem Original umzuschalten.
4. Tippe auf „Fertig“, um deine Anpassungen zu sichern, oder auf „Abbrechen“ und danach auf „Änderungen verwerfen“, wenn du mit deinen Änderungen nicht zufrieden bist.

Tipp: Tippe auf , um deine Fotos und Videos automatisch mit Effekten zu bearbeiten.

Filtereffekte anwenden

1. Tippe auf die Miniatur eines Fotos oder eines Videos, um das Foto oder Video im Vollbildmodus anzuzeigen.
2. Tippe auf „Bearbeiten“ und dann auf auf der linken Seite des Bildschirms.
3. Tippe rechts auf dem Bildschirm auf einen Filter und bewege den Schieberegler, um den Effekt anzupassen.
   Tippe auf das Foto, um die bearbeitete Version mit dem Original zu vergleichen.
4. Tippe auf „Fertig“, um deine Anpassungen zu sichern, oder auf „Abbrechen“ und danach auf „Änderungen verwerfen“, wenn du mit deinen Änderungen nicht zufrieden bist.

Foto oder Videos zuschneiden, drehen oder spiegeln

1. Tippe auf die Miniatur eines Fotos oder eines Videos, um das Foto oder Video im Vollbildmodus anzuzeigen.

2. Tippe auf „Bearbeiten“ und dann auf auf der linken Seite des Bildschirms und führe beliebige der folgenden Schritte aus:
   - **Manuell zuschneiden**: Bewege die Ecken des Rechtecks, damit sie den gewünschten Bereich des Fotos umschließen. Du kannst das Foto auch auf- oder zuziehen.
   - **Auf ein standardmäßiges Format zuschneiden**: Tippe oben auf dem Bildschirm auf und wähle unten auf dem Bildschirm eine Option aus, etwa „Quadrat“, „9:16“ oder „5:7“.
   - **Drehen**: Tippe auf , um das Foto um 90 Grad zu drehen.
   - **Spiegeln**: Tippe auf , um das Foto horizontal zu spiegeln.
3. Tippe auf „Fertig“, um deine Anpassungen zu sichern, oder auf „Abbrechen“ und danach auf „Änderungen verwerfen“, wenn du mit deinen Änderungen nicht zufrieden bist.

Begradigen und Perspektive anpassen

1. Tippe auf die Miniatur eines Fotos oder eines Videos, um das Foto oder Video im Vollbildmodus anzuzeigen.
2. Tippe auf „Bearbeiten“ und dann auf auf der linken Seite des Bildschirms und tippe anschließend auf der rechten Seite des Bildschirms auf die gewünschte Effekttaste: „Begradigen“, „Vertikal“ oder „Horizontal“.
3. Bewege den Schieberegler, um den Effekt anzupassen.
   Den Anpassungsgrad, den du für die einzelnen Effekte vornimmst, kannst du an der Kontur der jeweiligen Taste erkennen. So siehst du auf einen Blick, welche Effekte du verstärkt und welche du abgeschwächt hast. Tippe auf die Taste, um zwischen dem bearbeiteten Effekt und dem Original umzuschalten.
4. Tippe auf „Fertig“, um deine Anpassungen zu sichern, oder auf „Abbrechen“ und danach auf „Änderungen verwerfen“, wenn du mit deinen Änderungen nicht zufrieden bist.

Bearbeitetes Foto zurücksetzen

Auch nachdem du ein Foto bearbeitet und die Änderungen gesichert hast, kannst du jederzeit zum Originalbild zurückkehren.

1. Öffne das bearbeitete Bild und tippe auf „Bearbeiten“ und dann auf „Zurücksetzen“.
2. Tippe auf „Zurück zum Original“.

Auf einem Foto schreiben oder zeichnen

1. Tippe auf ein Foto, um es im Vollbildmodus anzuzeigen.
2. Tippe auf „Bearbeiten“ und dann auf .
3. Füge mit den unterschiedlichen Zeichenwerkzeugen und Farben Anmerkungen zu deinem Foto hinzu. Tippe auf , um die Ansicht zu vergrößern oder eine Beschreibung, Text, Formen oder sogar deine Unterschrift hinzuzufügen.

4. Tippe auf „Fertig“, um deine Änderungen zu sichern, oder tippe auf „Abbrechen“, wenn du mit deinen Änderungen nicht zufrieden bist.

Kürzen von Videos und Anpassen der Zeitlupe auf dem iPad

In der App „Fotos“ kannst du ein Video kürzen, das du mit deinem iPad aufgenommen hast, um seinen Beginn und sein Ende zu ändern. Darüber hinaus kannst du auch den Teil eines Videos anpassen, der im Modus „Slo-Mo“ in Zeitlupe aufgenommen wurde.

Video kürzen

1. Öffne das Video und tippe auf „Bearbeiten“.
2. Bewege eine oder beide seitlichen Kanten der Bildansicht, um die Länge anzupassen, und tippe auf „Fertig“.
3. Tippe auf „Video sichern“, um nur das gekürzte Video zu sichern, oder tippe auf „Video als neuen Clip sichern“, um beide Versionen des Videos zu sichern.

Tippe auf „Bearbeiten“ und dann auf „Zurücksetzen“, um das Kürzen des Videos nach dem Sichern rückgängig zu machen.

Hinweis: Ein Video wird als neuer Clip gesichert und kann nicht auf das Original zurückgesetzt werden.

Im Modus „Slo-Mo“ aufgenommenen Zeitlupenabschnitt eines Videos ändern

1. Öffne ein im Modus „Slo-Mo“ aufgenommenes Video und tippe auf „Bearbeiten“.
2. Bewege die weißen vertikalen Balken unterhalb der Bildansicht, um den Videoausschnitt festzulegen, der in Zeitlupe wiedergegeben werden soll.
3. Tippe auf „Fertig“, um deine Änderungen zu sichern, oder tippe auf „Abbrechen“, wenn du mit deinen Änderungen nicht zufrieden bist.

Bearbeiten von Live Photos auf dem iPad

In der App „Fotos“ kannst du Live Photos bearbeiten, das Schlüsselfoto ändern und witzige Effekte wie „Abpraller“ oder „Endlosschleife“ hinzufügen.

Live Photo bearbeiten

Außer den Werkzeugen für die Fotobearbeitung (wie das Hinzufügen von Filtern und das Zuschneiden von Fotos) stehen dir bei Live Photos auch Optionen zur Verfügung, mit denen du das Schlüsselfoto ändern, die Länge kürzen oder den Ton stummschalten kannst.

1. Öffne das Live Photo und tippe auf „Bearbeiten“.
2. Tippe auf und führe beliebige der folgenden Schritte aus:
    - **Schlüsselfoto festlegen**: Bewege den weißen Rahmen in der Bildansicht, tippe auf „Als Schlüsselfoto festlegen“ und dann auf „Fertig“.
    - **Live Photo kürzen**: Ziehe eine seitliche Kante der Rahmenansicht, um die Bilder (Frames) auszuwählen, die als Live Photo wiedergegeben werden sollen.

- **Standfoto erstellen**: Tippe auf die Taste „Live“ oben auf dem Bildschirm, um die Live-Funktion zu deaktivieren. Das Live Photo wird zu einem Standfoto des Schlüsselfotos.
- **Live Photo stummschalten**: Tippe auf oben auf dem Bildschirm. Tippe erneut auf die Taste „Stumm“, um die Stummschaltung zu beenden.

Effekte zu einem Live Photo hinzufügen

Du kannst Effekte zu Live Photos hinzufügen, um lustige Videos aus ihnen zu machen.

1. Öffne das Live Photo.
2. Tippe oben auf dem Bildschirm auf „Live“ und wähle eine der folgenden Optionen aus:
    - **Endlosschleife**: Die Aktion wird in einer Endlosschleife fortlaufend wiederholt.
    - **Abpraller**: Die Aktion wird abwechselnd vorwärts und rückwärts wiedergegeben.
    - **Langzeitbelichtung**: Durch das Weichzeichnen des Bewegungsablaufs wird – ähnlich wie bei der digitalen Spiegelreflexfotografie (DSLR) – der Effekt einer Langzeitbelichtung erzielt.

Bearbeiten von Videos im Kinomodus auf dem iPad

Videos im Kinomodus, die du auf iPhone 13-Modellen aufnimmst, lassen sich mit der App „Fotos“ auf dem iPad bearbeiten. Der Kinomodus wendet einen Schärfentiefe-Effekt an, bei dem der Fokuspunkt des Videos scharf gestellt wird, während Vorder- und Hintergrund angenehm weichgezeichnet werden. Du kannst den Fokuspunkt ändern, auf den der Effekt angewendet wird, und in deinen Videos im Kinomodus auch die Intensität der Weichzeichnung des Hintergrunds – die Schärfentiefe – anpassen. Darüber hinaus kannst du den Effekt auch deaktivieren.

Videos im Kinomodus können auf dem iPad Pro 12,9" (3. Generation und neuere Modelle), iPad Pro 11" (alle Generationen), iPad Air (3. Generation und neuere Modelle) und dem iPad mini (5. Generation und neuere Modelle) bearbeitet werden.

Kinoeffekt deaktivieren

1. Öffne in der App „Fotos“ ein Video, das du im Kinomodus aufgenommen hast, und tippe auf „Bearbeiten“.
2. Tippe oben auf dem Bildschirm auf „Kino“ und anschließend auf „Fertig“.

Wiederhole diese Schritte, um den Kinomodus wieder zu aktivieren.

Fokussiertes Motiv in einem im Kinomodus aufgenommenen Video ändern

Die App „Kamera“ erkennt automatisch, wo fokussiert werden soll, wenn du im Kinomodus aufnimmst, und kann den Fokus automatisch ändern, wenn ein neues Motiv erkannt wird. Du kannst das fokussierte Motiv auch manuell ändern.

1. Öffne in der App „Fotos“ ein Video, das du im Kinomodus aufgenommen hast, und tippe auf „Bearbeiten“.
   Weiße Punkte unter der Bildansicht zeigen, wo die App „Kamera“ den Fokus während

der Aufnahme automatisch geändert hat. Gelbe Punkte zeigen, wo der Fokus manuell geändert wurde.
2. Starte die Wiedergabe des Videos oder bewege den vertikalen Balken in der Bildansicht zu der Stelle, an der du den Fokus ändern möchtest.
3. Tippe auf das neue Motiv (gelb umrahmt), um den Fokus zu ändern. Tippe zweimal, um die automatische Fokusverfolgung für das neue Motiv zu aktivieren.
   Unter der Bildansicht wird ein gelber Punkt angezeigt, der darauf hinweist, dass der Fokus geändert wurde.
   Hinweis: Du kannst auch einen Finger auf den Bildschirm legen, um den Fokus in einer bestimmten Entfernung zur Kamera zu fixieren.
4. Wiederhole die obigen Schritte, um weitere Fokuspunkte im Video zu ändern.
   Wenn du eine Fokusänderung manuell entfernen möchtest, tippst du auf den gelben Punkt unter der Bildansicht und anschließend auf .
5. Tippe auf „Fertig“, um deine Änderungen zu sichern.

Tippe auf , um zwischen der automatischen Fokusverfolgung und den manuell ausgewählten Fokuspunkten zu wechseln.

Nachdem du deine Änderungen gesichert hast, kannst du ein Video im Kinomodus wieder auf den Originalzustand zurücksetzen, wenn du mit deinen Änderungen nicht zufrieden bist. Öffne das Video, tippe auf „Bearbeiten“ und dann auf „Zurücksetzen“.

Schärfentiefe in einem Video im Kinomodus anpassen

1. Öffne in der App „Fotos“ ein Video, das du im Kinomodus aufgenommen hast, und tippe auf „Bearbeiten“.
2. Tippe auf oben auf dem Bildschirm.
   Unter dem Video wird ein Schieberegler eingeblendet.
3. Bewege den Schieberegler nach links oder rechts, um den Schärfentiefe-Effekt anzupassen, und tippe dann auf „Fertig“.

Öffne das Video, tippe auf „Bearbeiten“ und dann auf „Zurücksetzen“, um die Änderung nach dem Sichern rückgängig zu machen.

Videos im Kinomodus auf den Mac exportieren

Du kannst Videos im Kinomodus – mit Metadaten für die Schärfentiefe und den Fokus – von deinem iPhone auf einen Mac übertragen, damit du die Videos in anderen Apps bearbeiten kannst.

1. Öffne in der App „Fotos“ das im Kinomodus aufgenommene Video und tippe auf .
2. Tippe oben auf dem Bildschirm auf „Optionen“, aktiviere „Alle Fotos“ und tippe anschließend auf „Fertig“.
3. Tippe auf „AirDrop“ und tippe auf das Gerät, mit dem du teilen möchtest (vergewissere dich, dass auf dem Gerät, mit dem du teilst, AirDrop aktiviert ist).

Bearbeiten von Fotos im Porträtmodus auf dem iPad

In der App „Fotos“ kannst du Beleuchtungseffekte auf Fotos im Porträtmodus anwenden und anpassen.

Porträtlichteffekte in Fotos im Porträtformat bearbeiten

Du kannst Porträtlichteffekte auf Fotos im Porträtmodus anwenden, ändern oder entfernen. Du kannst auch Fotos im Porträtmodus bearbeiten, die mit anderen Geräten aufgenommen wurden.

1. Tippe auf ein im Porträtmodus aufgenommenes Foto, um es im Vollbildmodus anzuzeigen.
2. Tippe auf „Bearbeiten“, lege den Finger auf und ziehe das Steuerelement, um einen Beleuchtungseffekt auszuwählen.
    - **Natürliches Licht**: Das Gesicht wird mit starker Fokussierung vor einem weichgezeichneten Hintergrund dargestellt.
    - **Studiolicht**: Das Gesicht ist hell ausgeleuchtet und das Foto hat eine klare Optik.
    - **Konturenlicht:** Helle und dunkle Gesichtspartien werden verstärkt, um dramatische Schatteneffekte zu erzeugen.
    - **Bühnenlicht**: Das Gesicht befindet sich im Scheinwerferlicht vor einem tiefschwarzen Hintergrund.
    - **Bühnenlicht Mono**: Der Effekt ist ähnlich wie beim Bühnenlicht, aber das Foto wird in klassischem Schwarzweiß dargestellt.
    - **High-Key-Licht Mono**: Das Motiv wird in Graustufen auf weißem Hintergrund dargestellt – nur iPad Pro 11" (2. Generation oder neuer) und iPad Pro 12,9" (4. Generation oder neuer).
3. Tippe auf „Fertig“, um deine Änderungen zu sichern.
   Wenn du den Porträtlichteffekt nach dem Sichern ändern willst, kannst du auf „Bearbeiten“ und auf „Zurücksetzen“ tippen, um die Originalbeleuchtung wiederherzustellen.

Hinweis: Wenn du einen Porträteffekt von einem Foto entfernen möchtest, tippst du auf „Bearbeiten“ und dann oben auf dem Bildschirm auf „Porträt“.

Tiefensteuerung für Fotos im Modus „Porträt“ anpassen

Bei Modellen mit Unterstützung für die Tiefensteuerung kannst du bei Fotos, die im Modus „Porträt“ aufgenommen wurden, mit dem Schieberegler „Tiefensteuerung“ festlegen, in welchem Maße der Hintergrund weichgezeichnet werden soll.

1. Tippe auf ein im Porträtmodus aufgenommenes Foto, um es im Vollbildmodus anzuzeigen.
2. Tippe auf „Bearbeiten“ und dann oben auf dem Bildschirm auf . Die Funktion ist aktiviert, wenn die Taste gelb dargestellt wird.
   Ein Schieberegler erscheint neben dem Foto rechts auf dem Bildschirm.

3. Bewege den Schieberegler nach oben oder unten, um den Effekt anzupassen. Ein weißer Punkt gibt den ursprünglichen Tiefenwert für das Foto an.
4. Tippe auf „Fertig“, um deine Änderungen zu sichern.

Porträtlicht für Fotos im Modus „Porträt“ anpassen

Verwende auf dem iPad Pro 11" (2. Generation oder neuer) und auf dem iPad Pro 12,9" (4. Generation oder neuer) den Schieberegler „Porträtlicht“, um die Intensität der Effekte im Modus „Porträt“ anzupassen.

1. Tippe auf ein im Porträtmodus aufgenommenes Foto, um es im Vollbildmodus anzuzeigen.
2. Tippe auf „Bearbeiten“.

   Wenn nicht gelb dargestellt wird, tippe darauf, um die Funktion zu aktivieren.
3. Lege den Finger auf und bewege die Taste, um den Porträtlichteffekt zu ändern, und bewege dann den Regler, um den Effekt anzupassen.
4. Tippe auf „Fertig“, um deine Änderungen zu sichern.

Erstellen von Fotoalben auf dem iPad

In der App „Fotos“ kannst du deine Bilder in Alben organisieren und anzeigen.

Wenn du die Option „iCloud-Fotos“ aktivierst, werden deine Alben in iCloud gesichert. Sie werden auf allen Geräten auf dem neuesten Stand gehalten, auf denen du mit derselben Apple-ID angemeldet bist.

Neues Album erstellen

1. Streiche vom linken Rand des Bildschirms nach rechts oder tippe auf , um die Seitenleiste zu öffnen. Tippe unter „Meine Alben“ auf „Neues Album“.
2. Gib den Namen für das Album ein und tippe auf „Sichern“.
3. Tippe auf die Fotos, die du zum Album hinzufügen möchtest, und tippe auf „Fertig“.

Fotos und Videos zu vorhandenen Alben hinzufügen

1. Zeige deine Mediathek in der Ansicht „Tage“ oder „Alle Fotos“ an und tippe auf „Auswählen“.
2. Tippe auf die Foto- und Videominiaturen, die du hinzufügen willst, und tippe dann auf .
3. Tippe in der Liste mit den Optionen auf „Zu Album hinzufügen“.
4. Tippe auf das Album, zu dem es hinzugefügt werden soll.

Fotos und Videos aus einem Album entfernen

1. Tippe in einem Album auf ein Foto oder ein Video, um es im Vollbildmodus anzuzeigen.

2. Tippe auf und entferne das Objekt nur aus diesem Album oder aus dem Album und aus deiner Mediathek.

Wenn du mehrere Fotos oder Videos aus einem Album entfernen möchtest, tippst du auf „Auswählen“ und dann auf die zu entfernenden Fotos und Videos. Tippe anschließend auf .

Bearbeiten und Organisieren von Alben auf dem iPad

Du kannst Alben in der App „Fotos“ umbenennen, neu anordnen und löschen. Du kannst auch Ordner erstellen, die mehrere Alben enthalten. So könntest du beispielsweise einen Ordner mit dem Namen „Urlaubsreisen“ erstellen und dann in diesem Ordner mehrere Alben für alle deine Urlaubsreisen anlegen. Du kannst auch Ordner innerhalb von Ordnern erstellen.

Vorhandene Alben umbenennen, neu anordnen und löschen

1. Streiche vom linken Rand des Bildschirms nach rechts oder tippe auf , um die Seitenleiste zu öffnen.
2. Tippe auf „Alle Alben“, dann auf „Bearbeiten“ und führe beliebige der folgenden Schritte aus:
   - **Umbenennen**: Tippe auf den Namen des Albums und gib einen neuen Namen ein.
   - **Neu anordnen**: Lege den Finger auf die Miniatur des Albums und ziehe sie an den gewünschten neuen Ort.
   - **Löschen**: Tippe auf .
3. Tippe auf „Fertig“.

Alben, die die App „Fotos“ für dich erstellt hat (wie „Zuletzt“, „Personen“ und „Orte“), können nicht gelöscht werden.

Alben in Ordnern organisieren

1. Streiche vom linken Rand des Bildschirms nach rechts oder tippe auf , um die Seitenleiste zu öffnen. Tippe unter „Meine Alben“ auf „Alle Alben“.
2. Tippe auf und tippe dann auf „Neuer Ordner“.
3. Gib einen Namen für den Ordner ein und tippe auf „Sichern“.
4. Öffne den Ordner, tippe auf „Bearbeiten“ und dann auf , um ein neues Alben oder einen Ordner in diesem Ordner zu erstellen.

Filtern und Sortieren von Fotos in einem Album auf dem iPad

In der App „Fotos“ kannst du die Fotos und Videos in den von dir erstellten Alben filtern und sortieren. Du kannst beispielsweise ein Album so filtern, dass nur Videos, nur Fotos oder als Favoriten markierte Fotos und Videos angezeigt werden. Du kannst Fotos und Videos in einem Album auch sortieren – vom neuesten zum ältesten (oder umgekehrt) oder in einer von dir festgelegten Reihenfolge.

Fotos und Videos in einem Album filtern

Du kannst Fotos und Videos in einem Album nach „Favoriten“, „Bearbeitet“, „Fotos“ und „Videos“ filtern.

1. Tippe auf und danach auf „Filter“.
2. Wähle das gewünschte Filterkriterium für die Fotos und Videos in diesem Album aus und tippe auf „Fertig“.

Wenn du einen Filter von einem Album entfernen möchtest, tippst du auf , auf „Alle Objekte“ und dann auf „Fertig“.

Fotos in Alben sortieren

Du kannst Fotos und Videos in einem Album vom neuesten zum ältesten (oder umgekehrt) sortieren.

1. Tippe auf und danach auf „Sortieren“.
2. Du kannst auswählen, ob du nach den neuesten oder ältesten Fotos und Videos sortieren möchtest.

Wenn du ein einzelnes Foto bewegen möchtest, legst du den Finger auf die Miniatur und bewegst das Foto an die neue Position.

Suchen in der App „Fotos“ auf dem iPad

Wenn du in der App „Fotos“ auf „Suchen“ tippst, erhältst du Vorschläge für Personen, Orte und Fotokategorien, um dir zu helfen, das Gesuchte schneller zu finden, oder dir einen Moment in Erinnerung zu rufen, an den du vielleicht gar nicht mehr gedacht hast. Du kannst auch ein Schlagwort (wie beispielsweise den Namen einer Person, ein Datum oder einen Ort) in das Suchfeld eingeben, um ein bestimmtes Foto zu finden.

Tipp: Du kannst Fotos und Videos auch in deiner Fotos-Mediathek finden, wenn du das iPad zum Suchen verwendest.

Streiche vom linken Rand des Bildschirms nach rechts oder tippe auf , um die Seitenleiste zu öffnen, und tippe danach auf „Suchen“. Sieh dir die Fotos in den vorgeschlagenen

Kategorien an oder verwende das Suchfeld oben auf dem Bildschirm, um anhand folgender Kriterien zu suchen:

- Datum (Monat oder Jahr)
- Ort (Stadt oder Staat/Land)
- Eigenname (zum Beispiel Museen oder Restaurants)
- Kategorie (zum Beispiel „Strand“ oder „Sonnenuntergang“)
- Ereignisse (zum Beispiel Sportveranstaltungen oder Konzerte)
- Person (zum Beispiel „Lia“ oder „Gordon“)
- Beschriftung

Möchtest du deine Suche verfeinern? Du kannst mehrere Suchbegriffe kombinieren, um deine Suche zu verfeinern. Füge so viele weitere Begriffe hinzu, bis das gewünschte Foto gefunden wird. Die Suchfunktion schlägt dir zusätzlich Schlagworte vor, die du deiner Suche hinzufügen kannst.

Teilen von Fotos und Videos auf dem iPad

Teile Fotos und Videos aus der App „Fotos“ mithilfe der App „Mail“ oder „Nachrichten“ oder mithilfe einer anderen installierten App. Die App „Fotos“ wählt sogar die gelungensten Fotos aus, die du bei einem Event aufgenommen hast, und schlägt dir im Bereich „Vorschläge zum Teilen“ Personen vor, mit denen du diese Fotos teilen könntest.

Teilen von Fotos und Videos

- **Einzelnes Foto oder Video teilen**: Öffne ein Foto oder Video, tippe auf und wähle die gewünschte Option zum Teilen aus.
- **Mehrere Fotos oder Videos teilen**: Tippe auf „Mediathek“, tippe auf „Alle Fotos“ und tippe auf die Fotos, die du teilen möchtest. Tippe auf und wähle eine der Freigabeoptionen aus.
- **Fotos oder Videos eines bestimmten Tages oder Monats teilen**: Tippe auf „Mediathek“, tippe auf „Tage“ oder „Monate“, tippe auf und auf „Fotos teilen“, um alle Fotos des betreffenden Tages oder Monats zu teilen.

Wenn iCloud-Fotos aktiviert ist, können mehrere Fotos in voller Qualität über einen iCloud-Link geteilt werden. iCloud-Links bleiben für 30 Tage verfügbar, können von jedem angesehen und mit einer beliebigen App wie „Nachrichten“ oder „Mail“ geteilt werden.

Mit geteilten Alben kannst du auch Fotos und Videos nur mit den ausgewählten Personen teilen.

Hinweis: Die zulässige Größe für Anhänge ist von deinem Anbieter abhängig. Bei Geräten oder Diensten, die Live Photos nicht unterstützen, wird ein Live Photo als Standbild geteilt.

Fotos mit Vorschlägen zum Teilen teilen

Als „Vorschläge zum Teilen“ wird eine Gruppe von Fotos angezeigt, die bei einem bestimmten Ereignis entstanden sind und die du mit den Personen teilen könntest, die auf den Fotos zu sehen sind. Nachdem du deine Fotos geteilt hast, werden die Empfänger:innen automatisch aufgefordert, umgekehrt ihre Fotos desselben Ereignisses mit dir zu teilen. iCloud-Fotos muss aktiviert sein, damit die Vorschläge zum Teilen angezeigt werden. Die Fotos, die du teilst, sind für alle sichtbar.

1. Streiche vom linken Rand des Bildschirms nach rechts oder tippe auf , um die Seitenleiste zu öffnen, und tippe danach auf „Für dich“.
2. Wähle eine Fotosammlung in der Liste „Vorschläge zum Teilen“ aus.
   Die App „Fotos“ schlägt dir vor, von dir aufgenommene Fotos mit den Personen zu teilen, die zusammen mit dir an dem Ereignis teilgenommen haben, bei dem die Fotos entstanden. Du kannst aber frei bestimmen, mit wem du die Fotos teilen möchtest und auch weitere Personen zu der Vorschlagsliste hinzufügen.
3. Tippe auf „In 'Nachrichten' teilen“.
   - Link an mehrere Personen senden oder Link nicht mehr teilen: Tippe auf die Sammlung, tippe auf und wähle „iCloud-Link kopieren“ oder „Nicht mehr teilen“.
   - Fotosammlung aus den Vorschlägen zum Teilen entfernen: Tippe auf und dann auf „Vorschlag zum Teilen entfernen“.

Empfangenes Foto oder Video sichern oder teilen

- **Aus einer E-Mail-Nachricht**: Tippe auf das Objekt, um es herunterzuladen (sofern erforderlich) und tippe danach auf . Lege alternativ den Finger auf das Objekt und wähle eine der angebotenen Optionen zum Teilen oder Sichern aus.
- **Aus einer Textnachricht**: Tippe auf das Foto oder das Video in der Konversation und danach auf und wähle eine der angebotenen Optionen zum Teilen oder Sichern aus. Du kannst auch auf in der Konversation der App „Nachrichten“ tippen, um das Foto oder Video direkt in deiner Fotomediathek zu sichern.
- **Über einen iCloud-Link**: Tippe auf in der Konversation der App „Nachrichten“, um die Sammlung direkt in deiner Fotomediathek zu sichern. Zum Teilen der Sammlung öffnest du die App „Fotos“, tippst auf „Für dich“ und anschließend unter „iCloud-Links“ auf die gewünschte Sammlung. Tippe auf und anschließend auf „Teilen“.

Anzeigen von mit dir geteilten Fotos und Videos auf dem iPad

Wenn jemand in der App „Nachrichten“ Fotos und Videos mit dir teilt, kannst du diese ganz einfach im Abschnitt „Mit dir geteilt“ der App „Fotos“ finden. (Die Optionen „Automatisch teilen“ und „Fotos“ müssen in „Einstellungen“ > „Nachrichten“ > „Mit dir geteilt“ aktiviert sein und der:die Freund:in muss in deinen Kontakten sein.)

1. Streiche vom linken Rand des Bildschirms nach rechts oder tippe auf , um die Seitenleiste zu öffnen, und tippe danach auf „Für dich“.
2. Führe beliebige der folgenden Schritte aus:
   - Tippe auf ein Foto, um es im Vollbildmodus anzuzeigen, sichere es in deiner Mediathek, teile oder lösche es.
   - Tippe auf „Alle anzeigen“, um alle Fotos anzuzeigen, die mit dir geteilt wurden.
   - Tippe auf den Namen der Person, die das Foto mit dir geteilt hat und antworte ihr mit der App „Nachrichten“.

Du kannst auch auf „Mediathek“ und anschließend auf „Alle Fotos“ tippen, um alle Fotos und Videos zu sehen, die mit dir in der App „Nachrichten“ geteilt wurden. Bei diesen Fotos und Videos wird in der linken unteren Ecke der Miniatur eine Sprechblase angezeigt. Tippe auf die Miniatur, um das Foto oder Video zu teilen, in deiner Mediathek zu sichern oder zu löschen. Um in der App „Nachrichten“ mit dir geteilte Fotos und Videos auszublenden, tippe auf und tippe auf „Nur deine Fotos“.

Hinweis: Fotos und Videos aus Konversationen in der App „Nachrichten“, die du nicht sicherst, werden aus dem Abschnitt „Mit dir geteilt“ und aus deiner Mediathek gelöscht, wenn die zugehörige Konversation in der App „Nachrichten“ gelöscht wird.

Soll „Geteilt mit dir“ deaktiviert werden, wählst du „Einstellungen“ > „Nachrichten“ > „Geteilt mit dir“ und deaktivierst „Fotos“ (grün bedeutet, dass die Option aktiviert ist).

Interagieren mit Fotos mit den Funktionen „Live Text“ und „Visuelles Nachschlagen“ auf dem iPad

Wenn du dir ein Foto in der App „Fotos“ ansiehst, kannst du die Funktion „Live Text“ verwenden, um Text in einem Foto zu kopieren und zu teilen, in andere Sprachen zu übersetzen, eine Website zu öffnen oder einen Anruf zu tätigen. Die App „Fotos“ kann auch die Funktion „Visuelles Nachschlagen“ verwenden, um zusätzliche Informationen zu erhalten über bekannte Sehenswürdigkeiten, Kunstwerke, Pflanzen, Haustiere und mehr, die in deinen Fotos gefunden wurden.

Hinweis: „Live Text“ und „Visuelles Nachschlagen“ sind auf unterstützten Modellen verfügbar.

Funktion „Live Text“ verwenden

Öffne ein Foto, wenn du „Live Text“ verwenden möchtest, und führe beliebige der folgenden Schritte aus:

- **Text kopieren**: Lege einen Finger auf ein Wort, bewege die Aktivpunkte, um deine Auswahl anzupassen und tippe auf „Kopieren“. Tippe auf „Alle“, um den gesamten Text im Foto auswählen.
- **Text im Internet suchen**: Lege einen Finger auf ein Wort, bewege die Aktivpunkte, um deine Auswahl anzupassen und tippe auf „Nachschlagen“.
- **Text übersetzen**: Lege einen Finger auf ein Wort, bewege die Aktivpunkte, um deine Auswahl anzupassen und tippe auf „Übersetzen“.
- **Text teilen**: Lege einen Finger auf ein Wort, bewege die Aktivpunkte, um deine Auswahl anzupassen, tippe auf „Teilen“ und wähle eine der Optionen zum Teilen aus.
- **Webseite öffnen, Anruf tätigen oder E-Mail schreiben**: Tippe auf und gib die Website, die Telefonnummer oder die E-Mail-Adresse ein.

Live Text ist nicht in allen Regionen oder Sprachen verfügbar.

Funktion „Visuelles Nachschlagen“ verwenden

Erfahre mehr über bekannte Sehenswürdigkeiten, Kunstwerke, Pflanzen, Haustiere und mehr in deinen Fotos (nur in den USA verfügbar).

1. Öffne ein Foto im Vollbildmodus. Wenn die Funktion „Visuelles Nachschlagen“ zusätzliche Informationen für das Foto bereitstellen kann, siehst du das Symbol .
2. Streiche auf dem Foto nach oben oder tippe auf .
3. Tippe auf das Symbol, das auf dem Foto oder oben im Fenster mit den Fotoinformationen erscheint, um Siri-Wissen und weitere Informationen über das Objekt anzuzeigen.

Ansehen von Rückblicken in der App „Fotos“ auf dem iPad

Die Rückblickfunktion in der App „Fotos“ erstellt eine personalisierte Sammlung mit Fotos und Videos, die mit Musik unterlegt ist und die du dir wie einen Film ansehen kannst. Jeder Rückblick enthält etwas von Bedeutung aus deiner Fotomediathek – eine Person, ein Ort oder ein Ereignis. Du kannst auch eigene Rückblicke erstellen und sie mit deinem Freundeskreis und deiner Familie teilen.

Rückblick wiedergeben

1. Streiche vom linken Rand des Bildschirms nach rechts oder tippe auf , um die Seitenleiste zu öffnen, und tippe danach auf „Für dich“.
2. Tippe auf einen Rückblick, um ihn wiederzugeben.
3. Führe einen der folgenden Schritte aus, um die Wiedergabe eines Rückblicks anzuhalten:

    - Lege einen Finger auf den-Bildschirm.
    - Tippe auf den Bildschirm und danach auf .
4. Führe beliebige der folgenden Schritte aus, um im Rückblick vorwärts oder rückwärts zu navigieren:
    - Streiche nach links oder rechts.
    - Tippe auf die linke oder rechte Seite des Bildschirms.
    - Tippe auf den Rückblick und streiche auf den Bildern unten auf dem Bildschirm nach links oder rechts.

Rückblick erstellen

Du kannst aus einem Ereignis, einem bestimmten Tag in deiner Mediathek oder aus einem Album einen eigenen Rückblick erstellen.

1. Tippe auf „Mediathek", tippe auf „Tage" oder „Monate" und tippe dann auf . Oder tippe auf „Alben", öffne ein Album und tippe auf .
2. Tippe auf „Rückblick im Film wiedergeben".

Rückblick teilen

1. Tippe auf „Für dich" und starte die Wiedergabe des Rückblicks, den du teilen möchtest.
2. Tippe während der Wiedergabe des Rückblicks auf den Bildschirm, dann auf und gib an, auf welche Weise du ihn teilen möchtest.

Fotos aus einem Rückblick teilen

Du kannst mehrere oder einzelne Fotos aus einem Rückblick teilen.

- Mehrere Fotos teilen: Tippe während der Wiedergabe des Rückblicks auf den Bildschirm und dann auf . Tippe auf , tippe auf „Auswählen" und dann auf die Fotos, die du teilen möchtest. Tippe auf und gib die gewünschte Option zum Teilen an.
- Einzelnes Foto teilen: Tippe während der Wiedergabe des Rückblicks auf den Bildschirm und dann auf . Lege einen Finger auf das Foto, das du teilen möchtest, tippe auf und gib die gewünschte Option zum Teilen an.

Rückblick zu Favoriten hinzufügen

Tippe auf „Für dich", tippe auf oben rechts im Rückblick. Oder tippe während der Wiedergabe eines Rückblicks auf den Bildschirm, tippe auf und dann auf „Zu Favoriten hinzufügen".

Tippe auf „Für dich", dann auf „Alle anzeigen" und auf „Favoriten", um deine Lieblingsrückblicke anzuzeigen.

Personalisieren von Rückblicken in der App „Fotos“ auf dem iPad

In der App „Fotos“ kannst du deine Rückblicke bearbeiten, um sie noch persönlicher zu machen. Probiere die Rückblick-Mixe aus, mit denen du unterschiedliche Musiktitel und einen passenden fotografischen Look anwenden kannst. Du kannst auch neue Songs auswählen, den Titel eines Rückblicks bearbeiten, die Länge ändern und Fotos entfernen. Wenn du Apple Music abonniert hast, hast du in der Apple Music-Mediathek Millionen von Songs zur Auswahl.

Rückblick-Mix hinzufügen

Rückblick-Mixe sind speziell zusammengestellte Kombinationen aus unterschiedlichen Songs, Wiedergabegeschwindigkeiten und Stilen, die die Gestaltung und Wirkung eines Rückblicks verändern.

1. Streiche vom linken Rand des Bildschirms nach rechts oder tippe auf , um die Seitenleiste zu öffnen, und tippe danach auf „Für dich“.
2. Tippe auf einen Rückblick, um ihn wiederzugeben.
3. Tippe auf den Bildschirm und danach auf .
4. Streiche nach links, um dir andere Rückblick-Mixe anzusehen.
5. Tippe auf den Bildschirm, um einen Rückblick-Mix anzuwenden.

Musik für einen Rückblick ändern

Du kannst die Musik für einen Rückblick ändern, indem du einen der Soundtracks für die Rückblicke oder von Apple Music vorgeschlagene Titel auswählst. Wenn du Apple Music abonniert hast, hast du auch Zugriff auf deine Apple Music-Mediathek und kannst dir Songvorschläge ansehen, die auf deinem musikalischen Geschmack oder dem Inhalt deines Rückblicks basieren.

1. Starte die Wiedergabe eines Rückblicks und tippe auf den Bildschirm.
2. Tippe auf und tippe dann auf .

   Wenn du Apple Music abonniert hast, kannst du auf tippen, um in der Apple Music-Mediathek nach Titeln zu suchen.
3. Tippe auf einen Titel und anschließend auf „Fertig“.

Look eines Rückblicks ändern

Verwende die Option „Rückblick-Looks“, um konsistente Farb- und Stilanpassungen auf alle Fotos in einem Rückblick anzuwenden.

1. Starte die Wiedergabe eines Rückblicks und tippe auf den Bildschirm.
2. Tippe auf und tippe dann auf .
3. Tippe auf einen Rückblick-Look und anschließend auf „Fertig“.

Titel und Untertitel eines Rückblicks bearbeiten

Du kannst den Titel und den Untertitel eines Rückblicks ändern.

1. Tippe auf in der rechten oberen Ecke des Rückblicks und tippe auf „Titel ändern“.
2. Gib den neuen Titel oder Untertitel im Textfeld ein und tippe auf „Sichern“.

Länge eines Rückblicks ändern

Abhängig davon, wie viele Fotos ein Rückblick enthält, kannst du als Länge für den Rückblick die Option „Kurz“, „Mittel“ oder „Lang“ auswählen.

1. Starte die Wiedergabe eines Rückblicks und tippe auf den Bildschirm.
2. Tippe auf und anschließend auf „Kurz“, „Mittel“ oder „Lang“.

Fotos zu einem Rückblick hinzufügen oder aus einem Rückblick entfernen

1. Starte die Wiedergabe eines Rückblicks und tippe auf den Bildschirm.
2. Tippe auf und danach auf „Fotos verwalten“.
3. Tippe auf „Auswählen“, um alle verfügbaren Fotos hinzuzufügen, oder tippe auf Fotos ohne Häkchen, um einzelne Fotos hinzuzufügen. Tippe auf Fotos mit einem Häkchen, um sie aus dem Rückblick zu entfernen.
4. Tippe auf „Fertig“.

Rückblick löschen

1. Tippe im Bildschirm „Für dich“ auf in der rechten oberen Ecke des zu löschenden Rückblicks.
2. Tippe auf „Rückblick löschen“.

Bestimmte Inhalte in Rückblicken seltener zeigen

Du kannst festlegen, dass bestimmte Personen oder Fotos seltener in Rückblicken, empfohlenen Fotos und im Widget „Fotos“ gezeigt werden.

1. Tippe im Bildschirm „Für dich“ auf in der rechten oberen Ecke des zu löschenden Rückblicks.
2. Tippe auf „Seltener zeigen“, um weniger Fotos oder Rückblicke einer bestimmten Person, eines bestimmten Datums, Orts oder Urlaubs anzuzeigen.

Suchen nach Personen in der App „Fotos“ auf dem iPad

Die App „Fotos“ nutzt die künstliche Intelligenz des Geräts, um Gesichter in Fotos zu erkennen. Wenn du die Gesichter mit Namen versiehst, kannst du später mithilfe dieser Namen nach den Fotos suchen.

Hinweis: Wenn du die Option „iCloud-Fotos“ verwendest, wird dein Album „Personen“ auf all deinen Geräten stets auf dem neuesten Stand gehalten. Dazu müssen diese Geräte die folgenden Mindestsystemvoraussetzungen erfüllen: iOS 11, iPadOS 13 und macOS 10.13. (Du musst dazu auf allen Geräten mit derselben Apple-ID angemeldet sein.)

Nach Fotos einer bestimmten Person suchen

Wenn du Fotos finden möchtest, auf denen eine bestimmte Person zu sehen ist, streichst du vom linken Bildschirmrand nach rechts oder tippst auf , um die Seitenleiste zu öffnen. Führe anschließend beliebige der folgenden Schritte aus:

- Tippe auf das Album „Personen". Tippe danach auf eine Person, um alle Fotos anzuzeigen, auf denen die Person zu sehen ist.
- Tippe auf „Suchen" und gib den Namen der Person im Suchfeld ein.

Eine Person zu deinem Album „Personen" hinzufügen

1. Öffne ein Foto, auf dem die Person zu sehen ist, die du hinzufügen möchtest. Tippe dann auf oder streiche nach oben, um Details zum Foto einzublenden.
2. Die im Foto erkannten Personen werden in der linken unteren Ecke des Fotos angezeigt. Tippe auf das Gesicht einer Person, die mit einem Fragezeichen markiert ist, um die Person zu identifizieren.
3. Tippe auf „Mit Namen markieren".
4. Gib den Namen ein, tippe auf „Weiter" und dann auf „Fertig".

Person in deinem Album „Personen" mit ihrem Namen versehen

1. Tippe in der Seitenleiste auf das Album „Personen".
2. Tippe auf das Gesicht der Person, deren Namen du hinzufügen möchtest.
3. Tippe auf „Namen hinzufügen" oben auf dem Bildschirm und gib den Namen der Person ein.
4. Tippe auf „Weiter".
5. Wenn ein Gesicht im Album „Personen" als zwei unterschiedliche Personen identifiziert wird, kannst du die Informationen zusammenführen. Tippe dazu auf „Auswählen" und danach auf jede Instanz der betreffenden Person. Tippe zum Schluss auf „Zusammenführen".

Schlüsselfoto einer Person festlegen

1. Tippe in der Seitenleiste auf das Album „Personen" und tippe dann auf eine Person.
2. Tippe auf „Auswählen" und danach auf „Gesichter anzeigen".
3. Wähle das Foto aus, das du als Schlüsselfoto für die Person verwenden möchtest.
4. Tippe auf und danach auf „Als Schlüsselfoto festlegen".

Falschidentifikationen korrigieren

1. Tippe in der Seitenleiste auf das Album „Personen" und tippe dann auf eine Person.
2. Tippe auf „Auswählen" und danach auf „Gesichter anzeigen".
3. Tippe auf das falsch identifizierte Gesicht.
4. Tippe auf und danach auf „Nicht diese Person".

Personen aus dem Album „Personen" seltener zeigen

Du kannst festlegen, dass Fotos von bestimmten Personen seltener in Rückblicken, empfohlenen Fotos und im Widget „Fotos" gezeigt werden.

1. Tippe auf das Album „Personen" und tippe auf die Miniatur einer Person.

2. Tippe auf und danach auf „[Name] seltener zeigen".
3. Wähle „Diese Person seltener zeigen" oder „Diese Person nie zeigen" und tippe auf „Bestätigen".

Personen aus deinem Album „Personen" entfernen

1. Tippe auf das Album „Personen" und dann auf die Person, die du entfernen möchtest.
2. Tippe auf und danach auf „[Name] aus ‚Personen' entfernen".

Selteneres Zeigen von Personen oder Orten in der App „Fotos" auf dem iPad

Du kannst festlegen, dass die App „Fotos" bestimmte Personen, Orte, Tage und Urlaube seltener oder nie in deinen Rückblicken, empfohlenen Fotos und im Widget „Fotos" zeigt.

Person seltener (oder nie) in der App „Fotos" zeigen

1. Öffne ein Foto der Person, die seltener gezeigt werden soll.
2. Tippe auf , tippe auf die Miniatur der Person unten auf dem Foto und tippe auf „Seltener zeigen".
3. Wähle „Diese Person seltener zeigen" oder „Diese Person nie zeigen" und tippe auf „Bestätigen".

Hinweis: Außerdem kannst du Personen seltener zeigen lassen, wenn sie in deinem Album „Personen" vorkommen.

Bestimmte Inhalte in Rückblicken seltener zeigen

1. Tippe auf oben im Rückblick.
2. Tippe auf „Seltener zeigen" und dann je nach Rückblick auf eine der folgenden Optionen:
   - Eine Person seltener zeigen
   - Weniger von diesem Ort zeigen
   - Weniger von diesem Urlaub zeigen
   - Weniger von diesem Tag zeigen
   - Weniger von diesen Tagen zeigen
3. Wenn du „Eine Person seltener zeigen" wählst, wähle die Person aus, deren Fotos seltener gezeigt werden sollen, und tippe auf „Weiter". Wähle „Diese Person seltener zeigen" oder „Diese Person nie zeigen" und tippe auf „Bestätigen".
   Tipp: Wenn du alle Rückblicke deaktivieren möchtest, die Feiertagsereignisse in deinem Heimatland oder deiner Heimatregion zeigen, wähle „Einstellungen" > „Fotos" und deaktiviere „Feiertagsereignisse anzeigen".

Hinweis: Nachdem du festlegt hast, dass eine Person seltener gezeigt werden soll, du die Person aber wieder sehen möchtest, musst du die Einstellungen für Rückblicke zurücksetzen.

Wähle „Einstellungen“ > „Fotos“, tippe auf „Rückblicke zurücksetzen“ und tippe zur Bestätigung auf „Zurücksetzen“.

Durchsuchen der Fotos auf dem iPad nach Aufnahmeort

Die App „Fotos“ erstellt im Album „Orte“ Sammlungen von Fotos und Videos unter dem Aspekt des Aufnahmeorts. Auf diese Weise kannst du Fotos ansehen, die an einem bestimmten Standort oder einem Ort in der Nähe dieses Standorts entstanden. Du kannst eine Sammlung deiner Orte auf einer Karte anzeigen und dir sogar einen Rückblick für einen bestimmten Ort ansehen.

Fotos nach Aufnahmeort durchsuchen

1. Streiche vom linken Rand des Bildschirms nach rechts oder tippe auf , um die Seitenleiste zu öffnen, und tippe danach auf „Orte“.
2. Wähle „Karte“ oder „Gitter“ als Ansicht.
   Es werden nur Bilder und Videos mit eingebetteten Standortdaten (GPS-Daten) berücksichtigt.
   Tipp: Durch Aufziehen oder Zuziehen kannst du den Kartenausschnitt vergrößern oder verkleinern. Durch Bewegen des Kartenausschnitts kannst du weitere Orte sehen.

Aufnahmeort eines Fotos anzeigen

1. Öffne ein Foto und streiche nach oben, um Fotoinformationen einzublenden.
2. Tippe auf die Karte oder den Adresslink, um weitere Details einzublenden.
   Tippe auf „Anpassen“, um den Aufnahmeort des Fotos oder die Adresse zu ändern. Gib den neuen Ort in das Suchfeld ein und tippe unter „Kartenorte“ auf den neuen Ort.

In der Nähe entstandene Fotos anzeigen

1. Tippe auf ein Foto, um es im Vollbildmodus anzuzeigen.
2. Streiche nach oben und tippe auf „Fotos in der Nähe“.

Standortbasierten Rückblick wiedergeben

1. Tippe in der Seitenleiste auf „Orte“ und dann auf „Gitter“.
2. Suche nach einem Ort mit mehreren Bildern und tippe auf den Namen des Orts.
3. Tippe auf , um den Rückblick abzuspielen.

Verwenden von iCloud-Fotos auf dem iPad

Die Funktionalität iCloud-Fotos lädt automatisch alle aufgenommen Fotos und Videos im Originalformat und mit voller Auflösung in iCloud. Danach kannst du von jedem Gerät aus, auf dem du mit derselben Apple-ID angemeldet bist, auf all deine Fotos und Videos in iCloud-Fotos zugreifen.

Für iCloud-Fotos benötigst du ein Gerät, das die folgenden Mindestsystemvoraussetzungen erfüllt: iOS 8.1, iPadOS 13, OS X 10.10.3 oder einen PC mit iCloud für Windows 7.

Option „iCloud-Fotos“ aktivieren

Wähle „Einstellungen“ > „[dein Name]“ > „iCloud“ > „Fotos“ und aktiviere die Option „iCloud-Fotos“.

Speicherplatz auf dem iPad einsparen

iCloud-Fotos unterstützt dich dabei, den Speicherplatz auf deinem iPad optimal zu nutzen. Wenn die Option „iPad-Speicher optimieren“ aktiviert ist, werden alle deine Fotos und Videos in voller Auflösung und in ihrem Originalformat in iCloud gespeichert. Auf deinem iPad befinden sich platzsparende Versionen.

Die Option „iPad-Speicher optimieren“ ist standardmäßig aktiviert. Zum Deaktivieren dieser Option wählst du „Einstellungen“ > „[dein Name]“ > „iCloud“ > „Fotos“. Tippe auf „iPad-Speicher optimieren“.

Voll aufgelöste Fotos oder Videos anzeigen und teilen

1. Wähle ein Foto oder Video in deiner Mediathek aus, tippe auf „Bearbeiten“ und dann auf „Abbrechen“.
   Das Foto oder Video wird in voller Auflösung automatisch heruntergeladen.
2. Tippe auf und gib die gewünschte Option zum Teilen an.

Speicherplan für iCloud+ aktualisieren

Wenn die in iCloud geladenen Fotos und Videos die Kapazität deines Speicherplans überschreiten, kannst du deinen iCloud-Speicher vergrößern.

Teilen von iPad-Fotos mittels geteilter Alben in iCloud

Die Option „Geteilte Alben“ der App „Fotos“ bietet dir die Möglichkeit, Fotos und Videos mit von dir ausgewählten Personen zu teilen. Diese Personen können dann ihrerseits eigene Fotos, Videos und Kommentare hinzufügen. Die Option „Geteilte Alben“ funktioniert mit und auch ohne iCloud-Fotos und dem Album „Mein Fotostream“.

Geteilte Alben aktivieren

Wähle „Einstellungen“ > „[dein Name]“ > „iCloud“ > „Fotos“ und aktiviere die Option „Geteilte Alben“.

Neues geteiltes Album erstellen

1. Streiche vom linken Rand des Bildschirms nach rechts oder tippe auf , um die Seitenleiste zu öffnen.
2. Tippe unter „Geteilte Alben“ auf „Neues geteiltes Album“.
3. Benenne das Album und tippe auf „Weiter“.

4. Wähle die Personen aus, die du einladen willst, oder gib eine E-Mail-Adresse oder eine Telefonnummer ein. Tippe auf „Erstellen“.

Objekte in iCloud öffentlich bereitstellen

1. Wähle in der Seitenleiste ein geteiltes Album aus.
2. Tippe auf und aktiviere die Option „Öffentliche Website“.

Fotos und Videos zu einem geteilten Album hinzufügen

1. Wähle in der Seitenleiste ein geteiltes Album aus und tippe auf .
2. Wähle alle Objekte aus, die du hinzufügen möchtest, und tippe auf „Fertig“.
3. Füge wahlweise einen Kommentar hinzu und tippe auf „Posten“.

Ist die Option „Öffentliche Website“ aktiviert, kann sich jede Person, die die iCloud-URL-Adresse kennt, das Album ansehen.

Abonnenten hinzufügen oder entfernen und Mitteilungen aktivieren oder deaktivieren

Wähle das geteilte Album aus, tippe auf und führe beliebige der folgenden Schritte aus:

- **Abonnenten hinzufügen**: Tippe auf „Einladen“ und gib die Namen der Personen ein, die du als Abonnenten hinzufügen möchtest.
  Abonnenten können Fotos und Videos zum Album hinzufügen. Tippe auf die Taste „Abonnenten können posten“, damit nur du Fotos und Videos hinzufügen kannst. Tippe erneut auf die Taste, damit Abonnenten ebenfalls posten können.
- **Abonnenten entfernen**: Tippe auf den Namen des Abonnenten und dann auf „Abonnent entfernen“.
- **Mitteilungen deaktivieren**: Tippe auf die Taste „Mitteilungen“. Tippe erneut auf die Option, um die Mitteilungen wieder zu aktivieren.

Fotos, Videos und Kommentare aus einem geteilten Album löschen

Du musst Eigentümer:in eines geteilten Albums sein, damit du darin enthaltene Fotos und Videos löschen kannst.

- **Fotos und Videos löschen**: Tippe im geteilten Album auf „Auswählen“. Wähle die Fotos oder Videos aus, die gelöscht werden sollen, und tippe auf .
- **Kommentare löschen**: Lege den Finger auf einen angezeigten Kommentar in einem geteilten Foto und tippe auf „Löschen“.

Geteiltes Album umbenennen

1. Tippe oben in der Seitenleiste auf „Bearbeiten“.
2. Lege einen Finger auf den Albumnamen, bis eine Einfügemarke angezeigt wird, und gib den neuen Namen ein.

Geteiltes Album abonnieren

Tippe in der Einladung, die du erhalten hast, auf und danach auf „Akzeptieren“. Du kannst eine Einladung auch in einer E-Mail annehmen.

Hinweis: Damit du geteilte Alben verwenden kannst, muss dein iPad mit einem WLAN verbunden sein. Der Zugriff auf geteilte Alben ist über Mobilfunk und WLAN möglich. Es können dafür Mobilfunkgebühren anfallen.

Importieren von Fotos und Videos auf das iPad

Du kannst Fotos und Videos von einer Digitalkamera, einer SD-Speicherkarte oder einem anderen, mit einer Kamera ausgestatteten iPhone, iPad oder iPod touch direkt in die App „Fotos“ importieren. Verwende je nach Modell den Lightning-auf-USB-Kameraadapter, das USB-C-auf-SD-Kartenlesegerät oder das Lightning-auf-SD-Kartenlesegerät (separat erhältlich).

1. Verbinde den Kameraadapter oder das Kartenlesegerät über den Lightning- oder USB-C-Anschluss mit dem iPad.
2. Führe einen der folgenden Schritte aus:
    - **Kamera anschließen**: Verwende das mit der Kamera mitgelieferte USB-Kabel, um die Kamera mit dem Adapter zu verbinden. Schalte die Kamera ein und stelle sicher, dass der Übertragungsmodus aktiviert ist. Weitere Informationen findest du in der mit der Kamera gelieferten Dokumentation.
    - **SD-Speicherkarte in das Kartenlesegerät einlegen**: Es gibt nur eine Möglichkeit, die Karte einzulegen. Wenn dies nicht mühelos möglich ist, drehe sie.
    - **iPhone, iPad oder iPod touch verbinden**: Verwende das mit dem Gerät mitgelieferte USB-Kabel, um das Gerät mit dem Kameraadapter zu verbinden. Schalte das Gerät ein und entsperre es.
3. Öffne die App „Fotos“ auf deinem iPad und tippe auf „Importieren“.
4. Wähle die Fotos und Videos aus, die du importieren möchtest, und wähle das Ziel für die importierten Objekte aus.
    - **Alle Objekte importieren**: Tippe auf „Alle importieren“.
    - **Nur bestimmte Objekte importieren**: Tippe nacheinander auf alle Objekte, die du importieren möchtest (es wird ein Häkchen auf dem entsprechenden Objekt angezeigt). Tippe danach auf „Importieren“ und schließlich auf „Ausgewählte importieren“.
5. Fotos und Videos, die du importiert hast, kannst du von der Kamera, der Karte bzw. dem iPhone, iPad oder iPod touch löschen oder dort belassen.
6. Trenne die Verbindung zur Kamera bzw. zum Lesegerät.

Drucken von Fotos auf dem iPad auf einem AirPrint-fähigen Drucker

Du kannst Fotos direkt aus der App „Fotos“ auf deinem iPad auf jedem AirPrint-fähigen Gerät drucken.

- **Einzelnes Foto drucken**: Tippe beim Ansehen eines Fotos auf und danach auf „Drucken“.

- **Mehrere Fotos drucken**: Tippe, während du dir Fotos ansiehst, auf „Auswählen". Wähle danach jedes Foto aus, das du drucken möchtest, und tippe auf und danach auf „Drucken".

Podcasts

Suchen nach Podcasts auf dem iPad

Mit der App „Podcasts" kannst du nach Sendungen zu einer Vielzahl von Themengebieten wie Wissenschaft, Zeitgeschehen, Politik, Comedy und mehr suchen. Wenn du eine Sendung findest, die dir gefällt, kannst du ihr folgen, um sie zu deiner Mediathek hinzuzufügen. Anschließend kannst du sie offline hören, dich benachrichtigen lassen, wenn neue Folgen verfügbar sind, und vieles mehr.

Hinweis: Für bestimmte Sendungen stehen kostenpflichtige Abonnements zur Verfügung, die dir Zugriff auf exklusive Sendungen und Folgen, Neuerscheinungen, Folgen ohne Werbung und mehr bieten.

Podcasts suchen

- **Nach Titel, Person oder Thema suchen**: Tippe auf „Suchen" und gib den Suchbegriff ein.
- **Neue Sendungen entdecken**: Tippe auf „Entdecken", um die Kategorie „Neu und beachtenswert", Podcasts im Spotlight und die Sammlungen der Apple-Redaktion anzusehen. Du kannst auch auf „Suchen" tippen, um dir die Charts anzusehen und die einzelnen Kategorien zu durchsuchen.
  Tipp: Wenn du dir Folgen anhörst, werden im Bildschirm „Jetzt hören" personalisierte Empfehlungen angezeigt (unter „Als Nächstes"), die dir helfen, deine nächste Sendung zu entdecken.
- **Sendungen per URL hinzufügen**: Tippe auf „Mediathek", dann auf und anschließend auf „Sendung per URL hinzufügen".
  Hinweis: Die URL muss im RSS-Format eingegeben werden.

Geteilte Podcasts finden

Wenn jemand eine Sendung in der App „Nachrichten" mit dir teilt, kannst du sie leicht im Abschnitt „Mit dir geteilt" in der App „Podcasts" finden. (Die Option „Podcasts" muss in „Einstellungen" > „Nachrichten" > „Mit dir geteilt" aktiviert sein und der Absender muss in deinen Kontakten sein.)

Tippe auf „Jetzt hören" und scrolle zum Abschnitt „Mit dir geteilt", um zu sehen, welche Podcasts mit dir geteilt wurden.

Folgen eines bestimmten Podcasts durchsuchen

1. Tippe auf einen Podcast, um die zugehörige Informationsseite anzuzeigen.
2. Scrolle, um die aktuellen Folgen zu sehen, oder tippe auf „Alle anzeigen“ (falls verfügbar).

Anhören von Podcasts auf dem iPad

In der App „Podcasts“  kann du eine Folge wiedergeben, eine Folge offline anhören, einen Timer festlegen und die Steuerelemente für die Wiedergabe verwenden.

Siri: Sage zum Beispiel: „Spiele die neueste Folge vom Podcast „Woher weißt du das?“

Podcast wiedergeben

- Tippe auf eine Folge.
  Wenn du an der Stelle fortfahren möchtest, an der du die Wiedergabe einer Sendung unterbrochen hast oder wenn du die Wiedergabe einer vorherigen Folge fortsetzen möchtest, kannst du auf „Jetzt hören“ und anschließend auf eine der Folgen unter „Zuletzt gespielt“ tippen.
  Tipp: Bewege den Regler unter dem Cover der Sendung, um zu einer bestimmten Zeitmarke innerhalb einer Folge zu springen.

Timer festlegen

Du kannst einen Timer festlegen, damit die Wiedergabe automatisch nach einem bestimmten Zeitraum gestoppt wird.

1. Tippe auf den Player am unteren Bildschirmrand, um den Bildschirm „Jetzt läuft“ zu öffnen.
2. Tippe auf „Timer und wähle eine der Optionen aus.

Steuerelemente für die Wiedergabe verwenden

Während der Wiedergabe einer Folge werden die Steuerelemente für die Wiedergabe unten im Bildschirm „Jetzt läuft“ angezeigt. Tippe auf den Player, um den Bildschirm „Jetzt läuft“ zu öffnen und die Steuerelemente für die Wiedergabe einzublenden.

Taste	Beschreibung
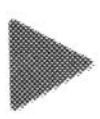	Wiedergabe
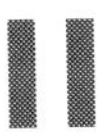	Taste „Pause“ Wiedergabe unterbrechen (Pause)
	Um 15 Sekunden zurückspringen Wähle „Einstellungen“ > „Podcasts“ und tippe auf „Zurück“, um die Anzahl der Sekunden festzulegen, um die zurückgesprungen werden soll.

30	Taste „Schneller Vorlauf um 30 Sekunden“ Um 30 Sekunden vorspringen Wähle „Einstellungen“ > „Podcasts“ und tippe auf „Vorwärts“, um die Anzahl der Sekunden festzulegen, um die vorgesprungen werden soll.
1×	Wiedergabetempo erhöhen oder reduzieren
	Audioausgabe auf andere Geräte streamen
•••	Weitere Aktionen wie das Teilen oder Laden der Folge auswählen

Verwenden der Option „Folgen“ für deine Lieblingspodcasts auf dem iPad

Wenn du eine Sendung findest, die dir gefällt, kannst du ihr folgen, um sie zu deiner Mediathek hinzuzufügen. Du kannst dich dann benachrichtigen lassen, wenn neue Folgen verfügbar sind, die Reihenfolge der Wiedergabe ändern und vieles mehr.

Podcast folgen

Wenn du einem Podcast folgst, wird dieser zu deiner Mediathek hinzugefügt.

1. Tippe auf eine Sendung, um die zugehörige Informationsseite anzuzeigen.
2. Tippe auf .
   Du kannst auch einen Finger auf das Cover einer Sendung legen und dann auf „Folgen“ tippen.

Podcast nicht mehr folgen

1. Tippe auf eine Sendung, um die zugehörige Informationsseite anzuzeigen.
2. Tippe auf oben rechts auf dem Bildschirm und anschließend auf „Nicht mehr folgen“.
   Du kannst auch einen Finger auf das Cover einer Sendung legen und dann auf „Nicht mehr folgen“ tippen.

Reihenfolge der Wiedergabe von Folgen ändern

1. Tippe auf „Mediathek“, um die Podcasts zu sehen, denen du folgst, und tippe auf eine Sendung, um die zugehörige Informationsseite anzuzeigen.
2. Tippe auf und anschließend auf „Einstellungen“.
3. Wähle „Älteste zuerst“ oder „Neueste zuerst“.

Benachrichtigungen bei Verfügbarkeit neuer Folgen erhalten

Lasse dich benachrichtigen, wenn für Podcasts, denen du folgst, neue Folgen verfügbar sind.

1. Tippe auf „Jetzt hören".
2. Tippe auf  oder auf dein Profilbild.
3. Tippe auf „Mitteilungen" und aktiviere oder deaktiviere die Mitteilungen.

Anzahl der Downloads pro Podcast beschränken

1. Tippe auf „Mediathek", um die Podcasts zu sehen, denen du folgst, und tippe auf eine Sendung, um die zugehörige Informationsseite anzuzeigen.
2. Tippe auf  und anschließend auf „Einstellungen".
3. Tippe auf „Downloads beschränken" und wähle eine Option zur Beschränkung der Anzahl der Downloads oder des Zeitraums aus.

Verwalten deiner Podcast-Mediathek auf dem iPad

Verwende die Mediathek, um die Einstellungen für Podcasts, denen du folgst, anzupassen, um dich über die neuesten Folgen zu informieren und um deine eigenen Sender zu erstellen.

- **Sendungen**: Tippe, um die Sendungen in deiner Mediathek zu sehen. Wenn du einzelne Folgen von Podcasts, denen du nicht folgst, geladen oder gesichert hast, kannst du auf „Alle" tippen, um diese Folgen zu sehen. Tippe auf „Gefolgt", um nur Sendungen zu sehen, denen du folgst. Du kannst auf eine beliebige Sendung tippen, um die zugehörige Informationsseite oder die Folgen in deiner Mediathek anzuzeigen.
- **Gesichert**: Hier werden Folgen angezeigt, die du als  markiert hast.
- **Geladen**: Hier werden geladene Folgen angezeigt. Du kannst dir diese Folgen ohne Internetverbindung anhören.
- **Neueste Folgen**: Die aktuellsten Folgen der Sendungen, denen du folgst, werden hier angezeigt. Tippe auf , um festzulegen, wie lange Folgen in dieser Playlist bleiben sollen.

Folgen nach „Ungespielt", „Gesichert", „Geladen" und „Staffel" filtern

1. Tippe auf eine Sendung, um die zugehörige Informationsseite anzuzeigen.
2. Tippe über der Folgenliste auf „Folge" (oder den aktuellen Filter).
3. Wähle eine Option aus, beispielsweise „Ungespielt" oder „Staffel 1".

Hinweis: Einige Filteroptionen wie „Ungespielt", „Geladen", „Gesichert" und „Gespielt" sind nur für Sendungen, denen du folgst, oder Sendungen mit gesicherten oder geladenen Folgen verfügbar.

Eigenen Sender erstellen

Gruppiere Sendungen anhand von Themen wie Nachrichten, Comedy oder Freizeit zu Sendern (ähnlich wie bei einer Musik-Playlist). Folgen von Podcasts, die du auswählst, werden regelmäßig automatisch zu diesem Sender hinzugefügt.

1. Tippe auf „Mediathek" und streiche nach links, um das Menü „Mediathek" anzuzeigen.

2. Tippe auf oben rechts und anschließend auf das Menü „Mediathek“.
3. Tippe auf „Neuer Sender“ und füge einen Titel hinzu.
4. Tippe auf „Podcasts auswählen“.

Wenn du die Anzahl der Folgen jedes Podcasts, den du zu deinem Sender hinzugefügt hast, anpassen möchtest, kannst du auf den betreffenden Sender, dann auf „Sendereinstellungen“ und auf „Folgen“ tippen.

Reihenfolge der Wiedergabe von Folgen ändern

1. Tippe auf „Mediathek“ und dann auf eine Sendung, um die zugehörige Informationsseite anzuzeigen.
2. Tippe auf und anschließend auf „Einstellungen“.
3. Wähle eine Option wie „Älteste zuerst“ aus.

Anzahl der Downloads pro Podcast beschränken

1. Tippe auf „Mediathek“, um die Podcasts zu sehen, denen du folgst, und tippe auf eine Sendung, um die zugehörige Informationsseite anzuzeigen.
2. Tippe auf und anschließend auf „Einstellungen“.
3. Tippe auf „Downloads beschränken“ und wähle eine Option zur Beschränkung der Anzahl der Downloads oder des Zeitraums aus.

Folge als gespielt markieren

1. Tippe auf „Mediathek“ und danach auf eine Sendung.
2. Streiche auf einer Folge nach rechts und tippe auf „Gespielt“.

Wenn bereits eine bestimmte Folge angezeigt wird, tippe auf und anschließend auf „Als gespielt markieren“.

Bereits gespielte Folgen ausblenden

1. Tippe auf „Mediathek“ und dann auf eine Sendung, um die zugehörige Informationsseite anzuzeigen.
2. Tippe auf und dann auf „Gespielte Folgen ausblenden“.

Wenn alle Folgen, die du bereits wiedergegeben hast, automatisch ausgeblendet werden sollen, wählst du „Einstellungen“ > „Podcasts“ und aktivierst die Option „Gespielte Folgen ausblenden“.

Laden, Sichern oder Teilen von Podcast-Folgen auf dem iPad

In der App „Podcasts“ kannst du Podcast-Folgen laden, sichern und teilen.

Folge sichern und laden

Lade eine Folge, um sie später offline wiedergeben zu können.

1. Tippe auf „Mediathek“ und dann auf eine Sendung, um die zugehörige Informationsseite anzuzeigen.
2. Streiche auf einer Folge nach links und tippe dann auf oder .

Wenn du eine Folge sicherst, wird sie automatisch geladen, damit du sie offline anhören kannst. Wähle zum Ausschalten dieser Option „Einstellungen“ > „Podcasts“ und deaktiviere die Option „Beim Sichern laden“.

Geladene Folge entfernen

1. Tippe auf „Mediathek“ und dann auf eine Sendung, um die zugehörige Informationsseite anzuzeigen.
2. Streiche auf einer Folge nach links und tippe dann auf „Download entfernen“ oder auf „Nicht mehr sichern“. Wenn bereits eine bestimmte Folge angezeigt wird, tippe auf oder auf .

Alle geladenen Folgen einer Sendung entfernen

1. Tippe auf „Mediathek“.
2. Tippe auf „TV-Sendungen“ und dann auf eine Sendung, um ihre Informationsseite anzuzeigen.
3. Tippe auf und danach auf „Downloads entfernen“.

Tipp: Außerdem kannst du alle geladenen Folgen einer Sendung entfernen, indem du „Einstellungen“ > „Allgemein“ > „iPad-Speicher“ > „Podcasts“ wählst und auf „Bearbeiten“ tippst.

Alle geladenen Folgen entfernen

1. Tippe auf „Mediathek“ und danach auf „Geladen“.
2. Tippe auf und danach auf „Alle Downloads entfernen“.

Podcast-Sendung oder Podcast-Folge teilen

1. Tippe auf „Mediathek“ und dann auf eine Sendung, um die zugehörige Informationsseite anzuzeigen.
2. Tippe auf oben rechts auf dem Bildschirm und anschließend auf „Sendung teilen“.

   Wenn du eine bestimmte Folge teilen möchtest, tippst du auf neben der Folge und anschließend auf „Folge teilen“.

Abonnieren einer Sendung oder eines Kanals auf dem iPad

In der App „Podcasts“ kannst du deine Podcast-Abonnements abschließen, ändern, kündigen und teilen. Mit kostenpflichtigen Abonnements kannst du Sendungen, die dir gefallen, unterstützen. Oft bieten diese Sendungen Premium-Extras, frühen Zugriff auf neue Folgen und werbefreies Hörvergnügen.

Hinweis: Nicht alle Abonnements und Kanäle sind in allen Ländern, Regionen oder Sprachen verfügbar.

Sendung oder Kanal abonnieren

1. Wähle die Sendung oder den Kanal aus, die (beziehungsweise den) du abonnieren möchtest.
   Wenn du eine Sendung abonnierst, folgst du ihr automatisch.
2. Tippe auf die Taste zum Abonnieren (falls verfügbar).

Abonnements ändern oder kündigen

1. Tippe auf „Jetzt hören“.
2. Tippe auf oder auf dein Profilbild und dann auf „Abos verwalten“.
3. Tippe auf ein Abonnement, um es zu ändern oder zu beenden.

Apple Podcasts-Abos teilen

Wenn du Podcast-Kanäle abonnierst, kannst du die Familienfreigabe verwenden, um deine Abos mit bis zu fünf weiteren Familienmitgliedern zu teilen. Die Mitglieder deiner Familienfreigabegruppe haben automatisch Zugriff auf die von dir abonnierten Kanäle.

Wenn du einer Familiengruppe beitrittst und ein Familienmitglied eine Sendung abonniert, die du bereits abonniert hast, wird dein Abonnement zum nächsten Zahlungstermin nicht verlängert. Du verwendest stattdessen das Abo der Gruppe. Wenn du einer Familiengruppe beitrittst, die nicht über ein Abonnement verfügt, verwendet die Gruppe dein Abonnement.

Ändern der Downloadeinstellungen für Podcasts auf dem iPad

Podcasts, denen du folgst, werden automatisch auf dein Apple-Gerät geladen. Gespielte Folgen werden automatisch von deinem Gerät gelöscht. Du kannst diese Einstellungen ändern und weitere Downloadoptionen anpassen.

Automatische Downloads aktivieren oder deaktivieren

1. Wähle „Einstellungen“ > „Podcasts“.
2. Aktiviere oder deaktiviere die Option „Beim Folgen aktivieren“ (unter „Automatische Downloads“).

Tipp: Soll ein bestimmter Podcast automatisch geladen werden, kannst du die App „Podcasts“ öffnen, im Bildschirm „Mediathek“ einen Finger auf das Cover der Sendung legen, auf „Einstellungen“ tippen und die Option „Automatische Downloads“ aktivieren.

Geladene Podcasts nach dem Anhören entfernen

1. Wähle „Einstellungen“ > „Podcasts“.
2. Aktiviere die Option „Abgespielte Downloads entfernen“ (unter „Folgen-Downloads“). Soll diese Einstellung für einen bestimmten Podcast, dem du folgst, angepasst werden, kannst du im Bildschirm „Mediathek“ einen Finger auf das Cover der Sendung legen, auf „Einstellungen“ tippen und die Option „Abgespielte Downloads entfernen“ aktivieren.

Mobilfunknutzung für Podcast-Downloads beschränken (Wi-Fi + Cellular-Modelle)

Wähle „Einstellungen“ > „Podcasts“ und wähle beliebige der folgenden Optionen:

- Beim Download von Podcasts, denen du folgst, Downloads über Mobilfunk blockieren: Aktiviere die Option „Downloads über Mobilfunk blockieren“.
- Mitteilung anzeigen, wenn eine Folge über Mobilfunk geladen wird: Tippe auf „Mobilfunkdownloads“ und wähle die gewünschte Option aus.

Automatisches Synchronisieren zwischen Apple-Geräten deaktivieren

1. Wähle „Einstellungen“ > „Podcasts“.
2. Deaktiviere Option „Podcasts synchronisieren“ (unter „Podcast-Einstellungen“).

Erinnerungen

Hinzufügen von Erinnerungen auf dem iPad

In der App „Erinnerungen“ kannst du einfach To-do-Listen für deine Einkäufe, für Aufgaben im Haushalt und für berufliche Projekte erstellen. Erstelle Unteraufgaben, setze Markierungen, füge Anhänge hinzu und vieles mehr.

Hinweis: Alle in diesem Benutzerhandbuch beschriebenen Funktionen der App „Erinnerungen“ sind verfügbar, wenn du aktualisierte Erinnerungen verwendest. Einige Funktionen sind nicht verfügbar, wenn du andere Accounts verwendest.

Neue Liste erstellen

1. Tippe auf „Neue Liste“ und wähle einen Account aus (wenn du mehrere Accounts verwendest).
2. Gib einen Namen ein und wähle eine Farbe und ein Symbol für die Liste aus.

Neue Erinnerung hinzufügen

Siri: Sage zum Beispiel: „Füge Äpfel zu meiner Einkaufsliste hinzu.“

Gehe alternativ wie folgt vor:

1. Tippe auf „Neue Erinnerung“ und gib einen Text ein. Wenn du einen Apple Pencil hast, kannst du damit im Textfeld schreiben.

2. Verwende die Tasten über der Tastatur, um beliebige der folgenden Schritte auszuführen:

   - **Datum und Uhrzeit einstellen**: Tippe auf und lege fest, wann du erinnert werden möchtest.
   - **Ort hinzufügen**: Tippe auf und lege fest, an welchem Ort du erinnert werden möchtest – beispielsweise beim Nachhausekommen oder wenn du in ein Auto steigst, das eine Bluetooth-Verbindung zu deinem iPad hat.
     Hinweis: Wenn du ortsbasierte Erinnerungen erhalten möchtest, musst du der App „Erinnerungen" die Verwendung deiner genauen Standortdaten erlauben.

     Wähle „Einstellungen" > „Datenschutz" > „Ortungsdienste". Aktiviere die Option „Ortungsdienste", tippe auf „Erinnerungen", aktiviere „Beim Verwenden der App" und „Genauer Standort".
   - **Erinnerung zuweisen**: (Verfügbar in geteilten Listen) Tippe auf und wähle eine Person in der geteilten Liste aus (dich eingeschlossen).
   - **Markierung festlegen**: Tippe auf , um eine wichtige Erinnerung zu markieren.
   - **Foto hinzufügen oder Dokument scannen**: Tippe auf , nimm ein neues Foto auf, wähle ein vorhandenes Foto aus deiner Fotomediathek aus oder scanne ein Dokument.
   - **Gescannten Text einsetzen**: Tippe auf , tippe auf „Text scannen" und positioniere das iPad so, dass der Text im Kamerarahmen.
3. Tippe auf , wenn du weitere Details zur Erinnerung hinzufügen willst. Führe dann beliebige der folgenden Schritte aus:
   - **Notizen hinzufügen**: Gib im Feld „Notizen" weitere Informationen über die Erinnerung ein.
   - **Weblink hinzufügen**: Gib im Feld „URL" eine Webadresse ein. Die App „Erinnerungen" zeigt einen Link an, auf den du tippen kannst, um zu der Website zu gelangen.
   - **Beim Chatten eine Erinnerung in „Nachrichten" erhalten**: Aktiviere „Beim Senden von Nachrichten" und wähle eine Person aus deiner Kontaktliste aus. Die Erinnerung wird angezeigt, wenn du das nächste Mal mit dieser Person in „Nachrichten" chattest.
   - **Priorität festlegen**: Tippe auf „Priorität" und wähle „Niedrig", „Mittel" oder „Hoch".
   - **Erinnerung in eine andere Liste bewegen**: Tippe auf „Liste" und wähle eine Liste aus.
4. Tippe auf „Fertig".

Tipp: Ab OS X 10.10 kannst du Erinnerungen per Handoff auf deinem Mac und deinem iPad bearbeiten.

Unteraufgabe erstellen

Streiche nach rechts über die Erinnerung und tippe auf „Einrücken“. Oder bewege eine Erinnerung auf eine andere Erinnerung.

Wenn du eine übergeordnete Aufgabe abschließt, werden die Unteraufgaben ebenfalls abgeschlossen. Beim Löschen oder Bewegen einer übergeordneten Aufgabe werden die zugehörigen Unteraufgaben ebenfalls gelöscht oder bewegt.

Erinnerung als „erledigt“ markieren

Tippe auf den leeren Kreis neben einer Erinnerung, um sie als erledigt zu markieren und auszublenden.

Tippe zum Einblenden von erledigten Erinnerungen auf ••• und dann auf „Erledigte einblenden“. Tippe auf „Löschen“ um erledigte Erinnerungen zu löschen.

Erinnerung löschen

Streiche nach links über die Erinnerung und tippe auf „Löschen“. Wenn du einen Apple Pencil hast, kannst du eine Erinnerung löschen, indem du einfach über die Erinnerung kritzelst.

Wenn du deine Meinung änderst, kannst du die gelöschte Erinnerung wiederherstellen, indem du mit drei Fingern tippst oder das Gerät schüttelst, um die letzte Aktion zu widerrufen.

Mehrere Erinnerungen gleichzeitig bearbeiten

1. Tippe beim Ansehen einer Liste auf •••, tippe auf „Erinnerungen auswählen“ und wähle dann die Erinnerungen aus, die du bearbeiten möchtest. Oder ziehe zwei Finger über die Erinnerungen, die du bearbeiten möchtest.
2. Verwende die Tasten unten auf dem Bildschirm, um die ausgewählten Erinnerungen als erledigt oder wichtig zu markieren, ein Datum hinzuzufügen, um die Erinnerungen zu bewegen, zuzuweisen oder zu löschen.

Tastaturkurzbefehle verwenden

Wenn dein iPad mit einer externen Apple-Tastatur verbunden ist, kannst du Tastaturkurzbefehle verwenden, um die folgenden Aktionen in der App „Erinnerungen“ auszuführen:

- **Neue Erinnerung hinzufügen**: Drücke die Tastenkombination „Befehl-N“.
- Erledigte Erinnerungen anzeigen: Drücke die Tastenkombination „Umschalt-Befehl-H“.
- Alle dir zugewiesenen Erinnerungen anzeigen: Drücke die Tastenkombination „Befehl-5“.
- **Weitere Tastaturkurzbefehle anzeigen**: Halte die Globustaste oder die Befehlstaste gedrückt.

Verwalten von Listen in der App „Erinnerungen“ auf dem iPad

Du kannst in der App „Erinnerungen“ deine Erinnerungen in Listen und Gruppen anordnen. Sieh auf einen Blick Erinnerungen, die heute fällig, geplant, markiert oder dir zugewiesen sind. Du kannst auch ganz einfach in allen Listen nach Erinnerungen suchen, die einen bestimmten Text enthalten.

Hinweis: Alle in diesem Benutzerhandbuch beschriebenen Funktionen der App „Erinnerungen“ sind verfügbar, wenn du aktualisierte Erinnerungen verwendest. Einige Funktionen sind nicht verfügbar, wenn du andere Accounts verwendest.

Listen und Gruppen erstellen, bearbeiten oder löschen

Du kannst deine Erinnerungen in Listen und Gruppen von Listen wie „Arbeit“, „Studium“ oder „Einkäufe“ verwalten. Führe beliebige der folgenden Schritte aus:

- **Neue Liste erstellen**: Tippe auf „Neue Liste“, wähle einen Account aus (wenn du mehrere Accounts besitzt), gib einen Namen ein und wähle eine Farbe und ein Symbol für die Liste.
- **Gruppe von Listen erstellen**: Tippe auf „Gruppe hinzufügen“, gib einen Namen ein und tippe auf „Erstellen“. Oder bewege eine Liste auf eine andere Liste.
- **Listen und Gruppen neu anordnen**: Lege den Finger auf eine Erinnerung, Liste oder Gruppe und ziehe sie an die gewünschte neue Position. Du kannst Erinnerungen sogar in eine andere Liste bewegen oder eine Liste in eine andere Gruppen bewegen.
- **Namen und Darstellung einer Liste oder Gruppe ändern**: Streiche nach links über die Liste oder Gruppe und tippe auf .
- **Liste oder Gruppe und deren Erinnerungen löschen**: Streiche nach links über die Liste oder Gruppe und tippe auf .

Sieh auf einen Blick Erinnerungen, die heute fällig, geplant, markiert oder dir zugewiesen sind

Erinnerungen werden in den standardmäßigen intelligenten Listen automatisch verwaltet:

- **Heute**: Zeigt die für heute geplanten und die überfälligen Erinnerungen an.
- **Geplant**: Zeigt Erinnerungen an, die nach Datum oder Uhrzeit geplant sind.
- **Markiert**: Zeigt Erinnerungen mit Markierungen an.
- **Mir zugewiesen**: Zeigt Erinnerungen an, die dir in geteilten Listen zugewiesen sind.
- **Siri-Vorschläge**: Zeigt vorgeschlagene Erinnerungen an, die in den Apps „Mail“ und „Nachrichten“ gefunden wurden.
- **Alle**: Zeigt alle Erinnerungen in allen Listen an.

Tippe auf „Bearbeiten“, um standardmäßige intelligente Listen einzublenden, auszublenden oder neu anzuordnen.

Erinnerungen in einer Liste sortieren und neu anordnen

- **Erinnerungen nach Termin, Erstellungsdatum, Priorität oder Titel sortieren**: (nicht verfügbar in den Listen „Alle“ und Geplant“) Tippe in einer Liste auf , tippe auf

„Sortieren nach“ und wähle dann eine Option aus.

Zum Ändern der Sortierreihenfolge tippst du auf . Tippe anschließend auf „Sortieren nach“ und wähle eine andere Option wie beispielsweise „Neuestes zuerst“.

- **Erinnerungen in einer Liste manuell neu anordnen**: Lege deinen Finger auf die Erinnerung, die du bewegen willst, und ziehe sie an die gewünschte neue Position. Die manuell festgelegte Sortierreihenfolge wird gesichert, wenn du die Liste nach Termin, Erstellungsdatum, Priorität oder Titel neu sortierst. Um zur zuletzt gesicherten Sortierreihenfolge zurückzukehren, tippst du auf , dann auf „Sortieren nach“ und anschließend auf „Manuell“.

Wenn du eine Liste sortierst oder neu anordnest, wird die neue Reihenfolge auch auf deinen anderen Geräten, auf denen du aktualisierte Erinnerungen verwendest, auf die Liste angewendet. Wenn du eine geteilte Liste sortierst oder neu anordnest, sehen auch andere teilnehmende Personen die neue Reihenfolge (sofern sie aktualisierte Erinnerungen verwenden).

Erinnerungen in allen Listen suchen

Gib in das Suchfeld über der Liste mit den Erinnerungen ein Wort oder einen Begriff ein.

Verwenden von Tags und intelligenten Listen in der App „Erinnerungen“ auf dem iPad

In der App „Erinnerungen“ 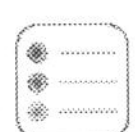 kannst du deine Erinnerungen mit Tags schnell und flexibel kategorisieren und organisieren. Du kannst einen oder mehrere Tags zu einer Erinnerung hinzufügen, beispielsweise #einkaufen oder #arbeit. Darüber hinaus kannst du mit der Tag-Übersicht oder den intelligenten Listen deine Erinnerungen ganz einfach listenübergreifend durchsuchen und filtern.

Hinweis: Alle in diesem Benutzerhandbuch beschriebenen Funktionen der App „Erinnerungen“ sind verfügbar, wenn du aktualisierte Erinnerungen verwendest. Einige Funktionen sind nicht verfügbar, wenn du andere Accounts verwendest.

Tags hinzufügen

Wenn du eine Erinnerung erstellst oder bearbeitest, gibst du das Zeichen „#“ und den Tagnamen ein oder wählst ein Tag aus dem Menü über der Tastatur aus. Ein Tag darf nur aus einem Wort bestehen. Du kannst allerdings mehrere Wörter mit Binde- und Unterstrichen verbinden. Es ist möglich, mehrere Tags zu einer Erinnerung hinzuzufügen.

Erinnerungen mit Tags anzeigen

Tippe auf die Tag-Übersicht (unter „Meine Listen“) und dann auf ein Tag oder wähle „Alle Tags“. Um die Liste weiter zu filtern, tippst du in der Tag-Übersicht auf weitere Tags.

Tipp: Tippe zum Sichern der Liste als intelligente Liste auf und dann auf „Intelligente Liste erstellen“.

Tags umbenennen oder löschen

Lege den Finger auf ein Tag in der Tag-Übersicht (unter „Meine Listen“) und tippe auf „Tag umbenennen“ oder „Tag löschen“.

Wenn du ein Tag löschst, wird es auch aus allen intelligenten Listen entfernt, die es verwenden.

Eigene intelligente Liste erstellen

Du kannst eigene intelligente Listen erstellen, um automatisch Erinnerungen hinzuzufügen, die nach Tags, Datum, Uhrzeit, Ort, Markierungen und Priorität gefiltert wurden. Du kannst mehrere Tags (etwa #gärtnern und #Besorgungen) auswählen und mit anderen Filtern kombinieren.

- **Neue intelligente Liste erstellen**: Tippe auf „Liste hinzufügen“ und auf „In intelligente Liste konvertieren“. Wähle dann Filter aus, gib einen Namen ein und wähle dann eine Farbe und ein Symbol für die Liste.
- **Liste in intelligente Liste konvertieren**: Tippe beim Ansehen der Liste, die konvertiert werden soll, auf , tippe auf „Infos für Liste anzeigen“, scrolle nach unten und tippe auf „In intelligente Liste konvertieren“.
  Wenn du eine Liste konvertierst, werden die enthaltenen Objekte oben in der Standardliste angezeigt und mit dem Namen der intelligenten Liste gekennzeichnet.

Hinweis: Eine geteilte Liste kann nicht konvertiert werden.

Einrichten von Accounts in der App „Erinnerungen“ auf dem iPad

Wenn du die App „Erinnerungen“ für verschiedene Accounts (wie iCloud, Microsoft Exchange, Google oder Yahoo) verwendest, kannst du alle To-do-Listen an einem Ort verwalten. Deine Erinnerungen sind dann auf allen Geräten, die dieselben Accounts verwenden, auf dem neuesten Stand. Darüber hinaus kannst du deine Einstellungen in der App „Einstellungen“ anpassen.

In iCloud gespeicherte Erinnerungen hinzufügen

Wähle „Einstellungen“ > „[dein Name]“ > „iCloud“ und aktiviere „Erinnerungen“.

Deine in iCloud gespeicherten Erinnerungen sowie alle daran vorgenommenen Änderungen werden auf dem iPhone, iPad, iPod touch, der Apple Watch und dem Mac angezeigt, auf dem/der du mit derselben Apple-ID angemeldet bist.

In iCloud gespeicherte Erinnerungen aktualisieren

Wenn du die App „Erinnerungen“ mit iOS 12 (oder früheren Versionen) verwendet hast, musst du möglicherweise deine iCloud-Erinnerungen aktualisieren, um Funktionen wie Anhänge, Markierungen, Listenfarben, Listensymbole und mehr nutzen zu können.

1. Öffne die App „Erinnerungen“.
2. Wähle auf dem Bildschirm „Willkommen bei ‚Erinnerungen‘“ eine der folgenden Optionen aus:
    - **Jetzt aktualisieren**: Diese Option startet den Aktualisierungsprozess.
    - **Später aktualisieren**: Über den Listen wird eine blaue Taste „Aktualisieren“ angezeigt. Tippe auf diese Taste, wenn deine Erinnerungen aktualisiert werden sollen.

Hinweis: Aktualisierte Erinnerungen sind nicht abwärtskompatibel mit der App „Erinnerungen“ in älteren Versionen von iOS und macOS.

Weitere Accounts für die App „Erinnerungen“ hinzufügen

Du kannst die App „Erinnerungen“ zum Verwalten deiner Erinnerungen von verschiedenen Accounts (wie Microsoft Exchange, Google oder Yahoo) verwenden.

1. Wähle „Einstellungen“ > „Erinnerungen“ > „Accounts“ > „Account hinzufügen“.
2. Führe beliebige der folgenden Schritte aus:
    - Wähle einen Accountanbieter aus und melde dich bei deinem Account an.
    - Tippe auf „Andere“, wenn dein Accountanbieter nicht in der Liste angezeigt wird. Tippe anschließend auf „CalDAV-Account hinzufügen“ und gib die entsprechenden Server- und Accountinformationen ein.

Hinweis: Einige der in diesem Benutzerhandbuch beschriebenen Funktionen der App „Erinnerungen“ sind für Accounts anderer Anbieter nicht verfügbar.

Wenn du einen Account nicht mehr verwenden möchtest, wählst du „Einstellungen“ > „Erinnerungen“ > „Accounts“. Tippe auf den entsprechenden Account und deaktiviere die Option „Erinnerungen“. Erinnerungen von diesem Account werden anschließend nicht mehr auf deinem iPad angezeigt.

Einstellungen der App „Erinnerungen“ ändern

1. Wähle „Einstellungen“ > „Erinnerungen“.
2. Wähle die gewünschten Optionen aus. Zur Auswahl stehen:
    - **Siri & Suchen**: Erlaube, dass Inhalte in der App „Erinnerungen“ in Siri-Vorschlägen oder Suchergebnissen angezeigt werden.
    - **Mitteilungen**: Lege fest, wie du Mitteilungen erhältst, wähle den Hinweisstil und lasse dir Mitteilungen von Siri ankündigen.
    - **Accounts**: Verwalte deine Accounts und wie oft die Daten aktualisiert werden sollen.
    - **Standardliste**: Wähle die Liste für neue Erinnerungen aus, die du außerhalb eine bestimmten Liste erstellt hast, etwa einer Liste mit Erinnerungen, die du mithilfe von Siri erstellt hast.
    - **Mitteilung heute**: Lege eine Uhrzeit zum Anzeigen von Mitteilungen für ganztägige Erinnerungen fest, denen ein Datum ohne Zeitangabe zugeordnet wurde.
    - **Als überfällig anzeigen**: Das festgelegte Datum wird rot für ganztägige Erinnerungen, die überfällig sind.

- **Mitteilungen stummschalten**: Deaktiviere Mitteilungen für zugewiesene Erinnerungen.

Teilen und Zuweisen von Erinnerungen auf dem iPad

Verwende iCloud, um in der App „Erinnerungen“ To-do-Listen zu teilen. Du kannst mit anderen zusammenarbeiten und anderen Personen, die ebenfalls iCloud verwenden, Aufgaben zuweisen.

Hinweis: Alle in diesem Benutzerhandbuch beschriebenen Funktionen der App „Erinnerungen“ sind verfügbar, wenn du aktualisierte Erinnerungen verwendest. Einige Funktionen sind nicht verfügbar, wenn du andere Accounts verwendest.

Liste via iCloud teilen

Du kannst eine Liste teilen und mit Personen zusammenarbeiten, die iCloud verwenden. Die Personen, die deine Einladung annehmen, können Erinnerungen hinzufügen, bearbeiten und als „Erledigt“ markieren.

1. Tippe beim Ansehen einer Liste auf und danach auf „Liste teilen“.
2. Tippe auf „Freigabeoptionen“ und wähle aus, ob Mitarbeiter:innen andere Mitarbeiter:innen einladen dürfen.
3. Gib an, wie deine Einladung gesendet werden soll (zum Beispiel mithilfe der App „Mail“ oder „Nachrichten“).

Einer geteilten Liste Erinnerungen zuweisen

Wenn du eine Erinnerung erstellst oder bearbeitest, kannst du sie jeder Person in der Liste (auch dir selbst) zuweisen. Führe beliebige der folgenden Schritte aus:

- Gib das Zeichen @ und den Namen einer Person ein oder wähle eine Person aus dem Menü über der Tastatur aus.
- Tippe auf und wähle eine Person aus.

Tipp: Wenn du dir schnell alle Erinnerungen ansehen möchtest, die dir zugewiesen sind, kannst du die intelligente Liste „Mir zugewiesen“ verwenden.

Drucken von Erinnerungen auf dem iPad

Du kannst in der App „Erinnerungen“ eine Liste ausdrucken.

1. Öffne die Liste, die du drucken möchtest.
2. Tippe auf und anschließend auf „Drucken“.

Safari

Surfen im Web mit der App „Safari“ auf dem iPad

In der App „Safari“ kannst du Websites öffnen, eine Vorschau für Website-Links anzeigen, Webseiten übersetzen lassen und die App „Safari“ wieder zu deinem Home-Bildschirm hinzufügen, wenn sie entfernt wurde. Wenn du dich auf all deinen Geräten mit derselben Apple-ID bei iCloud anmeldest, kannst du Seiten sehen, die du auf anderen Geräten geöffnet hast. Außerdem kannst du deine Lesezeichen, den Verlauf und deine Leseliste auf all deinen Geräten auf dem aktuellen Stand halten.

Websites in Safari anzeigen

Das Navigieren auf einer Webseite erfolgt ganz einfach durch Tippen.

- **Zum Anfang zurückkehren**: Doppeltippe auf die obere Bildschirmkante, um schnell an den Anfang einer langen Seite zurückzukehren.
- **Mehr Inhalt einer Seite anzeigen**: Drehe das iPad ins Querformat.
- **Seiteninhalt aktualisieren**: Streiche mit zwei Fingern von oberen Bildschirmrand nach unten.
- **Links teilen**: Tippe auf oben rechts auf der Seite.

Zwei Seiten nebeneinander in Split View ansehen

Verwende Split View, um zwei Safari-Seiten nebeneinander anzuzeigen.

- **Leere Seite in Split View öffnen**: Lege den Finger auf und tippe auf „Neues Fenster in Split View“.
- **Link in Split View öffnen**: Lege den Finger auf einen Link und tippe auf „In Split View öffnen“.
- **Fenster auf die andere Seite von Split View bewegen**: Lege den Finger oben im Fenster auf und bewege es nach links oder rechts.
- Tabs in einem Split View-Fenster schließen: Lege den Finger auf .
- **Split View verlassen**: Bewege die Trennlinie über das Fenster, das du schließen möchtest.

Vorschau für Website-Links anzeigen

Lege den Finger auf einen Link in Safari, um eine Vorschau des Links anzuzeigen, ohne die Seite zu öffnen. Tippe zum Öffnen des Links auf die Vorschau oder tippe auf „Öffnen“.

Tippe zum Schließen der Vorschau und Verbleiben auf der aktuellen Seite auf eine beliebige Stelle außerhalb der Vorschau.

Webseite übersetzen

Wenn eine Webseite in einer anderen Sprache angezeigt wird, kannst du den Text mit Safari übersetzen lassen (nicht in allen Sprachen oder Regionen verfügbar).

Wird eine Webseite in einer anderen Sprache angezeigt, tippst du auf AA und dann auf , wenn die Übersetzungsfunktion verfügbar ist.

Downloads verwalten

Zum Herunterladen einer Datei legst du den Finger auf die zu ladende Datei oder den Link und tippst dann auf „Verknüpfte Datei laden".

Tippe auf , um den Status einer Datei zu prüfen, die gerade geladen wird, um schnell auf heruntergeladene Dateien zuzugreifen oder um eine heruntergeladene Datei auf eine andere Datei oder in eine E-Mail zu bewegen, an der du gerade arbeitest.

Tipp: Du kannst Dateien im Hintergrund herunterladen, während du weiterhin Safari verwendest.

Safari erneut zum Home-Bildschirm hinzufügen

Wenn die App „Safari" nicht auf deinem Home-Bildschirm angezeigt wird, kannst du sie in der App-Mediathek suchen und erneut hinzufügen.

1. Streiche auf dem Home-Bildschirm nach links, um auf die App-Mediathek zuzugreifen.
2. Gib „Safari" in das Suchfeld ein.
3. Lege den Finger auf und tippe auf „Zum Home-Bildschirm".

Anpassen der Safari-Einstellungen auf dem iPad

Du kannst in der App „Safari" das Safari-Layout ändern, die Startseite anpassen, die Textgröße auf Webseiten ändern und die Einstellungen für Anzeige und Datenschutz ändern. Melde dich auf mehreren Geräten mit derselben Apple-ID bei iCloud an, um geöffnete Tabs weiterhin anzuzeigen und um deine Lesezeichen, den Verlauf und deine Leseliste auf all deinen Geräten auf dem aktuellen Stand zu halten.

Startseite anpassen

Bei jedem Öffnen eines neuen Tab wird standardmäßig deine Startseite geöffnet. Du kannst deine Startseite mit neuen Hintergrundbildern und Optionen anpassen.

1. Tippe auf oben rechts auf dem Bildschirm, um einen neuen Tab zu öffnen.
2. Scrolle auf der Seite nach unten und tippe auf „Bearbeiten".
3. Wähle Optionen für deine Startseite.

- **Startseite auf allen Geräten verwenden**: Behalte deine Einstellungen und Systemeinstellungen auf allen Apple-Geräten bei, auf denen du mit deiner Apple-ID angemeldet bist.
- **Favoriten**: Zeige Kurzbefehle zu deinen Lieblingswebseiten an, die mit einem Lesezeichen versehen wurden.
- **Siri-Vorschläge**: Nutze Siri bei deiner Suche, um die Webseiten vorschlagen zu lassen.
- **Mit dir geteilt**: Sieh dir die Links an, die in der App „Nachrichten“ mit dir geteilt wurden.
- **Häufig besucht**: Zeige häufig von dir besuchte Websites direkt an.
- **Datenschutzbericht**: Informiere dich darüber, wie viele Tracker und Websites von Safari blockiert wurden.
- **Leseliste**: Liste Seiten auf, die sich aktuell in deiner Leseliste befinden.
- **iCloud-Tabs**: Zeige geöffnete Tabs von anderen Apple-Geräten an, auf denen du mit derselben Apple-ID angemeldet bist und auf denen Safari in den iCloud-Einstellungen oder Systemeinstellungen aktiviert ist.

Hinweis: Die Einstellungen, die du für die Startseite angepasst hast, werden auf all deinen Apple-Geräten aktualisiert, auf denen du mit derselben Apple-ID angemeldet bist und auf denen die Zwei-Faktor-Authentifizierung für iCloud aktiviert ist.

Textgröße ändern

1. Tippe auf AA links neben dem Suchfeld.
2. Tippe auf das große A, um die Schrift zu vergrößern, oder das kleine A, um sie zu verkleinern.

Steuerelemente für Anzeige und Datenschutz ändern

Verwende die Taste „Seiteneinstellungen“, um zum Reader zu wechseln, das Suchfeld auszublenden, die Steuerelemente für den Datenschutz festzulegen usw.

Tippe auf AA und führe beliebige der folgenden Schritte aus:

- Webseite ohne Werbung oder Navigationsmenüs anzeigen: Tippe auf „Reader einblenden“ (sofern verfügbar).
- **Suchfeld ausblenden**: Tippe auf „Symbolleiste ausblenden“ (tippe oben auf den Bildschirm, um sie wieder einzublenden).
- **Mobilversion einer Webseite anzeigen**: Tippe auf „Mobile Website anfordern“ (sofern verfügbar).
- Steuerelemente für Anzeige und Datenschutz beim Besuch dieser Website festlegen: Tippe auf „Website-Einstellungen“.

Tastaturkurzbefehle verwenden

Du kannst in Safari mithilfe von Tastaturkurzbefehlen navigieren, wenn du eine externe Apple-Tastatur hast, die mit dem iPad verbunden ist.

Verbinde deine Tastatur und halte die Befehlstaste gedrückt, um alle verfügbaren Tastaturkurzbefehle anzuzeigen.

Ändern des Layouts in Safari auf dem iPad

In der App „Safari“ kannst du dir das Layout aussuchen, das für deine Zwecke am besten geeignet ist.

1. Wähle „Einstellungen“ > „Safari“ und scrolle nach unten zu „Tabs“.
2. Wähle entweder „Separate Tableiste“ oder „Kompakte Tableiste“.
   Du kannst zwischen Layouts beliebig wechseln, ohne die gerade geöffneten Tabs zu schließen.
   Hinweis: Wenn du das Layout „Kompakte Tableiste“ verwendest, unterscheiden sich die Menüs und das Layout möglicherweise von der Beschreibung in diesem Handbuch.

Suchen nach Websites mit der App „Safari“ auf dem iPad

In der App „Safari“ kannst du nach Websites oder spezifischen Informationen suchen, indem du eine URL oder einen Suchbegriff eingibst.

Im Web suchen

1. Gib einen Suchbegriff, einen Satzteil oder eine URL in das Suchfeld ein.
2. Tippe auf einen als Suchergebnis angezeigten Vorschlag. Tippe alternativ auf der Tastatur auf „Öffnen“, wenn exakt nach dem von dir eingegebenen Begriff gesucht werden soll.

Wähle „Einstellungen“ > „Safari“ und deaktiviere die Option „Suchvorschläge“ (unter „Suche“), wenn keine Vorschläge für Suchbegriffe angezeigt werden sollen.

Zuvor besuchte Websites finden

Die Safari-Suchvorschläge enthalten deine geöffneten Tabs, Lesezeichen und die zuletzt vor dir besuchten Seiten. Wenn du beispielsweise nach „iPad“ suchst, umfassen die Suchvorschläge deine geöffneten Tabs, in denen Bezug auf „iPad“ genommen wird, sowie Websites mit Bezug auf „iPad“, die du kürzlich mit Lesezeichen versehen oder besucht hast.

Auf Websites suchen

Gib zum Suchen auf einer Website den Namen der Website gefolgt vom Suchbegriff in das Suchfeld ein. Beispiel: Schreibe „Wikipedia Einstein“, um die Wikipedia nach „Einstein“ zu durchsuchen.

Diese Funktion kannst du unter „Einstellungen“ > „Safari“ > „Schnelle Website-Suche“ ein- oder ausschalten.

Favoriten in Suchvorschlägen anzeigen

Du kannst deine Favoriten bei der Adresseingabe, beim Suchen oder beim Erstellen eines neuen Tabs anzeigen lassen.

Wähle „Einstellungen“ > „Safari“ und tippe auf „Favoriten“.

Wenn deine Favoriten mehrere Ordner umfassen, kannst du die Ordner auswählen, die in den Sari-Suchvorschlägen angezeigt werden sollen.

Auf einer Seite suchen

Du kannst auf einer Seite nach einem bestimmten Wort oder einer bestimmten Wortfolge suchen.

1. Tippe auf und danach auf „Auf der Seite suchen“.
2. Gib den Suchbegriff in das Suchfeld ein.
3. Tippe auf , um weitere Vorkommen zu finden.

Suchmaschine auswählen

Wähle „Einstellungen“ > „Safari“ > „Suchmaschine“.

Verwenden von Tabs in der App „Safari“ auf dem iPad

In der App „Safari“ kannst du Tabs verwenden, um gleichzeitig mehrere Webseiten zu öffnen und zwischen diesen Webseiten umzuschalten.

Hinweis: Wenn du das Layout „Kompakte Tableiste“ verwendest, unterscheiden sich die Menüs und andere Objekte möglicherweise von der Beschreibung in diesem Handbuch.

Link in einem neuen Tab öffnen

Lege den Finger auf einen Link und tippe auf „Im Hintergrund öffnen“. Tippe alternativ mit zwei Fingern auf den Link.

Wähle „Einstellungen“ > „Safari“ > „Neue Tabs im Hintergrund öffnen“, wenn beim Öffnen eines Links in einem neuen Tab automatisch zu dem neuen Tab umgeschaltet werden soll.

Geöffnete Tabs durchsuchen

Zum Durchsehen der geöffneten Webseiten tippst du oben rechts auf oder ziehst drei Finger zusammen. Führe beliebige der folgenden Schritte aus:

- Tab schließen: Tippe auf in der oberen linke Ecke oder streiche nach links über den Tab.
- Einzelnen Tab erneut anzeigen: Tippe auf einen Tab oder auf „Fertig“ oder ziehe mit drei Fingern auseinander.

Tipp: Um den Verlauf eines Tabs zu sehen, tippe auf < oder >.

Einen kürzlich geschlossenen Tab wieder öffnen

Lege den Finger auf + und wähle in der Liste einen zuvor geschlossenen Tab aus.

Auf anderen Geräten geöffnete Tabs anzeigen

1. Melde dich auf all deinen Geräten mit derselben Apple-ID bei iCloud an.
2. Wähle „Einstellungen“ > „[dein Name]“ > „iCloud“ und aktiviere die Option „Safari“. Hinweis: Wenn du auch die auf deinem Mac geöffneten Tabs sehen möchtest, muss die Option „Safari“ in der Systemeinstellung „iCloud“ auf deinem Mac aktiviert sein und du musst dich mit derselben Apple-ID angemeldet haben.
3. Tippe auf + und scrolle, um die auf deinen anderen Geräten geöffneten Tabs unten auf der Startseite zu sehen. Oder tippe auf und scrolle durch die in der Seitenleiste aufgelisteten Tabgruppen.
   Um einen Tab aus der Liste zu entfernen, lege den Finger auf den Link und wähle „Schließen“. Daraufhin wird der Link von deiner Startseite entfernt, ohne dass der Tab auf deinem anderen Gerät geschlossen wird.
   Hinweis: Du musst iCloud-Tabs für deine Startseite aktiviert haben, um die auf deinen anderen Geräten geöffneten Tabs anzuzeigen.

Tippe auf „Von [Gerätename]“ und wähle eine Option im Einblendmenü aus, um zu ändern, welches Gerät iCloud-Tabs auf deiner Startseite anzeigt.

Verwalten deiner Tabs

Erstelle eine Tabgruppe, um Tabs zu verwalten und später schneller wieder öffnen zu können.

1. Tippe auf , um die Seitenleiste zu öffnen.
2. Tippe oben rechts in der Seitenleiste auf
3. Wähle eine Option aus und ordne der neuen Tabgruppe einen Namen zu.

Einen Tab in eine andere Gruppe bewegen

1. Lege den Finger auf den Tab, den du bewegen willst.
2. Tippe auf „Zu Tabgruppe bewegen“ und wähle eine der Tabgruppen, die du zuvor erstellt hast, oder tippe auf „Neue Tabgruppe“.

Tabs und Tabgruppen übergreifend auf all deinen Geräten auf dem aktuellen Stand halten

Wähle „Einstellungen“ > „[dein Name]“ > „iCloud“ und aktiviere die Option „Safari“.

Hinweis: Wenn du auch die auf deinem Mac geöffneten Tabs sehen möchtest, muss die Option „Safari“ in der Systemeinstellung „iCloud“ auf deinem Mac aktiviert sein und du musst dich mit derselben Apple-ID angemeldet und die Zwei-Faktor-Authentifizierung für iCloud aktiviert haben.

Alle Tabs schließen

Lege auf einer beliebigen geöffneten Seite den Finger auf ▢▢ und tippe dann auf „Alle Tabs schließen".

Du kannst Tabs auch über den Bildschirm „Tabübersicht" schließen. Lege den Finger auf „Fertig" und tippe dann auf „Alle Tabs schließen".

Hinzufügen von Lesezeichen für beliebte Webseiten in der App „Safari" auf dem iPad

In der App „Safari" kannst du Websites mit Lesezeichen versehen, sie zu deinen Favoriten hinzufügen oder ein Symbol der Website zu deinem Home-Bildschirm hinzufügen, damit du später leicht dorthin zurückkehren kannst.

Aktuelle Seite mit einem Lesezeichen versehen

1. Tippe rechts neben dem Suchfeld auf .
2. Tippe auf „Lesezeichen hinzufügen".

Geöffnete Tabs mit Lesezeichen versehen

1. Ziehe drei Finger zusammen, um all deine Tabs zu sehen.
2. Lege den Finger auf einen deiner Tab und tippe auf „Lesezeichen hinzufügen für [Anzahl] Tabs".

Lesezeichen anzeigen und verwalten

1. Tippe auf und dann auf „Lesezeichen".
2. Tippe auf „Bearbeiten", um einen neuen Ordner zu erstellen oder um Lesezeichen zu löschen, umzubenennen oder neu anzuordnen.
3. Tippe auf „Fertig", um deine Änderungen zu sichern.

Auf dem Mac angelegte Lesezeichen auf dem iPad anzeigen

Wähle „Einstellungen" > „[dein Name]" > „iCloud" und aktiviere die Option „Safari".

Hinweis: Du musst außerdem die Option „Safari" auf deinem Mac in der Systemeinstellung „iCloud" aktivieren und dich mit derselben Apple-ID anmelden.

Webseite zu deinen Favoriten hinzufügen

Öffne die Seite und tippe auf und danach auf „Als Favoriten sichern".

Favoriten bearbeiten

1. Tippe auf und dann auf „Lesezeichen“.
2. Tippe auf „Favoriten“ und dann auf „Bearbeiten“, um deine Favoriten zu löschen, umzubenennen oder neu anzuordnen.

Bevorzugte Websites und Leseliste schnell anzeigen

Tippe auf , um die Seitenleiste zu öffnen. Scrolle nach unten und tippe auf „Lesezeichen“ oder „Leseliste“.

Website-Symbol zum Home-Bildschirm hinzufügen

Du kannst auf dem Home-Bildschirm des iPad ein Website-Symbol hinzufügen, um schnell auf diese Site zuzugreifen.

Tippe auf der Website auf und danach auf „Zum Home-Bildschirm“.

Das Symbol wird nur auf dem Gerät angezeigt, auf dem du es hinzugefügt hast.

Sichern von Seiten in einer Leseliste in der App „Safari“ auf dem iPad

Sichere in der App „Safari“ interessante Seiten, um sie zu einem späteren Zeitpunkt zu lesen. Du kannst die Objekte auch in deine Leseliste laden und später lesen, wenn du nicht mit dem Internet verbunden bist.

Aktuelle Seite zur Leseliste hinzufügen

Tippe auf und dann auf „Zur Leseliste hinzufügen“.

Tipp: Du kannst eine verlinkte Seite hinzufügen, auch ohne sie zu öffnen. Lege dazu deinen Finger auf den Link und tippe auf „Zur Leseliste hinzufügen“.

Leseliste anzeigen

Tippe auf und dann auf „Leseliste“.

Lege den Finger auf ein Objekt und tippe auf „Löschen“, um es aus der Leseliste zu löschen.

Alle Objekte in der Leseliste zum Offline-Lesen automatisch in iCloud sichern

Wähle „Einstellungen“ > „Safari“ und aktiviere die Option „Automatisch offline sichern“ (im Bereich „Leseliste“).

Anzeigen von geteilten Links auf dem iPad

In der App „Safari“ kannst du von anderen mit dir geteilte Links ganz einfach anzeigen und verwalten. Werden Links in einer Konversation in der App „Nachrichten“ geteilt, kannst du sie unter „Mit dir geteilt“ in Safari leicht finden. (Safari muss unter „Einstellungen“ > „Nachrichten“ > „Mit dir geteilt“ aktiviert werden und die teilende Person muss sich in deiner Kontaktliste in „Kontakte“ befinden.)

Geteilte Links in Safari öffnen

Um mit dir in der App „Nachrichten“ geteilte Links anzuzeigen, tippst auf und dann auf „Mit dir geteilt“.

Tipp: Unter der jeweiligen Vorschau wird angezeigt, wer den Link mit dir geteilt hat. Tippe auf die Taste unter der Linkvorschau, um die Konversation in „Nachrichten“ zu öffnen, in der sich der Link befindet.

Geteilte Links aus der Liste „Mit dir geteilt“ entfernen

1. Lege den Finger auf das Vorschaubild des Links, der entfernt werden soll.
2. Tippe auf „Link entfernen“.

Geteilten Link in eine Tabgruppe bewegen

1. Lege den Finger auf das Vorschaubild des Links, der bewegt werden soll, und tippe auf „In Tabgruppe öffnen“.
2. Wähle eine Tabgruppe aus oder tippe auf „Neue Tabgruppe“, um eine neue zu erstellen.

Geteilte Links auf der Startseite anzeigen

1. Tippe auf +, um einen neuen Tab zu öffnen, scrolle nach unten und tippe auf „Bearbeiten“.
2. Aktiviere die Option „Mit dir geteilt“.

Tipp: Lege den Finger auf und ziehe ihn an die gewünschte Position, um den Inhalt der Startseite neu anzuordnen.

Anmerkungen zu einer Webseite hinzufügen und als PDF sichern

Du kannst eine Webseite markieren, besondere Teile hervorheben, Notizen zeichnen und schreiben und dein Dokument dann als PDF-Datei mit anderen Personen teilen.

1. Tippe auf .
2. Tippe auf „Markieren“ und wähle ein Werkzeug aus.
3. Tippe auf „Fertig“ und folge der angezeigten Anleitung, um die Seite mit den Anmerkungen als PDF-Datei zu sichern.

Automatisches Ausfüllen von Formularen in der App „Safari“ auf dem iPad

Die App „Safari“ bietet dir eine Funktion für das automatische Ausfüllen oder Eingeben von Kreditkartendaten und Kontaktinformationen.

Einrichten des automatischen Ausfüllens

Du kannst deine persönlichen Informationen oder deine Kreditkartennummer auf deinem iPad sichern, um Online-Formulare schneller auszufüllen und Käufe zu beschleunigen.

1. Wähle „Einstellungen“ > „Safari“ > „Autom. ausfüllen“.
2. Führe beliebige der folgenden Schritte aus:
   - **Kontaktinformationen einrichten**: Aktiviere „Kontaktinfo benutzen“ und tippe auf „Meine Infos“. Wähle dann deine Kontaktkarte aus. Die Kontaktinformationen von dieser Karte werden in Zukunft eingegeben, wenn du in Safari auf Webseiten auf die Option „Autom. ausfüllen“ tippst.
   - **Kreditkarteninformationen einrichten**: Aktiviere „Kreditkarten“ und tippe auf „Gesicherte Kreditkarten“. Tippe dann auf „Kreditkarte hinzufügen“. Gib deine Kreditkarteninformationen in die angezeigten Felder ein oder tippe auf „Kamera verwenden“, um die Informationen ohne tippen einzugeben.

Du kannst deine Kreditkarteninformationen auch im Zuge eines Online-Kaufs sichern.

Kontaktinformationen automatisch ausfüllen lassen

Mit der Option zum automatischen Ausfüllen kannst du schnell persönliche Informationen in Online-Formulare einfügen.

1. Tippe im Formular einer Website, die das automatische Ausfüllen unterstützt, auf ein leeres Feld.
2. Tippe über der Tastatur auf „Kontakt autom. ausfüllen“ und wähle dann einen Kontakt aus.
3. Tippe auf ein beliebiges Feld, um Änderungen vorzunehmen.
4. Wenn alle Informationen korrekt sind, tippe auf „Fertig“.
5. Befolge die angezeigten Anleitungen, um das Formular abzuschicken.

Hinweis: Du kannst auch die Informationen von anderen Personen in deiner Kontaktliste automatisch eingeben. Wenn du zum Beispiel ein Geschenk kaufst und es an eine:n Freund:in schicken möchtest, kannst du mit der Funktion zum automatischen Ausfüllen ihre Adresse eingeben. Tippe auf „Kontakt autom. Ausfüllen“, dann auf „Anderer Kontakt“ und wähle ihre Kontaktkarte aus.

Kreditkarteninformationen automatisch ausfüllen lassen

Nachdem du eine Kreditkarte hinzugefügt hast, kannst du mit der Funktion zum automatischen Ausfüllen online einkaufen, ohne deine vollständige Kreditkartennummer eingeben zu müssen.

1. Tippe auf das Feld für die Kreditkarteninformationen und tippe auf „Autom. ausfüllen (Kreditkarte)“ über der Tastatur.
2. Tippe auf die Kreditkarte, die du verwenden möchtest, oder tippe auf „Kamera verwenden“, um ein Foto von der Vorderseite deiner Kreditkarte zu machen.

3. Gib den Sicherheitscode deiner Karte ein. (Dieser Code wird aus Sicherheitsgründen nicht gespeichert. Das bedeutet, dass du ihn jedes Mal, wenn du deine Karte verwendest, manuell eingeben musst.)

Du kannst für dein iPad einen Code verwenden, um den Schutz und die Sicherheit deiner Kreditkarteninformationen zu erhöhen.

Option „Automatisch ausfüllen“ deaktivieren

Du kannst die Option „Automatisch ausfüllen“ für deine Kontakt- oder deine Kreditkarteninformationen sowie für deine Passwörter deaktivieren. Das ist besonders in Situationen nützlich, in denen du nicht willst, dass deine Kontakt- oder Kreditkarteninformationen leicht zugänglich sind, z. B. dann, wenn du ein Gerät mit anderen teilst.

- Option „Automatisch ausfüllen“ für deine Kontakt- oder Kreditkarteninformationen deaktivieren: Wähle „Einstellungen“ > Safari > „Automatisch ausfüllen“ und deaktiviere die jeweilige Option.
- Option „Automatisch ausfüllen“ für Passwörter deaktivieren: Wähle „Einstellungen“ > „Passwörter“ und deaktiviere die Option „Passwörter automatisch ausfüllen“.

Laden von Erweiterungen zum Anpassen von Safari auf dem iPad

Du kannst in der App „Safari“ Erweiterungen installieren, um die Art und Weise anzupassen, wie dein Browser funktioniert.

Safari-Erweiterungen anzeigen und hinzufügen

1. Wähle „Einstellungen“ > „Safari“ und tippe auf „Erweiterungen“.
2. Tippe auf „Weitere Erweiterungen“, um nach Erweiterungen im App Store zu suchen.
3. Wenn du eine passende Erweiterung gefunden hast, tippst du auf den Preis bzw. bei kostenlosen Apps auf „Los“ und folgst den angezeigten Anleitungen.

Hinweis: Erweiterungen, die du für Safari auf dem iPad installieren kannst, werden nur auf diesem Gerät angezeigt.

Erweiterungen verwalten

Wähle „Einstellungen“ > „Safari“ und tippe auf „Erweiterungen“. Du kannst das Markierungsfeld einer Erweiterung aktivieren oder deaktivieren, um die betreffende Erweiterung ein- oder auszuschalten.

Erweiterungen verwenden

Erweiterungen greifen auf den Inhalt von besuchten Websites zu. Du kannst festlegen, welche Zugriffsrechte du den einzelnen Erweiterungen gibst.

1. Tippe auf rechts neben dem Suchfeld und dann auf „Erweiterungen verwalten“.
2. Tippe auf alle Erweiterungen, denen du Berechtigungen erteilen willst, und folge dann der auf dem Bildschirm angezeigten Anleitung, um auszuwählen, wie viel Zugriff jede Erweiterung erhalten soll.
   Wichtig: Prüfe, welche Erweiterungen bereits installierst sind, und stelle sicher, dass du mit ihrer Funktionsweise vertraut bist.

Erweiterung entfernen

1. Streiche im Home-Bildschirm nach unten. Suche dann nach der Erweiterung, die entfernt werden soll.
2. Lege den Finger auf das Symbol der Erweiterung, tippe auf „Löschen“ und folge dann den angezeigten Anleitungen.

Ausblenden von Werbeanzeigen und ablenkenden Inhalten in der App „Safari“ auf dem iPad

Verwende in der App „Safari“ Safari Reader, um eine Seite ohne Werbeanzeigen, Navigationsmenüs und andere ablenkende Inhalte ansehen zu können.

Reader einblenden

In der Reader-Ansicht wird eine Webseite so formatiert, dass nur die relevanten Text- und Bildelemente angezeigt werden.

Tippe auf AA links neben dem Suchfeld und dann auf „Reader einblenden“.

Tippe zum erneuten Anzeigen der ganzen Seite auf AA und dann auf „Reader ausblenden“.

Hinweis: Wird „Reader“ grau dargestellt, ist der Reader für diese Seite nicht verfügbar.

Reader für eine Website automatisch verwenden

1. Tippe auf einer unterstützten Website auf AA und dann auf „Website-Einstellungen“.
2. Aktiviere „Automatisch Reader verwenden“.

Hinweis: Wähle „Einstellungen“ > „Safari“ > „Reader“, um den Reader automatisch auf allen unterstützenden Websites zu verwenden.

Pop-Ups unterdrücken

Wähle „Einstellungen“ > „Safari“ und aktiviere die Option „Pop-Ups blockieren“.

Privates Surfen im Web in der App „Safari“ auf dem iPad

Du kannst den Modus für privates Surfen verwenden, den Datenschutzbericht ansehen und die Einstellungen für die App „Safari“ anpassen, um beim Surfen deine Privatsphäre zu wahren und dich vor Websites mit bösartigem Inhalt zu schützen.

Websites ohne deren Erfassung im Verlauf besuchen

Du kannst den Modus für privates Surfen verwenden, um Tabs zu öffnen, die nicht im Verlauf auf dem iPad oder in der Tabliste deiner anderen Geräte angezeigt werden.

Tippe auf und dann auf „Privat“.

Wenn der Modus für privates Surfen aktiviert ist, wird der Hintergrund von Safari in Grau angezeigt. Websites, die du besuchst, werden nicht in den Verlauf auf dem iPad übernommen und erscheinen nicht in der Liste der Tabs auf deinen anderen Geräten. Du kannst in der privaten Tabgruppe mehrere private Tabs öffnen.

Tippe auf und wechsle zu einer anderen Tabgruppe, um die Websites auszublenden und den Modus für das private Surfen zu beenden. Die Tab erscheinen wieder, wenn du das nächste Mal den Modus für das private Surfen verwendest.

Datenschutzbericht anzeigen

Safari unterstützt dich dabei zu verhindern, dass Tracker dich über verschiedene Websites hinweg verfolgen und deine IP-Adresse sehen. Du kannst dir den Datenschutzbericht ansehen, um eine Übersicht über die Tracker zu erhalten, die durch die Funktion „Intelligentes Verhindern von Tracking“ auf der aktuell von dir besuchten Webseite erkannt und abgewehrt wurden. Du kannst die Safari-Einstellungen auch prüfen und anpassen, damit deine Privatsphäre beim Surfen gewahrt bleibt, wenn andere Personen dasselbe Gerät verwenden, und du kannst dich vor Websites mit bösartigen Inhalten schützen.

Tippe zum Öffnen des Datenschutzberichts auf AA links neben dem Suchfeld und tippe dann auf „Datenschutzbericht“ .

iCloud Privat-Relay zum Surfen im Web mit mehr Datenschutz verwenden

Wenn du iCloud+ auf dem iPad abonnierst, kannst du mit iCloud Privat-Relay (Beta) Websites und Netzanbieter daran hindern, ein genaues Profil von dir zu erstellen. Ist iCloud Privat-Relay aktiviert, wird der Datenverkehr, der dein iPad verlässt, verschlüsselt und über zwei separate Internetrelais gesendet. Dadurch wird verhindert, dass Websites deine IP-Adresse und deinen Standort ermitteln und Netzanbieter Daten über deine Browsing-Aktivitäten sammeln können. Websites oder Netzanbieter wissen also nicht gleichzeitig, wer du bist und welche Websites du besuchst.

Einstellungen für Datenschutz und Sicherheit für die App „Safari“ festlegen

Wähle „Einstellungen“ > „Safari“ und aktiviere oder deaktiviere die Optionen im Bereich „Datenschutz & Sicherheit“ entsprechend deinen Präferenzen:

- **Cross-Site-Tracking verhindern**: Safari schränkt Cookies und Daten von Fremdanwendungen standardmäßig ein. Deaktiviere diese Option, wenn das Cross-Site-Tracking zulässig sein soll.
- **IP-Adresse verbergen**: Safari schützt deine IP-Adresse automatisch vor bekannten Trackern. Für qualifizierte Abonnenten von iCloud+ ist die IP-Adresse vor Trackern und Websites beim Surfen in Safari geschützt. Wenn diese Option deaktiviert ist, wird deine IP-Adresse nicht verborgen.
- **Alle Cookies blockieren**: Aktiviere diese Option, damit Websites keine Cookies auf deinem iPad hinzufügen können. (Wähle „Einstellungen“ > „Safari“ > „Verlauf und Websitedaten löschen“, wenn du Cookies entfernen willst, die sich bereits auf deinem iPad befinden.)
- **Warnungen vor betrügerischen Websites aktivieren**: Safari zeigt eine Warnung an, wenn du eine Website besuchst, die im Verdacht steht, Phishing zu betreiben. Deaktiviere diese Option, wenn du bei betrügerischen Websites nicht gewarnt werden willst.
- **Datenschutzwahrende Werbungsmessung**: Hierdurch werden Websites daran gehindert, deine persönlichen Daten einzusehen, um dir zielgerichtete Werbung bereitzustellen.
- **Apple Pay prüfen**: Websites, die Apple Pay verwenden, können überprüfen, ob du Apple Pay auf deinem Gerät aktiviert hast. Deaktiviere diese Option, um zu verhindern, dass Websites prüfen, ob du Apple Pay verwendest.

Wenn du mit Safari eine Website besuchst, die nicht sicher ist, erscheint im Safari-Suchfeld eine entsprechende Warnung.

Leeren des Cache in Safari auf dem iPad

Du kannst in der App „Safari“ deinen Surfverlauf und Websitedaten löschen, um den Cache auf deinem iPad zu löschen. Dadurch werden der Verlauf mit den von dir besuchten Websites und der aktuelle Suchverlauf von deinem Gerät gelöscht. Außerdem werden Cookies und von dir erteilte Berechtigungen für Websites entfernt, die deinen Standort erfassen oder dir Mitteilungen schicken.

Hinweis: Das Löschen deines Surfverlaufs in Safari löscht keine Surfverläufe, die unabhängig von den von dir besuchten Websites gespeichert wurden.

Wähle „Einstellungen“ > „Safari“ und tippe auf „Verlauf und Websitedaten löschen“.

„E-Mail-Adresse verbergen“ in Safari auf dem iPad verwenden

Wenn du iCloud+ abonnierst, kannst du die Option „E-Mail-Adresse verbergen“ verwenden, damit deine persönliche E-Mail-Adresse privat bleibt. Mit „E-Mail-Adresse verbergen“ kannst du eindeutige, zufällige E-Mail-Adressen erstellen, die Mails an deinen persönlichen E-Mail-Account weiterleiten. Du musst also nicht mehr deine echte E-Mail-Adresse angeben, wenn du Formulare im Internet ausfüllst oder Newsletter abonnierst.

1. Wirst du auf einer Website nach deiner E-Mail-Adresse gefragt, tippe auf das E-Mail-Adressfeld.
2. Tippe über der Tastatur auf „E-Mail-Adresse verbergen“.
   Im Bildschirm „E-Mail-Adresse verbergen“ wird eine neue, zufällig generierte E-Mail-Adresse vorgeschlagen.
3. Wenn du die vorgeschlagene Adresse nicht verwenden möchtest, tippst du auf , um eine neue vorgeschlagene E-Mail-Adresse zu erhalten.
4. Tippe zum Verwenden der vorgeschlagenen Adresse auf „Fortfahren“, gib ggf. zusätzliche Informationen in das Feld „Notiz“ ein und tippe dann auf „Verwenden“.

Kurzbefehle

Verwenden der App „Kurzbefehle“ zum Automatisieren von Aufgaben auf dem iPad

Mit der App „Kurzbefehle“ kannst du Aufgaben, die du häufig ausführst, durch Tippen oder Verwenden von Siri automatisieren. Erstelle Kurzbefehle, um eine Wegbeschreibung zum nächsten Ereignis in deinem Kalender zu erhalten, Text von einer App in eine andere zu bewegen und mehr. Wähle einsatzbereite Kurzbefehle aus der Galerie oder erstelle eigene Kurzbefehle mithilfe verschiedener Apps, um mehrere Schritte in einer Aufgabe auszuführen.

Aktien

Verfolgen von Aktienkursen auf dem iPad

In der App „Aktien“ auf dem iPad kannst du das Geschehen an den Aktienmärkten verfolgen, die Performance der Aktien in deiner Aktienliste anzeigen und die neuesten Informationen aus der Finanz- und Geschäftswelt abrufen.

Siri: Sage zum Beispiel: „Wie sieht es auf dem Aktienmarkt aus?“ oder „Wie steht die Apple-Aktie heute?“

Aktienliste verwalten

Füge Aktien, denen du folgst, zu deiner Aktienliste hinzu, um schnell Kurs, Tageskurs und prozentuale Entwicklung sowie Marktkapitalisierungswerte anzuzeigen.

- **Symbol zu deiner Aktienliste hinzufügen**: Gib in das Suchfeld ein Aktiensymbol oder den Namen eines Unternehmens, eines Aktienfonds oder eines Aktienindex ein. Tippe in den Suchergebnissen auf das Symbol, das du hinzufügen möchtest, und tippe auf „Hinzufügen“ oder „Zur Aktienliste hinzufügen“. Alternativ kannst du auf ••• tippen, auf „Aktienliste bearbeiten“ tippen und danach dieselben Schritte ausführen.

- **Symbol löschen**: Streiche auf dem Symbol in deiner Aktienliste nach links und tippe dann auf 🗑. Alternativ kannst du nacheinander auf •••, auf „Aktienliste bearbeiten“, auf ⊖ neben dem Symbol und dann auf 🗑 tippen.
- **Symbole neu anordnen**: Lege den Finger auf ein Symbol in deiner Aktienliste und ziehe es an eine neue Position. Alternativ kannst du auf ••• und auf „Aktienliste bearbeiten“ tippen, den Finger auf ☰ legen und das Symbol an eine neue Position bewegen.
- **Währung anzeigen**: Tippe auf ••• und dann auf „Währung anzeigen“, um die Währung anzuzeigen, in der die Aktie gehandelt wird (iPadOS 15.2 oder neuer).

Aktiendiagramme, Details und News anzeigen

Tippe auf ein Aktiensymbol in deiner Aktienliste, um ein interaktives Diagramm, zusätzliche Detailinformationen und zugehörige News anzuzeigen.

- **Entwicklung einer Aktie im Zeitverlauf anzeigen**: Tippe auf eine der Zeitfensteroptionen oberhalb des Diagramms.
- Wert an einem bestimmen Datum bzw. zu einer bestimmten Uhrzeit anzeigen: Lege einen Finger auf das Diagramm.
- Wertdifferenz im Zeitverlauf anzeigen: Lege zwei Finger auf das Diagramm.
- **Weitere Details anzeigen**: Unterhalb des Diagramms kannst du weitere Aktiendetails ablesen wie den Höchst- und den Tiefststand während der letzten 52 Wochen, die Beta- und EPS-Angaben und das durchschnittliche Handelsvolumen.
- **News lesen**: Streiche nach oben, um zusätzliche Artikel anzuzeigen, und tippe dann auf einen Artikel.

Aktienliste auf mehreren Geräten ansehen

Du kannst deine Aktienliste auf deinem iPhone, iPad, iPod touch und Mac ansehen, sofern du auf allen Geräten mit derselben Apple-ID angemeldet bist.

Wähle auf deinem iPhone, iPad und iPod touch „Einstellungen“ ⚙ > „[dein Name]“ > „iCloud“ und aktiviere die Option „Aktien“.

Wähle auf deinem Mac „Apple“ > „Systemeinstellungen“ und führe beliebige der folgenden Schritte aus:

- macOS 10.15 oder neuer: Klicke auf „Apple-ID“, wähle „iCloud“ und aktiviere die Option „Aktien“.

- macOS 10.14 oder frühere Versionen: Wähle „iCloud“ und aktiviere die Option „Aktien“.

News aus der Finanz- und Geschäftswelt lesen

Tippe über der Aktienliste auf „Wirtschaftsnachrichten“, streiche nach oben zum Newsfeed, um dir Storys zum aktuellen Geschehen auf dem Markt anzusehen. Storys über Unternehmen auf deiner Aktienliste sind nach dem Ticker-Symbol gruppiert. In Ländern, in denen Apple News verfügbar ist, siehst du auch von Apple News-Redakteuren ausgewählte Storys sowie Storys aus Apple News+. (Inhalte von Apple News und Apple News+ sind nicht in allen Ländern oder Regionen verfügbar.)

Hinweis: Wenn du auf eine Story von Apple News+ tippst und Apple News+ nicht abonniert hast, kannst du auf die Taste für ein Abo oder ein kostenloses Probeabo tippen und anschließend den angezeigten Anleitungen folgen.

Tippe auf eine Story, um sie zu lesen. Beim Lesen einer Story hast du folgende Möglichkeiten:

- Zurück zu deinem Newsfeed in der App „Aktien“: Tippe links oben auf oder „Fertig“.
- **Story auf Apple News sichern**: Tippe oben links auf .
  Hinweis: Um Storys auf Apple News zu sichern, vergewissere dich, dass du mit deiner Apple-ID angemeldet bist. Wähle dann „Einstellungen“ > „[dein Name]“ > „iCloud“ und aktiviere „News“. Wähle „Einstellungen“ > „[dein Name]“ > „iCloud“ und aktiviere „News“.
- **Weitere Storys der Publikation in Apple News ansehen**: Tippe auf das Logo des Herausgebers oben im Bildschirm.
- **Textgröße ändern**: Tippe oben rechts auf und dann auf den kleineren oder größeren Buchstaben, um die Textgröße der Story zu ändern.
- **Story teilen**: Tippe oben rechts auf und auf „Share Story“. Wähle dann eine Option, etwa „Nachrichten“ oder „Mail“.

Im Newsfeed erscheinen keine Storys aus Publikationen, die du in Apple News blockiert hast.

Widget „Aktien“ zum Home-Bildschirm des iPad hinzufügen

Du kannst ein Widget „Aktien“ zur Ansicht „Heute“ des Home-Bildschirms auf deinem iPad hinzufügen, um Aktienkurse zu verfolgen. Wähle „Aktienliste“, um mehrere Symbole deiner Aktienliste im Home-Bildschirm verfolgen zu können, oder „Symbol“, um die Performance eines einzelnen Aktiensymbols zu verfolgen.

Tipps

Anzeigen von Tipps auf dem iPad

In der App „Tipps“ kannst du eine Reihe von Tipps anzeigen, die dir helfen, dein iPad optimal zu nutzen.

Tipps anzeigen

Tippe in der App „Tipps“ auf eine Sammlung, um zu erfahren, wie du unter anderem Bildschirmfotos aufnehmen, die Diktierfunktion nutzen und die Stimme von Siri personalisieren kannst. Es werden regelmäßig neue Tipps hinzugefügt.

Beim Empfang neuer Tipps Mitteilung senden lassen

1. Wähle „Einstellungen“ > „Mitteilungen“.
2. Tippe im Bereich „Mitteilungsstil“ auf „Tipps“ und aktiviere die Option „Mitteilungen erlauben“.
3. Wähle Optionen für Ort und Stil von Tippmitteilungen, wann diese erscheinen sollen und vieles mehr.

Übersetzen

Übersetzen von Text, Sprache und Konversationen auf dem iPad

In der App „Übersetzen“ kannst du geschriebene und gesprochene Texte zwischen den unterstützten Sprachen übersetzen. Für Übersetzungen auf dem Gerät, sogar ohne Internetverbindung, kannst du Sprachen herunterladen.

Hinweis: Die App „Übersetzen“ ist für unterstützte Sprachen verfügbar.

Geschriebenen oder gesprochenen Text übersetzen

1. Tippe auf „Übersetzen“, wähle die Sprachen aus, zwischen denen übersetzt werden soll, und führe dann beliebige der folgenden Schritte aus:
   - Tippe auf „Text eingeben“, schreibe einen Satz und tippe auf „Öffnen“.
   - Tippe auf und sage einen Satz.
2. Wenn die Übersetzung angezeigt wird, kannst du beliebige der folgenden Schritte ausführen:
   - Audioübersetzung wiedergeben: Tippe auf .
   - Übersetzung als Favoriten sichern: Tippe auf .

- **Wort im Wörterbuch/Lexikon nachschlagen**: Tippe auf und tippe dann auf ein Wort, um seine Definition zu sehen.
- Einer anderen Person die Übersetzung zeigen: Tippe auf .

Tipp: Streiche auf der Übersetzung nach unten, um den Übersetzungsverlauf anzuzeigen.

Konversation übersetzen

Das iPad zeigt die übersetzten Sprechblasen von beiden Seiten der Konversation. Konversationen funktionieren für die heruntergeladenen Sprachen, auch wenn keine Internetverbindung vorhanden oder der Modus „Auf dem Gerät" aktiviert ist.

1. Tippe auf „Konversation".
2. Tippe auf und sprich in einer der beiden Sprachen.

Tipp: Du kannst eine Konversation übersetzen, ohne auf die Mikrofontaste zu tippen, bevor jede Person spricht. Tippe auf , auf „Automatisch übersetzen" und dann auf , um die Konversation zu starten. Das iPad erkennt automatisch, wann du anfängst zu sprechen und wann du aufhörst.

Beim Chatten mit Blickkontakt tippst du auf und dann auf „Gegenüber", sodass jede Person die Konversation von ihrer eigenen Seite aus sehen kann.

Sprachen für Offline-Übersetzungen oder den Modus „Auf dem Gerät" herunterladen

Du kannst Sprachen herunterladen für den Fall, dass keine Internetverbindung vorhanden oder der Modus „Auf dem Gerät" aktiviert ist.

1. Wähle „Einstellungen" > „Übersetzen".
2. Tippe auf „Geladene Sprachen" und dann auf neben der Sprache, die du laden willst.
3. Aktiviere den Modus „Auf dem Gerät".

Übersetzen von Text in Apps und mithilfe der Kamera auf dem iPad

Du kannst Text in Apps übersetzen, etwa in „Fotos", „Safari", „Nachrichten", „Mail" und anderen Apps. Oder du verwendest die Kamera, um Text in deiner Umgebung zu übersetzen (iPadOS 15.1 oder neuer).

Hinweis: Die App „Übersetzen" ist für unterstützte Sprachen verfügbar. Weitere

Text in Apps übersetzen

Du kannst beliebigen Text auswählen, um diesen in Apps wie „Safari", „Nachrichten", „Mail" und unterstützten Apps von Drittanbietern zu übersetzen. Wenn du Text auf dem iPad eingibst, kannst du das Geschriebene sogar durch eine Übersetzung ersetzen lassen.

1. Wähle den Text aus, der übersetzt werden soll, und tippe auf „Übersetzen".
2. Unter der Textübersetzung kannst du auf beliebige der folgenden Optionen tippen:
   - **Durch Übersetzung ersetzen**: Bei Auswahl dieser Option wird der Originaltext durch die Übersetzung ersetzt (nur bei der Eingabe von Text verfügbar).
   - **Übersetzung kopieren**: Du kannst die kopierte Übersetzung an beliebiger Stelle einsetzen, etwa in einer anderen App.
   - **Sprache ändern**: Wähle eine der unterstützten Sprachen für den Originaltext und für die Übersetzung aus.
   - **Als Favoriten sichern**: Zeige eine Liste deiner bevorzugten Übersetzungen in der App „Übersetzen" an.
   - **In „Übersetzen" öffnen**: Verwende Übersetzungen in der App „Übersetzen" für weitere Zwecke.

Text in Fotos übersetzen

Tippe, während du ein Foto mit Text auf unterstützten Modellen ansiehst, auf , wähle den zu übersetzenden Text aus und tippe dann auf „Übersetzen".

Übersetzen, was du durch die Kamera siehst

Führe auf unterstützten Modellen mit iPadOS 15.1 (oder neuer) die folgenden Schritte aus:

1. Öffne die App „Kamera" und positioniere das iPad so, dass der Text auf dem Bildschirm erscheint.
2. Tippe auf , nachdem der gelbe Rahmen um den erkannten Text erscheint.
3. Wähle den Text aus, der übersetzt werden soll, und tippe auf „Übersetzen".

TV

Verbinden von Apps und Hinzufügen von TV-Anbietern zur Apple TV App auf dem iPad

Mit der Apple TV App kannst du TV-Sendungen und Filme von Streamingdiensten und Kabel- oder Satellitenanbietern ansehen. Die Apple TV App wird für iPhone, iPad, iPod touch, Mac, Apple TV und unterstützte Smart-TVs und Streaming-Geräte bereitgestellt, sodass du deine Inhalte sowohl zu Hause als auch unterwegs ansehen kannst.

Hinweis: Die Verfügbarkeit der Apple TV App und ihrer Funktionen und Dienste (etwa Apple TV+, Apple TV-Kanäle, Sportsendungen und unterstützte Apps) kann je nach Land oder Region variieren.

Videostreaming-Apps verbinden

Die Apple TV App empfiehlt neue Inhalte oder die nächste Folge einer Serie, die du dir in einer verbundenen App ansiehst (gilt nur für unterstützte Streaming-Apps). Verbundene Apps erscheinen in der Apple TV App auf allen Geräten, auf denen du mit deiner Apple-ID angemeldet bist.

Führe folgende Schritte aus, um unterstützte Streaming-Apps zu verbinden oder zu trennen:

1. Tippe auf „Jetzt ansehen“ und danach auf oder auf dein Profilbild oben rechts.
2. Tippe auf „Verbundene Apps“.

Kabel- oder Satellitendienst zur Apple TV App hinzufügen

Die Gesamtauthentifizierung ermöglicht dir den sofortigen Zugriff auf alle unterstützten Video-Apps in deinem Abonnementpaket.

1. Wähle „Einstellungen“ > „TV-Anbieter“.
2. Wähle deinen TV-Anbieter aus und melde dich mit den zugehörigen Anmeldedaten an.

Melde dich direkt über die App an, die du verwenden möchtest, falls dein TV-Anbieter nicht in den Einstellungen aufgeführt wird.

Abonnieren von Apple TV+ und Apple TV-Kanälen auf dem iPad

In der Apple TV App kannst du Apple TV+ und Apple TV-Kanäle abonnieren. Apple TV+ ist ein Abo-Streamingdienst mit Apple Originals – preisgekrönte Serien, packende Dramen, bahnbrechende Dokumentationen, Unterhaltung für Kinder, Komödien und mehr – mit monatlich neuen Inhalten. Mit den Apple TV-Kanälen kannst du ganz leicht nur die Kanäle abonnieren, die du ansehen möchtest – z. B. Paramount+, Showtime und andere.

Mit einem Abonnement kannst auf dem iPhone, iPad, iPod touch, Mac, Apple TV sowie unterstützten Smart-TV- und Streaminggeräten nach Bedarf auf Inhalte zugreifen. Außerdem kannst du Inhalte herunterladen und offline auf dem iPhone, iPad, iPod touch und Mac ansehen.

Du kannst dein Apple TV+-Abonnement mit anderen Apple-Diensten kombinieren, indem, du Apple One abonnierst.

Hinweis: Apple One, Apple TV+ und Apple TV-Kanäle sind nicht in allen Ländern oder Regionen verfügbar.

Apple TV+ abonnieren

1. Tippe auf „Originals“ und dann auf die Taste zum Abonnieren.
2. Sieh dir die Details zum kostenfreien Probeabo (falls qualifiziert) und zum Abonnement an und folge den angezeigten Anleitungen.

Apple TV-Kanäle abonnieren

Du kannst Premium-Kanäle wie Paramount+ und Showtime abonnieren – alles an einem Ort. Wenn du die Familienfreigabe verwendest, können bis zu fünf weitere Familienmitglieder das Abonnement gemeinsam nutzen, ohne dass zusätzliche Gebühren anfallen.

1. Tippe auf „Jetzt ansehen“, scrolle nach unten zum Bereich „Kanäle“ und tippe auf einen Kanal.
2. Tippe auf die Tasten zum Abonnieren, sieh dir die Details zum kostenfreien Probeabo (falls qualifiziert) und zum Abonnement an und folge den angezeigten Anleitungen.

Abonnement für Apple-TV+ oder Apple TV-Kanäle ändern oder kündigen

1. Tippe auf „Jetzt ansehen“ und danach auf oder auf dein Profilbild oben rechts.
2. Tippe auf „Abonnements verwalten“.

Apple TV+ und Apple TV-Kanäle mit Familienmitgliedern teilen

Wenn du Apple TV+ oder Apple One abonnierst, kannst du die Familienfreigabe verwenden, um Apple TV+ mit bis zu fünf weiteren Familienmitgliedern zu teilen. Die Mitglieder deiner Familiengruppe müssen nichts weiter unternehmen – ein geteiltes Abonnement steht ihnen zur Verfügung, sobald sie die Apple TV App zum ersten Mal nach der Aktivierung deines Abonnements öffnen.

Wenn du einer Familiengruppe beitrittst, die Apple TV+ oder Apple One abonniert hat, und du selbst bereits ein Abonnement besitzt, wird dein Abonnement zum nächsten Zahlungstermin nicht verlängert. Du verwendest stattdessen das Abonnement der Gruppe. Wenn du einer Familiengruppe beitrittst, die nicht über ein Abonnement verfügt, verwendet die Gruppe dein Abonnement.

Hinweis: Wenn du ein Abo für Apple One, Apple TV+ oder Apple TV-Kanäle nicht mehr mit einer Familiengruppe teilen möchtest, kannst du das Abonnement kündigen, die Familiengruppe verlassen oder (wenn du Organisator:in der Familiengruppe bist) die Familienfreigabe deaktivieren.

TV-Sendungen, Filmen und andere Inhalte in der Apple TV App auf dem iPad abrufen

Die Apple TV App bietet dir deine bevorzugten TV-Sendungen, Filme und Sportsendungen an einem zentralen Ort. Du kannst schnell deine Favoriten finden und ansehen, mit „Als Nächstes“ die Wiedergabe dort fortsetzen, wo du zuvor aufgehört hast, oder etwas Neues entdecken – speziell für dich personalisiert.

Hinweis: Die Verfügbarkeit der Apple Media Services kann je nach Land oder Region variieren.

Sendungen und Filme entdecken

Tippe in der Apple TV App auf „Jetzt ansehen“ und führe beliebige der folgenden Schritte aus:

- **Empfehlungen erhalten**: Im Abschnitt „Musst du gesehen haben“ findest du Empfehlungen der Redaktion, die für dich personalisiert sind. Viele Abschnitte in der App bieten personalisierte Empfehlungen basierend auf deinen abonnierten Kanälen, unterstützten Apps, Käufen und Sehgewohnheiten.

- **Apple TV-Kanäle durchsuchen**: Scrolle nach unten, um die Kanäle zu durchsuchen, die du abonniert hast. Im Abschnitt mit den Kanälen kannst du andere verfügbare Kanäle durchsuchen. Tippe auf einen Kanal, um dessen Titel zu entdecken.
- Filme, Sendungen und Folgen ansehen, die über die App „Nachrichten“ an dich gesendet wurden: Scrolle nach unten zu „Mit dir geteilt“.

Liste „Als Nächstes“ verwenden

Im Abschnitt „Als Nächstes“ findest du Titel, die du kürzlich hinzugefügt, geliehen oder gekauft hast. Dort kannst du die nächste Folge einer Serie entdecken, die du gerne ansiehst, oder einen Titel genau an der Stelle weitersehen, an der du zuvor aufgehört hast.

Führe beliebige der folgenden Schritte aus:

- **Inhalte zur Liste „Als Nächstes“ hinzufügen**: Lege den Finger auf ein Objekt und tippe danach auf „Aus ‚Als Nächstes‘ löschen“.
- **Inhalt aus der Liste „Als Nächstes“ entfernen**: Lege den Finger auf die Playlist und tippe danach auf „Aus ‚Als Nächstes‘ löschen“.
- **Wiedergabe eines Inhalts auf einem anderen Gerät fortsetzen**: Deine Liste „Als Nächstes“ kannst du in der Apple TV App auf deinem iPhone, iPad, iPod touch, Mac, Apple TV oder unterstützten intelligenten Fernseh- oder Streaming-Gerät sehen, bei dem du mit deiner Apple-ID angemeldet bist.

Apple TV+ durchsuchen

Entdecke Apple Originals – preisgekrönte Serien, packende Dramen, bahnbrechende Dokumentationen, Unterhaltung für Kinder, Komödien und mehr – mit monatlich neuen Inhalten.

Tippe auf „Originals“ und führe beliebige der folgenden Schritte aus:

- **Sieh, was als Nächstes läuft**: In der Zeile „Als Nächstes“ kannst du neu hinzugefügte Titel entdecken, die nächste Episode einer Serie wiedergeben oder einen Inhalt an der Stelle fortsetzen, an der du aufgehört hast.
- **Sammlung durchsuchen**: Streiche auf der Sammlung nach links oder tippe auf „Alle anzeigen“.
- Beschreibungen und Bewertungen ansehen: Tippe auf ein Objekt.

TV-Sendungen, Filme und mehr suchen

Tippe auf „Suchen“ und gib den Suchbegriff in das Suchfeld ein. Du kannst nach Titel, Sportart, Mannschaft, Besetzung, Apple TV-Kanal oder Thema (wie „Autoverfolgungsjagd“) suchen.

Inhalte streamen oder laden

Inhalte von Apple TV+ sowie Apple TV-Kanäle werden in der Apple TV App wiedergegeben, während Inhalte anderer Anbieter in deren jeweiliger Video-App abgespielt werden.

1. Tippe auf ein Objekt, um Details anzuzeigen.
2. Wähle beliebige der folgenden Optionen aus, (beachte aber, dass nicht alle Optionen für alle Titel angezeigt werden):
    - **Apple TV+ oder Apple TV-Kanäle ansehen**: Tippe auf „Wiedergabe“. Wenn du derzeit kein Abonnent bist, tippe auf „Gratis testen“ (verfügbar für zulässige Apple-ID-Accounts) oder auf „Abonnieren“.

- **Eine andere Video-App auswählen**: Wenn der Titel bei mehreren Apps verfügbar ist, scrolle nach unten zu „Optionen zum Ansehen" und wähle eine App aus.
- **Laden**: Tippe auf . Du findest das geladene Objekt in der Mediathek und kannst es auch dann ansehen, wenn dein iPad nicht mit dem Internet verbunden ist.

Inhalte kaufen, leihen oder vorbestellen

1. Tippe in der Seitenleiste im Bereich „Store" auf „TV-Sendungen" oder „Filme".
2. Wähle beliebige der folgenden Optionen aus, (beachte aber, dass nicht alle Optionen für alle Titel angezeigt werden):
   - **Kaufen**: Gekaufte Inhalte werden zu deiner Mediathek hinzugefügt.
   - **Leihen**: Wenn du einen Film ausleihst, hast du 30 Tage Zeit, um die Wiedergabe des Films zu starten. Nachdem du die Wiedergabe gestartet hast, kannst du den Film innerhalb der vorgegebenen 48 Stunden beliebig oft anschauen. Nach 48 Stunden endet die Leihfrist. Nach Ablauf der Leihfrist wird der Film gelöscht.
   - **Vorbestellen**: Sobald das vorbestellte Objekt verfügbar ist, wird es mit der angegebenen Zahlungsmethode in Rechnung gestellt und du erhältst eine entsprechende Mitteilung per E-Mail. Wenn du automatische Downloads aktiviert hast, wird das Objekt automatisch auf dein iPad geladen.
3. Bestätige deine Auswahl und schließe entweder den Bezahlvorgang oder die Vorbestellung ab.

Du kannst gekaufte und geliehene Inhalte in deiner Mediathek finden und sie in der Apple TV App wiedergeben.

Sportsendungen in der Apple TV App auf dem iPad ansehen

Der Bildschirm „Sports" in der Apple TV App gibt dir Zugriff auf eine große Auswahl von Live-Sportsendungen und Aufzeichnungen (nur USA und Kanada).

Du kannst laufende Spiele mit minutengenauen Ergebnissen ansehen oder nach kommenden Spielen suchen und sie zu „Als Nächstes" hinzufügen. Außerdem kannst du Benachrichtigungen über kommende Sportereignisse erhalten und Spielstände deiner Lieblingsteams in Echtzeit sehen.

Sportsendungen entdecken

Tippe in der Seitenleiste auf „Sport" und führe beliebige der folgenden Schritte aus:

- In der oberen Reihe kannst du aktuelle und kommende Spiele entdecken.
- Scrolle nach unten, um die Sportarten Fußball, Baseball, Basketball und andere zu entdecken.
- Um die Inhalte nach Sportart zu filtern, scrolle nach unten zur Reihe „Sports" und tippe auf eine Sportart.

Live-Spiel ansehen

Tippe auf das Spiel und dann auf „Jetzt live“. Oder scrolle nach unten zu „Optionen zum Ansehen“ und wähle eine App aus.

Für ausgewählte Spiele werden der aktuelle Spielstand und aktuelle Updates auf der Spielseite angezeigt.

Wähle „Einstellungen“ > „TV“ und deaktiviere die Option „Show Sports Scores“, wenn du bei Live-Übertragungen die aktuellen Ergebnisse nicht sehen möchtest.

Lieblingsteams auswählen

Füge deine Lieblingsteams hinzu, um dir ihre Spiele unter „Als Nächstes“ anzeigen zu lassen und Mitteilungen zu erhalten, sobald sie spielen.

1. Tippe in der Seitenleiste auf „Sports“.
2. Scrolle nach unten und tippe auf „Pick Your Favorite Teams“.

Wiedergabe in der Apple TV App auf dem iPad steuern

Mit den Steuerelementen für die Wiedergabe in der Apple TV App kannst du Inhalte starten, anhalten, zum nächsten oder vorherigen Inhalt springen und mehr. Wenn du zusammen mit Freund:innen Inhalte mit SharePlay (iPadOS 15.1 oder neuer) ansiehst, können alle Teilnehmer:innen des FaceTime-Anrufs die Steuerelemente nutzen.

Steuerelemente für die Wiedergabe verwenden

Tippe während der Wiedergabe auf den Bildschirm, um die Bedien- und Steuerelemente einzublenden.

Taste	Beschreibung
	Wiedergabe
	Wiedergabe unterbrechen (Pause)
	15 Sekunden zurückspringen, für Rücklauf den Finger auflegen
	15 Sekunden vorspringen, für schnellen Vorlauf den Finger auflegen
	Videoausgabe auf andere Geräte streamen

•••	Das Wiedergabetempo ändern, Untertitel und erweiterte Untertitel anzeigen, die Sprache ändern und mehr (je nach Verfügbarkeit)
	Bild-in-Bild starten – du kannst das Video weiterhin sehen, während du eine andere App verwendest
	Seitenverhältnis an Bildschirmgröße anpassen
	Seitenverhältnis in Breitbild ändern
✕	Wiedergabe stoppen

Gemeinsames Ansehen von Inhalten mit SharePlay in der Apple TV App auf dem iPad

In der Apple TV App in iPadOS 15.1 (oder neuer) kannst du während eines FaceTime-Anrufs mit SharePlay TV-Sendungen und Filme mit deinem Freundeskreis und der Familie synchron streamen. Dabei können alle Teilnehmer:innen des Anrufs die Steuerelemente nutzen und die Wiedergabe pausieren sowie zurück- und vorspulen. Die intelligente Lautstärkefunktion passt die Lautstärke von Medien automatisch an, sodass ihr euch beim Ansehen von Inhalten unterhalten könnt. (Einstellungen wie Untertitel und Lautstärke werden von jeder Person separat gesteuert.)

Hinweis: Für einige Apps, die SharePlay unterstützen, ist ein Abonnement erforderlich. Um einen gekauften Film oder eine gekaufte Sendung gemeinsam ansehen zu können, müssen alle Beteiligten das betreffende Medium gekauft haben. SharePlay unterstützt möglicherweise nicht das Teilen mancher Filme oder TV-Sendungen in verschiedenen Ländern oder Regionen. Möglicherweise sind FaceTime oder einige FaceTime-Funktionen und andere Apple-Dienste nicht in allen Ländern oder Regionen verfügbar.

SharePlay in der Apple TV App starten

In iPadOS 15.4 (oder neuer) kannst du beim Suchen oder Ansehen von Videoinhalten einen FaceTime-Anruf in der Apple TV App starten und den Inhalt synchron mit anderen Personen via SharePlay teilen. Alle Teilnehmer:innen des Anrufs müssen auf den jeweiligen Inhalt auf ihrem Gerät zugreifen können (z. B. durch ein Abo oder durch einen Kauf).

1. Suche eine TV-Sendung oder einen Film aus, die bzw. den du teilen möchtest, und tippe auf das Objekt, um weitere Informationen anzuzeigen.

2. Tippe auf und dann auf „SharePlay“.
3. Gib im Feld „An“ die Kontakte ein, mit denen du das Video teilen willst, und tippe dann auf „FaceTime“.
4. Tippe auf die Taste zum Starten oder für die Wiedergabe, um mit SharePlay zu beginnen, sobald die FaceTime-Verbindung hergestellt ist.
   Die anderen Teilnehmer:innen müssen dann auf „Öffnen“ tippen, um das Video anzusehen.

Hinweis: Wenn für den Inhalt ein Abonnement erforderlich ist, können die Personen ohne Abonnement den Dienst vor dem Ansehen abonnieren.

Laufende Wiedergabe in SharePlay an dein Apple TV senden

Sobald das Video wiedergegeben wird, kannst du es auf einem Apple TV-Gerät streamen, um es auf dem großen Bildschirm zu genießen. Tippe auf und wähle „Apple TV“ als Wiedergabeziel aus.

Das Video wird synchron auf dem Apple TV wiedergegeben und du kannst die Konversation auf dem iPad fortsetzen.

Mediathek in der Apple TV App auf dem iPad verwalten

Deine Mediathek in der Apple TV App enthält TV-Sendungen und Filme, die du gekauft, geliehen und heruntergeladen hast. Wenn du die Familienfreigabe verwendest, kannst du auch gekaufte Inhalte von anderen Mitgliedern sehen.

Mediathek durchsuchen

Tippe in der Seitenleiste im Bereich „Mediathek“ auf „Filme“, TV-Sendungen“ oder „Genres“.

Geliehenen Film ansehen

1. Tippe in der Seitenleiste im Bereich „Mediathek“ auf „Leihobjekte“ und dann auf einen Film.
2. Führe beliebige der folgenden Schritte aus:
   - **Wiedergabe**: Tippe auf . Die verbleibende Zeit bis zum Ende der Leihfrist wir angezeigt.
   - **Laden**: Tippe auf , um den Inhalt später anzusehen, wenn das iPad nicht mit dem Internet verbunden ist.

Gekaufte Inhalte von Familienmitgliedern teilen

Wenn du die Familienfreigabe verwendest, kann deine Familie Inhalte in der Apple TV App teilen.

Tippe auf „Mediathek“ und auf „Familienfreigabe“. Wähle dann ein Familienmitglied aus.

Geladenen Inhalt entfernen

1. Tippe in der Seitenleiste im Bereich „Mediathek“ auf „Geladen“.
2. Streiche nach links über das Objekt, das du entfernen möchtest, und danach auf „Löschen“.

Wenn du ein Objekt von deinem iPad entfernst, wird es nicht zugleich auch aus deinen Einkäufen in iCloud gelöscht. Du kannst daher das Objekt zu einem späteren Zeitpunkt erneut auf dein iPad herunterladen.

Einstellungen für die Apple TV App auf dem iPad ändern

Du kannst die Streaming- und Download-Einstellungen für die Apple TV App ändern. Außerdem kannst du festlegen, wie die Apple TV App deinen Wiedergabeverlauf nutzt, um personalisierte Empfehlungen zu machen.

Streaming- und Download-Optionen ändern

1. Wähle „Einstellungen“ > „TV“.
2. Streaming-Optionen auswählen:
   - **Mobile Daten verwenden**: (Wi-Fi + Cellular-Modelle) Deaktiviere diese Option, um das Streaming auf WLAN-Verbindungen zu beschränken.
   - **Mobiles Netz**: (Wi-Fi + Cellular-Modelle) Wähle „Hohe Qualität“ oder „Automatisch“.
   - **WLAN**: Wähle „Hohe Qualität“ oder „Datensparend“.
     Die Option „Hohe Qualität“ erfordert eine schnelle Internetverbindung und beansprucht mehr Daten.
3. Download-Optionen auswählen:
   - **Mobile Daten verwenden**: (Wi-Fi + Cellular-Modelle) Deaktiviere diese Option, um Downloads auf WLAN-Verbindungen zu beschränken.
   - **Mobiles Netz**: (Wi-Fi + Cellular-Modelle) Wähle „Hohe Qualität“ oder „Datensparend“.
   - **WLAN**: Wähle „Hohe Qualität“ oder „Datensparend“.
     „Hohe Qualität“ führt zu langsameren Ladevorgängen und verwendet mehr Daten.
   - **Sprachen**: Wähle eine Sprache. Jede weitere Audiosprache, die du hinzufügst, erhöht die Downloadgröße. Streiche zum Entfernen einer Sprache nach links über die Sprache, die du entfernen möchtest, und tippe danach auf „Löschen“.

Die Standardsprache ist die primäre Sprache für dein Land oder deine Region. Wenn du die Option „Audiobeschreibungen“ unter „Einstellungen“ > „Bedienungshilfen“ aktiviert hast, werden die Audiobeschreibungen ebenfalls geladen.

Wiedergabeverlauf verwenden oder löschen

Standardmäßig haben die Inhalte, die du dir auf dem iPad ansiehst, Einfluss auf deine personalisierten Empfehlungen und die Liste „Als Nächstes“ auf allen Geräten, bei denen du mit deiner Apple-ID angemeldet bist.

Du kannst beliebige der folgenden Schritte ausführen:

- **Deinen Wiedergabeverlauf löschen**: Tippe auf „Jetzt ansehen“ und danach auf oder auf dein Profilbild oben rechts. Tippe dann auf „Wiedergabeverlauf löschen“.
- **Personalisierung auf Basis deines Wiedergabeverlaufs deaktivieren**: Wähle „Einstellungen“ > „TV“ und deaktiviere dann die Option „Wiedergabeverlauf verwenden“.

Sprachmemos

Erstellen einer Aufnahme mit der App „Sprachmemos“ auf dem iPad

Mit der App „Sprachmemos“ wird dein iPad zum mobilen Diktiergerät, mit dem du persönliche Notizen, Vorträge, musikalische Ideen und vieles mehr aufzeichnen kannst. Du kannst deine Aufnahmen mit Werkzeugen wie „Kürzen“, „Ersetzen“ und „Fortsetzen“ bearbeiten.

Du kannst Sprachmemos mit dem eingebauten oder einem externen Mikrofon oder mit einem unterstützten Headset aufnehmen.

Wenn „Sprachmemos“ in den iCloud-Einstellungen bzw. den „Einstellungen“ aktiviert ist, werden deine Aufnahmen auf allen Geräten angezeigt und automatisch aktualisiert, auf denen du mit derselben Apple-ID angemeldet bist.

Aufnahme erstellen

1. Tippe auf , um deine Aufnahme zu starten.
   Verringere oder vergrößere den Abstand des Mikrofons zur aufgezeichneten Audioquelle, um den Aufnahmepegel anzupassen.
2. Tippe auf „Fertig“, um die Aufnahme zu beenden.

Deine Aufnahme wird unter dem Namen deines aktuellen Standorts (sofern die „Ortungsdienste“ in „Einstellungen“ > „Datenschutz“ aktiviert sind) oder unter dem Namen „Neue Aufnahme“ gesichert. Tippe auf die Aufnahme, wenn du sie umbenennen möchtest. Tippe danach auf den aktuellen Namen und gib einen neuen Namen ein.

Hinweis: Wenn du mit der App „Sprachmemos“ Aufnahmen machst, wird zur Wahrung deiner Privatsphäre ein orangefarbener Punkt oben auf dem Bildschirm angezeigt, der darauf hinweist, dass das Mikrofon verwendet wird.

Erweiterte Aufnahmefunktionen verwenden

Du kannst eine Aufnahme auch aus einzelnen Sequenzen erstellen, indem du die Aufnahme anhältst und fortsetzt.

1. Tippe auf , um deine Aufnahme zu starten.
   Verringere oder vergrößere den Abstand des Mikrofons zur aufgezeichneten Audioquelle, um den Aufnahmepegel anzupassen.
   Streiche vom oberen Rand der Wellenform nach oben, wenn du während der Aufnahme mehr von diesem Bereich sehen möchtest.
2. Tippe auf , um die Aufnahme zu stoppen. Tippe ein weiteres Mal auf die Taste, um die Aufnahme fortzusetzen.
3. Tippe auf , um deine Aufnahme zu überprüfen.
   Du kannst angeben, ab welchem Punkt die Wiedergabe erfolgen soll. Bewege dazu zunächst die Abspielposition nach rechts oder links über die kleine Wellenform am unteren Bildschirmrand und tippe dann auf .
4. Tippe auf „Fertig“, um die Aufnahme zu sichern.

Deine Aufnahme wird unter dem Namen deines aktuellen Standorts (sofern die „Ortungsdienste“ in „Einstellungen“ > „Datenschutz“ aktiviert sind) oder unter dem Namen „Neue Aufnahme“ gesichert. Tippe auf die Aufnahme, wenn du sie umbenennen möchtest. Tippe danach auf den aktuellen Namen und gib einen neuen Namen ein.

Wiedergabe einer Aufnahme mit der App „Sprachmemos“ auf dem iPad

Öffne die App „Sprachmemos“ und tippe in der Liste deiner Aufnahmen auf eine Aufnahme, um sie wiederzugeben. Verwende zum Steuern der Wiedergabe die vorhandenen Steuerelemente.

Start- und Stoppsignal stummschalten

Während einer Aufnahme kannst du die Lautstärketaste „Leiser“ am iPad verwenden, um den Ton ganz auszuschalten.

Andere App während einer Aufnahme verwenden

Während einer laufenden Aufnahme kannst du eine andere App verwenden, sofern diese andere App kein Audiosignale auf deinem Gerät ausgibt. Wenn die andere App Audiosignale ausgibt oder aufnimmt, wird die Aufnahme in der App „Sprachmemos“ gestoppt.

1. Während der Aufnahme kannst du zum Home-Bildschirm wechseln und eine weitere App öffnen.
2. Tippe auf das orangefarbene Symbol am oberen Bildschirmrand, um zur App „Sprachmemos“ zurückzukehren.

Wenn „Sprachmemos“ in den iCloud-Einstellungen aktiviert ist bzw. in den „Einstellungen“, werden deine Aufnahmen in iCloud gesichert und automatisch auf allen Geräten angezeigt, auf denen du mit derselben Apple-ID angemeldet bist.

Aufnahmen mit dem integrierten Mikrofon sind Monoaufnahmen. Stereoaufnahmen kannst du erstellen, wenn du ein externes Mikrofon anschließt, das mit dem iPad kompatibel ist. Suche nach Zubehörprodukten mit dem Apple-Logo „Made for iPad“ oder „Works with iPad“.

Taste	Beschreibung
	Wiedergabe
	Wiedergabe unterbrechen (Pause)
15	Abspielposition um 15 Sekunden nach hinten versetzen
15	Abspielposition um 15 Sekunden nach vorne versetzen

Tipp: Solange die Aufnahme geöffnet ist, kannst du auf ihren Namen tippen, um sie umzubenennen.

Wiedergabetempo ändern

Du kannst eine Aufnahme mit höherer oder niedrigerer Geschwindigkeit abspielen.

1. Tippe in der Liste der Aufnahmen auf die Aufnahme, die du wiedergeben willst.
2. Tippe auf , bewege den Regler zum Schildkrötensymbol , um das Tempo zu verlangsamen, oder zum Hasensymbol , um das Tempo zu erhöhen.
3. Tippe auf und dann auf , um die Aufnahme abzuspielen.

Hinweis: Beim Ändern des Wiedergabetempos wird die Aufnahme nicht verändert, nur die Geschwindigkeit der Wiedergabe.

Aufnahme optimieren

Bei der Wiedergabe einer Aufnahme kannst du diese optimieren, um Hintergrundgeräusche und Echoeffekte zu reduzieren.

1. Tippe auf die Aufnahme, die du optimieren willst.
2. Tippe auf und aktiviere die Option „Aufnahme optimieren“.
3. Tippe auf und dann auf , um die Aufnahme abzuspielen.

Hinweis: Beim Aktivieren der Option „Aufnahme optimieren“ wird die Aufnahme selbst nicht verändert, nur ihr Klang während der Wiedergabe.

Lücken bei der Wiedergabe einer Aufnahme überspringen

Die App „Sprachmemos" kann deine Audioinhalte analysieren und Lücken automatisch bei der Wiedergabe überspringen.

1. Tippe auf die Aufnahme, die du abspielen willst.
2. Tippe auf und aktiviere die Option „Stille überspringen".
3. Tippe auf und dann auf , um die Aufnahme abzuspielen.

Hinweis: Beim Aktivieren der Option „Stille überspringen" wird die Aufnahme selbst nicht verändert, nur ihr Klang während der Wiedergabe.

Wiedergabeoptionen deaktivieren

Tippe auf und dann auf „Zurücksetzen", um alle Wiedergabeeinstellungen auf die Originaleinstellungen zurückzusetzen.

Bearbeiten oder Löschen einer Aufnahme in der App „Sprachmemos" auf dem iPad

Für das Finetuning deiner Aufnahme stehen dir in der App „Sprachmemos" verschiedene Bearbeitungswerkzeuge zur Verfügung. Du kannst unerwünschte oder nicht brauchbare Sequenzen entfernen, einzelne Sequenzen überspielen oder die gesamte Aufnahme ersetzen.

Kürzen

1. Tippe in der Liste der Aufnahmen auf die Aufnahme, die du bearbeiten möchtest. Tippe danach oben rechts auf die Taste „Bearbeiten".
2. Tippe auf oben rechts und markiere mit den gelben Auswahlpunkten Anfang und Ende einer Sequenz, die du behalten oder die du entfernen möchtest.
   Ziehe zum Einzoomen auf der Wellenform zwei Finger auseinander, um die Bearbeitung präziser durchführen zu können.

   Tippe auf , um deine Auswahl zu überprüfen.
3. Tippe auf „Kürzen", wenn du deine Auswahl beibehalten möchtest (und den gesamten Rest der Aufnahme löschen möchtest). Tippe auf „Löschen", wenn nur deine Auswahl gelöscht werden soll.
4. Tippe auf „Sichern" und auf „Fertig".

Aufnahme ersetzen

1. Tippe in der Liste der Aufnahmen auf die Aufnahme, die du ersetzen möchtest. Tippe danach oben rechts auf die Taste „Bearbeiten".
2. Bewege die Wellenform so, dass sich die Abspielposition an der Stelle befindet, an der du die Aufnahme der neuen Audiosequenz starten möchtest.

Ziehe zum Einzoomen auf der Wellenform zwei Finger auseinander, um die Platzierung präziser durchführen zu können.

3. Tippe auf „Ersetzen“, um die Aufnahme zu starten (die Wellenform wird bei laufender Aufnahme rot angezeigt).

   Tippe auf , um die Aufnahme anzuhalten. Tippe ein weiteres Mal auf die Taste, um die Aufnahme fortzusetzen.
4. Tippe auf , um deine Aufnahme zu überprüfen.
5. Tippe auf „Fertig“, um die Änderungen zu sichern.

Aufnahme löschen

Führe einen der folgenden Schritte aus:

- Tippe in der Liste der Aufnahmen auf die Aufnahme die du löschen möchtest. Tippe danach auf .
- Tippe auf „Bearbeiten“ über der Liste der Aufnahmen. Wähle danach eine oder mehrere Aufnahmen aus und tippe auf „Löschen“.

Gelöschte Aufnahmen werden in den Ordner „Zuletzt gelöscht“ bewegt. Dort verbleiben sie standardmäßig noch 30 Tage. Wähle „Einstellungen“ > „Sprachmemos“ > „Endgültig löschen“ und gib durch Auswahl der entsprechenden Option an, wie lange gelöschte Aufnahmen im Ordner „Zuletzt gelöscht“ verbleiben sollen.

Gelöschte Aufnahme wiederherstellen oder löschen

1. Tippe auf den Ordner „Zuletzt gelöscht“ und dann auf die Aufnahme, die du wiederherstellen oder löschen möchtest.
2. Führe beliebige der folgenden Schritte aus:
   - Ausgewählte Aufnahme wiederherstellen: Tippe auf „Wiederherstellen“.
   - **Alle Objekte im Ordner „Zuletzt gelöscht“ wiederherstellen**: Tippe auf „Bearbeiten“ über der Liste „Zuletzt gelöscht“ und dann auf „Alle wiederherstellen“.
   - **Alle Objekte im Ordner „Zuletzt gelöscht“ löschen**: Tippe auf „Bearbeiten“ über der Liste „Zuletzt gelöscht“ und dann auf „Alle löschen“.

Aufnahmen in der App „Sprachmemos“ auf dem iPad auf dem aktuellen Stand halten

Mit der App „Sprachmemos“ und iCloud werden deine Audioaufnahmen automatisch auf deinen Geräten (auf denen du mit derselben Apple-ID angemeldet bist und auf denen „Sprachmemos“ in den iCloud-Einstellungen oder der Systemeinstellung „iCloud“ aktiviert ist) angezeigt und aktualisiert.

Wähle „Einstellungen“ > „[dein Name]“ > „iCloud“ und aktiviere die Option „Sprachmemos“.

Verwalten von Aufnahmen in der App „Sprachmemos" auf dem iPad

In der App „Sprachmemos" kannst du Aufnahmen als Favoriten markieren und deine Aufnahmen in Ordnern verwalten.

Hinweis: Aufnahmen, die mit der Apple Watch erstellt wurden, zuletzt gelöschte Aufnahmen und deine Favoriten werden in intelligenten Ordner gruppiert. Hierbei handelt es sich um Ordner, die Dateien automatisch nach Typ und Inhalt zusammenfassen.

Aufnahmen als Favoriten markieren

Führe einen der folgenden Schritte aus:

- Tippe in der Liste der Aufnahmen auf die Aufnahme, die du als Favorit markieren möchtest. Tippe danach auf über der Wellenform rechts.
- Tippe auf „Bearbeiten" über der Liste der Aufnahmen. Wähle danach eine oder mehrere Aufnahmen aus, tippe auf „Bewegen" und dann auf „Favoriten".

Aufnahmen, die als Favoriten markiert sind, werden automatisch im Ordner „Favoriten" angezeigt.

Aufnahmen in Ordnern verwalten

Du kannst zusammengehörige Aufnahmen in Ordnern gruppieren, damit du sie einfach finden kannst.

1. Tippe auf „Bearbeiten" über der Liste der Aufnahmen.
2. Wähle eine oder mehrere Aufnahmen aus und tippe auf „Bewegen".
3. Wenn du einen neuen Ordner für die Aufnahmen erstellen möchtest, tippst du auf und gibst einen Namen für den Ordner ein.
4. Tippe auf den Ordner, in dem du die ausgewählten Aufnahmen speichern möchtest.

Zum Anzeigen deiner Ordner tippst du auf und anschließend auf einen Ordner, um dessen Inhalt anzusehen.

Wenn du zur Liste der Aufnahmen zurückkehren möchtest, tippst du auf „Alle Aufnahmen" über den Ordnern.

Ordner löschen oder neu anordnen

1. Tippe auf , um zur Ordnerliste zu gelangen.
2. Tippe auf „Bearbeiten" über den Ordnern, führe beliebige der folgenden Schritte aus:
   - Ordner löschen: Tippe auf neben dem entsprechenden Ordner und tippe auf .
   - Reihenfolge der Ordner ändern: Bewege neben einem Ordner.

3. Tippe auf „Fertig".

Suchen oder Umbenennen einer Aufnahme in der App „Sprachmemos" auf dem iPad

Du kannst nach Aufnahmen in der App „Sprachmemos" suchen und jede Aufnahme umbenennen.

Aufnahme suchen

1. Streiche von der Mitte der Liste der Aufnahmen nach unten, um das Suchfeld einzublenden.
2. Tippe auf das Suchfeld und gib den kompletten Namen oder einen Teil des Namens der gesuchten Aufnahme ein und tippe auf „Suchen".

Aufnahme umbenennen

Eine Aufnahme wird anfangs unter dem Namen deines aktuellen Standorts (sofern die Ortungsdienste im Bereich „Einstellungen" > „Datenschutz" aktiviert sind) oder unter dem Namen „Neue Aufnahme" gesichert.

Tippe auf die Aufnahme, wenn du sie umbenennen möchtest. Tippe danach auf den aktuellen Namen und gib einen neuen Namen ein.

Teilen von Aufnahmen mit der App „Sprachmemos" auf dem iPad

In der App „Sprachmemos" kannst du eine Aufnahme mit anderen Personen über AirDrop, die Apps „Nachrichten" oder „Mail" und mehr teilen (oder an deinen Mac oder ein anderes Gerät senden).

Aufnahme teilen

1. Tippe auf die Aufnahme, die du teilen möchtest, und tippe dann auf .
2. Wähle eine Freigabeoption. Wähle einen Empfänger aus oder gib ihn ein und tippe dann auf „Fertig" oder auf .

Mehrere Aufnahmen teilen

1. Tippe auf „Bearbeiten" über der Liste der Aufnahmen und wähle die Aufnahmen aus, die du teilen willst.
2. Tippe auf und wähle eine Freigabeoption. Wähle eine:n Empfänger:in aus oder gib den Namen ein und tippe dann auf „Fertig" oder auf .

Duplizieren einer Aufnahme mit der App „Sprachmemos“ auf dem iPad

In der App „Sprachmemos“ kannst du eine Aufnahme duplizieren. Dies kann nützlich sein, wenn du eine weitere Version der Aufnahme benötigst. Du kannst die Kopie ändern, sichern und neu benennen.

Tippe auf eine Aufnahme, tippe auf über der Wellenform und dann auf „Duplizieren“.

Das Duplikat erscheint in der Liste direkt unter dem Original. Der Name des Duplikats erhält den Zusatz „Kopie“. Tippe auf den aktuellen Namen und gib einen neuen Namen ein, wenn du den Namen ändern willst.

Siri

Verwenden von Siri auf dem iPad

Siri ist eine Möglichkeit, Aufgaben und Aktionen schnell auszuführen. Du kannst Siri für eine Fülle von Aufgaben verwenden – einen Text übersetzen lassen, einen Wecker stellen, einen Ort suchen, Wetterdaten abrufen usw.

Auf unterstützten Geräten wird die Spracheingabe auf dem iPad verarbeitet, aber die Transkriptionen deiner Anfragen werden an Apple gesendet, damit Siri weiter verbessert werden kann. Diese Daten werden nicht mit deiner Apple-ID verknüpft und nur für einen befristeten Zeitraum gespeichert. Wenn du möchtest, kannst du Apple auch deine Sprachaufnahmen für Verbesserungszwecke zur Verfügung stellen. Weitere Informationen findest du auf der Website „Siri und Diktierfunktion verbessern“ & Datenschutz.

Für einige Anfragen muss dein iPad mit dem Internet verbunden sein. Es können Mobilfunkgebühren anfallen.

Siri konfigurieren

Wähle „Einstellungen“ > „Siri & Suchen“, wenn du Siri nicht bereits beim erstmaligen Einrichten deines iPad eingerichtet hast. Führe danach beliebige der folgenden Schritte aus:

- Wenn du Siri per Sprachbefehl aktivieren möchtest: Aktiviere die Option „Auf ‚Hey Siri‘ achten“.
- **Wenn du Siri mittels Taste aktivieren möchtest**: Aktiviere „Für Siri Home-Taste drücken“ (auf einem iPad mit Home-Taste) oder „Für Siri obere Taste drücken“ (auf anderen iPad-Modellen).

Siri mit deiner Stimme aktivieren

Wenn du Siri per Sprachbefehl aktivierst, reagiert Siri über den Lautsprecher.

1. Sage „Hey Siri“ und stelle Siri eine Frage oder eine Aufgabe.
   Sage zum Beispiel „Hey Siri, wie ist das Wetter heute?“ oder „Hey Siri, stelle einen Wecker für 8:00 Uhr.“
2. Sage noch mal „Hey Siri“ oder tippe auf , wenn du Siri eine weitere Frage oder eine weitere Aufgabe stellen möchtest.

Hinweis: Lege das iPad mit dem Bildschirm nach unten ab oder wähle „Einstellungen“ > „Siri & Suchen“ und deaktiviere die Option „Auf ‚Hey Siri‘ achten“, um zu verhindern, dass das iPad auf „Hey Siri“ reagiert.

Du kannst auch „Hey Siri“ sagen, um Siri zu aktivieren, während du AirPods trägst. Weitere Informationen findest du unter Einrichten von Siri im Benutzerhandbuch für die AirPods.

Siri mittels Taste aktivieren

Wenn du Siri mittels Taste aktivierst und das iPad stumm geschaltet ist, antwortet Siri lautlos.

1. Führe einen der folgenden Schritte aus:
    - **Auf einem iPad mit Home-Taste**: Halte die Home-Taste gedrückt.
    - **Auf anderen iPad-Modellen**: Halte die obere Taste gedrückt.
    - **EarPods mit Fernbedienung und Mikrofon**: (Separat erhältlich) Halte die mittlere Taste (die Anruftaste) gedrückt.
2. Stelle, sobald Siri erscheint, deine Frage oder deine Aufgabe.
   Sage zum Beispiel: „Wie viel sind 18 Prozent von 225?" oder etwas wie „Stelle einen Timer für 3 Minuten."
3. Tippe auf , wenn du Siri eine weitere Frage oder eine weitere Aufgabe stellen möchtest.

Du kannst Siri auch durch Tippen auf unterstützte AirPods aktivieren.

Ein von Siri falsch verstandene Aufforderung korrigieren

- **Anfrage umformulieren**: Tippe auf und formuliere deine Anfrage neu.
- **Teile der Anfrage buchstabieren**: Tippe auf und wiederhole deine Anfrage. Buchstabiere dabei das oder die Wörter, die Siri zuvor nicht verstanden hat. Fordere Siri einfach zum Anrufen auf und buchstabiere den Namen der gewünschten Person.
- Nachricht vor dem Senden ändern: Sage „Ändere das".
- **Deine Anfrage als Text bearbeiten**: Wenn deine Anfrage angezeigt wird, kannst du sie bearbeiten. Tippe auf deine Anfrage und verwende die Bildschirmtastatur.

Mit Siri per Texteingabe (anstelle von Sprechen) kommunizieren

1. Wähle „Einstellungen" > „Bedienungshilfen" > „Siri" und aktiviere die Option „Siri schreiben".
2. Aktiviere Siri, um eine Anfrage zu stellen, und verwende dann die Tastatur und das Textfeld, um eine Frage oder Aufgabe an Siri zu stellen.

Wenn Siri auf deinem iPad nicht wie erwartet reagiert, findest du weitere Informationen im Apple-Support-Artikel Wenn „Hey Siri" auf dem iPhone oder iPad nicht funktioniert.

Siri ist für den Schutz deiner Daten konzipiert und lässt dir die Wahl, was du teilen willst.

Erkunden des Potenzials von Siri auf dem iPad

Verwende Siri auf dem iPad, um Informationen abzurufen und Aufgaben auszuführen. Die Antwort von Siri wird über deiner aktuellen Aktivität eingeblendet, damit dir die Informationen direkt auf dem Bildschirm zur Verfügung stehen.

Siri ist interaktiv. Wenn Siri einen Weblink anzeigt, kannst du darauf tippen, um in deinem standardmäßigen Webbrowser weitere Informationen anzuzeigen. Wenn die auf dem Bildschirm angezeigte Antwort von Siri Tasten oder Steuerelemente enthält, kannst du darauf tippen, um weitere Aktionen auszuführen. Und du kannst Siri erneut aktivieren, um eine weitere Anfrage zu stellen.

Im Folgenden sind einige Beispiele für Fragen, die du Siri stellen kannst. Weitere Beispiele findest du überall in diesem Handbuch. Du kannst Siri auch dies fragen: Sage zum Beispiel: „Hey Siri, was kannst du machen?"

Siri verwenden, um Antworten auf Fragen zu erhalten

Verwende Siri, um schnell Fakten zu erfahren, Berechnungen durchzuführen oder eine Wortfolge in eine andere Sprache zu übersetzen. Sage zum Beispiel:

- „Hey Siri, wie alt ist Barack Obama?"
- „Hey Siri, welches Geräusch macht die Katze?"
- „Hey Siri, wie alt wurde Walt Disney?"
- „Hey Siri, wie sagt man Dankeschön auf Mandarin?"

Siri mit Apps verwenden

Du kannst Siri verwenden, um Apps mit deiner Stimme zu steuern. Sage zum Beispiel:

- „Hey Siri, richte eine Besprechung mit Christian um 9 ein", um ein Ereignis in der App „Kalender" zu erstellen.
- „Hey Siri, füge Äpfel zu meiner Einkaufsliste hinzu", um ein Objekt zur App „Erinnerungen" hinzuzufügen.
- „Hey Siri, wie ist mein Update?", um Aktuelles über das Wetter in deiner Region, die Nachrichten, deine Erinnerungen und Kalenderereignisse zu erfahren.

Siri zum Teilen von Informationen mit Kontakten verwenden

Du kannst Objekte auf dem Bildschirm mit Personen in deinen Kontakten teilen. Dies können beispielsweise Fotos, Webseiten, Inhalten von Apple Music oder Apple Podcasts sowie Orte in der App „Karten" sein.

Beispielsweise kannst du beim Ansehen eines Fotos in deiner Fotos-Mediathek sagen „Hey Siri, schicke das an Mama", um eine neue Nachricht mit einem Foto zu erstellen.

Bereitstellen von Informationen über dich für Siri auf dem iPad

Du kannst Siri Informationen bereitstellen – zum Beispiel wo du arbeitest, wo du wohnst und in welcher Beziehung du zu bestimmten Personen stehst – und erhältst dadurch relevantere Rückmeldungen von Siri. Du könntest beispielsweise sagen „Wie fahre ich nach Hause?" und „FaceTime mit Mama".

Siri mit persönlichen Angaben über dich versorgen

1. Öffne die App „Kontakte“ und gib deine Kontaktinformationen ein.
2. Wähle „Einstellungen“ > „Siri & Suchen“ > „Meine Informationen“ und tippe auf deinen Namen.

Siri mitteilen, wie dein Name ausgesprochen wird

1. Öffne die App „Kontakte“ und tippe auf deine Kontaktkarte.
2. Tippe auf „Bearbeiten“ und auf „Feld hinzufügen“. Wähle dann eines der Namensfelder für die Aussprache aus und gib ein, wie dein Namen ausgesprochen wird.

Darüber hinaus kannst du die Aussprache für alle weiteren Kontaktkarten in der App „Kontakte“ hinzufügen.

Siri über verwandtschaftliche Verhältnisse informieren

Sage zum Beispiel „Hey Siri, Susanne Schmidt ist meine Frau.“ oder „Hey Siri, meine Mutter ist Diana Kappel.“

Deine Siri bekannten, persönlichen Informationen auf deinen Apple-Geräten auf dem aktuellen Stand halten

Wähle auf allen Geräten „Einstellungen“ und melde dich mit derselben Apple-ID an.

Wenn du iCloud verwendest, bleiben deine Siri-Einstellungen auf all deinen Apple-Geräten unter Verwendung einer Ende-zu-Ende-Verschlüsselung synchronisiert und aktuell.

Wenn Siri die Personalisierung nicht auf deinem iPad und deinen anderen Geräten aktualisieren soll, kannst du Siri in den iCloud-Einstellungen deaktivieren. Wähle „Einstellungen“ > „[dein Name]“ > „iCloud“ und deaktiviere die Option „Siri“.

Hinweis: Wenn die Ortungsdienste aktiviert sind, wird der Standort deines Geräts zu dem Zeitpunkt, an dem du eine Anfrage stellst, auch an Apple übermittelt, damit Siri und die Diktierfunktion die Genauigkeit ihrer Antworten auf deine Fragen verbessern können. Für relevantere Antworten nutzt Apple möglicherweise die IP-Adresse deiner Internetverbindung, um deinen ungefähren Standort durch Abgleichen mit einer geografischen Region zu bestimmen.

Ankündigen von Anrufen, Nachrichten und mehr mit Siri auf dem iPad

Siri kann Anrufe und Mitteilungen von Apps wie „Nachrichten“ auf unterstützten Kopfhörern ankündigen. Du kannst dann mit deiner Stimme antworten, ohne „Hey Siri“ sagen zu müssen.

Das Ankündigen von Anrufen und Mitteilungen funktioniert auch bei unterstützten Apps von Drittanbietern.

Ankündigen von Anrufen durch Siri

Ist die Option „Anruf ankündigen“ aktiviert, identifiziert Siri ankommende FaceTime-Anrufe, die du mit deiner Stimme annehmen oder ablehnen kannst.

1. Wähle „Einstellungen“ > „Siri & Suchen“ > „Anrufe ankündigen“ und wähle eine Option aus.
2. Wenn du einen Anruf erhältst, identifiziert Siri, wer anruft., und fragt dich, ob du den Anruf annehmen willst. Sage „Ja“, um den Anruf anzunehmen, oder „Nein“, um den Anruf abzulehnen.

Mitteilungen von Siri ankündigen lassen

Siri kann eingehende Mitteilungen von Apps wie „Nachrichten“ und „Erinnerungen“ automatisch ankündigen. Siri aktiviert automatisch App-Mitteilungen für Apps, die dringliche Mitteilungen verwenden. Diese Einstellungen kannst du jederzeit ändern.

1. Wähle „Einstellungen“ > „Siri & Suchen“ > „Mitteilungen ankündigen“ und aktiviere dann „Mitteilungen ankündigen“.
2. Tippe auf eine App, deren Mitteilungen Siri ankündigen soll, und aktiviere dann „Mitteilungen ankündigen“.
   Bei einigen Apps kannst du auch wählen, ob alle Mitteilungen oder nur dringliche Mitteilungen angekündigt werden sollen.

Für Apps, bei denen du eine Antwort senden kannst, wiederholt Siri, was du gesagt hast, und bittet vor dem Senden der Antwort um Bestätigung. Aktiviere „Ohne Bestätigung antworten“, wenn du Antworten senden willst, ohne auf eine Bestätigung zu warten.

Hinzufügen von Siri-Kurzbefehlen auf dem iPad

Einige Apps bieten Kurzbefehle für Aufgaben, die du häufig ausführst. Du kannst Siri verwenden, um diese Kurzbefehle mit deiner Stimme auszulösen. Du könntest Siri zum Beispiel fragen „Was ist das nächste Reiseziel?“, um in einer Reise-App das nächste auf deiner Reise anstehende Event anzuzeigen.

Vorgeschlagenen Siri-Kurzbefehl hinzufügen

Tippe auf „Zu Siri hinzufügen", wenn dir ein Vorschlag für einen Kurzbefehl angeboten wird, und befolge dann die angezeigten Anleitungen, um eine Wortfolge aufzuzeichnen, die den Kurzbefehl ausführt.

Du kannst auch die App „Kurzbefehle" verwenden, um einen neuen Kurzbefehl zu erstellen, der Siri verwendet, oder um vorhandene Siri-Kurzbefehle zu verwalten, neu aufzuzeichnen oder zu löschen.

Kurzbefehl verwenden

Aktiviere Siri und sage dann den Text für den Kurzbefehl.

Basierend auf deinen routinemäßigen Abläufen und deiner Nutzung von Apps schlägt Siri auch auf dem Home-Bildschirm, dem Sperrbildschirm und beim Starten einer Suche Kurzbefehle vor.

Vorschläge von Siri auf dem iPad

Siri macht dir Vorschläge dazu, was du als Nächstes tun könntest – zum Beispiel einen Termin bestätigen oder eine E-Mail senden. Ausgangspunkt dafür sind deine routinemäßigen Abläufe und die Art und Weise, wie du Apps nutzt. Siri ist beispielsweise behilflich, wenn du eine der folgenden Aktionen ausführst:

- **Den Blick auf den Sperrbildschirm richten oder eine Suche starten**: Wenn Siri deine routinemäßigen Abläufe kennenlernt, erhältst du genau zum richtigen Zeitpunkt nützliche Vorschläge.
- **E-Mails und Ereignisse erstellen**: Wenn du damit beginnst, Personen zu einer E-Mail-Nachricht oder einem Kalenderereignis hinzuzufügen, schlägt dir Siri Personen vor, die du bei früheren E-Mails oder Ereignissen ausgewählt hast.
- **Zu einem Event aufbrechen**: Wenn ein Kalenderereignis eine Ortsangabe enthält, analysiert Siri die aktuelle Verkehrslage und benachrichtigt dich, wenn es Zeit ist aufzubrechen.
- **Schreiben**: Wenn du Text eingibst, kann dir Siri Namen von Filmen, Orten und anderen Objekten vorschlagen, die du in jüngster Zeit auf dem iPad angesehen hast. Wenn du einen Freund informierst, dass du unterwegs zu ihm bist, kann Siri die geschätzte restliche Fahrtzeit als Vorschlag nennen.
- **In der App „Safari" suchen**: Wenn du Zeichen in das Suchfeld eingibst, macht Siri Vorschläge für eventuell passende Websites und andere Informationen.
  (iPad Air 2 und neuer) Siri zeigt oberhalb der Tastatur auch Wörter und Wortgruppen vor, die auf den Informationen basieren, die du zuletzt gelesen hast.
- **Eine Verabredung bestätigen oder einen Flug auf der Webseite eines Reiseveranstalters buchen**: (iPad Air 2 und neuer) Siri fragt dich, ob du den Termin in deinen Kalender eintragen möchtest.
- **Storys in der App „News" lesen**: Wenn Siri weiß, an welchen Themen du Interesse hast, werden in der App „News" Storys zu diesen Themengebieten vorgeschlagen.

Deine persönlichen Informationen – die verschlüsselt und geschützt sind – bleiben auf all deinen Geräten auf dem aktuellen Stand, wenn du dich auf allen Geräten mit derselben Apple-ID anmeldest. Was Siri auf einem ersten Gerät über dich und von dir erfährt, wird auf anderen von dir verwendeten Geräten verwendet, um dein Nutzererlebnis zu verbessern. Wenn Siri die Personalisierung nicht auf all deinen Geräten aktualisieren soll, kannst du Siri in den iCloud-Einstellungen deaktivieren.

Ändern der Einstellungen für Siri auf dem iPad

Du kannst die Stimme von Siri ändern, den Zugriff auf Siri aus dem Sperrbildschirm deaktivieren und mehr.

Auslöser für Reaktion von Siri ändern

Wähle „Einstellungen“ > „Siri & Suchen“ und führe beliebige der folgenden Schritte aus:

- Siri daran hindern, auf den Sprachbefehl „Hey Siri“ zu reagieren: Deaktiviere die Option „Auf ‚Hey Siri‘ achten“.
- **Siri daran hindern, auf das Drücken der Home-Taste bzw. der oberen Taste zu reagieren**: Deaktiviere „Für Siri Home-Taste drücken“ (auf einem iPad mit Home-Taste) oder „Für Siri obere Taste drücken“ (auf anderen iPad-Modellen).
- **Zugriff auf Siri bei gesperrtem iPad verhindern**: Deaktiviere die Option „Siri im Sperrzustand erlauben“.
- **Sprache ändern, auf die Siri reagiert**: Tippe auf „Sprache“ und wähle eine neue Sprache aus.

Du kannst Siri auch aktivieren, indem du den entsprechenden Befehl eingibst.

Reaktionsweise von Siri ändern

Wähle „Einstellungen“ > „Siri & Suchen“ und führe beliebige der folgenden Schritte aus:

- **Stimme von Siri ändern**: (Diese Option ist nicht in allen Sprachen verfügbar) Tippe auf „Siri-Stimme“ und wähle einen andere Tonlage oder eine andere Stimme.
- **Situationen für Sprachfeedback von Siri anpassen**: Tippe auf „Siri-Antworten“ und wähle eine der Optionen unter „Gesprochene Antworten“.
- **Siri-Antworten immer auf dem Bildschirm anzeigen**: Tippe auf „Siri-Antworten“ und aktiviere die Option „Siri-Untertitel anzeigen“.
- **Deine Anfrage auf dem Bildschirm anzeigen**: Tippe auf „Siri-Antworten“ und aktiviere die Option „Spracherkennung anzeigen“.

Apps ausblenden, wenn Siri aktiviert wird

Soll die aktive App hinter der Siri-Übersicht nicht mehr sichtbar sein, wählst du „Einstellungen" > „Bedienungshilfen" > „Siri" und deaktivierst die Option „Apps bei aktiviertem Siri anzeigen".

Anzeigeposition für Siri-Vorschläge ändern

Wähle „Einstellungen" > „Siri & Suchen" und aktiviere oder deaktiviere beliebige der folgenden Optionen:

- Mitteilungen erlauben
- In App-Mediathek und Spotlight anzeigen
- Beim Teilen anzeigen
- Beim Hören anzeigen

Siri-Einstellungen für eine bestimmte App ändern

Du kannst festlegen, welche Apps du mit Siri verwenden willst, sowie die Einstellungen für Siri-Vorschläge und Siri-Kurzbefehle für jede App ändern.

1. Wähle „Einstellungen" > „Siri & Suchen" und wähle eine App aus.
2. Aktiviere oder deaktiviere die Einstellungen.

Lautstärke der Siri-Stimme anpassen

Sage beispielsweise „Mach lauter" oder „Mach leiser."

Du kannst auch die Lautstärketasten verwenden.

Trainiere Siri mit deiner Stimme

Wähle „Einstellungen" > „Siri & Suchen", deaktiviere die Option „Auf ‚Hey Siri' achten" und aktivere die Option „Auf ‚Hey Siri' achten" wieder.

Familienfreigabe

Einrichten der Familienfreigabe auf dem iPad

Wenn du die Familienfreigabe konfigurierst, können Familienmitglieder ihre Käufe, Abonnements, Standorte und mehr teilen, ohne dass Accounts gemeinsam benutzt werden müssen. Darüber hinaus kannst du eine Kindersicherung einrichten.

Ein erwachsenes Mitglied der Familie – der:die Organisator:in – richtet die Familienfreigabegruppe ein und lädt bis zu fünf weitere Familienmitglieder zur Teilnahme ein. Wenn ein Familienmitglied der Gruppe beitritt, erhält es sofort Zugriff auf die geteilten Inhalte.

Die Familienfreigabe ist auf geeigneten Geräten verfügbar.

Familienfreigabegruppe erstellen

Du musst die Familienfreigabe nur auf einem Gerät einrichten. Im Anschluss ist sie auf all deinen Geräten verfügbar, auf denen du mit derselben Apple-ID angemeldet bist.

1. Wähle „Einstellungen“ > „[dein Name]“ > „Familienfreigabe“ und folge den angezeigten Anleitungen, um eine Familienfreigabegruppe einzurichten.
   Wenn du ein erwachsenes Familienmitglied hinzufügst, kannst du ihm den Status einer erziehungsberechtigten Person zuweisen.
2. Tippe auf eine Funktion, die du für die Familienfreigabegruppe einrichten möchtest, und folge dann den angezeigten Anleitungen.

Abhängig von den Funktionen, für die du dich entscheidest, wirst du eventuell aufgefordert, ein Abonnement einzurichten. Wenn es möglich sein soll, Käufe im App Store sowie gekaufte Musik, Filme, TV-Sendungen und Bücher mit Familienmitgliedern zu teilen, musst du dein Einverständnis geben, dass du für alle Käufe aufkommst, die die Mitglieder tätigen, solange sie deiner Familienfreigabegruppe angehören. Erwachsene und Jugendliche in der Familiengruppe können das Teilen von Käufen selbst deaktivieren.

Du kannst dir ansehen, welche Inhalte du mit deiner Familie teilst, und die Einstellungen für die Freigabe jederzeit anpassen. Funktionen, die du mit deiner Familie teilst, werden über denen angezeigt, die du nicht teilst.

Was mit der Familienfreigabe möglich ist

Mit einer Familienfreigabegruppe kannst du Folgendes einrichten oder teilen:

- **Apple- und App Store-Abonnements**: Du kannst Apple-Abonnements teilen, einschließlich iCloud+ und qualifizierte App Store-Abonnements.
- **Käufe**: Du kannst Käufe aus dem iTunes Store, dem App Store, bei Apple Books und auf Apple TV teilen.

- **Standorte**: Wenn du deinen Standort mit Familienmitgliedern teilst, können diese die App „Wo ist?“ verwenden, um deinen Standort zu sehen und auch helfen, ein vermisstes Gerät zu finden.
- **Apple Card und Apple Cash**: Du kannst deine Apple Card mit Mitgliedern der Familiengruppe teilen, denen du vertraust, oder für Kinder einen Apple Cash-Familienaccount einrichten.
- **Kindersicherung**: Du kannst die Käufe von Kindern verwalten und festlegen, wie sie ihre Apple-Geräte verwenden können.

Hinzufügen oder Entfernen von Mitgliedern in der Familienfreigabegruppe auf dem iPad

In einer Familienfreigabegruppe kann der:die Organisator:in Familienmitglieder hinzufügen, die bereits eine Apple-ID besitzen. Der:die Organisator:in (ein Elternteil oder eine erziehungsberechtigte Person) kann ein Kind zur Gruppe hinzufügen und eine Apple-ID für das Kind erstellen.

Der:die Organisator:in kann Mitglieder entfernen oder die Gruppe auflösen.

Familienmitglieder, die nicht den Status von Jugendlichen mit eingerichteter Kindersicherung oder Kindern haben, können selbstständig die Gruppe verlassen. Kinder müssen in eine andere Familienfreigabegruppe bewegt werden, wenn sie aus einer Gruppe entfernt werden oder die Gruppe aufgelöst wird.

Familienmitglied mit vorhandener Apple-ID hinzufügen

Der:die Organisator:in der Familienfreigabegruppe kann ein Familienmitglied hinzufügen, das bereits eine eigene Apple-ID besitzt.

1. Wähle „Einstellungen“ > „[dein Name]“ > „Familienfreigabe“ und tippe auf „Mitglied hinzufügen“.
2. Tippe auf „Einladen“ und folge den angezeigten Anleitungen.
   Du kannst die Einladung per AirDrop, App „Nachrichten“ oder App „Mail“ senden. Wenn sich dein Familienmitglied in der Nähe befindet, kannst du auch auf „Persönlich einladen“ tippen und das Familienmitglied bitten, seine Apple-ID und das Passwort auf deinem Gerät einzugeben.

Apple-ID für ein Kind erstellen

Wenn ein Kind zu jung ist, um eine eigene Apple-ID zu erstellen, kann der:die Organisator:in (ein Elternteil oder eine erziehungsberechtigte Person) das Kind zur Familienfreigabegruppe hinzufügen und eine Apple-ID für das Kind erstellen.

1. Wähle „Einstellungen“ > „[dein Name]“ > „Familienfreigabe“.

2. Führe einen der folgenden Schritte aus:
    - **Wenn du Organisator:in bist**: Tippe auf „Mitglied hinzufügen“, dann auf „Account für Kind erstellen“ und folge den Anleitungen auf dem Bildschirm.
    - **Wenn du ein Elternteil oder erziehungsberechtigte Person bist**: Tippe auf „Kind hinzufügen“ und folge den angezeigten Anleitungen.

Mitglied aus einer Familiengruppe entfernen

Der:die Organisator:in einer Familienfreigabegruppe kann andere Mitglieder entfernen. Wenn ein Familienmitglied entfernt wird, verliert es sofort den Zugriff auf sämtliche geteilten Inhalte und Abonnements.

1. Wähle „Einstellungen“ > „[dein Name]“ > „Familienfreigabe“.
2. Tippe auf „[Name des Mitglieds]“ und dann auf „[Name des Mitglieds] aus Familie entfernen“.

Familienfreigabegruppe verlassen

Wenn du eine Familienfreigabegruppe verlässt, werden deine Käufe und Abonnements nicht mehr mit Familienmitgliedern geteilt und du verlierst sofort den Zugriff auf alle Inhalte, die von ihnen geteilt wurden.

Hinweis: Der:die Organisator:in kann die Familienfreigabegruppe nicht verlassen. Wenn du den:die Organisator:in ändern möchtest, musst du die Gruppe auflösen. Im Anschluss muss dann eine andere erwachsene Person eine neue Gruppe erstellen.

1. Wähle „Einstellungen“ > „[dein Name]“ > „Familienfreigabe“.
2. Tippe auf „[dein Name]“ und dann auf „Familienfreigabe beenden“.

Familienfreigabegruppe auflösen

Der:die Organisator:in kann eine Familiengruppe auflösen. Wenn eine Familienfreigabegruppe aufgelöst wird, verlieren sofort alle Mitglieder den Zugriff auf die geteilten Inhalte und Abonnements.

1. Wähle „Einstellungen“ > „[dein Name]“ > „Familienfreigabe“ > „[dein Name]“.
2. Tippe auf „Familienfreigabe beenden“.

Teilen von Apple- und App Store-Abonnements mit Familienmitgliedern auf dem iPad

Als Mitglied einer Familienfreigabegruppe kannst du Apple-Abonnements und qualifizierte App Store-Abonnements mit anderen Familienmitgliedern teilen.

Wenn in deiner Familienfreigabegruppe das Teilen von Käufen aktiviert ist, werden alle mit der Gruppe geteilten Abonnements direkt über den Apple-ID-Account des:der Organisator:in abgerechnet.

Nicht alle Dienste sind in allen Ländern und Regionen verfügbar und einige Auswahlmöglichkeiten unterliegen den Inhaltsbeschränkungen, die unter Bildschirmzeit festgelegt wurden.

Apple-Abonnements teilen

1. Wähle „Einstellungen“ > „[dein Name]“ > „Familienfreigabe“.
2. Tippe auf ein Abonnement und folge den angezeigten Anleitungen.
   Weitere Informationen findest du in den folgenden Abschnitten:
   - **Apple Arcade**: Alle Mitglieder deiner Familie können Apple Arcade-Spiele aus dem App Store laden und spielen. Jede:r Spieler:in erhält einen personalisierten Account und dein Fortschritt wird auf alle Geräte übertragen.
   - **Apple Fitness+**: Alle Mitglieder deiner Familie können auf ihrem iPhone oder iPad auf die Trainings in der App „Fitness“ zugreifen.
   - **Apple Music**: Mit einem Familienabonnement erhält jedes Familienmitglied eine eigene Musikmediathek und auf seine Musikauswahl abgestimmte Empfehlungen.
   - **Apple News+**: Alle Mitglieder deiner Familie können Apple News+-Publikationen ohne zusätzliche Gebühren lesen.
   - **Apple TV+ und Apple TV-Kanäle**: Jedes Familienmitglied kann die Inhalte auf seinem iPhone, iPad, iPod touch, Mac, Apple TV und unterstützten Smart TVs und Streaming-Geräten ansehen und hierfür seine eigene Apple-ID und sein Passwort verwenden.
   - **iCloud+**: Wenn du dein Abo für iCloud+ teilst, haben alle Familienmitglieder Zugriff auf die Funktionen und den Speicherplatz von iCloud+. Du teilst aber nur den verfügbaren Speicherplatz. Deine Fotos und Dokumente bleiben privat und jede Person behält ihren eigenen Account.

App Store-Abonnements teilen

Du kannst wählen, welche qualifizierten Abonnements für den App Store du mit Familienmitgliedern teilen möchtest.

1. Wähle „Einstellungen“ > „[dein Name]“ > „Abonnements“.
2. Führe einen der folgenden Schritte aus:
   - **Alle neuen Abonnements teilen**: Aktiviere die Option „Neue Abonnements teilen“. Wenn du ein neues Abonnement abschließt, das zum Teilen qualifiziert ist, wird es standardmäßig mit deinen Familienmitgliedern geteilt.
   - **Einstellungen für ein bestimmtes Abonnement ändern**: Tippe auf ein Abonnement und aktiviere oder deaktiviere die Option „Mit Familie teilen“.

Wird die Option „Mit Familie teilen“ nicht angezeigt, ist das Abonnement nicht zum Teilen qualifiziert.

Wenn du sehen möchtest, welche Abonnements du bereits teilst, wählst du „Einstellungen“ > „[dein Name]“ > „Familienfreigabe“.

Du kannst auch Käufe aus dem iTunes Store, dem App Store, bei Apple Books und auf Apple TV mit deinen Familienmitgliedern teilen.

Laden der Käufe von Familienmitgliedern auf dem iPad

Wenn du die Familienfreigabe einrichtest, können du und bis zu fünf weitere Familienglieder Käufe im iTunes Store, App Store, bei Apple Books und auf Apple TV teilen.

Wenn deine Familie Käufe aus dem App Store sowie gekaufte Musik, Filme, TV-Sendungen und Bücher teilt, werden alle Artikel direkt dem Apple-ID-Account des:der Organisator:in der Familie belastet. Erwachsene und Jugendliche in der Familiengruppe können das Teilen von Käufen selbst deaktivieren. Der:die Organisator:in der Familie kann festlegen, dass Kinder in der Familiengruppe sich Käufe und kostenlose Downloads zuerst genehmigen lassen müssen.

Ein Objekt wird nach dem Kauf dem Account des Familienmitglieds hinzugefügt, das den Kauf eingeleitet hat, und zulässige Käufe werden mit der übrigen Familie geteilt.

Geteilte Käufe aus dem iTunes Store laden

1. Öffne den iTunes Store und tippe auf „Käufe“.
2. Wähle ein Familienmitglied aus.
3. Tippe oben auf dem Bildschirm auf eine Kategorie (etwa „Musik“), tippe auf einen gekauften Artikel und dann auf , um ihn zu laden.

Geteilte Käufe aus dem App Store laden

1. Öffne den App Store .
2. Tippe auf oder auf dein Profilbild oben rechts.
3. Tippe auf „Käufe“, wähle ein Familienmitglied aus und tippe dann auf .

Geteilte Käufe aus Apple Books laden

1. Öffne die App „Bücher“ .

2. Tippe auf oder auf dein Profilbild oben rechts.
3. Tippe auf den Namen eines Familienmitglieds unter „Familienkäufe“, dann auf eine Kategorie (z. B. „Bücher“ oder „Hörbücher“).
4. Tippe auf „Alle“, „Letzte Käufe“ oder ein Genre. Tippe danach auf neben einem gekauften Artikel, um diesen zu laden.

Geteilte Käufe aus der Apple TV App laden

1. Öffne die Apple TV App .
2. Tippe in der Seitenleiste im Bereich „Mediathek“ auf „Familienfreigabe“ und wähle ein Familienmitglied aus.
3. Tippe oben auf dem Bildschirm auf eine Kategorie (etwa „TV-Sendungen“ oder „Filme“), tippe auf einen gekauften Artikel und dann auf , um ihn zu laden.

Teilen von Käufen mit Familienmitgliedern auf dem iPad stoppen

Bei aktivierter Familienfreigabe kann der:die Organisator:in das Teilen von Käufen aktivieren. Käufe von Familienmitgliedern im iTunes Store, im App Store, bei Apple Books oder auf Apple TV werden direkt dem Apple-ID-Account des:der Organisator:in belastet.

Wenn erwachsene oder jugendliche Familienmitglieder Käufe nicht mit anderen Familienmitgliedern teilen möchten, können sie das Teilen von Käufen selbstständig beenden.

Hinweis: Der:die Organisator:in der Familie kann festlegen, dass Kinder in der Familiengruppe sich Käufe und kostenlose Downloads zuerst genehmigen lassen müssen.

1. Wähle „Einstellungen“ > „[dein Name]“ > „Familienfreigabe“.
2. Tippe auf „Käufe teilen“ und deaktiviere die Option „Käufe mit Familie teilen“.
   Wenn der:die Organisator:in das Teilen von Käufen komplett beenden möchte, kann er:sie auf „‚Käufe mit Familie teilen‘ beenden“ tippen.

Teilen des Standorts mit Familienmitgliedern und Orten von vermissten Geräten auf dem iPad

Mit der Familienfreigabe kannst du deinen Standort mit Mitgliedern deiner Familienfreigabegruppe teilen und ihnen helfen, vermisste Geräte zu finden. Wenn der:die Familienorganisator:in die Standortfreigabe in den Einstellungen für die Familienfreigabe konfiguriert, wird der Standort des:der Organisator:in automatisch mit allen Mitgliedern der Familie geteilt. Die Familienmitglieder können dann entscheiden, ob sie ihren Standort teilen möchten oder nicht.

Deinen Standort mit Familienmitgliedern teilen

Wenn du Standorte mit deiner Familie teilst, können sie deinen Standort in der App „Wo ist?" sehen. Du kannst auch Mitteilungen erhalten, wenn sich der Standort deiner Familienmitglieder ändert – wenn beispielsweise ein Kind während der Unterrichtszeit die Schule verlässt.

Hinweis: Damit du deinen Standort teilen kannst, musst du in „Einstellungen" > „Datenschutz" die Option „Ortungsdienste" aktiviert haben.

1. Wähle „Einstellungen" > „[dein Name]" >"Familienfreigabe" > „Standort teilen" und aktiviere die Option „Standort teilen".
2. Wenn dein iPad seinen Standort momentan nicht teilt, tippst du auf „Dieses iPad für meinen Standort verwenden".
3. Tippe auf den Namen des Familienmitglieds, mit dem du deinen Standort teilen möchtest und tippe auf „Standort teilen".
   Du kannst diesen Schritt für jedes Familienmitglied wiederholen, mit dem du deinen Standort teilen willst. Das Familienmitglied wird dann benachrichtigt, dass du deinen Standort teilst, und kann wählen, ob es seinen Standort mit dir teilen möchte.
4. Wenn du deinen Standort nicht mehr mit einem Familienmitglied teilen möchtest, tippst du auf den Namen des Familienmitglieds und dann auf „Standort nicht mehr teilen".

Gerät eines Familienmitglieds orten

Wenn du deinen Standort mit Mitgliedern deiner Familienfreigabegruppe teilst, können sie dir helfen, ein vermisstes Gerät zu finden, das du zur App „Wo ist?" hinzugefügt hast.

Deine Geräte befinden sich oben in der Liste, die Geräte deiner Familienmitglieder sind darunter aufgeführt.

Verwenden von Apple Cash und der Apple Card mit der Familienfreigabe auf dem iPad (nur USA)

Der:die Organisator:in der Familienfreigabegruppe kann Apple Cash für ein Kind konfigurieren. Darüber hinaus kann der:die Organisator:in die Apple Card mit den Mitgliedern einer Familienfreigabegruppe teilen, denen er:sie vertraut.

Konfigurieren von Apple Cash für Familien

Der:die Familienorganisator:in kann Apple Cash für Familien in den Einstellungen für die Familienfreigabe konfigurieren, sodass Apple Cash für ein Kind eingerichtet werden kann.

1. Wähle „Einstellungen" > „[dein Name]" > „Familienfreigabe".
2. Tippe auf „Apple Cash" und folge dann den angezeigten Anleitungen.

Der:die Familienorganisator:in kann „Einstellungen“ > „Wallet & Apple Pay“ verwenden, um den Guthabenstand abzurufen, Transaktionen zu überwachen und einzuschränken, wem das Kind Geld senden darf.

Apple Card für Familien konfigurieren

Der:die Familienorganisator:in kann ein qualifiziertes Mitglied der Familienfreigabegruppe, das 18 Jahre oder älter ist, einladen, Miteigentümer:in der Apple Card zu werden. Mitglieder der Familienfreigabegruppe, die 13 Jahre oder älter sind, können als Teilnehmende hinzugefügt werden.

1. Wähle „Einstellungen“ > „Wallet & Apple Pay“ und tippe auf „Apple Card“.
2. Tippe auf „Meine Karte teilen“ und folge den angezeigten Anleitungen.

Konfigurieren der Kindersicherung mit der Familienfreigabe auf dem iPad

Mit der Familienfreigabe kann der:die Organisator:in die Kindersicherung für Kinder in der Familienfreigabegruppe konfigurieren. Mit der Option „Bildschirmzeit“ kannst du verwalten, wie deine Kinder ihre Apple-Geräte verwenden können. Darüber hinaus kannst du die Option „Vor dem Kaufen nachfragen“ aktivieren, sodass Kinder eine Erlaubnis für Käufe oder kostenlose Downloads einholen müssen.

„Bildschirmzeit“ für ein Kind konfigurieren

Wenn du die Option „Bildschirmzeit“ für ein Kind konfigurierst, kannst du die Einstellungen für Auszeiten, die Nutzung von Apps, die Kontakte, mit denen dein Kind kommunizieren darf, Altersfreigaben und weitere Einstellungen verwalten. Dein Kind kann die Option „Bildschirmzeit“ auf einem geeigneten Gerät verwenden.

1. Wähle „Einstellungen“ > „[dein Name]“ > „Familienfreigabe“ > „Bildschirmzeit“.
2. Tippe auf den Namen eines Mitglieds in deiner Familiengruppe und dann auf „Bildschirmzeit aktivieren“ und folge den angezeigten Anleitungen.

Wichtig: Wenn du die Bildschirmzeit für ein Kind über die Familienfreigabe einrichtest und den Code für die Option „Bildschirmzeit“ vergisst, kannst du ihn zurücksetzen.

„Vor dem Kaufen nachfragen“ für Kinder aktivieren

Wenn du „Vor dem Kaufen nachfragen“ konfigurierst, müssen die Käufe von Kindern durch den:die Familienorganisator:in oder durch eine erziehungsberechtigte Person in der Familiengruppe bestätigt werden.

1. Wähle „Einstellungen“ > „[dein Name]“ > „Familienfreigabe“.

2. Tippe auf „Vor dem Kaufen nachfragen“ und führe einen der folgenden Schritte aus:
    - **Wenn noch kein Kind Mitglied der Familiengruppe ist**: Tippe auf „Kind hinzufügen“ oder „Account für Kind erstellen“ und folge den angezeigten Anleitungen.
    - **Wenn das Kind bereits Mitglied der Familiengruppe ist**: Tippe auf den Namen des Kindes und aktiviere die Option „Vor dem Kaufen nachfragen“.

Hinweis: Die Altersbeschränkungen für die Option „Vor dem Kaufen nachfragen“ variieren je nach Region. In den Vereinigten Staaten kann der:die Familienorganisator:in festlegen, dass diese Option für Minderjährige unter 18 Jahren aktiviert wird. Bei Kindern unter 13 Jahren ist sie standardmäßig aktiviert.

Bildschirmzeit

Überwachen der Bildschirmzeit auf dem iPad

Du kannst die Option „Bildschirmzeit" verwenden, um Informationen darüber zu erhalten, wie du und deine Familie die Geräte verwenden. Hierzu gehört unter anderem, welche Apps und Websites genutzt werden und wie oft das Gerät in die Hand genommen wird. Diese Informationen können dir dabei helfen, die an Geräten verbrachte Zeit besser einzuteilen. Darüber hinaus hast du die Möglichkeit, Auszeiten einzuplanen, zeitliche Beschränkungen für die Nutzung bestimmter Apps festzulegen und weitere Optionen festzulegen.

„Bildschirmzeit" aktivieren

Bevor du die App- und Gerätenutzung anzeigen lassen kannst, musst du „Bildschirmzeit" aktivieren.

1. Wähle „Einstellungen" > „Bildschirmzeit".
2. Tippe auf „Bildschirmzeit aktivieren" und anschließend auf „Fortfahren".
3. Tippe auf „Mein iPad", wenn du die Option „Bildschirmzeit" für dich selbst auf dem iPad konfigurierst.
   Tippe auf „iPad meines Kindes", wenn du die Funktion „Bildschirmzeit" für dein Kind (oder ein Familienmitglied) einrichtest.
4. Um die Bildschirmzeit auf all deinen Apple-Geräten zu verwenden, scrollst du nach unten und aktivierst die Option „Geräteübergreifend teilen".

Wenn du die Familienfreigabe eingerichtet hast, kannst du die Option „Bildschirmzeit" für ein Familienmitglied auch über die Familienfreigabe auf deinem Gerät konfigurieren.

Bericht der Option „Bildschirmzeit" anzeigen

Nach dem Aktivieren der Option „Bildschirmzeit" kannst du einen Bericht über die Gerätenutzung anzeigen lassen. Der Bericht enthält unter anderem Informationen darüber, wie viel Zeit du in bestimmten Apps verbringst, wie oft du dein iPad und andere Geräte in die Hand nimmst und welche Apps dir die meisten Mitteilungen senden.

1. Wähle „Einstellungen" > „Bildschirmzeit".
2. Tippe auf „Alle Aktivitäten anzeigen" und dann auf „Woche", um eine Zusammenfassung der wöchentlichen Nutzung einzublenden. Für eine Zusammenfassung der täglichen Nutzung tippst du auf „Tag".

Mit dem Widget „Bildschirmzeit" die Gerätenutzung im Blick behalten

Füge ein Widget für die Option „Bildschirmzeit" zu deinem Home-Bildschirm hinzu, um dir einen schnellen Überblick über deine Gerätenutzung zu verschaffen. Das Widget zeigt Informationen aus der Zusammenfassung von „Bildschirmzeit“ an. Je größer das hinzugefügte Widget ist, desto mehr Informationen sind sichtbar. Mit einem kurzen Blick auf das Widget kannst du deine Gerätenutzung überprüfen.

Wenn du die Option „Bildschirmzeit“ für Familienmitglieder über die Familienfreigabe konfiguriert hast, kannst du auf das Widget tippen, um die Personen in der Familiengruppe aufzulisten. Tippe auf den Namen des Familienmitglieds, dessen Bericht angezeigt werden soll.

„Bildschirmzeit“ auf allen Geräten verwenden

Damit du deine Einstellungen und Berichte der Option „Bildschirmzeit“ auf all deinen Geräten teilen kannst, musst du auf allen Geräten mit derselben Apple-ID angemeldet sein und die Option „Geräteübergreifend teilen“ aktivieren.

1. Wähle „Einstellungen“ > „Bildschirmzeit“.
2. Scrolle nach unten und aktiviere dann die Option „Geräteübergreifend teilen“.

Einrichten der Bildschirmzeit für dich selbst auf dem iPad

Mit der Option „Bildschirmzeit“ kannst du deine App-Nutzung verwalten, Auszeiten von deinen Geräten festlegen und weitere Einstellungen festlegen. Du kannst diese Einstellungen jederzeit ändern oder deaktivieren.

Auszeit vom Bildschirm festlegen

In „Bildschirmzeit“ kannst du Apps und Mitteilungen für einen bestimmten Zeitraum blockieren, wenn du dir mal eine Auszeit von deinen Geräten gönnen möchtest. Du könntest z. B. Auszeiten für Mahlzeiten oder deine Schlafenszeit festlegen.

1. Wähle „Einstellungen“ > „Bildschirmzeit“ und aktiviere die Option „Bildschirmzeit“, falls sie noch nicht aktiv ist.
2. Tippe auf „Auszeit“ und aktiviere die Option „Auszeit“.
3. Wähle „Täglich“ oder „Tage anpassen“ und gib Anfang und Ende der Auszeit ein.

Auszeit nach Bedarf aktivieren

Während einer Auszeit sind nur Anrufe, Nachrichten und Apps verfügbar, die du erlaubt hast. Du kannst Anrufe von Kontakten erhalten, für die du festgelegt hast, dass sie dich auch während einer Auszeit erreichen können. Darüber hinaus kannst du Apps verwenden, für die du festgelegt hast, dass sie immer erlaubt sind.

Wenn du eine Auszeit nach Bedarf aktivierst, erhältst du fünf Minuten vor Beginn der Auszeit eine Erinnerung. Die Auszeit bleibt bis Ende des Tages oder bis zum Beginn deiner festgelegten Auszeit aktiv, falls du eine festgelegt hast.

1. Wähle „Einstellungen“ > „Bildschirmzeit“ und aktiviere die Option „Bildschirmzeit“, falls sie noch nicht aktiv ist.
2. Tippe auf „Auszeit“ und dann auf die Option „Auszeit bis morgen aktivieren“ oder „Auszeit bis zum Zeitplan aktivieren“ (wenn die Option „Geplant“ eingeschaltet ist). Tippe auf „Auszeit deaktivieren“, um die Auszeit nach Bedarf zu deaktivieren.

Hinweis: Du kannst eine Auszeit auch für ein Familienmitglied nach Bedarf aktivieren, entweder direkt auf dem Gerät des Familienmitglieds oder auf deinem Gerät mithilfe der Familienfreigabe.

Limits für die App-Nutzung festlegen

Du kannst ein Zeitlimit für eine Kategorie von Apps (z. B: „Spiele“ oder „Soziale Netzwerke“) und für einzelne Apps festlegen.

1. Wähle „Einstellungen“ > „Bildschirmzeit“ und aktiviere die Option „Bildschirmzeit“, falls sie noch nicht aktiv ist.
2. Tippe auf „App-Limits“ und danach auf „App-Limit“.
3. Wähle eine oder mehrere App-Kategorien aus.
   Wenn du Limits für einzelne Apps festlegen willst, tippe auf den Namen der Kategorie, um alle Apps in dieser Kategorie anzuzeigen. Wähle danach die Apps aus, für die du ein Limit festlegen willst. Wenn du mehrere Kategorien oder Apps ausgewählt hast, gilt das Zeitlimit für alle.
4. Tippe auf „Weiter“ und lege die erlaubte Zeitspanne fest.
   Tippe zum Festlegen einer Zeitspanne für jeden Tag auf „Tage anpassen“ und gib Limits für bestimmte Tage an.
5. Wenn du mit dem Festlegen von Limits fertig bist, tippst du auf „Hinzufügen“.

Tippe auf „App-Limits“ im Bildschirm „App-Limits“, um alle App-Limits vorübergehend zu deaktivieren. Wenn du ein Zeitlimit für eine bestimmte Kategorie vorübergehend deaktivieren willst, tippst du auf die betreffende Kategorie und deaktivierst dann „App-Limit“.

Wenn du ein Limit für eine bestimmte Kategorie entfernen willst, tippe auf die betreffende Kategorie und dann auf „Limit löschen“.

Limits für Kommunikation einrichten

Du kannst in „Bildschirmzeit“ die Kommunikation – einschließlich eingehende oder ausgehende Telefonanrufe, FaceTime-Anrufe und Nachrichten – mit bestimmten Kontakten in iCloud immer oder nur zu bestimmten Zeiten erlauben oder blockieren.

1. Wenn du „Kontakte“ in iCloud noch nicht aktiviert hast, wähle „Einstellungen“ > „[dein Name]“ > „iCloud“ und aktiviere die Option „Kontakte“.
2. Wähle „Einstellungen“ > „Bildschirmzeit“ und aktiviere die Option „Bildschirmzeit“, falls sie noch nicht aktiv ist.

3. Tippe auf „Kommunikationslimits“, auf „Während der Bildschirmzeit“ und wähle dann eine der folgenden Optionen für die Kommunikation aus, die immer gelten (anders als bei der Auszeit):
    - **Nur Kontakte**: Erlaubt nur die Kommunikation mit deinen Kontakten.
    - **Kontakte und Gruppen mit mindestens einem Kontakt**: Erlaubt Einzelkonversationen nur mit Personen in deinen Kontakten und mit Gruppenkonversationen, in der sich mindestens eine Person aus deinen Kontakten befindet.
    - **Alle**: Erlaubt Konversationen mit allen Personen, einschließlich unbekannten Nummern.
4. Tippe links oben auf „Zurück“ und dann auf „Während der Auszeit“. Die Option, die du für „Während Bildschirmzeit“ ausgewählt hast, ist hier bereits festgelegt. Du kannst diese Einstellung auf „Bestimmte Kontakte“ festlegen und dann Folgendes auswählen:
    - **Von meinen Kontakten wählen**: Um Kontakte auszuwählen, mit denen die Kommunikation während einer Auszeit erlaubt ist.
    - **Neuen Kontakt hinzufügen**: Um eine Person zu deinen Kontakten hinzuzufügen und die Kommunikation mit dieser Person während einer Auszeit zu erlauben.

Wenn eine durch deine Einstellungen für die Kommunikationslimits blockierte Person versucht, dich anzurufen oder dir eine Nachricht zu senden, wird der Kommunikationsversuch unterbunden.

Wenn du versuchst, eine Person anzurufen oder ihr eine Nachricht zu senden, die durch deine Einstellungen für die Kommunikationslimits blockiert ist, wird deren Name oder Nummer in der Anrufliste oder in der Liste mit den letzten Nachrichten rot angezeigt und der Kommunikationsversuch unterbunden. Du kannst wieder mit dieser Person kommunizieren, wenn die Einstellungen für die Kommunikationslimits geändert werden. Gilt das Limit nur während der Auszeit, erhältst du eine Zeitlimit-Meldung. Du kannst die Kommunikation mit dem Kontakt fortsetzen, wenn die Auszeit vorbei ist.

Wenn du die Kommunikation mit Kontakten fortsetzen willst, die durch deine Einstellungen für die Kommunikationslimits blockiert sind, musst du die Einstellungen wie oben beschrieben ändern.

Apps und Kontakte auswählen, die immer erlaubt sein sollen

In „Bildschirmzeit“ kannst du Apps, die jederzeit verfügbar sein sollen, und Kontakte festlegen, mit denen die Kommunikation immer möglich ist – auch während einer Auszeit (zum Beispiel in einer Notfallsituation).

1. Wähle „Einstellungen“ > „Bildschirmzeit“ > „Immer erlauben“.
2. Tippe unter „Erlaubte Apps“ auf oder neben einer App, um sie zur Liste „Erlaubte Apps“ hinzuzufügen bzw. aus der Liste zu entfernen.

3. Tippe auf „Kontakte“, um die Kontakte festzulegen, mit denen die Kommunikation erlaubt sein soll.
   Die von dir in „Kommunikationslimits“ ausgewählte Option wird hier angezeigt. Du kannst diese Einstellung auf „Bestimmte Kontakte“ festlegen und dann Folgendes auswählen:
   - **Von meinen Kontakten wählen**: Um bestimmte Personen auszuwählen, mit denen die Kommunikation erlaubt sein soll.
   - **Neuen Kontakt hinzufügen**: Um einen neuen Kontakt hinzuzufügen und die Kommunikation mit dieser Person zu erlauben.
4. Tippe links oben auf „Zurück“.

Beschränkungen festlegen

Du kannst anstößige Inhalte blockieren und Beschränkungen für Käufe im iTunes Store und App Store festlegen.

1. Wähle „Einstellungen“ > „Bildschirmzeit“ und aktiviere die Option „Bildschirmzeit“, falls sie noch nicht aktiv ist.
2. Tippe auf „Beschränkungen“ und aktiviere die Option „Beschränkungen“. Tippe danach auf die angebotenen Optionen, um die Konditionen hinsichtlich des Inhalts von Käufen im iTunes Store und im App Store, der Nutzung von Apps, der Wertung von Inhalten usw. festzulegen.
   Du kannst auch einen Code festlegen, der vor dem Ändern von Einstellungen eingegeben werden muss.
3. Wähle die angebotenen Optionen aus, um die Einstellungen hinsichtlich des Inhalts von Käufen im iTunes Store und im App Store, der Nutzung von Apps, der Altersfreigaben bei Inhalten usw. festzulegen.
   Hinweis: Wähle „Einstellungen“ > „Bildschirmzeit“ > „Beschränkungen“ > „Erlaubte Apps“ und deaktiviere „SharePlay“, um SharePlay in FaceTime-Anrufen auf deinem Gerät zu beschränken (iPadOS 15.1 oder neuer). Aktiviere „SharePlay“, um SharePlay zu erlauben.

Einrichten der Bildschirmzeit für ein Familienmitglied auf dem iPad

Die Option „Bildschirmzeit“ gibt dir Auskunft darüber, wie einzelne Familienmitglieder ihre Geräte nutzen, damit du die Zeit, die sie mit den Geräten verbringen, besser strukturieren kannst. Du kannst die Option „Bildschirmzeit“ für ein Familienmitglied auf dessen Gerät einstellen. Wenn du eine Familienfreigabe eingerichtet hast, kannst du die Option „Bildschirmzeit“ für ein Familienmitglied auf deinem Gerät konfigurieren.

Auszeit und App-Limits auf dem Gerät eines Familienmitglieds festlegen

1. Wähle auf dem Gerät des Familienmitglieds „Einstellungen" > „Bildschirmzeit".
2. Tippe nacheinander auf „Bildschirmzeit aktivieren", auf „Fortsetzen" und auf „iPad meines Kindes".
3. Wenn du für ein Familienmitglied eine Zeit der Abstinenz vom Bildschirm durchsetzen möchtest, lege den Anfang und das Ende der Auszeit fest und tippe auf „Auszeit einstellen".
4. Wähle die Kategorien aus (z. B. Spiele oder soziale Medien), deren Apps du verwalten möchtest und für die du Limits festlegen möchtest.
   Tippe auf „Alle Kategorien anzeigen", um alle Kategorien zu sehen.
5. Tippe auf „Einstellen", gib eine Zeitspanne ein und tippe auf „App-Limit festlegen".
6. Tippe auf „Fortfahren" und gib den Code für die Bildschirmzeit ein, um die Einstellungen der Option „Bildschirmzeit" für ein Familienmitglied verwalten zu können.

Hinweis: Du kannst eine Auszeit auch für ein Familienmitglied nach Bedarf aktivieren, entweder direkt auf dem Gerät des Familienmitglieds oder auf deinem Gerät mithilfe der Familienfreigabe (wenn du die Familienfreigabe konfiguriert hast).

Kommunikationslimits auf dem Gerät eines Familienmitglieds festlegen

Du kannst auf dem Gerät eines Familienmitglieds eingehende oder ausgehende Kommunikation – einschließlich Telefonanrufe, FaceTime-Anrufe und Nachrichten – von bestimmten Kontakten immer oder nur zu bestimmten Zeiten blockieren.

1. Wenn du „Kontakte" in iCloud auf dem Gerät eines Familienmitglieds noch nicht aktiviert hast, wähle „Einstellungen" > „[Name des Kindes]" > „iCloud" und aktiviere die Option „Kontakte".
   Hinweis: Du kannst die Kommunikation eines Familienmitglieds nur dann verwalten, wenn das Familienmitglied „Kontakte" in iCloud verwendet.
2. Wähle auf dem Gerät des Familienmitglieds „Einstellungen" > „Bildschirmzeit".
3. Wenn die Bildschirmzeit noch nicht aktiviert ist, tippe auf „Bildschirmzeit aktivieren", auf „Fortfahren" und dann auf „iPad meines Kindes".
4. Tippe auf „Kommunikationslimits" und führe beliebige der folgenden Schritte aus:
   - **Kommunikation immer einschränken**: Tippe auf „Während Bildschirmzeit" und wähle „Nur Kontakte", „Kontakte & Gruppen mit mindestens einem Kontakt" oder „Alle".
   - **Kommunikation während der Auszeit einschränken**: Tippe auf „Während der Auszeit". Die Option, die du für „Während Bildschirmzeit" ausgewählt hast, ist hier bereits festgelegt. Du kannst diese Einstellung in „Bestimmte Kontakte" ändern.
     Wenn du „Bestimmte Kontakte" wählst, tippe auf „Von meinen Kontakten wählen" oder „Neuen Kontakt hinzufügen", um die Personen auszuwählen, denen du die Kommunikation während der Auszeit erlauben willst.

  - **Kontakte eines Kindes verwalten**: Wenn du die Familienfreigabe verwendest, kannst du die Kontakte deines Kindes verwalten. Tippe auf „Kontakte von [Name des Kindes] verwalten".
    Hat dein Kind bereits Kontakte in iCloud, erhält es auf seinem Gerät eine Mitteilung, die Anfrage zur Verwaltung zu erlauben. Hat dein Kind keine Kontakte, erhält es keine Mitteilung und du kannst sofort Kontakte hinzufügen. Wenn du die Kontakte deines Kindes verwaltest, wird unter „Kontakte von [Name des Kindes] verwalten" eine neue Zeile angezeigt, in der die Anzahl der Kontakte deines Kindes angezeigt wird. Durch Tippen auf diese Zeile kannst du diese Kontakte anzeigen und bearbeiten.
  - **Bearbeiten von Kontakten erlauben**: Tippe auf „Bearbeiten von Kontakten erlauben", um diese Option zu deaktivieren und zu verhindern, dass dein Kind seine Kontakte bearbeitet.
    Das Deaktivieren der Option „Bearbeiten von Kontakten erlauben" und das Einschränken der Kommunikation auf „Nur für Kontakte" ist eine gute Möglichkeit zu steuern, mit wem dein Kind kommunizieren kann und von wem dein Kind kontaktiert werden kann.

Wenn eine durch deine Einstellungen für die Kommunikationslimits blockierte Person versucht, ein Familienmitglied anzurufen (per Telefon oder FaceTime) oder ihm eine Nachricht zu senden, wird der Kommunikationsversuch unterbunden.

Wenn das Familienmitglied versucht, eine Person anzurufen oder ihr eine Nachricht zu senden, die durch deine Einstellungen für die Kommunikationslimits blockiert ist, wird Name oder Nummer des Empfängers rot mit einem Bildschirmzeit-Sanduhrsymbol angezeigt und der Kommunikationsversuch wird unterbunden. Gilt das Limit nur während der Auszeit, erhält das Familienmitglied eine Zeitlimit-Meldung und kann die Kommunikation mit dem Kontakt fortsetzen, wenn die Auszeit vorüber ist.

Wenn du einem Familienmitglied die Kommunikation mit Kontakten erlauben willst, die durch deine Einstellungen für die Kommunikationslimits blockiert sind, musst du die Einstellungen wie oben beschrieben ändern.

Kommunikationssicherheit für Nachrichten auf dem Gerät eines Familienmitglieds aktivieren oder deaktivieren

Wenn Kommunikationssicherheit unter „Bildschirmzeit" aktiviert ist, kann die App „Nachrichten" Nacktheit in Fotos erkennen, bevor sie von deinem Kind gesendet oder empfangen werden, und Ressourcen bereitstellen, die dein Kind beim Umgang mit der Situation unterstützen (iPadOS 15.2 oder neuer, nicht in allen Ländern oder Regionen verfügbar). Diese Funktion gibt Apple keinen Zugriff auf die Fotos.

1. Wähle auf dem Gerät des Familienmitglieds „Einstellungen" > „Bildschirmzeit".
2. Wenn die Bildschirmzeit noch nicht aktiviert ist, tippe auf „Bildschirmzeit aktivieren", auf „Fortfahren" und dann auf „iPad meines Kindes".
3. Tippe auf „Kommunikationssicherheit" und aktiviere „Auf sensible Fotos prüfen".

Immer verfügbare Apps auf dem Gerät des Familienmitglieds auswählen

Du kannst die Apps auswählen, die für ein Familienmitglied immer verfügbar sein sollen.

1. Wähle auf dem Gerät des Familienmitglieds „Einstellungen“ > „Bildschirmzeit“.
2. Wenn die Bildschirmzeit noch nicht aktiviert ist, tippe auf „Bildschirmzeit aktivieren“, auf „Fortfahren“ und dann auf „iPad meines Kindes“.
3. Tippe auf „Immer erlauben“ und danach auf ⊕ oder ⊖ neben einer App, um die App zur Liste hinzuzufügen bzw. aus der Liste zu entfernen.
   Hinweis: Achte darauf, dass Apps, die ein Familienmitglied aus gesundheitlichen Gründen oder als Bedienungshilfen benötigt, in der Liste „Erlaubte Apps“ enthalten sind. Wenn die App „Nachrichten“ nicht in der Liste „Erlaubte Apps“ enthalten ist, kann das Familienmitglied während der Auszeit und nach dem Überschreiten des gesetzten Limits Nachrichten weder senden noch empfangen (dies gilt auch für Notfallnummern und Notfallkontakte).

Beschränkungen auf dem Gerät eines Familienmitglieds festlegen

Du kannst sicherstellen, dass die Inhalte auf dem Gerät eines Familienmitglieds altersgemäß sind, indem du Wertungen für anstößige Inhalte unter „Beschränkungen“ festlegst.

1. Wähle auf dem Gerät des Familienmitglieds „Einstellungen“ ⚙ > „Bildschirmzeit“.
2. Wenn die Bildschirmzeit noch nicht aktiviert ist, tippe auf „Bildschirmzeit aktivieren“, auf „Fortfahren“ und dann auf „iPad meines Kindes“.
3. Tippe auf „Beschränkungen“ und aktiviere „Beschränkungen“.
4. Wähle die gewünschten Optionen für Inhalte und die Privatsphäre aus.
   Hinweis: Scrolle nach unten, tippe auf „Laute Töne reduzieren“ und wähle dann „Nicht erlauben“, um das Hörvermögen deiner Familienmitglieder zu schützen. (Dadurch werden Änderungen an der maximalen Kopfhörerlautstärke verhindert.)
   Hinweis: Wähle „Einstellungen“ > „Bildschirmzeit“ > „Beschränkungen“ > „Erlaubte Apps“ und deaktiviere „SharePlay“, um SharePlay in FaceTime-Anrufen zu beschränken (iPadOS 15.1 oder neuer). Aktiviere „SharePlay“, um SharePlay zu erlauben.
5. Tippe auf < am oberen Bildschirmrand.

Bildschirmzeit-Einstellungen später für ein Familienmitglied hinzufügen oder ändern

Um die Einstellungen für die Bildschirmzeit zu einem späteren Zeitpunkt hinzuzufügen oder zu ändern, befolge die Schritte unter Einrichten der Bildschirmzeit für dich selbst auf dem iPad.

Wichtig: Wenn du die Bildschirmzeit für ein Familienmitglied auf dessen Gerät (nicht über die Familienfreigabe) eingerichtet hast und den Code für die Option „Bildschirmzeit“ vergisst, kannst du deine Apple-ID verwenden, um ihn zurückzusetzen. Wenn du dagegen die Bildschirmzeit für ein Familienmitglied über die Familienfreigabe auf deinem Gerät eingerichtet hast und den

Code für die Option „Bildschirmzeit“ vergisst, kannst du ihn über dein Gerät durch Eingabe deines Codes oder mithilfe von Touch ID bzw. Face ID wiederherstellen.

Abrufen des Nutzungsberichts für dein Gerät auf dem iPad

Wenn du die Option „Bildschirmzeit“ eingerichtet hast, kannst du einen Bericht über die Verwendung deines Geräts abrufen.

1. Wähle „Einstellungen“ > „Bildschirmzeit“.
2. Tippe auf „Alle Aktivitäten anzeigen“ und führe beliebige der folgenden Schritte aus:
    - Tippe auf „Wöchentlich“, um eine Zusammenfassung der täglichen Verwendung anzuzeigen.
    - Tippe auf „Täglich“, um eine Zusammenfassung der täglichen Verwendung anzuzeigen.

Apple Pay

Einrichten von Apple Pay auf dem iPad

Richte Apple Pay ein, damit du in Apps und auf Websites, die Apple Pay unterstützen, sichere Zahlungsvorgänge nutzen kannst. In der App „Nachrichten“ kannst du mittels Apple Pay Geld an Freunde oder Familienangehörige senden und von diesen empfangen oder Käufe bei teilnehmenden Unternehmen tätigen.

Kredit- oder Debitkarte hinzufügen

1. Wähle „Einstellungen“ > „Wallet & Apple Pay“.
2. Tippe auf „Karten hinzufügen“. Du wirst möglicherweise aufgefordert, dich mit deiner Apple-ID anzumelden.
3. Führe einen der folgenden Schritte aus:
   - **Neue Karte hinzufügen**: Positioniere dein iPad so, dass deine Karte innerhalb des Rahmens der Kamera erscheint, oder gib alternativ die Kartendetails manuell ein.
   - **Frühere Karten hinzufügen**: Wähle die Karte, die deiner Apple-ID zugeordnet ist, die Karten, die du mit Apple Pay auf anderen Geräten verwendest, oder die Karten aus, die du entfernt hast. Tippe auf „Weiter“ und gib den Sicherheitscode der jeweiligen Karte ein.

Du kannst deine Karte unter Umständen auch aus der App der Bank oder des Unternehmens hinzufügen, die/der die Karte ausgestellt hat.

Der Kartenaussteller bestimmt, ob deine Karte für Apple Pay eingesetzt werden kann. Möglicherweise wirst du aufgefordert, weitere Informationen einzugeben, damit der Prozess der Verifikation abgeschlossen werden kann.

Informationen für eine Karte anzeigen und deren Einstellungen ändern

1. Wähle „Einstellungen“ > „Wallet & Apple Pay“.
2. Tippe auf eine Karte und führe beliebige der folgenden Schritte aus:
   - Tippe auf „Transaktionen“, um deinen Verlauf anzuzeigen. Deaktiviere „Transaktionsverlauf“, um diese Informationen auszublenden. Eine Aufstellung aller Apple Pay-Aktivitäten findest du auf dem Auszug, den du von deinem Kartenaussteller erhältst.
   - Zeige die letzten vier Stellen der Kartennummer und der Geräteaccountnummer an (die an den Händler übermittelte Nummer).
   - Ändere die Rechnungsadresse.
   - Entferne die Karte aus Apple Pay.

Einstellungen für Apple Pay ändern

1. Wähle „Einstellungen“ > „Wallet & Apple Pay“.
2. Führe beliebige der folgenden Schritte aus:
   - Lege die Standardkarte fest.
   - Füge die Lieferadresse und Kontaktinformationen für Käufe hinzu.

Bei Verlust oder Diebstahl des iPad Karten aus Apple Pay entfernen

Wenn du die Option „Mein iPhone suchen“ aktivierst, kannst du diese Funktion nutzen, um dein iPad zu orten und zu schützen.

Führe beliebige der folgenden Schritte aus, um deine Karten aus Apple Pay zu entfernen:

- **Auf einem Mac oder PC**: Melde dich an deinem Apple-ID-Account an. Klicke im Bereich „Geräte“ auf das verlorene iPad. Klicke auf „Alle entfernen“ unterhalb der Liste deiner Karten.

- **Auf einem anderen iPhone, iPad oder iPod touch**: Wähle „Einstellungen“ > „[dein Name]“ und tippe zunächst auf das verloren gegangene iPad und danach auf „Alle Karten entfernen“ (im Bereich „Apple Pay“).
- Verständige die Aussteller deiner Karten über deren Verlust.

Du kannst Karten, die du entfernst, jederzeit wieder hinzufügen.

Wenn du dich von iCloud abmeldest („Einstellungen“ > „[dein Name]“), werden alle Kredit- und Debitkarten, die du für Apple Pay hinterlegst hast, von deinem iPad entfernt. Du kannst die Karten wieder hinzufügen, wenn du dich das nächste Mal anmeldest.

Hinweis: Die Verfügbarkeit von Apple Pay und seiner Funktionen variiert abhängig von Land oder Region.

Verwenden von Apple Pay in Apps, App Clips und Safari auf dem iPad

Wann immer du die Taste „Apple Pay“ siehst, kannst du mit Apple Pay Zahlungsvorgänge in Apps, App Clips und auf Webseiten vornehmen, die in der App „Safari“ angezeigt werden.

In einer App, einem App Clip oder im Internet bezahlen

1. Tippe beim Bezahlen auf die Taste „Apple Pay“.
2. Überprüfe die Richtigkeit der angezeigten Zahlungsinformationen.
   Du kannst bei Bedarf die Kreditkarte, die Rechnungs- und Lieferadresse und die Kontaktinformationen ändern.
3. Zahlungsvorgang abschließen:
   - **Auf einem iPad mit Touch ID**: Authentifiziere den Vorgang mit Touch ID oder gib deinen Code ein.

- **Auf einem iPad mit Face ID**: Doppelklicke die obere Taste und richte den Blick auf das iPad, um den Vorgang per Face ID zu authentifizieren, oder gib alternativ deinen Code ein.

Standardlieferadresse und Kontaktinformationen ändern

1. Wähle „Einstellungen“ > „Wallet & Apple Pay“.
2. Lege beliebige der folgenden Optionen fest:
   - Lieferadresse
   - E-Mail-Adresse
   - Telefon

Einrichten und Verwenden von Apple Cash auf dem iPad (nur USA)

Mit Apple Cash auf dem iPhone kannst du mit Apple Pay einkaufen, in der App „Nachrichten“ Geld senden und empfangen und dein Apple Cash-Guthaben an dein Bankkonto überweisen.

Apple Cash konfigurieren

Führe beliebige der folgenden Schritte aus:

- Wähle „Einstellungen“ > „Wallet & Apple Pay“ und aktiviere die Option „Apple Cash“.
- Verwende die App „Nachrichten“, um einen Geldbetrag in Empfang zu nehmen oder selbst zu senden.

Mit Apple Cash einkaufen

Du kannst mit Apple Cash an Stellen einkaufen, die Visa akzeptieren und Apple Pay unterstützen.

Senden und Empfangen von Geldbeträgen mit Apple Cash

Wenn du einen Geldbetrag erhältst, wird er deinem Apple Cash-Konto“ gutgeschrieben.

Apple Cash verwalten

1. Wähle „Einstellungen“ > „Wallet & Apple Pay“ und tippe auf „Apple Cash“.
2. Führe beliebige der folgenden Schritte aus:

- Füge Geld von einer Debitkarte hinzu.
- Überweise Geld an deine Bank. Weitere Informationen findest du im Apple Support-Artikel Transfer money in Apple Cash to your bank account or Visa debit card.
- Festlegen, ob Zahlungen generell nur manuell oder automatisch akzeptiert werden sollen. Wenn du manuelle Zahlungen akzeptierst, hast du 7 Tage Zeit, eine Zahlung zu akzeptieren, bevor sie an den Absender zurückgeht.
- Aktualisiere Daten zu deinem Bankkonto.
- Den Apple Support kontaktieren.
- Kontoauszug anfordern – tippe auf „Überweisungen“, scrolle nach unten und tippe dann auf „Kontoauszug anfordern“.
- Deine Identität für die Kontoverwaltung und für die Erhöhung des Limits für Transaktionen verifizieren.

Einrichten und Verwenden der Apple Card auf dem iPad (nur USA)

Die Apple Card ist eine von Apple erstellte Kreditkarte, die dir finanzielle Transaktionen erleichtern soll. Melde dich für eine Apple Card auf dem iPad in nur wenigen Minuten an und schon kannst du sie mit Apple Pay in Geschäften, Apps oder weltweit online verwenden. Mit der Apple Card kannst du deine letzten Transaktionen schnell und einfach nachvollziehen und in Echtzeit anzeigen und auswerten. Der Apple Card-Support ist jederzeit verfügbar, sende dazu einfach einen Text aus der App „Nachrichten“.

Apple Card erhalten

1. Wähle „Einstellungen“ > „Wallet & Apple Pay“, tippe auf „Apple Card“ und dann auf „Apple Card beantragen“.
2. Gib deine Informationen ein und stimme den Nutzungs- und Vertragsbedingungen zu, um deinen Antrag einzureichen.
3. Lies die Details deines Apple Card-Angebots, einschließlich Kreditlimit und Effektivzins, akzeptiere das Angebot oder lehne es ab.
4. Wenn du die Bedingungen akzeptierst, kannst du beliebige der folgenden Schritte ausführen:
    - Lege die Apple Card als deine Standardkarte für Apple Pay-Transaktionen fest.
    - Beantrage eine physische Apple Card, die du verwenden kannst, wenn Apple Pay nicht akzeptiert wird.

Apple Card verwenden

Auf dem iPad kannst du die Apple Card nutzen, um mit Apple Pay in Apps oder im Web zu bezahlen.

Du kannst die Apple Card auch an Orten verwenden, wo Apple Pay nicht akzeptiert wird:

- **In Apps, im Web oder über das Handy**: Wähle „Einstellungen“ > „Wallet & Apple Pay“, tippe auf „Apple Card“ und dann auf „Kartennummer“, um die Kartennummer, das Ablaufdatum und den Sicherheitscode zu sehen. Verwende diese Informationen beim Bezahlen deiner Käufe.
- In Geschäften, Restaurants und an anderen Orten: Verwende die physische Karte.

Transaktionen und Auszüge anzeigen

Wähle „Einstellungen“ > „Wallet & Apple Pay“, tippe auf „Apple Card“ und führe beliebige der folgenden Schritte aus:

- **Transaktionen überprüfen**: Tippe auf „Transaktionen“ und sieh dir deine letzten Transaktionen an oder scrolle nach unten, um all deine Transaktionen nach Jahr gruppiert anzuzeigen.
- **Monatliche Abrechnung abrufen**: Tippe auf „Kartensaldo“, um den Saldo, neue Ausgaben sowie Zahlungen und Kredite anzuzeigen. Scrolle nach unten, um die monatlichen Abrechnungen zu sehen. Tippe auf eine Abrechnung, um die Zusammenfassung für diesen Monat anzuzeigen, eine PDF-Abrechnung zu laden oder Transaktionen in eine CSV-, OFX-, QFX- oder QBO-Datei zu exportieren.

Bezahlen

Wähle „Einstellungen“ > „Wallet & Apple Pay“, tippe auf „Apple Card“ und führe beliebige der folgenden Schritte aus:

- **Geplante Zahlungen**: Tippe auf „Geplante Zahlungen“, wähle „Meine Rechnung bezahlen“ oder „Anderen Betrag zahlen“, gib die Zahlungsdetails ein (z. B. Konto und Datum) und authentifiziere den Zahlungsvorgang per Face ID bzw. Touch ID oder durch Eingabe deines Codes.
- **Einmalige Zahlung**: Tippe auf „Eine Zahlung leisten“, bewege das Häkchen, um den Zahlungsbetrag anzupassen, oder tippe auf „Ziffernblock anzeigen“, um einen Betrag einzugeben. Tippe auf „Jetzt zahlen“ oder „Später zahlen“, überprüfe die Zahlungsdetails (etwa das Zahlungskonto) und bestätige den Zahlungsvorgang per Face ID bzw. Touch ID oder durch Eingabe deines Codes.

Widget „Apple Card“ auf dem Home-Bildschirm verwenden

Mit dem Widget „Apple Card“ (iPadOS 15.4 oder neuer) kannst du deinen Apple Card-Saldo, das verfügbare Guthaben und deine Ausgaben auf einen Blick sehen.

1. Füge das Widget „Apple Card“ zum Home-Bildschirm hinzu.
2. Um deine Ausgaben für einen anderen Zeitraum anzuzeigen, lege deinen Finger auf das Widget, tippe auf „Widget bearbeiten“ und wähle dann „Wöchentlich“, „Monatlich“ oder „Jährlich“.

3. Um die Apple Card zu verwalten, tippe auf das Widget.

Apple Card-Details anzeigen, Einstellungen ändern, Support kontaktieren und mehr

Wähle „Einstellungen" > „Wallet & Apple Pay", tippe auf „Apple Card" und führe beliebige der folgenden Schritte aus:

- Teile deine Apple Card mit Familienmitgliedern, lege Limits für Transaktionen fest und mehr.
- Verwalte die Monatsraten für die Apple Card.
- Prüfe geplante Zahlungen.
- Zeige Kreditdetails an.
- Füge verlinkte Bankkonten hinzu oder entferne sie.
- Sperre deine physische Karte und fordere einen Ersatz an.
- Ändere Mitteilungseinstellungen.
- Aktualisiere deine Rechnungsadresse.
- Hol dir Unterstützung über die App „Nachrichten"

Zubehör

Mit dem iPad geliefertes Zubehör

Verwende das mitgelieferte Netzteil und Ladekabel, um das iPad an eine Steckdose anzuschließen und die Batterie aufzuladen. Größe und Typ des Netzteils hängen vom iPad-Modell und vom Land oder von der Region ab.

Du kannst das Ladekabel auch verwenden, um das iPad mit deinem Computer zu verbinden, um es aufzuladen, Dateien zu übertragen, das iPad als zweiten Bildschirm zu für den Mac verwenden und vieles mehr.

USB-C Netzteil

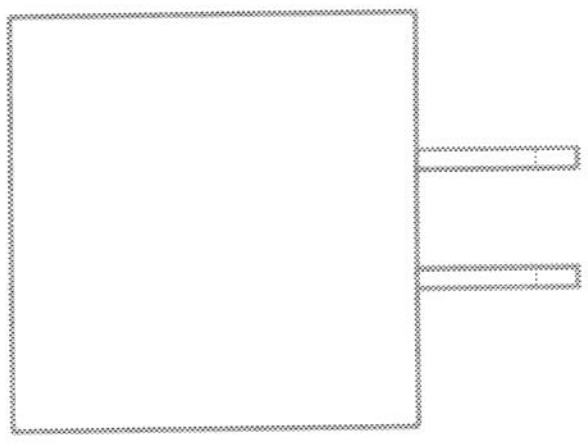

USB-Netzteil

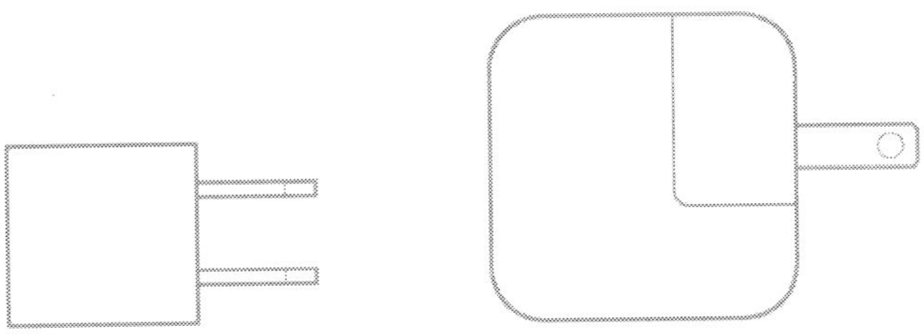

USB-C-Ladekabel

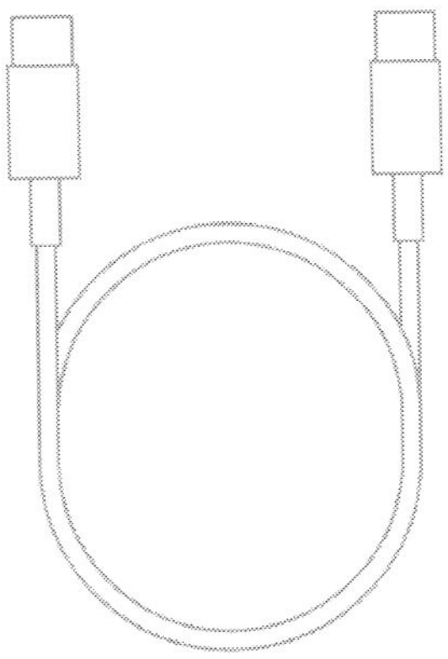

Lightning-auf-USB-C-Kabel

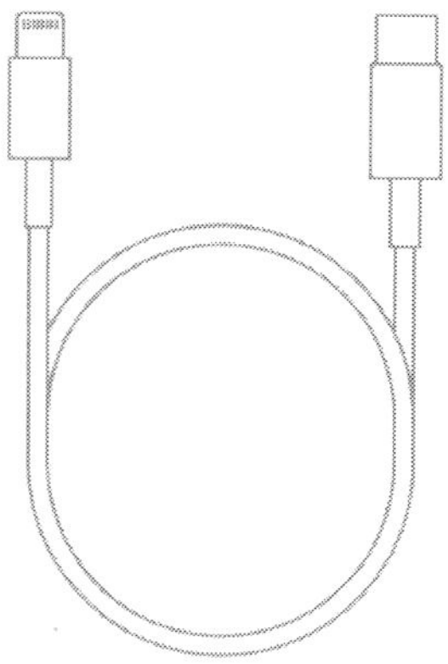

Lightning-auf-USB-Kabel

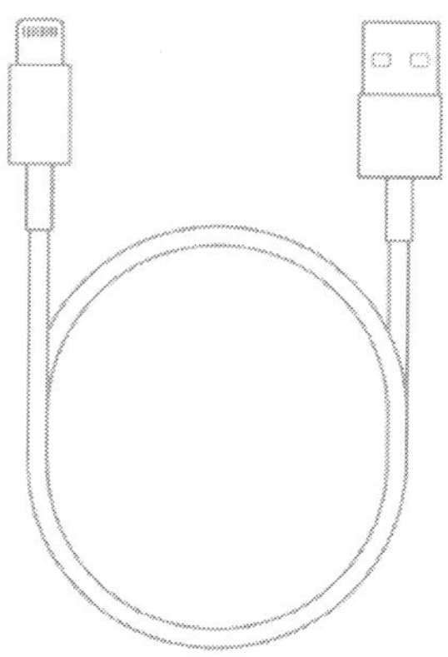

Werkzeug zum Auswerfen der SIM-Karte (Modelle mit Mobilfunk)

Drücke das Werkzeug zum Auswerfen der SIM-Karte vorsichtig in die kleine Öffnung am Fach für die SIM-Karte am iPad, bis das Fach aufspringt.

AirPods und EarPods

Verwenden von AirPods mit dem iPad

Nach dem Koppeln der AirPods mit dem iPad kannst du die AirPods verwenden, um die Audiowiedergabe auf dem iPad anzuhören, FaceTime-Anrufe zu tätigen und anzunehmen, Nachrichten zu hören und zu beantworten, Erinnerungen zu hören, wenn du sie brauchst, Konversationen in lauten Umgebungen besser verfolgen zu können und vieles mehr.

AirPods mit deinem iPad koppeln

1. Wähle auf dem iPad „Einstellungen“ > „Bluetooth“ und aktiviere die Option „Bluetooth“.
2. Gehe zum Home-Bildschirm auf deinem iPad.
3. Führe einen der folgenden Schritte aus:
    - **AirPods (1., 2. und 3. Generation) oder AirPods Pro**: Öffne das Case, in dem sich die AirPods befinden, und halte es neben dein iPad (iPadOS 15.1 oder neuer für AirPods 3. Generation erforderlich).
    - **AirPods Max**: Nimm die AirPods Max aus dem Smart Case und halte die AirPods Max neben dein iPad.
4. Folge der auf dem Bildschirm angezeigten Anleitung und tippe abschließend auf „Fertig“.

Hinweis: Wenn die Anleitung zum Koppeln deiner AirPods Max nicht angezeigt wird, wähle „Einstellungen“ > „Bluetooth“ und wähle deine AirPods Max aus. Wenn die Statusanzeige der AirPods Max nicht weiß blinkt, halte die Geräuschkontrolltaste gedrückt, bis dies der Fall ist.

Deine AirPods werden automatisch mit all deinen unterstützten Geräten gekoppelt, wenn du mit derselben Apple-ID angemeldet bist (iOS 10, iPadOS 13, macOS 10.12, watchOS 3 oder neuer erforderlich).

AirPods und iPad für weitere Zwecke verwenden

Detaillierte Anleitungen dazu, wie du deine AirPods optimal nutzen kannst, findest du im Benutzerhandbuch für die AirPods.

Verwenden von EarPods mit Lightning Connector auf dem iPad

Du kannst EarPods mit Lightning Connector (separat erhältlich) verwenden, um auf einem iPad-Modell mit Lightning-Anschluss Musik und den Ton von Videos zu hören und um Anrufe zu tätigen. EarPods verfügen über ein Mikrofon, Lautstärketasten und eine Mitteltaste.

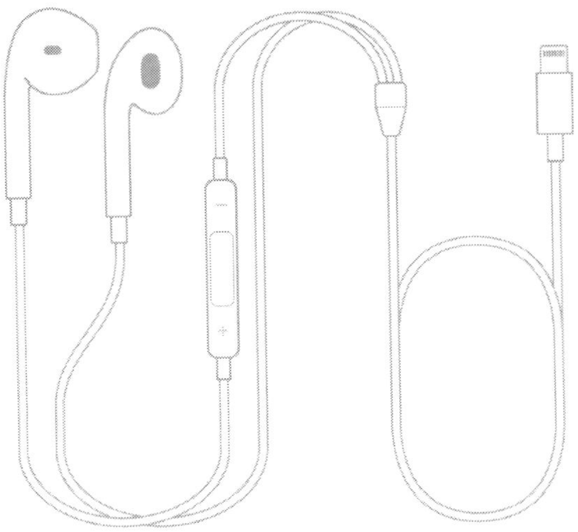

Mit der Mitteltaste kannst du Anrufe annehmen, Anrufe beenden, die Audio- und Videowiedergabe steuern und Siri verwenden, selbst wenn das iPad gesperrt ist.

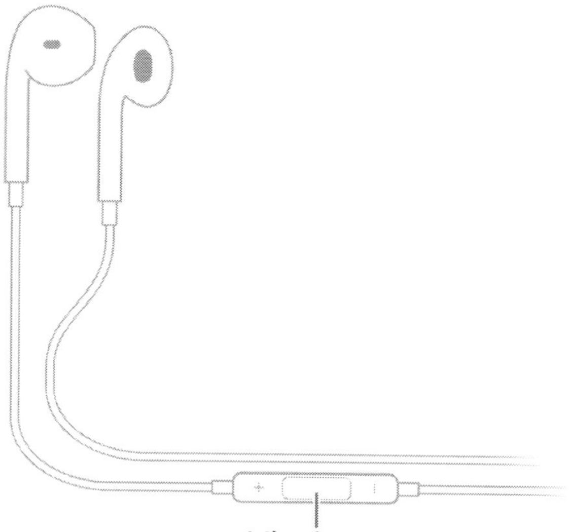

Audiowiedergabe auf deinen EarPods steuern

- Wiedergabe unterbrechen (Pause): Drücke die Mitteltaste. Durch erneutes Drücken wird die Wiedergabe fortgesetzt.
- Vorspringen: Drücke die Mitteltaste zweimal schnell hintereinander.
- Zurückspringen: Drücke die Mitteltaste dreimal schnell hintereinander.
- Schneller Vorlauf: Drücke die Mitteltaste zweimal schnell hintereinander und halte sie gedrückt.

Anrufe mithilfe deiner EarPods verwalten

- Eingehenden Anruf annehmen: Drücke die Mitteltaste.
- **Aktuellen Anruf beenden**: Drücke die Mitteltaste.
- **Zu einem eingehenden oder gehaltenen Anruf wechseln und aktuellen Anruf halten**: Drücke die Mitteltaste. Drücke die Taste erneut, um zum ersten Anruf zurückzukehren.

Siri mit EarPods verwenden

Halte die Mitteltaste gedrückt, bis du einen Signalton hörst. Lasse die Taste los und bitte Siri, eine Aufgabe auszuführen oder eine Frage zu beantworten.

Verwenden der Funktionen für die Kopfhörergeräuschpegel auf dem iPad

Du kannst einen maximalen Dezibelwert festlegen, um sicherzustellen, dass die Audiowiedergabe nicht unangenehm wird. Das iPad analysiert die Audioausgabe über die Kopfhörer und reduziert die Lautstärke aller Töne, die über dem festgelegten Pegel liegen.

In der „Kopfhörerpegel"-Anzeige kannst du nachsehen, ob der aktuelle Audiopegel in Ordnung oder zu laut ist.

Laute Töne im Kopfhörer in der App „Einstellungen" reduzieren

1. Wähle „Einstellungen" > „Töne" > „Laute Töne reduzieren".
2. Aktiviere die Option „Laute Töne reduzieren" und ziehe den Regler an die gewünschte Position.

Hinweis: Wenn du für ein Familienmitglied die Bildschirmzeit einrichtest, kannst du verhindern, dass es den Wert für „Laute Töne reduzieren" ändern. Wähle „Einstellungen" > „Bildschirmzeit" > „Beschränkungen" > „Laute Töne reduzieren" und wähle die Option „Nicht erlauben".

Lautstärkepegel der Kopfhörer während der Audioausgabe prüfen

Wenn du das iPad verwendest und dabei Kopfhörer trägst, kannst du die Funktion „Hören" im Kontrollzentrum verwenden, um den aktuellen Dezibelwert zu prüfen. AirPods, EarPods und viele andere kabelgebundene und kabellose Kopfhörer sind mit der Funktion „Hören" im Kontrollzentrum kompatibel.

1. Wähle „Einstellungen" > „Kontrollzentrum" und füge das Steuerelement „Hören" hinzu.
2. Verbinde deine Kopfhörer bzw. stecke sie ein und starte die Audiowiedergabe.
3. Öffne das Kontrollzentrum und tippe auf .
   Die Lautstärke deiner Kopfhörer (in Dezibel) kannst du in der „Kopfhörerpegel"-Anzeige ablesen.

Hinweis: Du kannst auch in der „Kopfhörerpegel"-Anzeige nach unten scrollen, um die Option „Live-Mithören" zu aktivieren oder zu deaktivieren. In der Regel werden die Überwachung der Kopfhörerpegel und die Funktion „Live-Mithören" nicht gleichzeitig verwendet. Die „Kopfhörerpegel"-Anzeige ist für die Audiowiedergabe gedacht. Die Option „Live-Mithören" ist für externe Audiosignale gedacht, die über das iPad-Mikrofon empfangen werden.

Genauigkeit der Audiomessungen bei Bluetooth-Geräten von Drittanbietern verbessern

Klassifiziere deine Bluetooth-Geräte als Kopfhörer, Lautsprecher bzw. anderes Gerät.

1. Wähle „Einstellungen" > „Bluetooth" und tippe neben dem Namen des Geräts auf die Infotaste .
2. Tippe auf „Gerätetyp" und wähle eine Klassifizierung aus.

Wenn du AirPods, EarPods und andere kompatible Kopfhörer mit deinem iPad verbindest, werden die Kopfhörergeräuschpegel automatisch an das iPad gesendet. Die Messungen der Audioausgabe über Kopfhörer sind am genauesten, wenn du Kopfhörer von Apple oder Beats verwendest. Erfolgt die Audiowiedergabe über andere Kopfhörer, kann der Geräuschpegel auf der Basis der Lautstärke deines iPad geschätzt werden.

Apple Pencil

Koppeln und Laden des Apple Pencil (2. Generation) mit dem iPad

Apple Pencil (2. Generation) mit dem iPad koppeln

Bei einem iPad-Modell, das den Apple Pencil (2. Generation) unterstützt, schließt du den Apple Pencil an den magnetischen Anschluss an der rechten Seite deines iPad an.

Apple Pencil (2. Generation) aufladen

1. Stelle sicher, dass Bluetooth in „Einstellungen" > „Bluetooth" aktiviert ist.
2. Schließe den Apple Pencil an den magnetischen Anschluss an der rechten Seite deines iPad an.

Koppeln und Laden des Apple Pencil (1. Generation) mit dem iPad

Apple Pencil (1. Generation) mit dem iPad koppeln

Bei einem iPad-Modell, das den Apple Pencil (1. Generation) unterstützt, entfernst du die Abdeckung und verbindest den Apple Pencil mit dem Lightning Connector an deinem iPad. Tippe auf die Taste „Koppeln", sobald sie angezeigt wird.

Hinweis: Nachdem du den Apple Pencil mit dem iPad gekoppelt hast, bleibt er gekoppelt, bis das iPad neu gestartet, der Flugmodus aktiviert oder der Apple Pencil mit einem anderen iPad gekoppelt wird. Kopple deinen Apple Pencil wieder mit dem Gerät, wenn du ihn verwenden möchtest.

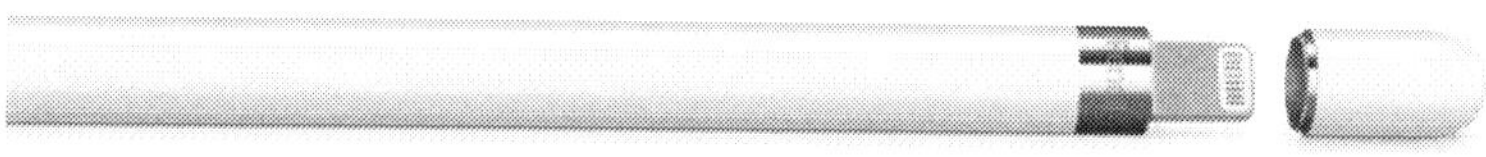

Apple Pencil (1. Generation) aufladen

Verbinde den Apple Pencil mit dem Lightning Connector an deinem iPad.

Du kannst den Apple Pencil auch mit einem Apple-USB-Netzteil über den Apple Pencil-Ladeadapter laden, der im Lieferumfang des Apple Pencil enthalten ist.

Hinweis: Im Widget „Batterien" kannst du die Restladung des Apple Pencil überprüfen.

Texteingabe mit der Funktion „Kritzeln" auf dem iPad

Auf unterstützten iPad-Modellen kannst du den Apple Pencil (separat erhältlich) und die Funktion „Kritzeln" verwenden, um Text einzugeben. Ohne die Bildschirmtastatur zu öffnen oder zu verwenden, kannst du schnell auf eine Nachricht antworten, eine Erinnerung notieren und vieles mehr. Die Funktion „Kritzeln" wandelt handgeschriebene Notizen direkt auf dem iPad in Text um, damit das Geschriebene vertraulich bleibt.

Hinweis: Die Funktion „Kritzeln“ ist in mehreren Sprachen verfügbar.

Apple Pencil für die Eingabe in Textfeldern verwenden

1. Schreibe mit dem Apple Pencil in beliebige Textfelder und die Funktion „Kritzeln“ wandelt deine Handschrift automatisch in getippten Text um.
   Die Funktion „Kritzeln“ funktioniert sogar, wenn deine handschriftlichen Eingaben über die Ränder des Textfelds hinausgehen.
2. Tippe auf die Symbolleiste der Funktion „Kritzeln“, um einen Kurzbefehl für eine Aktion zu verwenden.
   Die verfügbaren Aktionen hängen von der verwendeten App ab und verfügen unter Umständen über die Taste „Widerrufen“ , die Taste „Tastatur anzeigen“ und vieles mehr.
   Tippe auf und aktiviere die Option „Automatisch minimieren“, wenn die Symbolleiste automatisch minimiert werden soll, wenn du Text eingibst. Tippe auf die minimierte Version, um die vollständige Symbolleiste einzublenden.

Apple Pencil für die Eingabe von Text in der App „Notizen“ verwenden

1. Tippe in der App „Notizen“ auf , um die Symbolleiste „Markierungen“ einzublenden.
2. Tippe in der Symbolleiste „Markierungen“ auf das Symbol für „Handschrift“ (links neben dem Stift).
3. Schreibe mit dem Apple Pencil und die Funktion „Kritzeln“ wandelt deine Handschrift automatisch in getippten Text um.

Text auswählen und prüfen mit dem Apple Pencil

Wenn du Text mit dem Apple Pencil und der Funktion „Kritzeln“ eingibst, stehen dir folgende Aktionen zur Verfügung:

- **Wort löschen**: Streiche das Wort durch.
- **Text einfügen**: Lege einen Finger auf einen Textbereich und schreibe in dem Freiraum, der sich öffnet.
- **Zeichen zusammenfügen oder trennen**: Ziehe eine vertikale Linie zwischen den Zeichen.
- **Text auswählen**: Zeichne einen Kreis um den Text oder unterstreiche ihn, um in auszuwählen und die Bearbeitungsoptionen einzublenden. Zum Ändern der Auswahl bewegst du die Aktivpunkte am Anfang oder am Ende des ausgewählten Texts.
- **Wort auswählen**: Doppeltippe auf das Wort.
- **Absatz auswählen**: Tippe dreimal auf ein Wort im Absatz oder bewege den Apple Pencil über den Absatz.

Handschrift nicht mehr in Text umwandeln

Wähle „Einstellungen“ > „Apple Pencil“ und deaktiviere die Option „Kritzeln“.

Zeichnen mit dem Apple Pencil auf dem iPad

Linie schattieren oder dunkler machen mit dem Apple Pencil

Beim Zeichnen oder Skizzieren kannst du den Apple Pencil neigen, um eine Linie zu schattieren, oder fester aufdrücken, um die Linie dunkler zu machen.

Mit dem Apple Pencil (2. Generation) durch Doppeltippen zwischen Werkzeugen wechseln

Bei der Arbeit in einer unterstützten App wie „Notizen" kannst du auf den unteren Bereich des Apple Pencil (2. Generation) doppeltippen, um schnell zum zuletzt verwendeten Werkzeug zu wechseln.

So ist es beispielsweise möglich, vom Marker zurück zum Radiergummi zu wechseln.

Wenn du deine Einstellungen für das Doppeltippen ändern willst, wähle „Einstellungen" > „Apple Pencil".

Aufnehmen und Markieren eines Bildschirmfotos mit dem Apple Pencil auf dem iPad

Du kannst mit dem Apple Pencil schnell ein Bildschirmfoto aufnehmen und es mit Markierungen versehen, um es mit anderen zu teilen oder in Dokumenten zu verwenden.

1. Zum Aufnehmen des Bildschirmfotos streichst du mit dem Apple Pencil von einer beliebigen Ecke am unteren Bildschirmrand des iPad nach oben.
2. Verwende den Apple Pencil, um das Bildschirmfoto mit Markierungen zu versehen. Verwende die Symbolleiste „Markierungen" am unteren Bildschirmrand, um die Zeichenwerkzeuge zu wechseln.
3. Tippe auf und wähle eine der Optionen aus, um das markierte Bildschirmfoto an andere zu senden (beispielsweise in einer Nachricht) oder in einem Dokument zu sichern (beispielsweise in einer Notiz).
4. Tippe abschließend auf „Fertig" und wähle eine der Optionen aus.

Schnelles Schreiben von Notizen mit dem Apple Pencil auf dem iPad

Du kannst den Apple Pencil verwenden, um schnell eine Notiz von einer beliebigen Stelle auf dem iPad zu schreiben, auch wenn das iPad gesperrt ist.

Streiche mit dem Apple Pencil vom unteren rechten Bildschirmrand nach oben.

Ruhezustand des iPad durch Zeichnen oder Schreiben einer Notiz beenden

Tippe mit dem Apple Pencil auf den Sperrbildschirm und beginne zu zeichnen oder Notizen zu machen.

Apple TV, Smart-TVs und andere Videobildschirme

Drahtloses Streamen von Videos und Fotos vom iPad an ein Apple TV oder Smart-TV

Du kannst dein Apple TV oder ein AirPlay 2-fähiges Smart-TV verwenden, um vom iPad gestreamte Videos und Fotos anzusehen.

Video auf einem Apple TV oder einem AirPlay 2-fähigen Smart-TV abspielen

1. Tippe auf den Bildschirm, während in der Apple TV App oder einer anderen unterstützten Video-App auf deinem iPad ein Video läuft, um die Steuerelemente einzublenden.
2. Tippe auf und wähle danach dein Apple TV oder ein AirPlay 2-fähiges Smart-TV als Wiedergabeziel aus.
   Gib, wenn auf dem TV-Bildschirm ein AirPlay-Code erscheint, diesen Code auf deinem iPad ein.

Wähle eine andere AirPlay-Option auf dem iPad-Bildschirm aus, wenn du das Wiedergabeziel ändern willst.

Fotos auf einem Apple TV oder einem AirPlay 2-fähigen Smart-TV anzeigen

1. Tippe in der App „Fotos" auf dem iPad auf ein Foto und tippe dann auf .
2. Streiche nach oben, tippe auf und wähle danach dein Apple TV oder ein AirPlay 2-fähiges Smart-TV als Wiedergabeziel aus.
   Gib, wenn auf dem TV-Bildschirm ein AirPlay-Code erscheint, diesen Code auf deinem iPad ein.

Zum Beenden des Fotostreamings tippe auf oben im iPad-Bildschirm und tippe dann auf „AirPlay deaktivieren".

Automatisches AirPlay-Streaming aktivieren oder deaktivieren

Du kannst deinem iPad erlauben, oft genutzte Apple TV-Geräte oder Smart-TVs zu entdecken und automatisch eine Verbindung zu ihnen herzustellen, wenn du Inhalte in Apps wiedergibst, mit denen du regelmäßig AirPlay verwendest.

Wähle „Einstellungen" > „Allgemein" > „AirPlay & Handoff" und wähle dann „Automatisch", „Nie" oder „Fragen".

iPad auf einem Apple TV oder Smart-TV spiegeln

Auf einem Apple TV oder Smart-TV kannst du das anzeigen, was auf deinem iPad zu sehen ist.

1. Öffne das Kontrollzentrum auf dem iPad.

2. Tippe auf und wähle danach dein Apple TV oder ein AirPlay 2-fähiges Smart-TV als Wiedergabeziel aus.
   Gib, wenn auf dem TV-Bildschirm ein AirPlay-Code erscheint, diesen Code auf deinem iPad ein.

Um wieder zum iPad zu wechseln, öffne das Kontrollzentrum, tippe auf und dann auf „Synchronisierung stoppen".

Hinweis: Eine Liste der AirPlay 2-fähigen Smart-TVs findest du auf der Website für Home-Zubehör.

Anschließen des iPad an ein Display über ein Kabel

Mit einem geeigneten Kabel bzw. Adapter kannst du das iPad an ein sekundäres Display (wie ein Computerdisplay, ein TV-Gerät oder einen Projektor) anschließen.

Das iPad mit dem Apple Studio Display oder Pro Display XDR verbinden

Dein Apple-Display schaltet sich automatisch ein, wenn es ans Stromnetz angeschlossen und mit deinem iPad mit dem Thunderbolt-Kabel, das mit dem Display geliefert wird, verbunden wird. Dein iPad wird geladen, wenn es mit dem Display verbunden ist.

iPad mit USB-C- oder Thunderbolt / USB 4-Anschluss anschließen

Bei einem Modell mit USB-C-Anschluss oder Thunderbolt / USB 4-Anschluss ist es unter Umständen möglich, das iPad an einem der USB- oder Thunderbolt 3-Anschlüsse des Displays anzuschließen.

Wenn das Ladekabel, das du mit deinem iPad erhalten hast, nicht mit dem Anschluss an deinem Display, TV-Gerät oder Projektor kompatibel ist, kannst du wie folgt vorgehen:

1. Stecke einen USB-C-Display-AV-Adapter oder einen USB-C-VGA-Multiport-Adapter in den Ladeanschluss am iPad ein.
2. Schließe ein HDMI- oder VGA-Kabel an den Adapter an.
3. Schließe das andere Ende des HDMI- bzw. VGA-Kabels an das Display, das TV-Gerät oder den Projektor an.
4. Stelle gegebenenfalls auf dem Display, dem TV-Gerät oder dem Projektor die richtige Videoquelle ein. Weitere Informationen findest du im Handbuch zu deinem Display. Wenn sich das Display nicht einschaltet, wenn du es an das iPad anschließt, solltest du die Verbindung zum iPad trennen und anschließend wiederherstellen. Kann das Problem dadurch nicht behoben werden, trennst du das Display von der Stromquelle und steckst den Stecker anschließend wieder ein.

iPad mit Lightning Connector

Gehe bei einem Modell mit Lightning Connector wie folgt vor:

1. Stecke einen Lightning-Digital-AV-Adapter oder einen Lightning-auf-VGA-Adapter in den Ladeanschluss am iPad ein.
2. Schließe ein HDMI- oder VGA-Kabel an den Adapter an.

3. Schließe das andere Ende des HDMI- bzw. VGA-Kabels an das Display, das TV-Gerät oder den Projektor an.
4. Stelle gegebenenfalls auf dem Display, dem TV-Gerät oder dem Projektor die richtige Videoquelle ein. Weitere Informationen findest du im Handbuch zu deinem Display.

Die Adapter verfügen über einen zusätzlichen Anschluss, sodass du das Ladekabel anschließen und dein iPad aufladen kannst, während die Verbindung zum sekundären Display, TV-Gerät oder Projektor besteht.

Audiowiedergabe vom iPad auf einem HomePod und anderen kabellosen Lautsprechern

Du kannst Audioinhalte vom iPad auf kabellosen Geräten wie HomePod, Apple TV, AirPlay 2-fähigen Smart-TVs sowie Bluetooth-Kopfhörern und -Lautsprechern wiedergeben.

Audioinhalte vom iPad auf einem kabellosen Gerät wiedergeben

1. Öffne auf deinem iPad eine Audio-App wie „Musik" und wähle dann ein Objekt zum Abspielen aus.
2. Tippe auf  und wähle ein Wiedergabeziel aus.
   Hinweis: Wenn deine AirPlay 2-fähigen Geräte in der Liste der Wiedergabeziele nicht anzeigt werden, stelle sicher, dass sie sich im selben WLAN befinden. Wenn du ein Bluetooth-Gerät aus der Bluetooth-Reichweite bewegst, wird als Wiedergabeziel wieder das iPad verwendet.

Zum Auswählen des Wiedergabeziels kannst du auch auf  im Sperrbildschirm oder im Kontrollzentrum tippen.

Audio auf mehreren AirPlay 2-fähigen Geräten wiedergeben

Mit AirPlay 2 und einem iPad kannst du Audioinhalte auf mehreren AirPlay 2-fähigen Geräten wiedergeben, die mit demselben WLAN verbunden sind. Du kannst beispielsweise die Playlist für deine Party auf den HomePod-Lautsprechern im Wohnzimmer und in der Küche sowie auf dem Apple TV im Schlafzimmer und auf einem AirPlay 2-fähigen Smart-TV im Hobbyraum wiedergeben.

Siri: Sage zum Beispiel:

- „Musikwiedergabe in allen Räumen beenden"
- „Lautstärke im Esszimmer auf 10 Prozent stellen"
- „Was läuft in der Küche?"
- „Spiele in der Küche einen Song, den ich mag"
- „Füge den Lautsprecher im Wohnzimmer hinzu"
- „Musik in der Küche entfernen"
- „Musik jetzt nur im Arbeitszimmer spielen"

Du kannst auch Wiedergabeziele vom iPad-Bildschirm aus auswählen.

1. Tippe auf im Kontrollzentrum, im Sperrbildschirm oder in den Steuerelementen für „Jetzt läuft“ der App, die du gerade für die Audiowiedergabe verwendest.
2. Wähle jedes Gerät aus, das du verwenden willst.

Hinweis: Geräte, die als Stereopaar konfiguriert sind, werden als Einzelgerät behandelt.

Tastaturen

Externe Apple-Tastaturen für das iPad

Diese mobilen Tastaturen in Normalgröße (separat erhältlich) erlauben es dir, Text einzugeben, während der gesamte iPad-Bildschirm zu sehen ist.

Magic Keyboard für iPad

Das Magic Keyboard für iPad wird direkt an das iPad angeschlossen und dient beim Zuklappen als dünne Abdeckung. Es umfasst ein integriertes Trackpad, das du verwenden kannst, um auf dem iPad-Bildschirm zu navigieren, Apps zu öffnen und vieles mehr. Das Magic Keyboard für iPad benötigt weder Batterien noch eine externe Stromversorgung (du kannst es jedoch an das Stromnetz anschließen, um dein iPad aufzuladen).

Smart Keyboard

Das Smart Keyboard, einschließlich Smart Keyboard Folio wird direkt an das iPad angeschlossen und kann als dünne Abdeckung genutzt werden. Für diese Tastatur werden weder Batterien noch ein externes Netzteil benötigt.

Magic Keyboard

Das Magic Keyboard (einschließlich Magic Keyboard mit Ziffernblock) wird via Bluetooth mit dem iPad verbunden. Das Magic Keyboard wird von einer integrierten, wiederaufladbaren Batterie betrieben.

Anschließen des Magic Keyboard für iPad (mit integriertem Trackpad)

Du kannst mit dem Magic Keyboard für iPad Text eingeben und sein integriertes Trackpad verwenden, um Objekte auf dem iPad-Bildschirm zu steuern.

Magic Keyboard für iPad anschließen

Öffne die Tastatur, klappe sie zurück und schließe das iPad an.

Das iPad wird magnetisch fixiert.

Neige das iPad nach Bedarf, um den Betrachtungswinkel anzupassen.

Helligkeit der Tastatur anpassen

Wähle „Einstellungen“ > „Allgemein“ > „Tastatur“ > „Hardwaretastatur“ und bewege den Schieberegler, um die Intensität der Hintergrundbeleuchtung bei schlechten Lichtverhältnissen anzupassen.

iPad bei Verwendung des Magic Keyboard für iPad aufladen

Schließe die Tastatur mit dem USB-C-Ladekabel und dem USB-C-Netzteil, die mit deinem iPad geliefert wurden, an eine Steckdose an.

Wichtig: Das Magic Keyboard für iPad enthält Magnete, die das iPad sicher fixieren. Achte darauf, dass du keine Karten, die Informationen auf einem Magnetstreifen speichern (etwa Kreditkarten oder Hotelschlüsselkarten), auf der Innenseite des Magic Keyboard oder zwischen iPad und Magic Keyboard ablegst, da die Karten dadurch entmagnetisiert werden können.

Koppeln des Magic Keyboard mit dem iPad

Du kannst zur Eingabe von Text auf dem iPad ein Magic Keyboard (einschließlich Magic Keyboard mit Ziffernblock) verwenden. Das Magic Keyboard wird via Bluetooth mit dem iPad verbunden.

Magic Keyboard koppeln

1. Stelle sicher, dass die Tastatur eingeschaltet und aufgeladen ist.
2. Wähle auf dem iPad „Einstellungen“ > „Bluetooth“ und aktiviere die Option „Bluetooth“.
3. Wähle das Gerät, sobald es oben in der Liste „Andere Geräte“ angezeigt wird.

Hinweis: Ist das Magic Keyboard bereits mit einem anderen Gerät gekoppelt, musst du diese Kopplung zunächst aufheben, bevor du das Magic Keyboard mit deinem iPad verbinden kannst.

Wähle auf einem Mac Menü „Apple“ > „Systemeinstellungen“ > „Bluetooth“ und das Gerät aus. Klicke dann bei gedrückter Taste „ctrl“ auf den Namen des Geräts.

Magic Keyboard erneut mit dem iPad verbinden

Das Magic Keyboard trennt die Verbindung, wenn du den Schalter auf „Aus“ stellst oder wenn du das Gerät oder das iPad aus der Bluetooth-Reichweite (ca. 10 Meter) bewegst.

Zum erneuten Verbinden stelle den Tastaturschalter auf „Ein“ oder bringe die Tastatur und das iPad wieder in die Bluetooth-Reichweite und tippe auf eine Taste.

Tipp: Du kannst ein Trackpad oder eine Maus zusammen mit dem Magic Keyboard verwenden.

Wechseln zwischen Tastaturen mit dem iPad

Mit einer externen Apple-Tastatur kannst du zwischen der Sprachtastatur für deine Region, einer Emoji-Tastatur, anderen Tastaturen für Sprachen, die du hinzugefügt hast, und der Bildschirmtastatur wechseln.

Zwischen Tastaturen für Sprachen und der auf dem Bildschirm angezeigten Emoji-Tastatur wechseln

1. Halte die Taste „ctrl" auf der externen Tastatur gedrückt.
2. Drücke die Leertaste, um zwischen der Tastatur für die Sprache deiner Region, der Emoji-Tastatur und anderen Tastaturen für Sprachen umzuschalten, die du hinzugefügt hast.
   Bei Auswahl der Emoji-Tastatur kannst du folgende Aktionen ausführen:
   - **Nach einem Emoji suchen**: Gib einen gängigen Begriff wie „Herz" oder „Smiley" in das Suchfeld über der Emoji-Tastatur ein.
   - **Emoji eingeben**: Tippe auf das Emoji oder verwende die Pfeiltasten auf der externen Tastatur verwenden, um es auszuwählen, und drücke dann den Zeilenschalter.

Tipp: Um schnell zur Emoji-Tastatur zu wechseln, drücke -E auf dem Magic Keyboard für iPad oder Smart Keyboard.

Auf dem Magic Keyboard für iPad und auf dem Smart Keyboard kannst du auch drücken, um zwischen den Tastaturen zu wechseln. Wenn du verwenden möchtest, um ausschließlich die Emoji-Tastatur einzublenden und nicht zwischen den Tastaturen zu wechseln, wählst du „Einstellungen" > „Allgemein" > „Tastatur" > „Hardwaretastatur" und aktivierst die Option „Drücke für Emojis".

Tipp: Wenn du eine chinesische, koreanische, japanische oder hebräische Tastatur hinzugefügt hast, kannst du die Feststelltaste drücken, um zwischen dem lateinischen Alphabet und anderen von dir verwendeten Tastaturen zu wechseln. Soll mit der Feststelltaste nicht zwischen Sprachen gewechselt werden, wählst du „Einstellungen" > „Allgemein" > „Tastatur" > „Hardwaretastatur" und deaktivierst die Option „Sprache wechseln mit Feststelltaste".

Wechseln zur Bildschirmtastatur

1. Führe einen der folgenden Schritte aus:
   - Tippe auf in der Kurzbefehlleiste (unten auf dem Bildschirm).
   - Wenn du Tastaturen für weitere Sprachen installiert hast, tippe auf die Taste der gewünschten Sprache neben den Textvorschlägen (gegenüber der Taste „Diktieren" in der Kurzbefehlleiste).
2. Tippe auf „Tastatur anzeigen".

Tippe auf , um die Bildschirmtastatur ausblenden.

Hinweis: Auf dem Magic Keyboard für iPad und dem Smart Keyboard kannst du verwenden, um anstelle des Wechsels zwischen verschiedenen Sprachen ausschließlich die Emoji-Tastatur einzublenden. Wähle „Einstellungen" > „Allgemein" > „Tastatur" > „Hardwaretastatur" und aktiviere die Option „Drücke für Emojis". Wenn du zwischen den Tastaturen für andere Sprachen wechseln möchtest, hältst du die Taste „ctrl" gedrückt und drückst die Leertaste.

Eingeben von Buchstaben mit diakritischen Zeichen auf dem iPad bei Verwendung einer externen Apple-Tastatur

Wenn es auf der externen Apple-Tastatur, die du mit dem iPad verwendest, keine Akzentzeichen und andere diakritische Zeichen für die Sprache gibt, in der du gerade schreibst, kannst du zum Eingeben dieser Zeichen die Bildschirmtastatur oder die Wahltaste als Sondertaste verwenden.

Wahltaste zum Eingeben diakritischer Zeichen verwenden

Wenn du ein diakritisches Zeichen eingeben willst, kannst du die Wahltaste drücken, um ein Zeichen auszuwählen.

1. Führe einen der folgenden Schritte aus:
   - Füge die Tastatur einer Sprache hinzu, die diakritische Zeichen unterstützt, und wechsle dann in einer App zur Tastatur dieser Sprache.
     Füge beispielsweise die Tastatur für Spanisch (Mexiko) hinzu und verwende anschließend in einer App auf dem Magic Keyboard für iPad, um „Español (México)" auszuwählen.
   - Wähle „Einstellungen" > „Allgemein" > „Tastatur" > „Hardwaretastatur" und wähle eine alternative Tastaturbelegung aus, die diakritische Zeichen unterstützt. Wenn du beispielsweise mit der amerikanischen Tastatur arbeitest, tippst du auf „English (US)" und wählst „U.S. International – PC – Extended" oder „U.S. International ABC – Extended".
2. In einer App hältst du die Wahltaste gedrückt und drückst dann eine Taste, die ein diakritisches Zeichen erzeugt.
   Die Tastatur für Spanisch (Mexiko) und die alternative Belegung der Tastatur für „US International – PC" unterstützen beispielsweise die folgenden diakritischen Zeichen:
   - Akut (beispielsweise é): Option-E.
   - Accent grave (z. B. è): Wahl-`.
   - Tilde (z. B. ñ): Wahl-N.
   - Trema oder Umlaut z. B. ü): Wahl-U.
   - Accent circonflexe (z. B. ê): Wahl-I.

3. Drücke den Buchstaben.
   Wenn du beispielsweise ein ñ mit dem Tastaturlayout „Spanisch (Mexiko)“ oder „USA International – PC“ eingeben willst, drückst du „Wahl-N“ und gibst dann ein n ein.

Hinweis: Das Tastaturlayout „ABC – Erweitert“ ermöglicht auch die Eingabe von Tonzeichen für Mandarin-Chinesisch in Pinyin-Orthografie. Um beispielsweise ǚ in lǚxíng („reisen“) einzugeben, drückst du „Wahl-V“ und gibst dann ein v ein. Darüber hinaus ermöglicht dir das Tastaturlayout „ABC – Erweitert“ die Eingabe diakritischer Zeichen und Buchstaben verschiedener europäischer Sprachen, etwa Tschechisch, Französisch, Deutsch, Ungarisch und Polnisch.

Bildschirmtastatur zum Eingeben eines diakritischen Zeichens verwenden

1. Wechsle zur Bildschirmtastatur.
2. Lege auf der Bildschirmtastatur den Finger auf die Buchstaben-, Ziffern- oder Symboltaste, die das Basiszeichen für das Zeichen darstellt, das du eingeben möchtest. Wenn du z. B. é eingeben willst, lege den Finger auf die Taste e.
3. Streiche mit dem Finger, um die gewünschte Variante auszuwählen.
4. Tippe auf , um die Bildschirmtastatur ausblenden, wenn du mit dem Schreiben fertig bist.

Diktieren von Text auf dem iPad bei Verwendung einer externen Apple-Tastatur

Du kannst Text diktieren, anstatt ihn über eine externe Apple-Tastatur einzugeben.

Hinweis: Die Diktierfunktion ist möglicherweise nicht in allen Sprachen oder in allen Ländern oder Regionen verfügbar und die Funktionen können variieren. Es können dafür Mobilfunkgebühren anfallen (Wi-Fi + Cellular-Modelle).

1. Wähle „Einstellungen“ > „Allgemein“ > „Tastatur“ und aktiviere die Option „Diktierfunktion aktivieren“.
2. Tippe auf die Taste „Diktieren“ in der Kurzbefehlleiste (unten auf dem Bildschirm) und beginne zu sprechen,.
3. Wenn du fertig bist, tippst du auf unten auf dem Bildschirm.

Beim Diktieren von Text kannst du auch Satzzeichen oder Formatierung hinzufügen, indem du das Gewünschte sprichst.

Tipp: Um schnell zur Diktierfunktion zu wechseln, drücke -D auf dem Magic Keyboard für iPad oder Smart Keyboard.

Verwenden von Tastaturkurzbefehlen auf einer externen Apple-Tastatur mit dem iPad

Du kannst die Kurzbefehlleiste (unten auf dem Bildschirm) und eine Kombination von Tasten, auch Tastaturkurzbefehle genannt, verwenden, um schnell viele gängige Aufgaben auszuführen.

Kurzbefehlleiste zum Akzeptieren vorgeschlagener Wörter und Schreibweise verwenden

Beim Schreiben kannst du Folgendes tun:

- Akzeptiere ein vorgeschlagenes Wort, indem du in der Kurzbefehlleiste darauf tippst.
- Akzeptieren einen in der Kurzbefehlleiste markierten Vorschlag, indem du ein Leerzeichen oder Satzzeichen eingibst. (Wenn du ein Komma, einen Punkt oder ein anderes Satzzeichen eingibst, nachdem du zum Akzeptieren eines Vorschlags ein Leerzeichen eingegeben hast, wird dieses Leerzeichen gelöscht.)
- Lehne die Vorschläge ab, indem du auf das ursprüngliche Wort tippst. (Dieses Wort wird in der Kurzbefehlleiste mit Anführungszeichen angezeigt).

Zum Deaktivieren der Vorschläge wählst du „Einstellungen" > „Allgemein" > „Tastatur" und deaktivierst die Option „Vorschläge".

Verwende die Kurzbefehlleiste, um zwischen Tastaturen für Sprachen, für Emoji und der Bildschirmtastatur zu wechseln.

Du kannst die Kurzbefehlleiste verwenden, um zwischen der Sprachtastatur für deine Region, einer Emoji-Tastatur, anderen Tastaturen für Sprachen, die du hinzugefügt hast, und der Bildschirmtastatur wechseln.

1. Führe einen der folgenden Schritte aus:
    - Tippe in der Kurzbefehlleiste auf .
    - Wenn du Tastaturen für weitere Sprachen installiert hast, tippe auf die Taste der gewünschten Sprache neben den Textvorschlägen (gegenüber der Taste „Diktieren" in der Kurzbefehlleiste).
2. Wähle eine Option aus.

Kurzbefehlleiste für andere Kurzbefehle verwenden

- App-spezifische Kurzbefehle verwenden: Die Tasten am äußeren Rand der Kurzbefehlleiste variieren abhängig von der App, die du verwendest, oder der Aufgabe, die du gerade ausführst Jede App ist anders, probiere die Kurzbefehlleiste einfach aus, um festzustellen, was du damit machen kannst.
- Tastatureinstellungen ändern: Tippe auf (oder die Taste der Sprache, durch die sie ersetzt wurde) und tippe dann auf „Tastatureinstellungen".

- Kurzbefehlleiste minimieren: Tippe auf (oder die Taste der Sprache, durch die sie ersetzt wurde) und tippe dann auf „Minimieren“. Tippe auf die minimierte Version, um wieder die vollständige Kurzbefehlleiste einzublenden.
- Text diktieren: Tippe auf die Taste „Diktieren“ und beginne zu sprechen. Wenn du fertig bist, tippst du auf unten auf dem Bildschirm.

Tastaturkurzbefehle verwenden

Auf einer externen Apple-Tastatur kannst du Tastaturkurzbefehle verwenden, um auf dem iPad die folgenden Aktionen auszuführen:

- **Schnell zwischen Apps umschalten**: Halte die Befehlstaste gedrückt und drücke die Tabulatortaste, bis du zu der App gelangst, die du öffnen möchtest.
- **Suche öffnen**: Drücke die Befehlstaste und die Leertaste.
- **Zwischen Listen, Textfeldern und mehr navigieren**: Drücke die Tabulatortaste, um zwischen den Bereichen einer App zu navigieren. Wenn beispielsweise in der App „Notizen“ die Liste „Ordner“ angezeigt wird, drückst du die Tabulatortaste, um zwischen der Ordnerliste, der Notizenliste und dem Suchfeld zu wechseln.
- **Multitasking- und andere systemweite Kurzbefehle anzeigen**: (Magic Keyboard für iPad und Smart Keyboard) Halte gedrückt und tippe unter der Liste auf Kategorien.
- **Kurzbefehle für die verwendete App anzeigen**: Halte die Befehlstaste gedrückt und tippe unter der Liste auf Kategorien.
-

Du kannst die Aktionen ändern, die von der Befehlstaste (und anderen Sondertasten wie der Feststelltaste) ausgeführt werden. Wähle „Einstellungen“ > „Allgemein“ > „Tastatur“ > „Hardwaretastatur“ und tippe auf „Sondertasten“. Tippe dann auf eine Taste und wähle die Aktion, die diese Taste ausführen soll.

Wähle zum Verwenden zusätzlicher Tastaturkurzbefehle „Einstellungen“ > „Bedienungshilfen“ > „Tastaturen“ > „Tastatursteuerung“ und aktiviere die Option „Tastatursteuerung“.

Hinweis: Du kannst auch Textersetzungen definieren, mit denen durch das Schreiben weniger Buchstaben vollständige Wörter oder Sätze eingeben werden können. So wird „adw“ beispielsweise zu „Auf dem Weg!“ erweitert.

Auswählen eines alternativen Tastaturlayouts für eine externe Apple-Tastatur mit dem iPad

Mit einem alternativen Tastaturlayout kannst du Buchstaben und Zeichen eingeben, die auf deiner externen Apple-Tastatur nicht vorhanden sind. Beispielsweise kannst du mit dem Tastaturlayout „ABC – Erweitert“ Buchstaben und diakritische Zeichen für verschiedene europäische Sprachen und Tonzeichen für Mandarin-Chinesisch in Pinyin eingeben.

1. Wähle „Einstellungen“ > „Allgemein“ > „Tastatur“ > „Hardwaretastatur“.

Ändern von Optionen für Eingabehilfen für eine externe Apple-Tastatur mit dem iPad

Du kannst Optionen für die automatische Korrektur, intelligente Zeichensetzung und mehr ändern.

Optionen für Eingabehilfen für eine externe-Tastatur ändern

Wähle „Einstellungen“ > „Allgemein“ > „Tastatur“ > „Hardwaretastatur“ und führe beliebige der folgenden Schritte aus:

- **„Auto-Großschreibung“ aktivieren oder deaktivieren**: Wenn diese Option ausgewählt ist, werden in Apps, die diese Funktion unterstützen, Eigennamen und Wörter am Satzanfang großgeschrieben, während du tippst.
- **„Auto-Korrektur“ aktivieren oder deaktivieren**: Wenn diese Option ausgewählt ist, wird die Rechtschreibung in Apps, die diese Funktion unterstützen, korrigiert, während du tippst.
- „.“-Kurzbefehl aktivieren oder deaktivieren: Wenn diese Option ausgewählt ist, wird ein Punkt mit einem anschließenden Leerzeichen eingefügt, wenn du zweimal auf die Leertaste tippst.

Optionen für Eingabehilfen für alle Tastaturen ändern

Du kannst spezielle Schreibfunktionen – wie beispielsweise Textvorschläge und intelligente Interpunktion –, die dich beim Schreiben unterstützen, aktivieren oder deaktivieren. Diese Einstellungen gelten für die Bildschirmtastatur und die externe Tastatur.

1. Wähle „Einstellungen“ > „Allgemein“ und tippe auf „Tastatur“.
2. Aktiviere oder deaktiviere in der Liste unter „Alle Tastaturen“ die entsprechenden Schreibfunktionen.

Für mehrere Optionen, einschließlich „Auto-Korrektur“ und „Auto-Großschreibung“, kannst du für deine externe Tastatur in „Einstellungen“ > „Allgemein“ > „Tastatur“ > „Hardwaretastatur“ andere Einstellungen festlegen.

Trackpads

Anschließen eines Magic Trackpad an das iPad

Du kannst ein Magic Trackpad (einschließlich Magic Trackpad 2) an dein iPad anschließen (das Magic Trackpad ist separat erhältlich).

Magic Trackpad koppeln

1. Stelle sicher, dass das Magic Trackpad eingeschaltet und aufgeladen ist.

2. Wähle auf dem iPad „Einstellungen“ > „Bluetooth“ und aktiviere die Option „Bluetooth“.
3. Wähle das Gerät, sobald es oben in der Liste „Andere Geräte“ angezeigt wird.

Hinweis: Ist das Magic Trackpad bereits mit deinem Mac oder einem anderen iPad gekoppelt, musst du diese Kopplung zunächst aufheben, bevor du das Magic Trackpad mit deinem iPad verbinden kannst. Weitere Informationen für ein iPad findest du unter Bluetooth-Gerät entkoppeln. Wähle auf einem Mac Menü „Apple“ > „Systemeinstellungen“ > „Bluetooth“ und das Gerät aus. Klicke dann bei gedrückter Taste „ctrl“ auf den Namen des Geräts.

Magic Trackpad erneut mit dem iPad verbinden

Das Magic Trackpad trennt die Verbindung, wenn du den Schalter auf „Aus“ stellst oder wenn du das Gerät oder das iPad aus der Bluetooth-Reichweite (ca. 10 Meter) bewegst.

Zum erneuten Verbinden stelle den Trackpad-Schalter auf „Ein“ oder bringe das Trackpad oder das iPad wieder in die Bluetooth-Reichweite und klicke auf das Trackpad.

Trackpad-Gesten für das iPad

Du kannst ein Magic Trackpad (einschließlich Magic Trackpad 2) und das integrierte Trackpad des Magic Keyboard für iPad zum Öffnen von Apps, Anzeigen des Home-Bildschirms, Öffnen von Slide Over und mehr verwenden (das Magic Trackpad und das Magic Keyboard für iPad sind separat erhältlich).

Wenn sich dein iPad in der Nähe des Mac befindet, kannst du auch ein Trackpad zwischen beiden Geräten teilen (iPadOS 15.4, macOS 12.3 oder neuer). Viele der Trackpad-Gesten in der folgenden Tabelle werden von Mac-Trackpads unterstützt.

Trackpad-Gesten für Magic Trackpad, Magic Trackpad 2 und Magic Keyboard für iPad

Geste	Beschreibung
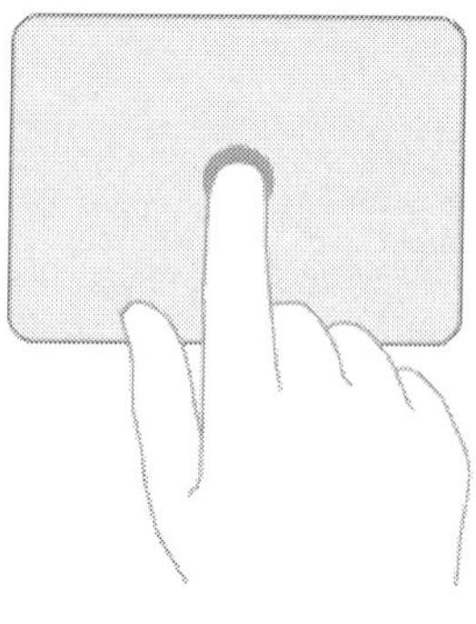	**Klicken**. Drücke mit einem Finger, bis du ein Klicken spürst.

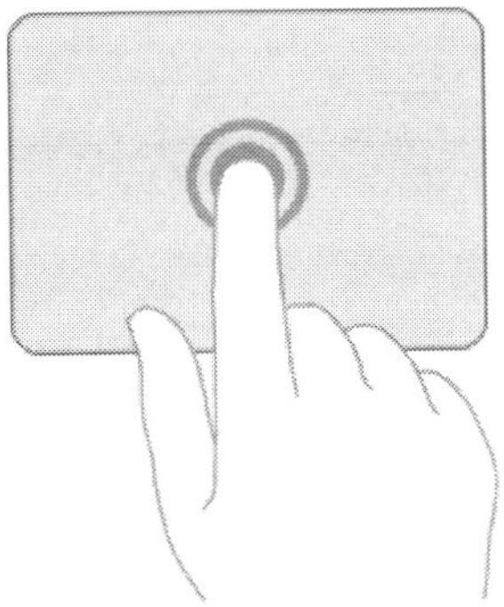	**Klicken und halten**. Drücke und halte mit einem Finger.
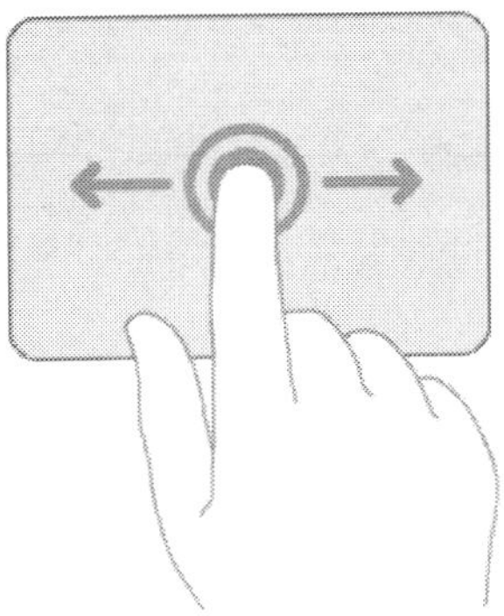	**Bewegen**. Klicke auf ein Objekt und halte den Finger auf dem Objekt. Streiche dann mit dem Finger über das Trackpad, um das Objekt zu bewegen.
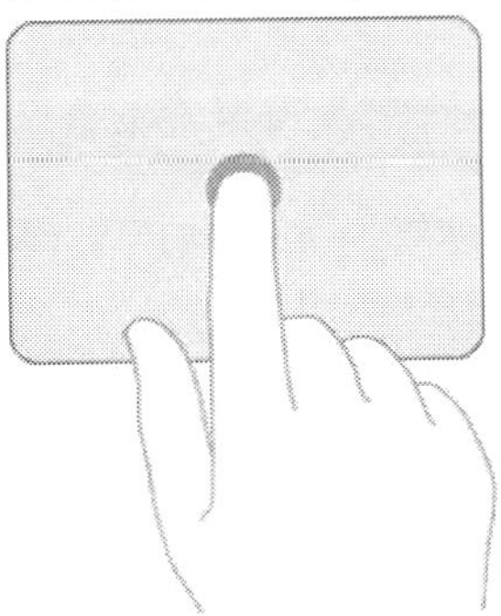	Ruhezustand des iPad beenden. Klicke auf das Trackpad. Oder drücke eine beliebige Taste, wenn du eine externe Tastatur verwendest.

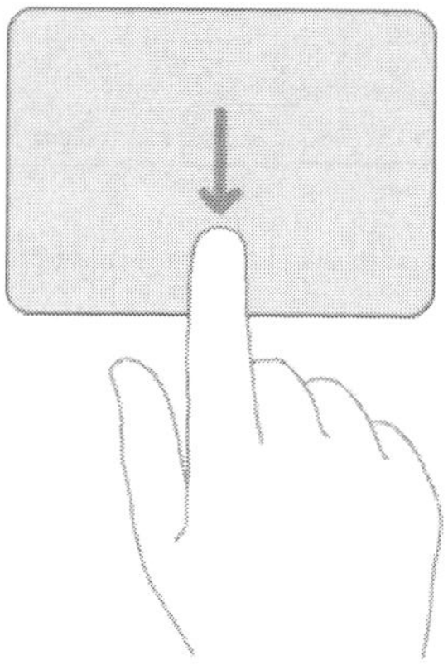	**Dock öffnen**. Verwende einen Finger, um den Zeiger durch Streichen über den unteren Bildschirmrand hinaus zu bewegen.
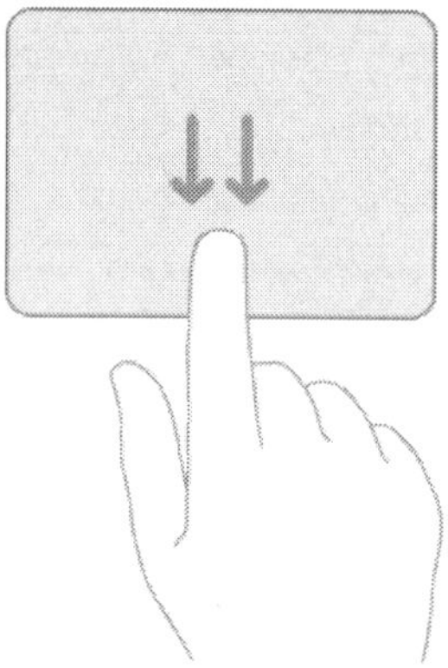	**Zum Home-Bildschirm wechseln**. Verwende einen Finger, um den Zeiger durch Streichen über den unteren Bildschirmrand hinaus zu bewegen. Nachdem das Dock angezeigt wird, streiche mit dem Finger, um den Zeiger nochmals über den unteren Bildschirmrand hinaus zu bewegen. Alternativ kannst du unten auf dem Bildschirm auf die Leiste klicken (auf einem iPad mit Face ID).
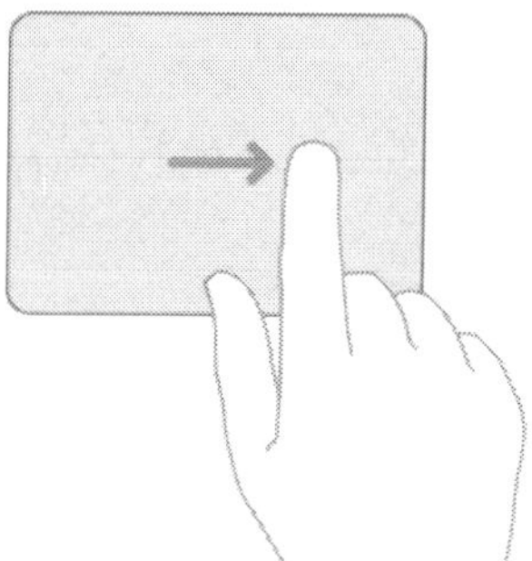	**Slide Over einblenden**. Verwende einen Finger, um den Zeiger über den rechten Bildschirmrand hinaus zu bewegen. Zum Ausblenden von Slide Over streiche erneut nach rechts.
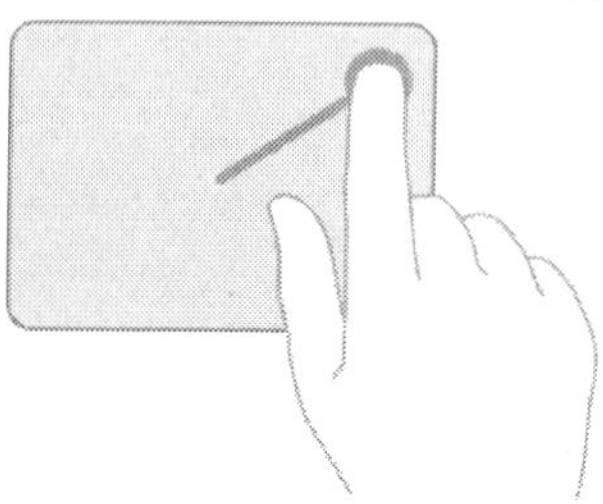	**Kontrollzentrum öffnen**. Verwende einen Finger, um den Zeiger zu bewegen und die Symbole für den Status oben rechts auszuwählen, und klicke dann. Oder wähle die Symbole für den Status oben rechts aus und streiche mit einem Finger nach oben.

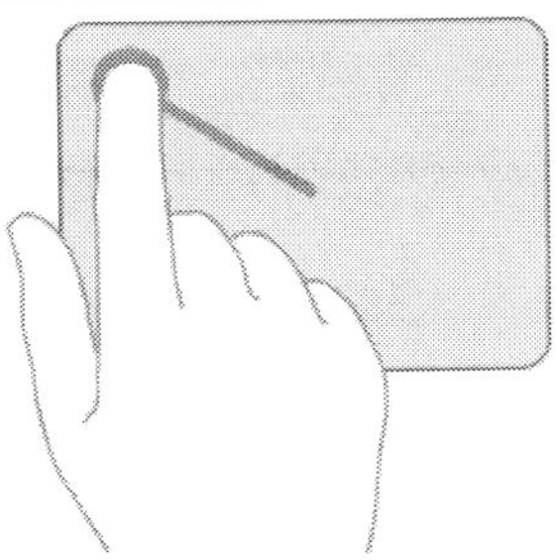	**Mitteilungszentrale öffnen**. Verwende einen Finger, um den Zeiger zu bewegen und die Symbole für den Status oben links auszuwählen, und klicke dann. Oder verwende einen Finger, um den Zeiger über den oberen Bildschirmrand (etwa in der Mitte) hinauszubewegen.

Zusätzliche Gesten für Magic Trackpad 2 und Magic Keyboard für iPad

Geste	Beschreibung
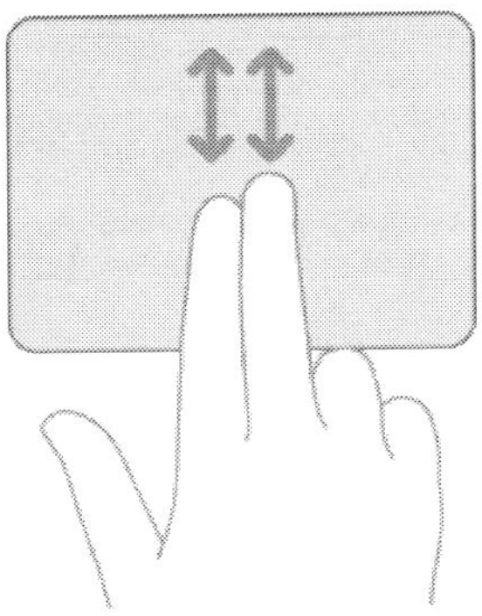	**Nach oben und unten scrollen**. Streiche mit zwei Fingern nach oben oder unten.
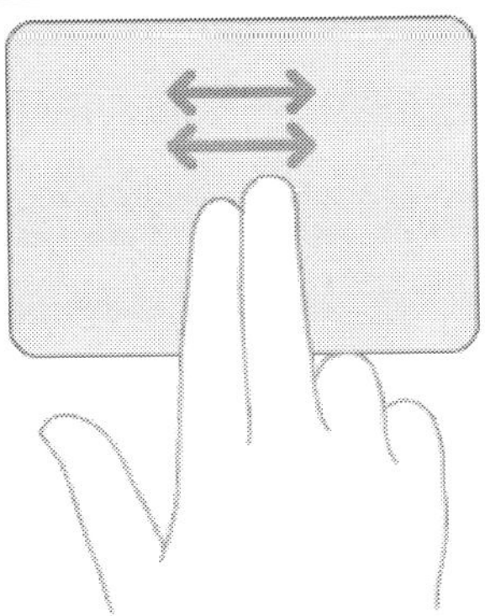	**Nach links oder rechts scrollen**. Streiche mit zwei Fingern nach links oder nach rechts.

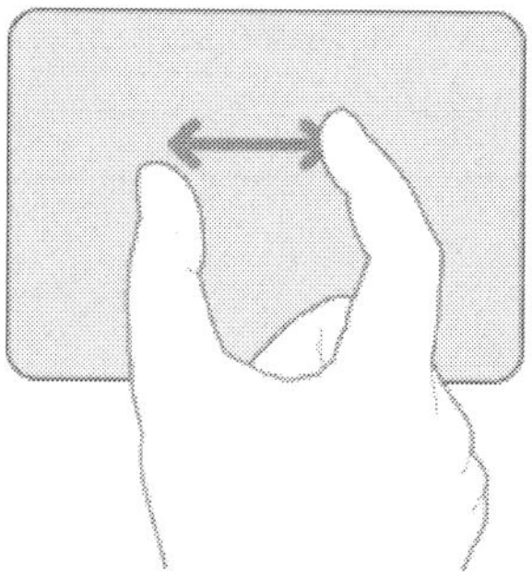	**Zoomen**. Setze zwei Finger nah beieinander. Ziehe die Finger zum Einzoomen auseinander und ziehe sie zum Auszoomen zusammen.
	**App-Umschalter öffnen**. Streiche mit drei Fingern nach oben und halte vor dem Anheben der Finger kurz an. Oder ziehe vier Finger zusammen und halte vor dem Anheben der Finger kurz an.
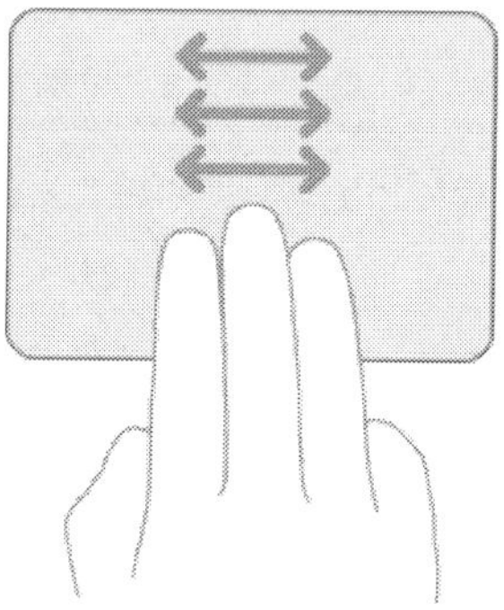	**Zwischen geöffneten Apps wechseln**. Streiche mit drei Fingern nach links oder rechts.
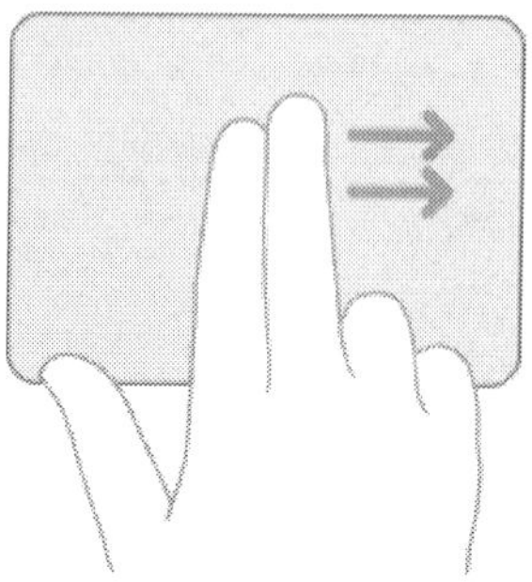	**Ansicht „Heute“ öffnen**. Streiche mit zwei Fingern nach rechts, wenn der Home-Bildschirm oder der Sperrbildschirm angezeigt wird.

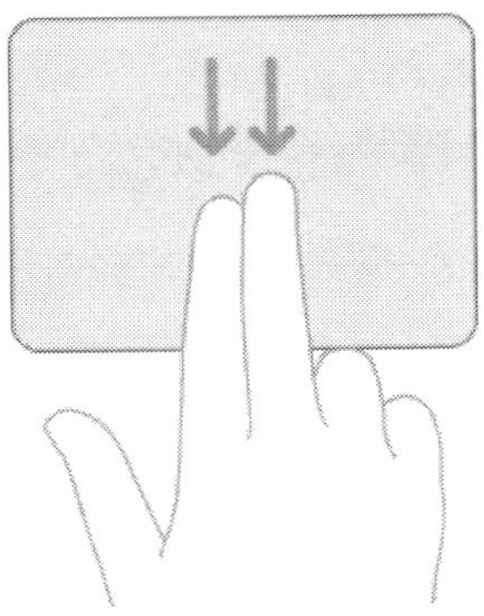	**Suche vom Home-Bildschirm aus öffnen**. Streiche mit zwei Fingern nach unten.
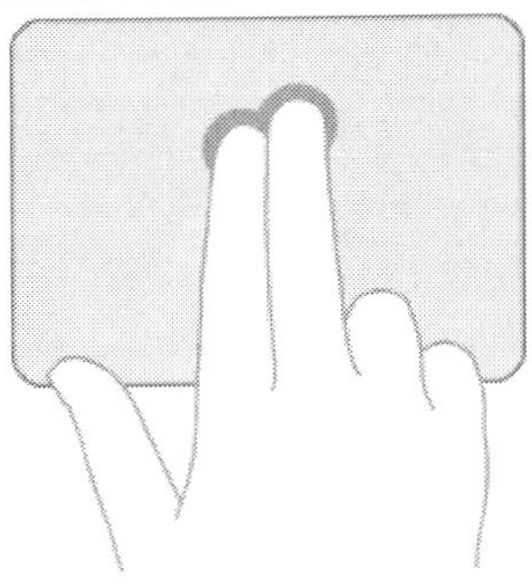	**Sekundärklick**. Klicke mit zwei Fingern, um das Menü mit Schnellaktionen für Objekte wie Symbole auf dem Home-Bildschirm, Nachrichten in einem Postfach und die Taste „Kamera“ im Kontrollzentrum anzuzeigen. Wenn du eine externe Tastatur verwendest, kannst du auch die Taste „ctrl“ gedrückt halten, während du mit dem Trackpad klickst.

Ändern von Trackpad-Einstellungen auf dem iPad

Du kannst ändern, wie ein Trackpad mit Objekten auf dem iPad-Bildschirm interagiert.

1. Wähle „Einstellungen“  > „Allgemein“ und dann, abhängig von deinem Gerät, eine der folgenden Optionen:
   - Trackpad
   - Trackpad & Maus
2. Führe beliebige der folgenden Schritte aus:
   - Zeigerbewegung ändern: Bewege den Schieberegler, um die Zeigerbewegung beim Bewegen des Zeigers über den Bildschirm einzustellen.
   - Natürliches Scrollen aktivieren oder deaktivieren: Wenn diese Option ausgewählt ist, bewegt sich der Inhalt auf dem Bildschirm in dieselbe Richtung wie dein Finger.
   - Klick durch Tippen aktivieren oder deaktivieren: Wenn diese Option ausgewählt ist, hat das leichte Tippen auf das Trackpad mit einem Finger denselben Effekt wie das Drücken auf das Trackpad, bis ein Klicken zu hören ist.
   - Sekundärklick mit zwei Fingern aktivieren oder deaktivieren: Wenn diese Option ausgewählt ist, klickst du mit zwei Fingern, um das Menü mit Schnellaktionen für Objekte wie Symbole auf dem Home-Bildschirm, Nachrichten in einem Postfach und der Taste „Kamera“ im Kontrollzentrum anzuzeigen.

Hinweis: Du kannst auch das Aussehen des Zeigers wie seine Farbe, Form und Größe ändern.

Mausgeräte

Anschließen einer Maus an das iPad

Du kannst eine Magic Mouse, eine andere Bluetooth-Maus oder eine USB-Maus an dein iPad anschließen.

Hinweis: Mausgeräte sind separat erhältlich. Nicht alle Mausgeräte sind vollständig mit allen iPad-Modellen kompatibel.

Magic Mouse oder andere Bluetooth-Maus koppeln

1. Stelle bei einer Magic Mouse sicher, dass die Maus eingeschaltet und aufgeladen ist. Befolge bei einer anderen Bluetooth-Maus die Anleitungen, die du mit der Maus erhalten hast, um sie in den Erkennungsmodus zu versetzen.
2. Wähle auf dem iPad „Einstellungen" > „Bluetooth" und aktiviere die Option „Bluetooth".
3. Wähle das Gerät, sobald es oben in der Liste „Andere Geräte" angezeigt wird. Wenn du beim Koppeln einer Magic Mouse zur Eingabe einer PIN aufgefordert wirst, gib „0000" (vier Nullen) ein und tippe auf „Koppeln".

Hinweis: Ist die Maus bereits mit deinem Mac oder einem anderen iPad gekoppelt, musst du diese Kopplung zunächst aufheben, bevor du die Maus mit deinem iPad verbinden kannst.

Wähle auf einem Mac Menü „Apple" > „Systemeinstellungen" > „Bluetooth" und das Gerät aus. Klicke dann bei gedrückter Taste „ctrl" auf den Namen des Geräts.

Bluetooth-Maus erneut mit dem iPad verbinden

Die Maus trennt die Verbindung, wenn du den Schalter an der Maus auf „Aus" stellst oder wenn du die Maus oder das iPad aus der Bluetooth-Reichweite (ca. 10 Meter) bewegst.

Zum erneuten Verbinden stelle den Schalter an der Maus auf „Ein" oder bringe die Maus und das iPad wieder in die Bluetooth-Reichweite und klicke auf die Maus.

USB-Maus anschließen

Mit einem geeigneten Kabel oder geeigneten Adaptern kannst du verschiedene Mäuse von Drittanbietern mit deinem iPad über USB und USB-basierte Empfänger verbinden. Beachte die Anweisungen des Geräteherstellers.

Mausaktionen und -gesten für das iPad

Du kannst eine Maus zum Öffnen von Apps, Anzeigen des Home-Bildschirms, Öffnen von Slide Over und mehr verwenden (Mausgeräte sind separat erhältlich).

Wenn sich dein iPad in der Nähe des Mac befindet, kannst du auch eine Maus zwischen beiden Geräten teilen (iPadOS 15.4, macOS 12.3 oder neuer).

Hinweis: Nicht alle Mausgeräte sind vollständig mit allen iPad-Modellen kompatibel.

Mausaktionen

Aktion	Beschreibung
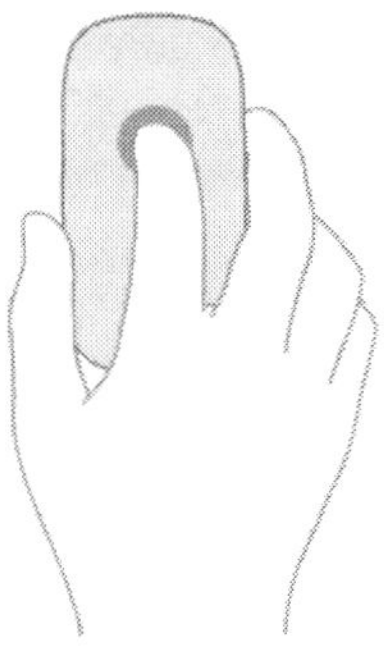	**Klicken**. Drücke auf die Maus, bis du ein Klicken spürst.
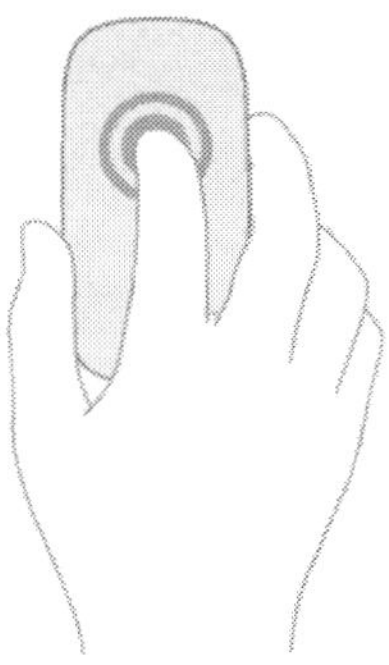	**Klicken und halten**. Drücke und halte die Maustaste.
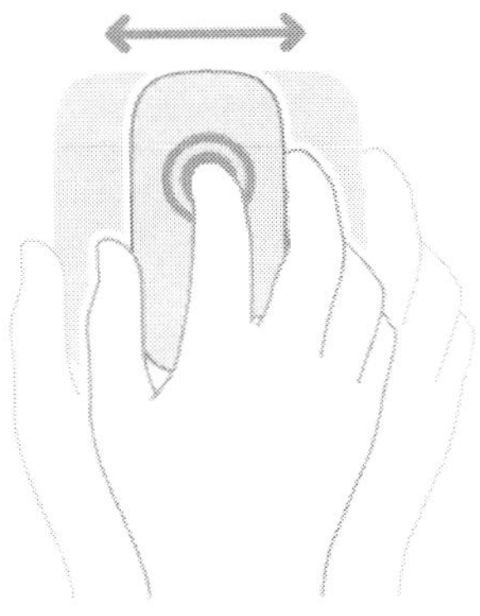	**Bewegen**. Klicke mit der Maustaste und halte sie gedrückt, um ein Objekt zu bewegen.

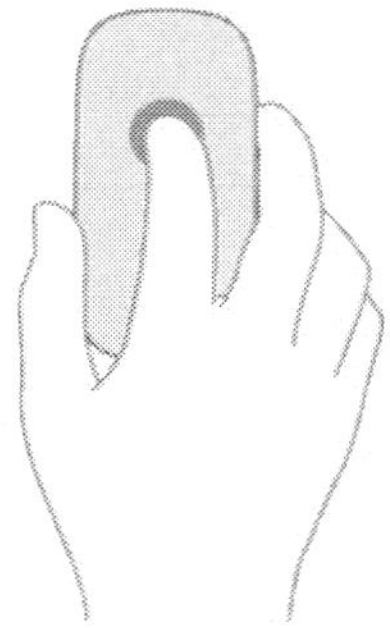	Ruhezustand des iPad beenden. Klicke mit der Maus. Oder drücke eine beliebige Taste, wenn du eine externe Tastatur verwendest.
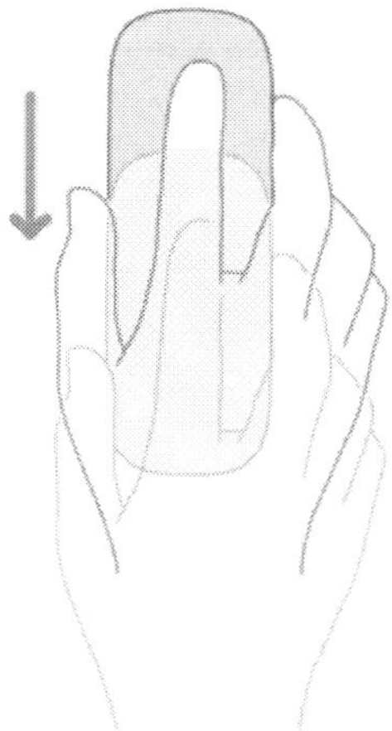	**Dock öffnen**. Bewege die Maus, um den Zeiger am unteren Bildschirmrand zu platzieren.
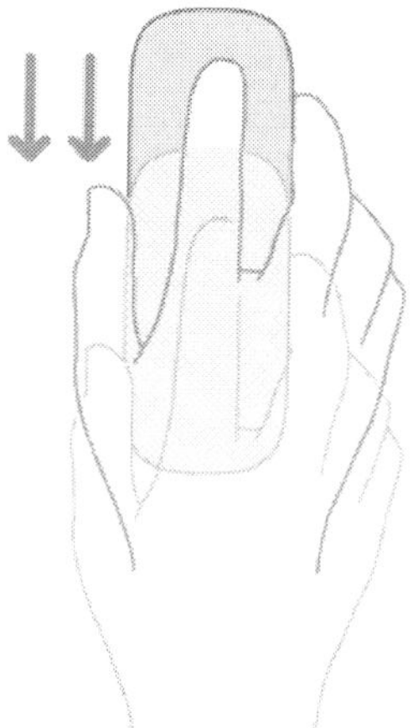	**Zum Home-Bildschirm wechseln**. Bewege die Maus, um den Zeiger am unteren Bildschirmrand zu platzieren. Nachdem das Dock angezeigt wird, bewege den Zeiger über den unteren Bildschirmrand hinaus. Oder klicke unten auf dem Bildschirm auf die Leiste (auf einem iPad mit Face ID).

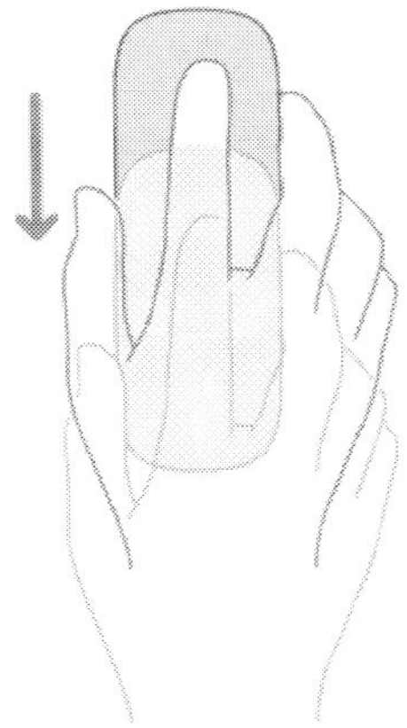	**App-Umschalter öffnen**. Wenn der Home-Bildschirm angezeigt wird, bewegst du den Zeiger über den unteren Bildschirmrand hinaus. Oder bewege den Balken in einer App unten im Bildschirm in die Bildschirmmitte und pausiere (auf einem iPad mit Face ID).
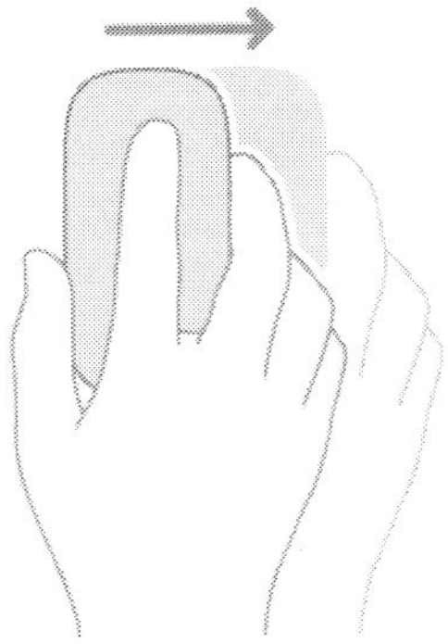	**Slide Over einblenden**. Verwende die Maus, um den Zeiger über den rechten Bildschirmrand hinaus zu bewegen. Zum Ausblenden von Slide Over bewege den Zeiger erneut über den rechten Bildschirmrand hinaus.
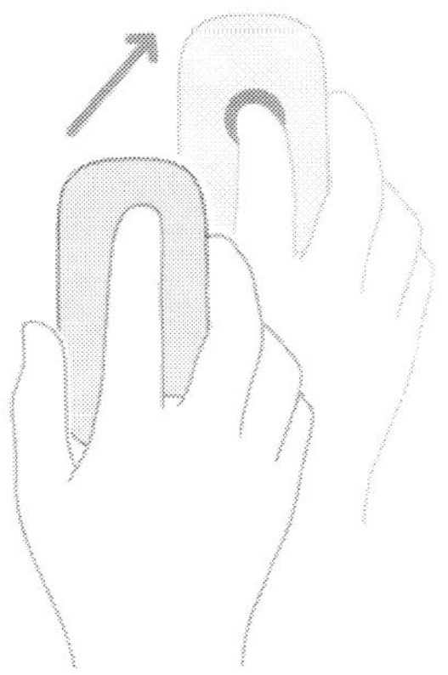	**Kontrollzentrum öffnen**. Bewege den Zeiger mit der Maus, um die Symbole für den Status oben rechts auszuwählen, und klicke dann. Oder streiche über die obere rechte Bildschirmecke nach hinaus.

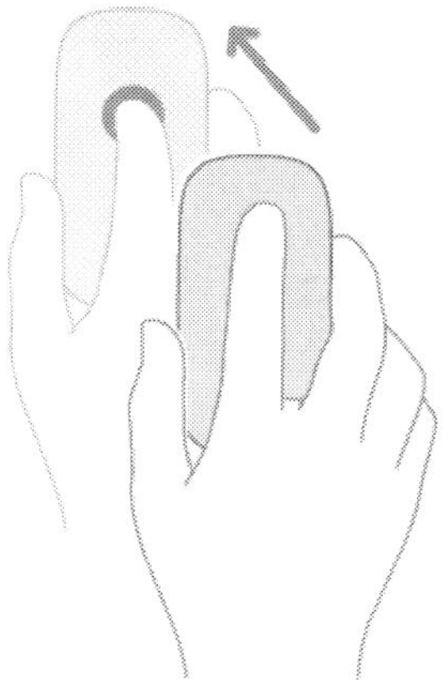	**Mitteilungszentrale öffnen**. Bewege den Zeiger mit der Maus, um die Symbole für den Status oben links auszuwählen, und klicke dann. Oder bewege den Zeiger mit der Maus über den oberen Bildschirmrand (etwa in der Mitte) hinaus.

Mausgesten für die Magic Mouse 2

Geste	Beschreibung
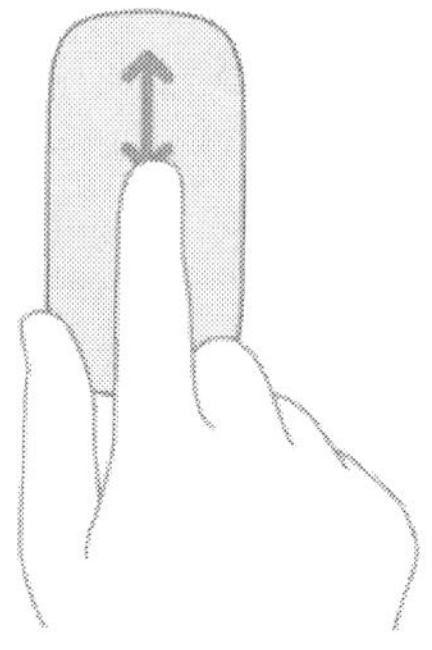	**Nach oben und unten scrollen**. Streiche mit einem Finger auf der Mausoberfläche nach oben oder unten.
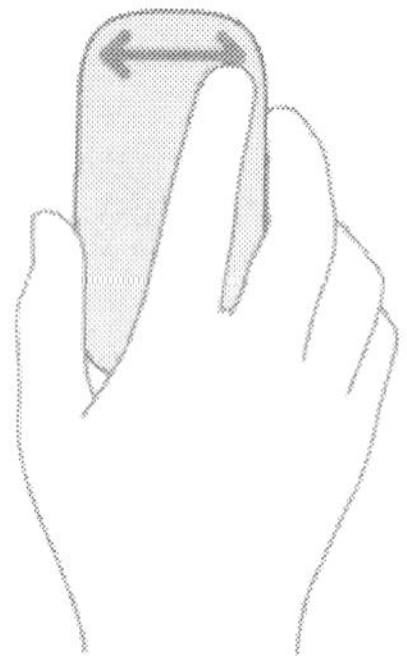	**Nach links oder rechts scrollen**. Streiche mit einem Finger auf der Mausoberfläche nach links oder rechts.

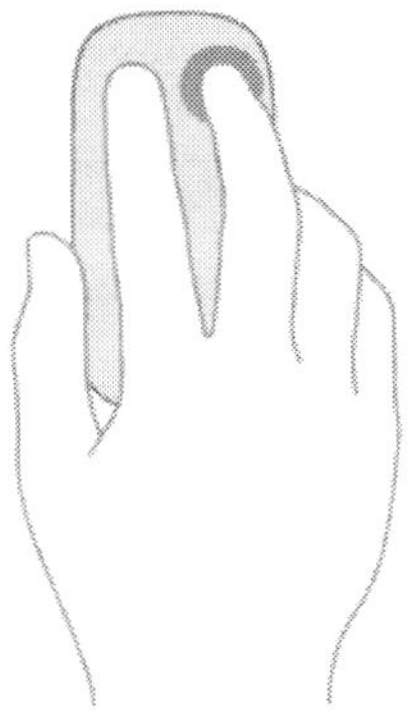	**Sekundärklick**. Klicke mit einem Finger auf eine Seite der Maus, um das Menü mit Schnellaktionen beim Klicken auf Objekte wie Symbole auf dem Home-Bildschirm, Nachrichten in einem Postfach und der Taste „Kamera“ im Kontrollzentrum anzuzeigen. Hinweis: Um den Sekundärklick zu aktivieren und auszuwählen, welche Mausseite verwendet werden soll, Wähle „Einstellungen“ > „Allgemein“ > „Trackpad & Maus“ > „Sekundärklick“. Wenn du eine externe Tastatur verwendest, kannst du auch die Taste „ctrl“ gedrückt halten, während du mit der Maus klickst. Klicke auf einer Mehrtasten-Maus auf die zweite Taste.
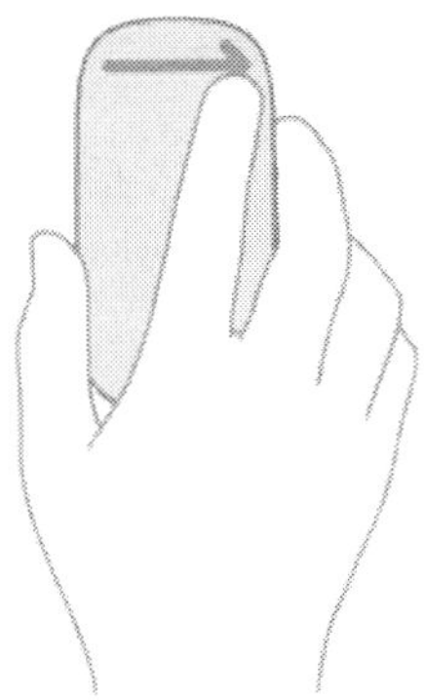	**Ansicht „Heute“ öffnen**. Wenn der Home-Bildschirm oder der Sperrbildschirm angezeigt wird, streichst du auf der Mausoberfläche nach rechts.
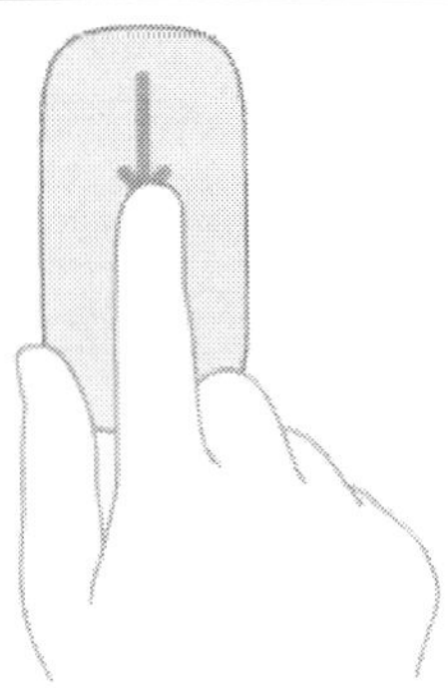	**Suche vom Home-Bildschirm aus öffnen**. Streiche auf der Mausoberfläche nach unten.

Ändern der Einstellungen für die Maus auf dem iPad

Du kannst ändern, wie eine Maus mit Objekten auf dem iPad-Bildschirm interagiert.

1. Wähle „Einstellungen“  > „Allgemein“ und wähle dann „Trackpad & Maus“.
2. Führe beliebige der folgenden Schritte aus:
   - Zeigerbewegung ändern: Bewege den Schieberegler, um die Zeigerbewegung beim Bewegen des Zeigers über den Bildschirm einzustellen.

    - Natürliches Scrollen aktivieren oder deaktivieren: Wenn diese Option ausgewählt ist, bewegt sich der Inhalt auf dem Bildschirm in dieselbe Richtung wie dein Finger.
    - Finger für den Sekundärklick festlegen: Wenn diese Option ausgewählt ist, kannst du entweder den rechten oder linken Finger festlegen, um das Menü mit Schnellaktionen anzuzeigen, wenn du auf Objekte wie Symbole auf dem Home-Bildschirm, Nachrichten in einem Postfach und die Taste „Kamera" im Kontrollzentrum klickst. Zum Deaktivieren des Sekundärklicks wähle „Aus" (Magic Mouse 2).

Hinweis: Du kannst auch das Aussehen des Zeigers wie seine Farbe, Form und Größe ändern.

Ändern der Einstellungen für die Maus auf dem iPad

Du kannst ändern, wie eine Maus mit Objekten auf dem iPad-Bildschirm interagiert.

1. Wähle „Einstellungen" > „Allgemein" und wähle dann „Trackpad & Maus".
2. Führe beliebige der folgenden Schritte aus:
    - **Zeigerbewegung ändern**: Bewege den Schieberegler, um die Zeigerbewegung beim Bewegen des Zeigers über den Bildschirm einzustellen.
    - **Natürliches Scrollen aktivieren oder deaktivieren**: Wenn diese Option ausgewählt ist, bewegt sich der Inhalt auf dem Bildschirm in dieselbe Richtung wie dein Finger.
    - **Finger für den Sekundärklick festlegen**: Wenn diese Option ausgewählt ist, kannst du entweder den rechten oder linken Finger festlegen, um das Menü mit Schnellaktionen anzuzeigen, wenn du auf Objekte wie Symbole auf dem Home-Bildschirm, Nachrichten in einem Postfach und die Taste „Kamera" im Kontrollzentrum klickst. Zum Deaktivieren des Sekundärklicks wähle „Aus" (Magic Mouse 2).

Hinweis: Du kannst auch das Aussehen des Zeigers wie seine Farbe, Form und Größe ändern.

Einrichten und Verwenden von Bluetooth-Zubehör mit dem iPad

Über eine Bluetooth-Verbindung kannst du Geräte anderer Anbieter wie beispielsweise kabellose Tastaturen, Kopfhörer, Lautsprecher, Freisprecheinrichtungen und Spielecontroller mit dem iPad verwenden.

Bluetooth-Kopfhörer, -Tastaturen, -Spielecontroller und weitere Zubehörgeräte koppeln

1. Befolge die Anleitungen, die du mit dem Gerät erhalten hast, um es in den Erkennungsmodus zu versetzen.
   Hinweis: Kopplungsanleitungen für dein AirPod-Modell findest du im Abschnitt „Koppeln und Verbinden" im Benutzerhandbuch für die AirPods.

2. Wähle auf dem iPad „Einstellungen“ > „Bluetooth“, aktiviere die Option „Bluetooth“ und tippe auf den Namen des Geräts.

Das iPad muss sich in einem Umkreis von maximal 10 Metern zum Bluetooth-Gerät befinden.

Kabellosen Spielecontroller anpassen

Nach dem Koppeln eines kompatiblen Spielecontrollers kannst du ihn für unterstützte Spiele von Apple Arcade und dem App Store anpassen.

1. Wähle „Einstellungen“ > „Allgemein“ > „Spielecontroller“.
2. Tippe auf die Tasten, die du ändern willst.
3. Tippe auf „App hinzufügen“, um Anpassungen für eine bestimmte App vorzunehmen.

Hinweis: Die Verfügbarkeit von Apple Arcade kann je nach Land oder Region variieren.

Audioinhalte vom iPad auf einem Bluetooth-Audiogerät wiedergeben

1. Öffne auf deinem iPad eine Audio-App wie „Musik“ und wähle dann ein Objekt zum Abspielen aus.
2. Tippe auf und wähle dein Bluetooth-Gerät aus.
   Während der Audiowiedergabe kannst du das Wiedergabeziel auch im Sperrbildschirm oder im Kontrollzentrum ändern.

Wenn du das Gerät aus der Bluetooth-Reichweite bewegst, wird als Wiedergabeziel wieder das iPad verwendet.

ACHTUNG: Weitere Informationen zum Vermeiden von Hörverlust bzw.

Bluetooth-Gerät entkoppeln

Wähle „Einstellungen“ > „Bluetooth“, tippe neben dem Namen des Geräts auf die Infotaste und danach auf „Dieses Gerät ignorieren“.

Stelle sicher, dass Bluetooth aktiviert ist, wenn die Liste der Geräte nicht angezeigt wird.

Wenn du AirPods hast und auf „Dieses Gerät ignorieren“ tippst, werden sie automatisch auch von allen anderen Geräten entfernt, an denen du mit derselben Apple-ID angemeldet bist.

Verbindung zu Bluetooth-Geräten trennen

Öffne das Kontrollzentrum und tippe auf , wenn du schnell die Verbindung zu allen Bluetooth-Geräten trennen möchtest, ohne Bluetooth zu deaktivieren.

Hinweis: Die Verwendung bestimmter Zubehörgeräte mit dem iPad kann die drahtlose Kommunikation beeinträchtigen. Beachte, dass nicht alle iOS- und iPadOS-Zubehörgeräte uneingeschränkt kompatibel mit dem iPad sind. Audiointerferenzen zwischen dem iPad und einem Zubehörgerät können unter Umständen durch das Aktivieren des Flugmodus beseitigt werden. Eine Neuausrichtung oder ein Positionswechsel des iPad und des angeschlossenen Zubehörgeräts kann die Leistung der drahtlosen Kommunikation verbessern.

Apple Watch in Verbindung mit Fitness+ auf dem iPad

Apple Fitness+ ist ein Abonnementdienst, der in Verbindung mit einer Apple Watch genutzt werden kann und dir Zugriff auf einen Katalog mit Workouts bietet, die von erfahrenen Trainern angeleitet werden. Während du ein auf deinem iPad gestartetes Training absolvierst, werden trainingsbezogene Messwerte wie die Herzfrequenz und der Kalorienverbrauch (die von deiner Watch aufgezeichnet werden) auf dem Bildschirm angezeigt. (watchOS 7.2 oder neuer erforderlich; die Apple Watch ist separat erhältlich; die Verfügbarkeit von Apple Fitness+ kann je nach Land oder Region variieren.)

Schutzhüllen und Abdeckungen für das iPad

Für das iPad gibt es verschiedene Schutzhüllen und Abdeckungen, die separat erhältlich sind. Magic Keyboard für iPad, Smart Keyboard Folio und Smart Keyboard fungieren als Tastaturen sowie als Abdeckungen.

Drucken von Inhalten auf dem iPad

AirPrint bietet dir die Möglichkeit, Inhalte von Apps wie beispielsweise „Mail", „Fotos" und „Safari" drahtlos auf einem Drucker zu drucken, der die AirPrint-Technologie unterstützt. Viele im App Store angebotene Apps unterstützen AirPrint ebenfalls.

Das iPad und der Drucker müssen mit demselben WLAN verbunden sein.

Dokument drucken

Tippe auf , die oder (je nach verwendeter App). Tippe danach auf „Drucken". (Streiche nach oben, falls „Drucken" nicht angezeigt wird.)

Status eines Druckauftrags anzeigen

Öffne den App-Umschalter und tippe auf „Druckzentrale".

Die kleine Nummer auf dem Symbol gibt an, wie viele Dokumente sich in der Druckerwarteschlange befinden.

Wähle einen Druckauftrag, den du abbrechen möchtest, in der Druckzentrale aus und tippe auf „Drucken abbrechen".

Verwenden des iPad mit iPhone, iPod touch, Mac und PC

Teilen der Internetverbindung vom iPad (Wi-Fi + Cellular-Modelle)

Wenn du einen aktiven mobilen Datentarif hast, kannst du die Funktion „Persönlicher Hotspot“ verwenden, um eine mobile Internetverbindung deines iPad (Wi-Fi + Cellular-Modelle) mit anderen Geräten zu teilen. Der persönliche Hotspot ist nützlich, wenn andere Geräte keinen Internetzugang via WLAN haben.

Hinweis: Die Funktion „Persönlicher Hotspot“ ist nicht bei allen Mobilfunkanbietern verfügbar. Es können zusätzliche Gebühren anfallen. Wie viele Geräte deinen persönlichen Hotspot gleichzeitig verwenden können, hängt von deinem Anbieter und iPad-Modell ab. Weitere Informationen erhältst du bei deinem Mobilfunkanbieter.

Persönlichen Hotspot auf dem iPad konfigurieren

Wähle „Einstellungen“ > „Mobile Daten“, tippe auf „Persönlichen Hotspot konfigurieren“ und folge den angezeigten Anleitungen.

Hinweis: Wenn die Option zum Konfigurieren des persönlichen Hotspots nicht angeboten wird, obwohl du einen aktiven mobilen Datentarif besitzt und „Mobile Daten“ unter „Einstellungen“ > „Mobile Daten“ aktiviert ist, solltest du dich bei deinem Anbieter erkundigen, ob du den persönlichen Hotspot zu deinem Tarif hinzufügen kannst.

Du kannst die folgenden Einstellungen ändern:

- **WLAN-Passwort für deinen persönlichen Hotspot ändern**: Wähle „Einstellungen“ > „Persönlicher Hotspot“ > „WLAN-Passwort“.
- **Persönlichen Hotspot deaktivieren und Geräte trennen**: Wähle „Einstellungen“ > „Persönlicher Hotspot“ und deaktiviere „Zugriff für andere erlauben“.

Mac oder PC mit deinem persönlichen Hotspot verbinden

Du kannst WLAN, ein USB-Kabel oder Bluetooth verwenden, um einen Mac oder PC mit deinem persönlichen Hotspot zu verbinden. Führe einen der folgenden Schritte aus:

- **Mac über WLAN verbinden**: Klicke auf das WLAN-Statusmenü in der Menüleiste und wähle dann dein iPad in der Liste der verfügbaren Netzwerke aus. Wenn du zur Eingabe eines Passworts aufgefordert wirst, gib das Passwort ein, das auf deinem iPad unter „Einstellungen“ > „Persönlicher Hotspot“ angezeigt wird.

  Das WLAN-Statussymbol in der Menüleiste ändert sich in das Symbol

„Persönlicher Hotspot“, solange der Mac mit deinem persönlichen Hotspot verbunden bleibt.

Hinweis: Du kannst deine Geräte ohne Passworteingabe mit dem persönlichen Hotspot verbinden, wenn du auf deinem Mac und auf deinem iPad mit derselben Apple-ID angemeldet bist und sowohl Bluetooth als auch WLAN auf beiden Geräten aktiviert sind.

- **PC über WLAN verbinden**: Wähle dein iPad in den WLAN-Einstellungen auf deinem PC aus und gib das Passwort ein, das unter „Einstellungen“ > „Persönlicher Hotspot“ auf deinem iPad angezeigt wird.
- **USB verwenden**: Verbinde das iPad und deinen Computer mit einem Kabel. Wenn der Hinweis „Diesem Computer vertrauen?“ angezeigt wird, tippe auf „Vertrauen“. Wähle in den Netzwerkeinstellungen auf deinem Computer das iPad aus und konfiguriere die Netzwerkeinstellungen.
- **Bluetooth verwenden**: Stelle sicher, dass dein iPad erkannt wird. Wähle dazu „Einstellungen“ > „Bluetooth“ und lass den Bildschirm angezeigt. Wähle dann auf dem Mac Menü „Apple“ > „Systemeinstellungen“, klicke auf „Bluetooth“, wähle dein iPad aus und klicke auf „Verbinden“. Tippe auf dem iPad auf den Namen deines Mac und folge dann den angezeigten Anleitungen auf dem Mac.
  Befolge auf deinem PC die Anleitungen des Herstellers, um eine Bluetooth-Netzwerkverbindung einzurichten.

iPhone, iPod touch oder ein anderes iPad mit deinem persönlichen Hotspot verbinden

Wähle auf dem anderen Gerät „Einstellungen“ > „WLAN“ und wähle dann dein iPad in der Liste der verfügbaren Netzwerke aus.

Wenn du auf dem anderen Gerät zur Eingabe eines Passworts aufgefordert wirst, gib das Passwort ein, das auf deinem iPad unter „Einstellungen“ > „Persönlicher Hotspot“ angezeigt wird.

Hinweis: Du kannst die Geräte ohne Passworteingabe verbinden, wenn du auf jedem Gerät mit derselben Apple-ID angemeldet bist und sowohl Bluetooth als auch WLAN auf beiden Geräten aktiviert sind.

Wenn die Verbindung steht, erscheint auf deinem iPad-Bildschirm oben ein blaues Band. Das Symbol „Persönlicher Hotspot“ erscheint in der Statusleiste des verbundenen Geräts.

Im Rahmen der Familienfreigabe kannst du deinen persönlichen Hotspot mit Mitgliedern deiner Familie teilen – entweder automatisch oder nachdem sie um Erlaubnis gefragt haben.

Wenn du einen persönlichen Hotspot von deinem iPad teilst, werden für die Internetverbindung mobile Daten verwendet. Wähle „Einstellungen“ > „Mobile Daten“, um die Datennutzung des Mobilfunknetzes zu überwachen.

Tätigen und Annehmen von Anrufen auf dem iPad

Du kannst Anrufe auf deinem iPad tätigen und annehmen, indem du die Funktion „WLAN-Anrufe“ verwendest, um Anrufe über dein iPhone umzuleiten (iOS 9 oder neuer erforderlich).

Es können Mobilfunkgebühren anfallen. WLAN-Anrufe sind nicht bei allen Anbietern verfügbar.

Wichtig: Wi-Fi + Cellular-Modelle bieten keine Unterstützung für die Mobiltelefonie, sondern unterstützen lediglich die Datenübertragung über das Mobilfunknetz. Für Telefonanrufe mit einem beliebigen iPad-Modell kannst du die Funktion „WLAN-Anrufe“ in Verbindung mit einem iPhone verwenden.

Vorbereitende Schritte

Gehe wie folgt vor:

- Konfiguriere FaceTime auf dem iPhone und dem iPad.
- Melde dich auf beiden Geräten mit derselben Apple-ID an.

Telefonanrufe vom iPhone auf deinem iPad erlauben

Konfiguriere zuerst dein iPhone und danach dein iPad.

1. Wähle auf deinem iPhone „Einstellungen“ > „Mobiles Netz“.
2. Wähle (im Bereich „Mobilfunktarife“) die gewünschte Leitung, sofern es sich bei deinem iPhone um ein Dual-SIM-Modell handelt.
3. Führe beliebige der folgenden Schritte aus:
    - Tippe auf „Auf anderen Geräten“ und aktiviere die Option „Anrufe auf anderen Geräten“. Wähle danach dein iPad sowie andere Geräte aus, auf denen du Anrufe tätigen und annehmen möchtest.
      Du kannst auf diese Weise auf dem iPad und auf anderen Geräten, auf denen du mit derselben Apple-ID angemeldet bist, Anrufe annehmen und tätigen, solange sich die Geräte in der Nähe deines iPhone befinden und mit einem WLAN verbunden sind.
    - Tippe auf „WLAN-Anrufe“ und aktiviere die Option „WLAN-Anrufe für andere Geräte“.
      Du kannst auf diese Weise auf deinem iPad und auf anderen Geräten, auf denen du mit derselben Apple-ID angemeldet bist, Anrufe annehmen und tätigen, auch wenn sich dein iPhone nicht in der Nähe der Geräte befindet.
4. Wähle auf dem iPad „Einstellungen“ > „FaceTime“ und aktiviere die Optionen „FaceTime“ und „Anrufe vom iPhone“. Aktiviere die Option „WLAN-Anrufe“, wenn du dazu aufgefordert wirst.

Nachdem du die Funktion „WLAN-Anrufe“ auf deinem iPhone und auf deinem iPad eingerichtet hast, kannst du Telefonanrufe auf deinem iPad tätigen und annehmen.

- **Anruf tätigen**: Tippe in der App „Kontakte“, „Kalender“, „FaceTime“, „Nachrichten“, „Suchen“ oder „Safari“ auf eine Telefonnummer. Öffne alternativ die App „FaceTime“, gib einen Kontakt oder eine Rufnummer ein und tippe auf .
- **Anruf empfangen**: Streiche über oder tippe auf die Benachrichtigung, um den Anruf anzunehmen oder zu ignorieren.

Hinweis: Wenn du die Option „WLAN-Anrufe“ aktivierst, können Notrufe über dein WLAN abgesetzt werden. Die Standortdaten deines Gerätes können – auch ohne aktivierte Ortungsdienste – bei Notrufen dazu verwendet werden, die Rettungskräfte entsprechend zu leiten. Einige Anbieter verwenden möglicherweise die für die Registrierung beim Anbieter verwendete Adresse als deinen Standort bei der Anmeldung für WLAN-Anrufe.

Verwenden des iPad als zweiten Bildschirm für den Mac

Mit Sidecar kannst du den Arbeitsbereich deines Mac zu vergrößern, indem du das iPad als zweiten Bildschirm verwendest. Der erweiterte Arbeitsbereich ermöglicht Folgendes:

- Verschiedene Apps auf verschiedenen Bildschirmen zu verwenden.
- Dieselbe App auf beiden Bildschirmen zu verenden. Du kannst zum Beispiel ein Cover auf dem Mac-Bildschirm anzeigen, während du den Apple Pencil und die Werkzeuge und Paletten einer App auf dem iPad verwendest.
- Du kannst die Bildschirme spiegeln, sodass auf dem Mac- und iPad-Bildschirm dieselben Inhalte zu sehen sind.

Für Sidecar ist macOS 10.15 (oder neuer) und iPadOS 13 (oder neuer) auf unterstützen Modellen erforderlich.

Sidecar einrichten

1. Vergewissere dich, dass du auf deinem Mac und iPad mit derselben Apple-ID angemeldet bist.
2. Verwende eine der folgenden Methoden:
    - **Drahtlos**: Vergewissere dich, dass auf deinem Mac und auf deinem iPad WLAN und Bluetooth aktiviert sind. Die Geräte müssen sich innerhalb der Bluetooth-Reichweite (ca. 10 m) befinden.
    - **USB**: Verbinde Mac und iPad mit einem geeigneten USB-Kabel.
3. Wähle auf deinem Mac Menü „Apple“ > „Systemeinstellungen“, klicke auf „Displays“ , dann auf „Display hinzufügen“ und wähle dein iPad im Einblendmenü unter „Tastatur und Maus verbinden“ aus.”

Sidecar verwenden

1. Wenn noch keine Verbindung zum iPad besteht, wähle auf deinem Mac „Apple" > „Systemeinstellungen", klicke auf „Displays" und wähle dein iPad im Einblendmenü unten links aus.
2. Führe beliebige der folgenden Schritte aus:
    - Fenster von einem Bildschirm zum anderen bewegen: Bewege das Fenster oder halte den Zeiger auf der grünen Taste oben links im Fenster und wähle „Bewegen".
    - Seitenleiste auf dem iPad verwenden: Tippe mit dem Finger auf dem Apple Pencil auf Symbole in der Seitenleiste, um die Menüleiste, das Dock oder die Tastatur ein- oder auszublenden. Oder tippe auf eine oder mehr Sondertasten wie „ctrl", um Kurzbefehle zu verwenden.
    - Touch Bar auf dem iPad verwenden: Tippe mit dem Finger auf dem Apple Pencil auf eine beliebige Taste in der Touch Bar. Abhängig von der jeweiligen App oder Aufgabe können die verfügbaren Tasten variieren.
    - Auf dem iPad zwischen Mac-Schreibtisch und iPad-Home-Bildschirm wechseln: Streiche zum Anzeigen des Home-Bildschirm auf dem iPad von unten nach oben. Tippe zum Zurückkehren zum Mac-Schreibtisch auf das Symbol „Sidecar" im Dock auf deinem iPad.
    - Bildschirmreihenfolge ändern oder Displays spiegeln: Wähle „Apple" > „Systemeinstellungen", klicke auf „Displays" und nimm die gewünschten Änderungen vor.
3. Wenn du dein iPad nicht mehr verwenden willst, tippe auf das Symbol „Trennen" unten in der Seitenleiste auf dem iPad.

   Auf deinem Mac kannst du es auch in der Einstellung „Displays" trennen.

Verwenden von Maus und Tastatur oder Trackpad zwischen Mac und iPad mit der universellen Steuerung

Mit der universellen Steuerung kannst du Maus und Tastatur des Mac oder das Mac-Trackpad verwenden, um auf dem Mac und dem iPad zu arbeiten, wenn sich beide Geräte in der Nähe befinden. Du kannst zum Beispiel Apps öffnen und verwenden, Text eingeben und Objekte zwischen den Geräten hin- und herbewegen. Wenn eine externe Maus und Tastatur oder ein externes Trackpad mit dem iPad verbunden ist, kannst du auch dieses Zubehör verwenden, um auf beiden Geräten zu arbeiten.

Führe beliebige der folgenden Schritte aus, um die universelle Steuerung zu verwenden:

- Du verwendest unterstützte Modelle des Mac und iPad.
- Auf dem Mac ist macOS 12.3 (oder neuer) und auf dem iPad ist iPadOS 15.4 (oder neuer) installiert.
- Du bist auf beiden Geräten mit derselben Apple-ID angemeldet und verwendest die Zwei-Faktor-Authentifizierung.
- Du hast WLAN, Bluetooth und Handoff in „Systemeinstellungen“ (auf dem Mac) und in „Einstellungen“ (auf dem iPad) aktiviert.

Mac und iPad für die Verwendung der universellen Steuerung verbinden

Führe einen der folgenden Schritte aus:

- Verwende auf deinem Mac die Maus oder das Trackpad, um den Zeiger zum rechten oder linken Rand des Bildschirms zu bewegen, an dem das iPad angrenzt. Halte dort an und bewege den Zeiger dann leicht über den Rand des Bildschirms hinaus. Wenn am Rand des iPad-Bildschirms eine Kante angezeigt wird, bewege den Zeiger weiter auf den iPad-Bildschirm.
- Wähle auf deinem Mac „Apple“ > „Systemeinstellungen“, klicke auf „Displays“ , dann auf „Display hinzufügen“ und wähle dein iPad im Einblendmenü unter „Tastatur und Maus verbinden“ aus. Verwende die Maus oder das Trackpad, um den Zeiger über den Rand des Mac-Bildschirm hinaus zu bewegen, bis er auf dem iPad erscheint.
- Klicke auf dem Mac in der Menüleiste auf „Kontrollzentrum“ , klicke auf „Display“ und wähle dein iPad aus (unter „Tastatur und Maus verknüpfen mit“). Verwende die Maus oder das Trackpad, um den Zeiger über den Rand des Mac-Bildschirm hinaus zu bewegen, bis er auf dem iPad erscheint.

Nach Herstellen der Verbindung kannst du den Zeiger zwischen den Bildschirmen bewegen, bis eines deiner Geräte in den Ruhezustand versetzt wird oder du die Verbindung trennst.

Viele Aktionen und Gesten von externen Mäusen und Trackpads, die das iPad unterstützt, funktionieren auch mit der Maus oder dem Trackpad vom Mac.

Mit der Mac-Tastatur kannst du außerdem viele Funktionen von externen Tastaturen verwenden, die das iPad unterstützt.

Bildschirmreihenfolge ändern

Die Richtung, in die du den Zeiger beim Herstellen der Verbindung für die universelle Steuerung bewegst, ist ausschlaggebend dafür, welche Seite des Bildschirms du verwendest, um den Zeiger zwischen den Geräten zu bewegen. In der Systemeinstellung „Displays“ kannst du diese Anordnung der Geräte ändern.

1. Wähle auf deinem Mac Menü „Apple“ > „Systemeinstellungen“ und klicke dann auf „Displays“ .
2. Bewege das iPad-Bild an die gewünschte Position.

Universelle Steuerung zwischen Mac und iPad beenden

Führe einen der folgenden Schritte aus:

- Drücke die obere Taste des iPad, um den Ruhezustand zu aktivieren.
- Wähle auf deinem Mac Menü „Apple“ > „Systemeinstellungen“ und klicke dann auf „Displays“ . Klicke auf das Einblendmenü „Display hinzufügen“ und wähle das Gerät aus, das getrennt werden soll.

Wenn sich die Geräte in der Nähe zueinander befinden und ihre Bildschirme nicht gesperrt sind, wird die Verbindung von Mac und iPad automatisch erneut hergestellt. Wenn du dies verhindern willst, wähle auf deinem Mac Menü „Apple“ > „Systemeinstellungen“, klicke auf „Displays“ , klicke auf „Universelle Steuerung“ und deaktiviere das Markierungsfeld „Automatisch erneut mit Macs oder iPads in der Nähe verbinden“.

Universelle Steuerung deaktivieren

Du kannst die universelle Steuerung auf deinem Mac deaktivieren, um zu verhindern, dass deine Mac-Tastatur und Maus oder das Trackpad geräteübergreifend genutzt werden.

1. Wähle auf Menü „Apple“ > „Systemeinstellungen“ und klicke dann auf „Displays“ .
2. Tippe auf „Universelle Steuerung“ und führe einen der folgenden Schritte aus:
   - **Alle Verbindungen für die universelle Steuerung deaktivieren**: Deaktiviere das Feld „Erlauben, dass sich dein Zeiger auf jeden Mac oder jedes iPad in der Nähe bewegen kann“.
   - **Verbindung verhindern, wenn der Zeiger zum Rand des Bildschirms bewegt wird**: Deaktiviere das Markierungsfeld „Zum Verbinden mit einem Mac oder iPad in der Nähe über den Bildschirmrand hinaus bewegen“.

Sollen die Tastatur und das Trackpad oder die Maus des iPad nicht mehr mit dem Mac verbunden werden, öffne auf dem iPad „Einstellungen“ > „Allgemein“ > „AirPlay & Handoff“ und deaktiviere dann die Option „Cursor und Tastatur“.

Drahtloses Streamen von Videos, Fotos und Audioinhalten vom iPad an den Mac

Du kannst einen in der Nähe befindlichen Mac verwenden, um Videos anzuschauen, Fotos anzusehen und Audioinhalte abzuspielen, die von deinem iPad gestreamt werden. Du kannst auch deinen iPad-Bildschirm auf dem Mac spiegeln. (Dafür ist macOS Monterey 12 oder neuer erforderlich.)

Mac für das Streaming vom iPad konfigurieren

1. Wähle auf einem Mac „Apple“ > „Systemeinstellungen“, klicke auf „Freigaben“ und wähle dann „AirPlay-Empfänger“.
2. Wähle „AirPlay-Empfänger“ in der Liste der Dienste und aktiviere das Markierungsfeld, wenn der AirPlay-Empfänger nicht aktiviert ist.
3. Wähle eine Option für „AirPlay erlauben für:“.
    - Wähle „Aktuelle:r Benutzer:in“, um nur die Geräte zu erlauben, auf denen du mit derselben Apple-ID wie auf dem für das Streaming zu verwendenden Mac angemeldet bist.
    - Wähle „Alle im selben Netzwerk“ oder „Alle“, um andere Geräte zuzulassen.
4. Gib ein Passwort in das Textfeld ein, wenn für die Verwendung von AirPlay mit dem Mac ein Passwort verlangt werden soll.

Wenn du „Alle im selben Netzwerk“ oder „Alle“ auswählst und jemand auf seinem Gerät mit einer anderen Apple-ID als auf dem Mac angemeldet ist, muss zuerst eine AirPlay-Anfrage auf dem Mac angenommen werden und eine Verifizierung auf dem anderen Gerät erfolgen. Nimm die AirPlay-Anfrage auf dem Mac an. Wenn der Mac einen AirPlay-Code anzeigt, gib diesen Code auf dem anderen Gerät ein.

Video vom iPad auf einem Mac wiedergeben

1. Tippe auf den Bildschirm, während in der Apple TV App oder einer anderen unterstützten Video-App auf deinem iPad ein Video läuft, um die Steuerelemente einzublenden.
2. Tippe auf und wähle den Mac als Wiedergabeziel aus.

Bewege den Zeiger über das Video, das auf dem Mac-Bildschirm wiedergegeben wird, um auf dem Mac die Steuerelemente für die Wiedergabe einzublenden.

Wähle eine andere AirPlay-Option auf dem iPad-Bildschirm aus, wenn du das Wiedergabeziel ändern willst.

Fotos vom iPad auf einem Mac anzeigen

1. Tippe in der App „Fotos“ auf dem iPad auf ein Foto und tippe dann auf .
2. Streiche nach oben, tippe auf und wähle den Mac als Wiedergabeziel aus.

Zum Beenden des Fotostreamings tippe auf oben im iPad-Bildschirm und tippe dann auf „AirPlay deaktivieren“.

iPad auf einem Mac spiegeln

Du kannst das, was auf deinem iPad erscheint und wiedergegeben wird, auf einem Mac ansehen und anhören.

1. Öffne das Kontrollzentrum auf dem iPad.
2. Tippe auf und wähle deinen Mac als Wiedergabeziel aus.

Um wieder zum iPad zu wechseln, öffne das Kontrollzentrum, tippe auf und dann auf „Synchronisierung stoppen“.

Audio vom iPad auf einem Mac wiedergeben

1. Öffne auf deinem iPad eine Audio-App wie „Podcasts“ oder „Musik“ und wähle dann ein Objekt zum Abspielen aus.
2. Tippe auf und wähle ein Wiedergabeziel aus.

Zum Auswählen des Wiedergabeziels kannst du auch auf im Sperrbildschirm oder im Kontrollzentrum tippen.

Hinweis: „AirPlay auf Mac“ ist auf dem MacBook Pro (2018 und neuer), MacBook Air (2018 und neuer), iMac (2019 und neuer), iMac Pro (2017), Mac mini (2020 und neuer) und Mac Pro (2019) verfügbar und funktioniert mit dem iPad Pro (2. Generation und neuer), iPad Air (3. Generation und neuer), iPad (6. Generation und neuer) und iPad mini (5. Generation und neuer). Ältere Modelle teilen möglicherweise Inhalte in niedrigerer Auflösung auf unterstützten Mac-Modellen, wenn in der Systemeinstellung „Freigaben“ auf dem Mac „AirPlay erlauben für“ auf „Alle“ oder „Alle im selben Netzwerk“ eingestellt ist.

Handoff von Aufgaben zwischen dem iPad und anderen Geräten

Mit Handoff kannst du etwas auf einem Gerät beginnen (z. B. iPhone, iPad, iPod touch, Mac oder Apple Watch) und es dann auf einem anderen Gerät genau an der Stelle fortsetzen, an der du aufgehört hast. Du kannst z. B. auf dem iPad beginnen, eine E-Mail zu beantworten, und sie dann in Mail auf dem Mac zu Ende schreiben. Du kannst Handoff mit vielen Apple-Apps verwenden, z. B. „Kalender“, „Kontakte“ und Safari. Unter Umständen funktioniert Handoff auch mit Apps von Drittanbietern.

Vorbereitende Schritte

Für die Handoff-Funktion zwischen dem iPad und anderen Geräten solltest du sicherstellen, dass Folgendes erfüllt ist:

- Du bist auf beiden Geräten mit derselben Apple-ID angemeldet.
- Deine Geräte sind mit dem WLAN verbunden.
- Deine Geräte befinden sich innerhalb der Bluetooth-Reichweite (ca. 10 m).
- Du hast Handoff auf dem Mac unter „Systemeinstellungen“ > „Allgemein“ und Bluetooth unter „Systemeinstellungen“ > „Bluetooth“ aktiviert.
- Du hast Handoff auf dem iPad und dem anderen iOS- oder iPadOS-Gerät unter „Einstellungen“ > „Allgemein“ > „AirPlay & Handoff“ und Bluetooth in „Einstellungen“ aktiviert.
- Auf jedem Gerät ist mindestens die folgende Betriebssystemversion installiert: iOS 10, iPadOS 13, macOS 10.10, watchOS 1.0 oder neuer.

Handoff von einem anderen Gerät auf das iPad

1. Streiche in einer beliebigen App vom unteren Bildschirmrand nach oben und warte, bis das Dock angezeigt wird.
2. Tippe ganz rechts im Dock auf das Handoff-Symbol, um auf dem iPad mit der Arbeit in der App fortzufahren.

Handoff von deinem iPad auf ein anderes Gerät

Klicke oder tippe auf dem anderen Gerät auf das Handoff-Symbol, um mit der Arbeit in der App fortzufahren.

Das Handoff-Symbol der App, die du auf dem iPad verwendest, erscheint auf anderen Geräten an folgenden Stellen:

- **Mac**: Ganz rechts im Dock (oder ganz unten, je nachdem, wo sich das Dock befindet).
- **iPhone oder iPod touch**: Unten im App-Umschalter.
- **iPad**: Ganz rechts im Dock.

Handoff auf den Geräten deaktivieren

- iPad, iPhone und iPod touch: Wähle „Einstellungen“ > „Allgemein“ > „AirPlay& Handoff“.

- Mac: Wähle Menü „Apple“ > „Systemeinstellungen“, klicke auf „Allgemein“ und deaktiviere die Option „Handoff zwischen diesem Mac und deinen iCloud-Geräten erlauben“.

Tipp: Wenn Handoff aktiviert ist, kannst du die allgemeine Zwischenablage verwenden, um Text, Bilder, Fotos und Videos zwischen Geräten zu kopieren und einzufügen.

Ausschneiden, Kopieren und Einsetzen zwischen iPad und anderen Geräten

Verwende die allgemeine Zwischenablage, um Inhalte (z. B. eine Textpassage oder ein Bild) auf dem iPad auszuschneiden oder zu kopieren und sie dann auf einem iPhone, einem anderen iPad, iPod touch oder einem Mac-Computer einzusetzen (und umgekehrt).

Vorbereitende Schritte

Beim Ausschneiden oder Kopieren und Einsetzen zwischen dem iPad und einem anderen Gerät solltest du sicherstellen, dass Folgendes erfüllt ist:

- Du bist auf beiden Geräten mit derselben Apple-ID angemeldet.
- Deine Geräte sind mit dem WLAN verbunden.
- Deine Geräte befinden sich innerhalb der Bluetooth-Reichweite (ca. 10 m).
- Du hast Handoff auf dem iPad und dem anderen iPadOS- oder iOS-Gerät unter „Einstellungen“ > „Allgemein“ > „AirPlay & Handoff“ und Bluetooth in „Einstellungen“ aktiviert.
- Auf dem Mac ist Handoff unter „Systemeinstellungen“ > „Allgemein“ und Bluetooth unter „Systemeinstellungen“ > „Bluetooth“ aktiviert.
- Auf jedem Gerät ist mindestens die folgende Betriebssystemversion installiert: iOS 10, iPadOS 13, macOS 10.12 oder neuer.

Kopieren, ausschneiden und einsetzen

- Kopieren: Ziehe die gewünschten Inhalte mit drei Fingern zusammen.
- Ausschneiden: Ziehe die gewünschten Inhalte zweimal mit drei Fingern zusammen.
- Einsetzen: Ziehe mit drei Fingern auseinander.

Du kannst auch einen Finger auf die Auswahl legen und dann auf „Ausschneiden“, „Kopieren“ oder „Einsetzen“ tippen.

Wichtig: Du musst die gewünschten Inhalte innerhalb einer kurzen Zeitspanne ausschneiden, kopieren und einsetzen.

Kabelverbindung zwischen iPad und Computer

Über ein USB-Kabel oder einen USB-Adapter kannst das iPad direkt mit einem Mac oder Windows-PC verbinden.

1. Vergewissere dich, dass Folgendes bereitsteht:
   - Mac mit einem USB-Anschluss und OS X 10.9 (oder neuer)
   - PC mit einem USB-Anschluss und Windows 7 (oder neuer)
2. Schließe das iPad mit dem Ladekabel für dein iPad an den USB-Anschluss deines Computers an.
   Führe einen der folgenden Schritte aus, wenn das Kabel nicht mit dem Anschluss an deinem Computer kompatibel ist:
   - Wenn dein iPad mit einem USB-C-Ladekabel geliefert wurde und dein Computer einen USB-Anschluss hat, verwendest du einen USB-C-auf-USB-Adapter und ein USB-A-Kabel (jeweils separat erhältlich).
   - Wenn dein iPad mit einem USB-C-auf-Lightning Kabel geliefert wurde und dein Computer einen USB-Anschluss hat, verwendest du ein Lightning-auf-USB-Kabel (separat erhältlich).
   - Wenn dein iPad mit einem Lightning-auf-USB-Kabel geliefert wurde und dein Computer einen USB-C-Anschluss hat, verbindest du das USB-Ende des Kabels mit einem USB-C-auf-USB-Adapter (separat erhältlich) oder verwendest ein USB-C-auf-Lightning-Kabel (separat erhältlich).
   - Wenn dein iPad mit einem Thunderbolt 4 / USB-4-Ladekabel geliefert wurde und dein Computer einen USB-Anschluss hat, verwendest du einen USB-C-auf-USB-Adapter und ein USB-A-Kabel (jeweils separat erhältlich). (Für Thunderbolt-Geräte wie das iPad Pro 12,9" (5. Generation) und das iPad Pro 11" (3. Generation) kannst du Thunderbolt- oder USB-Kabel verwenden).
3. Führe beliebige der folgenden Schritte aus:
   - Richte ein neues iPad ein.
   - Verwende das iPad als sekundäres Display für den Mac.
   - Übertrage Dateien zwischen deinem iPad und einem Computer.
   - Synchronisiere Inhalte zwischen deinem iPad und einem Computer.
   - Teile deine iPad-Internetverbindung (Wi-Fi + Cellular-Modelle) mit einem Computer.
   - Verwende den Computer zum Löschen des gesamten Inhalts und aller Einstellungen auf dem iPad.
   - Aktualisiere das iPad mithilfe deines Computers.

Die Batterie des iPad wird geladen, wenn das iPad mit deinem Computer verbunden, sofern der Computer mit dem Stromnetz verbunden ist.

Synchronisieren des iPad mit deinem Computer

Du kannst iCloud verwenden, um deine Fotos, Dateien, Kalender und mehr auf all deinen Geräten auf dem neuesten Stand zu halten, auf denen du mit deiner Apple-ID angemeldet bist. (Du kannst auch einen Windows-PC für den Zugriff auf deine iCloud-Daten auf iCloud.com verwenden.) Andere Dienste wie Apple Music erlauben den Zugriff auf weitere Inhalte auf deinen Geräten. Mit iCloud und Diensten wie Apple Music ist keine Synchronisierung erforderlich.

Wenn du iCloud oder andere Dienste nicht verwenden willst, kannst du dein iPad mit deinem Mac oder Windows-PC zum Synchronisieren der folgenden Objekte verbinden:

- Alben, Musiktitel, Playlists, Filme, TV-Sendungen, Podcasts, Bücher und Hörbücher
- Fotos und Videos
- Kontakte und Kalender

Durch das Synchronisieren kannst du diese Objekte auf deinem Computer und deinem iPad dem neuesten Stand halten.

Hinweis: Wenn du iCloud oder andere Dienste wie Apple Music verwendest, sind Optionen zum Synchronisieren mit deinem Computer möglicherweise nicht verfügbar.

Synchronisierung zwischen Mac und iPad einrichten

1. Verbinde das iPad und deinen Computer mit einem Kabel.
2. Wähle in der Finder-Seitenleiste auf deinem Mac dein iPad aus.
   Hinweis: Zum Synchronisieren von Inhalten mit dem Finder ist macOS 10.15 oder neuer erforderlich. Mit älteren macOS-Versionen kannst du zum Synchronisieren mit deinem Mac iTunes verwenden.
3. Klicke oben im Fenster auf den Inhaltstyp, der synchronisiert werden soll (z. B. „Film" oder „Bücher").
   Hinweis: Informationen zum Verwenden der Option „Dateien" findest du unter Übertragen von Dateien zwischen dem iPad und deinem Computer.
4. Wähle „[Inhaltstyp] auf [Gerätename] synchronisieren".
   Standardmäßig werden alle Objekte eines Inhaltstyps synchronisiert, du kannst jedoch auch einzelne Objekte wie bestimmte Musiktitel, Filme, Bücher oder Kalender zum Synchronisieren auswählen.
5. Wiederhole die Schritte 3 und 4 für jeden Inhaltstyp, der synchronisiert werden soll. Klicke dann auf „Anwenden".

Dein Mac synchronisiert mit deinem iPad, sobald sie verbunden werden.

Zum Anzeigen oder Ändern der Synchronisierungsoptionen wähle dein iPad in der Finder-Seitenleiste aus und wähle die gewünschten Optionen oben im Fenster aus.

Bevor du die Verbindung zwischen iPad und Mac trennst, klicke auf die Taste „Auswerfen" in der Finder-Seitenleiste.

Synchronisierung zwischen Windows-PC und iPad einrichten

1. Installiere auf deinem PC die neueste iTunes-Version bzw. aktualisiere iTunes auf die neueste Version.
   Weitere Informationen findest du im Apple Support-Artikel Update auf die neueste iTunes-Version.
2. Verbinde das iPad und deinen Computer mit einem Kabel.

3. Klicke in der App „iTunes“ auf deinem PC auf die Taste „iPad“ oben links im iTunes-Fenster.
4. Wähle den Inhaltstyp zur Synchronisierung (z. B. „Filme“ oder „Bücher“) in der Seitenleiste links aus.
5. Wähle „Synchronisieren“, um die Synchronisierung für diesen Objekttyp zu aktivieren. Standardmäßig werden alle Objekte eines Inhaltstyps synchronisiert, du kannst jedoch auch einzelne Objekte wie bestimmte Musiktitel, Filme, Bücher oder Kalender zum Synchronisieren auswählen.
6. Wiederhole die Schritte 3 und 4 für jeden Inhaltstyp, der auf deinem iPad enthalten sein soll. Klicke dann auf „Anwenden“.

Standardmäßig wird dein Windows-PC mit deinem iPad synchronisiert, sobald sie miteinander verbunden werden. Du kannst festlegen, dass iTunes vor dem Synchronisieren fragt, und wenn du einige Objekte nie synchronisieren willst, kannst du diese von der Synchronisierung ausschließen.

WLAN-Synchronisierung aktivieren

Gehe wie folgt vor, nachdem du die Synchronisierung zwischen deinem Computer und dem iPad eingerichtet hast:

1. Verbinde das iPad und deinen Computer mit einem Kabel.
2. Führe einen der folgenden Schritte aus:
   - **In der Finder-Seitenleiste auf deinem Mac**: Wähle dein iPad aus, klicke oben im Fenster auf „Allgemein“ und wähle dann „Bei verfügbarem WLAN dieses [Gerät] anzeigen“.
     Zum Aktivieren der WLAN-Synchronisierung mit dem Finder ist macOS 10.15 oder neuer erforderlich. Mit älteren macOS-Versionen kannst du zum Aktivieren der WLAN-Synchronisierung iTunes verwenden.
   - **In der App „iTunes“ auf einem Windows-PC**: Klicke im iTunes-Fenster oben links auf die Taste „iPad“, dann auf „Übersicht“ und wähle „Mit diesem [Gerät] über WLAN synchronisieren“ (unter „Optionen“).
3. Klicke auf „Anwenden“.

Sobald das iPad an das Stromnetz angeschlossen wird und über WLAN mit deinem Mac oder iTunes auf dem Windows-PC verbunden ist, synchronisiert dein Computer standardmäßig die ausgewählten Inhalte mit dem iPad.

ACHTUNG: Wenn du ein synchronisiertes Objekt von deinem Computer löschst, wird das Objekt bei der nächsten Synchronisierung von deinem iPad entfernt.

Übertragen von Dateien zwischen dem iPad und deinem Computer

Du kannst iCloud Drive verwenden, um deine Dateien auf dem neuesten Stand zu halten und auf allen deine Geräten einschließlich Windows-PCs verfügbar zu haben. Du kannst auch Dateien zwischen iPad und anderen Geräten mithilfe von AirDrop und E-Mail-Anhängen übertragen.

Alternativ kannst du Dateien für Apps übertragen, die die Dateifreigabe unterstützen, indem du das iPad mit einem Mac (mit USB-Anschluss und OS X 10.9 oder neuer) oder einem Windows-PC (mit USB-Anschluss und Windows 7 oder neuer) verbindest.

Dateien zwischen iPad und Mac übertragen

1. Schließe das iPad an deinen Mac an.
   Du kannst die Verbindung über USB herstellen oder, wenn du die WLAN-Synchronisierung eingerichtet hast, kannst du eine WLAN-Verbindung nutzen.
2. Wähle in der Finder-Seitenleiste auf deinem Mac dein iPad aus.
   Hinweis: Zum Übertragen von Dateien mit dem Finder ist macOS 10.15 oder neuer erforderlich. Mit älteren macOS-Versionen kannst du zum Übertragen von Dateien iTunes verwenden.
3. Klicke oben im Finder-Fenster auf „Dateien" und führe dann einen der folgenden Schritte aus:
   - **Vom Mac zum iPad übertragen**: Bewege eine Datei oder eine Dateiauswahl aus einem Finder-Fenster auf einen App-Namen in der Liste.
   - **Vom iPad zum Mac übertragen**: Klicke auf das Dreiecksymbol neben einem App-Namen, um die zugehörigen Dateien auf deinem iPad anzuzeigen. Bewege dann eine Datei in ein Finder-Fenster.

Zum Löschen einer Datei vom iPad, wähle die Datei unter einem App-Namen aus, drücke die Tastenkombination „Befehl-Rückschritt" und klicke auf „Löschen".

Dateien zwischen dem iPad und deinem Windows-PC übertragen

1. Installiere auf deinem PC die neueste iTunes-Version bzw. aktualisiere iTunes auf die neueste Version.
2. Schließe das iPad an deinen Windows-PC an.
   Du kannst die Verbindung über USB herstellen oder, wenn du die WLAN-Synchronisierung eingerichtet hast, kannst du eine WLAN-Verbindung nutzen.
3. Klicke in der App „iTunes" auf deinem Windows-PC auf die Taste „iPad" oben links im iTunes-Fenster.
4. Klicke auf „Dateifreigabe", wähle eine App aus der Liste aus und führe dann einen der folgenden Schritte aus:
   - **Datei von deinem iPad auf den Computer übertragen**: Wähle die Datei für die Übertragung in der Liste rechts aus, klicke auf „Sichern unter" und wähle einen Speicherort für die Datei aus. Klicke dann auf „Sichern unter".
   - **Datei von deinem Computer auf das iPad übertragen**: Klicke auf „Hinzufügen", wähle die Datei für die Übertragung aus und klicke auf „Hinzufügen".

Zum Löschen einer Datei vom iPad, wähle die Datei aus, drücke die Rückschritttaste und klicke auf „Löschen".

Die Dateien werden sofort übertragen. Zum Anzeigen der Übertragung auf das iPad wähle „Auf meinem iPad“ in der App „Dateien“ auf dem iPad. Weitere Informationen findest du unter Dateien und Ordner in der App „Dateien“ auf dem iPad anzeigen und ändern.

Wichtig: Die Synchronisierung hat keine Auswirkungen auf Dateiübertragungen, daher werden bei der Synchronisierung übertragene Dateien auf dem iPad nicht mit den Dateien auf deinem Computer aktualisiert.

Bedienungshilfen

Einführung in die Funktionen der Bedienungshilfen auf dem iPad

Das iPad umfasst Funktionen zur Bedienungshilfe, von denen du in vielerlei Hinsicht bei körperlichen und motorischen Tätigkeiten, beim Hören und Lernen und bei anderen Anforderungen profitieren kannst. Erfahre, wie du diese Funktionen konfigurieren und dir Kurzbefehle für den gezielten Zugriff auf einzelne Funktionen einrichten kannst.

Funktionen der Bedienungshilfen bei der Konfiguration aktivieren

Du kannst zahlreiche Funktionen der Bedienungshilfen direkt aktivieren, wenn du dein iPad das erste Mal einrichtest. Schalte das iPad ein und führe beliebige der folgenden Schritte aus:

- **VoiceOver aktivieren**: Klicke dreimal die Home-Taste (auf einem iPad mit Home-Taste) bzw. klicke dreimal die obere Taste (auf anderen iPad-Modellen).
- **Zoom aktivieren**: Tippe mit drei Fingern zweimal auf den Bildschirm.
- „Schaltersteuerung", „Größerer Text", „Umkehren" und weitere Funktionen aktivieren:

  Wähle eine Sprache und ein Land aus, tippe auf und wähle die gewünschten Funktionen aus.

Bei der Migration von einem früheren iPad-Modell kannst du auch deine Einstellungen für die Bedienungshilfen übernehmen.

Einstellungen für die Bedienungshilfen ändern

Nach dem Einrichten deines iPad kannst du die Einstellungen für die Bedienungshilfen anpassen.

1. Wähle „Einstellungen" > „Bedienungshilfen".
2. Wähle beliebige der folgenden Funktionen aus:
   - Sehen
     - VoiceOver
     - Zoomen
     - Anzeige & Textgröße
     - Bewegung
     - Gesprochene Inhalte
     - Audiobeschreibungen
   - Physisch und motorisch
     - AssistiveTouch
     - Touch-Anpassungen
     - Anrufaudioausgabe
     - Face ID & Aufmerksamkeit
     - Schaltersteuerung

    - Sprachsteuerung
    - Home-Taste oder obere Taste
    - Apple TV Remote
    - Zeigersteuerung
    - Tastaturen
    - Apple Pencil
    - AirPods
  - Hören
    - Hörhilfen
    - Live-Mithören
    - Geräuscherkennung
    - RTT
    - Mono-Audio und -Balance
    - LED-Blitz bei Hinweisen
    - Kopfhörer-Anpassungen
    - Hintergrundgeräusche
    - Untertitel & erweiterte Untertitel
    - Transkriptionen für Intercom-Mitteilungen des HomePod
  - Allgemein
    - Geführter Zugriff
    - Siri
    - Kurzbefehl
    - App-spezifische Einstellungen

Sehen

VoiceOver

Aktivieren und Einüben von VoiceOver auf dem iPad

VoiceOver ist eine durch Gesten gesteuerte Funktion zum Vorlesen von Bildschirminhalten, damit du das iPad auch verwenden kannst, wenn du den Bildschirm nicht siehst. VoiceOver liest die Beschreibung des jeweiligen Bildschirms laut vor – vom Ladezustand der Batterie, über den Namen eines Anrufers bis zu der App, auf der sich momentan dein Finger befindet. Du kannst die Vorlesegeschwindigkeit und die Tonhöhe individuell auf deine Bedürfnisse anpassen.

Wenn du den Bildschirm berührst oder einen Finger über den Bildschirm ziehst, liest dir VoiceOver den Namen des Objekts, das Symbol oder den Text vor, auf dem sich dein Finger befindet. Du kannst VoiceOver-Gesten verwenden, um mit einem Objekt (z. B. einer Taste oder einem Link) zu interagieren oder zu einem anderen Objekt zu navigieren.

VoiceOver informiert dich mit einem akustischen Signal über jeden Bildschirmwechsel. Bei einem Wechsel wählt VoiceOver das erste Objekt im neuen Bildschirm aus und liest dessen Namen vor (normalerweise handelt es sich dabei um das Objekt in der oberen linken Ecke eines Bildschirms). VoiceOver lässt dich wissen, wenn sich die Bildschirmausrichtung ändert oder wenn der Bildschirm abgeblendet oder gesperrt wird. VoiceOver informiert dich auch über das Objekt, das auf dem Sperrbildschirm aktiv ist, wenn du den Ruhezustand des iPad beendest.

VoiceOver aktivieren oder deaktivieren

Wichtig: VoiceOver ändert die Gesten, mit denen du das iPad steuerst. Nachdem du VoiceOver aktiviert hast, musst du zum Bedienen deines iPad generell VoiceOver-Gesten verwenden.

Verwende eine der folgenden Methoden, um VoiceOver ein- oder auszuschalten:

- Aktiviere Siri und sage „VoiceOver einschalten" oder „VoiceOver ausschalten".
- Drücke dreimal die Home-Taste (auf einem iPad mit Home-Taste).
- Drücke dreimal die obere Taste (auf anderen iPad-Modellen).
- Verwende das Kontrollzentrum.
- Wähle „Einstellungen" > „Bedienungshilfen" > „VoiceOver" und aktiviere bzw. deaktiviere die Einstellung.

VoiceOver-Gesten lernen und einüben

Es gibt einen speziellen Bereich, in dem du die VoiceOver-Gesten einüben kannst, ohne Einfluss auf dein iPad und dessen Einstellungen zu nehmen. Beim Einüben einer Geste beschreibt VoiceOver die eigentliche Geste und die daraus resultierende Aktion.

Teste die verschiedenen Möglichkeiten, um auszuprobieren, welche Vorgehensweise für dich am besten geeignet ist. Versuche, die Bewegung schneller auszuführen, wenn eine Geste nicht funktioniert. Dies gilt speziell für Gesten mit Doppeltippen und Streichen. Führe zum Streichen einen oder mehrere Finger schnell über den Bildschirm. Bei Gesten mit mehreren Fingern erzielst du die besten Ergebnisse, wenn du den Bildschirm mit leicht gespreizten Fingern berührst.

1. Wähle „Einstellungen" > „Bedienungshilfen" > „VoiceOver".
2. Aktiviere die Option „VoiceOver" und tippe auf „VoiceOver-Übungen". Doppeltippe danach auf den Bildschirm, um mit der Übung zu beginnen.
3. Übe die folgenden Gesten zunächst mit nur einem Finger und danach mit zwei, drei und vier Fingern ein:
   - Tippen
   - Doppeltippen
   - Dreifachtippen
   - Nach links, rechts, oben und unten streichen
4. Tippe am Ende der Übung auf „Fertig". Doppeltippe danach auf den Bildschirm, um den Übungsmodus zu beenden.

Ändern der VoiceOver-Einstellungen auf dem iPad

Du kannst verschiedene Einstellungen für VoiceOver anpassen – zum Beispiel die Audio-Optionen, die Sprache, die Stimme, die Sprechgeschwindigkeit und die Ausführlichkeit der Beschreibungen.

Lautstärke und andere Audio-Optionen für VoiceOver anpassen

- Drücke die Lautstärketasten an deinem iPad, um die Lautstärke für VoiceOver zu erhöhen oder zu verringern.
- Wähle „Einstellungen“ > „Bedienungshilfen“ > „VoiceOver“ > „Audio“, um weitere Audio-Optionen festzulegen. Hierzu gehören unter anderem:
    - **Töne**: Hier kannst du die Toneffekte anpassen und testen.
    - **Audio-Ducking**: Hier kannst du die Lautstärke der Medienwiedergabe während der VoiceOver-Sprachausgabe temporär reduzieren.
    - **An HDMI senden**: Hier kannst du festlegen, dass die Audioausgabe an extern angeschlossene Geräte wie Instrumentenverstärker oder DJ-Mixer geleitet wird.

Sprache für VoiceOver festlegen

VoiceOver verwendet die Sprache, die du für dein iPad ausgewählt hast. Die Aussprache, die VoiceOver verwendet, hängt bei manchen Sprachen vom ausgewählten Regionsformat ab.

1. Wähle „Einstellungen“ > „Allgemein“ > „Sprache & Region“.
2. Tippe auf „iPad-Sprache“ und wähle die gewünschte Sprache aus.

Vorlesestimme anpassen

Wähle „Einstellungen“ > „Bedienungshilfen“ > „VoiceOver“ und führe beliebige der folgenden Schritte aus:

- **Sprechgeschwindigkeit anpassen**: Ziehe den Schieberegler „Sprechtempo“.
- Stimme auswählen: Tippe auf „Sprachausgabe“ > „Stimme“ und wähle eine Stimme aus.

  Tippe auf , wenn du eine optimierte Stimme laden möchtest.
- **Tonhöhe anpassen**: Tippe auf „Sprachausgabe“ und ziehe den Schieberegler. Du kannst außerdem die Option „Tonhöhenänderung“ aktivieren, damit VoiceOver einen etwas höheren Ton verwendet, wenn es das erste Objekt einer Gruppe (etwa einer Liste oder Tabelle) vorliest, und einen etwas tieferen Ton beim Vorlesen des letzten Objekts einer Gruppe.
- **Aussprache bestimmter Wörter festlegen**: Tippe auf „Sprachausgabe“ > „Aussprache“ und auf . Gib eine Wortfolge ein und diktiere oder buchstabiere danach, wie diese Wortfolge ausgesprochen werden soll.
  Hinweis: Du kannst nur diktieren, wenn du die Option „Diktierfunktion aktivieren“ aktiviert hast (unter „Einstellungen“ > „Allgemein“ > „Tastaturen“).

Umfang der von VoiceOver vorgelesenen Informationen festlegen

Wähle „Einstellungen“ > „Bedienungshilfen“ > „VoiceOver“ und führe beliebige der folgenden Schritte aus:

- **Ausführlichkeit**: Gib mithilfe der angezeigten Optionen an, ob VoiceOver Hinweise, Satzzeichen, Großbuchstaben, eingebettete Links und andere Informationen sprechen soll. VoiceOver kann sogar Rotoraktionen bestätigen und dich informieren, wenn die Taschenlampe eingeschaltet ist (verfügbar auf iPad-Modellen mit True Tone Flash). Tippe auf „Satzzeichen“ und wähle eine Gruppe aus, wenn du ändern möchtest, wie VoiceOver Satzzeichen spricht. Du kannst auch neue Gruppen anlegen, zum Beispiel eine Gruppe für die Programmierung, die bewirkt, dass „[“ als „linke eckige Klammer“ gesprochen wird.
- **Mitteilungen immer sprechen**: VoiceOver liest Mitteilungen und empfangene Textnachrichten sofort bei Erhalt vor – selbst wenn das iPad gesperrt ist. Nicht quittierte Mitteilungen werden beim Entsperren des iPad wiederholt.

VoiceOver-Einstellungen für Aktivität anpassen

Du kannst eine Gruppe von VoiceOver-Einstellungen für eine Aktivität wie das Programmieren anpassen. Diese Einstellungen werden automatisch angewendet, wenn du bestimmte Apps öffnest oder den Rotor anpasst.

1. Wähle „Einstellungen“ > „Bedienungshilfen“ > „VoiceOver“ > „Aktivitäten“.
2. Wähle eine vorhandene Aktivität aus oder tippe auf „Aktivität hinzufügen“.
3. Passe die Einstellungen für Sprachausgabe, Ausführlichkeit und Brailleschrift an.
4. Wähle „Apps“ oder „Kontext“, um die Einstellungen für die jeweilige Aktivität automatisch anzuwenden.

Flache oder gruppierte Navigation verwenden

Wähle „Einstellungen“ > „Bedienungshilfen“ > „VoiceOver“ > „Navigationsstil“ und wähle eine der folgenden Optionen aus:

- **Flach**: VoiceOver navigiert der Reihe nach durch alle Objekte auf dem Bildschirm, wenn du die Bewegungsbefehle „Weiter“ und „Zurück“ verwendest.
- **Gruppiert**: VoiceOver navigiert durch Objekte und Gruppen von Objekten auf dem Bildschirm. Streiche mit zwei Fingern nach rechts, um eine Gruppe zu öffnen. Streiche mit zwei Fingern nach links, um eine Gruppe zu verlassen.

Visuelle Effekte von VoiceOver anpassen

Wähle „Einstellungen“ > „Bedienungshilfen“ > „VoiceOver“ und aktiviere beliebige der folgenden Optionen:

- **Großer Cursor**: Wenn dir das Erkennen des schwarzen Rahmens um das ausgewählte Objekt schwerfällt, kannst du die Linie dieses Rahmens verstärken.
- **Beschriftungsbereich**: Der von VoiceOver gesprochene Text wird unten auf dem Bildschirm angezeigt.

Schnelleinstellungen zur sofortigen Anpassung von VoiceOver verwenden

Wenn VoiceOver aktiviert ist, kannst du durch viermaliges Tippen mit zwei Fingern sofort auf die Schnelleinstellungen zugreifen.

Führe die folgenden Schritte aus, um die Schnelleinstellungen anzupassen:

1. Wähle „Einstellungen“ > „Bedienungshilfen“ > „VoiceOver“ > „Schnelleinstellungen“.
2. Wähle die gewünschten Einstellungen aus oder ziehe , um die Einstellungen neu anzuordnen.

Erlernen von VoiceOver-Gesten auf dem iPad

Solange VoiceOver eingeschaltet ist, bewirken die Standardgesten andere Aktionen. Außerdem kannst du in diesem Fall zusätzliche Gesten nutzen, um auf dem Bildschirm zu navigieren und einzelne Objekte zu steuern. VoiceOver-Gesten können das Tippen und Streichen mit zwei, drei oder vier Fingern umfassen.

VoiceOver-Gesten können auf mehrere Arten ausgeführt werden. Du kannst beispielsweise zum Tippen mit zwei Fingern zwei Finger derselben Hand oder alternativ je einen Finger der rechten und der linken Hand oder deine beiden Daumen verwenden. Zum Auswählen eines Objekts kannst du alternativ zum Doppeltippen die Geste „geteiltes Tippen“ verwenden. Hierbei wird ein Objekt aktiviert, indem ein Finger auf das Objekt gelegt und dort belassen wird und mit einem zweiten Finger auf den Bildschirm getippt wird.

Objekte auf dem Bildschirm erkunden und vorlesen lassen

Ziehe deinen Finger über den Bildschirm, um ihn und die darauf befindlichen Objekte zu erkunden. VoiceOver liest dir den Namen jedes Objekts vor, das du berührst.

Du kannst auch VoiceOver-Gesten verwenden, um dir den Bildschirm von oben nach unten und von links nach rechts beschreiben zu lassen.

Aktion	Geste
Objekt auswählen und vorlesen	Auf das Objekt tippen oder den Finger darauf legen
Nächstes Objekt auswählen	Nach rechts streichen
Vorheriges Objekt auswählen	Nach links streichen
Gruppe von Objekten öffnen	Mit zwei Fingern nach rechts streichen

Gruppe von Objekten verlassen	Mit zwei Fingern nach links streichen
Erstes Objekt auf dem Bildschirm auswählen	Mit vier Fingern nahe am oberen Bildschirmrand tippen
Letztes Objekt auf dem Bildschirm auswählen	Mit vier Fingern nahe am unteren Bildschirmrand tippen
Gesamten Bildschirm von oben vorlesen	Mit zwei Fingern nach oben streichen
Gesamten Bildschirm ab dem ausgewählten Objekt vorlAktionesen	Mit zwei Fingern nach unten streichen
Vorlesen unterbrechen oder fortsetzen	Mit zwei Fingern tippen
Zusätzliche Informationen vorlesen (beispielsweise die Position innerhalb einer Liste oder ob aktuell Text ausgewählt ist)	Mit drei Fingern tippen

Nach oben, unten, links oder rechts scrollen

Du kannst mit VoiceOver-Gesten zu einer anderen Seite wechseln.

Aktion	Geste
Um eine Seite nach oben scrollen	Mit drei Fingern nach unten streichen
Um eine Seite nach unten scrollen	Mit drei Fingern nach oben streichen
Um eine Seite nach links scrollen	Mit drei Fingern nach rechts streichen
Um eine Seite nach rechts scrollen	Mit drei Fingern nach links streichen

Eine Aktion für ein Objekt ausführen

Du kannst mit VoiceOver-Gesten bestimmte Aktionen für ein Objekt ausführen.

Aktion	Geste

Objekt auswählen	Tippen
Ausgewähltes Objekt aktivieren	Doppeltippen
Auf ein ausgewähltes Objekt doppeltippen	Dreifachtippen
Schieberegler ziehen	Auf den Schieberegler tippen, um ihn auszuwählen, und danach mit einem Finger nach oben oder nach unten streichen. Alternativ kannst du doppeltippen und den Finger auf dem Schieberegler liegen lassen, bis drei höhere werdende Töne zu hören sind, und danach den Schieberegler ziehen.
Aktuelle Aktion starten oder stoppen (z. B. die Musik- oder Videowiedergabe unterbrechen oder fortsetzen, ein Foto mit der App „Kamera“ aufnehmen oder eine Aufnahme oder die Stoppuhr starten oder stoppen)	Mit zwei Fingern doppeltippen
Warnung ignorieren oder zum vorherigen Bildschirm zurückkehren	Zickzackgeste mit zwei Fingern ausführen (zwei Finger wie beim Schreiben des Buchstabens „z“ dreimal schnell hin und her bewegen)
Etikett eines Objekts zum späteren schnellen Auffinden ändern	Mit zwei Fingern doppeltippen und Finger liegen lassen

Tipp: Als Alternative zum Auswählen eines Objekts durch Doppeltippen kannst du ein Objekt aktivieren, indem du einen Finger auf das Objekt legst und danach mit einem zweiten Finger auf den Bildschirm tippst.

VoiceOver mithilfe von Gesten steuern

Du kannst VoiceOver mithilfe von Gesten steuern.

Aktion	Geste

VoiceOver stumm schalten oder Stummschaltung beenden	Mit drei Fingern doppeltippen Wenn sowohl VoiceOver als auch Zoom aktiviert sind, musst du mit drei Fingern dreimal tippen.
Bildschirmvorhang aktivieren oder deaktivieren (Wenn der Bildschirmvorhang aktiviert ist, bleibt der Bildschirminhalt aktiv, auch wenn der Bildschirm ausgeschaltet ist.)	Mit drei Fingern dreimal tippen Wenn sowohl VoiceOver als auch Zoom aktiviert sind, musst du mit drei Fingern viermal tippen.
Eine Standardgeste verwenden	Auf den Bildschirm doppeltippen und den Finger liegen lassen, bis drei höher werdende Töne zu hören sind, und danach die Geste ausführen. Wenn du deinen Finger anhebst, werden wieder die VoiceOver-Gesten verwendet. Beispiel: Wenn du den Lautstärkeregler nicht durch Ziehen nach oben oder unten, sondern mit dem Finger bewegen möchtest, musst du wie folgt vorgehen: Wähle den Regler aus, tippe zweimal auf den Bildschirm und lass den Finger liegen, bis 3 Töne zu hören sind, und streiche danach nach links oder nach rechts.
Objektauswahl öffnen	Mit zwei Fingern dreimal tippen Gib danach den Namen in das Suchfeld ein, um schnell in der Liste zu navigieren, oder streiche nach links oder nach rechts, um die Liste alphabetisch durchzugehen. Alternativ kannst du auf den Tabellenindex rechts tippen und nach oben oder nach unten streichen, um schnell in der Liste zu scrollen. Du kannst ein Objekt auch im Handschriftmodus auswählen, indem du dessen Namen schreibst. Zum Schließen der Objektauswahl ohne Auswahl eines Objekts führst du mit zwei Fingern eine Zickzackgeste aus (bewege zwei Finger wie beim Schreiben des Buchstabens „z“ dreimal schnell hin und her).
Schnelleinstellungen für VoiceOver öffnen	Mit zwei Fingern viermal tippen

VoiceOver-Rotor verwenden

Mit dem Rotor kannst du die Einstellungen für VoiceOver ändern, von einem Objekt auf dem Bildschirm zum nächsten wechseln, spezielle Eingabemethoden – zum Beispiel die Braillebildschirmeingabe oder den Handschriftmodus – auswählen und andere Aktionen bewirken.

Du kannst Gesten für den Rotor verwenden.

Aktion	Geste
Eine Rotoreinstellung auswählen	Drehbewegung mit zwei Fingern ausführen
Zum vorherigen Objekt wechseln oder Wert erhöhen (abhängig von der Rotoreinstellung)	Nach oben streichen
Zum nächsten Objekt wechseln oder Wert reduzieren (abhängig von der Rotoreinstellung)	Nach unten streichen

Bedienen des iPad mit VoiceOver-Gesten

Wenn VoiceOver aktiviert ist, musst du spezielle Gesten verwenden, um dein iPad zu entsperren, zum Home-Bildschirm zu gehen, das Kontrollzentrum zu öffnen, zwischen Apps umzuschalten und andere Aktionen auszuführen.

iPad entsperren

- **Auf einem iPad mit Home-Taste**: Drücke die Home-Taste mit einem Finger, den du für Touch ID registriert hast.
- Auf einem iPad mini (6. Generation) und iPad Air (4. Generation und neuere Modelle): Lege den Finger, den du für Touch ID registriert hast, auf die obere Taste.
- **Auf einem iPad mit Face ID**: Beende den Ruhezustand des iPad und richte den Blick auf das Gerät. Streiche danach vom unteren Bildschirmrand nach oben, bis du zwei höher werdende Töne hörst (wenn Face ID aktiviert ist).

Gib deinen Code ein, wenn du dazu aufgefordert wirst. Gib deinen Code im Handschriftmodus ohne Vorsprechen ein oder gib Braillezeichen auf dem Bildschirm ein, um zu vermeiden, dass der Code bei der Eingabe laut vorgelesen wird.

Home-Bildschirm anzeigen

- Streiche mit einem Finger vom unteren Bildschirmrand nach oben, bis du zwei höher werdende Töne hörst. Hebe danach deinen Finger an.
- Drücke die Home-Taste (auf einem iPad mit Home-Taste).

Dock verwenden

Streiche mit einem Finger vom unteren Bildschirmrand nach oben, bis du zwei höher werdende Töne hörst. Streiche dann nach unten.

Zu anderer App umschalten

Streiche mit fünf Fingern nach rechts oder nach links, um durch die offenen Apps zu scrollen.

Alternativ kannst du den App-Umschalter verwenden:

1. Öffne den App-Umschalter auf eine der folgenden Arten:
   - Streiche mit einem Finger vom unteren Bildschirmrand nach oben, bis du drei Töne hörst. Hebe danach deinen Finger an.
   - Doppelklicke die Home-Taste (auf einem iPad mit Home-Taste).
2. Streiche nach links oder nach rechts, um zyklisch durch die offenen Apps zu blättern, bis die App ausgewählt wird, die du verwenden möchtest.
3. Doppeltippe auf die App, um sie zu öffnen.

Kontrollzentrum öffnen

- Streiche mit einem Finger vom oberen Bildschirmrand nach unten, bis du zwei höher werdende Töne hörst.
- Tippe auf ein Objekt auf der Statusleiste und streiche mit drei Fingern nach oben.

Führe mit zwei Fingern eine Zickzackgeste aus (bewege zwei Finger wie beim Schreiben des Buchstabens „z“ dreimal schnell hin und her).

Mitteilungen anzeigen

- Streiche mit einem Finger vom oberen Bildschirmrand nach unten, bis du drei höher werdende Töne hörst.
- Tippe auf ein Objekt auf der Statusleiste und streiche mit drei Fingern nach unten.

Zum Schließen des Mitteilungsbildschirms führst du mit zwei Fingern eine Zickzackgeste aus (bewege zwei Finger wie beim Schreiben des Buchstabens „z“ dreimal schnell hin und her).

Informationen der Statusleiste vorsprechen

1. Tippe auf die Statusleiste oben auf dem Bildschirm.
2. Streiche nach links oder nach rechts, um dir die Uhrzeit, den Ladezustand der Batterie, die WLAN-Signalstärke und andere Statusinformationen vorlesen zu lassen.

Apps im Home-Bildschirm neu anordnen

Verwende eine der folgenden Methoden:

- **Drag & Drop**: Tippe im Home-Bildschirm auf ein Symbol, doppeltippe auf den Bildschirm und lass den Finger liegen, bis du drei ansteigende Signaltöne hörst. Beim Bewegen wird die relative Position des Objekts beschrieben. Hebe deinen Finger ab, wenn sich das Objekt an der Zielposition befindet. Ziehe ein Symbol zum seitlichen Bildschirmrand, wenn du es auf einer anderen Seite des Home-Bildschirms platzieren möchtest.
- **Aktionen beim Bewegen**: Tippe auf eine App und streiche nach unten, um die verfügbaren Aktionen zu hören. Doppeltippe, wenn du die Worte „Bearbeitungsmodus“ hörst, um mit dem Anordnen der Apps zu beginnen. Finde die App, die du bewegen möchtest, streiche nach unten zur Aktion „Bewegen“ und doppeltippe. Bewege den VoiceOver-Cursor an die neue Position für diese App und wähle eine der verfügbaren

Aktionen aus: „Bewegen abbrechen“, „Neuen Ordner erstellen“, „Zum Ordner hinzufügen“, „Nach vorne bewegen“ oder „Nach hinten bewegen“.

Tippe zum Schluss auf „Fertig“ und doppeltippe auf den Bildschirm.

Suche aus dem Home-Bildschirm starten

1. Tippe außerhalb der Statusleiste auf eine beliebige Stelle des Home-Bildschirms.
2. Streiche mit drei Fingern nach unten.

Steuern von VoiceOver auf dem iPad mithilfe des Rotors

Mit dem Rotor von VoiceOver kannst du die Funktionsweise von VoiceOver beeinflussen. Du kannst die Lautstärke und die Sprechgeschwindigkeit von VoiceOver anpassen, von einem Objekt auf dem Bildschirm zum nächsten wechseln, spezielle Eingabemethoden – zum Beispiel die Braillebildschirmeingabe oder den Handschriftmodus – auswählen und andere Aktionen bewirken.

Du kannst eine externe Apple-Tastatur zum Steuern von VoiceOver verwenden. In diesem Fall kannst du mit dem Rotor Einstellungen wie die Lautstärke, das Sprechtempo, die Tonhöhe bzw. die Phonetik, die Wiedergabe des eingegebenen Texts sowie Optionen für das Lesen von Satzzeichen anpassen.

VoiceOver-Rotor verwenden

1. Führe, wenn VoiceOver aktiviert ist, eine Drehbewegung mit zwei Fingern aus – ähnlich wie beim Drehen einer Wählscheibe. Wenn du lieber einen Finger jeder Hand verwenden möchtest, kannst du gleichzeitig mit einem Finger nach oben und mit einem anderen Finger nach unten ziehen.
   VoiceOver liest die Rotoreinstellung vor. Setze die Drehbewegung fort, um weitere Einstellungen vorlesen zu lassen. Beende die Drehbewegung, wenn die von dir gewünschte Einstellung vorgelesen wird.
2. Streiche mit einem Finger nach oben oder nach unten über den Bildschirm, um die betreffende Einstellung zu verwenden.
   Welche Rotoreinstellungen und Effekte verfügbar sind, hängt von den aktuell ausgeführten Aktionen ab. Beispiel: Wenn du „Überschriften“ beim Anzeigen einer Webseite auswählst, bewirkst du durch das Streichen nach oben oder nach unten, dass der VoiceOver-Cursor zur nächsten oder zur vorherigen Überschrift versetzt wird.

VoiceOver-Rotor anpassen

1. Wähle „Einstellungen“  > „Bedienungshilfen“ > „VoiceOver“.
2. Führe beliebige der folgenden Schritte aus:
   - **Rotoreinstellungen hinzufügen oder neu anordnen**: Tippe auf „Rotor“ und wähle die gewünschten Einstellungen aus oder ziehe ☰, um die Einstellungen neu anzuordnen.
   - **Weitere Sprache hinzufügen**: Tippe auf „Sprachausgabe“ > „Neue Sprache hinzufügen“ (im Bereich „Rotorsprachen“) und wähle eine Sprache aus.

- **Bestätigungen für Rotoraktionen von VoiceOver vorlesen lassen**: Tippe auf „Ausführlichkeit“ und aktiviere die Option „Bestätigung sprechen“.

Verwenden der Bildschirmtastatur für VoiceOver auf dem iPad

VoiceOver verändert die Handhabung der Bildschirmtastatur, die eingeblendet wird, sobald du ein bearbeitbares Textfeld aktivierst. Du kannst u. a. Text eingeben, auswählen und löschen und die Tastaturbelegung ändern.

Text mithilfe der Bildschirmtastatur eingeben

1. Wähle ein Textfeld aus und doppeltippe darauf.
   Daraufhin werden die Einfügemarke und die Bildschirmtastatur eingeblendet.
2. Gib deinen Text mithilfe einer der folgenden Methoden ein:
   - **Zweifingersystem (Standard)**: Streiche zur Texteingabe nach links oder nach rechts über den Bildschirm, um eine Taste auf der Tastatur auszuwählen, und wähle die gewünschte Taste durch Doppeltippen aus, um das entsprechende Zeichen einzugeben. Du kannst alternativ auch nur einen Finger über die Tastatur bewegen, den Finger auf der gewünschten Taste belassen und mit einem zweiten Finger auf den Bildschirm tippen. VoiceOver liest das Zeichen ein erstes Mal vor, wenn du es auswählst, und ein weiteres Mal, nachdem das Zeichen eingegeben wurde.
   - **Zehnfingersystem**: Berühre eine Taste auf der Tastatur, um sie auszuwählen. Hebe dann deinen Finger an, um das Zeichen einzugeben. Ziehe deinen Finger einfach auf die richtige Taste, wenn du zunächst auf eine falsche Taste tippst. VoiceOver liest das Zeichen für jede Taste vor, die du berührst. Das Zeichen wird aber erst eingegeben, wenn du deinen Finger anhebst.
   - **Direkte Berührung (Eingabe)**: VoiceOver ist nur für die Tastatur deaktiviert, du kannst daher Text so eingeben, als sei VoiceOver ausgeschaltet.
   - **Diktieren**: Doppeltippe mit zwei Fingern auf die Tastatur, um den Diktiervorgang zu starten und zu stoppen.

Verwende eine der folgenden Methoden, um ein Akzentzeichen einzugeben:

- **Zweifingersystem (Standard)**: Wähle die Taste mit dem entsprechenden Grundzeichen aus. Tippe zweimal auf die Taste und lass den Finger auf der Taste liegen, bis du durch einen Ton informiert wirst, dass die Leiste mit den alternativen diakritischen Zeichen zu sehen ist. Ziehe danach den Finger nach links oder nach rechts, um die alternativen Zeichen auszuwählen und vorlesen zu lassen. Hebe deinen Finger ab, um das aktuell ausgewählte Zeichen einzugeben.
- **Zehnfingersystem**: Lege den Finger auf ein Zeichen, bis die alternativen Zeichen angezeigt werden.

Text mithilfe der Bildschirmtastatur bearbeiten

- **Einfügemarke bewegen**: Streiche nach oben oder nach unten über den Bildschirm, um die Einfügemarke innerhalb des Textes nach vorne oder nach hinten zu versetzen. Lege mit dem Rotor fest, ob du die Einfügemarke zeichen-, wort- oder zeilenweise bewegen möchtest. Doppeltippe auf den Text, um die Einfügemarke an den Zeilenanfang oder an das Zeilenende zu bewegen.

VoiceOver informiert dich mit einem akustischen Signal, wenn die Einfügemarke bewegt wird, und liest das entsprechende Zeichen, das Wort oder die Zeile vor. Bei der Vorwärtsbewegung wird die Einfügemarke jeweils am Ende eines Worts und vor einem eventuell folgenden Leerzeichen oder Satzzeichen platziert. Bei der Rückwärtsbewegung wird die Einfügemarke jeweils am Ende des vorhergehenden Wortes und vor einem eventuell folgenden Leerzeichen oder Satzzeichen platziert.

- **Einfügemarke hinter das abschließende Satzzeichen am Ende eines Wortes oder Satzes versetzen**: Verwende den Rotor, um zum zeichenweisen Modus zurückzukehren.
  Wird die Einfügemarke zeilenweise bewegt, liest VoiceOver jede Zeile vor, über die die Einfügemarke bewegt wurde. Bei der Vorwärtsbewegung wird die Einfügemarke am Anfang der nächsten Zeile platziert (es sei denn, es handelt sich um die letzte Zeile des Absatzes; in diesem Fall wird die Einfügemarke zum Ende der Zeile bewegt, die gerade vorgelesen wurde). Bei der Rückwärtsbewegung wird die Einfügemarke an den Anfang der Zeile gestellt, die vorgelesen wird.
- Zeichen löschen: Drücke .
- Text auswählen: Verwende eine der folgenden Methoden.
  - Stelle den Rotor auf „Textauswahl“ ein und streiche nach oben oder nach unten, um „Zeichen“, „Wort“, „Zeile“ oder „Satz“ auszuwählen. Streiche danach nach links oder nach rechts, um den Textcursor vorwärts oder rückwärts zu bewegen. (Du musst unter Umständen die Textauswahl aktivieren. Wähle dazu „Einstellungen“ > „Bedienungshilfen“ > „VoiceOver“ > „Rotor“.)
  - Stelle den Rotor auf „Bearbeiten“ ein und streiche nach oben oder nach unten, um die Option „Auswählen“ oder „Alle auswählen“ zu aktivieren. Tippe danach zweimal. Wenn du dich für „Auswählen“ entscheidest, wird beim Doppeltippen das Wort direkt neben der Einfügemarke ausgewählt. Zum Erweitern oder Verringern der Auswahl führst du mit zwei Fingern eine Zickzackgeste aus (bewege zwei Finger wie beim Schreiben des Buchstabens „z“ dreimal schnell hin und her), um das Einblendmenü auszublenden. Anschließend kannst du die Auswahl durch Auf- bzw. Zuziehen erweitern oder verringern.
- Ausschneiden, kopieren oder einsetzen: Stelle den Rotor auf „Bearbeiten“ ein. Wähle danach den Text aus, streiche mit dem Finger nach oben oder nach unten, um „Ausschneiden“, „Kopieren“ oder „Einsetzen“ auszuwählen. Tippe danach zweimal.
- Tippfehler korrigieren: Stelle den Rotor auf „Rechtschreibfehler“ ein und streiche nach oben oder nach unten, um zum vorherigen bzw. zum nächsten falsch geschriebenen Wort zu springen. Streiche nach links oder nach rechts, um einen Korrekturvorschlag auszuwählen. Doppeltippe danach, um das falsch geschriebene Wort durch den Korrekturvorschlag zu ersetzen.
- Widerrufen: Schüttle das iPad, um eine Aktion rückgängig zu machen, oder streiche nach links oder nach rechts und tippe danach zweimal.

Tastatureinstellungen ändern

1. Wähle „Einstellungen“ > „Bedienungshilfen“ > „VoiceOver“.

2. Tippe auf beliebige der folgenden Optionen:
   - **Eingabestil**: Du kannst einen neuen Stil auswählen. Wähle alternativ auf dem Rotor den Eingabemodus aus. Danach kannst du nach oben oder nach unten streichen.
   - **Phonetisches Feedback**: Du kannst dir einen Text Buchstabe für Buchstabe vorlesen lassen. VoiceOver spricht zunächst den ersten Buchstaben und dann das phonetische Äquivalent, zum Beispiel „B" und dann „Berta".
   - **Eingabe vorlesen**: Gib an, ob nur Buchstaben, nur Wörter, Buchstaben und Wörter oder weder Buchstaben noch Wörter vorgelesen werden sollen.
   - Rotor: Wähle die Einstellungen aus, die in den Rotor übernommen werden sollen.
   - **Sprachausgabe**: Tippe auf „Neue Sprache hinzufügen" (im Bereich „Rotorsprachen") und wähle eine Sprache aus.
   - **Ausführlichkeit**: Tippe auf „Text löschen". Aktiviere die Option „Tonhöhenänderung", wenn VoiceOver gelöschte Zeichen mit etwas tieferer Stimme vorlesen soll.

Schreiben mit dem Finger bei Verwendung von VoiceOver auf dem iPad

Im Handschriftmodus kannst du Text eingeben, indem du mit deinem Finger auf dem Bildschirm schreibst. Neben der normalen Texteingabe kannst du den Handschriftmodus verwenden, um auf dem iPad deinen Code einzugeben, ohne dass er laut gesprochen wird, oder um Apps vom Home-Bildschirm aus zu öffnen.

Handschriftmodus verwenden

1. Stelle den Rotor auf „Handschrift" ein.

   Wähle „Einstellungen" > „Bedienungshilfen" > „VoiceOver" > „Rotor", wenn die Option „Handschrift" nicht auf dem Rotor angezeigt wird, um die Option hinzuzufügen.
2. Streiche mit drei Fingern nach oben oder nach unten, um einen Zeichentyp auszuwählen (Kleinbuchstaben, Ziffern, Großbuchstaben oder Interpunktionszeichen). Tippe mit drei Fingern, um den ausgewählten Zeichentyp vorlesen zu lassen.
3. Schreibe mit deinem Finger das Zeichen auf den Bildschirm.
   Du kannst außerdem beliebige der folgenden Schritte ausführen:
   - Alternatives Zeichen eingeben (z. B. einen Buchstaben mit einem Akzent): Schreibe das Grundzeichen und streiche danach mit zwei Fingern nach oben oder nach unten, bis das gewünschte Zeichen vorgelesen wird.
   - Leerzeichen eingeben: Streiche mit zwei Fingern nach rechts.
   - In eine neue Zeile wechseln: Streiche mit drei Fingern nach rechts.
   - Letztes Zeichen löschen: Streiche mit zwei Fingern nach links.
4. Führe mit zwei Fingern eine Zickzackgeste aus (bewege zwei Finger wie beim Schreiben des Buchstabens „z" dreimal schnell hin und her), um den Handschriftmodus zu verlassen. Du kannst auch auf dem Rotor eine andere Einstellung wählen.

Code im Handschriftmodus ohne Vorsprechen eingeben

1. Stelle, wenn der Bildschirm für die Codeeingabe angezeigt wird, den Rotor auf „Handschrift“ ein.
2. Schreibe die Zeichen deines Codes mit dem Finger auf den Bildschirm.

Objekt im Home-Bildschirm auswählen

1. Stelle, wenn der Home-Bildschirm angezeigt wird, den Rotor auf „Handschrift“ ein.
2. Schreibe mit dem Finger die Anfangszeichen des Objektnamens.
   Wenn sich mehrere Übereinstimmungen ergeben, schreibe so viele Zeichen, bis der Name eindeutig ist. Du kannst alternativ auch mit zwei Fingern nach oben oder nach unten streichen, um eine der angezeigten Übereinstimmungen auszuwählen.

Schnell in einer langen Liste navigieren

1. Wähle den Index rechts von der Liste aus (z. B. neben der Liste deiner Kontakte oder in der VoiceOver-Objektauswahl).
2. Stelle den Rotor auf „Handschrift“ ein und schreibe mit dem Finger den Buchstaben, zu dem du navigieren möchtest.

Verwenden von VoiceOver auf dem iPad mit einer externen Apple-Tastatur

Wenn du eine externe Apple-Tastatur mit dem iPad verwendest, kannst du Tastaturkurzbefehle verwenden, um VoiceOver-Befehle zu aktivieren.

Du kannst die VoiceOver-Hilfe auch verwenden, um dich mit der Tastaturbelegung und den Aktionen, die den Tastenkombinationen zugeordnet sind, vertraut zu machen. Wenn du die VoiceOver-Hilfe verwendest, werden die Tasten und die Tastaturbefehle vorgelesen, während du sie drückst bzw. eingibst, ohne dass jedoch die jeweilige Aktion tatsächlich ausgeführt wird.

VoiceOver-Sondertasten auswählen

Eine Sondertaste ist eine Taste oder eine Reihe von Tasten, die du mit einer oder mehreren Tasten drückst, um VoiceOver-Befehle einzugeben. Du kannst eine Sondertaste so definieren, dass durch sie die Feststelltaste gedrückt wird oder die Tasten „ctrl“ und Wahltaste gleichzeitig gedrückt werden.

1. Wähle „Einstellungen“  > „Bedienungshilfen“ > „VoiceOver“ > „Eingeben“ > „Sondertasten“.
2. Wähle Sondertasten für VoiceOver-Befehle aus: die Feststelltaste oder die Taste „ctrl“ und die Wahltaste.
   Diese Sondertaste wird in der nachfolgenden Tabelle mit dem Kürzel „VO“ bezeichnet.

VoiceOver-Tastaturbefehle

VO = Sondertasten

Aktion	Kurzbefehle
VoiceOver-Hilfe aktivieren	VO-K

VoiceOver-Hilfe deaktivieren	Esc (Escape)
Nächstes oder vorheriges Objekt auswählen	VO-Rechtspfeil oder VO-Linkspfeil
Ausgewähltes Objekt aktivieren	VO-Leertaste
Finger auf das ausgewählte Objekt legen	VO-Umschalt-M
Ab der aktuellen Position vorlesen	VO-A
Gesamten Bildschirm von oben vorlesen	VO-B
Vorlesen unterbrechen oder fortsetzen	Taste
Zuletzt gesprochenen Text in die Zwischenablage kopieren	VO-Umschalt-C
Nach Text suchen	VO-F
VoiceOver stumm schalten oder Stummschaltung beenden	VO-S
Home-Bildschirm anzeigen	VO-H
Zur Statusleiste bewegen	VO-M
Mitteilungsbildschirm öffnen	Zur Statusleiste (VO-M) bewegen und dann Wahl-Aufwärtspfeil
Kontrollzentrum öffnen	Zur Statusleiste (VO-M) bewegen und dann Wahl-Abwärtspfeil
Suchfunktion öffnen	Wahl-Aufwärtspfeil
App-Umschalter öffnen	VO-H-H
Zwischen Apps umschalten	Befehl-Tab oder Befehl-Umschalt-Tab
Objektauswahl öffnen	VO-I

Etikett des ausgewählten Objekts ändern	VO-/
Eine Aktion starten, stoppen oder unterbrechen	VO-Bindestrich
Nach oben oder nach unten streichen	VO-Aufwärtspfeil oder VO-Abwärtspfeil
Rotor anpassen	VO-Befehl-Linkspfeil oder VO-Befehl-Rechtspfeil
Durch den Rotor festgelegte Einstellung anpassen	VO-Befehl-Aufwärtspfeil oder VO-Befehl-Abwärtspfeil
Bildschirmvorhang aktivieren oder deaktivieren	VO-Umschalt-F11
Zum vorherigen Bildschirm zurückkehren	Esc

Schnelle Navigation mithilfe der Pfeiltasten

Du kannst die schnelle Navigation aktivieren, um VoiceOver mit den Pfeiltasten zu steuern.

Aktion	Kurzbefehle
Schnelle Navigation aktivieren oder deaktivieren	Linkspfeil-Rechtspfeil
Nächstes oder vorheriges Objekt auswählen	Rechtspfeil oder Linkspfeil
Nächstes oder vorheriges durch den Rotor festgelegtes Objekt auswählen	Aufwärtspfeil oder Abwärtspfeil
Erstes oder letztes Objekt auswählen	ctrl-Aufwärtspfeil oder ctrl-Abwärtspfeil
Auf ein Objekt tippen	Aufwärtspfeil-Abwärtspfeil
Nach oben, unten, links oder rechts scrollen	Wahl-Aufwärtspfeil, Wahl-Abwärtspfeil, Wahl-Linkspfeil oder Wahl-Rechtspfeil
Rotor anpassen	Aufwärtspfeil-Linkspfeil oder Aufwärtspfeil-Rechtspfeil

Schnelle Navigation (mit nur einem Tastenanschlag) zum Navigieren auf Webseiten

Um schnell auf einer Webseite zu navigieren, aktiviere die schnelle Navigation (VO-Q) und drücke die Tasten auf der Tastatur, um zu bestimmten Objekttypen zu navigieren, etwa zu Überschriften oder Links. Halte die Umschalttaste gedrückt, während du die Taste für den Objekttyp drückst, um zum vorherigen Objekt zu gelangen.

Objekttyp	Kurzbefehle
Überschrift	H
Link	L
Textfeld	R
Taste	B
Steuerelement für Formulare	C
Bild	I
Tabelle	T
Statischer Text	S
ARIA-Landmark	W
Liste	X
Objekt des gleichen Typs	M
Überschrift der ersten Ebene	1
Überschrift der zweiten Ebene	2
Überschrift der dritten Ebene	3
Überschrift der vierten Ebene	4
Überschrift der fünften Ebene	5

Überschrift der sechsten Ebene	6

Textbearbeitung

Für die Textbearbeitung stehen dir (wenn die schnelle Navigation ausgeschaltet ist) die folgenden Befehle zur Verfügung. VoiceOver liest den Text vor, während du Einfügemarke bewegst.

Aktion	Kurzbefehle
Einfügemarke um ein Zeichen vor oder zurück versetzen	Rechtspfeil oder Linkspfeil
Einfügemarke um ein Wort vorwärts oder rückwärts versetzen	Wahl-Rechtspfeil oder Wahl-Linkspfeil
Einfügemarke um eine Zeile nach oben oder nach unten versetzen	Aufwärtspfeil oder Abwärtspfeil
Einfügemarke an den Zeilenanfang oder an das Zeilenende versetzen	Befehl-Aufwärtspfeil oder Befehl-Abwärtspfeil
Einfügemarke an den Anfang oder an das Ende des Absatzes versetzen	Wahl-Aufwärtspfeil oder Wahl-Abwärtspfeil
Einfügemarke zum nächsten oder zum vorherigen Absatz versetzen	Wahl-Aufwärtspfeil oder Wahl-Abwärtspfeil
Einfügemarke an den Anfang oder an das Ende des Textfelds versetzen	Befehl-Aufwärtspfeil oder Befehl-Abwärtspfeil
Text beim Bewegen der Einfügemarke auswählen	Umschalttaste + einer der oben genannten Befehle zum Bewegen der Einfügemarke
Gesamten Text auswählen	Befehl-A
Ausgewählten Text kopieren, ausschneiden oder einsetzen	Befehl-C, Befehl-X oder Befehl-V
Letzte Änderung widerrufen oder wiederherstellen	Befehl-Z oder Umschalt-Befehl-Z

Verwenden eines Brailledisplays für VoiceOver auf dem iPad

Das iPad unterstützt zahlreiche internationale Brailletabellen und aktualisierbare Brailledisplays. Du kannst ein kabelloses Bluetooth-Brailledisplay anschließen, um die VoiceOver-Ausgabe zu lesen – einschließlich Braille-Kurzschrift und Braille-Langschrift sowie Gleichungen mit Nemeth-Code. Wenn du Text bearbeitest, zeigt das Brailledisplay den Text im Kontext an und deine Änderungen werden automatisch von Brailletext in gedruckten Text konvertiert. Ein Brailledisplay mit Eingabetasten kannst du auch verwenden, um dein iPad zu steuern, wenn VoiceOver aktiviert ist.

Brailledisplay anschließen und Befehle zum Steuern des iPad lernen

1. Schalte das Brailledisplay ein.
2. Wähle auf dem iPad „Einstellungen“ > „Bluetooth“, aktiviere die Option „Bluetooth“ und wähle das Brailledisplay aus.
3. Wähle auf dem iPad „Einstellungen“ > „Bedienungshilfen“ > „VoiceOver“ > „Brailleschrift“ und wähle das Brailledisplay aus.
4. Tippe auf „Weitere Infos“ und dann auf „Braillebefehle“, um Befehle zum Steuern des iPad anzuzeigen.

Einstellungen für das Brailledisplay ändern

1. Wähle auf dem iPad „Einstellungen“ > „Bedienungshilfen“ > „VoiceOver“ > „Brailleschrift“.
2. Lege beliebige der folgenden Optionen fest:

Einstellung	Beschreibung
Ausgabe	Wähle „6-Punkt-Brailleschrift (nicht verkürzt)“, „8-Punkt-Brailleschrift (nicht verkürzt)“ oder „Braillekurzschrift“.
Eingabe	Wähle „6-Punkt-Brailleschrift (nicht verkürzt)“, „8-Punkt-Brailleschrift (nicht verkürzt)“ oder „Braillekurzschrift“. Du kannst auch die Option „Automatische Übersetzung“ aktivieren.
Braillebildschirmeingabe	Wähle eine Eingabemethode aus, wenn du Brailleschrift über den Bildschirm eingeben möchtest.
Brailletabellen	Tabellen im Brailletabellen-Rotor hinzufügen.
Statuszellen	Aktiviere die Statuszellen „Allgemein“ und „Text“ und wähle deren Position aus.

Nemeth-Code für Gleichungen	Aktiviere Nemeth-Code für mathematische Gleichungen.
Onscreen-Keyboard	Aktiviere die Anzeige einer Tastatur auf dem Bildschirm.
Beim Bewegen umblättern	Beim Bewegen werden die Seiten automatisch umgeblättert.
Wortumbruch	Wörter werden auf die nächste Zeile umbrochen.
Braillehinweise	Ist diese Option aktiviert, wird für die festgelegte Dauer ein Hinweis auf dem Brailledisplay angezeigt.
Chord-Dauer ignorieren	Passe das Zeitintervall an, nach dem aufeinanderfolgende Tastendrücke als Braille-Chords erkannt werden.
Automatisch fortfahren (Dauer)	Passe diese Einstellung an deine bevorzugte Lesegeschwindigkeit an.

Untertitel bei der Medienwiedergabe in Brailleschrift ausgeben

1. Wähle auf dem iPad „Einstellungen“ > „Bedienungshilfen“ > „VoiceOver“ > „Ausführlichkeit“.
2. Wähle „Brailleschrift“ oder „Sprache und Brailleschrift“ aus.

Direkte Eingabe von Brailleschrift auf dem iPad mit VoiceOver

Wenn du die Option „Braillebildschirmeingabe“ aktivierst, kannst du 6-Punkt-Braille, 8-Punkt-Braille oder Braillekurzschrift mit deinen Fingern direkt auf dem iPad eingeben, ohne eine physische Brailletastatur zu verwenden.

Braille auf dem Bildschirm eingeben

1. Stelle den Rotor auf „Braillebildschirmeingabe“ ein.

   Wähle „Einstellungen“ > „Bedienungshilfen“ > „VoiceOver“ > „Rotor“, wenn die Option „Braillebildschirmeingabe“ nicht auf dem Rotor erscheint, um sie dem Rotor hinzuzufügen.
2. Wähle eine der folgenden Positionen für das iPad:
   - **Modus „Tischplatte“**: Lege das iPad flach vor dich.
   - **Modus „Display nach außen“**: Halte das iPad mit abgewandtem Bildschirm vor dich, sodass deine Finger beim Tippen auf dem Bildschirm leicht gekrümmt sind.
3. Tippe zum Eingeben der Braillezeichen mit einem Finger oder mit mehreren Fingern gleichzeitig auf den Bildschirm.

Tipp: Tippe, wenn das iPad Punkte laut sprechen soll, auf einen Punkt und lass den Finger darauf liegen. Hebe ihn erst an, wenn du die Timer-Signale und die Ansage hörst.

Doppeltippe auf alle Punkte, um die Eingabepunkte an die Stelle zu bewegen, die deinen natürlichen Fingerpositionen entspricht.

Du kannst auch Gesten verwenden, um unter anderem die folgenden Aktionen auszuführen:

Aktion	Geste
Leerzeichen eingeben	Streiche mit einem Finger nach rechts; streiche im Modus „Display nach außen“ von dir aus gesehen nach rechts.
Vorheriges Zeichen löschen	Streiche mit einem Finger nach links.
In eine neue Zeile wechseln	Streiche mit zwei Fingern nach rechts.
Durch Rechtschreibvorschläge scrollen	Streiche mit einem Finger nach oben oder nach unten.
Zeilenumbruch eingeben oder eine Nachricht senden (in der App „Nachrichten“)	Streiche mit drei Fingern nach oben.
Durch die Braillemodi scrollen	Streiche mit drei Fingern nach links oder rechts.
Direkt übersetzen (bei eingeschalteter Kurzschrift)	Streiche mit zwei Fingern nach unten.
Zur nächsten Tastatur wechseln	Streiche mit zwei Fingern nach oben.

4. Führe mit zwei Fingern eine Zickzackgeste aus (bewege zwei Finger wie beim Schreiben des Buchstabens „z“ dreimal schnell hin und her), um die Braillebildschirmeingabe zu verlassen. Du kannst auch auf dem Rotor eine andere Einstellung wählen.

Einstellungen für Braillebildschirmeingabe ändern

1. Wähle „Einstellungen“ > „Bedienungshilfen“ > „VoiceOver“ > „Braille“ > „Braillebildschirmeingabe“.
2. Führe beliebige der folgenden Schritte aus:
   - Lege „6 Punkte“, „8 Punkte“ oder „Kurzschrift“ als Standardeinstellung fest.
   - Kehre die Punktpositionen um (bei 6-Punkt- und 8-Punkt-Braille).

3. Zum Ansehen und Bearbeiten der Befehle und Gesten, die bei aktivierter Braillebildschirmeingabe zulässig sind, öffnest du „Einstellungen“ > „Bedienungshilfen“ > „VoiceOver“ > „Befehle“ > „Braillebildschirmeingabe“.

Anpassen von VoiceOver-Gesten und -Tastaturkurzbefehlen auf dem iPad

Du kannst die Gesten und Tastaturkurzbefehle zum Aktivieren von VoiceOver-Befehlen anpassen.

1. Wähle „Einstellungen“ > „Bedienungshilfen“ > „VoiceOver“ > „Befehle“.
2. Tippe auf beliebige der folgenden Optionen:
    - **Alle Befehle**: Navigiere zu dem Befehl, den du anpassen willst. Tippe auf „Bearbeiten“, „Geste hinzufügen“ oder „Tastaturkurzbefehl hinzufügen“.
    - **Berührungsgesten**: Liste die Gesten und die zugehörigen Befehle auf.
    - **Handschrift**: Liste die Gesten für die Handschrift und die zugehörigen Befehle auf.
    - **Braillebildschirmeingabe**: Liste die Gesten für die Braillebildschirmeingabe und die zugehörigen Befehle auf.

Tippe zum Zurücksetzen deiner eigenen Gesten und Tastaturkurzbefehle auf „VoiceOver-Befehle zurücksetzen“.

Verwenden von VoiceOver auf dem iPad mit einem Zeigergerät

Wenn du ein Zeigergerät mit dem iPad verwendest, kannst du anpassen, wie es mit VoiceOver funktioniert.

1. Wähle „Einstellungen“ > „Bedienungshilfen“ > „VoiceOver“.
2. Tippe unter „Zeigersteuerung“ auf beliebige der folgenden Optionen:
    - **Zeiger**: Stelle den Zeiger so ein, dass er den VoiceOver-Cursor ignoriert, ihm folgt oder ihn bewegt.
    - **Unter dem Zeiger sprechen**: Du kannst die Verzögerung zum Sprechen des Objekts unter dem Zeiger anpassen.

Verwenden von VoiceOver für Bilder und Videos auf dem iPad

Du kannst die Apps „Kamera“ und „Fotos“ in Verbindung mit VoiceOver verwenden, selbst wenn du das Display nicht sehen kannst. VoiceOver kann Bildbeschreibungen bereitstellen und du kannst über die Symbolleiste „Markierungen“ sogar eigene Beschreibungen hinzufügen.

Fotos und Videos mit der App „Kamera“ aufnehmen

Wenn du die App „Kamera“ verwendest, beschreibt dir VoiceOver die Objekte im Sucher.

Zum Aufnehmen eines Fotos oder zum Starten, Anhalten oder Fortsetzen einer Videoaufnahme tippst du mit zwei Fingern zweimal auf den Bildschirm.

Informationen zu Bildern erhalten

Wenn du die Funktion „Bildinfos“ verwendest, beschreibt dir VoiceOver Personen, Objekte, Text und Tabellen in Bildern. Du kannst in logischer Reihenfolge durch Rezepte und Lebensmitteletiketten navigieren oder deinen Finger über ein Foto bewegen, um die Position einer Person relativ zu anderen Objekten zu bestimmen.

1. Wähle „Einstellungen“ > „Bedienungshilfen“ > „VoiceOver“ > „VoiceOver-Erkennung“ und aktiviere die Option „Bildbeschreibungen“.
2. Wähle in einer App wie „Fotos“ oder „Safari“ ein Bild aus.
3. Streiche nach oben, um weitere Optionen zu hören, und tippe zweimal, wenn du die Option „Bildfunktionen entdecken“ hörst.
4. Bewege deinen Finger über das Bild, um die Position der einzelnen Objekte zu bestimmen.

Eigene Bildbeschreibungen hinzufügen

Verwende die Symbolleiste „Markierungen“ um eigene Beschreibungen zu Bildern hinzuzufügen. VoiceOver liest dir deine eigenen Beschreibungen vor, wenn du die Funktion „Bildinfos“ verwendest.

1. Tippe in einer unterstützten App wie „Fotos“ auf .
2. Tippe in der Symbolleiste „Markierungen“ auf und dann auf „Beschreibung“.
3. Gib deine Beschreibung ein und tippe auf „Fertig“.

Videos in der App „Fotos“ kürzen

1. Wähle das Video aus, das du kürzen möchtest, und doppeltippe.
2. Wähle „Bearbeiten“ und doppeltippe.
3. Wähle „Start“ oder „Ende“ (in der Mediennavigation) und streiche nach oben oder unten, um die Start- oder Endzeit des Videos anzupassen.
4. Wähle zum Schluss „Fertig“ und doppeltippe.

Verwenden von VoiceOver in Apps auf dem iPad

Du kannst VoiceOver verwenden, um mit Apps zu interagieren, selbst wenn du das Display nicht sehen kannst. VoiceOver wird von den integrierten Apps unterstützt, die auf deinem iPad vorinstalliert sind – wie beispielsweise „Safari“ und „Karten“ . Mit der Funktion „VoiceOver-Erkennung“ erhältst du sogar auf Webseiten und in Apps, die nicht über Bedienungshilfen verfügen, Beschreibungen von Bildern und Bildschirmelementen.

Mit Safari im Internet surfen

- **Im Web suchen**: Wähle das Adressfeld aus, doppeltippe, um die Tastatur einzublenden, und gib einen Suchbegriff, einen Ausdruck oder eine URL ein. Wähle einen Suchvorschlag aus und doppeltippe darauf.
- **Zum nächsten Element auf einer Webseite wechseln**: Stelle den Rotor auf den betreffenden Elementtyp (z. B. Überschriften, Links und Steuerelemente für Formulare) ein und streiche nach oben oder unten.
- **Rotoreinstellungen für das Surfen im Internet festlegen**: Wähle „Einstellungen“ > „Bedienungshilfen“ > „VoiceOver“ > „Rotor“. Wähle die gewünschten Objekte aus oder hebe deren Auswahl auf oder bewege nach oben oder nach unten, um die Objekte an eine andere Position zu bewegen.
- **Bilder beim Navigieren überspringen**: Wähle „Einstellungen“ > „Bedienungshilfen“ > „VoiceOver“ > „Bilder navigieren“. Du kannst entweder alle Bilder überspringen oder nur solche, für die keine Beschreibung vorhanden ist.
- **Übersichtlichkeit zum einfacheren Lesen und Navigieren erhöhen**: Wähle die Taste „Formatoptionen“ im Adressfeld von Safari aus, doppeltippe, wähle „Reader-Darstellung einblenden“ aus (nicht auf allen Webseiten verfügbar) und doppeltippe erneut.

In der App „Karten“ navigieren

- Ortung deines aktuellen Standorts auf der Karte steuern: Aktiviere und doppeltippe, bis du die gewünschte Ortungsoption hörst.
  - **Ortung ein**: Die Karte wird automatisch um deinen aktuellen Standort zentriert.
  - **Ortung ein mit Richtung**: Die Karte wird automatisch um deinen aktuellen Standort zentriert und so gedreht, dass die Richtung, in die du schaust, oben auf dem Bildschirm ist. In diesem Modus spricht das iPad Straßennamen und Sehenswürdigkeiten, wenn du dich näherst.
  - **Ortung aus**: Die Karte wird nicht automatisch um deinen aktuellen Standort zentriert.
- Karte erkunden: Ziehe deinen Finger über den Bildschirm oder streiche mit dem Finger nach links oder nach rechts, um zu einem anderen Objekt zu gelangen.
- Einzoomen oder auszoomen: Wähle die Karte aus, stelle den Rotor auf „Zoomen“ ein und streiche danach mit einem Finger nach oben oder nach unten.
- Karte bewegen: Streiche mit drei Fingern.
- Durch die auf der Karte angezeigten Sehenswürdigkeiten blättern: Stelle den Rotor auf „Sehenswürdigkeiten“ ein und streiche danach mit einem Finger nach oben oder nach unten.
- Informationen über einen Ort abrufen: Wähle den Ort aus (beispielsweise ein Geschäft, eine Sehenswürdigkeit oder eine Stecknadel) und doppeltippe, um die Informationskarte zu öffnen. Streiche nach links oder rechts, um Informationen wie Wegbeschreibungen, die Adresse, die Telefonnummer, die Geschäftszeiten und Kundenbewertungen zu hören.

PDF-Dokumente lesen

In den Apps „Bücher“ und „Dateien“ kannst du VoiceOver verwenden, um PDF-Dokumente zu lesen. VoiceOver beschreibt sogar Detailinformationen wie Formulare, Tabellen und Listen.

Aufnahmen in der App „Sprachmemos“ kürzen

In der App „Sprachmemos“ kannst du VoiceOver verwenden, um Aufnahmen zu bearbeiten.

1. Wähle die Aufnahme aus, die du kürzen möchtest, und doppeltippe.
2. Wähle oben rechts „Bearbeiten“ aus und doppeltippe.
3. Wähle und doppeltippe.
4. Wähle in der Wellenform-Übersicht „Anfang kürzen“ oder „Ende kürzen“ und streiche nach oben oder unten, um die Start- oder Endzeit anzupassen.
5. Wähle „Kürzen“ und doppeltippe.
6. Wähle „Sichern“ und doppeltippe.
7. Wähle „Fertig“ und doppeltippe.

Mathematische Gleichungen vorlesen lassen

VoiceOver kann mathematische Gleichungen auf Webseiten (die mithilfe von MathML codiert sind) und in unterstützten Apple-Apps wie Numbers und Keynote vorlesen.

- **Gleichung vorlesen**: Lass VoiceOver den Text ganz normal vorlesen. VoiceOver beginnt das Vorlesen einer mathematischen Gleichung mit dem Wort „Mathe“.
- **Gleichung erkunden**: Öffne durch Doppeltippen auf die ausgewählte Gleichung den Vollbildmodus und navigiere von einem Element zum anderen. Streiche nach links oder nach rechts, um Elemente der Gleichung vorzulesen. Stelle den Rotor auf „Symbole“, „Kleine Ausdrücke“, „Mittlere Ausdrücke“ oder „Große Ausdrücke“ ein und streiche mit dem Finger nach oben oder nach unten, um das nächste Element dieser Größe auszuwählen. Durch weiteres Doppeltippen auf das ausgewählte Element kannst du tiefer in die Gleichung zoomen, wobei das ausgewählte Element im Fokus bleibt. Streiche danach mit dem Finger nach links oder nach rechts bzw. nach oben oder nach unten, um jeweils einen Teil vorzulesen.

Gleichungen, die von VoiceOver laut vorgelesen werden, können auch auf ein Braillegerät ausgegeben werden, das entweder den Nemeth-Code oder den Code verwendet, der für Unified English Braille oder für britisches Englisch, für Französisch oder für Griechisch genutzt wird.

VoiceOver-Erkennung im Web oder in Apps ohne Bedienungshilfen verwenden

Hinweis: Du solltest dich nicht auf die VoiceOver-Erkennung verlassen, wenn du dich in Situationen befindest, in denen du verletzt oder geschädigt werden könntest, und auch nicht in risikoreichen Situationen sowie bei der Navigation oder bei der Diagnose oder Behandlung von körperlichen Beschwerden.

1. Wähle „Einstellungen“ > „Bedienungshilfen“ > „VoiceOver“ > „VoiceOver-Erkennung“.
2. Aktiviere beliebige der folgenden Optionen:
   - **Bildbeschreibungen**: Erhalte Beschreibungen von Bildern in Apps und im Web.
   - **Bildschirmerkennung**: Erhalte Beschreibungen von Bildschirmelementen in Apps.
   - **Texterkennung**: Erhalte Beschreibungen von Text, der in Bildern gefunden wird.
3. Tippe auf „Feedback-Art“ und wähle „Sprechen“, „Ton wiedergeben“ oder „Keine Aktion“.

Zoomen

Einzoomen auf dem iPad-Bildschirm

Bei vielen Apps kannst du einzelne Objekte ein- oder auszoomen. So kannst du zum Beispiel in Safari die Spalte einer Webseite vergrößert darstellen bzw. in „Fotos“ ein Foto vergrößern, indem du zweimal tippst oder das Objekt mit zwei Fingern „aufziehst“. Darüber hinaus steht dir eine allgemeine Zoomfunktion zur Verfügung, mit der du – unabhängig davon, was du tust –den Bildschirm vergrößert anzeigen kannst. Du kannst den gesamten Bildschirm vergrößern (Vollbildzoom), einen Teil vergrößern, der dann über einen skalierbaren Zoombereich verfügt (Fensterzoom), oder einen Teil vergrößern, der an einer Stelle bleibt (Angehefteter Zoom). Diese Zoomfunktion kannst du auch mit VoiceOver verwenden.

Zoomfunktion einrichten

1. Wähle „Einstellungen“ > „Bedienungshilfen“ > „Zoom“ und aktiviere die Option „Zoom“.
2. Passe beliebige der folgenden Optionen an:
   - **Fokus folgen**: Verfolge deine ausgewählten Bereiche, die Texteinfügemarke und deine eigene Texteingabe.
   - **Intelligente Eingabe**: Wechsele zum Fensterzoom, wenn eine Tastatur angezeigt wird.
   - **Tastaturkurzbefehle**: Steuere den Zoom mit Kurzbefehlen auf einer externen Tastatur.
   - **Zoom-Controller**: Aktiviere den Controller, lege Controller-Aktionen fest und passe Farbe und Deckkraft an.
   - **Zoombereich**: Wähle „Angehefteter Zoom“, „Vollbildzoom“ oder „Fensterzoom“.
   - **Zoomfilter**: Wähle „Ohne“, „Invertiert“, „Graustufen“, „Invertierte Graustufen“ oder „Dunkle Umgebung“.
   - **Maximale Zoomstufe**: Bewege den Schieberegler, um die Zoomstufe anzupassen.
3. Wenn du das iPad mit einem Zeigergerät verwendest, kannst du unter „Zeigersteuerung“ die folgenden Optionen festlegen:
   - **Zoomen und verschieben**: Wähle „Kontinuierlich“, „Zentriert“ oder „Ränder“, um festzulegen, wie die sich Bildschirmanzeige mit dem Zeiger bewegt.

   - **Größe mit Zoom einstellen**: Der Zeiger wird mit dem Zoom skaliert.
4. Wähle „Einstellungen“ > „Bedienungshilfen“ > „Kurzbefehl“ und tippe auf „Zoom“, wenn du „Zoom“ als Kurzbefehl zu den Bedienungshilfen hinzufügen möchtest.

Zoomfunktion verwenden

1. Doppeltippe mit drei Fingern auf den Bildschirm, um die Zoomfunktion einzuschalten. Alternativ kannst du Kurzbefehle für Bedienungshilfen verwenden.
2. Führe beliebige der folgenden Schritte aus, um einen größeren Teil des Bildschirms zu sehen:
   - **Vergrößerung anpassen**: Doppeltippe mit drei Fingern auf den Bildschirm (ohne deine Finger nach dem zweiten Tippen anzuheben) und streiche nach oben oder nach unten. Tippe alternativ dreifach mit drei Fingern und passe die Zoomstufe mithilfe des Schiebereglers an.
   - **Zoomlinse bewegen**: (Fensterzoom) Ziehe den Aktivpunkt unten an der Zoomlinse an die gewünschte Position.
   - **Anderen Bildschirmbereich anzeigen**: (Vollbildzoom) Ziehe den Bildschirm mit drei Fingern in die gewünschte Richtung.
3. Tippe dreifach mit drei Fingern, wenn du die Einstellungen mithilfe des Menüs „Zoom“ festlegen möchtest. Passe danach Folgendes an:
   - **Region wählen**: Wähle „Angehefteter Zoom“, „Vollbildzoom“ oder „Fensterzoom“.
   - **Größe ändern**: (Fensterzoom) Tippe auf „Größe ändern“ und ziehe einen der eingeblendeten runden Aktivpunkte an die gewünschte Position.
   - **Filter auswählen**: Wähle „Invertiert“, „Graustufen“, „Invertierte Graustufen“ oder „Dunkle Umgebung“.
   - **Steuerung anzeigen**: Zeige die Zoomsteuerung an.
4. Führe beliebige der folgenden Schritte aus, um die Zoomsteuerung zu verwenden:
   - **Menü „Zoom“ anzeigen**: Tippe auf die Zoomsteuerung.
   - **Einzoomen oder auszoomen**: Doppeltippe auf die Zoomsteuerung.
   - **Bewegen**: Ziehe im eingezoomten Zustand die Zoomsteuerung.
   -

Beim Verwenden der Zoomfunktion mit einer externen Apple-Tastatur folgt der Zoombereich der Einfügemarke und wird in der Mitte des Bildschirms angezeigt.

Doppeltippe mit drei Fingern auf den Bildschirm, um die Zoomfunktion auszuschalten. Alternativ kannst du Kurzbefehle für Bedienungshilfen verwenden.

Anpassen der Anzeige und Textgröße auf dem iPad

Wenn du keine Farben unterscheiden kannst oder dein Sehvermögen eingeschränkt ist, kannst du durch das Anpassen der Display-Einstellungen dafür sorgen, dass die auf dem Bildschirm angezeigten Inhalte für dich leichter und besser zu erkennen sind.

Display-Anpassungen verwenden

1. Wähle „Einstellungen“ > „Bedienungshilfen“ > „Anzeige & Textgröße“.
2. Passe beliebige der folgenden Optionen an:

- **Fetter Text**: Textzeichen werden fett angezeigt.
- **Größerer Text**: Aktiviere die Option „Größerer dynamischer Text“ und passe mithilfe des Schiebereglers „Schriftgröße“ die Textgröße an.
  Diese Einstellung nimmt die Anpassung entsprechend der von dir festgelegten Textgröße in allen Apps vor, die die Funktion für dynamischen Text unterstützen. Dazu gehören zum Beispiel die Apps „Einstellungen“, „Kalender“, „Kontakte“, „Mail“, „Nachrichten“ und „Notizen“.
- **Tastenformen**: Diese Einstellung bewirkt, dass die Textelemente unterstrichen werden, auf die du tippen kannst.
- **Ein/Aus-Beschriftungen**: Diese Einstellung bewirkt, dass Schalter, die eingeschaltet sind, mit „1“ und Schalter, die ausgeschaltet sind, mit „0“ beschriftet werden.
- **Transparenz reduzieren**: Diese Einstellung bewirkt, dass die Transparenz und der Weichzeichnungseffekt bestimmter Hintergründe reduziert werden.
- **Kontrast erhöhen**: Diese Einstellung sorgt durch eine Veränderung von Farbe und Textstil für einen höheren Kontrast und eine bessere Lesbarkeit.
  Die Anpassung entsprechend der von dir festgelegten Textgröße erfolgt in allen Apps, die die Funktion für dynamischen Text unterstützen. Dazu gehören zum Beispiel die Apps „Einstellungen“, „Kalender“, „Kontakte“, „Mail“, „Nachrichten“ und „Notizen“.
- **Ohne Farben differenzieren**: Diese Einstellung ersetzt Objekte auf der Benutzeroberfläche, die sich Farbe zunutze machen, um Informationen mit Alternativen zu vermitteln.
- **„Umkehren – Intelligent“ oder „Umkehren – Klassisch“**: Mit „Farben umkehren – Intelligent“ werden die Farben des Displays umgekehrt. Ausgenommen davon sind aber Bilder, Medien und einige Apps, die dunkle Farbstile verwenden.
- **Farbfilter**: Tippe auf einen Filter, um ihn anzuwenden. Passe Intensität und Färbung mithilfe der Schieberegler an.
- **Weißpunkt reduzieren**: Mit dieser Einstellung lässt sich die Intensität heller Farben reduzieren.
- **Auto-Helligkeit**: Diese Einstellung passt die Bildschirmhelligkeit mithilfe des integrierten Umgebungslichtsensors automatisch an die jeweiligen Lichtverhältnisse an.

Textgröße bei Verwendung einer App anpassen

1. Öffne das Kontrollzentrum und tippe auf AA.

   (Wird AA nicht angezeigt, kannst du die Taste zum Kontrollzentrum hinzufügen.

   Wähle dazu „Einstellungen“ > „Kontrollzentrum“ und dann „Textgröße“.)
2. Ziehe den Regler nach oben oder unten, um den Text größer oder kleiner zu machen.

Tippe unten auf „Alle Apps“, um die Textgröße für alle Apps zu ändern.

Anpassen des iPad bei Empfindlichkeit gegenüber Bewegungen

Wenn du empfindlich gegenüber Bewegungseffekten oder Bildschirmbewegungen auf dem iPad bist, kannst du die Bewegung einiger Bildschirmelemente deaktivieren bzw. reduzieren. Beispiel:

- Parallaxeffekt bei Hintergründen, Apps und Warnhinweisen
- Bildschirmübergänge
- Siri-Animationen
- Textvervollständigungen
- Animierte Effekte in der App „Nachrichten“

1. Wähle „Einstellungen“ > „Bedienungshilfen“ > „Bewegung“.
2. Aktiviere oder deaktiviere beliebige der folgenden Optionen:
   - **Bewegung reduzieren**: Die Bewegung auf der Benutzeroberfläche wird reduziert (einschließlich des Parallaxeffekts bei Symbolen).
   - **Nachrichteneffekte ausführen**: Die App „Nachrichten“ kann Vollbildeffekte automatisch wiedergeben. Wenn du diese Einstellung deaktivierst, kannst du Effekte weiterhin manuell durch Tippen auf „Wiederholen“ unter der Sprechblase einer Nachricht wiedergeben.
   - **Automatische Videovorschau**: Apps wie der App Store können eine Videovorschau automatisch wiedergeben.
   - Bildrate beschränken: Die Bildrate wird auf 60 Bilder pro Sekunde eingeschränkt.

Vorlesen der Auswahl, des Bildschirminhalts und der Eingabe beim Schreiben auf dem iPad

Du kannst dein iPad so einrichten, dass eine ausgewählte Textpassage oder der gesamte Bildschirm vorgelesen wird, selbst wenn VoiceOver nicht aktiviert ist. Das iPad kann dir auch während eines Schreibvorgangs Feedback geben und Textkorrekturen und Vorschläge vorlesen.

Einstellungen für die Sprachausgabe ändern

1. Wähle „Einstellungen“ > „Bedienungshilfen“ > „Gesprochene Inhalte“.
2. Passe beliebige der folgenden Optionen an:
   - **Auswahl sprechen**: Tippe auf „Sprechen“, um deine Auswahl vorlesen zu lassen.
   - **Bildschirminhalt sprechen**: Streiche mit zwei Fingern vom oberen Bildschirmrand nach unten, um dir den gesamten Bildschirminhalt vorlesen zu lassen.
   - **Sprach-Controller**: Zeige den Controller an, um schnell auf „Bildschirminhalt sprechen“ oder „Bei Berührung vorlesen“ zuzugreifen.
   - **Inhalt hervorheben**: Das iPad kann während des Sprechens Wörter und/oder Sätze hervorheben. Du kannst die Farbe und den Stil dieser Hervorhebung ändern.

- **Eingabe vorlesen**: Du kannst die Option „Eingabe vorlesen“ für Bildschirmtastaturen und externe Tastaturen konfigurieren und angeben, ob dein iPad einzelne Zeichen, ganze Wörter, automatische Korrekturen, automatische Großschreibung und Eingabevorschläge sprechen soll.
  Du kannst auch Textvorschläge vorlesen lassen. Wähle dazu „Einstellungen“ > „Allgemein“ > „Tastaturen“ und aktiviere die Option „Vorschläge“.
- **Stimmen**: Du kannst eine Stimme und einen Dialekt auswählen.
- **Sprechtempo**: Ziehe den Schieberegler.
- **Aussprache**: Diktiere oder buchstabiere, wie bestimmte Wortfolgen ausgesprochen werden sollen.

iPad vorlesen lassen

Siri: Sage zum Beispiel: „Bildschirminhalt sprechen.“

Führe alternativ beliebige der folgenden Schritte aus:

- **Ausgewählten Text anhören**: Wähle den Text aus und tippe auf „Sprechen“.
- **Gesamten Bildschirm vorlesen lassen**: Streiche mit zwei Fingern vom oberen Bildschirmrand nach unten. Verwende die angezeigten Steuerelemente, um den Sprechvorgang zu unterbrechen oder das Tempo anzupassen.
- **Texteingabe vorlesen lassen**: Beginne mit der Texteingabe. Lege den Finger auf ein Wort, um die zugehörigen Text- und Eingabevorschläge vorlesen zu lassen (sofern die entsprechende Option aktiviert ist).

Vorlesen der Audiobeschreibungen von Videoinhalten auf dem iPad

Wenn du ein Video wiedergibst, das Audiobeschreibungen von Szenen umfasst, kann das iPad diese Beschreibungen wiedergeben.

1. Wähle „Einstellungen“ > „Bedienungshilfen“ > „Audiobeschreibungen“.
2. Aktiviere die Option „Audiobeschreibungen“.

Körper und Motorik

Verwenden von AssistiveTouch auf dem iPad

AssistiveTouch unterstützt dich bei der Handhabung des iPad, wenn es dir schwerfällt, Aktionen mit deinen Fingern auf dem Bildschirm oder durch das Drücken von Tasten auszuführen. AssistiveTouch kann auch ohne Zubehör verwendet werden, um Aktionen oder Gesten auszuführen, die dir schwerfallen. So kannst du beispielsweise adaptives und mit AssistiveTouch kompatibles Zubehör (zum Beispiel einen Joystick) verwenden, um das iPad zu steuern.

Mithilfe von AssistiveTouch kannst du durch einmaliges Tippen (oder dessen Äquivalent auf dem Zubehör) u. a. folgende Aktionen ausführen:

- Menü „AssistiveTouch“ öffnen

- Home-Bildschirm anzeigen
- Doppeltippen
- Gesten mit mehreren Fingern ausführen
- Scroll-Gesten ausführen
- Siri aktivieren
- Auf Kontrollzentrum, Mitteilungen, Sperrbildschirm oder App-Umschalter zugreifen
- Anpassen der Lautstärke auf dem iPad
- iPad schütteln
- Bildschirmfoto aufnehmen
- Apple Pay verwenden
- Bildschirminhalt vorlesen
- Einstellungen für Verweilzeit anpassen
- Analysedaten steuern
- iPad neu starten

AssistiveTouch konfigurieren

Siri: Sage zum Beispiel: „Aktiviere AssistiveTouch" oder „Deaktiviere AssistiveTouch."

Gehe alternativ wie folgt vor:

1. Wähle „Einstellungen" > „Bedienungshilfen" > „Tippen" > „AssistiveTouch".
2. Aktiviere die Option „AssistiveTouch".
3. Tippe zum Anpassen von AssistiveTouch auf beliebige der folgenden Einstellungen oder Optionen:
    - **Hauptmenü anpassen**: Tippe auf ein Symbol, um seine Aktion zu ändern. Tippe auf – oder auf +, um die Anzahl der Symbole im Menü zu ändern. Das Menü kann bis zu acht Symbole enthalten.
    - **Einfachtippen, Doppeltippen oder langes Drücken**: Weise die spezifischen Aktionen zu, die bei der Interaktion mit der Menütaste ausgeführt werden sollen.
    - **Neue Geste erstellen**: Füge die von dir bevorzugten Gesten hinzu.
    - **Deckkraft**: Passe den Grad der Transparenz bzw. der Deckkraft der Menütaste an, solange sie nicht verwendet wird.
    - **Mit AssistiveTouch bestätigen**: Bei einem iPad mit Face ID kannst du AssistiveTouch verwenden, um anstelle des Doppelklickens auf die obere Taste Zahlungen mit Face ID zu bestätigen. Bei einem iPad mini (6. Generation) und iPad Air (4. Generation und neuere Modelle) kannst du auch AssistiveTouch verwenden, um anstelle des Doppelklickens auf die obere Taste Zahlungen mit deinem Code zu bestätigen.

Tipp: Klicke dreimal die Home-Taste (auf einem iPad mit Home-Taste) bzw. klicke dreimal die obere Taste (auf anderen iPad Modellen), um AssistiveTouch schnell ein- oder auszuschalten.

Zeigergerät hinzufügen

Du kannst Bluetooth- und USB-Zeigergeräte wie Trackpads, Joysticks und Mäuse hinzufügen.

1. Wähle „Einstellungen" > „Bedienungshilfen" > „Tippen" > „AssistiveTouch".

2. Aktiviere die Option „AssistiveTouch“.
3. Tippe unter „Zeigegeräte“ auf beliebige der folgenden Optionen:
    - **Geräte**: Kopple oder entkopple Geräte und passe Tasten an.
    - **Tastaturmaus**: Hiermit kann der AssistiveTouch-Zeiger über die numerische Tastatur gesteuert werden.
    - **Zeigerstil**: Passe die Einstellungen für Größe, Farbe und das automatische Ausblenden an.
    - **Onscreen-Keyboard**: Die Bildschirmtastatur wird angezeigt.
    - **Menü immer einblenden**: Das AssistiveTouch-Menü wird angezeigt, sobald ein Zeigergerät angeschlossen wird.
    - **Zeigerbewegung**: Bewege den Schieberegler, um das Tempo anzupassen.
    - **Bewegen einrasten**: Aktiviere diese Option, um das Bewegen zu ermöglichen.
    - **Zoomen und verschieben**: Wähle „Kontinuierlich“, „Zentriert“ oder „Ränder“.

Verweilsteuerung konfigurieren

Das iPad führt eine ausgewählte Aktion aus, wenn du den Cursor auf einem Bildschirmelement oder einem Bereich des Bildschirms hältst.

1. Wähle „Einstellungen“  > „Bedienungshilfen“ > „Tippen“ > „AssistiveTouch“ und aktiviere die Option „Verweilsteuerung“.
2. Passe beliebige der folgenden Optionen an:
    - **Fallback-Aktion**: Aktiviere diese Option, um die Verweilaktion nach dem Ausführen einer Aktion auf die ausgewählte Fallback-Aktion zurückzusetzen.
    - **Bewegungstoleranz**: Passe die Distanz an, innerhalb der eine Bewegung als Verweilen auf einem Objekt gilt.
    - **Aktive Ecken**: Führe eine ausgewählte Aktion aus (etwa Aufnehmen eines Bildschirmfotos, Öffnen des Kontrollzentrums, Aktivieren von Siri, Scrollen oder Verwenden eines Kurzbefehls), wenn der Cursor in einer Ecke des Bildschirms verweilt.
    - Erforderliche Zeit zum Auslösen einer Verweilaktion: Tippe auf  oder auf .

Menütaste für AssistiveTouch neu positionieren

Ziehe die Menütaste an die gewünschte neue Position auf dem Bildschirm.

AssistiveTouch verwenden

Tippe auf die Menütaste und wähle eine Aktion oder eine Geste aus.

Gehe für eine Geste mit mehreren Fingern wie folgt vor:

- **Aufziehen oder Zuziehen**: Tippe auf „Eigene“ und auf „Auf-/Zuziehen“. Berühre den Bildschirm an einer beliebigen Stelle, wenn die Kreise angezeigt werden, um diese zu bewegen. Ziehe sie danach nach innen oder außen, um eine Ziehbewegung auszuführen. Tippe zum Schluss auf die Menütaste.

- **Streichen oder Ziehen mit mehreren Fingern**: Tippe auf „Gerät“ > „Mehr“ > „Gesten“ und gib durch Tippen die Anzahl der Finger an, die für die Geste benötigt werden. Ziehe ein Objekt oder streiche in die für die Geste erforderliche Richtung, wenn die Kreise angezeigt werden. Tippe zum Schluss auf die Menütaste.

Tippe auf den Pfeil in der Mitte des Menüs, um zum vorherigen Menü zurückzukehren. Gehe wie folgt vor, um das Menü ohne das Ausführen einer Geste zu schließen: Tippe außerhalb des Menüs auf den Bildschirm.

Eigene Gesten erstellen

Du kannst dem Menü für AssistiveTouch eigene Gesten hinzufügen (zum Beispiel „Berühren und halten“ oder „Mit zwei Fingern drehen“). Du kannst auf diese Weise sogar mehrere Drehgesten für unterschiedliche Winkel erstellen.

1. Wähle „Einstellungen“  > „Bedienungshilfen“ > „Tippen“ > „AssistiveTouch“ > „Neue Geste erstellen“.
2. Führe auf dem Bildschirm „Neue Geste“ die Geste aus, um sie aufzuzeichnen. Beispiel:
    - **Geste „Tippen und halten“**: Lege den Finger auf eine bestimmte Stelle und belasse ihn dort, bis die Leiste, die den Verlauf der Aufzeichnung veranschaulicht, etwa bei der Mitte angekommen ist. Hebe dann deinen Finger an. Achte darauf, dass du deinen Finger nicht bewegst, solange die Aufzeichnung erfolgt, da sonst die Geste nicht als „Ziehen“ aufgezeichnet wird.
    - **Geste „Mit zwei Fingern drehen“**: Führe auf dem iPad-Bildschirm mit zwei Fingern eine Drehbewegung um einen Punkt zwischen den beiden Fingern aus. (Du kannst dies auch mit nur einem Finger oder mit einem Stift tun – erstelle einfach jeden Bogen einzeln und nacheinander.)
3. Wenn du eine Abfolge von Tipp- oder Ziehgesten aufzeichnest, werden diese alle gleichzeitig wiedergegeben. Beispiel: Verwende einen Finger bzw. Stift, um vier separate, aufeinander folgende Tippbewegungen (Taps) an vier Positionen auf dem Bildschirm aufzuzeichnen. Hierdurch wird eine Geste mit vier Fingern erstellt.
4. Tippe auf „Abbrechen“ und wiederhole den Vorgang, wenn die Geste nicht deinen Vorstellungen entspricht.
5. Tippe auf „Sichern“, wenn du mit der Geste zufrieden bist, und gib einen Namen für die Geste ein.

Tippe zum Verwenden deiner eigenen Geste auf die Menütaste für AssistiveTouch und danach auf „Eigene“ und wähle die Geste aus. Daraufhin werden die blauen Kreise eingeblendet, die deine Geste darstellen. Ziehe diese Kreise an die Stelle, an der die Geste ausgeführt werden soll, und lass sie dort los.

Steuern des iPad mit einem Eye-Tracking-Gerät

Du kannst dein iPad mithilfe eines MFi-Eye-Tracking-Geräts ganz einfach mit den Augen steuern. Das Gerät verfolgt, wohin du auf dem Bildschirm blickst, und der Zeiger folgt deinem Blick. Durch längeren Augenkontakt kannst du sogar Aktionen wie Tippen ausführen. Einige Eye-Tracker unterstützen sogar die Eingabe über physische Schalter.

Eye-Tracking-Gerät einrichten

1. Befolge die Anleitungen des Geräteherstellers, um das Gerät via Bluetooth, über den Lightning Connector, den USB-C-Anschuss oder den Thunderbolt-/USB 4-Anschluss (abhängig von deinem iPad-Modell) mit dem iPad zu verbinden.
2. Wähle „Einstellungen“ > „Bedienungshilfen“ > „Tippen“ und aktiviere die Option „AssistiveTouch“.
3. Tippe auf „Geräte“ (unter „Zeigegeräte) und dann auf dein Eye-Tracking-Gerät), um es anzupassen.
   Tippe auf „Zusätzliche Tasten anpassen“, um Aktionen mit einem Schalter auszuführen (sofern von deinem Gerät unterstützt).
4. Führe beliebige der folgenden Schritte aus:
   - **Zeiger ändern**: Wähle „Einstellungen“ > „Bedienungshilfen“ > „Zeigersteuerung“ und passe das Aussehen des Zeigers an.
   - **Aktionen mit längerem Augenkontakt ausführen**: Wähle „Einstellungen“ > „Bedienungshilfen“ > „Tippen“ > „AssistiveTouch“ und aktiviere die Option „Verweilsteuerung“.
5. Beende die Konfiguration mit der Begleit-App für dein Eye-Tracking-Gerät.

Anpassen der Reaktion des iPad auf Berührungen

Bei Problemen wie Zittern der Hände, eingeschränkte Fingerfertigkeit oder eingeschränkte Feinmotorik kannst du die Reaktion des iPad-Touchscreens auf Gesten wie Tippen, Streichen und Auflegen des Fingers anpassen. Du kannst festlegen, dass das iPad schnellere oder langsamere Berührungen erkennen und wiederholte Berührungen ignorieren soll. Du kannst auch verhindern, dass das iPad den Ruhezustand beendet, wenn du das Display berührst, oder die Option „Zum Widerrufen schütteln“ deaktivieren, falls du das iPad versehentlich schüttelst.

Einstellungen für Tippen, Streichen und wiederholte Berührungen anpassen

1. Wähle „Einstellungen“ > „Bedienungshilfen“ > „Tippen“ > „Touch-Anpassungen“ und aktiviere die Option „Touch-Anpassungen“.
2. Du kannst das iPad im Hinblick auf die folgenden Aktionen konfigurieren:
   - **Auf Berührungen einer bestimmten Dauer reagieren**: Aktiviere die Option „Haltedauer“ und tippe auf − oder auf +, um die Dauer anzupassen. (Der Standardwert ist 0,10 Sekunden.)
   - **Unbeabsichtigte Streichgesten verhindern**: Wenn du den Umfang an Bewegung erhöhen möchtest, der zum Auslösen einer Streichgeste erforderlich ist, tippst du auf „Streichgesten“ und aktivierst die Option „Streichgesten“. Passe anschließend den Wert für die erforderliche Bewegung an.
   - **Mehrere Berührungen als einzelne Berührung interpretieren**: Aktiviere die Option „Wiederholung ignorieren“ und tippe auf − oder auf +, um die Zeitspanne anzupassen, die zwischen mehreren Berührungen zulässig ist.
   - **Auf zuerst oder zuletzt berührte Stelle reagieren**: Wähle „Ersten Berührungspunkt verwenden“ oder „Letzten Berührungspunkt verwenden“ aus.

Bei Auswahl von „Ersten Berührungspunkt verwenden“ verwendet das iPad die Stelle, an der du zuerst getippt hast (z. B. wenn du auf eine App auf dem Home-Bildschirm tippst). Wenn du „Letzten Berührungspunkt verwenden“ wählst, registriert das iPad die Stelle, an der du deinen Finger angehoben hast. Das iPad reagiert auf das Tippen, wenn du den Finger innerhalb einer bestimmten Zeit anhebst. Tippe auf − oder auf +, um das Zeitverhalten anzupassen. Dein Gerät interpretiert Gesten möglicherweise als andere Gesten wie beispielsweise Ziehgesten, wenn du länger als die festgelegte Gestenverzögerung wartest.

Einstellungen für das Auflegen des Fingers anpassen

Durch Auflegen eines Fingers kann eine Vorschau für Inhalte, Aktionen und Kontextmenüs eingeblendet werden. Wenn du Probleme beim Ausführen dieser Geste hast, kannst du folgende Schritte ausführen:

1. Wähle „Einstellungen“ > „Bedienungshilfen“ > „Tippen“ > „Haptic Touch“.
2. Wähle die gewünschte Haltedauer – „Schnell“ oder „Langsam“.
3. Teste deine neuen Einstellungen mit dem Bild unten auf dem Bildschirm.

„Zum Aufwecken tippen“ aktivieren

Auf unterstützten Modellen kannst du verhindern, dass durch Berührungen des Displays der Ruhezustand des iPad beendet wird. Wähle „Einstellungen“ > „Bedienungshilfen“ > „Tippen“ und aktiviere die Option „Zum Aufwecken tippen“.

„Zum Widerrufen schütteln“ aktivieren

Falls du das iPad häufiger versehentlich schüttelst, kannst du die Option „Zum Widerrufen schütteln“ deaktivieren. Wähle „Einstellungen“ > „Bedienungshilfen“ > „Tippen“.

Tipp: Streiche mit drei Fingern nach links, um Textänderungen zu widerrufen.

Weiterleiten und automatisches Annehmen von Anrufen auf dem iPad

Du kannst die Audioausgabe von FaceTime-Anrufen automatisch an den iPad-Lautsprecher, ein Bluetooth-Headset oder an deine Hörhilfen weiterleiten und nach einem bestimmten Zeitraum Anrufe auch automatisch annehmen.

1. Wähle „Einstellungen“ > „Bedienungshilfen“ > „Tippen“ > „Anrufaudioausgabe“ und wähle das gewünschte Ziel für die Audioausgabe aus.
2. Tippe auf „Anrufe automatisch annehmen“, aktiviere die Option „Anrufe automatisch annehmen“ und lege fest, nach welchem Zeitraum ein Anruf angenommen werden soll, indem du auf − oder auf + tippst.

Du kannst während eines Anrufs die Audiosignale von deinem Hörgerät auf den Lautsprecher des iPad umleiten, indem du einfach das Hörgerät aus dem Ohr nimmst.

Ändern der Einstellungen für Face ID und Aufmerksamkeit auf dem iPad

Wenn du körperliche Einschränkungen hast oder dein Sehvermögen eingeschränkt ist, kannst du auf einem iPad mit Face ID die Einstellungen für Face ID und Aufmerksamkeit anpassen.

Face ID mithilfe der Optionen für Bedienungshilfen einrichten

Standardmäßig musst du zum Einrichten von Face ID deinen Kopf in einem Kreis bewegen, damit dein Gesicht aus verschiedenen Blickwinkeln erfasst werden kann. Wenn du nicht in der Lage bist, deinen Kopf in der beschriebenen Weise zu bewegen, kannst du Face ID auf eine alternative Weise einrichten, die ohne Kopfbewegung auskommt.

1. Wähle „Einstellungen“ > „Face ID & Code“.
2. Positioniere dein Gesicht innerhalb des Rahmens und tippe auf „Optionen für Bedienungshilfen“.

Face ID ist dennoch sicher. Es ist aber eine höhere Konstanz beim Blicken auf das iPad erforderlich.

Einstellungen für Aufmerksamkeit ändern

Face ID ist eine aufmerksamkeitssensible Funktionalität und bietet dadurch zusätzliche Sicherheit. Anders ausgedrückt: Das iPad wird nur entsperrt wird, wenn deine Augen geöffnet und auf das Display gerichtet sind. Das iPad kann auch Mitteilungen und Nachrichten anzeigen, den Bildschirm beleuchten, wenn du liest, oder die Lautstärke von Klingel- und Hinweistönen reduzieren.

Gehe wie folgt vor, wenn das iPad nicht überprüfen soll, ob du aufmerksam bist und den Blick auf das Gerät richtest:

1. Wähle „Einstellungen“ > „Face ID & Code“.
2. Aktiviere oder deaktiviere beliebige der folgenden Optionen:
   - Aufmerksamkeitsprüfung für Face ID
   - Aufmerksamkeitssensible Funktionen
3. Diese Einstellungen werden standardmäßig deaktiviert, wenn du VoiceOver bei der Erstkonfiguration des iPad aktivierst.

Hinweis: Die Aufmerksamkeitsprüfung macht Face ID sicherer.

Schaltersteuerung

Konfigurieren der Schaltersteuerung auf dem iPad

Wenn du körperlich eingeschränkt bist, kannst du die Option „Schaltersteuerung“ aktivieren, um dein iPad über einen oder mehrere Schalter zu bedienen. Schalter ermöglichen dir das Auswählen, Tippen, Ziehen und Schreiben und selbst das Freihandzeichnen. Mithilfe eines

Schalters wählst du zunächst ein Objekt oder eine Position auf dem Bildschirm aus und bestimmst dann mit demselben (oder einem anderen) Schalter die gewünschte Aktion.

Schalter hinzufügen

Du kannst den Bildschirm, die Kamera, das Mikrofon oder die Rückseite des iPad oder einen externen adaptiven Schalter verwenden.

Damit du einen externen Schalter hinzufügen kannst, musst du ihn zuvor mit dem iPad verbinden. Folge dazu den Anleitungen, die mit dem Schalter geliefert wurden. Ein Bluetooth-Schalter muss mit dem iPad gekoppelt werden. Schalte dazu den Schalter ein und wähle „Einstellungen" > „Bluetooth". Aktiviere Bluetooth, tippe auf den Namen des Schalters und befolge die angezeigten Anleitungen.

1. Wähle „Einstellungen" > „Bedienungshilfen" > „Schaltersteuerung" > „Schalter".
2. Tippe auf „Neuen Schalter hinzufügen" und wähle eine der folgenden Optionen:
    - **Extern**: Wähle einen Bluetooth-Schalter oder einen Schalter mit dem Logo „Made for iPhone" (MFi) aus, der an den Lightning Connector am iPad angeschlossen werden kann.
    - **Bildschirm**: Tippe auf den iPad-Bildschirm, um den Schalter zu aktivieren.
    - **Kamera**: Richte den Blick auf die Kamera und bewege deinen Kopf nach links oder nach rechts
    - **Ton**: Erzeuge einen Ton mit deiner Stimme (wie „Oh") oder ohne Stimme (wie einen Plopp).
3. Weise dem Schalter eine Aktion zu.
   Damit die Schaltersteuerung richtig funktioniert, musst du mindestens einem Schalter die Aktion „Objekt auswählen" zuweisen.

Scanstil auswählen und Schaltersteuerung anpassen

Du hast mehrere Möglichkeiten, das Verhalten der Schaltersteuerung einzustellen, um diese an deine speziellen Erfordernisse und Wünsche anzupassen.

1. Wähle „Einstellungen" > „Bedienungshilfen" > „Schaltersteuerung".
2. Tippe auf „Scanstil" und führe beliebige der folgenden Schritte aus:
    - **Automatisches Scannen**: Nach Ablauf einer vorgegebenen Zeitspanne verlagert sich der Fokus automatisch auf das nächste Objekt.
    - **Manuelles Scannen**: Du musst einen Schalter auslösen, um den Fokus auf das nächste Objekt zu verlagern. (Das bedeutet, dass mehrere Schalter notwendig sind.)
    - **Schrittweise Scannen (1 Schalter)**: Du musst einen Schalter auslösen, um den Fokus auf das nächste Objekt zu verlagern. Wenn innerhalb der vorgegebenen Zeitspanne keine Aktion durch dich erfolgt, wird automatisch das Objekt ausgewählt, auf dem der Fokus liegt.
3. Passe die Schaltersteuerung durch Festlegen folgender Optionen an:
    - **Schalter**: Füge Schalter hinzu und definiere ihre Funktion.
    - **Abläufe**: Wähle, erstelle oder bearbeite Abläufe, um Schaltern vorübergehend spezielle Aktionen zuzuweisen.

- **Dauer des autom. Scannens**: Passe die Geschwindigkeit für das Scannen an.
- **Beim 1. Objekt anhalten**: Lege für das Scannen fest, dass beim ersten Objekt innerhalb einer Gruppe eine kurze Pause eingelegt wird.
- **Durchläufe**: Gib an, wie viele Scanzyklen ausgeführt werden sollen, ehe die Schaltersteuerung ausgeblendet wird.
- **Bewegungswiederholung**: Lege fest, wie lange die Verzögerung sein soll, bevor die Bewegung zum vorherigen oder nächsten Objekt erfolgt, während ein Schalter gedrückt wird.
- **Langes Drücken**: Gib an, ob eine andere Aktion erfolgen soll, wenn du einen Schalter gedrückt hältst, und wie lange gewartet werden soll, bevor diese Aktion ausgeführt wird.
- **Tippverhalten**: Wähle ein Tippverhalten aus und gib das Intervall an, innerhalb dessen ein Schalter ein zweites Mal ausgelöst werden muss, damit das Scannermenü eingeblendet wird.
- **Fokusobjekt nach Tippen**: Gib an, ob die Schaltersteuerung das Scannen beim ausgewählten Objekt oder von vorne fortsetzen soll.
- **Haltedauer**: Gib an, ob und wie lange ein Schalter gehalten werden muss, damit der Vorgang als Schalteraktion akzeptiert wird.
- **Wiederholung ignorieren**: Gib an, dass das versehentliche wiederholte Auslösen eines Schalters ignoriert werden soll.
- **Gleitauswahl**: Passe den Stil und das Tempo für das Punktscannen an.
- **Kopferfassung**: Passe die Einstellungen für die Kopferfassung an und weise Aktionen für die Mimik zu.
- **Toneffekte**: Aktiviere die Soundeffekte.
- **Sprachausgabe**: Lasse Objekte beim Scannen vorlesen.
- **Menüobjekte**: Gib an, welche Aktionen in welcher Reihenfolge im Scannermenü erscheinen sollen.
- **Objekte gruppieren**: Gruppiere Objekte, um eine schnellere Navigation zu ermöglichen.
- **Großer Cursor**: Vergrößere den Auswahlcursor.
- **Auswahlfarbe**: Wähle eine andere Farbe.
- **Gesicherte Gesten**: Erstelle eigene Gesten und sichere sie im Scannermenü.
- **Mit Schaltersteuerung bestätigen**: Bei einem iPad mit Face ID kannst du die Schaltersteuerung verwenden, um anstelle des Doppelklickens auf die obere Taste Zahlungen mit Face ID zu bestätigen. Bei einem iPad mini (6. Generation) und iPad Air (4. Generation und neuere Modelle) kannst du auch die Schaltersteuerung verwenden, um anstelle des Doppelklickens auf die obere Taste Zahlungen mit deinem Code zu bestätigen.

Schaltersteuerung aktivieren oder deaktivieren

Wichtig: Die Schaltersteuerung ändert die Gesten, mit denen du das iPad bedienst.

Verwende eine der folgenden Methoden, um die Schaltersteuerung ein- oder auszuschalten:

- Wähle „Einstellungen" > „Bedienungshilfen" > „Schaltersteuerung".
- Drücke dreimal die Home-Taste (auf einem iPad mit Home-Taste).

- Drücke dreimal die obere Taste (auf anderen iPad-Modellen).
- Verwende das Kontrollzentrum.

Verwenden der Schaltersteuerung auf dem iPad

Nach dem Konfigurieren der Schaltersteuerung kannst du die folgenden Methoden zum Auswählen eines Objekts auf dem Bildschirm verwenden:

- **Scannen von Objekten**: Der Fokus verlagert sich (automatisch oder manuell) von einem Objekt zum nächsten, bis du ein Objekt auswählst. Dies ist die standardmäßige Scanmethode.
- **Punktscannen**: Bei dieser Methode wählst du ein Objekt auf dem Bildschirm aus, indem du es mit einem Fadenkreuz anpeilst.
- **Kopferfassung**: Du kannst deinen Kopf bewegen, um den Zeiger auf dem Bildschirm zu steuern. Du kannst Aktionen auch mithilfe deiner Mimik ausführen.

Nach der Auswahl eines Objekts kannst du im Scannermenü eine Aktion auswählen (z. B. Tippen, Ziehen, Aufziehen oder Zusammenziehen).

Auf Objektbasis scannen

Beim Scannen auf Objektbasis verlagert sich der Fokus nacheinander von einem Objekt auf dem Bildschirm zum jeweils nächsten Objekt.

1. Wenn die Option „Automatisches Scannen" aktiviert ist, kannst du das Verlagern des Fokus optisch oder akustisch verfolgen. Beim manuellen Scannen musst du die Aktion „Zum nächsten Objekt bewegen" auslösen, um den Fokus zu verlagern.
2. Löse den Schalter „Objekt auswählen" aus, wenn der Fokus auf dem gewünschten Objekt liegt.
3. Wähle im Scannermenü die gewünschte Aktion, zum Beispiel:
    - Tippen
    - Gesten
    - Scrollen
    - Mediensteuerung
    - Mehr (die Punkte am Ende des Menüs) für weitere Optionen
    - Home (für die Rückkehr zum Home-Bildschirm)
    - Gerät (für den Zugriff auf andere Hardware-Aktionen)
    - Gleitauswahl (zum Verwenden von „Punktscannen)
    - Kopferfassung (für die Steuerung des Zeigers mit Kopfbewegungen)
    - Einstellungen (zum Anpassen des Verhaltens der Schaltersteuerung)
4. Welche Aktionen im Scannermenü verfügbar sind, hängt vom ausgewählten Objekt ab.

Wenn du das Scanner Menü schließen möchtest, ohne eine Aktion auszuwählen, musst du den Schalter auslösen, solange das Originalobjekt hervorgehoben wird und alle Symbole im Scannermenü grau angezeigt (abgeblendet) werden.

Punktscannen verwenden

Beim Punktscannen wählst du ein Objekt auf dem Bildschirm aus, indem du es mit einem Fadenkreuz anpeilst.

1. Wähle im Modus „Scannen auf Objektbasis" ein Objekt aus.
2. Wähle „Gleitauswahl" im Scannermenü aus.

3. Gehe wie folgt vor, um den vertikalen Faden für das Fadenkreuz zu positionieren:
    - Löse den Schalter „Objekt auswählen“ aus, wenn sich das breite vertikale Band über dem gewünschten Objekt befindet.
    - Löse ein weiteres Mal den Schalter „Objekt auswählen“ aus, wenn sich das schmale vertikale Band über dem gewünschten Objekt befindet.
4. Positioniere auf gleiche Weise den horizontalen Faden für das Fadenkreuz.
5. Wähle eine Aktion im Scannermenü aus.

Wähle „Objektmodus“ im Scannermodus aus, um zum Scannen auf Objektbasis zurückzukehren.

Kopferfassung verwenden

Auf Modellen mit Unterstützung für die Kopferfassung kannst du deinen Kopf bewegen, um den Zeiger auf dem Bildschirm zu steuern. Du kannst Aktionen auch mithilfe deiner Mimik ausführen.

1. Wähle „Einstellungen“ > „Bedienungshilfen“ > „Schaltersteuerung“> „Schalter“ und stelle sicher, dass du die Schalter konfiguriert hast.
2. Wähle „Einstellungen“ > „Bedienungshilfen“ > „Schaltersteuerung“ > „Kopferfassung“ und aktiviere dann „Kopferfassung“.
3. Führe beliebige der folgenden Schritte aus:
    - **Aktionen für die Mimik zuweisen**: Wähle Aktionen aus, die ausgeführt werden sollen, wenn du lächelst, deinen Mund öffnest, deine Zunge herausstreckst oder deine Augenbrauen hebst.
    - **Auswählen, wie der Zeiger deine Kopfbewegung nachvollzieht**: Tippe auf „Erfassungsmodus“ und wähle „Mit Gesicht“, „Beim Blick auf Bildschirmkante“ oder „Im Verhältnis zum Kopf“.
    - **Zeigertempo anpassen**: Tippe auf oder auf .
4. Aktiviere die Schaltersteuerung und wähle dann „Kopferfassung“ im Menü „Scanner“.

Verwenden der Sprachsteuerung für die Interaktion mit dem iPad

Du kannst das iPad auch ausschließlich mit deiner Stimme steuern. Sprich Befehle, um Gesten auszuführen, mit Bildschirmelementen zu interagieren, Text zu diktieren und zu bearbeiten und vieles mehr.

Sprachsteuerung konfigurieren

Bevor du die Sprachsteuerung zum ersten Mal aktivierst, solltest du dich vergewissern, dass das iPad über ein WLAN mit dem Internet verbunden ist. Nachdem ein einmaliger Dateidownload von der Apple-Website abgeschlossen ist, benötigst du die Internetverbindung nicht mehr, um mit der Sprachsteuerung zu arbeiten.

1. Wähle „Einstellungen“ > „Bedienungshilfen“ > „Sprachsteuerung“.
2. Tippe auf „Sprachsteuerung konfigurieren“ und anschließend auf „Fortfahren“, um den Dateidownload zu starten.

Wenn der Download abgeschlossen ist, wird in der Statusleiste angezeigt. Dies ist ein Hinweis darauf, dass die Sprachsteuerung aktiviert ist.

3. Lege die gewünschten Optionen fest. Zur Auswahl stehen unter anderem:
    - **Sprache**: Lege die Sprache fest und lade weitere Sprachen für die Offline-Nutzung.
    - **Befehle anpassen**: Sieh dir die verfügbaren Befehle an und erstelle neue Befehle.
    - **Vokabular**: Bringe der Sprachsteuerung neue Wörter bei.
    - **Bestätigung anzeigen**: Wenn die Sprachsteuerung einen Befehl erkennt, wird oben auf dem Bildschirm eine visuelle Bestätigung angezeigt.
    - **Ton wiedergeben**: Wenn die Sprachsteuerung einen Befehl erkennt, wird ein hörbarer Ton abgespielt.
    - **Merkhilfen einblenden**: Es werden Vorschläge und Merkhilfen für Befehle angezeigt.
    - **Überlagern**: Es werden Nummern, Namen oder ein Raster über den Bildschirmelementen angezeigt.
    - **Aufmerksamkeitssensibel**: Auf einem iPad mit Face ID wird der Ruhezustand der Sprachsteuerung beendet, wenn du auf dein iPad schaust, und aktiviert, wenn du woanders hinschaust.

Sprachsteuerung aktivieren oder deaktivieren

Nachdem du die Sprachsteuerung konfiguriert hast, kannst du sie mit den folgenden Methoden schnell aktivieren und deaktivieren:

- Aktiviere Siri und sage „Sprachsteuerung aktivieren".
- Sage „Sprachsteuerung deaktivieren".
- Wähle „Einstellungen" > „Bedienungshilfen" > „Kurzbefehl" und tippe auf „Sprachsteuerung", wenn du die Sprachsteuerung als Kurzbefehl zu den Bedienungshilfen hinzufügen möchtest.

Sprachsteuerungsbefehle lernen

Wenn die Sprachsteuerung aktiviert ist, kannst du Befehle wie die folgenden sprechen:

- „Kontrollzentrum öffnen"
- „Zum Home-Bildschirm wechseln"
- „Tippe auf Objektname"
- „Öffne App-Name"
- „Bildschirmfoto aufnehmen"
- „Mach lauter"

Sage „Zeig mir, was ich sagen kann" oder „Befehle anzeigen", wenn du weitere Informationen zu den Befehlen für die Sprachsteuerung benötigst.

Bildschirmüberlagerung verwenden

Zum schnelleren Interagieren kannst du auf dem iPad mithilfe einer Bildschirmüberlagerung navigieren, die Objektnamen, Nummern und ein Raster anzeigt.

- **Objektnamen**: Sage „Namen anzeigen“ oder „Namen kontinuierlich anzeigen“ und sage dann „Tippe auf Objektname“.
- **Nummern**: Sage „Nummern anzeigen“ oder „Nummern kontinuierlich anzeigen“ und sage dann die Nummer neben dem gewünschten Objekt. Du kannst auch einen Befehl verwenden, um eine Geste auszuführen, wie beispielsweise „Tippen Nummer“, „Lange drücken Nummer“, „Bei Nummer nach oben streichen“ oder „Doppeltippen Nummer“.
- **Raster**: Um zu einer Stelle auf dem Bildschirm zu gelangen, der weder ein Name noch eine Nummer zugeordnet ist, sagst du „Raster anzeigen“ oder „Raster kontinuierlich anzeigen“ und führst anschließend beliebige der folgenden Schritte aus:
    - **Detaillierte Navigation**: Sage eine Nummer, um ein detaillierteres Raster anzuzeigen.
    - Sage einen Befehl, um mit einem Bereich des Rasters zu interagieren: Sage beispielsweise „Tippen Nummer“ oder „Einzoomen Nummer“.
- **Tipp**: Wähle „Einstellungen“ > „Bedienungshilfen“ > „Sprachsteuerung“ > „Überlagern“ und wähle „Nummeriertes Raster“. Wenn die Sprachsteuerung aktiviert ist, kannst du beispielsweise auch „Raster anzeigen mit fünf Zeilen“ oder „Raster kontinuierlich anzeigen mit drei Spalten“ sagen.

Sage zum Ausblenden der Überlagerung „Namen ausblenden“, „Nummern ausblenden“ oder „Raster ausblenden“.

Zwischen Diktier- und Befehlsmodus wechseln

Wenn du in einem Texteingabebereich arbeitest – beim Schreiben eines Dokuments, einer E-Mail oder einer Nachricht – kannst du einfach zwischen dem Diktier- und dem Befehlsmodus wechseln. Im Diktiermodus (Standardeinstellung) werden alle Wörter, die du sprichst und bei denen es sich nicht um Befehle für die Sprachsteuerung handelt, als Text eingegeben. Im Befehlsmodus werden diese Wörter ignoriert und nicht als Text eingegeben. Die Sprachsteuerung reagiert nur auf Befehle. Der Befehlsmodus ist besonders nützlich, wenn du eine Reihe von Befehlen verwenden möchtest und dabei verhindern willst, dass das Gesagte versehentlich in den Texteingabebereich geschrieben wird.

Sage „Befehlsmodus“, um zum Befehlsmodus zu wechseln. Bei aktiviertem Befehlsmodus wird im Texteingabebereich ein dunkles Symbol eingeblendet, das ein durchgestrichenes Zeichen zeigt. Dies ist ein Hinweis darauf, dass du nicht diktieren kannst. Sage „Diktiermodus“, um zurück zum Diktiermodus zu wechseln.

Anpassen der Einstellungen für die Home-Taste oder die obere Taste

Du kannst die Bedienungshilfeneinstellungen für die Home-Taste (bei iPad-Modellen mit Home-Taste) oder die obere Taste (bei anderen iPad-Modellen) anpassen.

1. Wähle „Einstellungen“ > „Bedienungshilfen“ und tippe auf „Home-Taste“ (auf einem iPad mit Home-Taste) bzw. „Obere Taste“ (auf anderen iPad-Modellen).
2. Lege beliebige der folgenden Optionen fest:

- **Klickgeschwindigkeit**: Wähle die Geschwindigkeit beim zweimaligen und dreimaligen Drücken (Klicken) der Taste aus – „Standard“, „Langsam“ oder „Am langsamsten“.
- **Zum Sprechen gedrückt halten**: Lege fest, ob Siri auf das Drücken und Halten der Taste reagieren soll.
- **Zum Öffnen Finger auflegen**: Bei einem iPad mit Touch ID kannst du das iPad entsperren und öffnen, indem du deinen Finger auf Touch ID legst.

Bei einem iPad mit Face ID kannst du auch AssistiveTouch oder die Schaltersteuerung verwenden, um anstelle des Doppelklickens auf die obere Taste Zahlungen mit Face ID zu bestätigen.

Verwenden der Tasten auf der Apple TV Remote auf dem iPad

Auf der Apple TV Remote des iPad kannst du Tasten anstelle von Streichgesten verwenden.

Wähle „Einstellungen“ > „Bedienungshilfen“ > „Apple TV Remote“ und aktiviere die Option „Richtungstasten“.

Ändern des Zeigeraussehens bei Verwendung einer Maus oder eines Trackpads mit dem iPad

Wenn du eine Maus oder ein Trackpad mit dem iPad verwendest, kannst du das Aussehen des Zeigers ändern, indem du z. B. dessen Farbe, Form, Größe oder Scrolltempo anpasst.

Wähle „Einstellungen“ > „Bedienungshilfen“ > „Zeigersteuerung“ und passe beliebige der folgenden Optionen an:

- Kontrast erhöhen
- Zeiger automatisch ausblenden
- Farbe
- Zeigergröße
- Zeigeranimationen
- Trackpad-Nachlauf (verfügbar bei Verbindung mit einem unterstützten Multi-Touch-Trackpad)
- Scrolltempo

Zum Anpassen der Tasten des Zeigergeräts wählst du „Einstellungen“ > „Bedienungshilfen“ > „Tippen“ > „AssistiveTouch“ > „Geräte“.

Anpassen der Einstellungen für die Bildschirmtastaturen und externen Tastaturen auf dem iPad

Du kannst die Bildschirmtastatur (Softwaretastatur) auf dem iPad ändern. Wenn du eine externe Tastatur (Hardwaretastatur) mit dem iPad verwendest, kannst du Tastaturkurzbefehle anpassen und Einstellungen wie die Tastenwiederholrate ändern.

Bildschirmtastatur so einstellen, dass nur Großbuchstaben angezeigt werden

Wenn es dir schwerfällt, die Bildschirmtastatur zu sehen, kannst du sie so einstellen, dass nur Großbuchstaben angezeigt werden.

Wähle „Einstellungen" > „Bedienungshilfen" > „Tastaturen" und deaktiviere die Option „Tasten mit Kleinbuchstaben".

Auf einer größeren Bildschirmtastatur tippen

Bei vielen Apps (zum Beispiel „Mail", „Safari", „Nachrichten", „Notizen" und „Kontakte") kannst du das iPad bei der Texteingabe ins Querformat drehen, um mit einer breiteren Tastatur arbeiten zu können.

iPad mit einer externen Tastatur steuern

Wenn dir die Verwendung des Touchscreens Probleme bereitet, kannst du das iPad mit Tastaturkurzbefehlen auf einer externen Apple-Tastatur (separat erhältlich) steuern.

1. Wähle „Einstellungen" > „Bedienungshilfen" > „Tastatur", tippe auf „Tastatursteuerung" und aktiviere die Option „Tastatursteuerung".
2. Steuere dein iPad mit Tastaturkurzbefehlen.

Aktion	Kurzbefehle
Zum nächsten Objekt gehen	Kurzbefehle
Zum vorherigen Objekt gehen	Umschalt-Tabulator
Ausgewähltes Objekt aktivieren	Leertaste
Home-Bildschirm anzeigen	Befehl-H
App-Umschalter öffnen	Tabulator-A
Kontrollzentrum öffnen	Tabulator-C
Mitteilungszentrale öffnen	Tabulator-N
Hilfe anzeigen	Tabulator-H

3. Tippe auf Befehle, um die Tastaturkurzbefehle anzupassen.
4. Tippe auf beliebige der folgenden Optionen, um das Aussehen des Fokus anzupassen:
   a. Automatisch ausblenden
   b. Vergrößern

c. Höherer Kontrast
d. Farbe

Ändern, wie die Tasten auf einer externen Tastatur reagieren

Wenn dir die Verwendung einer externen Tastatur Probleme bereitet, kannst du die Einstellungen anpassen.

Wähle „Einstellungen" > „Bedienungshilfen" > „Tastaturen" und tippe auf beliebige der folgenden Optionen:

- **Tastenwiederholung**: Du kannst das Wiederholungsintervall und die Verzögerung anpassen.
- **Einfingerbedienung**: Verwende die Funktion „Einfingerbedienung" zum Drücken und Halten von Sondertasten (z. B. Befehls- und Wahltaste) parallel zum Drücken einer weiteren Taste.
- **Tastenverzögerung**: Verwende die Tastenverzögerung, um die Zeit zwischen dem Drücken und dem Aktivieren einer Taste anzupassen.

Anpassen der Einstellungen für AirPods auf dem iPad

Wenn du AirPods (3. Generation), AirPods Pro oder AirPods Max verwendest, kannst du die Bedienungshilfeneinstellungen an deine Motorik- und Höranforderungen anpassen.

1. Wähle „Einstellungen" > „Bedienungshilfen" > „AirPods".
2. Wenn du mehrere AirPods hast, kannst du nun die gewünschten auswählen.
3. Lege beliebige der folgenden Optionen fest:
   - **Drücktempo**: Passe an, wie schnell du eine Taste zwei- oder dreimal drücken musst, damit eine Aktion ausgeführt wird.
   - **Haltedauer**: Passe die Dauer an, die für das Drücken und Halten auf den AirPods benötigt wird.
   - **Geräuschunterdrückung mit einem AirPod**: (AirPods Pro) Aktiviere die Geräuschunterdrückung auch dann, wenn du nur einen deiner AirPods trägst.
   - **Kopferfassung für 3D-Audio**: (AirPods (3. Generation), AirPods Pro oder AirPods Max) Wenn du „iPhone folgen" aktivierst, wird die Audioausgabe an deine Kopfbewegungen angepasst (für unterstützte Audio- und Videoinhalte).
4. Tippe auf „Bedienungshilfeneinstellungen für Audio", um die Audioausgabe anzupassen.

Ändern der Einstellungen für den Apple Pencil (2. Generation)

Wenn du auf unterstützten iPad-Modellen Schwierigkeiten beim Verwenden der Gesten für den Apple Pencil (2. Generation) hast, kannst du die Einstellungen anpassen.

1. Wähle „Einstellungen" > „Bedienungshilfen" > „Apple Pencil".
2. Führe beliebige der folgenden Schritte aus:
   - Deaktiviere die Option „Doppeltippen-Geste".

- Ändere die Dauer für das Doppeltippen in „Langsam“ bzw. „Am langsamsten“.

Hören

Verwenden von Hörhilfen beim iPad

Du kannst mit deinem iPad Hörgeräte und Hörverstärker mit dem Etikett „Made for iPhone“ („MFi“) verwenden und deren Einstellungen anpassen.

Hörhilfe mit dem iPad koppeln

Wenn deine Hörhilfen nicht unter „Einstellungen“ > „Bedienungshilfen“ > „Hörhilfen“ aufgelistet sind, müssen sie erst noch mit dem iPad gekoppelt werden.

1. Öffne das Batteriefach an deinen Hörhilfen.
2. Wähle auf dem iPad „Einstellungen“ > „Bluetooth“ und aktiviere die Option „Bluetooth“ (sofern die Option noch nicht aktiviert ist).
3. Wähle „Einstellungen“ > „Bedienungshilfen“ > „Hörhilfen“.
4. Schließe das Batteriefach an deinen Hörhilfen.
5. Tippe auf die Namen der Hörhilfen, sobald sie unter MFi-Hörhilfen“ angezeigt werden (dies dauert ca. 1 Minute), und befolge danach die angezeigten Anleitungen zum Koppeln.
   Das Koppeln kann bis zu einer Minute dauern. Bis der Vorgang abgeschlossen ist, solltest du weder Audiodateien streamen noch die Hörhilfen anderweitig verwenden. Sobald der Kopplungsvorgang abgeschlossen wurde, hörst du eine Reihe von Pieptönen und einen einzelnen Signalton. Zugleich wird in der Geräteliste ein Häkchen neben den Hörhilfen angezeigt.

Deine Geräte müssen nur einmal gekoppelt werden (möglicherweise erledigt das dein Hörgeräteakustiker für dich). Später wird automatisch die Verbindung zu deinen Hörhilfen hergestellt, sobald du dein iPad einschaltest.

Einstellungen der Hörhilfen anpassen und deren Status anzeigen

- Im Bereich „Einstellungen“: Wähle „Einstellungen“ > „Bedienungshilfen“ > „Hörhilfen“ > „MFi-Hörhilfen“.
- Kurzbefehle für Bedienungshilfen verwenden
- Im Sperrbildschirm: Wähle „Einstellungen“ > „Bedienungshilfen“ > „Hörhilfen“ > „MFi-Hörhilfen“ und aktiviere die Option „Auf Sperrbildschirm steuern“. Im Sperrbildschirm kannst du außerdem Folgendes tun:
  - Batteriestatus prüfen.
  - Lautstärke und Equalizer für das Umgebungsmikrofon anpassen.
  - Hörhilfe auswählen, die Audio-Streams empfangen soll (links, rechts oder beide).
  - Live-Mithören steuern.

Tipp: Mithilfe der folgenden Kurzbefehle zur Bedienungshilfe kannst du schnell die Einstellungen anpassen oder den Status deiner Hörhilfen anzeigen:

- Drücke dreimal die Home-Taste (auf einem iPad mit Home-Taste
- Drücke dreimal die obere Taste (auf anderen iPad-Modellen
- Verwende das Kontrollzentrum

Hörhilfen mit mehreren Geräten verwenden

Wenn du deine Hörhilfen mit mehreren Geräten koppelst (z. B. mit einem iPhone und einem iPad), wechselt die Verbindung zur Hörhilfe automatisch von einem Gerät zum anderen, wenn du auf dem jeweils anderen Gerät eine Aktion ausführst, die eine Audioausgabe generiert, oder wenn ein Anruf auf dem iPhone eingeht.

Änderungen an den Einstellungen für die Hörhilfe werden automatisch auf die anderen Geräte übertragen.

1. Melde dich mit deiner Apple-ID auf allen Geräten an.
2. Stelle auf allen Geräten die Verbindung zum gleichen WLAN her.

Hörgerätkompatibilität aktivieren

Die Option „Hörgerätkompatibilität" trägt bei bestimmten Modellen von Hörgeräten dazu bei, Störgeräusche zu reduzieren und die Audioqualität zu verbessern.

1. Wähle „Einstellungen" > „Bedienungshilfen" > „Hörhilfen".
2. Aktiviere die Option „Hörgerätkompatibilität".

Audioausgabe an Hörhilfen streamen

Du kannst unter anderem die Audioausgabe von Siri, Apple Music, Apple Podcasts und Apple TV streamen. Tippe im Kontrollzentrum, auf dem Sperrbildschirm oder in den Steuerelementen für „Jetzt läuft" der App, die du gerade für die Audiowiedergabe verwendest, auf und wähle deine Hörhilfe aus.

Du kannst automatisch Audioanrufe an eine Hörhilfe umleiten.

iPad mithilfe der Funktion „Live-Mithören" als Remote-Mikrofon verwenden

Du kannst Audiosignale vom Mikrofon deines iPad an Hörgeräte mit dem Etikett „Made For iPhone" (MFi) oder an deine AirPods übertragen. So kannst du in manchen Situationen besser hören, etwa bei einer Konversation in einer lauten Umgebung.

1. Setze die AirPods (sofern du sie verwenden möchtest) in deine Ohren ein.
   Wenn sich deine AirPods nicht automatisch mit dem iPad verbinden, tippst du im Kontrollzentrum oder auf dem Sperrbildschirm auf und wählst deine AirPods aus.
2. Verwende eine der folgenden Methoden, um die Funktion „Live-Mithören" zu aktivieren oder zu deaktivieren:
   - Öffne das Kontrollzentrum, tippe auf , tippe auf deine Hörhilfe oder die AirPods und anschließend auf „Live-Mithören".

(Wird nicht angezeigt, kannst du die Taste zum Kontrollzentrum hinzufügen – wähle „Einstellungen“ > „Kontrollzentrum“ und wähle „Hören“ aus.

- Drücke dreimal die Home-Taste (auf einem iPad mit Home-Taste) oder drücke dreimal die obere Taste (auf anderen iPad-Modellen). Tippe danach auf „Hörgeräte“ und anschließend auf „Live-Mithören“.

3. Platziere das iPad in der Nähe der Audioquelle.

Geräuscherkennung mit dem iPad

Dein iPad kann ständig auf bestimmte Geräusche achten – wie ein weinendes Baby, eine Türklingel oder eine Sirene – und dich benachrichtigen, wenn diese Geräusche erkannt werden.

Hinweis: Du solltest dich nicht ausschließlich auf die Geräuscherkennung deines iPad verlassen, wenn du dich in Situationen befindest, in denen du verletzt oder geschädigt werden könntest, und auch nicht in risikoreichen oder Notfallsituationen sowie bei der Navigation.

Geräuscherkennung konfigurieren

1. Wähle „Einstellungen“ > „Bedienungshilfen“ > „Geräuscherkennung“.
2. Tippe auf „Geräusche“ und aktiviere die Geräusche, die dein iPad erkennen soll.

Tipp: Verwende das Kontrollzentrum, um die Geräuscherkennung schnell ein- oder auszuschalten.

Einrichten und Verwenden von RTT auf dem iPad

Ist auf deinem iPhone RTT (Real-Time Text) und WLAN-Anrufe konfiguriert, kannst du in der App „FaceTime“ auf dem iPad RTT-Anrufe tätigen und empfangen.

Wichtig: RTT wird nicht von allen Mobilfunkanbietern oder in allen Ländern oder Regionen unterstützt. Die RTT-Funktionalität hängt vom Mobilfunkanbieter und der Netzwerkumgebung ab. Beim Tätigen eines Notrufs in den Vereinigten Staaten sendet das iPhone Sonderzeichen und Töne, um die Notrufzentrale auf den Notruf hinzuweisen. Die Fähigkeit der Notrufzentrale, diese Töne zu empfangen oder darauf zu reagieren, kann je nach Region variieren. Apple übernimmt keine Garantie dafür, dass die Notrufzentrale einen RTT-Anruf empfangen bzw. darauf reagieren kann.

RTT einrichten

1. Vergewissere dich, dass du auf dem iPad WLAN-Anrufe tätigen und empfangen kannst.
2. Wähle „Einstellungen“ > „Bedienungshilfen“ > „RTT“.
3. Aktiviere die Option „Software-RTT“ und führe beliebige der folgenden Schritte aus:
   - Tippe auf „Relay-Nummer“ und gib die Telefonnummer ein, die verwendet werden soll, um Anrufe softwarebasiert per RTT/ TTY weiterzuleiten.

- Aktiviere die Option „Sofort senden“, wenn jedes Zeichen sofort nach der Eingabe gesendet werden soll. Deaktiviere die Option, wenn Nachrichten erst gesendet werden sollen, wenn sie abgeschlossen wurden.

4. Wenn die Option „RTT“ aktiviert ist, wird in der Statusleiste oben auf dem Bildschirm angezeigt.

RTT-Anruf starten

1. Tippe in FaceTime auf oben auf dem Bildschirm.
2. Gib in das Eingabefeld oben den Namen oder die Telefonnummer der Person ein, die du anrufen möchtest, und tippe auf „Audio“.
3. Tippe auf „Anrufen“ und dann auf „RTT-Anruf“.

Text während eines RTT-Anrufs eingeben

1. Gib in das Textfeld deine Nachricht ein.
   Wenn in der App „Einstellungen“ die Option „Sofort senden“ aktiviert ist, sieht der:die Empfänger:in jedes Zeichen einzeln, das eingegeben wird. Tippe andernfalls zum Senden der Nachricht auf .
2. Tippe für eine Audio-Übertragung auf .

Hinweis: Für RTT-Anrufe fallen die Standardtelefongebühren an.

Anpassen der Mono-Audio- und Balance-Einstellungen auf dem iPad

Du kannst die Mono-Audio und die Stereobalance (links/rechts) an deine Höranforderungen anpassen.

1. Wähle „Einstellungen“ > „Bedienungshilfen“ > „Audio & visuell“.
2. Passe beliebige der folgenden Optionen an:
   - **Mono-Audio**: Aktiviere diese Option, um den linken und den rechten Kanal zu kombinieren, sodass die Audioausgabe auf beiden Kanälen identisch ist.
   - **Balance**: Bewege den Schieberegler „Stereobalance (links/rechts)“.

Auslösen des LED-Blitzes bei Hinweisen auf dem iPad

Wenn du auf einem iPad mit Blitz nicht in der Lage bist, die akustischen Signale zu hören, die das iPad ausgibt, um eingehende Anrufe anzukündigen, kannst du festlegen, dass der LED-Blitz des iPad (neben der Kameralinse auf der Rückseite des iPad) ausgelöst wird. Die LED leuchtet nur auf, wenn das iPad gesperrt ist.

Tipp: Die Option „LED-Blitz bei Hinweisen“ ist eine nützliche Funktion für Personen, die akustische Hinweise in Umgebungen mit hohem Lärmpegel leicht überhören könnten.

1. Wähle „Einstellungen“ > „Bedienungshilfen“ > „Audio & visuell“ und aktiviere die Option „LED-Blitz bei Hinweisen“.
2. Deaktiviere die Option „Blitz bei ‚Lautlos‘“, wenn der Blitz nicht ausgelöst werden soll, solange das iPad stummgeschaltet ist.

Anpassen der Audioeinstellungen für Kopfhörer auf dem iPad

Bei unterstützten Apple- und Beats-Kopfhörern kannst du leise Töne verstärken und bestimmte Frequenzen an dein Gehör anpassen. Mit diesen Anpassungen klingen Musik, Filme, Anrufe und Podcasts deutlicher und klarer.

Kopfhörer-Anpassungen festlegen

1. Wähle „Einstellungen“ > „Bedienungshilfen“ > „Audio & visuell“ > „Kopfhörer-Anpassungen“ und aktiviere die Option „Kopfhörer-Anpassungen“.
2. Tippe auf „Eigene Audiokonfiguration“ und folge den angezeigten Anleitungen. Oder passe manuell beliebige der folgenden Optionen an:
    - **Audio abstimmen**: Wähle die gewünschten Einstellungen für „Ausgewogene Töne“, „Stimmumfang“ oder „Höhen“.
    - **Pegel**: Wähle für die Verstärkung leiser Töne „Leicht“, „Mittel“ oder „Stark“.
    - **Telefon**: Diese Audioeinstellungen werden auf Telefonanrufe angewendet.
    - **Medien**: Diese Audioeinstellungen werden auf die Medienwiedergabe angewendet.
    - **Transparenzmodus**: (verfügbar, wenn AirPods Pro mit dem iPad verbunden sind) Aktiviere die Option „Eigener Transparenzmodus“ und passe die Verstärkung, die Balance, den Ton und die Reduzierung von Umgebungsgeräuschen an, damit du besser hören kannst, was um dich herum geschieht. Du kannst auch „Konversationsverstärkung“ aktivieren, um dich bei einem Gespräch ganz auf dein Gegenüber konzentrieren zu können.
3. Tippe auf „Beispiel wiedergeben“, um deine Audioeinstellungen zu prüfen.

Wiedergabe von Hintergrundgeräuschen auf dem iPad zum Unterdrücken von Umgebungsgeräuschen

Du kannst beruhigende Klänge wiedergeben – wie Meeresrauschen oder Regen –, um unerwünschte Umgebungsgeräusche zu unterdrücken und dadurch Ablenkungen zu reduzieren, damit du dich konzentrieren oder entspannen kannst.

1. Wähle „Einstellungen“ > „Bedienungshilfen“ > „Audio& Visuell“ > „Hintergrundgeräusche“ und aktiviere die Option „Hintergrundgeräusche“.
2. Lege beliebige der folgenden Optionen fest:

- **Ton**: Wähle ein Geräusch aus. Die entsprechende Audiodatei wird auf dein iPad geladen.
- **Lautstärke**: Ziehe den Schieberegler.
- **Bei der Wiedergabe von Medien verwenden**: Die Lautstärke des Hintergrundgeräusches wird angepasst, wenn auf dem iPad Musiktitel oder andere Medien wiedergegeben werden.
- **Geräusche im Sperrzustand stoppen**: Hintergrundgeräusche werden nicht wiedergegeben, wenn das iPad gesperrt ist.

Anzeigen von Untertiteln und erweiterten Untertiteln für Videos auf dem iPad

Wenn du Videoinhalte in einer unterstützten App wiedergibst, kannst du die Anzeige von Untertiteln und erweiterten Untertiteln (falls vorhanden) aktivieren. Das iPad zeigt im Normalfall die standardmäßigen und die erweiterten Untertitel an. Du kannst aber auch speziell für die Bedienungshilfen konzipierte Untertitel anzeigen (zum Beispiel Untertitel für Gehörlose und Hörgeschädigte, UT), sofern entsprechende Untertitel vorhanden sind.

Untertitel und erweiterte Untertitel in der Apple TV App aktivieren

1. Tippe, während das Video wiedergegeben wird, auf  .
2. Wähle in der Liste der verfügbaren Untertitel und erweiterten Untertitel die Untertitel aus, die zu sehen sein sollen.

Untertitel und erweiterte Untertitel in unterstützten Video-Apps anpassen

1. Wähle „Einstellungen“  > „Bedienungshilfen“ > „Untertitel & erweiterte Untertitel“.
2. Aktiviere die Option „Erweiterte Untertitel + UT“, wenn die speziellen Untertitel für Gehörlose und Hörgeschädigte (UT) eingeblendet werden sollen, sofern entsprechende Untertitel vorhanden sind.
3. Tippe auf „Stil“ und wähle einen vorhandenen Stil für die Untertitel aus oder erstelle mithilfe der folgenden Attribute einen neuen Stil:
    - Schrift, Schriftgröße und Schriftfarbe
    - Hintergrundfarbe und Deckkraft
    - Textdeckkraft, Textkantenstil und Textmarkierung

Anzeigen von Transkriptionen für Intercom-Mitteilungen des HomePod auf dem iPad

Wenn Personen in deinem Zuhause den HomePod für Intercom-Mitteilungen nutzen, kann das iPad die Intercom-Mitteilungen für dich transkribieren.

1. Tippe in der App „Home“ auf  und danach auf „Einstellungen des Zuhauses“.
2. Tippe auf „Intercom“ und lege fest, wann du Mitteilungen erhalten möchtest.

3. Wähle „Einstellungen“ > „Bedienungshilfen“ > „Untertitel & erweiterte UT“ und aktiviere die Option „Audiotranskriptionen einblenden“.

Allgemein

Verwenden des geführten Zugriffs auf dem iPad

Der geführte Zugriff hilft dir dabei, dich auf eine Aufgabe zu konzentrieren, indem die Nutzung des iPad vorübergehend auf eine einzelne App beschränkt wird. Du kannst außerdem einstellen, welche Funktionen der App verfügbar sind. Du kannst beliebige der folgenden Schritte ausführen:

- Bildschirmbereiche deaktivieren, die für eine Aufgabenstellung nicht relevant sind oder in denen eine versehentliche Geste eine Ablenkung des:der Benutzer:in bedeuten könnte
- Hardwaretasten am iPad deaktivieren
- Nutzungsdauer für die App einschränken

Geführten Zugriff einrichten

1. Wähle „Einstellungen“ > „Bedienungshilfen“ > „Geführter Zugriff“ und aktiviere die Option „Geführter Zugriff“.
2. Passe beliebige der folgenden Optionen an:
    - **Codeeinstellungen:** Tippe auf „Code für geführten Zugriff festlegen“ und gib einen Code ein.
      Du kannst eine Sitzung mit geführtem Zugriff auch beenden, indem du Face ID oder Touch ID aktivierst.
    - **Zeitlimits**: Bevor eine Sitzung mit geführtem Zugriff beendet wird, wird ein Ton abgespielt oder die verbleibende Zeit gesprochen.
    - **Kurzbefehl**: Aktiviere oder deaktiviere den Kurzbefehl während einer Sitzung mit geführtem Zugriff.
    - **Display autom. sperren**: Lege fest, wie lange es dauert, bis das iPad während einer Sitzung mit geführtem Zugriff automatisch gesperrt wird.

Sitzung mit geführtem Zugriff starten

1. Öffne die App, die du verwenden möchtest.
2. Aktiviere den geführten Zugriff mithilfe von Bedienungshilfen-Kurzbefehlen.
3. Ziehe einen Kreis oder ein Rechteck um jeden Bereich des Bildschirms, der deaktiviert werden soll. Ziehe die Umrahmung an die gewünschte Stelle oder ziehe sie über die Auswahlpunkte zurecht, um die gewünschte Größe zu erreichen.
4. Tippe auf „Optionen“ und aktiviere oder deaktiviere beliebige der folgenden Optionen:
    - Obere Taste (oder Standby-Taste)
    - Lautstärketasten
    - Bewegung (kein automatischer Wechsel vom Hoch- ins Querformat beim Drehen des iPad und kein Reagieren des iPad auf sonstige Bewegungen)

   - Tastaturen
   - Tippen
   - Zeitlimit
5. Tippe auf „Start“.

Sitzung mit geführtem Zugriff beenden

Führe beliebige der folgenden Schritte aus:

- **Auf einem iPad mit Home-Taste**: Doppelklicke die Home-Taste und entsperre das Gerät mit Touch ID (sofern aktiviert). Führe alternativ einen Dreifachklick mit der Home-Taste aus und gib den Code ein, den du für die Option „Geführter Zugriff“ festgelegt hast.
- **Auf einem iPad mini (6. Generation) und iPad Air (4. Generation und neuere Modelle)**: Doppelklicke die obere Taste und entsperre das Gerät mit Touch ID (sofern aktiviert). Klicke alternativ dreimal die obere Taste und gib den Code ein, den du für die Option „Geführter Zugriff“ festgelegt hast.
- **Auf einem iPad mit Face ID**: Doppelklicke die obere Taste und entsperre das Gerät mit Face ID (sofern aktiviert). Klicke alternativ dreimal die obere Taste und gib den Code ein, den du für die Option „Geführter Zugriff“ festgelegt hast.

Verwenden der Bedienungshilfen zusammen mit Siri auf dem iPad

Siri ist oftmals die einfachste Möglichkeit, die Bedienungshilfen mit dem iPad zu nutzen. Du kannst mit Siri Apps öffnen und viele Einstellungen aktivieren und deaktivieren. Am nützlichsten ist Siri jedoch in der Rolle deines persönlichen intelligenten Assistenten.

Siri: Sage zum Beispiel: „Aktiviere VoiceOver“ oder „Deaktiviere VoiceOver.“

Siri weiß, wann VoiceOver aktiviert ist, und wird dir oft auch Informationen vorlesen, die nicht auf dem Bildschirm angezeigt werden. Du kannst VoiceOver auch vorlesen lassen, was Siri auf dem Bildschirm anzeigt.

Mit Siri per Texteingabe (anstelle von Sprechen) kommunizieren

1. Wähle „Einstellungen“ > „Bedienungshilfen“ > „Siri“ und aktiviere die Option „Siri schreiben“.
2. Nachdem du die Siri aktiviert hast, kannst du mit Siri über die Tastatur und das Textfeld interagieren, um eine Frage oder Aufgabe zu stellen.

Sprachfeedback für Siri steuern

1. Wähle „Einstellungen“ > „Bedienungshilfen“ > „Siri“.
2. Wähle die Option „Im Stummmodus nicht sprechen“, „Nur bei ‚Hey Siri‘ sprechen“ oder „Antworten immer sprechen“.

„Hey Siri“ aktivieren, wenn das iPad abgedeckt oder mit dem Display nach unten abgelegt wird

Wenn das iPad auf „Hey Siri“ achten soll, wenn es abgedeckt oder mit dem Display nach unten abgelegt wird, wählst du „Einstellungen“ > „Bedienungshilfen“ > „Siri“ und aktivierst die Option „Immer auf ‚Hey Siri‘ achten“.

Apps ausblenden, wenn Siri aktiviert ist

Zum Ausblenden der aktuellen App, wenn du Siri aktivierst, wählst du „Einstellungen“ > „Bedienungshilfen“ > „Siri“ und deaktivierst die Option „Apps bei aktiviertem Siri anzeigen“.

Verwenden von Kurzbefehlen zur Bedienungshilfe auf dem iPad

Nachdem du die Funktionen der Bedienungshilfe eingerichtet hast, kannst du sie jederzeit gezielt ein- und ausschalten. Du kannst dafür jede der folgenden Methoden verwenden.

Eine Funktion der Bedienungshilfe von Siri einschalten lassen

Sage zum Beispiel: „Aktiviere VoiceOver.“

Dreimal die Home-Taste klicken

Auf einem iPad mit Home-Taste kannst du die Funktionen der Bedienungshilfe durch dreimaliges Klicken der Home-Taste im Wechsel ein- und ausschalten.

- **Bedienungshilfen-Kurzbefehl einrichten**: Wähle „Einstellungen“ > „Bedienungshilfen“ > „Kurzbefehl“. Wähle danach die Funktionen der Bedienungshilfen aus, die du am häufigsten verwendest.
- Geschwindigkeit für das zweimalige oder dreimalige Drücken (Klicken) der Home-Taste herabsetzen: Wähle „Einstellungen“ > „Bedienungshilfen“ > „Home-Taste“.
- Bedienungshilfen-Kurzbefehl verwenden: Drücke dreimal die Home-Taste.

Dreimal die obere Taste klicken

Auf einem iPad mini (6. Generation), iPad Air (4. Generation und neuer), iPad Pro 12,9" (3. Generation und neuer) oder auf einem iPad Pro 11" kannst du die Funktionen der Bedienungshilfen durch Dreifachklicken der oberen Taste aktivieren und deaktivieren.

- **Bedienungshilfen-Kurzbefehl einrichten**: Wähle „Einstellungen“ > „Bedienungshilfen“ > „Kurzbefehl“. Wähle danach die Funktionen der Bedienungshilfen aus, die du am häufigsten verwendest.
- Geschwindigkeit für den Doppel- oder Dreifachklick der oberen Taste herabsetzen: Wähle „Einstellungen“ > „Bedienungshilfen“ > „Obere Taste“.
- Bedienungshilfen-Kurzbefehl verwenden: Klicke dreimal die obere Taste.

Kontrollzentrum verwenden

Du kannst Funktionen der Bedienungshilfe auch zum Kontrollzentrum hinzufügen, um sie von dort aus aktivieren zu können.

1. Wähle „Einstellungen“ > „Kontrollzentrum“ und tippe auf neben den Funktionen der Bedienungshilfen, die du am häufigsten verwendest.
2. Öffne das Kontrollzentrum und tippe auf das entsprechende Symbol, um die gewünschte Bedienungshilfe zu aktivieren.

Anpassen der Bedienungshilfeneinstellungen für spezifische Apps auf dem iPad

Du kannst du unterschiedliche Anzeige- und Bewegungseinstellungen für bestimmte Apps, für den Home-Bildschirm und für die App „Einstellungen“ festlegen.

Einstellungen für eine App ändern

1. Wähle „Einstellungen“ > „Bedienungshilfen“ > „App-spezifische Einstellungen“.
2. Tippe auf „App hinzufügen“, wähle eine App, den Home-Bildschirm oder die App „Einstellungen“ aus.
3. Tippe auf die App oder den Home-Bildschirm und passe die Einstellungen an.

Sicherheit und Datenschutz

Verwenden der integrierten Sicherheits- und Datenschutzfunktionen auf dem iPad

Das iPad ist für den Schutz deiner Daten und deiner Privatsphäre konzipiert. Die integrierten Sicherheitsfunktionen tragen dazu bei zu verhindern, dass unberechtigte Personen Zugriff auf die Daten auf deinem iPad und in iCloud haben. Die integrierten Datenschutzfunktionen reduzieren die Menge der Daten, die anderen Personen außer dir zugänglich sind, und du kannst festlegen, welche Informationen geteilt werden sollen und wo sie geteilt werden sollen.

Mit den hier beschriebenen Vorgehensweisen kannst du die in das iPad integrierten Sicherheits- und Datenschutzfunktionen optimal nutzen:

Starken Code festlegen

Das Festlegen eines Codes zum Entsperren deines iPad ist das Wichtigste, wenn es darum geht, dein Gerät zu schützen.

Face ID oder Touch ID verwenden

Face ID ist eine sichere und komfortable Methode zum Entsperren deines iPad, zum Autorisieren von Käufen und Zahlungen und zum Anmelden bei vielen Apps von Drittanbietern.

Option „Mein iPad suchen" aktivieren

Die App „Wo ist?" unterstützt dich bei Verlust oder Diebstahl dabei, dein iPad zu finden, und verhindert, dass unberechtigte Personen dein iPad aktivieren und verwenden.

Apple-ID schützen

Deine Apple-ID ermöglicht dir Zugriff auf deine Daten in iCloud und auf deine Accountinformationen für Dienste wie den App Store und Apple Music.

Option „Mit Apple anmelden" verwenden (sofern verfügbar)

Damit du einfach Accounts einrichten kannst, bieten viele Apps und Websites die Option „Mit Apple anmelden". Die Option „Mit Apple anmelden" schränkt die Informationen ein, die über dich geteilt werden, und verwendet praktischerweise deine bereits vorhandene Apple-ID. Darüber hinaus bietet die Option die Sicherheit der Zwei-Faktor-Authentifizierung.

Automatische Passworterstellung durch das iPad verwenden (falls „Anmelden mit Apple“ nicht verfügbar ist)

Wenn du ein starkes Passwort benötigst, das du dir nicht merken musst, lässt du das iPad ein Passwort für dich erstellen, wenn du dich bei einem Dienst, einer Website oder einer App anmeldest.

Integrierte Authentifizierungsfunktion für die Zwei-Faktor-Authentifizierung verwenden

Für Websites und Apps, die eine Zwei-Faktor-Authentifizierung anbieten, kannst du automatisch generierte Bestätigungscodes auf dem iPad abrufen, ohne dass du dich bei der Bereitstellung der Codes auf SMS-Nachrichten oder zusätzliche Apps verlassen musst.

Kontrolle über geteilte App-Daten und Ortungsdaten behalten

Du kannst die Daten, die du mit Apps teilst, Ortungsdaten, die du teilst, und die Art und Weise, wie dir Apple Werbung in Apps wie „App Store“, „Apple News“ und „Aktien“ anbietet, prüfen und anpassen.

Datenschutzpraktiken von Apps lesen

Lies dir die Datenschutzpraktiken einer App durch, bevor du die App lädst. Öffne die Produktseite der App im App Store, um dir eine vom Entwickler erstellte Zusammenfassung der Datenschutzpraktiken für die betreffende App anzusehen, die auch Informationen darüber enthält, welche Daten gesammelt werden.. Du kannst dir den App-Datenschutzbericht von Apps ansehen, die du laden möchtest. Er zeigt dir, wie Apps die von dir erteilten Berechtigungen nutzen sowie ihre Netzwerkaktivität (iPadOS 15.2 oder neuer).

Mail-Aktivitäten schützen

Aktiviere die Option „E-Mail-Datenschutz“, um es für Absender schwieriger zu machen, deine E-Mail-Aktivitäten zu verfolgen.

Verbergen deiner persönlichen E-Mail-Adresse

Wenn du iCloud+ abonnierst, kannst du mit der Funktion „E-Mail-Adresse verbergen“ eindeutige, zufällige E-Mail-Adressen erstellen, die Mails an deinen persönlichen E-Mail-Account weiterleiten. So musst du nicht deine persönliche E-Mail-Adresse teilen, wenn du im Internet Formulare ausfüllst und Newsletter abonnierst (siehe „E-Mail-Adresse verbergen“ in Safari auf dem iPad verwenden) oder eine E-Mail verschickst (iPadOS 15.2 oder neuer; siehe „E-Mail-Adresse verbergen“ in Mail auf dem iPad verwenden).

Schutz der Privatsphäre beim Surfen im Internet und Schutz vor Websites mit bösartigen Inhalten

Safari unterstützt dich dabei zu verhindern, dass Tracker dich über verschiedene Websites hinweg verfolgen können. Du kannst dir den Datenschutzbericht ansehen, um eine Übersicht über die Tracker zu erhalten, die durch die Funktion „Intelligentes Verhindern von Tracking“ auf der aktuell von dir besuchten Webseite erkannt und abgewehrt wurden. Du kannst die Safari-Einstellungen auch prüfen und anpassen, damit deine Privatsphäre beim Surfen gewahrt bleibt, wenn andere Personen dasselbe Gerät verwenden, und du kannst dich vor Websites mit bösartigen Inhalten schützen.

App-Tracking steuern

Alle Apps müssen dein Einverständnis einholen, bevor Tracker dich über Apps und Websites anderer Unternehmen hinweg verfolgen dürfen, um dir gezielte Werbung anzubieten oder deine Daten an Datenbroker weiterzugeben. Nachdem du einer App dein Einverständnis gegeben oder verweigert hast, kannst du später deine Einwilligung ändern bzw. widerrufen und auch festlegen, dass Apps keine Einverständnisanfragen senden sollen.

Internet privater nutzen mit iCloud Privat-Relay

Wenn du iCloud+ abonnierst, kannst du iCloud Privat-Relay (Beta) verwenden, um Websites und Netzanbieter daran zu hindern, ein detailliertes Profil von dir zu erstellen. Ist iCloud Privat-Relay aktiviert, wird der Datenverkehr, der dein iPad verlässt, verschlüsselt und über zwei separate Internetrelais gesendet. Dadurch wird verhindert, dass Websites deine IP-Adresse und deinen Standort ermitteln und Netzanbieter Daten über deine Browsing-Aktivitäten sammeln können. Websites oder Netzanbieter wissen also nicht gleichzeitig, wer du bist und welche Websites du besuchst.

Dein iPad schützen

Festlegen eines Codes auf dem iPad

Aus Sicherheitsgründen kannst du einen Code festlegen, der jedes Mal eingegeben werden muss, wenn du das iPad einschaltest oder den Standby-Modus verlässt, damit das Gerät entsperrt wird. Durch das Festlegen eines Codes werden auch Datenschutzfunktionen aktiviert und deine auf dem iPad gespeicherten Daten unter Verwendung deines Codes mit 256-Bit-AES-Verschlüsselung verschlüsselt. (Einige Apps lehnen die Nutzung des Datenschutzes möglicherweise ab.)

Code festlegen oder ändern

1. Wähle „Einstellungen“ und tippe dann (je nach verwendetem Modell) auf eine der folgenden Optionen:

    - „Face ID & Code“
    - „Touch ID & Code“
2. Tippe auf „Code aktivieren“ oder auf „Code ändern“.
   Tippe auf „Codeoptionen“, wenn du wissen möchtest, welche Optionen zum Erstellen eines Codes zur Verfügung stehen. Die Optionen, die die größte Sicherheit bieten, sind „Eigener alphanumerischer Code“ und „Eigener numerischer Code“.

Nachdem du einen Code festgelegt hast, kannst du auf unterstützten Modellen mithilfe von Face ID das iPad entsperren. Um zusätzliche Sicherheit zu gewährleisten, musst du in den folgenden Situationen aber stets deinen Code eingeben, um das iPad zu entsperren:

- Du hast dein iPad eingeschaltet oder neu gestartet.
- Du hast dein iPad über einen Zeitraum von mehr als 48 Stunden nicht entsperrt.
- Du hast dein iPad in den letzten 6,5 Tagen nicht durch Eingabe deines Codes oder in den letzten 4 Tagen nicht mittels Face ID bzw. Touch ID entsperrt.
- Dein iPad hat einen Befehl zum Sperren per Fernzugriff erhalten.
- Es gab fünf gescheiterte Versuche, dein iPad mittels Face ID bzw. Touch ID zu entsperren.

Zeitpunkt für das automatische Sperren des iPad ändern

Wähle „Einstellungen“ > „Anzeige & Helligkeit“ > „Automatische Sperre“ und gib eine Zeitspanne an.

Daten nach zehn gescheiterten Versuchen der Code-Eingabe löschen

Du kannst festlegen, dass alle Informationen, Daten, Medien und persönlichen Einstellungen von deinem iPad gelöscht werden, wenn der Versuch, den Code einzugeben, zehnmal hintereinander scheiterte.

1. Wähle „Einstellungen“ und tippe dann (je nach verwendetem Modell) auf eine der folgenden Optionen:
    - „Face ID & Code“
    - „Touch ID & Code“
    - „Code“
2. Aktiviere die Option „Daten löschen“.

Code deaktivieren

1. Wähle „Einstellungen“ und tippe dann (je nach verwendetem Modell) auf eine der folgenden Optionen:
    - „Face ID & Code“
    - „Touch ID & Code“
    - „Code“
2. Tippe auf „Code deaktivieren“.

Code zurücksetzen

Wenn du sechsmal in Folge den Code falsch eingibst, wird dein Gerät gesperrt. Eine Nachricht weist dich darauf hin, dass das iPad deaktiviert wurde. Wenn du deinen Code vergessen hast, kannst du dein iPad mithilfe eines Computers oder im Wiederherstellungsmodus löschen und einen neuen Code festlegen. (Wenn du mittels iCloud oder eines Computers eine Sicherungskopie (Backup) erstellt hast, bevor du deinen Code vergessen hast, kannst du deine Daten und Einstellungen aus diesem Backup wiederherstellen.)

Einrichten von Face ID auf dem iPad

Du kannst Face ID verwenden, um dein iPad sicher und komfortabel zu entsperren, um Käufe und Zahlungen zu autorisieren und dich bei Apps anderer Anbieter anzumelden. Du musst dazu nur den Blick auf dein iPad richten.

Damit du Face ID verwenden kannst, musst du auf deinem iPad einen Code festlegen.

Face ID einrichten oder ein weiteres Gesicht hinzufügen

- Wähle „Einstellungen" > „Face ID & Code" > „Face ID konfigurieren" und folge der auf dem Bildschirm angezeigten Anleitung, wenn du Face ID nicht bereits beim erstmaligen Einrichten deines iPad eingerichtet hast.
- Wähle „Einstellungen" > „Face ID & Code" > „Alternatives Erscheinungsbild konfigurieren", wenn du ein weiteres Gesicht konfigurieren möchte, das von Face ID erkannt werden soll.

Wenn du körperlich eingeschränkt bist, kannst du beim Konfigurieren von Face ID auf „Optionen für Bedienungshilfen" tippen. Wenn du von dieser Möglichkeit Gebrauch machst, musst du bei der Gesichtserkennung deinen Kopf nicht im sonst erforderlichen Maße drehen und bewegen. Die Verwendung von Face ID ist dennoch sicher. Es ist aber eine höhere Konstanz beim Blicken auf das iPad erforderlich.

Face ID unterstützt auch eine Bedienungshilfe für Personen, die blind oder sehbehindert sind. Wähle „Einstellungen" > „Bedienungshilfen" > „Face ID & Aufmerksamkeit" und deaktiviere die Option „Aufmerksamkeitsprüfung für Face ID", wenn Face ID von dir nicht verlangen soll, dass du mit geöffneten Augen auf dein iPad blickst. Diese Option wird automatisch deaktiviert, wenn du beim erstmaligen Einrichten des iPad die Option „VoiceOver" aktivierst.

Face ID vorübergehend deaktivieren

Du kannst festlegen, dass dein iPad für eine gewisse Zeit nicht mittels Face ID entsperrt werden kann.

1. Halte die obere Taste und eine der Lautstärketasten zwei Sekunden lang gedrückt.
2. Drücke die obere Taste, sobald die Schieberegler erscheinen, um das iPad sofort zu sperren.
   Das iPad wird automatisch gesperrt, wenn du den Bildschirm etwa eine Minute lang nicht berührst.

Wenn du dein iPad das nächste Mal mit deinem Code entsperrst, wird Face ID wieder aktiviert.

Face ID deaktivieren

1. Wähle „Einstellungen" > „Face ID & Code".

2. Führe einen der folgenden Schritte aus:
    - Face ID nur für bestimmte Optionen und Aktionen deaktivieren: Deaktiviere eine oder mehrere der Optionen.
    - Face ID deaktivieren: Tippe auf „Face ID zurücksetzen".

Bei Verlust oder Diebstahl deines Geräts kannst du im Modus „Verloren" mit der Option „Mein iPhone suchen" verhindern, dass Face ID zum Entsperren deines Geräts verwendet wird. (Weitere Informationen findest du unter Hinzufügen deines iPad zur App „Wo ist?".)

Festlegen des Zugriffs auf Informationen auf dem Sperrbildschirm des iPad

Du kannst über den Sperrbildschirm einfach auf einige häufig verwendete Funktionen (wie Widgets, Steuerelemente für die Medienwiedergabe und das Kontrollzentrum) zugreifen. (USB-Verbindungen sind aus Sicherheitsgründen nicht zulässig, solange das iPad gesperrt ist.) Du kannst den Zugriff auf diese Funktionen bei gesperrtem iPad einschränken.

Wenn du den Zugriff über den Sperrbildschirm für eine Funktion deaktivierst, verhinderst du, dass jemand, der dein iPad hat, persönliche Daten sieht, die der Sperrbildschirm möglicherweise enthält (wie beispielsweise ein anstehendes Ereignis im Widget „Kalender"). Allerdings ist dadurch auch für dich selbst der schnelle Zugriff auf Informationen nicht mehr möglich.

1. Wähle „Einstellungen"  und tippe dann (je nach verwendetem Modell) auf eine der folgenden Optionen:
    - „Face ID & Code"
    - „Touch ID & Code"
    - „Code"
2. Wähle die gewünschten Optionen aus.
   Du kannst den Zugriff auf die folgenden Funktionen bei gesperrtem iPad ein- und ausschalten:
    - Widgets
    - Neueste Mitteilungen
    - Kontrollzentrum
    - Siri
    - Home-Steuerung
    - Verpasste Anrufe beantworten
    - USB-Verbindungen zu einem Mac, Windows-PC oder Zubehörgerät herstellen (z. B. dein iPad über USB mit deinem Computer verbinden)
      Wichtig: Wenn du die Standardeinstellung änderst und USB-Verbindungen zulässt, wenn das iPad gesperrt ist, deaktivierst du eine wichtige Sicherheitsfunktion auf deinem iPad.

Deine Accounts schützen

Schützen deiner Apple-ID auf dem iPad

Deine Apple-ID ist der Account, der es dir ermöglicht, auf Apple-Dienste wie den App Store, Apple Music, iCloud, iMessage, FaceTime und andere zuzugreifen. Dein Account besteht aus deiner E-Mail-Adresse und einem Passwort, das du zum Anmelden verwendest, sowie aus deinen Kontaktdaten, Zahlungsinformationen und Sicherheitsdaten, die du für die verschiedenen Apple-Dienste verwendest. Apple setzt zum Schutz deiner Apple-ID branchenübliche Verfahren ein.

Best Practices zur Maximierung der Sicherheit deiner Apple-ID

- Teile deine Apple-ID nicht mit anderen Personen – auch nicht mit Familienmitgliedern. (Du kannst eine oder mehrere vertrauenswürdige Personen als Kontakte für die Accountwiederherstellung angeben, die dich bei der Wiederherstellung des Zugriffs auf deinen Account unterstützen können, falls dein Account irgendwann gesperrt werden sollte.)
  Wenn du Einkäufe, Abos, einen Familienkalender und mehr mit anderen teilen möchtest, ohne deine Apple-ID zu teilen, kannst du die Familienfreigabe einrichten.
- Gib dein Passwort, deine Sicherheitsfragen, Bestätigungscodes, deinen Wiederherstellungsschlüssel und andere sicherheitspezifische Details zu deinem Account nie an Dritte weiter. Apple fragt dich nie nach diesen Informationen.
- Wenn du in Safari oder einem anderen Webbrowser deine Apple-ID-Accountseite öffnest, solltest du darauf achten, dass sich im Adressfeld ein Schlosssymbol befindet, damit du sicher sein kannst, dass deine Sitzung verschlüsselt und sicher ist.
- Wenn du einen öffentlich zugänglichen Computer verwendest, solltest du immer darauf achten, dass du dich abmeldest, wenn deine Sitzung beendet ist, damit andere Personen nicht auf deinen Account zugreifen können.
- Vermeide Phishing-Angriffe. Tippe nie auf Links in verdächtigen E-Mails oder Textnachrichten und gib nie persönliche Daten auf Websites an, von denen du nicht weißt, ob sie vertrauenswürdig sind.
- Verwende dein Passwort nicht für andere Online-Accounts.
- Schütze deinen Account mit der Zwei-Faktor-Authentifizierung. Wenn du auf einem Gerät mit iOS 13.4, iPadOS 13.4, macOS 10.15.4 (oder neuer) eine neue Apple-ID erstellst, verwendet dein Account automatisch die Zwei-Faktor-Authentifizierung. Wenn du bereits einen Apple-ID-Account ohne Zwei-Faktor-Authentifizierung erstellt hast, solltest du die Zwei-Faktor-Authentifizierung aktivieren.

Kontakte für die Accountwiederherstellung hinzufügen

Wähle als Kontakte für die Accountwiederherstellung eine oder mehrere Personen aus, denen du vertraust. Diese Personen können dich beim Zurücksetzen deines Passworts für die Apple-ID und bei der Wiederherstellung des Zugriffs auf deinen Account unterstützen, falls du irgendwann dein Passwort vergessen solltest oder dein Account gesperrt werden sollte.

Wähle „Einstellungen“ > „[dein Name]“ > „Passwort & Sicherheit“ > „Accountwiederherstellung“, tippe auf „Wiederherstellungskontakt hinzufügen“ und folge den angezeigten Anleitungen.

Wenn du weitere Informationen benötigst, öffnest du „Einstellungen“ > „[dein Name]“ > Passwort & Sicherheit“ und tippst auf „Weitere Infos“ (unter „Wiederherstellungskontakt hinzufügen“).

Nachlasskontakte hinzufügen

Das Programm „Digitaler Nachlass“ ermöglicht dir, Personen als Nachlasskontakte zu benennen, damit sie in deinem Todesfall auf deinen Apple-ID-Account zugreifen können (iPadOS 15.2 oder neuer).

Wähle „Einstellungen“ > „[dein Name]“ > „Passwort & Sicherheit“ > „Nachlasskontakt“, tippe auf „Nachlasskontakt hinzufügen“ und folge den angezeigten Anleitungen.

Weitere Informationen dazu, wie du den Zugriffsschlüssel mit einem Nachlasskontakt teilst, einen Nachlasskontakt entfernst und wie dein Nachlasskontakt den Zugriff auf deinen

Wiederherstellungsschlüssel für deinen Account generieren

Wenn du zusätzliche Kontrolle über die Sicherheit deines Accounts haben möchtest, kannst du einen Wiederherstellungsschlüssel generieren, der dich beim Zurücksetzen des Passworts für deinen Account und bei der Wiederherstellung des Zugriffs auf deine Apple-ID unterstützt. Ein Wiederherstellungsschlüssel ist ein zufällig generierter Code aus 28 Zeichen, den du an einem sicheren Ort aufbewahren solltest. Du kannst das Passwort für deinen Account zurücksetzen, indem du entweder den Wiederherstellungsschlüssel eingibst oder ein anderes Gerät verwendest, auf dem du bereits mit deiner Apple-ID angemeldet bist. Damit gewährleistet ist, dass du Zugriff auf deinen Account hast, bist du persönlich dafür verantwortlich, dass dir der Wiederherstellungsschlüssel und deine verifizierten Geräte zugänglich sind.

Anmelden mit Apple auf dem iPad

Mit „Mit Apple anmelden“ kannst du dich mit deiner Apple-ID bei teilnehmenden Apps und Websites anmelden. Du musst keine neuen Passwörter erstellen und dein Account ist durch die Zwei-Faktor-Authentifizierung geschützt.

„Mit Apple anmelden“ ist darauf ausgelegt, deine Privatsphäre zu schützen. Apps und Websites können nur nach deinem Namen und deiner E-Mail-Adresse fragen, um deinen Account einzurichten. Apple wird deine Aktivitäten nicht verfolgen, wenn du diese Apps und Websites verwendest.

Account mit der Option „Mit Apple anmelden“ einrichten oder aktualisieren

Führe die folgenden Schritte aus, wenn eine teilnehmende App oder Website dich auffordert, einen Account einzurichten oder zu aktualisieren:

1. Tippe auf „Mit Apple anmelden“.
2. Folge der auf dem Bildschirm angezeigten Anleitung.

Einige Apps (und Websites) verlangen weder deinen Namen noch deine E-Mail-Adresse. In diesem Fall authentifizierst du dich mit Face ID oder Touch ID (abhängig von deinem Modell) und startest dann die App.

Andere fragen möglicherweise nach deinem Namen und deiner E-Mail-Adresse, um einen personalisierten Account einzurichten. Wenn eine App nach diesen Informationen fragt, zeigt „Mit Apple anmelden“ deinen Namen und die persönliche E-Mail-Adresse deines Apple-ID-Accounts an, damit du sie überprüfen kannst.

Tippe zum Bearbeiten deines Namens auf den Namen und gib dann über die Tastatur die gewünschten Änderungen ein.

Führe einen der folgenden Schritte aus, um eine E-Mail-Adresse anzugeben:

- **Deine persönliche E-Mail-Adresse verwenden**: Tippe auf „E-Mail-Adresse teilen“. Wenn deiner Apple-ID mehrere E-Mail-Adressen zugeordnet sind, wähle die gewünschte Adresse aus.
- **Deine E-Mail-Adresse verbergen**: Tippe auf „E-Mail-Adresse verbergen“. Diese Option erlaubt es dir, E-Mails von der App zu erhalten, ohne deine persönliche E-Mail-Adresse zu teilen. Bei Auswahl dieser Option erstellt Apple eine eindeutige, zufällige E-Mail-Adresse für dich. Die von der App an diese Adresse gesendeten E-Mails werden an deine persönliche Adresse weiterleitet.

Tippe auf „Fortfahren“, nachdem du deine Informationen geprüft und eine E-Mail-Option ausgewählt hast. Authentifiziere dich mit Face ID oder Touch ID (abhängig von deinem Modell) und beginne mit der Verwendung der App.

Anmelden, um auf deinen Account zuzugreifen

Nachdem du mit „Mit Apple anmelden“ einen Account in einer App oder auf einer Website eingerichtet hast, ist es normalerweise nicht erforderlich, dass du dich auf dem iPad dort nochmals anmeldest. Doch wenn du zur Anmeldung aufgefordert wirst (etwa nach dem Abmelden bei einem Account), führe die folgenden Schritte aus:

1. Tippe auf „Mit Apple anmelden“.
2. Überprüfe die angezeigte Apple-ID und tippe auf „Fortfahren“.
3. Authentifiziere dich per Face ID oder Touch ID (abhängig von deinem Modell).

Adresse für die Weiterleitung von E-Mails ändern

Wenn Du beim Erstellen eines Accounts festgelegt hast, dass deine E-Mail-Adresse unerkannt bleiben soll, und für deine Apple-ID mehr als eine E-Mail-Adresse hinterlegt ist, kannst du die Adresse ändern, an die weitergeleitete E-Mails gesendet werden.

1. Wähle „Einstellungen“ > „[dein Name]“ > „Name, Telefonnummern, E-Mail“ > „Weiterleiten an“.
2. Wähle eine andere E-Mail-Adresse aus und tippe auf „Fertig“.

Einstellungen von „Mit Apple anmelden“ für eine App oder Website ändern

1. Wähle „Einstellungen“ > „[dein Name]“ > „Passwort & Sicherheit“.
2. Tippe auf „Deine Apple-ID verwendende Apps“.

3. Wähle eine App aus und führe einen der folgenden Schritte aus:
   - E-Mail-Weiterleitung deaktivieren: Deaktiviere die Option „Weiterleiten an". Du erhältst künftig keine E-Mail-Nachrichten von der App mehr.
   - Verwendung von „Mit Apple anmelden" stoppen: Tippe auf „Apple-ID nicht mehr verwenden". Wenn du das nächste Mal versuchst, dich bei der App anzumelden, wirst du möglicherweise aufgefordert, einen neuen Account zu erstellen.

„Mit Apple anmelden" funktioniert auch mit deinen anderen Geräten (iPhone, Apple Watch, Mac, Apple TV, und iPod touch), auf denen du mit derselben Apple-ID angemeldet bist.

Wenn du dich über eine Android-App, eine Windows-App oder einen Webbrowser anmelden möchtest, tippst du auf „Mit Apple anmelden" und gibst deine Apple-ID und das zugehörige Passwort ein.

„Mit Apple anmelden" erfordert die Zwei-Faktor-Authentifizierung für deine Apple-ID. Dies dient dem Schutz deiner Apple-ID, deiner App-Accounts und deiner App-Inhalte.

Automatisches Ausfüllen von starken Passwörtern auf dem iPad

Wenn du dich bei Diensten auf Websites oder in Apps anmeldest, kannst du dir für viele deiner Accounts von deinem iPad starke Passwörter erstellen lassen.

Das iPad sichert die Passwörter im iCloud-Schlüsselbund und gibt sie automatisch für dich ein, damit du sie dir nicht merken musst.

Hinweis: Verwende die Option „Mit Apple anmelden", anstatt einen Account und ein Passwort zu erstellen, wenn dich eine teilnehmende App oder Website auffordert, einen Account einzurichten. Die Option „Mit Apple anmelden" verwendet deine bereits vorhandene Apple-ID und schränkt die Informationen ein, die über dich geteilt werden.

Starkes Passwort für einen neuen Account erstellen

1. Gib auf dem Bildschirm der Website oder App, der zum Erstellen eines neuen Accounts angezeigt wird, den Namen für den neuen Account ein.
   Bei unterstützten Websites und Apps schlägt dein iPad daraufhin ein eindeutiges komplexes Passwort vor.
2. Führe einen der folgenden Schritte aus:
   - Vorgeschlagenes Passwort auswählen: Tippe auf „Starkes Passwort verwenden".
   - Eigenes Passwort erstellen: Tippe auf „Eigenes Passwort wählen".
3. Beantworte die Frage, ob das Passwort gesichert werden soll, durch Tippen auf „Ja", wenn du möchtest, dass das iPad bei nachfolgenden Zugriffen das Passwort automatisch für dich eingeben soll.

Hinweis: Damit dein iPad Passwörter für dich erstellen und speichern kann, muss der iCloud-Schlüsselbund aktiviert sein. Wähle „Einstellungen" > „[dein Name]" > „iCloud" > „Schlüsselbund".

Gesichertes Passwort automatisch eingeben lassen

1. Tippe auf dem Anmeldebildschirm der Website oder der App auf das Eingabefeld für den Account-Namen.
2. Führe einen der folgenden Schritte aus:
   - Tippe auf den Account, der unten auf dem Bildschirm oder oberhalb der Tastatur vorgeschlagen wird.
   - Tippe nacheinander auf , auf „Andere Passwörter“ und schließlich auf einen Account.
3. Das zugehörige Passwort wird automatisch eingegeben. Tippe auf , wenn du das Passwort zum Prüfen anzeigen möchtest.

Tippe auf dem Anmeldebildschirm auf , wenn du einen Accountnamen oder ein Passwort eingeben möchtest, der/das nicht gesichert wurde.

iPad am automatischen Eingeben von Passwörtern hindern

Wähle „Einstellungen“ > „Passwörter“ > „Automatisch ausfüllen“ und deaktiviere die Option „Automatisch ausfüllen“.

Ändern von schwachen oder kompromittierten Passwörtern auf dem iPad

Wenn du deine eigenen Passwörter erstellst und diese für Websites und Apps speicherst, erkennt das iPad schwache Passwörter automatisch (wenn sie sich z. B. leicht erraten lassen oder du sie mehrfach verwendest). Außerdem kann das iPad deine Passwörter auf sichere Weise überwachen und dir mitteilen, wenn sie von bekannten Datenlecks betroffen sind.

Schwaches oder kompromittiertes Passwort ändern

1. Wähle „Einstellungen“ > „Passwörter“ > „Sicherheitsempfehlungen“.
   Wenn ein Account ein schwaches oder kompromittiertes Passwort hat, wird eine Nachricht mit einer Erklärung des Problems angezeigt.
2. Tippe auf einen Account.
3. Tippe auf das Feld „Passwort“ und dann auf „Passwort kopieren“, damit du es an der erforderlichen Stellen einsetzen kannst, beispielsweise wenn du ein neues Passwort erstellst und dafür dein altes Passwort eingeben musst.
4. Tippe auf „Passwort ändern“ und ändere dein Passwort auf der Website oder in der App.

Wenn die Website oder die App es dir erlaubt, auf „Mit Apple anmelden“ zu aktualisieren, kannst du die Vorteile dieser Funktion in Bezug auf Sicherheit und Komfort nutzen. Wird die Aktualisierungsoption nicht angeboten, wenn du dein Passwort änderst, ist es bei vielen Accounts möglich, dir vom iPad automatisch ein sicheres Passwort erstellen zu lassen, das du dir nicht merken musst.

Hinweis: Wenn dich das iPad über Passwörter, Websites oder Apps informiert, die nicht mehr verfügbar sind, kannst du den jeweiligen Account von deinem iPad und deinem iCloud-

Schlüsselbund löschen. Zum Entfernen eines Accounts wählst du „Einstellungen“ > „Passwörter“ und streichst auf dem betreffenden Account nach links.

Sicherheitsempfehlungen ausblenden

Du kannst eine Sicherheitsempfehlung, die du nicht umsetzen kannst, ausblenden, damit sie dir nicht mehr angezeigt wird.

1. Wähle „Einstellungen“ > „Passwörter“ > „Sicherheitsempfehlungen“ und tippe auf einen Account.
2. Tippe im Bereich „Sicherheitsempfehlungen“ auf und dann auf „Ausblenden“.

Um dir die Empfehlung später anzusehen, wähle „Einstellungen“ > „Passwörter“ > „Sicherheitsempfehlungen“, scrolle nach unten und tippe auf „Ausgeblendete Sicherheitsempfehlungen“. Um alle Sicherheitsempfehlungen wieder einzublenden, tippe auf „Ausgeblendete Sicherheitsempfehlungen zurücksetzen“.

Erkennung kompromittierter Passwörter aktivieren/deaktivieren

Das iPad kann deine Passwörter überwachen und dir mitteilen, wenn sie von bekannten Datenlecks betroffen sind.

Wähle „Einstellungen“ > „Datenschutz“ > „Sicherheitsempfehlungen“ und aktiviere bzw. deaktiviere die Option „Kompromittierte Passwörter erkennen“.

Anzeigen von Passwörtern und zugehörigen Informationen auf dem iPad

Du kannst deine Passwörter ansehen und Notizen zu deinen Accounts hinzufügen. Das iPad speichert diese verschlüsselten Informationen unter „Einstellungen“ > „Passwörter“. Der iCloud-Schlüsselbund hält die Passwörter auf sichere Weise auf allen deinen autorisierten Geräten auf dem neuesten Stand.

Passwort anzeigen und kopieren

1. Führe einen der folgenden Schritte aus:
   - Sage zum Beispiel: „Zeige meine Passwörter.“
   - Wähle „Einstellungen“ > „Passwörter“.
   - Tippe auf dem Anmeldebildschirm auf .
2. Tippe auf einen Account und dann auf das Feld „Passwort“.
   Tippe auf „Passwort kopieren“, um es zu kopieren und an einer anderen Stelle zu verwenden.

Notizen zu einem Account mit einem Passwort hinzufügen

Du kannst auf sichere Weise Notizen über Wiederherstellungsschlüssel, Sicherheitsfragen, PIN-Nummern und ähnliche Details hinzufügen.

1. Wähle „Einstellungen“ > „Passwörter“ und tippe auf einen Account.
2. Tippe auf „Notizen hinzufügen“, gib den gewünschten Text ein und tippe auf „Fertig“.

Wenn du dir die Notizen später wieder ansehen möchtest, wähle „Einstellungen“ > „Passwörter“ und tippe auf den entsprechenden Account. Wenn du Notizen aktualisieren möchtest, tippe oben rechts auf „Bearbeiten“ und tippe auf das Feld „Notizen“.

Website für einen Account öffnen

1. Wähle „Einstellungen“ > „Passwörter“ und tippe auf einen Account.
2. Führe einen der folgenden Schritte aus:
    - Tippe auf .
    - Tippe auf die URL der Website und auf „Website kopieren“. Setze anschließend die URL in das Adressfeld deines Browsers ein.

Account vom iPad und aus dem iCloud-Schlüsselbund entfernen

Zum Entfernen eines Accounts wählst du „Einstellungen“ > „Passwörter“ und streichst auf dem betreffenden Account nach links.

Du kannst zum Beispiel einen Account für eine Website oder eine App entfernen, die nicht mehr verfügbar ist.

Hinweis: Der Account wird jedoch nicht von der Website oder aus der App entfernt, auf bzw. in der du ihn erstellt hast.

Passwort vom iPad und aus dem iCloud-Schlüsselbund entfernen

1. Wähle „Einstellungen“ > „Passwörter“ und tippe auf einen Account.
2. Tippe auf „Passwort löschen“.

Hinweis: Der Account wird jedoch nicht von der Website oder aus der App entfernt, auf bzw. in der du ihn erstellt hast.

Sicheres Teilen von Passwörtern mit AirDrop auf dem iPad

Du kannst AirDrop verwenden, um Passwörter sicher mit dem Benutzer eines iPhone, iPad, iPod touch oder Mac zu teilen.

Du musst dazu auf deinem iPad den iCloud-Schlüsselbund aktivieren und einrichten.

Passwort senden

Damit du AirDrop zum Teilen eines Passworts nutzen kannst, muss die Person, mit der du die Daten teilst, in deinen Kontakten hinterlegt sein. Wenn du die Daten mit dem iPad, iPhone, iPod touch oder Mac einer anderen Person teilen möchtest, musst du sie auffordern, auf ihrem Gerät das Kontrollzentrum zu öffnen und AirDrop das Empfangen von Objekten zu erlauben. Wenn du die Daten mit dem Mac einer Person teilen möchtest, muss die Person dafür sorgen, dass ihr Mac durch AirDrop im Finder erkannt wird.

1. Wähle auf deinem iPad „Einstellungen“ > „Passwörter“.
2. Tippe auf den Account, den du teilen möchtest.
3. Tippe auf und dann auf den Kontakt, dem du das Passwort senden möchtest.

Passwort empfangen

Damit du ein Passwort empfangen kannst, musst du in den Kontakten des Absenders hinterlegt sein.

1. Außerdem musst du, falls noch nicht geschehen, AirDrop das Empfangen von Objekten erlauben.
2. Tippe auf „Annehmen“, wenn du gefragt wirst, ob du ein Passwort von einer anderen Person akzeptieren möchtest.

Das Passwort wird daraufhin auf deinem iPad gesichert, wo du es anzeigen kannst. Außerdem kannst du dein iPad anweisen, im Anmeldebildschirm für den Account das Passwort automatisch auszufüllen.

Verfügbarkeit von Passwörtern auf all deinen Geräten mithilfe des iPad und des iCloud-Schlüsselbunds

Du kannst den iCloud-Schlüsselbund verwenden, um die Passwörter von Websites und Apps, Kreditkarteninformationen, WLAN-Informationen und andere Account-Informationen auf all deinen autorisierten Geräten und Mac-Computern auf dem aktuellen Stand zu halten. (iOS 7, iPadOS 13, OS X 10.9 oder neuer ist erforderlich.) Der iCloud-Schlüsselbund wird sowohl beim Speichern als auch beim Übertragen mit der 256-Bit-AES-Verschlüsselung geschützt. Sein Inhalt ist für Apple nicht lesbar.

Der iCloud-Schlüsselbund kann auch die Accounts, die du in den Apps „Mail“, „Kontakte“, „Kalender“ und „Nachrichten“ verwendest, auf all deinen iPhone-, iPad- und iPod touch-Geräten und Mac-Computern auf dem aktuellen Stand halten.

Konfigurieren des iCloud-Schlüsselbunds

Wähle „Einstellungen“ > „[dein Name]“ > „iCloud“ > „Schlüsselbund“, aktiviere die Option „iCloud-Schlüsselbund“ und folge den angezeigten Anleitungen, wenn du den iCloud-Schlüsselbund nicht bereits beim erstmaligen Einrichten deines iPad aktiviert hast.

Im Zuge der Konfiguration des iCloud-Schlüsselbunds wird ein iCloud-Sicherheitscode erstellt, den du verwenden kannst, um weitere Geräte für die Nutzung deines iCloud-Schlüsselbunds zu autorisieren. Dieser Code wird auch für die Verifizierung genutzt, sodass du andere Aktionen mit deinem iCloud-Schlüsselbund ausführen kannst. Zum Beispiel kannst du so beim Verlust all deiner Geräte den iCloud-Schlüsselbund wiederherstellen.

iCloud-Schlüsselbund auf weiterem Gerät einrichten

Wenn du den iCloud-Schlüsselbund auf einem weiteren Gerät aktivierst, erhalten die anderen Geräte, die deinen iCloud-Schlüsselbund nutzen, eine Mitteilung, dass das zusätzliche Gerät von dir genehmigt werden muss.

Du kannst das zusätzliche Gerät auf jedem dieser anderen Geräte autorisieren. Dein iCloud-Schlüsselbund beginnt danach die Aktualisierung unter Einbeziehung des zusätzlichen Geräts.

Du kannst die Nutzung deines iCloud-Schlüsselbunds auf dem zusätzlichen Gerät auch ohne Zugriff auf deine anderen Geräte autorisieren. Befolge dazu einfach die angezeigte Anleitung zur Verwendung deines iCloud-Sicherheitscodes.

Hinweis: Wenn du deinen iCloud-Sicherheitscode zu oft falsch eingibst, kannst du diesen iCloud-Schlüsselbund nicht verwenden. Du kannst den Apple Support auf der Apple Support-Website kontaktieren, um deine Identität zu verifizieren und es erneut zu versuchen. Nach mehreren falschen Versuchen wird dein Schlüsselbund von den Apple-Servern entfernt und du musst ihn erneut einrichten.

Automatisches Ausfüllen von Bestätigungscodes auf dem iPad

Einige Websites und Apps unterstützen die Zwei-Faktor-Authentifizierung (auch als Multifaktor-Authentifizierung bekannt), die dazu beiträgt, dass andere Personen nicht auf deine Accounts zugreifen können, selbst wenn sie deine Passwörter wissen. Passwörter sind der erste Authentifizierungsfaktor und (temporäre) einmal nutzbare Bestätigungscodes werden in der Regel als zweiter Faktor eingesetzt. Das iPad kann diese Bestätigungscodes automatisch generieren, ohne dass du dich auf SMS-Nachrichten oder zusätzliche Apps verlassen musst.

Automatische Bestätigungscodes für eine Website oder App durch Scannen eines QR-Codes einrichten

Wenn du ein anderes Gerät mit Bildschirm hast, wie einen Computer oder ein iPhone, kannst du es verwenden, um darauf den QR-Code einer Website oder App anzuzeigen. Anschließend scannst du den Code mit der iPad-Kamera.

1. Melde dich auf dem anderen Gerät in dem Bereich der Website oder App an, der zum Verwalten deines Accounts verwendet wird. Wähle anschließend die entsprechenden Optionen aus, um die Zwei-Faktor-Authentifizierung und die App für die Authentifizierung zu aktivieren.
   Nun wird ein QR-Code angezeigt, der dich beim Einrichten einer App für die Authentifizierung unterstützt.
2. Verwende die Kamera des iPad, um den QR-Code zu scannen.
3. Wähle auf dem iPad deinen Account für die Website oder App aus.
   Unter den Feldern „Benutzername“ und „Passwort“ wird ein Bestätigungscode eingeblendet.
4. Gib auf dem anderen Gerät den Bestätigungscode ein, der auf dem iPad angezeigt wird.

Automatische Bestätigungscodes für eine Website oder App durch Eingabe eines Konfigurationsschlüssels einrichten

Wenn du den QR-Code auf dem Bildschirm des anderen Geräts nicht scannen kannst, kannst du manuell einen Konfigurationsschlüssel eingeben.

1. Melde dich in dem Bereich der Website oder App an, der zum Verwalten deines Accounts verwendet wird. Wähle anschließend die entsprechenden Optionen aus, um die Zwei-Faktor-Authentifizierung und die App für die Authentifizierung zu aktivieren.
2. Wähle die Option zur manuellen Eingabe eines Konfigurationsschlüssels (oder Konfigurationscodes oder Ähnliches) aus. Anschließend kannst du den Konfigurationsschlüssel auswählen und kopieren.
3. Wähle „Einstellungen“ > „Passwörter“ und wähle dann deinen Account für die Website oder App aus.
4. Tippe auf „Bestätigungscode konfigurieren“ und dann auf „Konfigurationsschlüssel eingeben“.
5. Tippe auf das Feld „Konfigurationsschlüssel“, tippe auf „Einsetzen“ und dann auf „OK“.
6. Tippe auf das Feld „Bestätigungscode“ und tippe dann auf „Bestätigungscode kopieren“.
7. Kehre zur Website oder zur App zurück, um den Bestätigungscode an der entsprechenden Stelle einzusetzen.

Bestätigungscode auf einer Website oder in einer App verwenden

1. Melde dich bei der Website oder App an.
2. Wähle nach einer entsprechenden Aufforderung die Option zur Verwendung einer App für die Authentifizierung aus.
3. Tippe auf den Vorschlag, der über der Tastatur angezeigt wird, wenn du zur Eingabe eines Bestätigungscodes aufgefordert wirst.

   Wird kein Vorschlag angezeigt, öffnest du „Einstellungen“ > „Passwörter“, wählst deinen Account für die Website oder die App aus, tippst auf den Bestätigungscode und anschließend auf „Bestätigungscode kopieren“.

Verwalten der Zwei-Faktor-Authentifizierung für deine Apple-ID auf dem iPad

Die Zwei-Faktor-Authentifizierung trägt dazu bei zu verhindern, dass andere Personen auf deinen Apple-ID-Account zugreifen können, selbst wenn sie dein Apple-ID-Passwort kennen. Die Zwei-Faktor-Authentifizierung für die Apple-ID ist in iOS 9, iPadOS 13 und OS X 10.11 (oder neuere Versionen) integriert.

Bestimmte Funktionen in iOS, iPadOS und macOS erfordern das Sicherheitsniveau der Zwei-Faktor-Authentifizierung, das für den Schutz deiner Daten konzipiert ist. Wenn du auf einem Gerät mit iOS 13.4, iPadOS 13.4, macOS 10.15.4 (oder neuer) eine neue Apple-ID erstellst, verwendet dein Account automatisch die Zwei-Faktor-Authentifizierung. Wenn du zuvor bereits einen Apple-ID-Account ohne Zwei-Faktor-Authentifizierung erstellt hast, kannst du jederzeit dessen zusätzliche Sicherheitsstufe aktivieren.

Hinweis: Bestimmte Account-Typen sind möglicherweise nach Ermessen von Apple nicht für die Zwei-Faktor-Authentifizierung qualifiziert. Die Zwei-Faktor-Authentifizierung ist nicht in allen Ländern oder Regionen verfügbar.

Zwei-Faktor-Authentifizierung aktivieren

1. Wenn dein Apple-ID-Account die Zwei-Faktor-Authentifizierung noch nicht verwendet, wähle „Einstellungen“ > „[dein Name]“ > „Passwort & Sicherheit“.
2. Tippe auf „Aktivieren der Zwei-Faktor-Authentifizierung“ und danach auf „Fortsetzen“.
3. Gib eine vertrauenswürdige Telefonnummer ein (eine Rufnummer, über die du die Bestätigungscodes für die Zwei-Faktor-Authentifizierung empfangen möchtest).
   Du kannst angeben, ob du die Codes per Textnachricht oder per automatisiertem Anruf erhalten möchtest.
4. Tippe auf „Weiter“.
5. Gib den Bestätigungscode ein, der an die vertrauenswürdige Nummer gesendet wurde. Tippe auf „Keinen Code erhalten?“, wenn dir ein Bestätigungscode gesendet oder nochmals gesendet werden soll.
   Du musst nur dann erneut einen Bestätigungscode auf deinem iPad eingeben, wenn du dich vollständig abmeldest, alle Daten von deinem iPad löschst und dich in einem Webbrowser an deinem Apple-ID-Account anmeldest oder wenn du aus Sicherheitsgründen dein Apple-ID-Passwort ändern musst.

Nachdem du die Zwei-Faktor-Authentifizierung aktiviert hast, steht dir ein Zeitraum von zwei Wochen zur Verfügung, in dem du sie deaktivieren kannst. Nach Ablauf dieses Zeitraums kannst du die Zwei-Faktor-Authentifizierung nicht mehr ausschalten. Wenn du sie deaktivieren willst, öffne die E-Mail mit der Bestätigung und tippe auf den Link, um zu den vorherigen Sicherheitseinstellungen zurückzukehren. Bedenke bitte, dass ein Deaktivieren der Zwei-Faktor-Authentifizierung das Sicherheitsniveau deines Accounts reduziert und zur Folge hat, dass du keine Funktionen verwenden kannst, die ein höheres Sicherheitsniveau erfordern.

Hinweis: Wenn du die zweistufige Prüfung nutzt und das Upgrade auf iPadOS 13 (oder neuer) vornimmst, wird dein Account möglicherweise auf die Zwei-Faktor-Authentifizierung umgestellt.

Ein anderes Gerät als vertrauenswürdiges Gerät hinzufügen

Als „vertrauenswürdig“ gilt ein Gerät, das zum Verifizieren deiner Identität genutzt werden kann. Zu diesem Zweck wird auf dem betreffenden Gerät ein von Apple generierter Verifizierungscode angezeigt, wenn du dich auf einem anderen Gerät oder über einen anderen Browser anmeldest. Das vertrauenswürdige Gerät muss die folgenden Mindestsystemvoraussetzungen erfüllen: iOS 9, iPadOS 13 oder OS X 10.11.

1. Nachdem du die Zwei-Faktor-Authentifizierung auf einem Gerät aktiviert hast, melde dich mit derselben Apple-ID auf einem anderen Gerät an.
2. Führe einen der folgenden Schritte aus, wenn du aufgefordert wirst, einen sechsstelligen Bestätigungscode einzugeben:
   - **Bestätigungscode über das iPad oder ein anderes vertrauenswürdiges und mit dem Internet verbundenes Gerät beziehen**: Tippe auf die Mitteilung, die auf diesem Gerät angezeigt wird, oder klicke auf „Erlauben“, damit der Code auf dem Gerät angezeigt wird. (Als vertrauenswürdiges Gerät gilt ein iPhone, iPad,

iPod touch oder Mac, sofern auf diesen Geräten bereits die Zwei-Faktor-Authentifizierung aktiviert wurde und du dich mit derselben Apple-ID angemeldet hast.)
    - **Bestätigungscode über eine vertrauenswürdige Rufnummer beziehen**: Tippe auf „Keinen Code erhalten?", wenn kein vertrauenswürdiges Gerät vorhanden ist, und wähle eine Rufnummer aus.
    - **Bestätigungscode über ein vertrauenswürdiges Gerät im Offline-Modus beziehen**: Wähle auf einem iPhone, iPad oder iPod touch „Einstellungen" > „[dein Name]" > „Passwort & Sicherheit" und tippe auf „Bestätigungscode erhalten". Wähle auf einem vertrauenswürdigen Mac mit macOS 10.15 (oder neuer) Menü „Apple" > „Systemeinstellungen" > „Apple-ID" > „Passwort & Sicherheit" und klicke auf „Bestätigungscode erhalten". Wähle auf einem vertrauenswürdigen Mac mit macOS 10.14 (und älter) Menü „Apple" > „Systemeinstellungen" > „iCloud" > „Accountdetails" > „Sicherheit" und klicke auf „Bestätigungscode erhalten".
3. Gib den Bestätigungscode auf dem neuen Gerät ein.
   Du musst nur dann erneut einen Bestätigungscode eingeben, wenn du dich vollständig abmeldest, alle Daten von deinem Gerät löschst und dich in einem Webbrowser an deinem Apple-ID-Account anmeldest oder wenn du aus Sicherheitsgründen dein Apple-ID-Passwort ändern musst.

Eine vertrauenswürdige Telefonnummer hinzufügen oder entfernen

Bei der Registrierung für die Zwei-Faktor-Authentifizierung musstest du eine erste vertrauenswürdige Rufnummer angeben. Du kannst aber weitere Rufnummern hinzufügen, die du nutzen kannst, zum Beispiel deine Festnetznummer oder die Nummer eines Familienangehörigen oder eines:einer Freund:in.

1. Wähle „Einstellungen" > „[dein Name]" > „Passwort & Sicherheit".
2. Tippe auf „Bearbeiten" (oberhalb der Liste der vertrauenswürdigen Nummern) und führe einen der folgenden Schritte aus:
    - Nummer hinzufügen: Tippe auf „Vertrauenswürdige Telefonnummer hinzufügen".
    - Nummer entfernen: Tippe auf neben der Rufnummer.

Bestätigungscodes werden nicht automatisch an vertrauenswürdige Nummern gesendet. Wenn dir beim Einrichten eines neuen Geräts für die Zwei-Faktor-Authentifizierung kein vertrauenswürdiges Gerät zur Verfügung steht, kannst du auf dem neuen Gerät auf „Keinen Code erhalten?" tippen und eine deiner vertrauenswürdigen Rufnummern auswählen, um dir den Bestätigungscode dorthin senden zu lassen.

Vertrauenswürdige Geräte anzeigen oder entfernen

1. Wähle „Einstellungen" > „[dein Name]".
   Unten auf dem Bildschirm wird eine Liste der Geräte angezeigt, die mit deiner Apple-ID verknüpft sind.

2. Du kannst prüfen, ob ein Gerät vertrauenswürdig ist. Tippe dazu auf das Gerät und sieh nach, ob die Meldung „Dieses Gerät ist vertrauenswürdig und kann Apple-ID-Bestätigungscodes erhalten“ angezeigt wird.
3. Tippe auf ein Gerät, das du entfernen möchtest, und danach auf „Vom Account entfernen“.
   Das Entfernen eines vertrauenswürdigen Geräts stellt sicher, dass es nicht mehr zum Anzeigen von Bestätigungscodes verwendet werden kann und dass der Zugriff auf iCloud (und andere Apple-Dienste auf dem Gerät) blockiert ist, bis du dich wieder mit der Zwei-Faktor-Authentifizierung anmeldest.

Passwort für eine App zum Anmelden an deinem Apple-ID-Account generieren

Wenn die Zwei-Faktor-Authentifizierung aktiviert ist, benötigst du ein App-spezifisches Passwort, um dich aus der App eines anderen Anbieters (zum Beispiel aus einer E-Mail-, Kontakte- oder Kalender-App) oder aus einem nicht durch Apple bereitgestellten Dienst an deinem Apple-ID-Account anzumelden. Nachdem du das App-spezifische Passwort erstellt hast, kannst du dich damit aus der betreffenden App an deinem Apple-ID-Account anmelden und auf die Informationen zugreifen, die in iCloud gespeichert sind.

1. Melde dich an deinem Apple-ID-Account an.
2. Tippe auf „Passwort generieren“ (im Abschnitt „Anwendungsspezifische Passwörter“).
3. Folge der auf dem Bildschirm angezeigten Anleitung.

Nachdem das App-spezifische Passwort generiert wurde, kannst du es in der gewohnten Weise in das Passwortfeld der App eingeben oder einsetzen.

Schutz der Privatsphäre auf dem iPad

Festlegen des Zugriffs auf Informationen in Apps auf dem iPad

Du kannst festlegen, ob Apps von Drittanbietern Zugriff auf Informationen in Apps wie „Kontakte“, „Fotos“ oder „Kalender“ haben sollen.

Zugriff auf Informationen in Apps prüfen oder ändern

Wenn eine App zum ersten Mal Informationen aus einer anderen App verwenden möchte, erhältst du eine entsprechende Anfrage mit einer Erklärung. Eine Messaging-App fragt dich beispielsweise, ob du den Zugriff auf deine Kontakte erlaubst, damit die App Freund:innen finden kann, die dieselbe App verwenden. Nachdem du den Zugriff erlaubt oder verweigert hast, kannst du die Einstellung zu einem späteren Zeitpunkt jederzeit wieder ändern.

1. Wähle „Einstellungen“ > „Datenschutz“.
2. Tippe auf eine Datenkategorie (z. B. „Kalender“, „Erinnerungen“ oder „Bewegung & Fitness“).

Die Liste zeigt die Apps, die Zugriff angefordert haben. Du kannst den Zugriff für jede App in der Liste aktivieren oder deaktivieren.

Nutzung der von dir erteilten Berechtigungen durch Apps prüfen

Wähle „Einstellungen" > „Datenschutz" und tippe auf „App-Datenschutzbericht" (iPadOS 15.2 oder neuer).

Der App-Datenschutzbericht zeigt dir, wie Apps die von dir erteilten Berechtigungen nutzen sowie die Netzwerkaktivität der Apps.

Um den Bericht zu deaktivieren und die enthaltenen Daten zu löschen, wähle „Einstellungen" > „Datenschutz" > „App-Datenschutzbericht" und tippe auf „App-Datenschutzbericht" deaktivieren. Du kannst den Bericht auf diesem Einstellungsbildschirm später auch erneut aktivieren.

Festlegen des Zugriffs auf Hardwarefunktionen des iPad

Bevor Apps die Kamera oder das Mikrofon deines iPad verwenden, müssen sie deine Zustimmung einholen und erklären, warum sie diese Anfrage stellen. Eine Social-Networking-App fragt dich beispielsweise, ob du den Zugriff auf die Kamera erlaubst, damit du Fotos aufnehmen und in diese App laden kannst. Auch für die Nutzung verschiedener anderer Hardwarefunktionen, darunter Bluetooth-Verbindungen, Bewegungs- und Fitnesssensoren sowie Geräte in deinem lokalen Netzwerk, müssen Apps in ähnlicher Weise deine Zustimmung einholen.

Du kannst prüfen, welche Apps Zugriff auf diese Hardwarefunktionen angefordert haben, und du kannst die Zugriffsberechtigungen nach deinem Ermessen ändern.

Zugriff auf die Kamera, das Mikrofon und andere Hardwarefunktionen prüfen oder ändern

1. Wähle „Einstellungen" > „Datenschutz".
2. Tippe auf eine Hardwarefunktion wie „Kamera", „Bluetooth", „Lokales Netzwerk" oder „Mikrofon".

Die Liste zeigt die Apps, die Zugriff angefordert haben. Du kannst den Zugriff für jede App in der Liste aktivieren oder deaktivieren.

Hinweis: Sobald eine App das Mikrofon (ohne die Kamera) verwendet, wird oben auf dem Bildschirm ein orangefarbener Hinweis angezeigt. Wenn eine App die Kamera verwendet (auch wenn Kamera und Mikrofon gemeinsam verwendet werden), wird oben auf dem Bildschirm ein grüner Hinweis angezeigt. Oben im Kontrollzentrum wird außerdem eine Nachricht angezeigt, die dich darüber informiert, wenn eine App vor Kurzem eine der Hardwarefunktionen verwendet hat.

Steuern der Zustimmungen zum App-Tracking auf dem iPad

Alle Apps müssen dein Einverständnis einholen, bevor sie dich oder dein iPad über Apps oder Websites anderer Unternehmen hinweg tracken dürfen (um dir beispielsweise gezielte Werbung anzubieten oder deine Daten an Datenbroker weiterzugeben). Nachdem du einer App dein

Einverständnis gegeben oder verweigert hast, kannst du dies zu einem späteren Zeitpunkt jederzeit wieder ändern. Du kannst auch festlegen, dass Apps keine Einverständnisanfragen senden sollen.

Tracking-Erlaubnis für Apps prüfen oder ändern

1. Wähle „Einstellungen" > „Datenschutz"> „Tracking".
   Die Liste zeigt die Apps, die dein Einverständnis zum Tracking angefordert haben. Du kannst dein Einverständnis für jede App in der Liste jederzeit widerrufen oder erteilen.
2. Wenn du festlegen möchtest, dass Apps dein Einverständnis zum Tracking nicht anfordern sollen, deaktivierst du die Option „Apps erlauben, Tracking anzufordern" (oben auf dem Bildschirm).

Kontrolle über geteilte Standortdaten auf dem iPad

Du kannst festlegen, ob das iPad und Apps Informationen über deinen aktuellen Standort erhalten dürfen.

Um feststellen zu können, wo du dich gerade befindest, wenn du Wegbeschreibungen anforderst, ein Meeting organisierst und Ähnliches, verwenden die Ortungsdienste Informationen (sofern verfügbar) von GPS-Netzwerken (iPad-Modelle mit WLAN und Mobilfunk (Wi-Fi + Cellular)), deinen Bluetooth-Verbindungen, deinen WLANs und deinem Mobilfunknetz (iPad-Modelle mit WLAN und Mobilfunk (Wi-Fi + Cellular)), sofern die Option „Mobile Daten" aktiviert ist). Wenn eine App die Ortungsdienste nutzt, wird in der Statusleiste angezeigt.

Wenn du dein iPad einrichtest, wirst du gefragt, ob du die Ortungsdienste aktivieren möchtest. Du kannst die Ortungsdienste zu einem späteren Zeitpunkt jederzeit deaktivieren oder aktivieren.

Wenn eine App zum ersten Mal Standortdaten von deinem iPad anfordert, erhältst du eine entsprechende Anfrage mit einer Erklärung. Von einigen Apps erhältst du unter Umständen nur eine einmalige Anfrage nach deinem Standort. Andere Apps bitten dich eventuell, deinen Standort jetzt und auch in Zukunft zu teilen. Unabhängig davon, ob du den dauerhaften Zugriff auf deinen Standort erlaubst oder verweigerst, kannst du die Zugriffsrechte für eine App zu einem späteren Zeitpunkt jederzeit wieder ändern.

Ortungsdienste aktivieren

Gehe wie folgt vor, falls du die Ortungsdienste nicht bereits beim erstmaligen Einrichten deines iPad aktiviert hast. Wähle „Einstellungen" > „Datenschutz" > „Ortungsdienste" und aktiviere die Option „Ortungsdienste".

Wichtig: Wenn du die Ortungsdienste deaktivierst, funktionieren viele wichtige iPad-Funktionen nicht mehr.

Dauerhaften Zugriff einer App auf Standortdaten prüfen oder ändern

1. Wähle „Einstellungen“ > „Datenschutz“ > „Ortungsdienste“.
2. Tippe auf eine App, um ihre Zugriffseinstellungen zu prüfen oder zu ändern oder um eine Erklärung für die Zugriffsanfrage der App für die Ortungsdienste anzuzeigen.

Lasse die Option „Genauer Standort“ aktiviert, wenn du einer App erlauben möchtest, deinen exakten Standort zu verwenden. Deaktiviere die Option „Genauer Standort“, wenn du nur deinen ungefähren Standort teilen möchtest – was für eine App, die deinen exakten Standort nicht benötigt, ausreichend sein müsste.

Hinweis: Wenn du die Option „Nächstes Mal fragen“ auswählst, wirst du das nächste Mal, wenn die App versucht, deinen Standort zu ermitteln, wieder gebeten, die Ortungsdienste zu aktivieren.

Wenn du wissen möchtest, wie die App eines Drittanbieters die angeforderten Daten verwendet, solltest du dir die allgemeinen Geschäftsbedingungen und die Datenschutzerklärung des jeweiligen Anbieters ansehen.

Karte in Hinweisen von Ortungsdiensten ausblenden

Wenn du einer App erlaubst, deinen Standort immer im Hintergrund zu verwenden, erhältst du möglicherweise Hinweise dazu, wie die App diese Informationen nutzt. (Diese Hinweise bieten dir die Möglichkeit, die von dir erteilte Berechtigung zu ändern, wenn du dies möchtest.) In den Hinweisen zeigt eine Karte die Orte, auf die zuletzt von der App zugegriffen wurde.

Zum Ausblenden dieser Karte wähle „Einstellungen“ > > „Datenschutz“ > „Ortungsdienste“ > „Standorthinweise“ und deaktiviere dann die Option „Karte in Standorthinweisen anzeigen“.

Ist diese Option deaktiviert, erhältst du weiterhin Standorthinweise, in denen jedoch keine Karte angezeigt wird.

Einstellungen der Ortungsdienste für die Systemdienste prüfen oder ändern

Einige Systemdienste (zum Beispiel für standortbasierte Vorschläge und Werbeanzeigen) nutzen die Ortungsdienste.

Um den Status für jeden dieser Dienste anzuzeigen, die Dienste zu aktivieren oder zu deaktivieren oder um zu erreichen, dass in der Statusleiste angezeigt wird, wenn aktivierte Systemdienste deine Standortinformationen verwenden, wähle „Einstellungen“ > „Datenschutz“ > „Ortungsdienste“ > „Systemdienste“.

Aktivieren von iCloud Privat-Relay auf dem iPad

Wenn du iCloud+ abonnierst, kannst du iCloud Privat-Relay verwenden, um Websites und Netzanbieter daran zu hindern, ein detailliertes Profil von dir zu erstellen.

Ist iCloud Privat-Relay aktiviert, wird der Datenverkehr, der dein iPad verlässt, verschlüsselt und über zwei separate Internetrelais gesendet. Dadurch wird verhindert, dass Websites deine IP-Adresse und deinen Standort ermitteln und Netzanbieter Daten über deine Browsing-Aktivitäten sammeln können. Websites oder Netzanbieter wissen also nicht gleichzeitig, wer du bist und welche Websites du besuchst.

iCloud Privat-Relay kann jederzeit deaktiviert werden. Du kannst diese Funktion dauerhaft für das iPad deaktivieren oder die Funktion nur für ein bestimmtes WLAN oder Mobilfunknetz deaktivieren.

Hinweis: iCloud Privat-Relay ist derzeit noch in der Beta-Phase.

iCloud Privat-Relay für das iPad vollständig aktivieren oder deaktivieren

Wähle „Einstellungen" > „[dein Name]" > „iCloud" > „Privat-Relay".

Hinweis: Du musst iCloud Privat-Relay auf jedem Gerät aktivieren, auf dem du diese Funktion verwenden möchtest.

iCloud Privat-Relay für ein WLAN aktivieren oder deaktivieren

1. Wähle „Einstellungen" > „WLAN".
2. Tippe auf ⓘ und aktiviere oder deaktiviere iCloud Privat-Relay.

Wenn du iCloud Privat-Relay auf deinem iPad für ein WLAN deaktivierst, wird iCloud Privat-Relay für dieses Netzwerk auch auf all deinen anderen Geräten deaktiviert, auf denen du mit derselben Apple-ID angemeldet bist.

iCloud Privat-Relay für ein Mobilfunknetz aktivieren oder deaktivieren (Wi-Fi + Cellular-Modelle)

1. Wähle „Einstellungen" > „Mobilfunk" und führe einen der folgenden Schritte aus:
    - Wenn dein iPad nur einen Plan verwendet: Tippe auf „Datenoptionen".
    - Wenn dein iPad mehrere Pläne verwendet: Wähle einen Plan aus (unter „Mobilfunktarife").
2. Aktiviere oder deaktiviere iCloud Privat-Relay.

Es handelt sich um eine spezifische Netzwerkeinstellung für eine physische SIM-Karte oder eine eSIM deines iPad (eSIM ist nicht in allen Ländern oder Regionen verfügbar).

Detailgrad des Standorts deiner IP-Adresse festlegen

Wähle „Einstellungen" > „[dein Name]" > „iCloud" > „Privat-Relay" > „IP-Adressen-Standort" und wähle eine der folgenden Optionen aus:

- „Ungefähren Standort beibehalten" (um beispielsweise lokale Inhalte in Safari zu sehen)
- „Land und Zeitzone verwenden" (um deinen Standort mehr zu verschleiern)

iCloud Privat-Relay ist nicht in allen Ländern oder Regionen verfügbar.

Erstellen und Verwalten von E-Mail-Adressen für die Option „E-Mail-Adresse verbergen“ in „Einstellungen“ auf dem iPad

Wenn du iCloud+ abonnierst, kannst du die Option „E-Mail-Adresse verbergen“ verwenden, damit deine persönliche E-Mail-Adresse privat bleibt. Mit „E-Mail-Adresse verbergen“ kannst du eindeutige, zufällige E-Mail-Adressen erstellen, die Mails an deinen persönlichen E-Mail-Account weiterleiten. Du musst also nicht mehr deine echte E-Mail-Adresse angeben, wenn du im Internet Formulare ausfüllst und Newsletter abonnierst (iPadOS 15.2 oder neuer) oder eine E-Mail verschickst.

Du kannst Adressen für die Option „E-Mail-Adresse verbergen“ in „Einstellungen“ erstellen und verwalten. Wähle „Einstellungen“ > „[dein Name]“ > „iCloud“ > „E-Mail-Adresse verbergen“ und führe beliebige der folgenden Schritte aus:

- **Adresse für „E-Mail-Adresse verbergen“ erstellen**: Tippe auf „Neue Adresse erstellen“ und folge den angezeigten Anleitungen.
- **Adresse für „E-Mail-Adresse verbergen“ deaktivieren**: Tippe auf eine Adresse (unter „Neue Adresse erstellen“) und tippe auf „E-Mail-Adresse deaktivieren“. Nach dem Deaktivieren der Adresse werden keine E-Mails mehr von dieser Adresse an dich weitergeleitet.
- **Persönliche E-Mail-Adresse für die Weiterleitung ändern**: Tippe auf „Weiterleiten an“ und wähle eine E-Mail-Adresse aus. Die Optionen enthalten die E-Mail-Adressen, die für deine Apple-ID verfügbar sind.
- **Weiterleitungsadresse für andere Verwendungszwecke kopieren**: Tippe auf eine Adresse (unter „Neue Adresse erstellen“), lege einen Finger auf den Abschnitt „E-Mail-Adresse verbergen“ und tippe auf „Kopieren“. Wenn du die Adresse sofort an anderer Stelle verwenden möchtest, kannst du einen Finger auf ein Textfeld legen und auf „Einsetzen“ tippen.

Du kannst auch in Safari und Mail Adressen für „E-Mail-Adresse verbergen“ generieren, wenn die Eingabe von E-Mail-Adressen erforderlich ist.

Verwenden einer privaten Netzwerkadresse auf dem iPad

Zum Schutz deiner Privatsphäre verwendet dein iPad in jedem WLAN, mit dem es sich verbindet, eine eindeutige private Netzwerkadresse, die als MAC-Adresse (Media Access Control) bezeichnet wird.

Wenn ein Netzwerk die Verwendung einer privaten Adresse nicht unterstützt (um beispielsweise die Kindersicherung zu verwenden oder dein iPad als autorisiert zum Verbinden mit dem Netzwerk zu identifizieren), kannst du die Verwendung einer privaten Adresse für dieses Netzwerk deaktivieren.

Private Adresse für ein Netzwerk deaktivieren

1. Wähle „Einstellungen“ > „WLAN“ und tippe auf für ein Netzwerk.

2. Deaktiviere die Option „Private WLAN-Adresse".
   Wichtig: Lasse die Option „Private WLAN-Adresse" für alle anderen Netzwerke aktiviert, die diese Option unterstützen, um einen besseren Schutz deiner Privatsphäre zu gewährleisten. Das Verwenden einer privaten Adresse trägt dazu bei, das Tracking deines iPad in verschiedenen WLANs zu reduzieren.

Festlegen, wie dir Apple Werbung auf dem iPad präsentiert

Du kannst festlegen, wie Apple Werbung präsentieren soll.

Werbung von Apple wird unter Umständen in den Apps „App Store", „Apple News" und „Aktien" angezeigt. Diese Werbung greift nicht auf Daten aus anderen Apps zu. In den Apps „App Store" und „Apple News" wird unter Umständen dein Suche- und Download-Verlauf verwendet, um dir relevante Werbung anzuzeigen. In den Apps „Apple News" und „Aktien" basiert die Werbung teilweise auf den Inhalten, die du liest bzw. denen du folgst. Hierzu gehören Herausgeber, für die du das Senden von Mitteilungen aktiviert hast, sowie die Art der Publikation, die du abonniert hast. Die Artikel, die du liest, werden nicht verwendet, um dir gezielte Werbung außerhalb dieser Apps zu präsentieren. Informationen, die über dich anhand des Gelesenen gesammelt wurden, werden mit einer zufälligen ID und nicht mit deiner Apple-ID verknüpft.

Die von Apple zum Bereitstellen von Werbung verwendeten Informationen prüfen

Wähle „Einstellungen" > „Datenschutz" > „Apple-Werbung" > „Informationen für zielgerichtete Werbung anzeigen".

Apple verwendet diese Informationen, um in den Apps „App Store", „Apple News" und „Aktien" relevantere Werbung anzuzeigen. Deine persönlichen und personenbezogenen Daten werden nicht an Dritte weitergegeben.

Personalisierte Werbung aktivieren oder deaktivieren

Wähle „Einstellungen" > „Datenschutz" > „Apple-Werbung" und aktiviere bzw. deaktiviere die Option „Personalisierte Werbung".

Hinweis: Wenn du die personalisierte Werbung deaktivierst, schränkt dies die Möglichkeiten von Apple ein, dir relevante Werbung anzubieten. Dadurch reduziert sich aber unter Umständen nicht der Umfang der Werbung, die du erhältst.

Informationen über Datenschutz und die Apple-Werbeplattform

Wähle „Einstellungen" > „Datenschutz" > „Apple-Werbung" > „Über Apple-Werbung & Datenschutz".

Erneutes Starten, Aktualisieren, Zurücksetzen und Wiederherstellen

iPad ein- oder ausschalten

Verwende die obere Taste, um das iPad einzuschalten. Mit der oberen Taste (bei einigen Modellen zusammen mit einer der Lautstärketasten) oder in den Einstellungen kannst du das iPad ausschalten.

Wenn das iPad nicht wie erwartet funktioniert, kannst du versuchen, es neu zu starten, indem du es aus- und dann wieder einschaltest. Wenn das Problem dadurch nicht behoben wird, kannst du versuchen, einen Neustart zu erzwingen.

iPad ein- oder ausschalten (Modelle mit Face ID oder mit Touch ID in der oberen Taste)

Führe folgende Schritte aus, wenn dein iPad keine Home-Taste hat:

- **iPad einschalten**: Halte die obere Taste gedrückt, bis das Apple-Logo angezeigt wird.
- **iPad ausschalten**: Halte gleichzeitig die obere Taste und eine der Lautstärketasten gedrückt und bewege dann den Schieberegler.

iPad ein- oder ausschalten (Modelle mit Home-Taste)

- iPad einschalten: Halte die obere Taste gedrückt, bis das Apple-Logo angezeigt wird.
- iPad ausschalten: Halte die obere Taste gedrückt und bewege dann den Schieberegler.

Wähle zum Ausschalten eines beliebigen Modells „Einstellungen“ > „Allgemein“ > „Ausschalten“ und bewege den Schieberegler.

Neustart des iPad erzwingen

Wenn dein iPad nicht mehr reagiert und sich nicht aus- oder einschalten lässt, kannst du versuchsweise einen Neustart erzwingen.

Neustart des iPad erzwingen (Modelle mit Face ID oder mit Touch ID in der oberen Taste)

Führe folgende Schritte aus, wenn dein iPad keine Home-Taste hat:

1. Drücke die Lautstärketaste, die sich am dichtesten an der oberen Taste befindet, und lass sie schnell wieder los.

2. Drücke die Lautstärketaste, die am weitesten von der oberen Taste entfernt ist, und lass sie schnell wieder los.
3. Halte die obere Taste gedrückt.
4. Lass die obere Taste los, wenn das Apple-Logo erscheint.

Neustart des iPad erzwingen (Modelle mit Home-Taste)

Halte die obere Taste und die Home-Taste gleichzeitig gedrückt. Lass die beiden Tasten los, wenn das Apple-Logo erscheint.

Aktualisieren von iPadOS

Wenn du auf die neueste Version von iPadOS aktualisierst, bleiben deine Daten und Einstellungen davon unberührt.

Es empfiehlt sich, das iPad so einzurichten, dass vor einer Aktualisierung eine automatische Sicherung (Backup) der Daten erfolgt. Alternativ kannst du manuell eine Sicherungskopie deiner Daten erstellen, bevor du die Aktualisierung startest.

iPad automatisch aktualisieren

Wenn du bei der Erstkonfiguration deines iPad die automatische Aktualisierung nicht aktiviert hast, führe folgende Schritte aus:

1. Wähle „Einstellungen“ > „Allgemein“ > „Softwareupdate“ > „Automatische Updates“.
2. Aktiviere die Optionen „iPadOS-Updates laden“ und „iPadOS-Updates installieren“.

Wenn eine Aktualisierung verfügbar ist, lädt das iPad diese und installiert sie über Nacht, während es aufgeladen wird und mit dem WLAN verbunden ist. Vor der Installation erhältst du eine entsprechende Nachricht.

iPad manuell aktualisieren

Du kannst jederzeit prüfen, ob ein Softwareupdate verfügbar ist und dieses ggf. installieren.

Wähle „Einstellungen“ > „Allgemein“ > „Softwareupdate“.

Der Bildschirm zeigt die derzeit installierte iPadOS-Version und ob ein Update verfügbar ist.

Um automatische Updates zu deaktivieren, wähle „Einstellungen“ > „Allgemein“ > „Softwareupdate“ > „Automatische Updates“.

Software mithilfe deines Computers aktualisieren

1. Verbinde das iPad und deinen Computer mit einem Kabel.
2. Führe einen der folgenden Schritte aus:

    - **In der Finder-Seitenleiste auf deinem Mac**: Wähle dein iPad und dann oben im Fenster „Allgemein“ aus.
      Zum Aktualisieren deines iPad mit dem Finder ist macOS 10.15 (oder neuer) erforderlich. Mit älteren macOS-Versionen kannst du zum Aktualisieren deines iPad iTunes verwenden.
    - **In der App „iTunes“ auf deinem Windows-PC**: Klicke im iTunes-Fenster oben links auf die Taste „iPad“ und dann auf „Übersicht“.
3. Klicke auf „Nach Update suchen“.
4. Klicke auf „Aktualisieren“, um ein verfügbares Update zu installieren.

Erstellen eines Backups für das iPad

Für das Backup deines iPad kannst du iCloud oder deinen Computer verwenden.

Tipp: Wenn du dein iPad durch ein neues Gerät ersetzt, kannst du ein Backup deines iPad verwenden, um die Informationen des alten Geräts auf dein neues Gerät zu übertragen.

Backup deines iPad mit iCloud erstellen

1. Wähle „Einstellungen“ > „[dein Name]“ > „iCloud“ > „iCloud-Backup“.
2. Aktiviere die Option „iCloud-Backup“.
   iCloud erstellt von deinem iPad automatisch täglich ein Backup, wenn das iPad am Stromnetz angeschlossen, gesperrt und mit einem WLAN verbunden ist.
   Hinweis: Bei Wi-Fi + Cellular-Modellen, die 5G unterstützen, kann dein Mobilfunkanbieter auch die Option bereitstellen, ein Backup des iPad zu erstellen, wenn du das Mobilfunknetz verwendest. Wähle „Einstellungen“ > „[dein Name]“ > „iCloud“ > „iCloud-Backup“ und aktiviere oder deaktiviere die Option „Backup über Mobilfunk“.
3. Klicke auf „Backup jetzt erstellen“, um manuell ein Backup zu erstellen.

Wähle „Einstellungen“ > „[dein Name]“ > „iCloud“ > „Speicher verwalten“ > „Backups“, um deine in iCloud vorhandenen Backups anzuzeigen. Wähle ein Backup, das du löschen möchtest, in der Liste aus, und tippe auf „Backup löschen“.

Hinweis: Wenn du eine iCloud-Funktion (etwa iCloud-Fotos oder Kontakte) unter „Einstellungen“ > „[dein Name]“ > „iCloud“ aktivierst, werden diese Informationen in iCloud gespeichert. Da die Informationen automatisch auf all deinen Geräten auf dem neuesten Stand gehalten werden, werden sie nicht zu deinem iCloud-Backup hinzugefügt.

Backup deines iPad mit deinem Mac erstellen

1. Verbinde das iPad und deinen Computer mit einem Kabel.
2. Wähle in der Finder-Seitenleiste auf deinem Mac dein iPad aus.
   Zum Sichern deines iPad mit dem Finder ist macOS 10.15 (oder neuer) erforderlich. Mit älteren macOS-Versionen kannst du zum Sichern deines iPad iTunes verwenden.
3. Klicke oben im Finder-Fenster auf „Allgemein“.
4. Wähle „Erstelle ein Backup aller Daten deines iPad auf diesem Mac“.

5. Wähle „Lokales Backup verschlüsseln“, um die Backup-Daten zu verschlüsseln und mit einem Passwort zu schützen.
6. Klicke auf „Backup jetzt erstellen“.

Hinweis: Du kannst dein iPad auch kabellos mit deinem Computer verbinden, wenn du die WLAN-Synchronisierung eingerichtet hast.

Backup deines iPad mit deinem Windows-PC erstellen

1. Verbinde das iPad und deinen Computer mit einem Kabel.
2. Klicke in der App „iTunes“ auf deinem PC auf die Taste „iPad“ oben links im iTunes-Fenster.
3. Klicke auf „Übersicht“.
4. Klicke auf „Backup jetzt erstellen“ (unter Backups).
5. Zum Verschlüsseln deiner Backups wähle „Lokales Backup verschlüsseln“, gib ein Passwort ein und klicke auf „Passwort festlegen“.

Wähle zum Anzeigen der auf deinem Computer gespeicherten Backups „Bearbeiten“ > „Einstellungen“ und klicke auf „Geräte“. Verschlüsselte Backups sind in der Liste der Backups mit einem Schlosssymbol gekennzeichnet.

Hinweis: Du kannst dein iPad auch kabellos mit deinem Computer verbinden, wenn du die WLAN-Synchronisierung eingerichtet hast.

Zurücksetzen des iPad auf die Standardwerte

Du kannst Einstellungen auf ihre jeweiligen Standardwerte zurücksetzen, ohne dass dadurch deine Inhalte gelöscht werden.

Wenn du die bisherigen Einstellungen sichern möchtest, kannst du ein Backup des iPad erstellen, bevor du sie auf die Standardwerte zurücksetzt. Beispiel: Wenn du versuchst, ein Problem durch Zurücksetzen auf die Standardwerte zu lösen, dieser Versuch aber nicht zum Erfolg führt, kannst du deine bisherigen Einstellungen aus einer Sicherungskopie (Backup) wiederherstellen.

1. Wähle „Einstellungen“ > „Allgemein“ > „iPad übertragen/zurücksetzen“ > „Zurücksetzen“.
2. Wähle eine Option aus:
   ACHTUNG: Wenn du die Option „Alle Inhalte & Einstellungen löschen“ wählst, wird dein gesamter Inhalt gelöscht. Weitere Informationen findest du unter Löschen des iPad.
   - **Alle Einstellungen zurücksetzen**: Alle Einstellungen – die Netzwerkeinstellungen, das Tastaturwörterbuch, die Standorteinstellungen, die Datenschutzeinstellungen und die für Apple Pay hinterlegten Karten – werden entfernt und auf ihre jeweiligen Standardwerte zurückgesetzt. Es werden aber keine Daten oder Medien gelöscht.

- **Netzwerkeinstellungen zurücksetzen**: Alle Netzwerkeinstellungen werden zurückgesetzt. Außerdem wird der unter „Einstellungen" > „Allgemein" > „Info" zugeordnete Name auf „iPad" zurückgesetzt. Zertifikate, die manuell als vertrauenswürdig eingestuft wurden (etwa für Websites), werden in „nicht vertrauenswürdig" geändert. Möglicherweise wird auch das mobile Datenroaming deaktiviert.

Beim Zurücksetzen der Netzwerkeinstellungen werden bisher benutzte Netzwerke und VPN-Einstellungen entfernt, die nicht mithilfe eines Konfigurationsprofils bzw. des MDM-Servers (Mobile Device Management) installiert wurden. Die Option „WLAN" wird deaktiviert und wieder aktiviert. Dabei werden alle eventuell vorhandenen Verbindungen zu Netzwerken getrennt. Die Einstellungen für die Optionen „WLAN" und „Auf Netze hinweisen" bleiben aktiviert.

Wähle „Einstellungen" > „Allgemein" > „Profile & Geräteverwaltung", wenn du VPN-Einstellungen entfernen möchtest. Wähle danach das zu löschende Konfigurationsprofil aus und tippe auf „Profil entfernen". Dadurch werden außerdem alle anderen Einstellungen und Accounts im Zusammenhang mit diesem Profil gelöscht.

Wähle „Einstellungen" > „Allgemein" > „Profile & Geräteverwaltung", um Netzwerkeinstellungen zu entfernen, die vom MDM-Server installiert wurden. Wähle danach das Verwaltungsobjekt aus und tippe auf „Verwaltung entfernen". Dadurch werden außerdem alle anderen Einstellungen und Accounts im Zusammenhang mit MDM gelöscht.

- **Tastaturwörterbuch zurücksetzen**: Du kannst Wörter zum Tastaturwörterbuch hinzufügen, indem du Korrekturvorschläge des iPad ablehnst. Durch das Zurücksetzen des Tastaturwörterbuchs werden alle von dir hinzugefügten Wörter gelöscht.
- **Layout des Home-Bildschirms zurücksetzen**: Die integrierten Apps werden so angeordnet, wie sie ursprünglich im Home-Bildschirm platziert waren.
- **Ortungsdienste und Datenschutzeinstellungen zurücksetzen**: Die Ortungsdienste und die Datenschutzeinstellungen werden auf die Standardwerte zurückgesetzt.

Wiederherstellen aller Inhalte auf dem iPad aus einem Backup

Du kannst Inhalte, Einstellungen und Apps aus einer Sicherungskopie auf einem neuen oder gerade gelöschten iPad wiederherstellen.

Wichtig: Du musst vorab eine Sicherungskopie (Backup) deines iPad erstellen.

iPad aus einem iCloud-Backup wiederherstellen

1. Schalte ein neues oder gelöschtes iPad ein.
2. Folge den angezeigten Anleitungen zum Auswählen einer Sprache und Region.
3. Tippe auf „Manuell konfigurieren".
4. Tippe auf „Aus iCloud-Backup wiederherstellen" und folge den angezeigten Anleitungen.

Gib deine Apple-ID ein, wenn du aufgefordert wirst. Für den Fall, dass du deine Apple-ID vergessen hast, findest du weitere Informationen unter Probleme beim Anmelden?.

iPad aus einem Computer-Backup wiederherstellen

1. Verbinde ein neues oder gerade gelöschtes iPad über USB mit dem Computer, der das Backup enthält.
2. Führe einen der folgenden Schritte aus:
   - In der Finder-Seitenleiste auf deinem Mac: Wähle dein iPad aus und klicke auf „Vertrauen".
     Zum Wiederherstellen eines iPad aus einem Backup mit dem Finder ist macOS 10.15 (oder neuer) erforderlich. Mit älteren macOS-Versionen kannst du zum Wiederherstellen aus einem Backup iTunes verwenden.
   - In der App „iTunes" auf einem Windows-PC: Wenn mehrere Geräte mit deinem PC verbunden sind, klicke auf das Gerätesymbol oben links im iTunes-Fenster und wähle das neue oder gelöschte iPad aus der Liste aus.
3. Klicke im Willkommensbildschirm auf „Aus diesem Backup wiederherstellen", wähle dein Backup aus der Liste aus und klicke auf „Fortfahren".

Ist dein Backup verschlüsselt, musst du das Passwort vor dem Wiederherstellen deiner Dateien und Einstellungen eingeben.

Wiederherstellen von gekauften und gelöschten Objekten auf dem iPad

Du kannst gekaufte Objekte aus dem App Store, Book Store, der Apple TV App und iTunes Store erneut laden, ohne sie erneut kaufen zu müssen. Wenn du Mitglied einer Familienfreigabegruppe bist, kannst du auch von anderen Familienmitgliedern gekaufte Artikel laden.

Löschen des iPad

Du kannst auf die gelöschten Daten zwar nicht mehr über die iPad-Oberfläche zugreifen, die Daten verbleiben aber auf dem Speichermedium in deinem iPad. Wenn du den gesamten Inhalt und alle Einstellungen vom Speichermedium in deinem iPad entfernen möchtest, kannst du das Gerät komplett löschen. Dies empfiehlt sich beispielsweise, bevor du dein iPad verkaufst oder verschenkst. Wenn du Inhalte und Einstellungen verwahren möchtest, kannst du eine Sicherungskopie deines iPad erstellen, bevor du dein iPad löschst.

Du kannst das iPad mit der App „Einstellungen" löschen. Wenn sich die App „Einstellungen" nicht öffnen lässt, kannst du zum Löschen des iPad einen Computer verwenden.

Löschen des gesamten Inhalts und aller Einstellungen auf dem iPad

1. Wähle „Einstellungen" > „Allgemein" > „iPad übertragen/zurücksetzen".
   Wenn du dein iPad löschst, um es durch ein neues, verfügbares auszutauschen, kannst

du zusätzlichen Speicherplatz in iCloud nutzen, um deine Apps und Daten auf das neue Gerät zu bewegen. Tippe auf „Beginnen“ und folge den angezeigten Anleitungen. Wähle dann erneut „Einstellungen“ > „Allgemein“ > „iPad übertragen/zurücksetzen“.

2. Tippe auf „Alle Inhalte & Einstellungen löschen“.

Nachdem der gesamte Inhalt und alle Einstellungen gelöscht wurden, wird das iPad neu gestartet und du hast die Möglichkeit, das iPad neu zu konfigurieren oder aus einem Backup wiederherzustellen.

Hinweis: Für den Fall, dass du zur Eingabe deines Codes aufgefordert wirst und du ihn vergessen hast, findest du weitere Informationen unter Code zurücksetzen.

Computer zum Löschen des gesamten Inhalts und aller Einstellungen auf dem iPad verwenden

Du kannst einen Mac oder Windows-PC verwenden, um alle Daten und Einstellungen von deinem iPad zu löschen, dein iPad auf die Werkseinstellungen zurückzusetzen und die neueste iPadOS-Version zu installieren. Wenn sich beispielsweise die App „Einstellungen“ auf dem iPad nicht öffnen lässt, kannst du diese Vorgehensweise verwenden, um das iPad auf die Werkseinstellungen zurückzusetzen.

Vor dem Löschen des iPad hast du die Möglichkeit, ein Backup zu erstellen. Mit einem Backup kannst du die Daten und Einstellungen auf deinem iPad oder einem neuen Gerät wiederherzustellen.

1. Verbinde das iPad und deinen Computer mit einem Kabel.
2. Führe einen der folgenden Schritte aus:
    - **Auf einem Mac**: Wähle dein iPad in der Finder-Seitenleiste aus und tippe oben im Fenster auf „Allgemein“. Klicke dann auf „iPad wiederherstellen“.
      Zum Wiederherstellen der Werkseinstellungen deines iPad mithilfe des Finder ist macOS 10.15 (oder neuer) erforderlich. Mit älteren macOS-Versionen kannst du zum Wiederherstellen deines iPad iTunes verwenden.
    - **Auf einem Windows-PC**: Installiere oder aktualisiere auf die neuesten Version von iTunes auf deinem PC (weitere Informationen findest du im Apple Support-Artikel Update auf die neueste iTunes-Version). Öffne iTunes, klicke im iTunes-Fenster oben links auf die iPad Taste „iPad“, klicke auf „Übersicht“ und dann auf „iPad wiederherstellen“.
3. Folge der auf dem Bildschirm angezeigten Anleitung.

Installieren oder Entfernen von Konfigurationsprofilen auf dem iPad

Mit Konfigurationsprofilen werden Einstellungen festgelegt, die es dir ermöglichen, dein iPad in Netzwerken und für Accounts von Unternehmen oder Bildungseinrichtungen zu verwenden. Du wirst möglicherweise dazu aufgefordert, ein Konfigurationsprofil zu installieren, das dir per E-Mail gesendet wurde oder das von einer Webseite heruntergeladen werden muss. Du wirst um deine Erlaubnis zum Installieren des Profils gebeten. Wenn du die Datei öffnest, werden Informationen zum Inhalt angezeigt. Du kannst die installierten Profile unter „Einstellungen" > „Allgemein" > „Profile & Geräteverwaltung" anzeigen. Wenn du ein Profil löschst, werden alle damit verknüpften Einstellungen, Apps und Daten ebenfalls gelöscht.

Printed in Poland
by Amazon Fulfillment
Poland Sp. z o.o., Wrocław

30397092R00302